頤明遺文集

池田慶恩

顾明远文集

第五卷

比较教育研究
比较教育导论

顾明远 著

王璐 整理

北京师范大学出版集团
BEIJING NORMAL UNIVERSITY PUBLISHING GROUP
北京师范大学出版社

目　录

比较教育研究

比较教育导论
——教育与国家发展

第 一 编

第 二 编

第 三 编

第　四　编

比较教育研究

各国中小学学制的比较[*]
——兼谈我国学制改革中的几个问题

中小学教育属于基础教育阶段，它的任务是为高等教育培养合格的高质量的新生和为社会培养具有一定科学文化知识与生产技能的劳动后备力量。中小学教育关系到一个国家的管理人才和科学技术人才的培养问题，同时也关系到劳动力的质量问题，影响到这个国家的劳动生产率的提高和国民经济的发展。总之，一个国家的中小学教育水平，直接地反映了这个国家的国民的文化科学水平。所以，世界各国对中小学教育的建设和发展都是十分重视的。现在我们来看看世界各国中小学学制的情况，并谈谈我国学制改革中的几个问题。

一、各国普及教育的情况

19世纪后期以来，由于资本主义大工业生产发展的需要和工人阶级争取教育权利的斗争，各个资本主义国家相继推行普及义务教育。国家在法律上规定，它的国民从一定年龄开始接受强迫的、免费的教育，同

---

[*] 原载《中等教育结构改革》，人民教育出版社，1980年，收入本卷时，作者做了删节。

时，政府为国民教育事业提供各种必要的保证。世界上几个老牌资本主义国家实施义务教育的时间比较早，大约都在19世纪后半期，至今约有100多年的时间（见表1）。但是其普及速度十分缓慢，经历了漫长的时期，大约在19世纪末才逐步普及了初等教育。由于普及义务教育的推行，各国国民的文化科学水平提高了，促进了国民经济的发展。特别是第二次世界大战以后，国际竞争十分激烈，科学技术人才的数量和质量成为军事和经济实力竞争的一个重要指标。而科学技术人才的培养，有赖于教育的普及和提高，因此，发达工业化国家逐步延长义务教育的年限，提高国民的文化科学水平。当前各国实施义务教育的年限如表2所示。

表1　几个主要资本主义国家开始实施义务教育时的情况

国别	最初实施年份/年	起讫年龄/岁	义务教育年限/年	法律规定
美国	1852	8～14	6	马萨诸塞州颁布的《义务教育法》
西德	1872	6～14	8	《义务教育令》，但因战争与内乱没有实施
英国	1870	5～12	7	《初等教育法》，伦敦市委员会最先开始实施
法国	1882	6～13	7	《一八七二年法》
日本	1886	6～10	4	《小学校令》

表2　当前各国实施义务教育的情况

国别	义务教育年限/年	起讫年龄	备注
美国	8～12	6岁开始	各州不同，以实施9年的州为最多
英国	11	5～16岁	
法国	10	6～16岁	
西德	9	6～15岁	
日本	9	6～15岁	
苏联	10	7岁开始	

国别	义务教育年限/年	起讫年龄	备注
加拿大	9~10	6~16岁	因地区而异,个别地区如西北区为5年(7~12岁)
瑞典	9	7~16岁	
瑞士	9	6岁开始	
澳大利亚	9	6~15岁	有一个州为10年(6~16岁)
奥地利	9	6岁开始	
罗马尼亚	10	7岁开始	
南斯拉夫	8	7~15岁	
朝鲜	11	5~6岁	幼儿教育1年
墨西哥	6	6岁开始	
印度	5	6~11岁	
泰国	6	7岁开始	
缅甸	5	5岁开始	幼儿班1年

* 资料来源:根据联合国教科文组织文件整理。

　　各国的义务教育都有严格的年龄规定。从大多数国家来看,一般从6岁开始,即6岁开始入小学,读完小学阶段或者初中阶段结束。如果学满义务教育规定的年限,但还没有在某一阶段毕业,则一面就业,一面利用业余学习进行继续教育。英国的义务教育的年龄最早,从5岁开始,5~6岁为幼儿学校,实际上属于幼儿园性质,7岁以后才开始初等教育。

　　义务教育年限的长短视这个国家的社会、经济发展水平而定。从表2很明显地可以看出,发达工业化国家的义务教育的年限比较长,亚洲一些发展中国家的义务教育的年限比较短,有些第三世界国家甚至至今没有提出普及义务教育的年限。初等学校的入学率也很低。这是由它们的社会经济状况决定的。实行义务教育,需要有一定的经济力量,否则是不容易办到的。发达工业化国家的义务教育的年限也是随着该国的经济发展不断延长的。以日本为例,日本从1886年开始实施义务教育,规定学制为四年。当时日本把小学分为普通小学校和高等小学校两级，普通小学校为义务教育阶段。到1907年，日本把义务教育年限延长到6年（实际上是1908年4月生效的），普及高等小学教育。1947年又延长到9年，普及初中教育，而实际上到1978年，它的初中毕业生升入高中的比率已达96%，普及了高中教育。但法律规定的义务教育年限仍是9年。社会主义国家实施义务教育的年限也是随着该国的社会主义经济建设的发展不断延长的。例如，朝鲜民主主义人民共和国从1956年8月起实施四年制的初等义务教育，1958年11月开始实施七年制的中等义务教育，1972年7月开始实施十年制的高中义务教育，1973年增加一年学前义务教育。国家对所有适龄学生实施免费教育。

当然，普及教育需要一个过程，有些国家发展得比较快，有些国家发展得比较慢。不少国家实行义务教育只是一种法律的规定，其普及率远不让人满意。例如，苏联1956年苏共二十大曾提出到1960年基本上实现城市和农村地区普及中等教育，但后来未能完成，1966年决定延到1970年基本实现，但又没有实现，直到1973年，普及率还只能达到80%。又如泰国，原来规定实施七年制义务教育，但实行了多年，不能在所有的区普及，政府决定义务教育年限改为六年，从1978年开始，初等教育减到六年，取消七年级。义务教育普及率的高低和发展的速度，主要取决于该国的经济财政力量的强弱，但同时与该国的社会环境和文化传统，特别是政府采取的教育措施有关。例如，欧洲一些国家长期受到传统势力的束缚，中等学校仅是为上层阶级服务的高等教育的预备教育机构，所以发展很慢，只是近年来迫于需要科学技术人才的压力，才加快了普及的速度。

二、各国中小学学制年限的比较

各国小学和中学的学习年限见表3。

表3　各国中小学学习年限表　　　　　　　　　　　　　　　　/年

国别	小学教育年限①	中学教育年限	初中	高中	中小学合计
美国	A　6 B　8 C　6	6 4 6	3（2）	3（4）	12
英国	6（包括幼儿学校）	7	5	2	13
法国	5	7	3（4）	4（3）	12
西德	4	9	6（5）	3	13
日本	6	6	3	3	12
苏联	3	7	5	2	10
加拿大	6	6	3	3	12
瑞典	6	5～7	3（基础学校高年级）	2～4	11～13
瑞士	6	7	3	4	13
澳大利亚	A　6 B　7	6 5	4 3	2 2	12
朝鲜	4	6	4	2	10
罗马尼亚	4	8	4	4	12
南斯拉夫	8	4			12
奥地利	4	8～9	4	4～5	12～13
墨西哥	6	5	3	2	11
泰国	6	6	3	3	12
缅甸	4	6	4	2	10

* 资料来源：根据联合国教科文组织资料整理。

———————

① 本列中标ABC或AB的，表示几种学制并存。

从表3可以看出，世界各国小学、中学学习年限的安排有一些共同的特点。

第一，小学阶段的学习年限以6年居多数，最少的3年，最长的8年。有些国家把小学阶段和初中阶段合起来为基础学校，其实，基础学校的高年级已经是初中的程度。如瑞典，基础学校9年为普及义务教育阶段，分低年级、中年级、高年级三个等级，高年级已是中学教育阶段。南斯拉夫也是把8年的义务教育称为初等教育，中学则实行四年一贯制。

第二，中学阶段的学习年限绝大多数是6～7年，少数国家是4～5年，而它们的小学学习年限都比较长。中学一般分两个阶段，少数年限较短的不分阶段，但实际上是把初中阶段合并到小学去了，中学阶段属于高中教育的水平。如上面谈到的南斯拉夫的中学，以及美国"八四"制的四年制综合中学。

第三，现行世界各国中小学学制年限大部分是12～13年，少数国家是10～11年。

从上面的比较，我们发现一个问题，为什么各国普及义务教育的年限那样参差不齐，而中小学学习年限的长短却大体相同？这是因为普及义务教育年限的长短，主要取决于一个国家经济发展的状况，而决定中小学学习年限的长短的因素却很多，主要取决于中小学的任务和当代文化科学（学科）的水平。在制定学制的时候还要考虑学生的年龄特点和各国的文化传统及其他具体情况。一个国家经济不发达，财政力量有限，它普及义务教育的年限可以短一些，中等学校可以办得少一些，却不能因为国家穷，就可以把中小学的水平降低一点。中小学是基础教育，它要为高等学校培养新生和为生产部门培养具有中等文化科学技术的人才。中学生必须掌握基本学科的基本知识，才能进高等学校学习专业知识。世界各国对中等教育和高等教育虽然没有统一的标准，但是有一个基本的水平，才有可能互相承认，互相交换留学生。联合国教科文组织近年组织一些中学毕业生会考，也是为了使中学生的水平大体趋向一致。近年来，由于科学技术的不断进步，各国对中学教育都进行改革，在中学时期增加许多新的反映现代科学成就的内容，因此，中学阶段的学习年限有延长的趋势。有些国家则把基础课逐级下放，有些大学基础课的内容下放到中学，中学的有些内容下放到小学。这样，中小学的学习年限也就拉长了。同时，学科内容不断增加，学习年限也不可能无限制地拉长，所以许多教育家都在研究改革教学方法和手段，采取现代化教育技术，以缩短学习年限。特别是对儿童早期教育的研究，已经取得了显著的成效。小学入学的年龄越来越早，幼儿园也加进了许多学习内容。因此，基础教育的学习年限实际上是向两头延伸。

三、各国中学教育结构的情况（略）

四、我国学制改革中应该研究的几个问题

参考各国中小学学制的情况，有几点是值得我们在学制改革中研究和借鉴的。

第一，普及教育是提高国民文化科学水平的基础，我们应该大力抓好。我国的普及教育应该怎样实施才好呢？必须根据我国的特点来进行。我国是一个社会主义国家，但是我们的经济比较落后，我国人口众多，幅员广阔，各地的文化经济发展很不平衡，这就给普及教育带来许多困难。特别是近十年来，由于"文化大革命"的破坏，校舍设备没有保证，教师队伍不能稳定，从而使小学教育的普及率大大降低，教育质量下降。因此，当前我们亟须抓紧小学教育的普及工作，使全国的适龄儿童真正受完五年制的小学基础教育，提高小学教育的质量，为进一步学习文化科学技术打下坚实的基础。否则，不仅影响到中学教育质量

的提高，还会产生新的文盲，严重地影响劳动力的质量，势必继续拖"四个现代化"的后腿。

普及小学教育要因地制宜，采取灵活多样的方法。但是国家要有一个教育立法，从学制、经费、领导体制到内容，需要有一个统一的规定，才能确保质量，不至于流于形式。

第二，中学的学习年限应该适当延长。中小学的学习年限是由什么决定的呢？前面说过，主要是由中小学教育的任务和现代文化科学水平决定的。中小学教育的任务是为高等学校培养合格的新生和为社会培养具有文化科学知识与生产技能的劳动后备力量。学制太短了就不能完成这个任务，就要影响到高等学校的质量，不能认为学制越短越好。"文化大革命"中，没有经过广泛的实验就把原来十二年制的中小学一下子全部缩短为十年，有些地方甚至缩短到九年，这也是中等教育质量严重下降的一个原因，使得我国的教育水平和世界先进国家水平的差距拉大了。从世界各国的中小学学制来看，绝大多数国家是十二年制，我国中小学的学习年限缩短到十年，显然是太短了。

中小学学习年限的长短与当代文化科学技术水平有关。现代科学技术的不断发展使得学科的内容越来越丰富。例如，物理学在三十年前只讲力、热、声、光、电，现在增加了电子学、核学等内容。所以从世界各国的学制来看，中小学学制有延长的趋势。但是我国的学制反而缩短了，这就势必要砍掉一些课程和课时。本来生物学是六大基础科学之一，可是这十多年来在我国的中学里被砍削殆尽，历史、地理也砍删太多，使得我们的中学生知识贫乏，眼光短浅。有些主要课程如数学、物理、化学，内容增加了，课时却减少了，这就增加了学生的负担。以化学为例，教育部新编大纲比旧大纲学时少了不少，原来是338学时，现在只有308学时，教师普遍反映中学五年内不能完成这份大纲的教学，北京、天津等地中学每周普遍增加了1学时。参照外国的情况，总结我们以往的经验，如果学制不适当延长，不但会影响教育水平，而且会因过重的学习负担而影响学生的身体健康，不利于学生德、智、体的全面发展。

当然，学制的长短并不是影响教育质量的唯一因素。有的同志认为，要提高我国中学教育的质量，主要是要提高师资水平和改进教学方法，采取现代化教学手段等。这些意见是完全正确的。从世界各国来看，也正是因为师资水平的不断提高，教学方法的不断改进，所以虽然学科内容不断增加，但学制并没有因此而膨胀。就我国目前的情况来看，师资水平不能一下子提高，现代化教学手段不能普遍采用，我国的汉字学习又比较困难，时间总是一个常数，我们与世界各国相比，学习年限就太短了。现在中学里教学时间不足，学生负担太重，问题已经充分暴露出来，如果不积极采取有效措施，就会进一步影响学习质量。

延长学制会不会增加国家的经济负担？答案是"会"。但是，如果把延长学制和中学的结构改革联系起来考虑，打消一律普及中学教育的空想，办好一批普通高中，把大部分中学改为职业中学（学制根据职业的实际需要，可长可短），就不一定会增加国家的经济负担。同时，普通中学的质量提高了，基础打好了，高等教育的学习时间相应地会缩短一点，两者相抵是很划得来的，因为培养一名大学生一年所花的钱比培养一名中学生一年所花的钱要多得多（据1978年统计，一名大学生一年要花1 853元，而一名中学生只花40元）。

由此可见，普及教育、学制长短和中学结构是三件不同的事情，但它们之间又有密切的联系。过去我们把普及教育和学制长短混淆了，以为学制短了便于普及教育，这是错误的。普及教育取决于国家的财力、物力，而学制长短取决于学校的任务和文化科学水平，有一定的客观标准。学制的长短又和中学结构有关，中学结构不改革，把所有的中学都延长是不可能的，也是不能适应国民经济发展的需要的。这个问题在下面还要讲到。

学制延长到几年为合适，这需要经过周密的调查研究，并且要经过实验，然后才能确定下来。我的意见是小学5年可以不变，中学再延长1～2年（初中3年、高中3～4年）。首先，在课程设置上要增加生物课。有的科学家预言，21世纪是生物学的世纪，生物学是一门很有发展前途的科学，我们一定在中学里把生物学基础打好。其次，要增加外语课，要在中学阶段让学生熟练掌握一门外语，如能做到，学生在高等学校就能集中精力攻读专业课程。最后，要增加历史、地理课程，扩大学生的知识面。中学的课程要改革，要增设一些选修课，开展课外学习活动，根据学生的身心发展差异因材施教。

第三，学制的延长要同中学教育的结构改革结合起来考虑。各国中学教育的结构有多种类型，以适应它们的工农业发展和个人条件的需要，而我国的中等教育是单一的普通中学。"文化大革命"前的农业中学和中等技术学校被砍掉了，至今未能恢复。即使恢复到"文化大革命"以前的体系，因为没有把职业教育放到应有的地位，也不能在今天适应"四个现代化"的需要。因此，中等教育的结构改革势在必行，刻不容缓。为把这个改革工作做好，有几个问题值得重视。

其一，要为"两种教育制度"恢复名誉。1963年的时候，为了解决中学生的升学就业问题，国家曾经提出中等教育结构改革的问题，"两种教育制度"就是在这种情况下提出来的。按照"两种教育制度"的设想，要办好一部分全日制中学，努力提高质量，为高等教育输送高质量的新生；另要普遍地办好各种类型的技术学校，包括半工半读、半农半读的学校，为社会生产培养具有文化科学知识和生产技能的劳动力。这本来是社会主义建设的需要，而且在我们社会主义国家，学习不分阶级，不论进什么学校，只要努力，都可以进一步深造。但是"文化大革命"把这种合理的教育制度诬蔑为资本主义社会的双轨制，在理论上搞乱了人们的思想，在实际工作中取消了所有的农业中学和中等技术学校，破坏了符合社会主义建设的教育制度。因此，今天要进行中等教育的结构改革，首先要为"两种教育制度"恢复名誉，大力宣传职业技术教育的重要性，把它放到学制中应有的地位。否则，学生从中学毕业什么都不能干，对一部分青年来说，可能是浪费青春；对国家来说，也是极大的浪费。

其二，要与劳动计划部门相配合，根据我国实现"四个现代化"的实际发展需要，制定一个各门类、各工种培养熟练劳动力的中等职业教育规划，建立职业教育的体系。资本主义国家是随着劳动市场的要求不断改变着它的教育结构的。我国是社会主义国家，我们实行的是计划经济，我们完全有可能制定一个规划。培养人的周期比较长，所以培养人的规划，必须结合国民经济发展的规划提前安排。

其三，我国中等教育的结构怎样才最合理呢？这要经过周密调查，不是凭空想得出来的。参照外国的经验，是不是可以设想分三条线进行：一是普通高中，修业3年；二是普通高中，但在课程上把普通教育和技术教育结合起来，修业3～4年；三是职业中学，修业1～4年不等。

农村在普及小学教育的基础上，大力发展农业中学，规定农业中学要完成普通教育的任务，分初中、高中，修业年限可以稍长一点。初中毕业大部分可以从事农业生产，一部分可以升入高一级学校。

城市中学结构改革的重点放在高中阶段。城市可以把普及教育定到初中毕业，毕业生可以进普通高中或职业高中。

鼓励厂矿企业办教育，为职工子弟办结合技术教育的普通高中或职业高中。为没有完成中等教育的青年职工办职业教育，形式可以灵活多样，有全日制的，也有半日制和业余学习制的。

第四，要努力提高中小学教师的质量。提高教师质量的问题虽然不是学制本身的问题，但它与学制紧密地联系着。没有合格的高水平的教师，修业年限再延长，也不能达到应有的水平。许多同志在讨论学制问题时提到，当前教育质量太低，学生负担太重，不能把原因完全归于修业年限太短，当前最关键的问题是教师质量太低。这种意见是有道理的。（当然也不能说教师质量低是当前问题的唯一原因，所以修业年限延长的问题也不能只从这一方面来考虑。）

参照外国的经验，他们对培养教师是十分重视的。许多国家要求中学教师具有大学毕业的水平，而且越来越多的国家把培养小学教师的工作放到大学里。不少国家，如法国、德国、日本等还要求学生大学毕业以后经过实习和考试，才能获得中学教师资格证书。

从数量上讲，每个教师与所教学生的比例也是衡量教育质量的因素之一。第二次世界大战后一段时间，世界各国都经历了儿童急剧增加的高峰时期。那几年中小学生师比例过高，出现了许多规模过大的班级，一个班达到五六十人甚至70多人，增加了教师的负担，从而影响了教育质量。从20世纪50年代开始，许多国家采取了措施，生师比例逐渐降低，取消了过大的班级。至1975年后，生师比例方面，小学约为25∶1，中学约为20∶1。现将几个主要工业化国家的中小学教师、学生数和生师比例列表如下（见表4和表5）。

表4　小学教师、学生数和生师比例

国别	年份	公立			私立		
		教师数/千人	学生数/千人	生师比例	教师数/千人	学生数/千人	生师比例
美国	1974	1 116	30 919	26.6	150	3 500	23.3
英国	1975	201	5 097	25.3	22	328 5	14.8
法国	1974	190	4 203	21.3	40	699	17.5
西德	1974	226	6 482	28.7			
日本	1976	420	10 505	25.0	3	59	23.2
苏联*	1974	2 593	43 500	16.8			

注：*苏联教师数、学生数系中小学合计数。

表5 中学教师、学生数和生师比例

国别	年份	公立			私立		
		教师数/千人	学生数/千人	生师比例	教师数/千人	学生数/千人	生师比例
美国	1974	998	14 137	14.2	78	1 200	15.4
英国	1975	212	3 827	18.1			
法国	1974	224	3 831	17.1	76	952	12.5
西德	1974	143	3 014	21.1			
日本	1976	404	7 721	19.1	58	1 452	24.9

同以上几个国家相比，我国中学教师无论从受教育的程度来说，还是从生师比例来说，都有很大的差别。为了抓好普及教育，提高中小学教育的质量，适当地调整教师队伍，特别是采取措施加强教师培训工作，是当前教育战线亟待解决的问题。教师培养主要通过两条途径：一是办好师范院校；二是组织在职教师进修提高。有的教师需脱产集中一段时间培训，让他们去参观有经验的教师上课，培训以后要经过考核，发一定等级的证书，促使他们不断学习，不断提高。

要提高教学质量，还要给教师编印参考资料，帮助教师掌握教材。另外，建立各级教师进修院校，组织同学科教师的备课组、讨论会，都是行之有效的办法。

师资培训问题，不是学制问题，需要专门讨论，因为与学制有关，只在这里简略提一下。

总之，学制改革是一件大事，关系到我国教育事业的发展，需要借鉴外国经验，总结我们自己的经验教训，广泛地进行讨论，集思广益。这里只是一点极肤浅的见解，旨在抛砖引玉。

从各国中等教育的结构看我国中等教育结构的改革*

一、各国中等教育结构的概况

各国中等教育的结构很不同，过去比较教育通常把各国的学制分为两种类型：一种叫单轨制，国民不分阶级可以进入同一种学校，在小学、初中阶段基本上受同一种教育，到了高中才因培养目标的不同，分成各种类型的学校；另一种是双轨制，贵族阶级的子女进入可以直接升大学的高水平的中学，平民阶级的子女则只能进入将来升入技术学校的一般中学或职业中学。这两类学校如两条铁轨那样，互相不能交通。有些国家，如英国，从小学阶段就开始分化，不同阶级的子女进入不同的学校。他们为大资产阶级、贵族的子女设立了独立学校，自成体系，儿童5岁入幼儿园，三年级即进入预备学校，学习5年，然后升入公学，以后直接进入大学。其他中学则分为文法中学、技术中学和现代中学，前两者是完全中学，后者是不完全中学。但是，近几十年来，由于社会政治的变革，科学技术的进步，高等教育越来越发展，中学教育的结构越来越复杂，已经很难再把各国的教育分成单轨、双轨两种类型了。各国

* 原载《外国教育动态》，1980年第1期。

中学教育的结构，近几十年来有如下一些特点。

第一，开办综合中学。西方许多国家在工人阶级斗争的压力下，标榜民主政治，取消了阶级出身的限制，取消中学教育阶段的多种学校体制，倾向于采取综合中学的体制。如法国，从1964年起实行统一初中教育课程的综合中学，升学与就业的分化推迟到初中毕业以后。英国从1947年开始，试办了将文法中学、技术中学和现代中学合并的综合中学，从1965年起，部分地区废除了"十一岁考试制"（按考试成绩分别进入不同学校的甄别考试），入综合中学可以免去考试。但是这些改革并没有改变其分科的实质，综合中学里仍然分为文法科、技术科和现代中学科，学生入学以后仍然要按他们的"天赋""才能"和"资格"分别编入不同的三科。因此，它实际上并没有改变学生按阶级区分进入不同类型的学校的性质。对于综合中学，来自上层阶级的非难也很多，他们认为综合中学降低了教育质量，要求恢复传统的学校。

第二，有些国家在初中阶段设有一个定向教育阶段。他们认为，正在成长的少年，他们的才能、天赋和兴趣是多种多样的，找到一条适合他们本身情况的培养途径十分重要。这也是社会上各种不同的工作需要对学校提出的要求。如德国，从初中开始就分完全中学、实科学校和主要学校三类。头两年为促进阶段，有的州改为定向阶段，按程度分班。法国的初中四年分两段，前两年是"观察期"，后两年是"方向指导期"，学习内容根据出路不同，分若干组。有的国家虽然不叫"定向教育阶段"，但主张在初中阶段加强对学生的指导，通过各种不同的课程，使学生为以后的教育和职业选择做好准备。但是，许多教育家反对过早地定向，认为那样不利于学生的全面发展。学生年龄过小，也不可能发现其真正的兴趣和才能。

在美国，有些教育家主张为10～14岁的少年单独成立一种新学校，叫作"中间学校"或"中介学校"。他们认为10～14岁是由儿童时期到青年时期的过渡阶段，此阶段的少年的生理、学习、思想有其特点，而且彼此间在智力、体力、兴趣、爱好等方面都有很大差异。为了适应这个年龄阶段的特点和发展，设立单独的中间学校是有好处的。教师在这种学校中讲授语言、数学、科学和社会研究四门基本课程，并进行个别教育和指导。到20世纪70年代初，这种学校在美国已发展到近2 000所。

第三，许多国家的普通高中都趋向于分科。德国和法国最为明显。前面已经讲过，德国从初中开始就分完全中学、实科学校和主要学校三类。完全中学的高中阶段又分古典语中学、现代语中学和数学—自然科学中学。此外，还有特殊类型的专门科中学，这类学校的毕业生也可以升入大学和专业性学院。

法国高中头一年分成三组：A组（文科）、C组（理科）、T组（技术科）。第二年和第三年（结业班）分成五个组：A组（文学、哲学）、B组（经济和社会科学）、C组（数学和物理）、D组（工业技术）、E组（经济技术）。其实，结业班已失去了普通教育的性质，变成相应专业的准备班了。

南斯拉夫的中学结构比较特别，中学分两个阶段：第一阶段（相当于初中）四年划到基础学校；第二阶段（相当于高中）四年，分成各种不同的类型，到1970年，有100多种，或多或少地取决于社会与经济的需要。

也有许多教育家反对高中分科，认为中学教育还是属于基础教育阶段，学生的知识面应该宽厚一些，才能适应现代科学的发展，过早地分科不利于学生的全面发展。例如，苏联的普通中学不分科，全国使用统一教学计划。

第四，加强职业教育。职业教育在各国学制中都另成体系，是很粗的另一条腿。职业教育包括初等的、中等的和高等的职业学校。专业分类五花八门，名目繁多，学习年限长短不等。如苏联，职业技术学校分为三种：①职业技术学校，招收八年制学校毕业生，修业1~3年，培养普通工人。②中等职业技术学校，招收八年制学校毕业生，修业3~4年，授予职业教育和普通中等教育，培养具有中等教育程度的熟练工人。③技术学校，招收十年制学校毕业生，修业1~2年，授予一两种职业技能，培养具有较为复杂技术的工人和初级技术员。随着技术发展和生产工艺的变换，职业技术教育的专业也在不断变化，过去职业技术教育系统按1 264个工种培养技术工人，现在增加到1 409个工种。

又如日本，职业训练学校被称为"各种学校"，都是单科的，包括商业事务、技术、医疗、艺术等，专业范围很广，有成百个专业，多数招收初中毕业生，学习年限一般为1~3年。此外，日本的职业高中在中学占有重要的地位，它在1973年就设置有276种学科，包括工业144种、商业66种、农业21种、水产14种、家政15种等。在工业学科中，机械、汽车、电子、化工、建筑是主要的学科。

近年来许多国家都强调加强职业教育。1963年，美国联邦政府制定了《职业教育法》，1968年又通过修正案，大大刺激了职业教育的发展。在20世纪50至60年代的二十年间，四年制的职业技术中学学生增加了一倍多，经费开支增加了大约六倍。1972年，总统尼克松在国情咨文中强调"职业前途教育"，教育总署署长马兰也多次强调，"从幼儿园、小学到十二年级开设的全部课程，都应与未来的职业联系起来"。这代表了当前世界教育的一种趋势。因此，许多国家不仅增加了职业学校，而且在普通初中课程中也增加了许多职业性的课程，或者增设各种选修课，以适应毕业生就业的需要。就像苏联的中学，过去课程设置最死板，近年来也从七年级开始增设选修课，由苏联教育部推荐的选修课就有63门之多。

第五，把普通教育和职业技术教育结合起来。最突出的例子就是朝鲜民主主义人民共和国的教育制度。从1959年开始，他们把普通高中改革为两年制的技术高中，后延长为三年制技术高中，并在以后设立高等技术学校（现称"高等专门学校"）。这种设立两级技术学校的基本方针是把普通教育和技术教育结合起来，教育与生产劳动结合起来，弥补了职业技术学校不能使学生受到普通教育和高级中学不能使学生掌握专门技能的缺陷。学生从技术学校毕业时要求掌握一种以上的技术，达到一定等级的技工资格。

南斯拉夫的教育制度也趋向于这种结合。1974年，南共十大通过了一项决议，批评现行的双轨制把教育区分为两种培养方向：一种是培养尖子，唯一的目的是准备升学深造，与职业训练没有任何关系；另一种是进行体力劳动的职业培训，基本上没有任何继续升学深造的可能。决议要求今后做到，既能使每个学生有可能按照自己的愿望和能力得到进一步的深造，同时又要使培训中心（对十年一贯制学校以后的学校的新名称）的数量、种类和各种行业与联合劳动组织的具体需要统一起来。这类培训中心的行业项目，在整个南斯拉夫将有11 000种之多。新的法案（尚未正式公布，1976年开始在萨格勒布试行）把九、十年级作为准备阶段，并划归基础学校。十一、十二年级为结业阶段，直接进行职业教育或职业定向培训。进入结业阶段的培训中心学生必须具有与联合劳动组织签订的合同，并于十年级在该企业参加135小时的实际工作。根据合同，学生有职责学会某一种联合劳动组织所需要的确定的行业技能，而联合劳动组织也承担责任，保证学生在培训结束之后从事这种行业，同时保证给予学生信贷、助学金，安排学生住宿与劳动实习，以及其他有关事宜。

综合上面讲的几种情况可知，世界各国高中阶段的结构大致可以分为三种类型：第一种是把普通高中和职业学校分为两个系统，如英国、法国、苏联等；第二种是把普通高中和职业技术高中结合起来，统一为一种技术高中，完成普通教育和职业教育双重任务，如朝鲜及改革后的南斯拉夫；第三种是介于前两者之间，如日本，既有职业训练学校，又把中学分为普通高中和职业高中。总之，随着中等教育的广泛普及，中学已经改变了过去单纯作为高等学校的预备班的性质，为了适应中学毕业生就业的需要，当前各国中学教育的总趋向是教育结构多样化、加强职业技术教育。

二、我国的中等教育结构应该怎样改革

各国中学教育的结构都是多种类型的，以适应本国工农业发展和学生个人条件的需要，而我国的中等教育是单一的普通中学。"文化大革命"前的农业中学和中等技术学校被破坏了，至今未能恢复，即使恢复到"文化大革命"以前的体系，因为没有给职业教育应有的地位，也不能在今天适应"四个现代化"的需要，因此，中等教育的结构改革势在必行，刻不容缓。要把这个改革工作做好，有几个问题值得重视。

第一，要为"两种教育制度"恢复名誉。1963年的时候，为了解决中学生的升学、就业问题，国家就曾提出中等教育结构改革的问题，"两种教育制度"就是在这种情况下提出来的。按照"两种教育制度"的设想，要办好一部分全日制中学，努力提高质量，为高等教育输送高质量的新生，另外，要普遍办好各种类型的技术学校，包括半工半读、半农半读的学校，为社会生产培养具有文化科学知识和生产技能的劳动者。但是"文化大革命"在理论上搞乱了人们的思想，在实际工作中取消了所有的农业中学和中等技术学校，破坏了符合社会主义建设的教育制度。因此，今天要进行中等教育的结构改革，首先要为"两种教育制度"恢复名誉，大张旗鼓地宣传职业教育、技术教育的重要性，把它放到学制中应有的地位。否则，学生从中学毕业什么都不能干，对一部分青年来说，可能是浪费青春；对国家来说，也是极大的浪费。

第二，要与劳动计划部门相配合，根据我国实现"四个现代化"的实际发展需要，制定一个各门类、各工种培养熟练劳动力的中等职业教育规划，建立职业教育的体系。资本主义国家是随着劳动市场的要求不断改变着它的教育结构的。我国是社会主义国家，我们实行的是计划经济，完全有可能制定一个规划。培养人的周期比较长，所以培养人的计划，必须结合国民经济发展的规划提前安排。

第三，需要经过周密的调查，对我国中等教育的结构做出合理的布局。参照外国的经验，可以设想分三条线进行：一是普通高中，学制3年；二是普通高中，但在课程上把普通教育和技术教育结合起来，学制3~4年；三是职业中学，学制1~4年不等。

农村在普及小学教育的基础上，大力发展农业中学，规定农业中学要完成普通教育的任务，分初中、高中，学制可稍长一点。初中毕业大部分可以从事农业生产，一部分升入高一级学校。

城市中学结构改革的重点放在高中阶段。城市可以把普及教育定到初中毕业，毕业生可以进入普通高中或职业高中。

鼓励厂矿企业办教育，为职工子弟办结合技术教育的普通初中或职业高中，为没有完成中等教育的青年职工办职业教育，形式可以灵活多样，如全日制的、半日制的或业余学习制的。

第四，必须把中等教育的结构改革和课程改革结合起来。结构是形式，课程是内容，有什么样的内容就有什么样的形式。课程改革是一个十分复杂的问题，它取决于当代学科发展的水平、学生身心发展的年龄特点和社会政治经济发展的要求，必须组织专家参照各国课程改革的经验，深入地研究。

第五，要努力提高中学教师的质量。提高教师质量的问题虽然不是中学结构改革本身的问题，但它与中学结构改革有着紧密的联系。没有合格的高水平的教师，任何改革都是空话。参照外国的经验，许多国家的教育办得好，与他们重视师资的培养工作有关。许多国家都要求中学教师必须有大学毕业的水平，而且越来越多的国家把培养小学教师的工作放到大学里。不少国家，如法国、德国、日本等还规定学生大学毕业以后经过实习和考试才能获得中学教师资格证书。

我们要进行中等教育结构改革，提高教育质量，就要把教师队伍做适当调整。采取措施，加强教师培训工作是当前教育战线上亟待解决的问题。教师队伍的培养主要有两条途径：一是办好师范院校；二是组织在职教师进修提高。有的教师需脱产集中一段时间培训，让他们去观摩有经验的教师上课，培训以后要经过考核，发一定等级的证书，促使他们不断学习，不断提高。

要提高教学质量，还要编教师的参考资料，帮助教师掌握教材，给他们提供一些备课资料。另外，建立各级教师进修院校，组织同学科教师的备课组、讨论会，都是行之有效的办法。

总之，中学教育结构改革是一件大事，关系到我国教育事业的发展，需要借鉴外国的经验，总结我们自己的经验教训，集思广益，以建立适合我国实际情况的教育制度。

八十年代国外教育发展的展望*

20世纪五六十年代可以说是资本主义国家的繁荣时期，但一进入70年代就开始出现了教育危机。现在许多资本主义国家的教育家都在惊呼教育危机有增无减。教育危机的出现与整个资本主义社会的政治经济变化有关。自从1973年资本主义世界爆发经济危机以来，资本主义国家的经济一直没有复苏，已经在长期萧条中度过了9年。西方发达的工业国家普遍存在生产过剩危机、货币危机和国际收支危机，使得生产停滞，失业增加，通货膨胀加剧。经济危机迅速地反映到这些国家的教育上，因而产生了教育危机，主要表现在下面几个方面。

第一，毕业生就业困难，大学毕业生过剩，失业人口增多。20世纪五六十年代欧洲各国都扩大了中等教育，但是青年人，尤其是大学毕业生，"毕业即失业"成了深刻的社会问题。几年前大家还喊"教育不足"，现在一变而为高喊"教育过剩"了。如法国，据1977年统计，失业青年情况如下：持职业教育证书者为28.5%，持职业能力证书者为17.3%，持中学职业教育证书为21.3%，中学会考及格者为20.7%，短期技术大学毕业生为16.1%，持学士文凭者为13.1%。在美国，据美国劳动统计局统计，1972—1985年将有1 530万名有学历的毕业生和大学研究生进入劳

---

* 原载《外国教育动态》，1982年第5期。

动力市场，但用于补充、更替、提高劳动力水平而更换劳动力所需的人数总共是1 450万人，供求之间的矛盾是将有80万人得不到就业机会。

第二，教育质量下降，青少年犯罪率增加，破坏学校纪律的现象不断出现。美国许多家长反映，近十几年来美国学生的写作能力大大不如以前，文理不通、拼写失当、词不达意等错误比比皆是。有的人认为，这种写作危机是20世纪60年代受"教育改革运动"的冲击，许多学校把传统的语法课和行之有效的讲授方法抛弃掉的结果。语文是这样，其他学科的教育质量也很低。他们惊呼"在过去十年中，苏联人在教育数量和质量上都取得了他们教育制度上从未有过的成就"。美国高等教育的质量也每况愈下，在入学率接近50%的情况下，上大学这件事就带有某种社会强制性。不愿意上学而勉强就学的人数增加，他们对学习没有兴趣，往往中途"辍学"。据美国联邦政府统计，美国1960—1975年，大学生取得学位的人基本上是4年前入学人数的50%～53%，其中还包括用5年以上时间才获得学位的人，所以，按期毕业的学生实际上低于50%。现在，美国"辍学"的学生数已经多达200万人，相当于在校学生总数的1/5。以上这些情况虽然在西欧和日本还不普遍，但学生负担过重、学习质量下降、青少年犯罪率增加、学生闹事等都是资本主义国家所共有的。在日本，主要的问题是因为职工学历的提高，产生了"学历主义"的高度竞争。一部分学生因为追求学历而拼命读书，以期考上名牌大学，毕业后能获得较好的职业；另一部分学生对学习没有兴趣，在学校中破坏、捣乱。"学历主义"的影响使日本变成了"考试地狱"，同时也造成了学生间互相仇视、互不信任的心理状态，甚至在学校内部和家庭内部产生暴力事件。

第三，教育经费跟不上通货膨胀的速度，学生来源短缺，学校经费困难，迫使许多私立大学关闭。据美国联邦政府统计中心统计，近十年已有100多所高等学校停办，而且有人估计，20世纪80年代还将有几百所学校关闭。学生来源短缺固然与人口出生率高峰已过有关，但更重要的是经济危机带来的失业和教育质量下降，使人们对教育失去了信心，纳税人不再愿意增加教育经费，因为看不到它的经济效果。

以上一些问题带来了人们对教育的失望情绪。日本一位教育家在分析教育危机时指出，近些年来，人们对教育的价值观发生了怀疑。他说，在20世纪50年代至60年代，教育无论对于个人还是对于社会，都被认为是制约性因素。教育可以通过培养高质量的劳动力增加按人口平均的国民生产总值，丰富人们的生活，提高人们的收入水平；教育能够增长人们的才智，使之有所作为，便于找到更好的职业，晋升到更高的地位。人们希望通过教育消除无知、贫困和不平。总之，从某些意义上，"教育被看作'魔术师的手杖'而寄于人的期望，致使教育突然爆炸性地发展起来了"。但是，到了70年代，一系列变化产生了，动摇了人们对于教育原有的那种乐观的信赖，引起了失望和危机感。他认为，教育的爆炸性发展，其结果"无论对于个人还是对于社会，教育的作用都走向负数"。

如何摆脱教育危机，提高教育质量，是当前西方资本主义国家教育界面临的重大课题。从今后世界经济发展的形势来看，有的人估计得乐观一些，有的人估计得悲观一些。总的来说，世界资本主义的经济危机周期日益缩短，危机频繁化，周期中高涨阶段日趋虚弱，复苏的时间越来越长。80年代世界政治经济形势的发展必然会影响到教育的发展。从整个政治经济发展和科学技术发展的趋势来看，教育的发展会有以下几方面的趋势。

一、加强教育和现代化生产、现实生活的联系，终身教育思想将得到进一步发展

历史上从来没有过为教育而教育，教育总是为一定社会的政治经济

所制约，反过来又为一定的政治经济服务。但是，教育确实有一段时期脱离生产，脱离生活，成为一座象牙之塔。现代生产打破了这座象牙之塔，使教育和生产结合起来。但是旧学校的传统势力很顽固，至今还有人强调高等学校要按照高等学校的内在逻辑发展，即发展它们的高深学术和艺术，不管社会的实际需要。它与时代的要求相违背，这条死胡同是走不通的，教育只有加强与现代生产和现实生活的联系才有出路。第二次世界大战后，各国重视职业技术教育就是这个规律的反映。20世纪60年代初出现的终身教育思潮不是偶然的。新的科学技术成果在生产上的应用，造成了职业的变动和失业。经过一次职业训练已经不能保证终身的职业，人们要不断学习和重新受训练，以适应瞬息万变的世界。终身教育思潮就是适应这种形势而产生的。首先提出这个主张的是联合国教科文组织成人教育局局长朗格朗。他认为，把人生分成两半，前半生用于受教育，后半生用于劳动，是毫无科学根据的，教育应当是每个人从生到死的继续着的过程。在每个人需要的时刻，国家应以最好的方式提供必要的知识。1965年，联合国教科文组织国际成人教育促进委员会讨论通过了朗格朗的终身教育提案。此后，终身教育得到许多国家的认可，并成为国际教育研究的重要课题。

有些国家还把终身教育作为全国性的义务用法律确定下来。例如，法国于1971年制定了《使终身教育成为一项全国性的义务》的法案，规定：第一，承认职工在工作期间有离职进修的权利，即所谓"训练假"（不是全部带薪）。第二，企业主要为他们的雇员的职业继续培训提供一定的费用。1976年规定：雇有10名以上职工的企业，全年工资总额的2%作为终身教育的费用。企业可以自办培训班，也可以与学校合作，或将费用交给地方教育当局，由地方统一组织。第三，政府提供预算，监督法律执行，支付学员报酬并资助某些培训中心的装备等。

终身教育思想改变了教育的传统概念。教育的含义扩大了，从时间上说，它突破了学龄时期和工作时期的概念，什么时候都应该受教育。许多高等学校已经取消了年龄的限制，不限于招收18～25岁的青年入学，而是向所有年龄的人都开放，给人们提供第二次、第三次受教育的机会。因此，大学生的年龄越来越复杂，有30多岁、40多岁，甚至更大年龄的大学生。从空间上说，教育突破了学校的范围。函授大学、广播电视大学、开放大学、暑期课程，乃至车厢大学、旅行大学等各种形式的学习应运而生。总之，国家利用各种时间，采取各种方式为成年人提供继续学习的机会。

终身教育，对资本主义国家来说，主要是为了使工人不断适应劳动力市场的需要。由于劳动的不断变换，工人不得不继续学习，否则就有失业的危险。正如美国社区学院和初级学院联合会社区学院—工会合作服务中心主任威廉·艾博特在《未来学家》1978年8月号上的文章所说，企图"用教育战胜失业"。当然，这只能是空想。失业是资本主义生产方式固有矛盾的产物，如果资本主义制度不改变，教育是战胜不了失业的。但是，终身教育的思想还是可取的，它是现代生产对教育提出的客观要求。特别是在我们社会主义制度下，加强在职职工的教育，提高全体劳动者的科学文化水平，使他们适应科学技术的发展，是有利于"四个现代化"的实现的。

与终身教育相联系的，是20世纪60年代出现的一种叫"回归教育"的思想。它主张教育不要一次受完，而是分几次，使人在生活环节的各个阶段都有受教育的机会。人们将根据需要，在他认为最需要学习的时候受教育。过去学生中途辍学被认为是消极的行为，许多学校是不允许的，现在则认为辍学是积极的，大学允许学生中途辍学，出去一段时间回来再学习，所以叫作"回归教育"。人们认为，在一定时期，主动离开校园，通过就业、社会活动、旅行，或者到大学以外的各种教育机构中去学习等，有助于学生明确将来的志愿和大学学习的意义，知道在大学应该学什么，提高学习的积极性，从而提高大学教育的效能。这种回归教育思想是在60年代末首先在瑞典产生的，后来逐渐流行到美国和其他欧洲国家。1975年的欧洲各国教育部长会议上，还专门讨论了如何实施的问题。回归教育不仅流行于高等教育，而且逐渐蔓延到中等教育。在瑞典，1971年综合制高中的就学率为95%，但近年来降到70%。这并非学生不愿意学习，而是不少成绩优秀的男女青年愿意到社会上考验一下自己的能力。

回归教育思想和终身教育思想是有联系的。其产生的背景是现代科学技术的发展所带来的现代生产的不断变革。人们要适应这种变化，就要不断学习，就不能认为学习一次就可以一劳永逸。同时它也反映了经济危机对人们的威胁，资本主义国家的教育家现在都在寻求一种解决学习和就业的矛盾的办法。所谓回归教育，也是企图缓和这种矛盾的办法之一。

近些年来，教育同生产劳动相结合的思想普遍受到重视。1981年11月在日内瓦召开的联合国教科文组织第38届教育大会上，其中一个委员会就专门讨论了教育同生产劳动相结合的问题。虽然西方资产阶级教育家提倡的教育同生产劳动相结合与马克思主义提出的概念不尽相同，但他们仍然是从解决毕业生的供求关系出发考虑问题的。这也说明，教育同生产劳动相结合是现代生产对现代教育提出的客观要求，是必然的发展趋势。

二、新兴学科的出现、学科的高度分化与高度综合的发展趋势，要求改变学生的知识结构

20世纪60年代，中小学的教学内容进行了一次大改革，使它变得现代化了。但是科学技术的迅速发展，使改革不能一劳永逸。有的科学家

认为中小学的教材应该每年一小改，五年一大改，以便把新的科学成果不断充实到教材中去。不过，中小学教的是基础知识，它有相对的稳定性，教材不宜经常变动，从60年代的改革来看，主要是加强中小学的理科教学，让学生尽早地接触到自然科学方面的知识。从目前来看，这种趋势在80年代还会加强，特别是一些新兴科学，如信息科学、生命科学的基本知识，都会不断地增加到中小学的教学内容中来。

大学生的知识结构也在变化。现在的大学生既要有宽厚的基础知识，又要有高深的专业知识，因此，高等学校的系科结构和专业结构也会发生相应的变化。其发展趋势表现如下。

第一，高等学校的本科生的教学日益趋向于基础理论的教学，把专业教学推迟到研究生阶段。许多国家对大学生的培养目标改变了过去的提法。如美国，历来大学本科生阶段进行的是"通才教育"，现在它更强调普通教育。威斯康星大学在确定学生培养目标时指出："不再培养株守一隅的狭隘的专家，而要为它的全体学生提供关于环境问题的广泛的普通教育，不管这一学生的学业领域或职业前途如何。"美国罗宾斯委员会认为，应该给大学生"更普通的教育"，使之能在越来越复杂的世界中生活。联合国教科文组织高等教育和教育人员培养局主任法拉戈尔勃·纳日孟在其1974年的《为什么要高等教育》一书中写道："仅仅培养能够适应迅速变化的人是不够的，还应该培养全面的人，以各种广泛领域的知识武装的人，既要有科学，又要有文化。"加强基础教学是当前高等教育的发展趋势。只有德国和苏联强调在本科进行专业教育，但它们的学制都比较长。例如，苏联的高等学校一般在五年以上，工科院校在五年半以上。即使是苏联，近年来也提出要培养"具有广泛专业知识的专家"。

第二，设置综合化的课程和跨学科的专业。许多教育家、科学家认为，科学技术的迅速发展要求人们掌握多种知识，加上大学的专业前途难以预定，因此应该学习综合课程，把普通教育和专业教育结合起来。近年来所谓"综合化""一体化"的呼声比较高。例如，日本广岛大学新设了综合科学部，进行课程一体化的实验。苏联也强调课程的一体化。这种课程的"综合化"或"一体化"，看来在20世纪80年代将会有明显的发展。与课程综合化同时出现的是跨学科专业。例如，比利时的根特大学于1963年就提出改组为"边缘学科综合中心"的建议。1969年创立的美国威斯康星大学就是以"保护和改善环境"为中心的，它的4所学院都与环境科学有关。可见专业的调整不是一个增删合并的问题，而是密切关系到今后学科的发展。

第三，在加强基础知识教学的同时，强调培养学生的能力。关于培养能力的问题，是80年代的主要任务。特别是对大学生，不仅要有把知识运用于实际的能力，而且要有研究的能力和设计的能力。因此，在大学里加强实验室操作，提高对学生的设计要求，让高年级的学生参加科学研究，都是今后高等教育发展的必然趋势。过去大学不大讲究教学方法，以教授讲课、学生听课为主，现在教授讲课时间逐渐减少，学生自学时间增加，实验室工作和讨论增加。

三、改革教育内容和方法，提高教育质量，是20世纪80年代的主要任务

当前世界各国都感到教育虽然有了很大发展，但教育质量都有下降的趋势。教育的大发展，使得学生在能力、要求、努力方面都有差别，水平不一致。一部分青年并不是出于学习的要求而进学校，而是随大溜进入学校的，他们对学习并不感兴趣，学习不努力，纪律性差，学习成绩低下。因此，解决数量和质量问题是80年代教育面临的重要课题。各个国家都很重视这个问题，但似乎都还没有找到一种好的办法，看来有

几方面的工作需要加强和改进。

第一，继续改革教育内容，不仅使它符合当代科学技术发展的新水平，而且符合学生的特点。许多教育家认为，60年代改革的教材，只能适合少部分尖子学生，大部分学生感到太难、太深，负担太重，因此要求编写有弹性的教材，以适合各种智力发展水平的学生。课程的安排也要减少必修课，增加选修课，给学生更多的主动权，有更多的时间发展他们的爱好和才能。日本准备在1982年执行新的中学教学计划，必修课减少，选修课增加。其他国家也有这种趋势。

第二，改革教学方法，提高学生的学习兴趣和积极主动性。许多教育家主张从实际生活出发，让学生了解所学的知识在生活中的实际价值，制造问题情境，以引起学生的学习兴趣和动机，方法灵活多样，特别强调学生和老师的自由讨论。由于现代技术在学校中的应用，教学的组织形式也在变化，个别教学逐渐地增加，班级授课制正在受到冲击。

第三，普遍重视学生的道德教育。随着现代化的发展，西方文明日益堕落，青少年犯罪年年增加，使得许多家长担心自己的孩子变坏，呼吁学校加强道德教育。许多国家都在中小学增设道德课和公民课。在教育杂志上也经常看到讨论学生道德教育的问题，研究制定学生伦理观念和道德行为的规定。当然，资本主义国家的所谓道德教育，是教育学生首先做一个安分守己的好公民，不扰乱资本主义的秩序，同时要求学生做一个超阶级的正直、善良、宽容、勇敢、助人为乐的人。但是在资本主义制度下，超阶级的人格是没有的。因此，他们虽然大力提倡道德教育，但收效甚微。不过，从这一点也可以看出，加强道德教育是时代的要求，是提高学生质量的一个重要方面。

第四，为了解决高等教育的数量和质量关系，改革高等学校的招生制度势在必行。目前世界各国招生制度各不相同，但无非两种：一种是通过考试进行选拔；另一种是不举行入学考试，但在大学低年级进行淘汰，筛选优秀的学生入大学高年级。这两种制度各有利弊。苏联过去是采取考试的办法录取新生，近年来在某些专业采取推荐的办法，有些专业要求有一定的实际工作经验。看来，还需要结合各国的国情来选择最有效的招生办法，各种办法的优劣不能一概而论。

教育是受政治经济制约的，今后世界政治经济形势的发展必将会影响到教育理论和实践的发展。

现代高等教育的发展和比较研究[*]

一、为什么要开展比较教育研究

第一，现代高等教育是一个国际现象，各国高等教育都是互相学习、互相模仿而逐步建立起来的，例如，我国的高等教育是清朝末年建立起来的。我国古代虽然也有高等学府，如汉朝的太学、晋朝的国子监，但不是现代意义的高等学校，真正开始有高等教育是洋务运动以后，最早的大学要算北洋高等学堂，即现在天津大学的前身，建于1895年。1902年，清政府颁发"壬寅学制"，成立了京师大学堂，才开始有现代的教育体系，最初是学日本的。到1922年又实行了一次学制改革，即模仿美国，直到中华人民共和国成立。因此，我国的高等教育制度是个舶来品。今天我们要改革高等教育，就必须研究国外高等教育有什么发展。对各国的高等教育加以比较研究，才能找出高等教育发展的规律，了解它的发展趋势。

第二，各国高等教育有各自的特点。虽然各国高等教育互相学习，互相模仿，但各国有不同的政治经济制度，有不同的文化传统，因此，各国的高等教育又各具特点，我们只有对各国的教育进行比较研究，才

---

* 原载《黑龙江比较教育研究学术年会论文选》，1983年。

能认识它们的特点，同时也才能认识什么是共同规律，什么不是共同规律。哪些是资本主义国家所固有的东西，我们不能学习；哪些不是资本主义所固有的，是可以学习的。我们对外国的东西既不能闭关自守，一概不承认，也不能不加分析地照抄照搬。研究别国的教育，对它们有一个认识，从而就加深了对我们自己的认识。正如美国著名的比较教育家贝雷迪所说："从认识别人而得到的自我认识，是比较教育所能提供的最有价值的教育。"

第三，通过对各国教育的比较研究，可以吸取外国教育中的成功的经验和失败的教训，作为我国教育发展和改革的借鉴。正如毛泽东同志在《论十大关系》里说的："每个民族都有它的长处，不然它为什么能存在？为什么能发展？同时，每个民族也都有它的短处。""一切民族、一切国家的长处都要学，政治、经济、科学、技术、文学、艺术的一切真正好的东西都要学。但是必须有分析有批判地学，不能盲目地学，不能一切照抄，机械搬用。他们的短处、缺点，当然不要学。"要分清哪些是人家的长处，哪些是短处，就要进行比较研究。

二、现代高等教育发展的历史回顾

古代没有严格区分初等教育、中等教育和高等教育，因为当时上学的是少数人，而且采取个别教学的方式，上到一定的年龄就去做官。

有人说，世界上最初的大学出现在我国夏朝，当时的东序就是高等学府。以后汉代的太学、晋代以后的国子监，都属于大学。在国外，公认最早的大学是公元前200年左右古希腊的雅典大学，后来又有罗马大学。但是，以上讲到的无论是中国的大学还是外国的大学，都不是现代意义上的高等教育。

现代高等教育萌芽于欧洲12、13世纪的大学。当时手工业已经从农业中分化出来，城市有了发展，国际贸易也开始发达起来，特别是地中海一带的城市较为发达。经济的发展促进了教育的发展。最早的大学有意大利的博洛尼亚大学，建立于1158年，由法律学校改建而成。这是由于博洛尼亚地处商业要冲，商业纠纷时有发生，诉讼案件颇多，客观需要建立高等学校。稍迟一些有英国的牛津大学、剑桥大学，法国的巴黎大学，意大利的萨拉尔诺大学等。

从12、13世纪的大学发展到今天的高等教育，其大致经历了三个大的阶段。

（一）产业革命以前，是现代高等教育的萌芽时期

这个时期的大学是由一些热心于学术的学者和学生聚集在一起兴办的。它的主要任务是传授科学文化知识，探讨学术问题。最早的大学分为四科：科学、法学、医学、文学（包括哲学）。法国巴黎大学的文科实际上是大学的预科。教学内容以人文科学为主，即法学、哲学、神学、古典语言和文学。所谓"三学科"和"四学科"，"三学科"即语法、修辞、逻辑，"四学科"即算术、几何、音乐、天文。

当时的大学是自愿组织起来的，校长由教授自由选举，学生参加学校的管理。博洛尼亚大学有"学生大学"之称，因为校务由学生主管。学校是一个独立王国，不受政府的约束，所以欧洲的大学至今还有自治的传统。后来，政府和教会看到大学的作用越来越大，才逐步加强对学校的控制。特别是教会，控制了政权，也控制了大学。

这个时期大学的主要特点如下。

第一，大学是少数学者聚集学习和研究学问的地方，师生之间探讨的气氛比较浓厚。

第二，中世纪大学享有种种特权，内部自治，大学有权设立特别法庭，免税和免兵役，有权授予学位，学生获得学位以后可以在大学任教。

第三，大学教学的内容主要是人文科学，自然科学还没有从哲学中分化独立出来。特别是在14世纪以前，统治者是封建教会，科学被说成是对上帝的亵渎，所以大学也不重视自然科学的教学。

第四，大学虽然客观上为统治阶级培养官吏和僧侣，但总的来说是和社会生活严重脱节，同生产劳动相分离的。

（二）产业革命以后至19世纪上半叶，是现代高等教育体系建立和发展的时期

现代自然科学萌芽于欧洲文艺复兴时期，然而，自然科学真正独立地成为科学，则是进入16世纪以后。正如恩格斯所说的，哥白尼（1473—1543）的不朽著作的出版（《天体运行论》，出版于1543年），标志着自然科学开始冲破神学的束缚而宣布其独立，并大踏步地向前发展。但是，一直到18世纪中叶，科学实验活动的规模依然是很小的，基本上是科学家个人从事的一种自由研究活动；科学实验的手段也很有限，大多数研究工作还只是建立在观测自然现象的基础上。科学实验活动同生产的关系还很不密切。直到产业革命，科学技术被应用到生产上，科学技术一旦和生产结合，生产就改变了原来的面貌，科学技术也就从社会生产活动中得到巨大的推动力。

现代生产的发展和科学技术的发展促进了教育的发展，高等教育进入了发展的第二阶段，即建立现代高等教育体系的时期。

这个时期的高等教育首先在英国得到发展。文艺复兴时期，科学技术的中心是在意大利。历史上有名的科学家如达·芬奇（1452—1519）、伽利略（1564—1642）等都是意大利人，他们是欧洲科学的奠基人、近代科学的创始者。当时英国的科学技术还很落后，但是到17世纪初，德国发生了"三十年战争"，意大利分裂成许多小国，而英国的新兴资产阶级占了统治地位。资产阶级重视科学技术发展，导致许多医生、牧师、商人到欧洲大陆留学。后来英国著名的科学家中，除牛顿外，几乎

都到欧洲大陆留过学。英国工业的发展促进了科学技术的发展，由此，科学技术的中心由意大利转移到英国。1662年，英国成立了皇家学会，对英国科学研究起到了推动作用。在产业革命以前，英国只创办了6所大学，而且都是保守的，它们实行宗教限制，只有信奉英国国教的人才能入学；在教学内容方面，自然科学得不到重视。产业革命以后，资产阶级要求废除贵族受高等教育的特权，同时要求培养为发展资本主义服务的科学技术人才。在这种形势下，一些专业高等学院出现了。第一所专业化的技术学院——沃灵顿学院就是建立在18世纪中叶。到了19世纪，英国出现了所谓"新大学运动"。1826年，伦敦建立了具有民主主义、自由主义精神的伦敦新学院，开始注重自然科学课程的教授；1831年，教会建立了皇家学院（King's College）。又过了5年，这两所学院合并成为伦敦大学。新大学的特点是：第一，不受宗教信仰的限制；第二，有较强的地方性，大多由地方投资兴办，与地方工业息息相关，为本地区培养专门的工程技术人员；第三，重视技术教育。但是，技术学院仍然比大学低一等，没有授予学位的权力。因此，伦敦大学设有校外学位。

与此同时，旧大学也进行改革。1852年，牛津剑桥成立了两个皇家委员会，着手进行重大改革，增设近代科学的专业，自然科学成为主要学科。

1871年，英国剑桥大学校长卡文迪什捐款建立了一个实验室。这个小小的实验室对于奠定英国实验物理学的基础，甚至对英国工业的发展，都起了相当重要的作用。

18世纪英国产业革命和科学技术的发展，给德国和法国以巨大影响。德国、法国为了向英国学习，也派了留学生去学习，并开始办起自己的高等学校来。

1789年，法国爆发了资产阶级革命，推翻了波旁王朝。资产阶级由于战争的需要和发展工业的需要，开始重视高等教育。欧洲最早一批技术专科学校，就是根据这个需要，较快地解决武器和粮食生产的问题办起来的。1794年，法国击败了侵略者，同年创办了巴黎工业专门学校，培养工程师和数理科方面的人才。拿破仑执政后，对法国高等教育进行了重大改革，确立了中央集权制，同时又成立了一批专业学校，如法国的矿业学院、公路和桥梁学院等。法国革命使法国科学得到繁荣，但随着拿破仑的失败，法国的高等学校也衰落了，到19世纪下半叶，法国的科学技术已落后于德国。

德国高等教育的发展起步稍晚。法国资产阶级革命给德国很大的冲击。他们积极向英国和法国的高等教育学习，很快，德国的科学技术和经济发展速度超过了英国和法国。1810年，德国建立了柏林大学，它是在威廉·冯·洪堡领导下创建的。他提出了"学术自由"和"教学与研究相结合"的办学方针，在世界各国享有很高的声誉。柏林大学享受比大学大得多的自治权，不但可以自由支配由政府拨给的经费，而且校长也由大学教授会选举一名正教授担任，不再由政府直接任命。教师享有较大的学术自由权利，可自由设各种课程，允许各种学派自由竞争。学生也有较大的自由权利，自由选修各种课程和科研题目。柏林大学贯彻教学与科研相结合的方针，把讲演、讨论与研究三者结合起来。柏林大学的办学思想影响到世界各国高等教育。

德国高等教育的发展是和德国工业的发展紧密联系的。德国的矿山业、煤炭工业促进了整个化学工业的发展，同时也促进了化学的科学研究。

美国的高等教育受英国、德国的影响很大。在独立战争以前，美国教育主要受英国保守主义的影响，独立战争后又受德国教育的影响，但在发展过程中形成了自己的传统。

美国第一所大学是哈佛大学，由英国移民在1636年创办，以后又建立了耶鲁大学、普林斯顿大学等。独立战争（1776—1783年）以前全国共有9所高等学校。这些学校都是私立的，以英国牛津大学、剑桥大学为模式，办学的目的是培养具有高深学识的传教士和政府官吏，内容重视学术，轻视技术。

独立战争以后，这些学校被人抨击为"非爱国主义"的，非改组不可。政府要求把管理学校的权力归政府，不要由教会来办，同时为了向西部开发疆土和资源，必须培养具有实际本领的人才，但传统的大学不能解决这个任务，所以需要建立新的学校。在这种背景下，华盛顿总统向国会提出创建国立大学。由于美国的政体是地方分权制，因而州立大学就在18世纪末应运而生。州立大学由政府举办，比较重视传授现代科学知识，使大学为州的地方事业服务。例如，杰弗逊为弗吉尼亚州立大学制定的规划，就注意到满足农、工、商之需，不仅注重神科、法科、医科，而且强调数学和自然学科的传授，压缩古典学科的教学。

南北战争以后，由于经济发展的需要，美国又建立了许多专业技术学院，成立最早的是西点军工学院（1802年）和闰斯利尔多科技术学院（1824年）。1862年，林肯总统签署了《毛利法令》（即《赠地法令》），把土地捐赠给学校办学，于是许多农工学院建立起来，培养农业和工业的技术人才。从此，美国的高等教育由重学术轻技术，一改而为重技术。重视职业技术教育就成为美国高等教育的传统。

但是美国并没有放弃学术的传统，它一方面大力发展技术教育，另一方面又加强大学的科学研究。1876年成立的约翰·霍普金斯大学就是一个突出的例子。这个大学以德国柏林大学为模式，致力于培养学术人才。大学的第一任校长吉尔曼和全校教师几乎全在德国学习过，因而受德国大学的影响很深。该大学把重点放在研究院，最初不设本科，而是选拔学有根底和富有才智的人当研究生，延聘造诣深湛的专家学者为教授。实用主义哲学家杜威和美国总统威尔逊等知名人士都出自此校。

为了适应经济的发展，美国在1902年又创办了培养各种职业和技术人员的初级学院，也称社会学院。这种学院由地方创办，与地方事业息息相关。学制短（两年制），学费便宜，学生走读，毕业后去当地企事业单位工作，因此很受当地居民的欢迎。

总结这一时期的各国高等教育的发展，可以发现有以下几个特点。

第一，资本主义工业的发展促进了高等教育的发展。高等教育的教学和科研由纯学术性转入以科学技术为中心。高等教育和现代生产产生了紧密的联系，为现代生产培养各种科学人才和工程技术人才。与第一个时期相比，高等教育已经不是脱离社会独立存在的，而是和社会紧密相连，成为社会发展不可缺少的一个部分。

第二，高等学校逐步由政府控制，纳入国家发展的计划中。国立大学、公立大学在高等学校中占了优势，这就加强了教育的计划性。

第三，教学内容由古典人文科学为主，转入以自然科学为主。

第四，高等教育的体系日趋完善。许多国家建立了研究生制度，培养更高一级的专门人才。可以说，现代高等教育是在这个时期建立起来的，现代教育是现代生产的产物。

（三）20世纪40年代中期到现在，也即第二次世界大战以后，是高等教育大发展大改革的时期

第二次世界大战以后，世界的政治形势发生了巨大的变化。一批社会主义国家建立起来，特别是占世界人口约1/4的中国人民站起来了。中华人民共和国的建立，改变了世界政治力量的对比。许多过去的殖民地和半殖民地都纷纷宣告独立，建立起独立的民族国家。资本主义国家内部，民主运动高涨，他们要求政治民主化、教育民主化，要求各阶层人民有受教育的均等权利。这一切都影响了各国高等教育的发展。

第二次世界大战，一方面，使几个先进的工业国家如德国、日本、法国的经济受到严重破坏；另一方面，在战争中因军事需要而发展起来的新的科学技术推动了生产力的发展。战后，许多军事工业技术转入民用工业，促进了资本主义国家经济的空前发展。国际竞争由战争转为经济实力和科学技术力量的竞争。经济的发展又促进了教育的发展，"人力资源的开发"被作为高速发展经济的条件在20世纪60年代提出来。

除了政治经济形势外，战后影响各国高等教育发展和改革的还有一个极重要的因素，就是科学技术的迅猛发展。现代科学技术的迅猛发展，首先使科学知识在短时间内急骤增长，人们称之为"知识爆炸"。"知识爆炸"又带来了知识陈旧周期加速，这就造成现代生产的技术，不断革新。因此，工程技术人员和劳动者如果不掌握先进的科学技术就不能适应现代生产的要求。科学研究的高度分化和高度综合是当代科学技术发展的重要特征。早期的自然科学，学科门类比较简单，而现代自然科学的学科划分越来越细。自然科学的研究越向微观世界发展，就越趋向高度分化。但是自然界是统一的整体，随着人的认识的不断深化，科学技术的综合化、总体化倾向越来越明显，学科之间互相交叉，产生了许多边缘学科。近几十年来出现了许多综合性科学，如环境科学、能源科学、生态科学、材料科学、海洋科学、空间科学等。科学技术的高度发展要求高等教育不断改革，以适应新形势的要求。

早在战争结束之前，各国政府就开始着手进行教育改革，以适应战后形势发展的需要。例如，英国于1944年通过了教育部部长巴特勒提出的《教育改革法案》；法国于1944年成立了以郎之万为首的教育改革委员会，并于1947年制定了《教育改革方案》。虽然该方案并未实现，但对法国战后教育的发展有重大影响。战后，美国、日本、德国、苏联等国都对高等教育进行了多次改革，使高等教育经历了一个大发展、大改革的时期。那么，战后高等教育的发展有哪些变化呢？

第一，高等教育的规模有了很大的发展，由"尖子教育"变为"大众教育"。在高等教育发展的第二个阶段，尽管在资本主义国家高等教育已经有了较大的发展，但发展很缓慢。即使到20世纪50年代，高等学校的就学率，除美国以外，都没有超过同龄人的5%。高等教育一直掌握在资产阶级手里，成为培养统治人才的"尖子教育"。战后，经过20多年的发展，高等学校的就学率在几个工业发达国家普遍超过了20%。70年代中期美国的就学率达到45.2%，日本为38.4%。高等学校已经不是少数人受教育的地方了。

但是，高等教育发展到20世纪70年代初似乎已达到顶点，以后发展的速度明显地降下来。其根本原因是1973年开始，随着石油危机，世界性的经济危机爆发了，生产萧条，造成大学生数量过剩，毕业即失业成为西方世界严重的社会问题。同时，战后大量急需科技人才的高潮已经过去，战后人口出生的高峰也已过了大学教育的年龄。种种原因使得高等教育的发展停滞下来。

高等教育的大众化改变了高等教育的传统概念。

首先，过去只有具有高中毕业程度的一定年龄层（18～22岁）的青年才能进入高等学校，超过这个年龄或者没有高中毕业学历的就不能再上大学。但是今天这个限制被打破了，各个年龄层的人，不论什么职业，甚至家庭妇女，都可以进入高等学校学习；学历也不再是进入大学的障碍。高等学校的招生对象扩大了。

其次，改变了高等教育的任务和职能。当高等教育处于"尖子教育"的时代，它的职能仅仅在于培养少数上层统治人物。现在，高等教育主要是培养一般的管理人员和科学技术人员。同时，高等教育已经逐步纳入终身教育的轨道，它不仅使人们获得某种专长，以便将来找到一种职业，同时也使在职人员能够接受再教育，以提高自己的专业水平或取得新的专业。

最后，高等教育的大众化改变了高等教育的统一标准。高等教育内部存在着各种水平，这种水平的差异不仅由于各种高等学校的层次和类型不同，还由于各种学校的教育水平和条件的悬殊，因此，高等教育的大众化表面上改变了过去的"尖子教育"，但实际上"尖子教育"依然存在。特别是在英国和美国。英国的牛津大学和剑桥大学仍然是少数有地位、有才华的人会集的地方。美国有3 000多所高等学校，但有极少数高居于其他大学之上。正如英国的埃里克·阿什比说的，美国"高等教育是敞着大门的。上大学犹如参加障碍赛跑，凡是想参加竞赛的人都可以参加；但是，由于不同大学的水准不一，竞赛者可以选择是升入有国际地位的大学参加困难的赛跑，还是进入要求比较稀松的学校参加比较容易的赛跑"。因此，高等教育的内部打破了传统的统一标准，出现了水准不一的分化。也就是说，过去在中等教育阶段的分化，现在延伸到了高等教育阶段。

高等教育的大众化也带来许多问题，具体可参见《八十年代国外教育发展的展望》一文，在此不赘述。

第二，高等教育结构出现多样化和多层次化。高等教育的大众化和结构的多样化是分不开的。没有多样化，就不可能实现大众化。高等教育结构的多样化表现在高等学校的类型上。近几十年来各国陆续建立了一批新型的高等学校，改变了过去由大学和学院组成的单一的高等教育结构。这种新型的高等学校是专科学校、短期大学、广播函授大学、开放大学等，打破了四年以上的长期制的单一类型。这种专科学校和短期大学受到社会的欢迎，因为它学制短，职业性强，毕业后容易找到工作，所以20世纪60年代以后发展很快。

高等教育结构的多样化是大势所趋，单一化的道路是走不通的。日本战后改革高等教育，把旧大学一律改变为四年制的新制大学，但不久感到四年制的大学不能适应高速度发展经济的需要，到20世纪60年代只得承认战后暂时保留的短期大学，并建立了高等专门学校培养工业的中级技术人才。1976年又建立了专修学校，培养各种职业的人员。

只有苏联的高等教育结构有点特殊，它保留了综合性大学和学院两种类型，都是长期的高等教育。同时发展的业余高等教育（函授和夜校）也是长期的，水平与全日制是统一的。但是，从中学后的教育结构来讲，它也是多样的，中等专业学校和中等职业技术学校都要在完全中学教育的基础上再经过1～3年的专业教育，其水平相当于其他国家的短期大学和专科，不过他们不把它纳入高等教育而已。

高等教育的多样化，造成了多层次化。过去高等教育只有两个层次，即本科生和研究生，现在变成三个层次：短期大学和大学前两年为第一层，这是基础教育阶段；大学后两年为第二层，即专业教育阶段；研究生为第三层，即深造阶段。

第三，培养目标和学校任务有了变化。总的来说，高等教育培养高级专门人才这个目标没有变化，但对高级专门人才的要求和规格发生了变化。高等教育发展的第一个阶段主要是培养高深学识的传教士和政府官吏，第二个阶段主要培养工程技术人才。但是这种工程技术人才的培养和高深学术人才的培养是通过两种不同的途径进行的。前者由工程技术学院培养，后者由综合性大学培养；前者是专业面窄的专家，后者是通才。而且工程技术学院的地位比综合性大学低。第二次世界大战以后，科学技术的发展，要求把这两者结合起来，两条途径也逐步结合起来，特别是对工程技术人才的要求有了较大的变化，要求他们有比较宽厚的基础知识。例如，美国麻省理工学院的教育计划中规定学生要"充分掌握基本原理，授予对自然现象和社会现象的适应性和洞察力，给予学生继续学习的学习习惯和对学习具有全面系统的创造性能力，从而在激烈变化的社会中，无论在职业方面还是人性方面都能有所发展"。威斯康星大学提出："不再培养株守一隅的狭隘的专家，而要为它的全体学生提供关于环境问题的广泛的普通教育，不管这一学生的学业领域或职业前途如何。"法国学者指出，高等教育应培养"既有广阔得多的视野，又对某些新的问题或新的设想有高度造诣，不受学科的历史界限束缚的人"。

苏联过去的高等学校的培养目标是很狭窄的。当时他们提出要培养比较专的，能在某个部门担负一项具体工作的所谓"现成"的专家，他们学的是"开处方"式的知识和有关技能。到20世纪50年代，他们认为专家"开处方"式地解决部分技术性问题已经不够了，而需要带有研究性，系统地解决生产工艺上的问题，于是，他们十分尖锐地提出专家在职业上的机动性和适应性问题，以后又强调向"宽广""高深"的方面发展。1972年，苏共中央和部长会议通过的《关于进一步改进高等教育的措施的决议》强调，为了适应现代化生产的需要，要"着重注意知识面宽的专门人才"。1972年，叶留金在第三届教育、高等学校和科研机关工会中央全会上讲："今天高等学校的毕业生不仅是将在20世纪，而且也是在21世纪初期的生产部门里工作的专家。他们在高等学校里获得的知识，应当使他们能够在这些遥远的年代里都有效地进行工作。"他同时提出"高等学校的任务是培养具有广泛专业知识的专家"。

这种专家是什么样的呢？叶留金在1980年2月全苏高等教育工作者大会上做了说明，有如下三个方面的要求。

首先，深入掌握现代科学及其马列主义科学方法论。具体包括：①创造性地掌握各门专业学科；②在基础科学领域有严格的训练；③有不断更新和充实自己的知识的能力。

其次，能很好地掌握国民经济相应部门发展的条件和趋势。具体包括：①能清楚地想象社会向他提出什么样的任务和目标，并知道用什么方法达到这些目标；②有广泛的职业眼界和有效地组织生产、管理劳动集体的活动所必需的知识和技能。

最后，具有高度的创造潜力，对新事物敏感，做事认真，有独立精神，能够在实践中积极掌握生产、科学、技术和文化中的先进知识。

专家要具有多方面的职能，应是生产工作者、科学工作者、宣传教育工作者。

培养目标的变化，也引起高等学校任务的变化。前面讲过，过去，高等学校的任务比较单纯，主要是传授人类积累起来的文化科学成就，培养专门人才。今天，任务比较复杂了，除了上述任务外，还要开展科学研究。首先，这是因为当代科学技术迅速发展，高等学校不开展科学研究就不可能提高大学的水平和保证大学生的质量。其次，现代科学研究大多是跨学科的，高等学校系科齐全，人才济济，最有条件搞跨学科研究。最后，培养研究生的任务越来越大，要培养研究生和科研干部，就必须开展科学研究，因此，高等学校应该成为科研中心。

高等学校已经逐渐纳入终身教育的轨道，不仅为青年人培养一种职业技能，而且为成年人继续学习，培养第二种职业提供场所。

第四，课程改革兴起。高等学校的培养目标和任务的变化影响到教学内容的变化。进行课程改革是当前提高教学质量的重要途径。近年来有以下几种趋向。

首先，加强基础学科教学。在当代科学迅猛发展的时代，一个学生要在短短的求学期间掌握全部现代科学知识是不可能的。只有扎实地掌握基础学科知识，才能以不变应万变。因为基础学科知识是最稳当、持久，不易老化的部分，基础打好了，学习专业就有了底子，将来专业的变换也就比较容易。过去认为，中学是进行基础教育，高等学校是进行专业教育，现在这个观点在改变，认为高等学校的第一阶段也应该为专业打基础，因此，把它称为高等教育中的基础教育阶段。专业教育向后推迟了，但是基础课的设置，各国不尽相同，美国广而杂，苏联则主要围绕专业的需要设置。

其次，文理课程互相渗透。理工科系开设文科课程，文科系开设理科课程，但也不能绝对化，各国情况有很大不同。美国在自由主义思想指导下，课程比较复杂。苏联则是另一种情况。如莫斯科大学哲学专业要学习高等数学、普通物理、化学、生物、高级神经活动的生理学等课程；法律系和新闻系设数理逻辑等；工科学生则要学组织管理、经济核算、劳动保护等方面的知识，因此，要学劳动立法、工程心理学、工业设计、专利注册、办公室工作和办公机器、各种技术情报和目录系统、环境保护等方面的课程。

再次，增设选修课。苏联高等学校过去不设选修课，近几十年来也开设一些选修课，但所占比重极小。

最后，课程综合化。许多国家都在搞实验，如日本的筑波大学、广岛大学的综合科学部；英国的苏塞克斯大学也废除了旧的科系，实行新的学科组合。但什么叫课程的综合，我们现在还了解得很少，还没有搞清楚。

第五，教学方法进行了改革。过去，高等学校很少研究教学方法，只要是有学问的人就可以当大学教授。近年来，许多国家都重视高等教育的研究，要求高等学校的教师懂得教育学、心理学，懂得如何发展学生的能力。苏联近几年连续出版了几本高等教育理论的书籍。教学方法有改进，主要表现在以下方面。

首先，加强实验室操作和课堂讨论。文科一般讲课占50%～60%，理工农科讲课占35%～50%，其他是实验室操作和课堂讨论，从表1中的莫斯科大学物理系和鲍曼高工机器制造专业的教学安排可见一斑。

表1　莫斯科大学物理学和鲍曼高工机器制造专业的教学安排

学校科系	讲课	实验室操作	课堂讨论
莫斯科大学物理系	40.4%	32.7%	26.9%
鲍曼高工机器制造专业	55.2%	18.2%	26.6%

其次，提倡问题教学法。由老师提出课题，创建问题情境，提出该课题已知什么、不知什么，提供解决问题所必需的知识，大学生进行研究性探索，最后得出结论。

再次，加强大学生的独立工作和科研能力。鲍曼高工机器制造专业学生独立工作的时间较多，在五年半的时间里要求学生从第五学期起就搞设计，每个学期一次设计，围绕所学的内容。现在苏联已有330所高校设立了学生设计处，最近还提出"教学工作科研化""科研工作教学化"的口号，即把教学变成运用科学研究的方式、方法进行，开展大学生的科研工作，同时把科研工作变成教学结合并在教学过程中进行，科研题目和教学课程相适应。

最后，加强教学和实践的联系。工科院校特别重视生产实习，要用13%～15%的时间进行实习（25～30周），通常要进行3～4次。整个实习期间，学生要从一个车间到另一个车间，熟悉各个生产环节和整个工艺过程，担任各种不同的职务。德国也很重视生产实习，工科大学生必须实习26周。

关于国外高等教育的情况，我们了解得还很少，研究得还不够深，只是一知半解。以上情况不一定准确，只供大家参考，并请批评指正。

我国比较教育学发展的历史和今后的任务[*]

在我国近代，学习外国教育始于清末的"洋务运动"。第二次鸦片战争以后，外国侵略势力进一步侵略中国，中国的民族资本主义也逐渐有所发展，清朝封建统治集团内部有一部分代表封建大地主的地方军阀官僚向买办转化，要求办"洋务"、兴"西学"。虽然遭到封建贵族顽固派的反对，并于甲午战争后，"洋务运动"完全破产，但是在当时"内忧外患"的严重局势的威胁下，顽固派也逐渐地接受了一些洋务派的意见，在封建统治教育方面做了一些改革，办起了一些新学校，派遣留学生到外国学习。这些留学生回国就带回了一些西方的办学思想。例如，容闳是我国近代最早的受过美国高等教育的知识分子之一，他回国后成为改良主义教育的代表人物。他主张中国要想独立富强，就应当学习西方资本主义国家的教育。其他如梁启超、严复等都曾介绍过外国的教育经验。严复还翻译了19世纪英国资产阶级教育家斯宾塞的《劝学论》（即《教育论》）。在义和团运动前后，国人从日本翻译和介绍了不少有关日本和欧美各国教育制度的文章，如1901年由湖北教育部门编辑的《师范讲义》4册，就详细介绍了德国、法国、美国、英国、日本等国各级各类教育制度。1902年，白作霖还从日本翻译了《各国学校制度》

---

* 原载《中国教育学会通讯》，1985年第2期。

等。这些著作对清末废科举、建立新教育制度影响很大，但是，这个时期还不能说有什么比较教育的研究。

真正开始比较教育的研究是在20世纪五四新文化运动以后。十月革命一声炮响，惊醒了中国的知识分子，使他们觉悟到，学了几十年的西学，办了几十年的新学校，国家依然如故，文化教育仍旧落后，中国只有走俄国革命的道路，教育也需要走俄国人的路。李大钊同志在1919年2月北京《晨报》上提出劳动教育问题，主张劳动者必须有受教育的机会，以后在《新青年》的"俄罗斯研究"的专栏里，又陆续刊登了《苏维埃的平民教育》《苏维埃的教育》《俄罗斯的教育状况》《革命的俄罗斯学校和学生》等文章，报道俄国教育的情况。另外，在共产党领导下，工人中办起了劳动补习学校、工人夜校等，大众教育在劳苦大众中发展起来。与此同时，以封建买办阶级为另一方，也在竭力推销西方的物质文明和教育思想。1919年，美国实用主义教育家杜威来华宣传他的实用主义教育学说。继杜威之后，孟禄又于1921年9月来华讲学，宣传"教育救国""科学救国"的思想。以后美国教育家麦柯尔、柏克斯特和克伯屈等都先后来华，对当时的中国教育产生过不小的影响。在这个时期，由于国际交往的频繁，我国开始有些学者从事比较教育的研究和教学，并出版了一些书籍，如1929年出版了庄泽宣著的《各国教育比较论》；罗延光和韦懿曾把美国比较教育家的《比较教育学》（1933年版）译成中文，作为大学教科书；罗延光还著有《最近欧美教育综览》。常守之是一位热心研究外国教育和比较教育的学者，他从20世纪30年代开始，先后编著了《比较教育》《各国教育制度》和《德法英美四国教育概观》等书；钟鲁斋教授著的《比较教育》（1934年）在大学丛书里享有盛誉。上述比较教育著作在中华人民共和国成立前，对于比较教育学的教学和研究起了一定的作用。

新中国成立以后，我们主要是学习苏联的教育经验，完全排斥了对其他国家教育情况的研究，比较教育学这门学科也就停止了研究和教学，直到1961年在周恩来总理的倡导下，才又重新重视对外国教育的研究。北京师范大学和华东师范大学等校都相继成立了外国教育研究机构，出版了《外国教育动态》杂志。但是这个时期还属于积累资料的阶段，还没来得及开展比较研究，"文化大革命"就开始了。教育科学遭到了严重破坏，更不用说比较教育了。"文化大革命"以后，张开眼睛，放眼世界，我们发现自己在文化教育上与世界各国的差距拉大了，重新感到比较研究外国的教育刻不容缓，这门学科又重新被放到高等教育的课程表中。但是，几十年的停顿使我们感到起步的艰难。为了建设一门科学的比较教育学，还有许多工作需要我们去做。

第一，要用马克思列宁主义的观点分析比较世界各国的教育。比较教育学这门学科在西方已很发达，研究的方法也渐趋科学。但是，我们不能不看到由于资产阶级世界观的局限性，西方比较教育学这门学科还没有真正建立在科学的基础上，许多学者对世界教育现象的分析是唯心主义的，因而不可能真正揭示当前教育发展的基本规律和发展趋势。例如，对战后几十年来资本主义国家教育的爆发性发展和近年来出现的教育危机，他们就不能做出正确的解释。有些比较教育学家一方面吹嘘资本主义国家，特别是美国教育的"繁荣"和"民主"；另一方面故意诋毁社会主义国家的教育制度和成就。他们在论述发展中国家的教育时，不敢分析过去殖民地国家文化落后是帝国主义掠夺造成的结果。他们不能用历史唯物主义的方法来分析教育与社会政治、经济的关系，也就得不出正确的结论。因此，要建立我国社会主义的比较教育学，就必须用马克思列宁主义的观点来改造这门学科，创造真正科学的研究方法。

第二，要认真调查研究，积累资料。由于研究工作中断了几十年，我们对外国的教育了解得很少，资料极不齐全。近几年来虽然许多学者出国访问和参加国际会议，但了解表面的、局部的现象较多，全面的、深入的调查研究还很不够，因此，需要下一番功夫做细致的调查研究。首先从书面资料着手，然后结合实地考察，把实地情况和书面资料对照研究。为了进行几个国家的比较研究，先要把每个国家的基本情况、整个教育体系，以及它的教育理论和实践都摸清楚。因此，比较研究要和国别教育的研究结合起来，也就是说，要把区域研究和问题研究结合起来，才能把问题分析得透彻。

第三，要进一步扩大研究的范围。《比较教育》一书主要比较研究了六个工业发达国家的教育，但是作为具有国际性的比较教育学这门学科来说是远远不够的。六国教育只能代表工业发达国家的教育类型，而当今世界无论从国家的数目来说，还是从人口的多寡来说，大部分属于第三世界，它们的教育的发展关系到世界形势的变化和人类的未来，但是，我们过去对第三世界的教育了解得更少，也可以说是比较教育研究工作中的空白。填补这个空白，就是我们今后的任务。

第四，比较教育研究要向纵深发展。《比较教育》一书只比较分析了六国的教育制度，也只研究了教育的宏观世界。要探索教育的规律，还要深入教育的微观世界，深入比较研究各国各级各类学校的教育内容和方法。开展这项研究，需要从事各种教育的专家来参加才能办得到，因此，比较教育的研究不能只是少数人去做，每个学校、每个专业的教师都可以结合自己的专业开展这种研究，建立各种比较教育的分支。

第五，开展比较教育研究的目的是增长知识，扩大眼界，从别国的教育理论和实践中找到教育发展的共同规律和特点，作为发展我国教育事业的借鉴。因此，我们不仅要比较外国的教育，而且要把外国教育和我国的教育加以比较，分析研究出适合我国情况的教育经验，供广大教育工作者参考。这项工作也有待于我们今后的努力。

（本文是作者为《比较教育》修订本所写的最后一章的最后一节）

谈谈我国比较教育发展中的几个问题[*]

上一届比较教育年会是1983年3月在长春召开的，至今已过去了3个年头。在这三年中，我国社会发生了深刻的变化。城乡经济体制的改革带来了经济的繁荣，同时提出了大力发展教育事业的迫切要求。1985年5月，《中共中央关于教育体制改革的决定》反映了我国社会主义建设的客观要求，制定了在20世纪内我国教育事业发展的蓝图。这是我国教育发展史上的一个新的里程碑，具有深远的意义和影响。中共中央的决定给教育研究工作者提出了一系列的问题，需要我们认真研究，提出意见和方案，使决定中规划的蓝图能够具体付诸实现。《中共中央关于教育体制改革的决定》指出："教育体制改革要总结我们自己历史的和现实的经验，同时也要注意借鉴国外发展教育事业的正反两方面的经验。特别是在新技术革命条件下，一系列新的科学技术成果的产生，新的科学技术领域的开辟，以及新的信息传递手段和认识工具的出现，对教育产生了重大的影响，发达国家在这方面的经验尤其值得注意。要通过各种可能的途径，加强对外交流，使我们的教育事业建立在当代世界文明成果的基础之上。"这就对我们比较教育工作者提出了具体的任务。

我国比较教育的研究工作如果追溯到20世纪60年代初期，至今已有

---

* 原载《外国教育》，1986年第6期。

20多年的历史，但是"文化大革命"把比较教育的研究摧残殆尽。从1976年恢复至今，刚好整整十个年头。在这十年中，我们的队伍壮大了，从开始时的几十人发展到现在的550余人的研究队伍。更可喜的是，我们的队伍里不仅有老一辈的比较教育学家，同时成长了一批年轻的比较教育工作者。现在全国已有20多名比较教育硕士，20名研究班毕业生，还有30多名研究生正在攻读硕士学位。几年来，我们编写出版了大批科研成果；翻译了数百种外国教育书籍；仅公开出版发行的属于比较教育性质的刊物就有5种，没有公开发行，只在内部交流的杂志更是不计其数；比较教育作为一门课程已普遍地在高等师范院校教育系开设；全国已有比较教育博士授权单位3个，硕士授权单位7个。这一切说明，比较教育研究在我国已经迅速地发展起来。但是与《中共中央关于教育体制改革的决定》的要求相比，距离还很远。我们的工作仅仅是一个开端，今后还需要做艰苦的努力，才能真正为发展我国的教育事业提供国外的经验。为了使我国比较教育研究工作进一步深入发展，我就几个问题谈谈个人的看法，不妥之处，请同志们批评指正。

一、关于比较教育研究的目的

人类的任何一项活动都是有目的的，比较教育研究当然也是有目的的。问题是各个国家的各种流派追求的目的不同。日本冲原丰教授在他的《比较教育学》一书中列举了比较教育学的三个目的：一是掌握本国教育的特性；二是推动教育改革；三是探讨教育规律。我是十分赞同的。但是我认为，归结起来还是一个目的，就是推动本国教育的发展和改革。掌握本国教育的特性也好，探讨教育规律也好，都是为了使本国的教育得到发展。教育科学有一个共同任务，就是探索教育的规律。只是教育科学的各个分支是从不同的角度研究教育规律的。比较教育与其他教育学科不同的是，它不是从本国的教育现象中发现教育规律，而是从对不同国家教育的比较中探索教育的规律，目的是促进本国教育的发展和改革。

明确这个目的是十分必要的。这个目的明确了，就生发出比较教育研究的指导原则，即理论联系实际的原则。我国的教育体制改革提出了许许多多问题，需要我们去研究。我们研究比较教育，不能是为研究而研究，而是从我国教育体制改革的实际出发，从宏观到微观，做系统的、周密的调查研究，了解外国在这些方面有哪些经验。例如，实施义务教育的问题，工业发达国家在一百年以前开始实施，到20世纪初普及了初等教育，以后又逐步把义务教育年限延长，现在已基本上普及了中等教育；民族民主国家在宣告独立以后，也把普及义务教育作为重要的政策，至今也经历了三四十年的时间。这些国家有的在普及义务教育方面取得了较大的进展，有的则进展缓慢。如果我们系统地研究发达国家在实施义务教育方面有哪些经验，研究它们怎样根据自己的国情，采取了哪些措施，最后取得了普及义务教育的成功；如果我们再系统地研究一下民族民主国家在实施义务教育方面的情况，他们取得成功的经验和遇到的困难，并且加以比较分析，我们就可能找出一些实施义务教育方面带规律性的东西。这样再结合我国的国情，研究制定我国实施义务教育的政策和措施，就会使我们少走弯路，缩短普及的时间。

我们比较教育工作者曾经配合教育行政部门对我国教育改革中的问题做过研究，提出过好的意见。例如，关于高等学校入学考试问题、研究生入学考试问题、学位制度的建立问题、教师职务聘任制的问题及师范教育等问题，都曾与教育行政部门合作，共同研究和探索，为教育行政部门制定政策提供了大量的背景材料。这种研究既为我国的教育改革提供了外国的经验，又反过来促进了比较教育对某一专题的深入研究。因此，理论联系实际的原则是比较教育研究的生命线，只有坚持这个原则，比较教育才会得到人们的重视，才能得到较大的发展。我们今后要坚持这个原则，继续研究我国教育改革中提出的理论问题和实际问题，继续与教育部门合作，把研究工作更深入一步。

二、扩大研究领域

过去几年里，我们的研究工作主要局限于六个工业发达国家的教育，即美国、苏联、英国、法国、德国和日本，对第三世界国家的教育研究得很少。六个工业发达国家的教育是比较先进的，它们在促进本国经济发展中起着重要的作用，是值得我们研究的，今后仍应将它们作为主要对象国来研究。但现在看来，光是研究这几个国家已经不够了，许多第三世界国家的经济发展状况与我国相似，他们发展教育的经验和教训值得我们重视。举个例子，发展教育的起点和重点问题是优先发展高等教育，尽快培养建设人才，还是优先发展基础教育，为培养人才打好基础，抑或两者并重？这在许多第三世界国家是有经验教训的。又如，派遣留学生的政策和措施，第三世界国家也有许多经验值得我们借鉴，因此，比较教育的研究需要扩大国别的研究。当然，限于我们现有的条件，不可能对所有第三世界国家的教育都研究，但要有选择地、系统地研究几个国家，特别是与我国情况相似的亚洲国家。这是从横的方面来讲的。

从纵的方面来讲，我们研究的问题也需要扩大和深入。前一个阶段我们从宏观上研究各国的教育制度和政策比较多，当然也有不少同志研究了当代教育思想，介绍了当代教育改革中有影响的流派和著名教育家的思想和著作，但总的来讲，还是研究教育制度和政策的比较多。这也是十分必要的。因为一个国家只有从宏观上建立起合理的教育制度，才能充分发挥教育的社会效能，才谈得上教育微观的改革。同时，我国教育体制改革刚刚开始，教育结构还没有完全理顺，教育立法需要逐步建立，很需要借鉴外国的有益的经验。而且，对于各国教育制度和政策的研究也不是说已经研究得很透彻了，相反，还很不透彻，还需进一步深入研究。但是，从整个比较教育研究来讲，还有必要扩大开去。这是因为宏观的教育制度的改革与微观的教育教学工作的改革是互相联系、互相影响的。教学内容、课程的改革往往也会引起教育制度的变化。纵观近几十年来世界各国的教育改革，在教育制度方面的变化不是很大，但在教育内容、课程、教学方法上的变化很大。因此，我们的研究工作有必要更深入一步。我国教育改革的现实也向我们提出了这种需要，我们现在也具备了开展这种研究的可能性。现在高等学校里建立起来的几百个高等教育研究室，都把比较研究各国与本校相关的专业作为自己的研究对象。许多院校已经积累了大量资料，对本专业领域里的问题进行了较深入的研究。还有不少师范院校各科教材教法的老师，正在对各种教材进行比较研究。他们的研究应该纳入我们比较教育范围之内，这样就可以壮大我们的队伍，丰富我们的研究成果。因此，我们应该提倡比较教育工作者和其他学科的研究工作的合作。我们为他们提供国外的资料和经验，提供比较教育方面基本理论知识；他们帮助我们深入各种专业领域，使比较教育研究的领域更加扩大和深入。

三、改进研究方法

任何学科都有自己的研究方法，比较教育也不例外。比较教育的研究方法是什么呢？国外比较教育学家做过许多研究，有过许多流派。历史法、因素分析法曾经统治过较长的时期。20世纪60年代末，美国诺亚和埃克斯坦合著了《比较教育科学的探索》一书，探讨了科学的比较研究方法，创立了验证假说的比较方法，企图运用自然科学的方法来研究比较教育。他们具体论述了验证假说法的5个步骤：确定假说；使概念指导化；选择事例；收集数据；运用数据验证假说。且不说诺亚和埃克斯坦的验证假说法是否科学，运用自然科学的方法研究教育现象是一大进步。70年代以来，系统论、信息论、控制论逐渐地应用到社会科学研究方面，使得社会科学的研究更科学化，更具实证的性质。比较教育研究对于采用自然科学的方法，应该采取积极的态度，认真研究如何科学地、有效地分析当代教育现象。这方面的工作，我们做得很少。老一代的比较教育学家，由于过去局限于社会科学方面的知识，运用新的自然科学的研究方法已经有相当的困难，因此，我们寄希望于年青一代的比较教育研究工作者。希望他们能够在学习比较教育时，在加强教育基础理论知识学习的同时，注意学习自然科学的研究方法，学习运用现代化科学技术来研究比较教育。我们还要特别欢迎学习自然科学的青年同志投入我们比较教育研究的行列。

但是，我在这里还想特别强调，不管采用什么具体方法，决不能抛弃马克思列宁主义这个最基本的方法论。西方比较教育学家虽然在方法论上做了多种研究，但是由于世界观、社会观的局限，西方比较教育学这门学科也还没有真正建立起科学的方法论，许多学者对世界教育现象的分析是主观主义或者经验主义的。科学研究需要定量分析，但量化的目的还是确定事物的性质，找出事物的规律。因此，有了数据还需要有一定的立场、观点来分析这些数据。马克思列宁主义就是给我们一个正确的立场、观点和方法分析事物的矛盾，得出正确的结论。我们要建立社会主义比较教育学，就一定要坚持马克思列宁主义的方法论。为此，我们要加强马克思列宁主义的理论学习。我们不能满足于介绍国外教育的情况，罗列世界教育的现象，而是要对国外教育做深入的研究，要有理论依据。因此，提高我们自己的理论水平是当前比较教育研究深入发展的重要条件。

四、加强分工协作

经过几年的努力，我们对外国的教育情况，特别是六个工业发达国家教育的情况已经有了一个较为全面的了解，但无论是从横的方面还是从纵的方面来讲，都还不是很透彻。也就是说，我们对一个国家的教育的系统研究还不够。其中一个很大的原因是我们对外国教育的资料积累得不系统、不全面。积累资料是比较教育研究的基础工程，但是过去我们重视得不够。有些同志甚至轻视这个工作，不愿意做这个工作，愿意见到一点东西就写一点东西。这样下去，我们的研究工作只能像湖中浮萍一样，缺乏根基，是不能长久的。目前比较教育的研究已经遇到了这个问题，由于资料不齐全、不系统，研究工作深入不下去。因此，系统地积累资料，搞好基础工程，是比较教育研究的当务之急。

资料工作是大量的，如果再追溯一下历史，那么资料就更多了。这种资料绝不是一个人就能做起来的，需要大家都来做。做资料工作的同志固然要做，做研究工作的同志也要来做。光靠一个单位做是不够的，需要许多单位分工协作，共同来做资料建设工作。例如，我多年以前就设想，为了研究苏联教育，能不能把苏联十月革命以后，特别是战后苏联教育的资料系统地整理一下？北京师范大学外国教育研究所做了两部苏联教育法令汇编，这是一项基础工程，为研究工作者提供了方便。但是还不够，能不能把法令的背景材料也做成集子？例如，每次教育改革的背景、群众的舆论、教育中的问题、领导人的讲话、报刊的社论等，都收集起来。这个工作量当然是很大的，我们可由近及远，先把最近几年的收集起来，然后追溯到以前。这是一项大工程，绝不是哪一个单位能承担得起来的，需要大家协作。我建议这届年会以后，几个比较教育研究机构，分别选择一些国家牵头，把这些国家的资料系统地整理一下。

比较教育的研究更需要共同协作。因为比较教育是一门跨国家、跨学科的学科，但是由于外语条件和其他知识的限制，个人是很难对某个问题做出深入的研究的，个人研究也需要借助别人的研究成果和资料。

　　我们提倡协作精神。我们研究会就是一个协作的团体，是愿意协作的同志自愿组合的团体，我们是有共同协作的思想基础的，问题在于组织。我希望下一届理事会能研究如何加强协作的问题，做一些大的工程，以利于比较教育研究的发展。

　　以上是我想到的几个问题，和同志们交换意见，不对的地方，请批评指正。

世界教育发展的启示[*]

《中共中央关于教育体制改革的决定》指出："教育体制改革要总结我们自己历史的和现实的经验，同时也要注意借鉴国外发展教育事业的正反两方面的经验。"第二次世界大战结束40多年来，世界各国教育发展的历程确实给我们提供了丰富的经验，值得我们认真地研究和思考。许多教育家认为，战后日本和联邦德国之所以那么迅速地恢复了经济并一跃而成为世界经济大国，教育的普及起着重要的作用。这是有道理的。教育要依靠经济发展为它提供物质基础，反过来，教育的普及又能促进生产力的提高和经济的繁荣，特别是在新技术革命条件下，一系列新的科学技术成果的产生、推广和应用无不需要教育作为基础。

一、世界教育发展的三个阶段

40多年来世界教育的发展，大致经历了两个阶段，现在正在进入第三个阶段。

（一）20世纪50年代至70年代初期，是世界各国教育大发展和大改革的时期

首先，第二次世界大战以后，世界的政治形势发生了巨大的变化。

---

[*] 原载《红旗》，1987年第13期。

一批社会主义国家建立起来，许多殖民地和半殖民地国家纷纷宣告独立，资本主义国家内部民主运动高涨，人民大众要求政治民主化、教育民主化，要求各阶层人民都有享受教育的平等权利。虽然西方资产阶级总是企图压制民主，但战后民主运动还是促进了教育的民主，从而导致了20世纪60年代各国教育的大发展。

其次，第二次世界大战中，因军事需要而发展起来的新的科学技术推动了生产力的发展。从20世纪50年代中期开始，资本主义国家的经济开始进入新的繁荣时期。经济的发展要求教育为它培养人才，"人力资源的开发"被作为高速度发展经济的条件在60年代第一次提出来。于是，中等教育很快得到普及，高等教育也有空前的发展。

最后，战后科学技术的迅猛发展，使学校教育的原有内容远远落后于现实的需要，许多国家的有识之士竭力主张改革教学内容。1957年，苏联第一颗人造地球卫星上天，促进了这次改革的进程。1958年，美国国会通过《国防教育法》，增加教育拨款，重点改进各级学校的数学、自然科学和现代外语的教学；充实各级学校的理科实验设备；确定选拔、培养"天才学生"的办法。为了使教学内容现代化，美国组织了大批科学家和教师编写中小学的新教材。教育现代化运动波及世界各地。

科学技术的重大突破，促进了社会生产的现代化。现代生产需要具有一定文化科学水平的技术工人和各种职业人员。基于这种需要，战后各国都十分重视职业技术教育，并逐步建立起职业技术教育体系。例如，联邦德国的高等专科学校、法国的短期技术大学、日本的高等专门学校等，都是在20世纪60年代建立起来的。

随着新的科学技术成果的不断发展和它在生产上的更快应用，一次职业训练已经不够用了，这就迫使人们不断学习和重新接受训练，以适应生产发展变化的需要。终身教育的思想在20世纪60年代应运而生。广播、电视等大众媒介的发展，各种类型的学校，包括开放大学、电视大学、函授大学等如雨后春笋般开办起来，全日制高等学校也为成人开放，为成年人提供继续学习的机会。这样，教育的概念无论从时间上还是从空间上都扩大了。

从这个时期的情况可以看到，教育的发展和改革是社会政治、经济发展的客观要求，同时，它又反过来极大地促进经济的发展。美国比较教育学家诺亚曾比较研究了16个经济增长较快的国家和26个经济增长较慢的国家，得出的结论是：教育发展速度超过经济发展速度的国家，经济增长就快；反之，经济增长就缓慢。

（二）20世纪70年代中期到80年代初，世界教育进入困惑期

1973年开始的由石油危机而引发的资本主义世界性经济危机，给资本主义国家的教育发展带来沉重的打击，其主要表现在以下两方面。

一是毕业生就业困难，大学毕业生过剩，失业人口增多。这显然是由经济危机而引起的生产萧条所造成的。

二是教育质量下降。60年代的教育现代化改革一度刺激了教育质量的提高，培养了一批优秀人才。但是，教育现代化也带来了某些消极影响。在编写新教材时，编者只注意把新的科学成果编进去，忽视了学生的接受能力，新教材内容偏深、偏难，再加上某些偏颇的教育思潮的影响，学生的基础知识反而削弱了。中小学教育质量下降，影响到高等教育的质量和职工的素质。1983年4月，美国高质量教育委员会经过18个月的广泛调查，发表了一封告美国人民的公开信，题目叫《国家处在危险之中：教育改革势在必行》。信中警告说，曾一度被美国占据的商业、工业、科学和技术方面的毫无疑义的领先地位，现在已被世界各国的竞争对手夺走。美国正面临着危险的处境，其主要原因是美国社会的教育基础正在削弱。

从这个时期教育发展的情况可以看到，经济仍然对教育的发展起着

制约作用。虽然经济危机给人们带来了某种失望情绪，但是政治家、企业家、教育家依旧非常重视教育，企图通过教育的改革来培养新的科技人才，促进新兴工业的发展，寻求摆脱经济危机的途径。

（三）20世纪80年代至今，世界教育进入技术革命推动的改革期

当前世界教育发展正进入战后发展的第三个阶段。新的技术革命使科学向着分化和综合两个方向发展。这两个方向表面看来是相反的，但越深入物质的微观世界和宏观世界，就会越加具体地认识物质的统一性，认识各门学科之间的紧密联系。新的科学技术领域的开辟，需要各科学研究部门的相互协作、综合研究。新的科学技术成果在生产和社会生活上的应用，必将引起社会生活的重大变革，这就要求自然科学和社会科学的结合。科学、技术、生产的日益一体化正在改变着劳动的性质和内容，使社会劳动分工发生新的变化，社会劳动日益智力化，逐步变为科学性的劳动。新的信息传递手段和认识工具的出现，扩大了人们的视野。以往的科技革命所产生的机器仅仅是代替或者增强人的体力，而新的技术革命的某些成果增强和代替了人的一部分脑力。新的技术革命带来的社会巨大的变革对教育提出了一系列新的要求。教育向何处去，是当前各国政治家、教育家关心的课题。因此，世界各国都在进行着或正在酝酿着一场新的教育改革。这次改革有许多新的特点。

第一，改革以提高教学质量为中心。1983年美国发表了公开信以后，又于当年12月召开了全国教育质量大会。教育部部长贝尔在会上提出今后五年要实现的四项教育目标：①到1989年，全国50个州的所有中学毕业生都要在中学最后四年学习四年英语，三年数学、科学和社会研究。②到1989年，所有中学毕业生的学术性测验和美国高校测验的成绩都应超过1965年毕业生的成绩。③各州都要提高就学巩固率，降低退学率到10%以下。④各州都要使教师职业更加具有吸引力，使当教师的大学毕业生的起点工资与获得商学或工程学位的大学毕业生的平均起点工资相当；要制定教师的职业阶梯，为有经验的教师制定老教师工资级，使最优秀的教师获得最高工资。

英国在1981年就成立了中学科学课程考察组，计划支付200万英镑，于1986年完成中学科学课程的考察研究，要求加宽高中设置的课程，使学生学习更多的专门知识，打破学习少数几门学术性课程的陈规，以便学生适应将来求职和进一步学习的需要。

苏联于1984年4月公布了《苏联普通学校和职业技术学校改革的基本方针（草案）》，决定延长学制，儿童提前入学，扩大职业技术教育的规模，提高职业技术学校的普通教育水平，也即提高整个劳动者的文化水平。

第二，进一步加强教育同现代生产和实际生活的联系，把教育同生产劳动结合起来。现代模式的教育体系是工业革命以后的产物，教育同生产劳动相结合是现代教育的普遍规律。1981年，联合国教科文组织第38届教育大会讨论的议题之一就是教育同生产劳动相结合。近年来，西方国家的企业和高等学校之间的合作日益密切，在生物工程、微电子和机器人等新技术领域尤其显著。企业以财力支持高等学校建立有关的实验室，学校为企业培养技术人才和开展科学研究。苏联于1986年6月公布了《苏联高等和中等专业教育改革的基本方针》，把实现教育、生产和科学一体化作为高等和中等专业教育改革的重要方针和基本杠杆。在这之前，即20世纪70年代，苏联就开始出现高等学校的科研和教学工作的新的组织形式：教学—科学—生产联合体（又译"校际生产教学联合体"）。在这种联合体的范围内，学校同国民经济企业进行广泛的合作。据统计，到1977年，苏联高等学校已有540多个现代化的专题研究实验室和各部门投资建立的770多个部门实验室。1978年，参加教学—科学—生产联合体的高等学校有77所。

美国、英国、法国、德国、日本等也都加强了高等学校与工业企业的联系。特别是新兴工业企业，积极利用高等学校的智力优势，签订各种合同，研究新的技术和产品，增强企业的竞争能力。

在中等教育方面，"普通教育的职业化，职业教育的普通化"成为当前发展的主要趋势。所谓普通教育的职业化，是指随着中等教育的普及，普通中学已经不能只为升学做准备，也要为学生将来的就业做准备，这就要增强职业教育的内容；所谓职业教育的普通化，是指新的技术革命对劳动力提出了更高的文化要求，职业学校要提高普通教育的水平。近年来，苏联教育改革的最突出的目的就在于此。它要求在扩大职业技术教育的同时，把职业技术学校学生的文化基础知识提高到普通高中的水平；在普通高中加强职业训练，使毕业生有就业的思想和技能准备。职业教育逐渐向中学延伸，以提高职业技术人员的文化素质，也是一种发展趋势。

第三，新兴学科的出现，要求改变学生的知识结构。20世纪60年代，中小学的教学内容进行了一次大改革，使它现代化了。但是科学技术的迅速发展，又不断提出新的要求。有的科学家认为，中小学的教材应该每年一小改，五年一大改，一方面，要把新的科学成果不断充实到教材中去；另一方面，强调精选教材内容，学好基础知识，减轻学生学习负担。近几年来产生了一种电脑热，许多国家开始在中小学普及信息技术。1983年，美国85%的高中、77%的初中拥有一台或数台微型电脑，约有30%的学校使用电脑进行教学。英国为了普及微电子教育，全国5 500所中学已全部配备了一台或数台微型电脑，小学也有一半以上拥有微型电脑。苏联也在急起直追，自1985年9月新学年开始，即对中学高年级学生实施计算机教育计划。

大学生的知识结构也在发生变化，他们既要有宽厚的基础知识，又要有比较高深的专业知识。因此，高等学校的系科结构和专业结构也要相应地变化。总的趋势是：高等学校的本科生教学日益趋向于基础理论的教学，把专业教学推迟到研究生阶段；设置综合化的课程和跨学科的专业等。

第四，这次新的改革普遍重视道德、文化和身体素质的全面、和谐的发展。随着现代化的发展，西方精神生活方面的堕落和青少年犯罪率的增加，使得许多家长担心自己的孩子变坏，呼吁学校加强道德教育。有些问题是资本主义制度决定的，资本主义教育无法解决。尽管如此，道德教育问题已经成为国际教育会议的重要议题。许多国家都在中小学增设道德课和公民课，研究制定学生伦理观念和道德行为的规范。日本临时教育审议会于1986年1月发表的《审议经过概要之三》，提出改善普通教育的着眼点是"尊重每个学生的个性和人格，不但要发展学生的智力，而且应当包括品德、情操在内，使他们成为身心健康、全面协调发展的人"。

第五，普遍重视师资质量和提高教师的工资待遇。世界各国在实现教育现代化的进程中都遇到师资问题。许多新教材不仅学生不适应，教师也不适应。应该说，更主要的是教师不适应，不能把这些新的科学知识深入浅出地教给学生。美国针对中等教育质量下降问题，在全国展开了一场大辩论。许多学者指出，教育质量下降的重要原因是教师质量下降，当前教育改革必须从提高教师的质量入手。为此，美国采取了一些措施：①严格教师的选拔和招聘制度。②加强对教师的在职训练。③对愿意当教师的大学生给予优惠贷款，吸引有才华的学生从事教师工作。④设立优秀教师奖。

可以看出，这次教育改革比以往历次改革都更全面、更深刻。哪个国家采取的改革措施确当，行动果断，就会掌握科学技术发展的主动权，就会增强自己在科技领域内的竞争能力；反之，就将被科学技术的进步抛在时代的后面。

二、世界教育发展历程的启示

从战后世界教育发展的历程中，我们可以得到什么启示呢？

（一）不断提高对教育在现代化建设中战略地位的认识

纵观战后40多年来世界教育的发展，我们可以看到，经济发展是教育发展的基础，它对教育发展的规模和速度、对人才培养的目标和规模提出了自己的要求。同时，经济发展又为教育的发展提供物质条件，我们不能离开现有的经济发展水平而孤立地考虑教育发展的速度和规模。反过来，教育的发展又促进经济的发展。当代各国经济的竞争，实际上是人才的竞争、教育的竞争。在新的技术革命条件下，没有科学技术的参加，没有经过教育训练的各种专业人才，现代化生产就不能进行。正是基于这样的认识，许多国家不仅注意发展教育的规模，而且特别注意提高普及教育的程度（延长普及义务教育的年限），改革教育的内容，使之不仅与经济发展相协调，而且在一些方面要走在经济的前面，为经济的进一步发展做好准备，创造条件。当代教育的任务不仅是把科学知识传授给下一代，实现科学知识的再生产，而且要创造新的科学知识。当代许多新的科学发现和新的技术发明是在学校的实验中首先创造出来的，高等学校已经成为发展科学技术的重要基地。发达国家的许多新兴工业是围绕着学校建立起来的，教学—科研—生产联合体正在蓬勃发展，它有力地促进经济的发展。我们要想在经济上赶上发达国家，实现我们的伟大理想，就一定要看到教育的重要性，要有发展和改革教育的紧迫感，像抓好经济工作那样，抓好教育工作。

（二）大力普及和加强基础教育

发展教育从哪一个层次入手，这是值得研究的问题。日本的经验告诉我们，加强基础教育，提高劳动者的素质，对技术改造和发展经济起了巨大的作用。我们应该吸取他们的经验，在发展高等教育、培养高级专门人才的同时，十分注意加强基础教育。在这方面，战后发展中国家教育的发展也为我们提供了宝贵的经验。许多新独立的民族民主国家，为了巩固政治上的独立和发展民族经济，急需各种干部，因而大力发展高等教育，但对基础教育不够重视，结果是高等教育的发展超过了经济发展的速度，造成部分科技人员失业、知识外流和人才浪费。《中共中央关于教育体制改革的决定》确定我国在20世纪末普及九年制义务教育，这是十分英明、果断的决策。基础教育关系到我国民族的素质，关系到劳动者的质量，也关系到高等教育的质量，必须花大力气贯彻中共中央关于普及九年制义务教育的决定，提高基础教育的质量。

（三）改变教育思想、教育内容、教育方法

认真研究我国教育存在的问题，改变一切与新的技术革命的发展及社会主义现代化建设要求不相适应的旧的教育思想、教育内容和方法。我认为，新的技术革命正在从以下几方面影响着教育。

第一，新的技术革命引起的产业结构和劳动力结构的变化对教育提出了新的要求。现在发达国家中第一产业的工人已经减少到最低数，第二产业工人的比重在下降，第三产业的工人和企业管理人员不断增加。我国的现状正相反，第一产业的农民还占劳动力的大多数，第三产业的劳动力仅占总数的12%左右。这种情况正在并将继续发生变化。教育要适应这种形势的变化，根据经济发展的需要，要大力发展第三产业特别需要的职业技术教育，克服轻视职业技术教育的传统观念。世界各国在发展职业技术教育的同时，不断提高职业技术教育的普通文化教育水平，这是值得我国充分注意的。我们在发展职业技术教育的时候，要防止学生过早地专门化。因为技术进展和经济结构的变化很快，过早地专门化会增加劳动变换和重新培训的困难。同时要注意在普通中学进行职业技术教育，培养学生参加经济建设的思想和劳动技能。

第二，新的科学技术成果的产生，新的科学技术领域的开辟，必然影响到学校的教育内容。我们要继续改革教育内容，使它既反映新的科学技术成果，又符合各年龄阶段学生的认识能力。要开设一些新的课程，如计算机应用、环境保护、法制教育等。但要吸取20世纪60年代世界上许多国家教育发展中的教训，不能削弱基础课程。只有牢固地掌握基础知识，才能更好地适应科学技术的新变化，特别是提高语文、数学、外语这三门基础课的质量。要改变陈腐的灌输式的教学方法，提高学生的学习兴趣和积极主动性。教学改革要从实效出发，不能片面地加重教学内容。从目前的实际情况来看，应该适当降低难度，减轻学生负担，才能使学生学得生动、活泼和主动，真正提高教学质量。

第三，新的信息传递手段和认识工具的出现将改变教育的手段和方法。要充分利用现代教育技术手段来提高教育质量。我国现在因为教育经费短缺，还不可能大规模地使用教学机器和各种先进仪器设备，但有条件的学校要逐步改变几百年来一块黑板一支粉笔的传统教学方法，逐步创造现代化条件，在积极筹划添置仪器设备的同时，要特别注意制作软件。要由教育部门有计划地筹建教学软件发行公司，为学校提供各科教学的软件。

第四，由生产的现代化和社会生活的现代化所引起的思想意识上的变化，需要学校加强思想工作，并改进思想工作的内容和方法。现在世界各国都很重视这个问题。当然，资本主义国家是从他们的利益出发的，是教育学生首先做一个安分守己的好公民，不扰乱资本主义的秩序，但也可以看出，加强道德教育是时代的要求，是提高学生质量的一个重要方面。我国经济体制改革带来了社会主义建设中的许多现实问题，这种变化也同时影响着人们的各种价值观念；再加上实行对外开放，也对学校教育提出了新的要求。要研究在新形势下如何对学生进行思想工作，使学校成为精神文明建设的重要基地。

（四）加强师资队伍的建设，提高教师的质量

重视教育首先要重视教师。学生知识的掌握、智力的发展、世界观的形成，无一不同教师的水平和努力有关。世界各国都把提高教师的工资待遇和业务质量作为提高教育质量的基本条件 。我国目前教师队伍的质量是个严重问题。如果说教育工作有什么突破口的话，那么改变中小学师资队伍的现状就是突破口。这个问题解决了，其他问题就好解决。要改变师资队伍的现状，一方面要靠师范院校培养新的合格教师；另一方面，要使现有教师经过培训都达到合格。这个任务比培养新教师还艰巨。因此，要特别注意加强师范教育，坚决纠正歧视师范教育，把中等师范学校看作低于普通高中、师范院校低于综合性大学的陈腐思想。由于师范院校的经费历来都比综合性大学少，师范院校的设备条件比综合性大学差，使一些师范院校不安心于所谓"师范性"。师范性应是示范性、先进性，今后要在教育经费增长的条件下优先增长师范教育的经费，以便更新设备条件；优先保证师范院校的基本建设，使它发挥潜力，多招新生，补充现在师资队伍的缺额。只有把师范教育办好了，才能吸引有学识的学者到师范院校任教，吸引优秀青年上师范，彻底改变轻视教师的思想。

九十年代世界教育发展的展望[*]

近些年来，世界各国为两大问题所困扰：一是国际经济的激烈竞争；二是环境污染威胁人类的生存。这两个问题都企求通过教育来解决。

20世纪80年代，世界经济的格局发生了很大的变化。正如最近基辛格和中曾根在会谈中谈到的：美苏两极体制已不复存在，欧洲共同体和日本将在政治、经济和军事等所有领域发挥重要作用；日本实际上将成为超级大国，日、美摩擦不断加深。这种激烈的竞争迫使各国的政治家、企业家、科学家不仅要应付当前的问题，而且要考虑未来。各国普遍认为改革教育、提高质量、培养人才、发展科技，是应对竞争的重要途径。

美国卡内基教育和经济论坛在1986年5月的"教育作为一种专门职业"的工作组报告《国家为培养21世纪的教师做准备》中，开头第一句话就说："美国在世界市场上的竞争能力正在减弱，我们竞争对手生产力的增长超过了我们。"接着讲道："很少人觉察到世界经济正处在一个深刻的转折关头，这一转折要求对教育标准做出新的理解，即必须造就一支能够在全球经济中参加竞争且一比高低的高薪劳动队伍。"英国在关于高等教育的绿皮书中也提道："我们国家的竞争对手，正在培养或

---

[*]　原载《中国教育报》，1990年3月24日。

计划培养比美国更多的合格科学家、工程师、工艺和技术人才。繁荣经济需要这些专门人才，方能发挥企业家的才智和支持他们的成就。"其他国家也无不为了竞争而致力于教育改革。

环境污染问题是人们关心的又一个热点。1989年12月初在北京召开的"迎接21世纪教育国际研讨会"上，大家最关心的就是这个问题。会议认为，工业的高度发展带来的最大问题是人类居住的地球上的生态遭到极大的破坏。如果不制止这种破坏，人类将有一天失去居住的条件。因此，要通过教育，让人们认识到关心、保护环境的重要性。

资本主义社会教育质量的日趋下降，青少年吸毒、犯罪率的增长也困扰着各国的教育家。有的教育家提出"学会关心"的口号，说20世纪60年代的教育口号是"学会生存"，现在应该提出"学会关心"。人们，不论是穷人还是富人，都生活在同一个星球上，工业对地球生态的破坏将毁灭人类。因此，大家要互相关心。要教育学生不仅关心自己，而且要关心他人，关心环境。当然，在资本主义激烈竞争的时代，在超级大国实行霸权主义的时代，这种"学会关心"只是一种空想。

对于社会主义国家来讲，还有一个如何抵制资本主义侵蚀、反对"和平演变"的斗争的问题，这也是教育的重要课题。

20世纪90年代世界教育的发展，实际上是在为21世纪的更激烈的竞争做准备，同时也是80年代教育改革的继续。

20世纪80年代各国教育都经历了一系列的改革。改革的中心内容是如何提高基础教育质量和如何使教育适应新的科技进步及其带来的生产变革的需要。它同样有着深刻的社会原因。这就是：一方面，教育经过60年代、70年代的大发展，带来了质量下降的问题；另一方面，资本主义经过70年代的经济危机，到80年代初开始复苏，新的科学技术的发展使生产力又爬上了一个新的台阶。它要求劳动者掌握更高的文化和技能，这与教育质量的下降形成了一个鲜明的反差，教育非改革不可。

1983年，美国高质量教育委员会给全国人民的公开信《国家处在危险之中：教育改革势在必行》发出了第一个信号，同时在美国掀起了一个提高教育质量的运动。卡内基教育和经济论坛评论说："这场遍及全国的改善学校条件、提高学生成绩的运动，其规模之大，可以和美国历史上任何一次类似的运动相比。"苏联于1984年公布了《普通学校和职业技术学校改革的基本方针（草案）》，1986年公布了《苏联高等和中等专业教育改革的基本方针》。日本于1984年成立了临时教育审议会，至1987年结束，连续发表了四次咨询报告，提出在日本实行第三次教育改革。英国、法国也先后提出了许多教育改革的报告，中心的议题都是如何提高教育质量，培养人才，以适应科技发展的需要，提高竞争能力。

但是，80年代的教育改革远不尽如人意。有的教育家认为只是初见成效，有的则认为没有什么进展，令人失望。事实上，教育改革是长期的，而且是极其复杂的系统工程。它受到政治、经济、文化和传统势力等各方面的影响。60年代的改革教学内容和改善设备条件相对比较容易实现，但要普遍提高教育质量，使教育不断适应科技和生产变化的需要，不是一件容易的事。特别是资本主义社会要解决青少年吸毒和犯罪问题，解决学生厌学和辍学等社会问题，更不是单靠教育所能奏效的。

展望20世纪90年代世界教育的发展，恐怕仍然要围绕教育质量的提高和教育如何适应经济发展这两个问题做文章。当然，这两个问题的解决，在经济发展水平不同的国家的要求是不同的。经济发达国家将着重放在高科技人才的培养上。正如美国卡内基教育和经济论坛报告中讲到的："我们首先指出世界经济变化的本质，不仅要求扭转学校教学成绩下降的局面，而且必须使其达到比以往任何时候都要高的水平。"报告还指出："我们不认为教育制度只要修修补补就行了，我们认为如果我们打算培养21世纪富有创造力的新一代，教育制度必须重建，以适应经济急剧变化的需要。"它建议美国向多数人提供目前只为少数幸运者享有的高质量教育。对于经济发展中国家来讲，更重要的是普及和加强基础教育，提高民族的文化素质，同时培养一部分掌握先进科学技术的人才，以便尽快赶上世界科技发展的水平。

无论哪一类国家，要提高教育水平，最关键的是教师。因此，20世纪80年代的教育改革都提到教师的问题，但现在看来这个问题并未解决。教师的工资待遇低下是世界普遍现象，一些优秀人才不愿意当教师的状况并未改变。因此，90年代教育改革如果要能有所进展的话，首先要在教师队伍的建设上有新的突破。卡内基教育和经济论坛已经注意到这一点，所以它把报告的题目称为"国家为培养21世纪的教师做准备"。它要美国人认识两个最本质的真理："第一，美国的成功取决于更高的教育质量……第二，取得成功的关键是建设一支与此任务相适应的专业队伍，即一支经过良好教育的师资队伍。"这不能不说是真知灼见。

展望20世纪90年代教育的发展，我国的教育改革应该着眼于21世纪，培养经受得起新科技革命和"和平演变"两种挑战的优秀人才。而要培养这样的人才，关键在于有一支经过良好教育的师资队伍。

比较教育的回顾与展望[*]

改革开放的十年，也是比较教育繁荣昌盛发展的十年。中国教育学会比较教育研究会成立至今也已经有整整十一个年头了。在这段时间里，中国比较教育经历了起步和发展两个时期，现在到了如何深入发展的新阶段，有许多问题值得我国比较教育工作者深入思考，以便走出一条新的路子，使比较教育的研究向纵深发展。要思考未来，我们不妨回顾一下过去。过去的十多年大致可以分为两个阶段。

第一个阶段是对外国教育的客观介绍和描述。我国比较教育的研究实际上是"文化大革命"结束以后才开始的。各国教育在20世纪五六十年代有了较大的发展，我国的教育远远落后于世界教育发展的水平。我国广大教育工作者渴望了解世界教育发展和改革的形势，这种客观需要促进了我国比较教育的繁荣。其实，早在50年代，我国学者就曾经介绍过苏联赞科夫教学改革的思想；1979年上海的同志就翻译出版了《学会生存——教育世界的今天和明天》一书，但是在当时的情势下并没有引起读者的重视。直到实行改革开放政策以后，我们才忽然发现世界上还有赞科夫的教学改革、布鲁纳的发现法、终身教育的思想等，在新奇之余不免要想了解个究竟，比较教育才热闹起来。这个时期的主要特点是以

---

* 原载《外国教育动态》，1991年第1期。

翻译介绍外国教育情况为主，间或有一些评论和借鉴。介绍性的文章很多，不仅有比较教育研究机构公开出版的5种杂志，而且各种报刊都辟有专栏，专门介绍外国教育。这一时期有代表性的译著有：《教育的传统和变革》《教育学教程》《比较教育学》《美国教育基础》《六国教育概况》《日本的经济发展与教育》等，还出版了我国第一本教科书《比较教育》。这个时期积累了大量的资料，如北京师范大学外国教育研究室编译的两卷集《苏联教育法令汇编》等。这个时期，比较教育的队伍有了很大的发展。由于比较教育成为高等师范院校教育系的一门课程，因此，除了科研人员以外，研究人员又增加了比较教育课程的教师和学生，比较教育工作者的队伍一下子从几十人发展到几百人。

第二个阶段是对外国教育进行比较和借鉴。1985年《中共中央关于教育体制改革的决定》使我国教育发展进入了一个新的历史时期。教育改革需要借鉴别国的经验，广大读者已经不能满足对外国教育的客观介绍，他们要求对外国教育进行分析和评价，对不同国家的教育进行比较，找出可以借鉴的经验。于是比较教育的研究进入了一个新的发展时期，几个发达国家战后教育研究被列为"六五"时期哲学社会科学研究规划的重点。这个项目现在已经完成，有的成果已经出版，如《战后日本教育研究》，有的即将出版。同时，一系列比较研究的著作陆续问世。有代表性的如《比较高等教育学》《比较教育学》《现代课程论》《当代苏联教育家的新思想》等，有的研究课题虽已完成，但成果还躺在出版社的抽屉里。这个时期还没有结束，许多比较研究的课题在继续进行中，同时，第一个时期的介绍工作也还在进行。近几年又陆续出版了几部好书，如《别国的学校和我们的学校——今日比较教育》《世界教育危机》等。在这个时期，我们的队伍又有所壮大，特别值得一提的是，我国自己培养了第一批比较教育的博士，同时从国外回来了一批博士。他们是比较教育研究队伍中的新生力量，也必然会成为骨干力量。

回顾过去，我国比较教育研究的成果累累，人才辈出，呈现了一片繁荣兴旺的气象，但是我们不能不看到在繁荣的背后也还隐藏着一种危机。这种危机表现在，我国比较教育研究的进一步出路在哪里？它如何更好地为我国教育改革和发展服务？为了找出路，我想分析一下我国比较教育研究中存在的弱点，以便对症下药，改进我们今后的工作。我认为，我国当前比较教育研究中有以下几个问题。

第一，比较教育研究严重地脱离中国教育的实际。如果说过去我国广大教育工作者不了解外国教育情况的话，那么现在是我们许多比较教育研究工作者不了解中国教育的情况。他们终日埋头于外国教育的资料里，很少了解中国教育发生了什么事情，需要些什么。因此，尽管过去在介绍外国教育情况时热闹了一阵，但现在要求他讲出一些中国怎么办，却说不出所以然。这样长此下去，既不能满足读者的要求，也失去了我们比较教育研究的目的。

第二，比较教育研究缺乏理论深度。许多外国教育的介绍和比较停留在表面层次，不能从分析比较中找出规律性的东西。找不出规律就难以吸收和借鉴。这一点恐怕与我们比较教育研究队伍的素质有关。我们这支队伍大致由两部分人组成：一部分是原本研究教育的，以后改为搞比较教育研究，这部分同志大多数有一定的理论水平，但外语能力较差，往往只是借助第二手材料搞研究；另一部分是原本搞外语的，以后改为搞比较教育，他们的外语能力较强，但缺乏教育理论的修养，不善于把外国的第一手材料提高到理论上来分析。当然也不乏两方面都有基础的同志，特别是一批新的博士和硕士，但毕竟是少数。

第三，这些年来我们不重视比较教育学科本身的建设。近十年中虽然出版了几本比较教育的教科书，但无论是从体系来讲还是从内容来讲，都还没有突破20世纪五六十年代比较教育的框框。这种课本只能适用于一般初步接触比较教育的人，作为比较教育的入门教材，还不能反映比较教育作为一门教育科学分支学科的现代水平，更谈不上有我们中国比较教育的特色。

综上所述，比较教育研究现在已经走到了一个十字路口，需要我们共同努力，找出一个正确的方向，使我们的研究深入一步。为此，我想提出几点建议，供大家讨论参考。

第一，比较教育要改变以往的研究重点，将单纯研究外国教育转移到从中国教育的实际出发，研究中外教育的比较上。研究外国教育如何结合本国实际，历来是中西方比较教育界共同存在的难题。尽管比较教育研究工作者对比较教育的目的有不同的解释，但我认为，比较教育作为教育科学群体中的一个分支，它和其他学科一样，都是为了找出教育发展的规律，找出规律的目的也还是在于发展本国的教育。为了从中国教育的实际出发，研究中外教育比较，就要求比较教育工作者深入中国教育实际，了解我国教育发展的现状和存在的问题。改革开放十年来，我国教育有了很大的发展，普及九年义务教育正在稳步地发展；中等教育的结构改革卓有成效，中小学的教育改革在端正办学方向的基础上，正在深入课程改革、考试制度改革、教育方法改革等各个方面；高等教育的改革也正在调整办学方向、加强思想政治工作、调整专业、提高素质等方面展开。但是存在的问题也是很多的。例如，庞大的人口基数与落后的文化教育水平之间的矛盾；日益增长的教育需求与教育资源的匮乏之间的矛盾；有限的教育资源与教育效益很低、人才浪费之间的矛盾；培养社会主义事业的接班人和西方资产阶级思想渗透、思想工作薄弱之间的矛盾；现代化建设和社会发展对培养人才的迫切需要与陈旧的学校教育体制之间的矛盾等。这都是我国教育亟待解决的重大问题。比较教育工作者如何严肃、客观地看待我国教育的现状和困难，如何改变以往研究中的盲目倾向，脚踏实地地认真深入了解和研究中国教育中的一两个紧迫问题，并以此为出发点，借鉴和引进外国教育的经验和教训，真正发挥比较教育学科的优越性，将成为今后比较教育研究的方向和重要任务。这样，我国的比较教育才能得到发展，也才能得到社会的承认。

第二，拓宽研究领域。在1986年的第五次比较教育年会上，我在《谈谈我国比较教育发展中的几个问题》中就提到要扩大研究领域。这几年来稍有进展，出现了研究印度教育的博士学位论文，还有个别文章，但是为数很少，研究的重点仍停留在几个发达国家上，对发展中国家的教育研究甚少。当然，造成这种局面的原因很多，缺乏资料是一个很大原因。但是我们的主观努力不够，也不能不说是重要因素。我希望在今后十年中能够逐步解决这个问题，至少对我们邻近的、国情相似的几个亚洲国家的教育要有突破性的研究。

拓宽研究领域不光表现在国别的研究上，还包括扩展到教育内部的结构和层次上。过去我们研究学校教育比较多，研究社会教育、家庭教育比较少；研究正规教育比较多，研究非正规教育、成人教育比较少；研究宏观教育比较多，研究微观教育（教学过程、教学内容、教学方法）比较少。今后需要把研究扩展到社会教育、家庭教育、成人教育，扩展到微观方面。

拓宽研究领域还包括向纵深发展。一个国家的教育制度总是与这个国家的政治、经济和文化传统有关，特别是一些教育思想与传统的文化思想有关。如果要想把问题研究得透彻，需要深入文化思想的层面。有人把文化分成三个层面，属于表面的是物质的科学技术，属于中间层面的是制度，最深层的是思想。任何科学技术和制度都有思想观念的影响，因此，比较教育不能只研究外国的教育制度，还需要深入研究外国教育思想，以及更深层面的文化思想。当然，思想观念是上层建筑的东西，又是反映一定的经济基础和政治的，不能脱离了经济、政治来谈思想。但是作为一个国家文化传统的核心——思想观念，有某种相对的独立性，它影响着教育思想和教育制度，忽视了这种研究，必然只能停留在表面上。

第三，加强比较教育学科的建设。比较教育是一门既古老又年轻的学科。说它古老，是因为很早以前就有人注意外国教育的经验，把外国的经验引进本国；说它年轻，是因为作为一门学科，它还很不成熟。什么叫比较教育，这个定义至今尚无定论。比较教育理论体系尚未真正建立起来，比较教育的研究方法还众说纷纭。至于建立具有中国特色的比较教育，更是至今未见端倪。如何建立比较教育的学科体系，我建议专业机构的一批比较教育专业研究工作者，特别是有权授予博士学位和硕士学位的单位的同志，开一些专业会议来讨论这个问题，捋出一个头绪，制定一个发展规划，作为今后十年的任务。

第四，加强资料工作建设。过去十多年，各单位都做了大量的资料工作，为我国开展比较教育研究打下了基础，但是总的来说还很不够。我们积累的资料不够系统，不够全面。由于我们还没有能在资料工作中使用现代技术手段，已有的资料流通使用也不够。在第五次比较教育年会上，我曾建议几家研究机构分工协作，把一些主要国家的教育资料系统地整理一下。至今已过去4年，这方面进展不大。我建议这一届年会以后，几家研究机构开一些专业会议来研究讨论这个工作。当然，做这项工作，需要投入人力、物力，我想请求教育科学规划办公室把它列入科研规划。整理资料当然没有研究一个专题容易出成果，但这是基础工作，忽视了资料工作，科研就不能深入。我们要克服一些短期行为，把资料工作作为基础工程，扎扎实实地做。

第五，加强比较教育队伍的建设。比较教育的发展关键在于人，在于比较教育这支队伍。十多年来，我们的队伍有了很大发展，但是发展得很不平衡，有些单位反而有所削弱。商品经济对我们的冲击很大。我们的研究机构是无法创收的单位，我们的科研经费少得可怜，我们的成果没有地方出版。在十分困难的情况下，我们许多同志不为名、不为利，孜孜不倦地研究，这种精神是值得钦佩的。但我们不能永远停留在这种困境中，我们要主动地找出路。出路何在？就在于和我国教育实际相结合，承担我国教育实际中亟待解决的实际科研任务。比较教育工作者不要说自己只懂外国，不懂中国，要勇敢地去研究中国教育问题。前面第一点就谈到这个问题，那是从科研方面来说的，现在是从比较教育队伍的建设来说。一个比较教育工作者只有懂本国的教育才能算是一个真正的比较教育工作者，才能有出路。因此，建议比较教育工作者多接触中国教育实际，把自己培养成为本国教育研究的专家。

我国比较教育工作者需要加强教育基础理论的修养，特别要加强马列主义教育理论的修养。马列主义作家的教育理论不仅对当时的教育实际问题提出了精辟的见解，而且它给我们提供了研究教育问题的方法，掌握了这种方法才能在教育与其他复杂的社会现象中找出本质的东西。比较教育工作者还需要有较宽广的知识，如经济学、社会学、历史、心理学及其他方面的知识。有了宽广的知识，才能在更广阔的领域内驾驭教育问题的研究。

离21世纪还有9年时间，许多学者都在做世纪末的思考，也就是对20世纪做一个回顾，总结经验教训，以迎接新的世纪的到来。20世纪是风云变幻、五洲激荡的百年，有许多经验值得总结。展望未来，21世纪将是更加激动人心的时代。我不是未来学家，但有几点是大多数人都能预测到的，这就是世界竞争将更加激烈，世界人口将进一步增加，而地球上人类赖以生存的资源将越来越少，生存圈受到的破坏将越来越严重。21世纪如果不解决这些问题，人类将难以在地球上生存。这不是危言耸听，而是人类面临的现实，许多学者都希望教育能够培养有全球头脑的、有创造能力的人才。但是我们社会主义国家，还面临着资本主义渗透的威胁。在历史的长河中，总是先进的生产力代替落后的生产力，一种社会制度代替另一种社会制度，我们坚信社会主义是以先进的生产力为基础的社会制度，它具有资本主义无法比拟的优越性。但是在我国，现实的矛盾是生产力还很低，因此如何尽快提高我国的生产力，充分发挥社会主义优越性，同时又教育年青一代坚持社会主义道路，成为社会主义事业的接班人，是我国每个教育工作者的艰巨任务。21世纪已经在向我们召唤，让我们大家共同努力，在20世纪的最后十年为迎接21世纪比较教育的发展打下坚实的基础。

中国比较教育的名和实[*]

中国比较教育的发展经过了一条曲折的道路。不说新中国成立以前的情况，就说新中国成立以来的历程，开始是简单地照搬苏联经验，当然对于我国改造旧教育、建立社会主义教育的新体系起了不可磨灭的作用。但只是单向地学习，没有或者很少考虑我国的国情，没有对苏联教育从比较教育的角度进行分析，因此，学习的东西也是浅层的。20世纪60年代初，在周恩来同志关于要研究外国的指示下，全国建立起一批外国研究机构，其中包括外国教育研究机构。教育界开始从单一的研究苏联教育，转向研究西方几个发达国家的教育。当时从资料入手，大量收集各国教育的资料，以便做进一步的研究。但是事业才刚刚开始，就遇到了"文化大革命"，把已经打开的大门又重新关闭起来，过去积累的资料也差一点丧失殆尽。直到"文化大革命"结束以后，党的十一届三中全会确定了改革开放的路线，比较教育才得到复苏，同时开始从简单地介绍外国教育，逐步走上了比较分析和学科建设的道路。近十年是比较教育兴旺发达的十年，我们比较教育的队伍不断壮大，从只有几十人发展到现在600多人；我们的研究成果累累，不仅完成了"六五""七五"哲学社会科学规划的许多重点项目，而且出版了多种杂

---

* 原载《外国教育资料》，1991年第1期。

志，发表了几千篇论文，出版了几十部专著，但是，我觉得我们不能满足于这些成绩。比较教育发展中还有许多问题值得我们进一步思考和研究。我想借华东师范大学比较教育研究所主编的《比较教育》创新刊之际，谈谈我想到的几个问题，请教于比较教育界的同行们。

一、什么是比较教育

虽然不少比较教育学者认为试图给比较教育下定义是无益的，但是我们总应该对比较教育的性质，它的研究对象和任务说出一二三来，否则，我们的研究就无法开展。关于什么是比较教育，我国出版的三本教科书的说法都不尽相同。以王承绪教授为首主编的我国第一本《比较教育》是这样写的："比较教育是用比较分析的方法，研究当代外国教育的理论和实践，找出教育发展的共同规律和发展趋势，以作为改革本国教育的借鉴。"成有信教授主编的《比较教育教程》是这样表述的："比较教育学是把比较的方法作为它的主要方法，去研究当代世界不同国家或地区的各种教育理论和教育实践问题，揭示影响它们发展的最主要的条件和因素，找出它们的共同性和差异性并做出比较性评价，探索问题的发展趋势和一般规律，以作为改进本国教育的借鉴的一门教育科学。"吴文侃、杨汉清两位教授主编的《比较教育学》做了如下表述："比较教育学是以比较法为主要方法，研究当代世界各国教育的一般规律与特殊规律，揭示教育发展的主要因素及其相互关系，探索未来教育的发展趋势的一门教育科学。"我们可以对上述三种表述做一番比较。它们有几点是相同的：首先，运用比较的方法研究外国的教育或者世界各国的教育。其次，找出教育发展的规律和趋势。也有不同的地方：首先，第一本教科书只提到研究当代外国教育，没有提本国的教育；第二本、第三本教科书则提到研究当代世界各国的教育或世界不同国家的教育，第二本还提到不同地区的教育。其次，前两本都提到"作为改革（进）本国教育的借鉴"，第三本没有这样提。

我认为，上述三种提法基本上都是可取的，但是根据比较教育近些年来的发展，似乎还可以有些修正。

第一，过去我们在讨论比较教育的性质时，总是强调它的国际性或跨国性，但是综观近些年来各国比较教育学者研究的著作和论文，真正跨国的研究越来越少，国别的研究越来越多，也有对某个国家不同时期教育的发展，或者不同地区教育的发展进行比较研究。因此，比较教育的界定是否可以扩大一些，扩大到研究当代不同国家或某个国家不同地区的教育发展？

第二，三本教科书中都提到运用比较方法来研究各国的教育理论和实践，比较教育无疑是要采用比较的方法，但未免失之笼统。因为任何学科的研究都需要采用比较、分析、演绎、归纳等方法，才能从不同的事物中找出本质。比较法不是比较教育所特有的方法，比较教育还需要一些特殊的方法。近些年来，比较教育与其他学科的联系越来越紧密，许多学科的研究方法也成了比较教育研究的方法，如社会学、经济学、人类学，对比较教育方法论产生了重大的影响。比较教育的界定中似乎也应把这种变化反映进去。

第三，要不要提"为本国教育的改革做借鉴"？有的同志提到，任何一门学科都有其服务对象和实用价值，但是界定学科性质时不一定提到它们，只需要提到学科研究对象就可以了。例如，教育学的定义，一般只提到"教育学是研究培养人的规律的科学"，不提它为改革教育服务。因此，比较教育的界定只需要提"从各国教育的比较中找出教育的一般规律"，不需要提"为本国教育的改革做借鉴"。我认为，比较教育作为教育科学体系中的一个特殊的分支学科，有它特定的任务，它从诞生之日起就具有借鉴的作用。提出"为本国教育改革做借鉴"，可以使比较教育的研究更明确，更有目的性。虽然我们在前面讲到比较教育的研究范围可以扩大到对一个国家不同地区的教育进行比较，但它总是以别国的教育或不同于本地区的教育为研究对象。为什么要研究别国或别地的教育，按照过去比较教育家的认识，一为更好地掌握本国教育，正如罗马历史学家塔西佗讲的："要想认识自己，就要把自己同别人进行比较。"二为推动本国的教育改革。因此，我们在界定比较教育时，不妨把这个任务放进去，使我们的研究更有目的性，更有针对性。

根据上面的分析，我们可以对比较教育做如下的界定："比较教育是对当代世界不同的国家或不同的地区教育进行比较分析，找出教育发展的一般规律和特殊规律，为本国或本地区的教育改革做借鉴。"这里只提比较分析，没有把它作为方法问题提出来，因为如前所说，方法是多种多样的，各个学科都有比较分析。

二、关于从本国的实际出发，结合本国实际的问题

既然比较教育有为本国或者本地区教育改革做借鉴的任务，那么就引发出另一个问题，即如何才能做到为本国或本地区的教育改革做借鉴，这是比较教育工作者常常遇到的问题。我认为，要做到这一点，首先要把本国或本地区的实际问题作为比较教育研究的出发点。十年来，我国比较教育走过了开创和发展两个阶段。在开创阶段，我们大量介绍了外国教育的情况。经过"文化大革命"，大家渴望了解外国教育的经验，所以这种介绍受到了广大教育工作者的欢迎。同时，这种介绍也为比较教育的研究积累了资料，但是它还谈不上真正的比较，由于很少比较和分析，因此介绍也不是全面的。近几年来，比较教育研究有了进一步发展，从简单地介绍发展到进行比较，于是，比较高等教育、比较职业技术教育、比较教育管理这一类的专著和论文相继问世。许多比较都

把我国的教育放进去，这是一大进步，它促进了我国教育的改革。但是这种比较还处于浅层，往往停留在简单的对比上，还没有深入实质，因此还不能找出规律性的东西——比较教育研究有待深入。我认为，当前比较教育已经走到一个十字路口。为什么这样说，是因为在前一个阶段，当广大教育工作者渴望了解外国教育经验的时候，我们大量介绍外国教育情况，或者做一些简单的比较，很容易受到读者的欢迎。但是十多年来，广大读者已经对外国教育有了初步的了解，他们已经不满足于一般的介绍，他们要求比较教育工作者回答哪些外国教育的经验是合乎教育的普遍规律的，哪些经验是我国可以采用的。因此，现在如果再不结合中国的实际来说外国教育，读者就不会欢迎。联系中国教育的实际是当前我国比较教育研究中的关键问题，是能不能使我国比较教育的研究有生命力的问题。当然，所谓联系中国教育实际，并非事事要讲到中国，口口声声讲到中国。不能这样简单化地理解联系中国实际，而是说，我们的研究工作要从中国的实际出发，我们研究的成果要能为中国教育改革提供借鉴，能对中国教育工作者有启发。

要做到这一点，我们比较教育工作者就要了解中国教育的实际。过去，我们搞比较教育的，往往埋头于外国教育的资料之中，对本国教育了解甚少，因此，在比较的时候，联系到中国，就说不出什么意见来。今后要克服这种弱点，如果说为了认识自己，就需要把自己和别人比较，反过来也可以说，为了和别人比较，首先要认识自己。这两者是辩证统一的。了解了自己，才能与别人比较；与别人比较了，更认识自己。又可以说，认识了自己，可以更好地认识别人。特别是我们要提倡做深层次的比较，即不是表面的制度、方法方面的比较，而是要找出制度背后的指导思想、文化观念方面的差异，这种比较更需要对本国的政治、经济、文化、历史传统有较深的了解。要做到这些是不容易的，但它是我们努力的方向。

三、关于比较教育学科建设的问题

十多年来，比较教育的研究大多放在对各国教育理论和实践的研究上，对比较教育作为教育科学的一个分支学科的建设注意得不够，虽新出版了几本教科书，但以学科为研究对象的论著很少。比较教育总的来讲是比较年轻的学科，至今对它的界说众说纷纭，对它的方法论体系更有多种流派，学科体系尚未最后建立。特别应该提到的是，比较教育产生于西方，比较教育历来就是以西方为中心的。近几年来虽然许多学者开始对第三世界感兴趣，但是大多数比较教育学者的逻辑思维是西方式的，他们对第三世界，特别是对具有12亿人口的东方大国——中国发生的许多事情不能理解。因此，中国比较教育工作者肩负着建立一个具有中国特色的比较教育体系的重任。我们是社会主义国家，我们以马克思主义、毛泽东思想为指导，它是我国比较教育方法论的基础。如何从这个基础上研究出中国比较教育的体系，是我们义不容辞的责任。要建立中国比较教育的体系，首先要从方法论着手，要研究中国比较教育的方法论体系。

有的同志把联系中国教育的实际与学科建设对立起来。他们强调现在广大读者要求了解了外国教育的经验立即就能用上。这种理解是片面的。建立中国比较教育的体系是为了更好地为中国教育服务，因为只有建立了我们自己的体系，我们才能把比较教育研究深入一步。那种"开处方"式地介绍外国经验是需要的，但它只能治标，不能治本。当然，学科理论的研究并不排除系统介绍外国教育的优秀经验。不仅如此，我们还要求把介绍外国优秀经验和改革实验结合起来，使外国的经验转化为我们自己的经验。现在许多地方正在做这方面的研究，例如，上海关于课程改革的实验研究，广西关于沙塔洛夫教学方法的研究等。

四、比较教育文献资料的建设问题

十多年来，我们介绍了大量外国教育情况，也出版了不少资料。但是总的来看，这些资料还都是零散的，不成系统，不配套。资料工作是比较教育研究的基础工程。有些同志看不起资料工作，认为搞资料不是搞科研。这是大错特错的。我国史学界、语言文学界许多学者搞古籍的校订注释，因此成了本门学科的名家。校订注释不就是资料工作吗？实际上，只有某门学科的专家才能做得好某门学科的资料工作。外行是做不好的。例如，要给一部比较教育专著做索引和评价，没有一定水平的学者是概括不出来的，所以，著名的大学都是选派学术造诣较深的学者担任图书资料中心的主任。我国对教育文献资料的收集和整理都不够重视，今后恐怕非加强不可。

搞好资料情报工作靠一个单位是不成的，需要全国比较教育研究机构大力协作。我们希望在全国教育科学规划中能把文献资料建设作为重大科研规划课题。

比较教育研究中还有许多问题值得讨论，我只是就自己在研究工作和教学工作中遇到的几个问题谈了自己的看法，不一定正确，愿请同行们批评指正。

世纪之交的思考[*]
——评八十年代以来世界教育的改革

  20世纪的帷幕正在徐徐降下，21世纪的曙光已经依稀可见。在这世纪之交的时刻，人们都在回顾过去，展望未来。教育当然也不例外，世界教育在风云变幻的20世纪的90年中经历了激烈、巨大的变化。归结起来可以说发生了三件大事：一是在20世纪初工业化国家完成了初等教育的普及；二是在第二次世界大战以后完成了中等教育的普及和实现了高等教育的大众化；三是发展中国家随着政治上的独立，教育由极端落后向普及教育迈进。这三件都是了不起的大事。但是教育的发展并不尽如人意，总的来说，教育总是跟不上形势的需要。当前，世界充满着矛盾和激烈的竞争。国家间的竞争，说到底是综合国力的竞争，关键是科学技术和人才的竞争。培养人才是教育的主要职能，教育在这场竞争中起什么作用，如何迎接21世纪的到来，是大家关心的问题。这就是20世纪80年代教育改革的契机。本文要评介一下80年代以来各国的教育改革。

---

*　原载《比较教育研究》，1992年第5期。

进入20世纪80年代以后，世界各国都在纷纷研究和推进教育改革，各种各样的改革方案如雨后春笋般涌现出来。这次教育改革牵动面之广，涉及内容之宽，讨论问题之深，持续时间之长，都是历史上空前的。

关心这次教育改革的人，几乎涉及社会的各个阶层，上至国家元首，下至平民百姓，都对教育改革提出各种不同的意见和建议。曾记得，1984年日本首相中曾根康弘发表了教育改革的五项原则，接着就成立了首相府的教育咨询机构——临时教育审议会，拉开了日本第三次教育改革的序幕。美国布什在1988年竞选总统时，曾就美国教育政策和应采取的措施提出过设想。其他国家如英国、法国及苏联都曾抛出过许多教育改革的方案。

这次教育改革的一个很大特点是涉及的范围很广，讨论的问题较深：不仅涉及中等教育和高等教育，而且涉及社会教育和家庭教育；不仅包括教育的结构、内容和方法，而且深入教育思想、教育观念的思考。改革提出要面向21世纪社会发展的需要，正如联合国教科文组织咨询小组提出的要"重新考虑未来教育的重点"。

这次教育改革的另一个特点是持续时间很长，许多国家从70年代末就开始酝酿，不断提出新的改革设想和方案，而至今仍没有看到它的尽头。例如，在美国，1983年美国高质量教育委员会经过18个月的调查，发表了《国家处在危险之中：教育改革势在必行》的公开信，拉开了教育改革的序幕。接着，1984年和1986年联邦教育部和卡内基基金会又公布了提高美国高等教育质量的报告。布什总统上台以后，在1990年提出了六项国家教育目标；1991年4月又发表了《美国2000年教育规划》，共4章32条。日本自1984年成立临时教育审议会以后，逐年发表了咨询报告，直至1987年年底，接着文部省又成立了"日本教育改革实施总部"，继续推动教育改革。这种旷日持久的改革，说明教育改革绝非一蹴而就的，同时也说明社会政治、经济的变化和科学技术的进步正在使社会各个领域发生巨大的变化，教育改革已经不能一劳永逸，需要随着时代的变化而不断变革。

二

20世纪80年代掀起教育改革的热潮不是偶然的，它是社会政治、经济变革的结果。特别是科学技术的突飞猛进，给世界政治、经济形势产生了不可估量的影响，而支配未来社会命运的人才的培养，就成为各国各阶层人士关心的焦点。

如果我们结合教育自身发展中的问题加以分析，则80年代的教育改革有着如下一些社会原因。

第一，新的科技革命给生产带来的巨大变革影响到人才的培养。关于新的科技革命的议论已经历时很久，大家一致认为，这次新的科技革命不同于以往的历次科技革命，具有新的特点，是人类认识自然和在生产上迅速地运用这种认识的一个巨大的质的飞跃。它意味着人在社会生产力体系中的作用发生了重大的变化，但是今天的教育远不能适应这种需要。今天的教育模式、教育内容和方法还是19世纪的东西，虽然几经改革，但没有从根本上改变。

第二，世界政治格局的变化，使经济竞争更加突出。虽然世界充满着矛盾，但苏联解体和东欧剧变缓和了东西方的冲突，现在各国都着眼于打一场经济战争。而经济的竞争实际上是科技的竞争、人才的竞争。美国卡内基教育和经济论坛在1986年5月"教育作为一种专门职业"的工作组报告《国家为培养21世纪的教师做准备》中，开头第一句话就是："美国在世界市场上的竞争能力正在减弱，我们竞争对手生产力的增长超过了我们。"接着说："很少人觉察到世界经济正处在一个深刻的转折关头，这一转折要求对教育标准做出新的理解，即必须造就一支能够在全球经济中参加竞争且一比高低的高薪劳动队伍。"英国在高等教育的绿皮书中也提出："我们国家的竞争对手，正在培养或计划培养比美国更多的合格科学家、工程师、工艺和技术人才。繁荣经济需要这些专门人才，方能发挥企业家的才智和支持他们的成就。"可见，各国都深感人才竞争的激烈，认识到它对国际竞争的重大意义，力求通过教育改革来培养具有竞争力的人才。

第三，社会现代化带来的地球生态问题，使广大有识之士感到担忧。科学技术的进步固然给人类带来了物质文明，但是工业化的结果是地球正在遭到严重的破坏，资源枯竭、环境污染、人口爆炸等，人类生存的环境越来越恶劣。有识之士无不呼吁加强环境保护。最近在巴西里约热内卢召开的世界环保大会受到全世界的关注不是偶然的；1989年12月在北京召开的"面向21世纪教育国际研讨会"上，各国教育家都说到要教育年青一代关心环境、关心他人。有的教育家甚至提出"学会关心"的口号，说20世纪60年代的教育口号是"学会生存"，现在应该提"学会关心"。当然，在当代激烈竞争的世界，这种"学会关心"只是种空想，但保护生态环境是各国都关心的大事，也是教育要做的事。

20世纪六七十年代教育的大发展带来的质量问题引起了各界人士的担忧，教育质量下降、道德水准严重滑坡、青少年吸毒、犯罪率增加等成为严重的社会问题。中小学教育质量的下降又影响到高等教育的质量和职工的素质。因此，在70年代后期，各国都在寻求出路，实行教育改革。

三

20世纪80年代以来教育改革的内容是什么？有些什么特点呢？教育

改革必须和本国的政治、经济及文化相适应，因此，各国教育改革的具体措施和内容有所不同。但是，因为遇到的问题大体上是一致的，所以也有许多共同点。任何一种教育改革都必须有教育思想为指导，80年代以来的改革是以教育观念的更新为先导的。

第一，着眼于21世纪，为21世纪培养人才。教育具有迟效性，培养人才的周期较长，今天的教育主要将在21世纪发挥社会效益，因此，各国教育改革都把目标放到21世纪，力求使教育适应21世纪人才的需要。上面提到的卡内基教育和经济论坛的报告指出："我们不认为教育制度只要修修补补就行了，我们认为如果我们打算培养在21世纪富有创造力的新一代，教育制度必须重建，以适应经济急剧变化的需要。"报告还描述了一幅21世纪学校的远景图，试图说明今后教育改革的方向。日本临时教育审议会向首相府提出的第二次审议报告，第一个标题就是"面向21世纪教育的基本问题"，提出21世纪的教育目标是：①宽广的胸怀、健康的体魄、丰富的创造能力；②自由、自律与公共精神；③世界之中的日本人。报告要求为21世纪调整教育体系。其他各国的教育改革也都瞄准了21世纪。

第二，要建立大教育的观念。教育发展经过了一个综合、分化、再综合的过程。在原始社会，教育是随着人们的社会生产和社会生活同时进行的，教育尚没有分化为独立的社会职能。随着生产力的发展，专门从事教育的机构——学校出现了，有了专门从事教育工作的教师，于是学校便成为培养人才的主要场所，教育同其他社会活动相脱离。现在，随着科学技术的发展及由此而引起的社会变革，教育已经越出了学校的范围，再一次回归社会。除了学校教育以外，家庭教育和社会教育越来越起重要的作用。现代技术深入家庭，现代化大众媒介不断地传播着教育信息，教育的空间扩大了。

从年龄上讲，过去认为教育只为一定年龄阶段（6~25岁）的人们提供学习机会。他们从学校获得足够的知识，终身受用不尽。现在则认为教育不只应该给儿童和青少年提供学习的机会，还应该为需要学习的所有年龄段的人们提供必要的学习机会。学校教育已经不只是职前教育，而且担负着继续教育、转业教育，甚至闲暇教育的任务，现代教育已经把学校教育纳入终身教育的轨道。从教育的任务来说，教育不只是给人们以职业训练，为社会物质生产创造条件，而且是提高全民科学文化素质和思想道德素质的主要途径。因此，只有树立这种全民教育、终身教育、全时空教育的新的大教育观，才能适应21世纪的需求。

四

除了人们的教育观念要更新以外，20世纪80年代以来，各国教育改革还有以下几方面的总趋向。

（一）普遍重视道德教育

青少年的道德面貌是人们普遍关心的问题。科学技术的进步固然为人类带来了物质文明，但是它也给人们带来许多社会问题，如人际关系淡漠、道德堕落、青少年吸毒、犯罪率增加，使得许多家长担心自己的孩子变坏，呼吁学校加强道德教育。在北京"面向21世纪教育国际研讨会"上，许多代表提出新的世纪面临着新的挑战，呼唤着新的道德规范，要求实现"从为私利而学习向为公共利益而学习的转变"。澳大利亚代表埃利雅德还在会上提出"三张通行证"的主张。他认为，未来的人都应当握三张"通行证"，一张是学术性的，一张是职业性的，还有一张是证明一个人的事业心和开拓能力的。这都反映了21世纪的教育要求。

日本在1988年2月曾召开"加强道德教育的全国大会"，专门讨论如何加强和改善中小学道德教育问题。会议认为，学校应当成为儿童的"精神食堂"，首先应培养儿童的社会规范意识，使儿童具有追求真、善、美之心和富有同情心；道德教育不能单靠学校进行，必须使学校、家庭、社会密切结合起来，通过开展"建设家乡"活动和"礼貌活动"等方式形成儿童的道德习惯。日本在小学取消了社会科和自然科，改为生活科，从小培养儿童的生活规范和习惯。英国教育大臣在教育改革议案中也提到要加强德育，使学生懂得诚实、自强、责任心和尊重别人的价值观，全体学生必须按以往规定接受宗教教育，取消传统的晨会，坚持每天举行集体礼拜活动。

道德教育是有阶级性的，资本主义国家施行的道德教育总是为了维护资本主义制度，但是强调道德教育的重要性是这次教育改革的共同特点，而且道德规范中有一部分社会公德教育也是可以互相借鉴的。

（二）重视基础知识的教育，强调提高教育质量

提高教育质量是20世纪80年代以来教育改革的核心，各个国家无不为质量的下降而忧心忡忡。经过几十年的改革，各国取得了一个共识：为了提高教育质量，必须加强基础知识的教育。1988年，美国教育部长贝内特给里根总统的《关于美国教育改革的报告》中说："从60年代到80年代，一场混乱席卷我们的学校。混乱主要表现在成人们说不清哪些教育内容是主要的，哪些不是；对希望学校做些什么事情也提不出确切意见。这场混乱不仅从根本上削弱了美国的整个教育，而且对学校的教学大纲和课程设置都有着破坏性影响。"教育改革的首要目标就是以充分协调而富有学术内容的课程来取代那些肤浅的"自助餐式课程"①。"不管中学生毕业后干什么，我们都要使他们成为既有知识又有技能，既有共同思想基础又有共同道德观和知识修养的人。"

许多国家重新审议中小学的课程和教材。日本从1987年开始对中小

---

① 美国高质量教育委员会的公开信中批评美国许多学校的课程是"自助餐式课程"，比喻学生要什么给什么，没有统一的标准和要求。

学《学习指导要领》进行修改，充实、完善各级各科教学内容。此项工作已在1989年春天完成。美国从20年代初开展"回到基础"教育运动，各州制定了"最低限度能力"法。1991年的《美国2000年教育规划》中又确定：英语、数学、科学、地理、历史为5门核心课程，并建立"美国学业考试"制度，统考对象是四年级、八年级、十二年级学生。英国确立10门课程为基础课程，80年代掀起了1门新课程，这就是科学技术社会课程，简称"STS课程"。这是因为现代科学技术已经深入生产和生活的各个领域，要求中学的理科教育使学生完整地理解科学、技术和社会的关系。也就是说，理科教学不仅要使学生了解科学的各种事实和一系列原理、原则、学说，而且要让学生懂得科学原理的应用问题，懂得科学技术在社会上的应用而产生的新的价值观的问题。许多国家把这门新课程作为理科教育改革的重要内容。

（三）强调发挥学生的积极性和主动性

要提高教育质量，光靠教师的努力是不行的，只有充分调动学生的积极性和主动性才能实现。这就要求教师激发学生的学习兴趣和动机，吸引他们参与教学工作。

教学要注意个性化和多样化。提倡个性化就是要充分注意儿童的个别特征，注意他的兴趣、爱好和特长，反对强求一律。多样化是实行个性化的途径，只有多样化，才能适应不同特点的儿童的需要。德国教育部部长在教育改革的方针中提到反对办学的统一化和标准化，充分发展学生的智力和情感，减轻学生的负担等原则。各国教育改革中一个很有意思的现象是，一些自由化的国家强调要制定统一的课程和标准，而一向持统一体制的国家则强调个性化和多样化。他们各自修正自己的弱点，目的都是保证教育的质量。

许多专家认为，要充分发挥学生的积极性和主动性，就要建立学生的自信心和自学心。美国在开展"有效教育学校"时强调，要使学生养成对自己学习能力的积极态度，提高学生的自信心，并且使学生感觉到教师对其在学业上的成功充满信心。学生的自信心和教师对学生的信心一旦建立起来，学生的学习成绩就可以提高。

（四）重视教师的培训和提高

各国教育改革方案都把提高教师的质量作为教育改革的重点。美国卡内基教育和经济论坛的"教育作为一种专门职业"工作组的报告的题目就是《国家为培养21世纪的教师做准备》，强调教师在建立21世纪学校中的关键作用。工作组建议，改组教师队伍，在学校中推出一种新型的教师，叫作"领导教师"（lead teacher），他们在重新设计学校和帮助同事提高教育质量和教育水平中能起积极的先锋作用；工作组还建议，教师必须在具有文、理等大学学位的基础上学习教学专业的课程，在中小学见习和实习；同时建议提高教师的薪金。日本、英国、法国的教育改革无不把改善教师的职业培训和待遇放在重要的位置。

综观20世纪80年代以来的教育改革，教育目标是培养21世纪的人才；核心是解决教育质量问题；途径是课程和学生各种活动的改善；关键是教师素质的提高。这几个方面也是我国教育改革所应重视的。

【参考文献】

［1］ 教育发展与政策研究中心. 发达国家教育改革的动向和趋势（第一集）——美国、苏联、日本、法国、英国1981—1986年期间教育改革文件和报告选编［M］. 北京：人民教育出版社，1986.

［2］ 国家教委国家教育发展研究中心，中国教科文组织全委会秘书处. 未来教育面临的困惑与挑战——面向21世纪教育国际研讨会论文集［G］. 北京：人民教育出版社，1991.

［3］ 赵学漱. 科学教育、技术教育、社会教育——中小学教学改革的重要方面［N］. 光明日报，1992-09-10.

《当代比较教育方法论研究》初版序言[*]

比较教育作为教育学科群体中的一门分支学科，它还很年轻，主要表现在至今对它的定义众说纷纭，它的研究对象和范围还不确定，它的研究方法体系还缺乏科学性。美国卡扎米亚斯和马西亚拉斯合著的《教育的传统与变革》一书，开头就提出一大堆问题："比较教育凭它本身的性质是否已经是，或者有可能称作具有特殊方法与内容的学科？它应当集中研究教育的哪些方面？它与其他方面处于怎样的关系？它是否应该作为某一门或几门已经确定的社会学科或文科的附庸？在多大程度上，它可以从理论或者应用的观点来加以研究？"他们并没有回答这些问题，只是得出了一个简单的结论："我们的主要论点是：比较教育作为一个研究领域，可以从其他学科划分出来，按照所研究的问题的种类，进行系统的学术研究。"也就是说，他们避开了比较教育的定义和研究方法体系的问题。的确，要回答上述问题并非易事。几十年来，比较教育学者在这方面做了许多工作，提出许多新的思路和新的方法，但不能说问题已经解决。

没有自己独立的方法论体系，很难说这门学科已经成熟，比较教

[*] 原载《当代比较教育方法论研究——作为国际教育交流论坛的比较教育》，首都师范大学出版社，1993。

育的困境就在于缺乏科学的方法论体系。当然，话又要说回来，并非借鉴别的学科的方法，就一定是别的学科的附庸。哲学的方法论是最高层次的方法论，各门学科都要以哲学的方法论为指导，但不能说所有学科都是哲学的附庸。有一点却是事实，即许多学科都是从哲学中分化出来的。当今学科向着分化和综合两个方向发展。分化出来的学科必然会带着母体的某种方法；综合起来的学科又必然会融合几门相关学科的方法。因此，借鉴别的学科的方法，不仅不是什么坏事，反而是一种必然的趋势，问题在于借鉴别的学科方法以后要建立起自己的方法论体系。

本书是薛理银在博士学位论文基础上修订而成的，他挑选了上述难题。他想从剖析当代比较教育方法论入手，探索新的较为科学的比较教育方法论。他的设想是很好的，而且做出了有益的成果。他提纲挈领而又比较深刻地评析了当代（主要是20世纪60年代以来）实证主义、实用主义、文化相对主义和新马克思主义等主要流派的比较教育方法论思想，重点介绍了施瑞尔的国际反射理论，这在我国尚属首次。他还大胆地联系我国比较教育界的实际，简单地评析了我国几位比较教育学者的观点，本人也在评析之列。我认为他的评析是公允的，有道理的。这种对当代比较教育方法论的剖析无疑将促进我国比较教育的研究和发展。

薛理银不仅对现有的比较教育方法论做了评析，而且提出了自己的方法论模型。他首先分析了构成比较教育的诸要素及其关系，然后提出了基本要素模型，同时运用他的要素模型理论，以及传播学中的几个模型，对当代各种比较教育学派的方法论做了分析。在此基础上，他提出了四个参照系统的理论。

薛理银最后提出了国际（跨文化）教育交流论坛的理论。他虽然没有直接点出比较教育是不是一门学科，但他从教育理论的三种形态（教育哲学、教育科学和实践教育学）来分析和论证：比较教育是国际教育理论建设和理论检验的论坛，是国际教育观念和教育价值交流的论坛，是各国教育决策和教育实践的论坛。这种观点是符合当前比较教育实际的。

薛理银本来是学理工科的，他在本科和硕士研究生阶段都是学习理工科的。正是由于他的这种文化背景，使他能够运用理工科的思维方式和方法，跳出一般比较教育学者的思维框框，提出新的理论。他阅读了大量的中外著作。在英国学习时，他接触到了一些国际比较教育名家。这有助于他较透彻地理解他们的理论和思维方式，使他能够较好地驾驭浩瀚的资料。他的博士学位论文曾受到同行专家的好评，他们一致认为有较高的学术水平，都希望这部著作能早日问世。

学习和借鉴*
——中日两国教育的比较研究

中日两国是一衣带水的友好邻邦，两国有共同的文化渊源。因为两国曾经同样深受儒家文化的影响，并以儒学为正统的意识形态，传统教育也都以儒家教育为代表，100多年以前两个国家都是在西方坚船利炮的轰击下开始走上现代化的道路的。虽然后来两国所走的道路不同，但由于文化传统相同，因此无论在教育思想上，还是在教育内容和方法上，都可以看到传统文化的痕迹。现在日本已经实现了现代化，中国则正在向现代化迈进，在现代化的过程中都遇到东西方文化的冲突和矛盾。有些冲突和矛盾已经解决了，或者缓解了，有些冲突和矛盾至今还存在，需要进一步研究解决。总之，对中日两国的教育进行比较研究，必然会增进对我们国家教育的认识，同时还可以在比较中互相学习，相互借鉴，取长补短，完善各自的教育制度。

中日教育比较是一个大课题，可以从教育思想、教育制度、课程内容、教育方法、教育管理等许多方面开展研究，因而不是一朝一夕所能完成的，需要两国学者长期的努力合作。北京师范大学和福岛大学的

---

* 原载《比较教育研究》，1995年增刊。

学者们挑选了其中一个课题——学校、家庭、社区对儿童的影响，开始了3年的合作研究。这项研究十分有意义，这是一项综合性研究，可以从这项研究中发现中日两国教育思想、制度、内容、方法等各个方面的异同。我有幸参加了此研究，并为此访问了日本的几所中小学校，再加上我历次访问对日本教育的考察，我想说几点肤浅的看法，作为此项研究的一个补充。

一、教育价值观的异同

一般来说，文化可以分为三个层面，即物质层面、制度层面和思想层面。物质、制度都是有形的，思想是无形的。物质和制度是随着社会的发展和变化而发展和变化的。思想也在变化，但有相对的凝固性。在思想层面上，价值观又是核心。价值观最能反映一个国家、一个民族的文化传统。教育价值观是整个价值观的一个组成部分，它包含着深邃的民族特征。中日两国由于有着共同的文化渊源，在教育价值观上也表现了许多共同的特点。

（一）望子成龙是中日两国家长的共同愿望

中日两国都有重视教育的传统。两国的家长都希望自己的子女受到良好的教育，而且将来能够成为国家的有用之才，肩负起国家兴亡的责任。这里面渗透了儒家的思想。儒家强调"化民成俗""有教无类""修身养性"，以便能"齐家、治国、平天下"。这是一种十分积极的教育价值观，值得我们继承和发扬，但是这里面也掺杂着一些消极的影响。"望子成龙"，总希望自己的子女将来有教育上的成就，因而对子女从小要求过多过高，往往忽视了孩子自己的兴趣、爱好和需要，其后果是，孩子的个性不仅不能得到充分的发挥，反而常常使孩子对学习产生一种逆反心理。

日本的母亲由于特别关心子女的教育，被称为"教育妈妈"。据说日本的孩子除了在学校上学以外，晚上和星期天还要到私塾学习，补习功课。这样，学生学习的负担必然会很重，学习比较差的学生产生厌学情绪也是必然的。

中国的父母也有同样的心情。许多父母对孩子的学习加码加点，晚上让孩子学钢琴，星期天让孩子到外语学校补习外语等。这种要求固然也出了一些人才，却使学生产生一种心理，认为学习是最重要的，其他事情都不重要。许多孩子养成饭来张口、衣来伸手的习惯，连自己的生活都不能料理。

家长对孩子的学习要求过多，注意发挥学生的自主性、主动性、培养学生的个性不足，恐怕是中日两国家庭教育的通病。

（二）学历主义是中日两国教育的顽症

日本社会是一个学历社会，它影响到教育，在教育上就存在一种学历主义倾向。由于追求名牌大学，家长就希望自己的孩子从小能够进入名牌小学，然后进名牌中学，以后考进名牌大学，为此就要参加各种各样的考试，学生为了应付考试，疲于奔命。上私塾、补习功课也都是为了追求学历。

中国教育也被学历主义困扰，其表现形式就是"片面追求升学率"。家长千方百计地把自己的子女送进重点小学，然后才比较有把握地考入重点初中，而后考入重点高中。一旦进入重点高中，就有希望考上大学。为了能进入重点中学，就要有很高的考试成绩。例如，初中升入高中的考试，语文、数学、外语、物理、化学、政治6门课程考试的总分要达到580分以上，才有希望被重点高中录取。为此，家长强迫孩子学习，学校采取各种方法来促进学生的学习。考试或模拟考试是必不可少的手段。中国社会流行一句俗话，叫作"考考考，老师的法宝；分分分，学生的命根"。近年来中国政府为了克服这种片面追求升学率的弊端，规定取消重点初中，小学升入初中取消入学考试，学生分片规划，就近入学。但是重点初中名义上取消了，实际上依然存在。政府允许这些初中招收各小学的优等生，由小学推荐保送。优等生的条件很严格，一般需要在小学期间连续三年是"三好学生"（思想好、学习好、身体好）。这样学生不仅要在毕业时考出好成绩，而且年年要考出好成绩。这种改革是优是劣，还要经过一段时间的检验。

学历主义在中日两国都存在，表现有所不同。中国是为了追求升学率，使孩子能够考上大学，因为中国高等教育还不够普及，高等教育的入学率只占同龄人的4%多一点。考上大学是每个家长和学生的最大愿望，因为上了大学，工作就有了保障。在日本，高等教育的普及率已很高，达到37%以上，因此考上大学并不难，但学生都希望考上名牌大学，毕业以后能找到一个好的职位。

为什么中日两国都存在学历主义的倾向呢？这不能不从文化传统上来找原因。中日都受儒家思想的影响，儒家思想的一个重要内容就是"学而优则仕"，或者叫作"读书做官"。读了书就有较高的职位，反过来，为了追求高职位，就要读书。

这种学历主义产生的弊端是十分明显的，可以说它是培养个性化、国际化、创造性人才的一种阻力，是与现代教育思想不相容的，但要改变这种教育思想非一朝一夕所能做到，而且非教育内部与改革所能奏效的，需要整个社会的变革，包括劳动人事制度的变革。

二、学校教育的异同

中日两国学校制度基本相同，都引自美国的"六三三"学制，即小学六年；中学分为两个阶段，初中三年，高中三年。不同的是，中国城市中学大多把初中和高中合为一校，日本则大多把初中和高中分开，初中叫中学，高中叫高等学校。在中国，高等学校是指提供中学以后教育的学校，包括大学、学院、高等专科学校。

两国学校都重视德、智、体全面发展，特别重视道德品质教育。这是我们两国教育的特点，是东方文化的传统，也是共同受儒家思想影响的结果。儒家教育以德育为核心，追求人格的完美，这是一方面。另一方面，中日两国都有传统美德，如儒家的"天下兴亡，匹夫有责""先天下之忧而忧，后天下之乐而乐""己所不欲，勿施于人""严于律己，宽以待人"等伦理思想在我们两国世代相传，成为今天教育的丰富的遗产。

在道德教育方面，日本重视礼貌教育，中国则重视思想教育。也就是说，日本教育十分重视人的道德的外在表现，中国则重视思想修养。如果两者能够相结合，似乎更好一些。

在课程设置上，两国的差别不大，但是在初中阶段，日本把理科设为综合课程，中国则多主张以学科为中心设计课程，虽然近年来有些省市正在开展综合课程的实验，但只是在极少数地区和学校，而且意见也很不一致。我对日本的综合课程了解甚少，值得深入研究。当然，课程设置中的科目大致相同，内容也还是有很大差别的。研究课程内容的异同，将是教学改革的重要课题，也需要从长计议。

日本学校重视体育的精神和措施都值得中国教育学习借鉴。我非常欣赏日本对小学生的锻炼。几次访日都在冬天，我看到无论多冷的天气，日本小学生男生一律是短裤、衬衫，女生则一律短裙、衬衫，最多加上一件外衣。上体育课时，小学生都穿着裤衩、背心。在中国，父母却总是怕孩子冻坏，让孩子穿得很厚很暖。当然，两国的具体条件不同，如教室的取暖不同，食物结构不同，对孩子的防寒能力会有不同。但中国父母都缺少让孩子锻炼的思想，实际上，这种锻炼不仅有利于身体素质的提高，而且有益于意志的培养。

中日两国的教学有很多相似之处，都重视课堂教学，重视老师的讲解，缺少西方的启发性教学。西方教学重视学生的参与，有利于发挥学生的积极性、主动性，有利于培养学生的创造性思想，缺点是往往忽视了系统知识的传授和学习。中日两国的课堂教学有利于学生掌握和巩固所学的系统知识，但不利于培养学生的主动性和创造性，这恐怕与我们两国的共同文化传统有关。我们两国的文化都重视集体主义，为集体、为他人是儒家教育思想的重要内容。

以上是我对中日教育几点感性的认识，并由此而想到与我们两国文化相关的问题。这次我们在研究课题时做了学生家长问卷调查，收集了大量数据，从这些数据中可以看出，我们两国教育有许多相同之处，也有许多不同之处，对于这些数据还需要进一步分析。我认为最重要的分析就是深入文化传统层面。因为教育固然与政治、经济有密切的联系，但是教育思想深处总是蕴含着一个民族的文化传统，民族文化传统就像人的遗传基因那样传承。唯其有民族文化传统，才有一个民族的特色。教育思想、教育内容，乃至教育方法，都会受到民族文化传统的影响。只有从文化传统的层面来分析，才能解释中日两国教育的异同，也才能真正吸收别人的教育经验，而转化为自己的教育经验。否则，会像人体器官异体移植那样，别的制度和方法会遭到自身机体的排斥，或者只能学习到一些皮毛，不能融化在自己的教育经验之中。

教育与需求*
——现代教育发展中的主要矛盾

一、教育的供与求矛盾

教育的供与求的矛盾是第二次世界大战后教育发展中最突出的矛盾，也是诸多矛盾的集中表现。供与求的矛盾表现在两个方面：一是数量；二是质量。20世纪70年代以来，两种矛盾不是有所缓和，而是越来越严重。本文将从教育与社会发展的关系上，从全球的视野来分析这些矛盾。

先来看看数量上的供求矛盾。教育的需求来自以下几个方面：第一，人口爆炸；第二，家长对子女受教育的需求日益增长；第三，因科技发展、社会变革，就业人员提出再学习的要求。下面我们分别考察这几个方面的问题。

（一）人口增长与教育需求

世界人口急剧增长是对教育的最大压力。在历史上，世界人口的增长呈加速状态。据统计，1650年，世界人口只有5亿，到1800年，即150

＊ 原载《比较教育研究》，1995年第3期、第4期（原分上、下两篇论述）。

年以后增长了一倍，达10亿；又经过130年，到1930年，又增长了一倍，达20亿；此后1975年达40亿，增长一倍的时间缩短到45年。特别是第二次世界大战以后，世界人口的增长是惊人的。1950年全球人口是25亿，到1975年就达40亿，1990年则已达52.6亿。

当然，人口增长在工业发达国家和发展中国家是有重大差异的。人口增长率居高不下是在发展中国家，尤其是在不发达地区。这些地区人口总数占世界人口总数的比率从1950年的66%上升到1989年的79%。虽然20世纪80年代以来，有些国家制定了计划生育的政策，人口增长率开始下降，但是由于基数较大，人口增长的绝对量依然高得惊人。新生儿长到学龄时期，就对教育提出了要求。这种需求和这些地区的经济形成鲜明的反差。尽管许多国家做出了极大的努力，但经费的增长常常跟不上人口增长的速度。这些国家要普及教育和扫除文盲需要付出艰苦的努力。尽管他们确实已付出了巨大的代价，但就目前的经济发展状况来看，前途不容乐观。

工业发达国家是另一种景象。多数工业发达国家在20世纪60年代中期以后，人口出生率就大大下降，到70年代中期，许多地区出现了负增长，如法国。在这些地区，中小学的需求已经得到满足，但是随着经济的发展和人们富裕程度的提高，人们对教育的需求也越来越迫切，高等教育和成人继续教育成为这个地区的主要教育需求。而且事实说明，家长文化程度越高，对子女受教育的要求也越高。因此，这一地区教育供求的矛盾依然存在，不过要求的层次不同而已。

中国是人口众多的国家，中国人口增长给教育的压力十分巨大。尽管国家推行计划生育政策，并且取得了很大成绩，目前人口出生率已控制在2%以内，但由于基数太大，人口增长的绝对数字仍很大。1992年出生2 119万人，1993年出生2 160万人。如果1994年全国人口能够控制在12亿以内，则到2000年中国总人口约在13亿。这些数字表明，中国每年有

2 000万学龄儿童等着入学。《中国教育改革和发展纲要》提出要在20世纪末普及九年义务教育，则除了每年2 000万小学入学的人数外，还要增加初中阶段教育的学生数。如果以1993年小学毕业生升学率81.8%计算，小学毕业生还有336万人未能升入初中（小学毕业生数为1 845.1万人，初中招生数为1 505.6万人），[①]还有成人扫盲的任务，约每年400万人。这样巨大的压力在世界上也是罕见的。作为发展中国家，中国除了要经过艰苦的努力，增加巨大的资金投入以外，还要努力提高办学效益，减少教育浪费。

1．人口的流动与教育的需求

人口因素对教育的需求不仅表现在人口的增长上，还表现在人口的流动和迁移上。第二次世界大战以后，人口流动的总趋势是由农村流向城市。这种流动在发达国家尤为明显，城市化已成为现代化的重要特征。在发展中国家，城市化也是很明显的。较为现代化的企业都集中在少数城市，甚至发展中国家的大城市的发展比发达国家的大城市的发展要快得多。大批农民涌向城市，为了适应城市生活就需要学习。不仅因为城市人口增长、学龄儿童增长需要增加中小学的学额，而且涌入城市的中青年也需要学习。这些需求光靠正规教育是完成不了的，就需要发展非正规教育。

中国自改革开放十多年来，城市化发展极为迅速，农村人口向城市转移的速度也很快。据有关资料统计，1992年中国工业总产值占社会总产值的80.2%，中国可以说是一个工业国家。然而，在总人口构成中，农村人口又占72.4%，约有8.2亿人口在农村。改革开放以来，农村剩余劳动力不断增加，到1992年年底，约有1.3亿人。虽然因为乡镇企业蓬勃发展，形成了"离土不离乡""进厂不进城""就地转移"等农村劳动力转移的模式，但仍有许多农民涌入城市。1990年的普查发现，全国常住流动人

---

① 国家教委计划司：《一九九三年中国教育事业发展统计资料简况》。

口达2 135万人。[①]而短期流动人口的数目还要大得多。农村流入城市人口的文化程度普遍低于城市人口。据统计，1992年转移出的农村剩余劳动力中，文盲半文盲占6%，小学文化程度者占29.3%，初中文化程度者占51%，高中以上文化程度者占13.7%。这些人转移到城市，降低了城市人口的平均文化素质，同时也降低了农村人口的平均文化素质，因为从农村流出的人口大多比留在农村的文化程度高。这种状况给中国教育增加了巨大的压力。

从国际范围来讲，人口素质还有一个移民问题。由于战争和自然灾害，大量发展中国家移民离开自己的家园，移居到发达国家。美国、加拿大和澳大利亚是移民涌入最多的地方。越南战争结束以后，大批难民拥挤在破旧的船舱里，渡过太平洋来到这些国家，一部分就近到了中国。在美洲，移民最多的是墨西哥人，他们成百万地非法进入美国。移民大多数文化程度较低，到了新的国家就要为适应新的环境而学习，首先要学习当地的语言。移民问题成为发达国家沉重的负担，它们需要付出大量的资金和人力。

2. 人口的结构变化和教育需求

第二次世界大战后人口的年龄结构发生了很大变化。由于医学的进步，医疗保险事业的发展，人类的年龄普遍延长了。特别是工业发达国家，一方面，人口出生率下降；另一方面，死亡率也下降。因此，许多国家进入了老龄社会。这种变化对教育的需求也产生了影响。70年代以后，许多国家一方面中小学的校舍空闲下来，另一方面兴起了"老年大学""闲暇大学"。世界上第一所老年大学在法国诞生，以后许多国家都成立了类似的大学。中国的老年大学在80年代兴起，至今已达约5 000

① 江流、陆学艺、单天伦：《1993—1994年中国：社会形势分析与预测》，北京，中国社会科学出版社，1994。

所（截至1994年6月）。人口年龄结构的变化带来的老年人的公共福利费用与年青一代的教育费用的矛盾日益加剧。

（二）社会发展与教育的需求

除了人口增长这样一种自然因素对教育有沉重的压力以外，社会发展给教育的压力也是不轻的。这里的社会发展是指所有技术、经济、社会和文化方面的变化和进展。

1. 科学技术进步与教育需求

第二次世界大战以后的科学技术发展是惊人的。以电子、核子为中心的科学技术革命把人类带入了一个新的时代——信息化时代。新的科技革命带来了知识爆炸。20世纪60年代以来，人类创造的知识比人类几千年来积累的知识总量还要多得多，如果说1665年世界上出版了第一本科技杂志，经过200年，到1865年，世界上的科技杂志达到1 000种，而到1965年就已达到10 000种。现在全世界每年发表的科学论文有500余万篇，登记的发明专利达30余万件。学习已经成为人们在现代社会生存的必要条件，人不仅在年轻的时候要学习，而且要终身学习，才能适应科学技术发展的需要。

从总体上讲，科学技术是要依靠教育才能积累和发展的。但是，科技发展又反过来要求教育随之发展，不仅有数量上的增加，而且对教育层次和内容也提出了新的要求。

2. 经济发展与教育的需求

第二次世界大战以后，由于经济的增长而出现对人才的大量需求，20世纪60年代人力资本理论就是经济高速增长的时候提出来的。虽然70年代由经济危机带来的生产萧条使人力资本理论面临破产，但人才的需求仍然是经济复兴和发展的条件。80年代以来，世界经济竞争日益激烈，特别是进入90年代，世界政治局势发生了根本性的变化。苏联解体、东欧剧变，打破了世界两极对抗的局面。政治局势趋于缓和，但经济对抗愈演愈烈。美日对抗、美国和欧洲共同体的摩擦，把经济竞争提到对抗的首位。发展经济要靠产品的革新，就要依靠高新技术的发明。培养高新技术人才就成为各种教育改革的焦点。

由于科技进步引起了经济结构的变化，众多的工人、工程师、管理人员需要学习新的知识；国际贸易模式的变化，特别是发展中国家为引进新的技术，加入国际贸易市场，需要学习他们过去还很不熟悉的东西。人们对教育的需求比任何时期都迫切，但是现在的教育能够满足这种需要吗？

3. 社会变革与教育需求

第二次世界大战后，社会生活发生了巨大的变革，民主化是变革的主旋律，人们不仅要求政治民主化，而且要求教育民主化。教育已经不是少数有钱人的专利。英国取消11岁考试，推行综合中学运动，这是教育民主化的突出表现。1957年，美国"小石城事件"以后，教育上的种族歧视已被人们视为不文明的表现。尽管在教育上的种族差异依然存在，但是社会普遍呼吁要对处境不利的儿童给予特殊的教育补偿。从头开始计划、补偿教育计划在许多国家兴起。

发展中国家的教育需求尤其迫切。许多殖民地国家独立以后，深切认识到教育对他们民族独立和振兴经济的重要性，把教育计划纳入整个国家发展计划之中。正如《学会生存——教育世界的今天和明天》一书序言所说："当第三世界国家从殖民地时代挣脱出来的时候，它们就以全副精力投入了反愚昧的斗争；它们十分正确地把这种斗争视为彻底解放和真正发展的非常重要的条件。"[①]但是第三世界发展教育的经验不能说是成功的。其中有两个问题困扰他们：一是外国教育的模式不符合他

---

① 联合国教科文组织国际教育发展委员会：《学会生存——教育世界的今天和明天》，上海师范大学外国教育研究室译，1～2页，上海，上海译文出版社，1979。

们的国情，也解决不了他们所需要的人才问题；二是这些国家在教育方面的投资和它们在财政上的可能性是不相称的。高等学校毕业生的人数远远超过了经济可能的力量，不仅造成了高等学校毕业生的失业问题，而且造成了大批人才的外流。

发达国家因社会变革引起的教育需求也是明显的。过去，正规学校，特别是高等学校，是一种选拔性学校。战后民主化的要求，教育机会均等的呼声越来越高，中等教育虽然在一些国家还存在能力的差别，但日益统一，而且达到了普及。教育的分化总是会存在的，因为每个儿童的能力、兴趣、特长都有差异，儿童的努力程度也有差异。教育机会均等只能理解为人人都有学习的机会，至于学习什么，还要看儿童的能力、兴趣和努力程度。高等教育在许多发达国家已达到大众化程度，入学条件已经没有什么限制。但由于大学的水平差异，声望不一，追求高水平的名牌大学仍是青年的理想。

社会变革和民主化的另一种表现是妇女进入劳动力市场。政治的民主化必然带来妇女的解放，同时科学技术的发展也为妇女提供了许多就业机会。20世纪70年代以来，妇女进入劳动力市场的比率有很大提高。妇女从事职业需要学习，同时带来了家庭的变化，如子女的早期教育问题，因家庭离异而产生的子女教育问题等，都对教育提出了新的要求。

教育的供求矛盾不仅表现在教育的数量上，而且表现在教育的质量上。20世纪60年代教育的大发展是数量上的发展，同时带来了教育的质量问题。一方面，原来的选拔性教育变成全民教育、大众教育，必然会产生质量问题；另一方面，70年代是世界动荡的年代，由于经济萧条而引起的失业，战乱带来的人间悲剧，青年人的情绪波动很大，许多工业发达国家的青年由苦闷到颓废，吸毒的人口增加，犯罪率上升，给教育，特别是青少年教育带来严重影响。教育质量问题成为社会关注的问题。因此，教育的供求问题不单是教育需求和社会能提供多少的问题，还包括提供什么样的教育的问题。

二、科技发展与陈旧的教育体制、内容的矛盾

科学技术的发展给人类带来的最大变革就是生产工艺的变化。新的技术在生产上的应用使生产不断变革，造成产业结构的变化、行业的变化和工人的全面流动。这就对教育无论从制度上、目标上、内容上还是方法上都提出不同于传统教育的要求。

从教育制度来讲，旧的教育传统重视小学、中学、大学一整套正规教育系统。一个人从正规学校毕业，就算受完了教育，他在学校学习的东西就可以一辈子受用不尽。可是现在不行了。生产工艺在不断变换，劳动内容在不断更新，一个人已经不能一辈子只从事一种职业，即使是同一名称的职业，其内容也在不断变化。如果他只依靠在旧有正规学校学习到的知识和技能，肯定要被社会淘汰。人们只有不断学习才能适应因科技进步而瞬息万变的世界。正如埃德加·富尔在《学会生存——教育世界的今天和明天》一书的序言中所说，教育目的"就它同就业和经济进展的关系而言，不应培养青年人和成人从事一种特定的、终身不变的职业，而应培养他们有能力在各种专业中尽可能多地流动并永远刺激他们自我学习和培训自己的欲望"[1]。他所领导的国际教育发展委员会提出"终身教育"和"学习化的社会"两个概念，认为"教育体系必须全部重新加以考虑，而且我们对于这种教育体系所抱有的见解本身也必须重新加以评议"[2]。

---

[1] 联合国教科文组织国际教育发展委员会：《学会生存——教育世界的今天和明天》，上海师范大学外国教育研究室译，16页，上海，上海译文出版社，1979。
[2] 联合国教科文组织国际教育发展委员会：《学会生存——教育世界的今天和明天》，上海师范大学外国教育研究室译，18页，上海，上海译文出版社，1979。

新的科技革命对教育提出了什么要求呢?

首先,要求扩大教育范围,要建立一个满足广大人民群众需要的教育体系,打破正规教育和非正规教育的界限,大力发展非正规教育,从而扩大教育民主。

什么叫非正规教育? 美国教育家菲力浦·孔布斯 (又译"菲利普·库姆斯") 给它下了一个定义:"任何在正规教育体制以外进行的,为人口的特定类型、成人及儿童有选择地提供学习形式的有组织、有系统的活动。因此,限定的非正规教育就包括,例如,农业教育和农民培训计划,成人识字计划,在正规教育体制以外所进行的职业技术训练,具有教育性质和目的的青年俱乐部,以及有关卫生、营养、计划生育、合作团体等各种社区计划。"[1]正规教育一般有相对稳定的课程计划,全日制的需连续几年的学习。非正规教育更多的是部分时间制的,时间较短,内容大都是应用性比较强的,学习者能够很快掌握和使用的知识和技能,办学形式和学习内容具有较大的灵活性。

非正规教育在20世纪70年代以后有了很大发展,但是持传统教育观念的人看不惯此类教育,认为它们不能传授系统的科学知识,或者还害怕它们侵蚀正规教育的资源,损害正规教育的利益。事实上,非正规教育是正规教育的一个有力的补充,它可以减轻教育需求对正规教育的压力。实践证明,因为非正规教育所需要的办学条件较低,所以它们的价格较低,而办学的效益较高。当然,情况总会有例外,也有花了许多钱而效益甚低的。但有一点是肯定的,非正规教育可以多渠道集资,可以调动多方面的积极性。

其次,新的科技革命要求改变陈旧的课程内容和方法,传统的学校

----

① [美] 菲力浦·孔布斯:《世界教育危机——八十年代的观点》,赵宝恒、李环等译,北京,人民教育出版社,1990。

教育传授的是死的知识，有些是过时的知识，学习的方法是把这些死的知识记忆下来。正如《学会生存——教育世界的今天和明天》所抨击的那样："那种学院模式至今还受到高度重视……但是今天看来，不仅就工人阶级来说，甚至从实用上考虑对资产阶级青年来说（这种模式本来是为他们设计的），这种模式已经过时和陈旧了。它顽固地维持着前几代人的怪癖。它过分地依赖理论和记忆。它给予传统的、书面的和复述的表达方式以特殊的地位，损害了口语的表达、自发精神和创造性的研究。"[1]它进一步抨击说："最后，这种模式的严重缺点还有：它只为少数有限的专业培养人才，并使这些毕业生，在工作职位缺少时，也不可能（即使是临时性的）转向某些技术性的和实用的工作，因为他们的教师曾教他们藐视这类工作。"[2]这些话再深刻不过了，用不着再多加解释。怎么办？唯一的出路是改革。20世纪70年代以来，教育内容、教育方法上有许多改革实验，出现了众多理论，但至今似乎还没有找到最佳方案，仍是今后教育工作者需要不断努力的领域。

科学技术进步引起的知识爆炸也对教育产生深远的影响。学校教育不可能也没有必要把人类的知识全部教给学生。这就要求彻底改革教育内容，把最基本的、最先进的知识教给学生；另外，要改革教育方法，注意培养学生的能力，使他们能够独立思考，举一反三，能够自己去探索和获取新的知识。如果说传统的教育是教育学生学会记忆，把现有的知识接受过来，那么新的教育则要求学生"学会发现"，学会利用已有的知识开动脑筋去获取新的知识。

对于这样一种新的形势，人们最初是不习惯，不理解，然后是不知

① 联合国教科文组织国际教育发展委员会：《学会生存——教育世界的今天和明天》，上海师范大学外国教育研究室译，14～15页，上海，上海译文出版社，1979。
② 联合国教科文组织国际教育发展委员会：《学会生存——教育世界的今天和明天》，上海师范大学外国教育研究室译，15页，上海，上海译文出版社，1979。

所措。20世纪70年代中小学的教育内容有了很大的变化，许多科学家根据现代科学的进展，重新编写了教材，更新了教育内容。但是教育并非那样简单，并不是像一个瓶子那样，把旧酒倒掉，换上新酒就可以了。70年代的课程改革由于只遵循了科学家的意志而告失败。新的内容没有经过加工和处理，不仅学生接受不了，教师也接受不了，以后就出现了"回到基础"教育运动。许多教师强调传统的基础教育，把"三R"（读、写、算）搞好。但是，时代在前进，教育改革是不可逆转的。70年代的改革虽然未能成功，但它的影响是不可低估的，因此，80年代、90年代的改革仍然集中在课程内容上。无论是英国1988年的改革方案，还是《美国2000年教育规划》，都把课程改革作为改革的核心。一方面，要加强基础知识传授，都提出设立核心课程问题；另一方面，要革新内容，特别是要增加信息科学、生命科学、环境教育、人口教育等新内容。

科学技术的发展不仅对教育提出新的要求，也为教育改革提供了物质前提。《学会生存——教育世界的今天和明天》讲道："科学技术革命使得知识与训练有了全新的意义，使人类在思想上和行为上获得许多全新的内容和方法，并且是第一次真正具有普遍意义的革命。"[①]当代科技革命的最大特征是两大革新系统，即大众媒体（晶体管无线电和电视）和控制系统。这两大革新系统都与信息有关。及时传送信息、翻译信息、发现和使用信息，现在，距离已经不是传递信息的障碍，任何距离之间都可以直接传递信息。而且计算机日益完善、理性化，它可以代替和加强人脑的部分功能。科学技术的这些新成果运用到教育过程，必然会引起教育的新的革命。现在电子计算机已经进入各个公司的办公室，并以极快的速度在家庭普及。儿童接触电视和计算机要比接触到学校的课本早得多。学校教育如

---

① 联合国教科文组织国际教育发展委员会：《学会生存——教育世界的今天和明天》，上海师范大学外国教育研究室译，6页，上海，上海译文出版社，1979。

何利用这个科技新成果来改造旧的教育，是教育工作者需要研究的又一新领域。

科技的进步也促进了国际交流与合作。随着交通工具的发达，信息传递的迅速，地球变得越来越小，文化学术交流日益频繁。这一方面有利于教育的改革，另一方面也给教育提出了新的课题。教育如何吸收别人的经验，又如何保持自己的优秀传统，如何把两者结合起来？特别是发展中国家，面对发达国家的教育，往往看到它们的优点较多，而忽视双方不同的文化背景和传统。第二次世界大战后40多年来的经验教训说明，简单地把发达国家的教育模式移植到自己的国土上往往是不成功的。国际交流既不是全盘照搬别国的教育模式，也不是把自己的模式输出给人家，而是取长补短，走自己的路，创造自己的教育模式。应该说，教育模式没有好坏之分，各国的教育模式都有它的优点和缺点。国际交流目前是研究别人的优点，并根据自己的文化传统加以消化和吸收，以达到完善自己的教育模式的目的。

三、教育与就业的矛盾

20世纪五六十年代世界经济的增长，把劳动力的培养作为一个前提条件，由此，人力资本理论应运而生。无论是发达国家还是发展中国家，都增加教育投入，以便培养经济高速发展所需要的技术人才和其他劳动者。学生和家长认为教育投入是最有效益的投资，毕业以后就能迅速改变个人的社会地位并增加收入。因此，在这个时代，人们对教育的渴求达到了一个狂热的程度，都期待教育能给社会和个人带来奇迹。但是70年代世界经济的衰退打破了这个美梦，人才缺乏一变而为人才过剩，学生走出校门不是有丰厚收入的工作在等待着他，而是找不到工作。特别是具有高级学位的毕业生，由于找不到合适的工作，只能去从事只需要简单熟练程度的工作。这在当时的社会主义国家苏联也不例外，许多有工程师称号的大学毕业生在从事普通工人的工作，这是极大的教育浪费。

我们先来看一看不同国家和地区知识青年失业的情况。

（一）经济合作与发展组织国家青年的失业情况

20世纪60年代，由于经济合作与发展组织国家的经济蓬勃发展，就业机会扩大，人均收入提高，通货膨胀率下降，失业率很低，只有2%～3%。但到了70年代，情况发生了急剧的变化，经济增长速度放慢了，通货膨胀率猛增。到80年代，经济合作与发展组织的7个主要国家年平均通货膨胀率超过12%，失业率也上升到百分之十几或百分之几十。到1982年，经济合作与发展组织国家的失业总数在3 000万人左右，比1970年增加3倍。青年失业尤为严重。在美国、加拿大和日本，青年失业率是成年工人的2倍以上，澳大利亚、法国、西班牙和英国超过3倍，而意大利达到7倍。同时，失业率与受教育水平成反比。受打击最严重的是没有完成中等教育的工人，青年女性的失业率又高于男性。1980年，经济合作与发展组织秘书处进行的调查说明：整个经济合作与发展组织国家（除了土耳其）的青年在全部失业人员中的比率从44%上升到47%。[①]

（二）发展中国家青年的失业情况

青年失业的现象在发展中国家更为严重。20世纪五六十年代刚刚兴起的国家，在国家独立之初，严重缺少管理干部，急需各种人才。但教育的周期较长，等到人才培养出来以后发现，政府部门的各种岗位已经被人占据，而这些人常常不是经过培训的人才。70年代经济的衰退当然也影响到发展中国家的青年就业。在发展中国家还有一个重要因素，即

[①] ［美］菲力浦·孔布斯：《世界教育危机——八十年代的观点》，赵宝恒、李环等译，北京，人民教育出版社，1990。

原来的殖民主义国家的教育制度与独立后的需求不相适应。独立国家最需要的是技术人才、管理人才和熟练劳动力，而原来的教育制度只培养一些文职人员。

亚洲青年失业的现象特别严重。如印度，独立以后大力发展高等教育，其发展速度是惊人的。独立前1946—1947年度，大学仅有18所（一说20所），学院636所，入学人数22.5万人，但到1970—1971年度，大学增加到93所，学院3 604所，入学人数为195.6万人，增加了近8倍。这种发展与印度的经济结构和人才需求的格局极不适应。印度是一个发展中国家，经济构成中第一产业占重要的比例，人才的需求主要是能够从事工农业生产的具有基本教育水平的熟练和半熟练劳动力，一部分中级技术人才和少量高级专业技术人才与管理人才。印度独立后不是着力于发展基础教育，而是把重点放在发展高等教育上，这就不能不出现人才过剩的严重后果。据统计，印度大学毕业生的失业率在20世纪50年代初占全部受过教育的失业人口的总数的12%左右，到70年代末上升到20%左右；失业者的绝对数字从50年代末的2万人增加到70年代末的120多万人。以上这些数字还不包括功能性失业，即受过高等专业教育的毕业生不能从事与自己专业有关的工作，受过中等教育的人失业率也很高。印度受过教育的人不足总人口的1/3，但其失业率达总失业人口的2/3。可见受过教育的人的失业率比没有受过教育的人的失业率高得多。这其中有一个失业率的概念问题。通常，工业发达国家所说的失业率是指劳动力中实际上未被全日制雇用的人员总数占工人及可能成为工人的人员总数的比例。在发展中国家，只有很少一部分人受雇于城市中的现代部门，大多数留在农村，因此，失业人口主要表现在城市中的劳动力，失业中受过教育的人自然会占更大的比例。但上述数字足以说明，印度高等教育的发展规模和速度已远远超过印度国家经济发展的速度和社会对大学生的需求。这种教育供求之间的矛盾造成的严重后果是使印度的高级专门人才大量外流。1971年的一项研究说明，印度在国外的工程师、科学家和医生的总人数达3万人，人才外流给印度带来严重损失。联合国贸易与发展会议的研究表明：印度一名医生流往美国，印度要损失33万印度卢比，而美国得到的利益为517.5万印度卢比；印度一名科学家流往美国，印度要损失17.2万印度卢比，美国得到的利益为187.5万印度卢比。

（三）原因和背景

受教育者失业率增高的原因自然是20世纪70年代经济衰退所引起的直接后果。但是这个问题实际上在60年代后期就已经暴露出来，那么原因何在呢？我想，可以从教育的外部环境和内部结构来分析。

第一，战后科学技术的发展使得当代经济要求有更广博的文化科学知识和技术技能，生产工艺的不断变革又要求工人和技术人员不断学习。只为年青一代提供职业前的教育已经不够了，他们需要不断地学习来补充新的知识。特别是教育的周期很长，往往青年进入职业领域以后发现自己学习的东西已经过时，需要重新学习。

第二，经济的高速增长造成产业结构的变化，一些行业消失了，一些新的行业产生了。据统计，美国从1949年到1965年约有8 000种职业从劳动力市场消失，同时出现了3 000种以上的新职业；德国劳动就业人口中只有50%的人从事原来学习的职业。这种劳动的变更使得受过教育者不适应社会的要求，常常处于失业或功能性失业的状态。

第三，教育内部的结构与产业结构不相协调，特别是发展中国家，急于培养高级人才，但由于这些国家的经济还处于传统以农业为主的阶段，社会急需初中级技术工人和技术人员，于是大学毕业生就找不到合适的工作。正如孔布斯在《世界教育危机——八十年代的观点》中描述的："到60年代，一些发展中国家发现大学毕业的工程师比协助他们工作的中级技术人员还多，或者医生比护士还多，以至于高级专家经常需要做中级人员的工作。"

第四，一些发展中国家盲目地照搬工业化国家的教育模式，也是使受过教育者失业的原因之一。例如，大多数发展中国家学习人文科学和法律的毕业生占绝对优势，学习自然科学和工程学科的毕业生很少，有的不到10%，而学习农业的毕业生尤其少得可怜，通常不到3%。显然，这种教育结构与发展中国家的发展水平是不一致的，造成高级人才的失业也就不奇怪了。

"比较教育丛书"序[*]

比较教育是一门新兴的教育分支学科。所谓新兴，有几种含义。一是指它产生的年代还不长。若从1817年法国朱利安发表《比较教育的研究计划和初步意见》一书算起，至今才180年的历史。二是指它还不够成熟。比较教育至今还没有一个确切的定义。有的学者认为，比较教育与其说是一门学科，不如说它是一个研究领域。三是指它正在发展中。如果说20世纪70年代以前，比较教育仅仅在西方国家中流行的话，那么70年代以后，它在发展中国家也迅速地发展起来，而且方兴未艾。

比较教育之所以得到迅速发展，是与世界形势的发展分不开的。20世纪是风云变幻的世纪。两次世界大战以民主势力战胜强权势力和法西斯主义告终；殖民主义的灭亡是20世纪人类最突出的贡献；科学技术的迅猛发展推动了生产力空前提高，带来了战后国际经济的繁荣。世界教育在这五洲激荡的20世纪有了空前的发展。国际竞争激烈，国际交流频繁，教育已经不是一国一地域的事业，而是需要互相交流、互相借鉴的，许多问题需要共同讨论。这是比较教育发展的客观基础。

但是，比较教育的发展并非一帆风顺。西方比较教育在20世纪六七十年代热闹了一时，近些年来不太景气。发展中国家虽对比较教育

---

* 原载"比较教育丛书"，人民教育出版社，1997年。

兴趣犹浓，但似乎尚未找到一条科学研究的道路，成果还不能算太丰硕。比较教育可以说步履维艰，原因也是多方面的。首先，比较教育还缺乏一套科学方法，还难以从各国教育的比较研究中得到科学的、带有规律性的结论。这是因为教育是人类社会最复杂的社会现象，影响教育的可变因素太多，难以简单地将各国教育加以类比。其次，比较教育不能为决策提供依据，人们并不觉得它有那么重要。比较教育历来探讨别国的教育多，研究本国的教育少。虽然著名比较教育学者康德尔说过："外国教育制度的研究，意味着对自己教育思想的一次检讨和挑战，因而也是对本国教育制度的背景和基础的一次比较清楚的分析。"但是，提供比较教育研究资金的决策部门，总是希望比较教育为它们提供教育改革的现成方案。最后，资金短缺是近些年来比较教育研究不景气的重要原因。20世纪80年代以来，经济萧条的阴云时时笼罩着许多发达国家的上空，教育经费短缺成为各国教育发展的普遍障碍，对于教育研究，特别是比较教育的研究，尤其难以照顾到。正如霍尔姆斯（又译"霍姆斯"）生前所说："经费正在被压缩，因此，我认为比较教育不会像从前曾有过的那样得到更多的资助。"

虽然比较教育研究近些年来遇到了某些困难，但是比较教育学者并未自暴自弃，而是不断努力，开拓新的领域，在研究方法上也有所突破。

比较教育的理论研究虽然发展缓慢，但比较教育的研究确实在许多领域内展开。许多教育社会学者、教育经济学者、教育人类学者、教育心理学者都在进行比较教育的研究。也如霍尔姆斯所说："许多教育社会学家、教育心理学家和行政人员在他们的工作中引入了比较成分，在他们各自领域进行研究工作，他们并不认为自己是比较教育学者。"近些年来，比较教育已经发展到国际教育和发展教育两个领域。国际教育研究的是国际教育交流与合作问题，但我认为还应包括从国际的观点来研究当代的教育问题，因而就出现了人口教育、环境教育、多元文化教育等的研究。此类教育研究不是其他教育分支学科所能包含的，需要比较教育学科来承担。发展教育研究的是教育与社会发展的关系，特别是研究发展中国家教育与现代化的关系。这个领域无论对发展中国家还是对发达国家的比较教育学者都有极大的吸引力。

我国比较教育研究起步较晚。虽然20世纪初有一批学者介绍西方的比较教育并开始比较教育研究，但后来中断了几十年，真正开始则在70年代末，也即在中国共产党的十一届三中全会之后。党的改革开放政策为比较教育研究开辟了道路，使它得到迅速的发展。十多年来，我国比较教育走过了介绍、描述比较和借鉴的阶段，现在也正像世界比较教育一样，向国际教育和发展教育的领域发展。

当前，世界正在向21世纪迈进，国际竞争十分激烈。国际竞争主要表现在经济领域，但实际上是科技的竞争、人才的竞争。许多有识之士认为，在21世纪，人才是决定的因素，谁掌握了教育的主动权，谁就能够战胜对手。因此，20世纪80年代以来，各国都在实行教育改革，以期培养适应21世纪科技发展和经济竞争的人才。比较教育工作者密切注视着这些改革。发展问题是当今发展中国家的主要任务。发展离不开教育，如果教育得不到发展，经济就难以起飞。但是，许多发展中国家困于资金不足，再加上人口暴增，使普及教育和扫除文盲的任务越来越繁重。它们的出路何在？这也是比较教育工作者关注的焦点。中国是发展中国家，教育上遇到发展中国家同样的困难。但是，中国自改革开放以来，特别是实行社会主义市场经济体制以来，经济增长速度很快，经济腾飞已经开始。中国在20世纪末进入小康社会以后，教育将如何发展？发达国家有什么经验值得吸取？中国教育如何跟上世界发展形势？这是我国比较教育工作者关心的重要课题。

本丛书的编写是对我国比较教育十多年来研究的一次检阅。虽然近些年来陆续出版了许多有水平的专著，但本丛书将从新的视角来讨论世界性的教育问题，必将给读者带来比较教育面貌一新的感觉。参加本丛书编著的，除了一些在比较教育界享有盛誉的老专家，如王承绪教授、杨汉清教授、吴文侃教授等外，大多是崭露头角的中青年学者。他们接受过良好的教育，许多人在国外留学多年，不少作者是国内外博士学位的获得者。他们知识面广，视野宽，观点新，掌握最新的资料。我相信本丛书的出版会给我国比较教育的研究带来新的生气。当然，也应该说明，本丛书编纂时间比较紧，许多作者手头都有许多课题，难免不能专心于一部著作。特别是本人，虽据主编之位，但审视不周，故错误与不足之处恐不会少，尚希读者指正。

民族文化传统与教育现代化（节选）[*]

引　言

　　20世纪60年代以前，比较教育研究重视因素分析法和历史法的运用。因素分析法的先驱——英国的萨德勒认为校外的事情比校内的事情更重要，为了真正了解外国教育，必须考察该国教育制度的社会背景。汉斯则对影响教育的诸多外部因素加以系统化，把它分为三类：自然因素（种族、语言、地理和经济），宗教因素（罗马天主教、英国国教和清教徒），世俗因素（人文主义、社会主义、民族主义和民主主义）。康德尔继承了萨德勒的观点，认为要了解和评价各国的教育制度，需要对影响教育制度性质和发展的历史传统、国民态度、政治和经济诸因素进行分析。他强调运用历史法，并认为比较教育是教育史的延续。60年代以后，比较教育研究逐渐重视实证研究，但是实证研究也离不开因素分析。因为任何教育制度和事实都与教育系统外部的因素有关。将外部因素做横向的分析，就是通常说的因素分析法；将外部因素做纵向的分析，就是历史法。因此，因素分析法和历史法是密不可分的。它们是比较教育研究的重要方法。在运用因素分析法和历史法的过程中，还需要

---

*　原载《民族文化传统与教育现代化》，北京师范大学出版社，1998年。

与其他方法结合，如文献法、调查研究法、实证法等。

影响教育制度和事实的因素很多。汉斯将它们分为自然因素、宗教因素和世俗因素。如果从人类的基本社会活动来分，影响因素又可以分为政治因素、经济（生产）因素、文化因素等。研究教育与政治的关系，有教育政治学；研究教育与经济的关系，有教育经济学；研究教育与文化的关系，有教育文化学。但是这些学科只是从一个平面上将教育与其他社会活动联系起来研究，比较教育研究的独特性就在于它的纵横的多维性。从空间上看，它是跨国家、跨地区的；从时间上看，它以当代为主，追溯到历史的影响。因此，它又是分门别类的其他学科所不能替代的。

前面我们简单地论述比较教育研究中的因素分析法和历史法，目的是要引出本课题的研究。比较教育研究在我国的发展比较晚。当世界比较教育研究搞得火热的时候，我国却正关起门来搞"文化大革命"。直到改革开放以后，我们打开门户，才看到五彩缤纷的教育世界，比较教育才在我国迅速发展起来。十多年的时间里，比较教育研究经历了发展和深化的过程，其大致可以分为三个阶段：第一个阶段是1978年以后及"七五"规划前期，主要是介绍几个工业发达国家的教育制度及战后改革的动向；第二个阶段是"七五"规划至"八五"规划前期，主要是对各国教育制度和各种专题进行比较；第三个阶段则是"八五"规划以来，研究扩大到许多后发展起来的国家的教育制度和国际教育问题。我们发现，在前两个阶段的研究过程中，分析影响教育的政治因素和经济因素比较多，分析影响教育的文化因素比较少，而各国教育制度和事实单单用政治因素和经济因素来分析又觉得难以解释。虽然这些都是很重要的因素，但总觉得有隔靴搔痒的味道。例如，美国、法国、德国都是经济发达的资本主义国家，可是它们的教育制度和处理教育事务的方法又大相径庭，即使同处欧洲大陆，法国和德国的教育也大不相同；而社会制度不同的东方国家，如中国、日本、韩国的教育传统却有许多相同之处。这是为什么？现在教育界都在研究建设有中国特色的社会主义教育体系，当然，最主要的是学习邓小平理论。但是，比较教育研究工作者应该做些什么贡献？于是，我们就想到民族文化传统与教育发展的关系，教育是文化的重要组成部分，在社会现代化的过程中必然会遇到现代化与传统文化的关系。这个问题搞不清楚，就很难建立起有中国特色的现代化的社会主义教育制度，也就难以使教育为中国现代化建设服务。

本课题的研究方法主要是因素分析法和比较历史法，并采用文献法、调查研究法，研究对象国主要是中国、日本、美国及欧洲诸国。研究结构是先分析各国民族文化传统与教育的关系，再在观念形态上做专题比较。

第一章 概论

第一节 民族文化传统及其演进特质

一、文化概念的界说

为了弄清民族文化传统及其演变过程，首先要对文化做一个界定。文化概念的界说，众说纷纭，至今国内外尚无公认的定义。据说，关于文化的定义有200多种。

张岱年、程宜山在《中国文化与文化论争》一书中给文化下了这样一个定义："文化是人类在处理人和世界关系中所采取的精神活动与实践活动的方式及其所创造出来的物质和精神成果的总和，是活动方式与活动成果的辩证统一。"[①]他们在论述这个概念时提到，英美传统的文化研究者将文化理解为既定事实的各种形态的总和，即人类创造的物质和

---

① 张岱年、程宜山：《中国文化与文化论争》，2页，北京，中国人民大学出版社，1990。

精神成果的总和；而德国传统的文化研究者则将文化理解为一种以生命或生活为本位的活的东西，或者说，生活的样态。[①]他们认为两种传统的理解都有片面性，文化表现在活动方式和活动成果两个方面。这是非常有创见的思想。

两位学者还认为文化是一个动态系统，"文化是一个包含多层次、多方面内容的统一的体系"[②]。文化主要包含三个层次：第一层是思想，即意识、观念等；第二层是文物，即实物；第三层是制度、风格。[③]庞朴则把文化定义为："文化是人的本质的展现和成因，就是说它是人的本质的展开的表现和人的本质的形成的原因。"[④]他也把文化划分为三个层次：物的层次（物质的层次）、心的层次（或叫"心理的层次"）、中间层次（心与物相结合的层次）。

两书在定义的表述上有所不同，但内容基本上是一致的。他们都表明：第一，文化是人类创造的；第二，文化包括创造的活动和创造的成果；第三，文化是分层次的，即思想、制度、物质三个层次。所不同的是，庞朴更多地从人的本质出发来阐明文化的含义，因为"文化是人创造的，人又是文化创造的"[⑤]。三层次的文化分类法，也只是概略地描述文化的构成，很难写尽文化的所有方面。有人主张应把风俗习惯的要素，即行为文化，也纳入文化结构之中。尽管对文化的定义、内涵争论很多，但人们大体上有了基本统一的认识。

二、民族文化传统

民族文化传统与"文化传统"或"民族传统"在某种程度上是相同

---

① 张岱年、程宜山：《中国文化与文化论争》，1页，北京，中国人民大学出版社，1990。
② 张岱年、程宜山：《中国文化与文化论争》，3～4页，北京，中国人民大学出版社，1990。
③ 张岱年、程宜山：《中国文化与文化论争》，4页，北京，中国人民大学出版社，1990。
④ 庞朴：《文化的民族性与时代性》，69页，北京，中国和平出版社，1988。
⑤ 庞朴：《文化的民族性与时代性》，69页，北京，中国和平出版社，1988。

的概念。因为文化总是具有民族性，是人类中某个民族所创造的；同时，民族的特性较多地集中表现在文化中。所以，说"民族传统"，就是指该民族的文化传统；说"文化传统"，也往往是就一个具体的民族而言。民族文化传统是指一个民族经过长期的历史积淀而形成的对现实社会仍产生巨大影响的文化特质或文化模式。

民族文化传统具有下列一些特性。

1. 民族性

前面已经讲到，文化总是由人类中的某个民族所创造的，由于世界各民族所处的历史时期不同、环境不同，对自然界和社会各种现象的认识和理解不同，他们创造出各自不同的文化。例如，中国文化比较重视人与自然的和谐；而西方文化则强调征服自然、战胜自然；[①]对待社会和他人，中国人主张中庸、和谐，西方人主张竞争、斗争。这就是不同的民族特性。这是从观念形态而言的，表现在物质上，两者也有极大的不同。例如，中国的民间艺术图案讲究对称、统一、和谐；西方民族的艺术图案往往讲究差异、多样。民族性表现在文化的各个层面。

在当今世界强调国际化的时代，为什么要强调文化的民族性？这是因为，世界是丰富多彩的，人们也总是喜欢斑斓多姿的文化。所以，一个民族的文化越是有民族色，在国际上才越有地位。所谓国际化，主要表现为互相交流，互相了解，互相吸收对自己民族有益的东西，充实和发展自己的民族文化，而不是实行民族文化的融合，或者用一个民族的文化代替另一个民族的文化。

2. 变异性

"民族文化传统"是一个动态的概念。每个民族的文化都是不断发展的，因此，每个民族的文化传统也总是发展的、不断变革的。民

---

① 张岱年、程宜山：《中国文化与文化论争》，51页，北京，中国人民大学出版社，1990。

族文化的发展过程尽管十分复杂，但它离不开发现（finding）、选择（selecting）、传递（transfering）和创造（making）这四个基本环节。

所谓发现，是指挖掘和利用已经存在的但未曾受到注意的文化。发现分为两种。在时间意义上，发现是指对过去的文化进行发掘和利用。例如，我国汉代的古文学派就是因为在孔子故居的夹壁墙中发现了大量的春秋战国时期的文献资料而兴起的。欧洲的文艺复兴也是通过对古希腊文化的发掘而产生并弘扬发展的，形成了欧洲资产阶级的思想文化传统。在空间意义上，发现是指对异质文化的吸收。它又包括两种情况：一种是文化主体通过渐进而和平的文化交流，主动地发现和吸收异质文化。中国历史上的佛学东渐就属于这种情况，从佛教在东汉时传入中国到唐朝时的兴盛发展，中国文化对之进行了长时间的消化与吸收，而这主要依赖中国学问僧的翻译介绍、西行求法和宣讲言教等积极活动。另一种是在两种文化的强烈撞击和矛盾冲击下，文化主体被迫吸收异质文化。如鸦片战争打开了中国的大门，使中国在不平等的情况下被迫接受了一部分西方文化。当然，这种划分并不是绝对的，关键还在于文化主体能不能吸收。一般来说，发现都伴随着创造过程。因为发现旧有文化和吸收异文化本身并不能使这些文化融合于现有文化之中，还需要创造性地把它们结合起来，从而创造出新的民族文化。

如果说创造和发现都属于生产文化的环节，那么，选择和传递就大体上属于保存文化的环节，它们与文化传统的形成更具有直接的关系。选择，就是根据一定的时代、一定的社会需要，并基于当时对文化的理解，淘汰或保留已有的文化产品。文化，除了物质层面的文化产品以外，制度、观念都是属于上层建筑的东西，它们要受到经济基础的制约。生产方式变革了，上层建筑也必然会变化，特别是一个时期的统治阶级，也总要选择有利于巩固其统治的观念、制度。因此，适应其需要的就保留下来，甚至把它发扬光大，不适合的就被淘汰。秦始皇的"焚书坑儒"、西汉时董仲舒的"独尊儒术"，都是一种文化选择。物质文化也有一个选择问题。不同时期由于生产力的发展，人们对物质的需求不断变化，对原有的物质产品就有一个淘汰和保留的问题。每一个时代都在对文化进行选择。选择的内容有两种：一种是对已有文化的选择；另一种是对外来文化的选择。选择的方式有的是自上而下的，由统治集团明令禁止或倡导发扬；有的是自下而上的，先在民间流行，然后逐渐影响到上层阶级。

传递，就是将既存的文化产品在时间和空间上加以延伸，以期在不同的地域和久远的将来仍可保存其文化。其中，时间上的纵向传递是形成民族文化传统的最直接因素。传递与选择是分不开的，传递过程中必然会有选择。传递文化的主体往往会根据时代的要求和自己的需要，强调或者增加一些东西，贬斥或者舍弃一些东西。

所谓创造，就是建立前所未有的新质文化的过程。它包括具有起始意义的创造和在一定文化基础之上的再创造。就我国而言，中华文化的创造和奠基时期是先秦时代。根据考古学的充分证明，我国早在约公元前5000年至公元前2300年就产生了华夏、东夷、苗蛮三大文化派别。殷墟出土的甲骨文和其他文物表明殷商时期，我国已经创造出具有较高水平的物质文明，并形成了较为丰富的文化思想；至周代，"周虽旧邦，其命维新"，逐步建立和形成了在我国具有深远影响的宗法制度和礼制，这种制度在我国维持了几千年。时至春秋战国诸子蜂起，学派林立，中国进入了辉煌的文化创造时期，中华文化确定了基本走向。由此可见，民族文化的形成必须首先经过创造性的劳动。当然，我们不仅在文化的奠基时期需要创造，在民族文化的进一步发展过程中，仍然需要创造，即在一定文化基础之上的再创造。中华民族是一个多民族集体，中华民族文化就是不断吸收、融合各民族文化的优秀内容而发展起来的。例如，中国的民乐就是集各民族的乐器而成的；中国妇女穿的旗袍，本来是满族的服装。近代以来，受西方文化的影响，中华文化已经吸收了许多西方文化的精华。总之，创造始终是民族文化发展最重要的环节。

上述四个基本环节不是孤立发生的，而是相互交织，相互配合，综合地作用于民族文化传统的形成和演进，甚至很难把它们清楚地分成四个环节。上面讲到，选择与传递大体上属于保留已有文化，但是选择实际上也是一种创造，因为选择以后必然会或多或少地改变原有文化的性质。分开来论述，不过是为了方便起见。特别是这四个基本环节都毫无例外地依赖于教育，统一于教育，这一点我们在后面还要详细谈到。

3. 稳定性

文化传统是在一定时间和空间的背景上，从众多的文化事相中提炼、凝聚而成的，在某种程度上，它已经摆脱了具象性，而成为具有一定共性的文化。因此，相对于变动不居的文化事相，文化传统具有一定的稳定性。文化传统的稳定性，在时间和空间上都有明显的表现。在时间上，它表现为惯性，即文化传统发展变化的速率和节奏并不与时代的发展保持同步，而是落后于后者，所以文化传统往往是过去时代的反映。在空间上，文化传统的稳定性保持了文化本身的独特性，即它维护各民族文化原本不同的发展轨迹，使各民族文化的相互作用和相互影响被限定在一定范围之内。所以，在世界文化交流已经如此频繁和深入的今天，各民族文化仍保持着各自的独特性，从而形成了世界文化的多元性。这也就是为什么文化传统又可称为民族文化传统的缘由。

民族文化传统的稳定性在某种程度上表现出凝固性和保守性，它不仅在发展速率上落后于时代，有时甚至拒绝时代要求的变革，拒绝外来文化的渗透。"西学东渐"在中国经历了艰难曲折的过程，就是一个明显的例子。因此，民族文化传统的稳定性具有两方面的意义：积极方面的意义是它保持文化传统的独特性，也即民族性；消极方面的意义是它影响到文化传统的变革，阻碍着先进文化的吸收、创造和传播。

4. 统摄性

文化传统一旦形成，就在一定范围内对人们具有普遍的内在的约束力，从而对社会成员的思想、心理倾向和行为方式发挥引导作用，以建立整个社会成员共同遵循的文化标准。例如，中华民族所具有的"富贵不能淫、威武不能屈、贫贱不能移"的精神风范，始终是中华民族全体成员的崇高信念。古代斯巴达的威武精神，把临阵怯阵视为民族的耻辱。这都反映了文化传统的统摄性。

5. 系统性

文化传统的各个层次和各个方面构成一个有机的整体，各种文化要素之间具有内在的质的联系。因此，尽管文化传统的各个层次、各个方面的稳定性不同，但只要改变文化传统的任何一个层面，其他层面就会随之发生相应的变化。中国近代的文化转型就是文化传统系统性、整体性的一个鲜明例证。清政府吸收西学的本意只在引进西方的技术，即物质层面的文化，但很快就发生了他们不愿见到的专制制度的垮台和封建观念的坍塌。

一个国家的民族文化传统有优秀的东西，也有落后的东西。文化传统的变革就是不断选择、创造符合时代要求的优秀的文化，而对不符合时代要求的落后的东西加以摒弃。因此，不能笼统地提倡弘扬民族文化传统，确切地说，应该提倡弘扬民族优秀文化传统。例如，当前我国风行一股"儒学热"，且不说什么是儒学，儒学毕竟是两千年以前的产物，它经过时代的涤荡，虽有许多变化，但毕竟与现代化相距甚远。儒学中的有些内容属于我国优秀的文化传统，今天应该继承和发扬。所谓继承和发扬，也不是全盘端过来，而是要根据时代的要求进行选择和再创造。选择的标准就是民族的生存和发展的需要，也就是时代的需要，当今就是现代化的需要。说用儒学来构建中国现代文化传统，只能把人们引入歧途。

民族文化传统的这些特性，对现代化进程起着十分重要的影响，几乎涉及社会的所有领域，其影响的方式又是相当隐晦的，渗透于社会各个分野的里层。这就使民族文化传统与国家的现代化关系表现出相当的复杂性。教育是文化的组成部分，教育传统也是民族文化传统的一个部分。我们认识了民族文化传统的特性，实际上也就认识了教育传统的特性，但是教育在文化领域内又具有相对的独立性，教育传统的变革也会影响到民族文化传统的变革。

第二节　教育传统的形成及其特质

教育传统是指经过长期的历史积淀而形成并继承下来的教育思想、制度、内容和方法，即在过去教育实践中形成并得以流传的具有一定特色的教育体系。教育传统是民族文化传统的组成部分，它有一个形成、发展的过程。一定的历史时期有一定的文化传统，也就有一定的教育传统。这种教育传统是受当时的政治、经济及文化的影响而形成的，同时也是对以往教育传统的继承和发展。因此，一个时期的教育传统总是受到外部和内部两种影响。外部影响就是当时的政治、经济、文化传统的因素；内部影响即先前的教育传统。

影响教育传统的决定性因素是社会生产力水平和经济特征。就生产力水平而言，当今世界分为发达国家和发展中国家或不发达国家。发达国家中有许多是过去殖民主义的宗主国，发展中国家有许多是过去的殖民地。它们面临的教育问题迥然不同，各国政府发展教育的策略也就会产生重大差别。就经济特征而言，发达国家大多数是早发型的，即工业革命发生得早，并且是以积累的内部力量为动力而发生的，称为"早发内发型国家"；有少数发达国家如日本、俄罗斯则是晚发外发型国家，发展中国家更是晚发外发型国家。国家的经济特征必然会影响到教育传统。早发内发型国家的文化传统比较凝固与保守，教育传统也就会保留更多的旧时代的特点。晚发外发型国家在现代化进程中必然会吸收外来的技术和经验，这就会遇到本国文化与外来文化的冲突。这种冲突必然会影响到教育传统，使它发生激烈的变化。

对教育传统影响较大的是一个国家的政治制度、经济制度及其他制度。如美国联邦制、法国的中央集权制都有其形成的历史背景。这些包含传统因素又存在于现代社会的各种制度，对教育显然具有强烈的制约作用。又如，英国的文官制度、日本的企业职工终身制度等，无不对教育传统产生影响。

对教育传统影响最深的莫过于一个国家的民族文化传统。教育是发现、选择、传递、创造文化的重要手段，教育离不开文化传统，因此，教育思想、教育制度、教育内容和教育方法都会留下文化传统的痕迹。例如，中国历史上长期存在的科举取士的传统，是在封建制度发展中形成的。这种科举制度把学校教育和人才的选拔制度结合在一起，这就影响到我国1 000多年的教育传统。清朝末年，帝国主义的侵略动摇了封建主义的统治基础，科举制度终于随着政治、经济的剧烈变革而彻底毁灭。虽然科举制度作为一种制度是早已消灭了，但与科举制度相伴随的教育思想，作为一种传统的教育思想，仍在人们的头脑中残存下来。又如，英国的绅士教育、德国教育的研究精神等，都受该国民族文化传统的影响。

教育传统既然是文化传统的组成部分，那么它同样具有文化传统的特性，即民族性、变异性、稳定性。

一个国家的教育传统与文化传统一样有其本身的特质，不能简单地肯定或否定，它适合该国的政治、经济和文化传统，但不一定适合别的国家。就本国的教育传统而言，其中有好的优秀的教育传统，也有不好的或者已经过时的教育传统。教育思想、制度和方法符合教育发展规律，符合人的发展规律，就是优秀的教育传统，就会世世代代传下来。

例如，我国古代的"因材施教""教学相长"等教育思想，夸美纽斯、卢梭等先进教育思想家的许多教育学说，是世界教育的宝贵遗产，今天仍应继承和发扬。教育传统中有些教育思想、制度和方法是落后的、腐朽的，或者在当时的历史条件下是进步的、可取的，但随着时代的变化而变得落后了，今天就应该摒弃它。

教育传统是动态的，不是静止的，它是在不断发展的。教育传统和民族文化传统一样，其自身也在不断地传递、选择、发现和创造的过程中。每一个历史时期都有不同的教育传统。例如，中国当代的教育传统就是在继承、批判古代中国教育传统，吸收西方教育思想、制度和方法过程中逐步形成的，它还在随着我国政治、经济的发展不断地发展和变化。

教育传统也具有相对的稳定性和凝固性。教育传统是不断发展的，但在一个时期又有相对的稳定性。教育传统也如民族文化传统一样，可以分为物质层面、制度层面和思想层面的传统。物质层面的传统表现为教育手段和设备、教具等；制度层面的传统表现为学校制度、管理制度、考试制度等；思想层面的传统表现为教育的价值观、人才观、教学观、师生观等教育观念。在这三个层面中，教育思想起着主导作用，且它具有更强的凝固性。教育制度的改变虽然也要经过激烈的冲突，但它比教育思想的改变容易得多。前面讲的中国科举制度早已消灭，但科举思想的反映在今天的教育传统中随处可见，学历主义就是其中之一。正因为教育传统有相对的稳定性和凝固性，我们才会在现代化过程中遇到冲突和选择等问题。

第三节　现代教育的基本特征

教育现代化是随着社会现代化的演进而演进的，因此，要理解教育现代化和现代教育，就必须先了解社会的现代化。

一、现代化的概念、阶段与特征

世界各国都在追求现代化，但什么叫现代化，却有很多不同的理解。我们认为，所谓现代化，就是人类认识自然、利用自然和控制自然（包括人类自身）的能力空前提高的历史过程，以及由此而引起的政治、经济、文化等社会各领域广泛而深刻的变革，其目标是创造高度的物质文明和精神文明。

现代化的客观历史进程始于西方，它大体上包括从农业社会向工业社会转变和从工业社会向信息社会转变这两大阶段。现代化的最初萌芽约在1500年前后就已产生。1492年，哥伦布发现美洲新大陆；1500年前后，文艺复兴从意大利开始；1521年，发生了马丁·路德倡导的宗教改革运动；1543年，哥白尼发表了《天体运行论》；1640年，英国资产阶级革命爆发，这都是现代化开始的先兆。18世纪70年代发生于英国的产业革命，可以看作现代化的正式开端。产业革命打碎了保守的生产技术基础，把科学技术与生产结合起来，使大工业机器生产代替了手工业小生产，使人类利用、控制自然界的能力有了空前的提高，为人类创造了巨大的物质财富。这一深刻的变化为人类带来的文明与进步，是整个工业社会以前的历史所无法比拟的，因此，尽管在漫长的农业社会，人类文明的演进始终未曾间断，但它不能称作"现代化"，而只有英国产业革命以来的巨大的社会变迁才被看作现代化进程。这一阶段的现代化在世界各国都表现出如下特点：第一，工业化。其最重要的特征是资本的集中和大企业的形成，大企业的活动成为工业的正常形式。第二，城市化。英国19世纪上半叶成为世界上第一个都市化社会，其城市人口由1/5激增到4/5。后来，其他国家的经济起飞也与城市化相伴随。第三，社会结构的分化与集中化。即一方面，个人角色和社会角色趋于专门化，社会资源的配置渠道趋于多样化；另一方面，社会协作与流动又在不断深入和加强。第四，世俗化和理性化。利益、效率和程序成为社会行为的最高原则，神秘主义的精神寄托被理性主义的实际行动代替。

现代化是一个动态的、不断发展的过程，它的第二阶段是从工业社会向信息社会转变的阶段。1956年，美国白领工人的数量在历史上第一次超过了蓝领工人；1957年，苏联发射了第一颗人造卫星。这两件事成为世界由工业社会向信息社会转变的标志。美国社会预测学家约翰·奈斯比特认为信息社会具有以下特点：第一，信息是经济社会的驱动力。第二，信息和知识在经济增长因素中起着举足轻重的作用。第三，人们的时间和生活观念总是倾向未来。第四，人与人相互交往的增多，使竞争和对抗成为人们相互作用的主要表现形式等。[①]其中，"智力工业""知识工业"是信息社会的核心工业，这是信息社会最重要的特点。如果说产业革命时代现代化的主要特征是机器代替了人的体力，那么20世纪中叶以来的现代化的主要特征则是电脑代替了人的部分脑力。社会生产趋于智能化。

美国斯坦福大学教授莫克尔斯则具体提出，现代化国家的标准应具备以下十条：①人均国民生产总值达3 000美元以上。②农业产值在国民生产中占12%～15%。③第三产业在国民生产总值中占45%。④非农业就业人口在总就业人口中占70%以上。⑤识字的人口在总人口中占80%。⑥适龄青年受高等教育的人数占10%～15%。⑦城市人口占总人口的50%以上。⑧平均预期寿命70岁。⑨平均每个医生服务人口在100人以下。⑩人口自然增长率在1/‰以下。[②]

不论对现代化的基本特征如何表达，有一点是基本的，就是现代化在不断向前推进，人类认识自然、利用自然和控制自然的能力不断提高，从而创造了高度的物质文明和精神文明。人类的价值观念也在不断地变化，例如，对待自然，以往的观念是如何高度地征服自然、利用自

---

① ［美］约·奈斯比特、帕·阿博顿妮：《2000年大趋势——九十年代的十个新趋向》，周学恩等译，北京，东方出版社，1990。

② 见《光明日报》，1995-08-02。

然，现代观念是保护自然，合理地利用自然；对待社会，过去是争斗、掠夺，现在强调和平与发展，虽然做到这一点并非易事，但这是现代社会发展的主旋律，是历史发展的必然趋势。

二、现代教育的基本特征

现代教育是现代生产的产物。也就是说，产业革命以后，由于社会生产发展的需要，以及由此而引发的社会变革的需要，逐渐形成了现代教育体系，包括学校系统、教育内容、教学组织形式和教学方法等。现代教育最基本的特征是教育与生产劳动的结合，与社会生活的紧密联系。在现代大工业生产之前，学校教育只培养少数官吏、僧侣，生产者只是以师傅带徒弟的方式获得生产经验和技能，农业和手工业劳动没有对技术提出什么要求，因此，学校教育与生产劳动是分离的。自从机器生产，也即现代化大工业生产出现，才对劳动者提出了具有一定科学文化知识和技能的要求，才逐渐建立起现代学校教育体系。普及义务教育，把初等教育与中等教育、高等教育联系起来，发展多种类型的技术教育，从而形成各级各类学校的庞大的教育系统，还是近百年的事。

科学技术是第一生产力，它主要表现在科学技术可以物化为生产工具，并且被有文化科学知识的劳动者掌握。教育是其中不可缺少的中间环节。教育的最基本职能之一就是培养掌握科学技术的人才，并且在培养人才的同时创造新的科学技术。

到20世纪中叶，随着人类社会向信息时代迈进，现代教育也有了新的进展。概括起来，现代教育有如下几个基本特征。

1. 基础教育的普及化和高等教育的大众化

各国人们在更大程度上实现了教育民主（教育机会均等）的理想，使受教育者的广泛性和平等性得到进一步的深化。如果说第二次世界大战之前中等教育即使在发达国家也没有普及，那么在战后短短的30年间，不仅中等教育的入学率达到80%～90%，而且高等教育的入学率达到20%以上。据联合国教科文组织统计，1980年大学毛入学率，美国为55.6%，日本为30.5%，法国为25%，德国为25.6%，英国为19.1%。[①]发展中国家的教育也有较大的发展。高等教育的大众化使整个社会显现出高学历的特征，为建立学习型社会创造了条件。

2. 教育的终身化

各国在教育观念上突破了学校教育的范围，提倡终身教育。1965年12月，联合国教科文组织国际成人教育促进委员会讨论了法国教育家保罗·朗格朗关于终身教育的提案，决定把终身教育作为教育全部工作的主要指导路线。终身教育要求教育不仅面向少年儿童，而且要面向所有的人，为所有的人在他需要的时候提供学习机会；不仅要举办学校教育，而且要发展社会教育。终身教育使教育的年限得到最大限度的延伸，使教育的空间得到最大程度的扩展。

终身教育是学习型社会的反映。科学技术进步及其在生产和社会生活中的应用，使得一个人在学校学习的知识已经不能满足生产和社会生活不断变革的需要。人只有不断学习，才能生存。终身教育要求学校教育与社会教育结合，职前教育与职后继续教育结合，正规教育与非正规教育结合；要求各类学校能够通融，能够为学习者在他们需要的时候，从一种学校转入另一种学校。

3. 教育结构的多样化

教育的终身化带来了教育的多样化，它要求充分调动全社会的各种力量，采取各种形式，利用各种渠道，建立全民学习的社会，而单一的教育显然不能适应这种要求，因此，办学体制和专业结构等方面都呈现出多元发展的趋势。教育结构的多样化表现在两个方面：一是教育行政

---

① 联合国教科文组织：《世界教育报告》，1993。

上的分权倾向，这是教育民主化的重要内容，它为调动社会各界和教育领域内各部门积极参与教育管理提供了可能；二是学校层次结构、专业结构和办学形式的多样化，它与信息社会纷繁复杂的实际相符合，与社会的多种需要相适应。

4．教育内容的现代化

20世纪60年代课程改革运动更新了中小学课程的内容，使它较好地反映了20世纪科学技术发展的成果。尽管这次改革受到各方面的非议，但它推进了教育内容的现代化，为近几十年来科学技术的发展培养了众多人才。当前教育内容正面临着21世纪科技的发展且需要进行再一次改革的问题。当代科技发展表现为既高度分化又高度综合，且以高度综合为主的趋势。这就要求在教学内容上加以改革，实现教学内容和基础课程的现代化。与此同时，自然科学与人文科学的互相渗透和融合，也是教育现代化发展的另一个重要趋势。

5．教育技术的广泛应用，教学方法的不断更新

科学技术在教育领域内的广泛应用正在使教育思想、教学组织形式和教学方法发生变革。特别是计算机和系统信息网络的运用，使教育的空间正在扩大。多媒体教育系统的广泛应用，将使教学计划变得更加灵活，有利于实行弹性学制，有利于因材施教。在学校内部，班级授课制正在受到严重挑战，个别化学习系统开始建立。远距离教育也得到空前的发展，它扩大了时间和空间，使集中学习变成分散学习，大大提高了教学效率。有人甚至预测了学校的消亡。我们认为，不管个别化学习多么发达，学校是不可能消亡的。学校作为传播民族文化传统的场所，它的文化氛围对人的熏陶、对人的文化素质的提高，是任何形式代替不了的。

6．教育的国际化

通信和交通技术的发展大大降低了时间和空间距离的影响，世界正

在变得越来越小，教育与文化领域的国际交往越来越频繁。大量在国外学习的留学生，在异国工作的外国专家和顾问，在世界各地举办的国际会议，成群结队的跨国旅行者，民间往来的各种信件，都促进了国际文化交流。一体化的世界给教育提出许多新的目标和问题。教育适应国际化社会的需要，关系到国家的生存和发展。教育的国际化表现在人员交流、财力支援、信息交换（包括教育内容、教育观念）和教育机构的国际合作等方面。

7. 教育观念的现代化

教育观念的现代化主要表现在对人才的培养上。教育的基本职能不再是保存和传授已有的文化，而是要培养学生的创造能力；教育不再是让学生被动地接受知识，而是主动地获取知识，并掌握获取知识的能力等。可以说，每个教育细节都可以反映出现代教育观念与传统教育的不同。

教育的现代化也可以分为物质、制度、观念三个层面。如果说教育的普及化、教育内容的现代化、教育技术的应用等属于物质层面，反映物质的质和量，那么教育的终身化、多样化则属于制度层面，教育观念的现代化无疑属于观念层面，但它又渗透于其他两个层面。教育观念的现代化是主导，教育观念的现代化转变必然要求教育制度、教育内容、教育方法和教育技术的变革。现代教育技术的发展和应用，又反过来要求观念的转变。

第四节 民族文化传统与教育现代化

这里遇到两个问题：一是教育能不能促进和如何促进民族文化传统的创造性转化，从而促进国家现代化的问题；二是教育如何吸收和弘扬民族优秀文化传统，如何摒弃不适应时代要求的文化传统，促使教育自身现代化。本书从总体上来讲，就是想解决以上两个问题。

一、民族文化传统与现代化的关系

世界各国，特别是东方国家，都遇到一个共同的问题，即在实现现

代化的同时，如何对待民族文化传统。尤其在我们这样一个文化传统十分深厚的国家，这一问题更引起人们的高度关注。

现代化首先从西方开始，人们往往容易把现代化与西方化联系起来。同时，人们在引进西方的科学技术的时候也必然会带来他们的思想方式、行为方式乃至生活方式。因此，东方国家在实现现代化的过程中，始终存在着东西方文化的冲突。有一段时期，人们往往将欠发达的原因归咎于传统，而以西方为中心基点的现代西方的发展学说也在其中起到了推波助澜的作用。但是事实并非如此。许多迟发展国家如日本、新加坡等，都是在合理地继承各自的文化传统的情况下走向现代化的，而有些急于摆脱文化传统的欠发达国家至今未能实现现代化。因此，对于民族文化传统与现代化的问题需要审慎地研究。

民族文化传统与国家的现代化存在着矛盾、冲突和对立的一面，这是人所共知的。一方面，现代化的发展急速地摧毁着文化传统的固有体系，把不适应现代社会的传统剥离开来；另一方面，文化传统的某些内容（特别是观念层面的内容）又阻碍了现代化进程。造成两者对立的原因，是它们总体上代表着不同的时代。工业社会以前的文化与工业社会的文化显然具有不同的质。文化传统在其形成的初期，对当时的社会而言是新文化，代表了当时社会的发展方向；而对现代社会来说，文化传统就是旧文化，它总体上属于旧的时代。文化传统与现代化只有经过矛盾、冲突和对立的过程，才能完成由旧质向新质的转化。所以，世界各国的现代化进程都伴随着对传统的否定。法国就是在早发国家中否定传统最彻底的一个国家。1789年发生的法国大革命的核心思想就是与传统的彻底决裂。但是法国的大革命也不是凭空而降的，它继承了文艺复兴以来的启蒙运动的思想传统。

实际上，民族文化传统与国家的现代化的对立是相对的，两者之间还有适应、协调和促进的一面。从民族文化传统的角度说，第一，民族文化传统是现代化的基础、前提、立足点和出发点。没有一个民族能把自己的社会先变成一张与传统毫无关系的白纸，再在上面重新画上现代化的美景。现代化只能站在一个现实的基础之上，而这个现实即包括传统。考察世界各国的现代化进程就可以发现，所有国家无不遵从这一基本规律。英国是一个历史悠久、文化传统十分深厚的国家，而资产阶级革命和工业革命首先发生在这里；其他欧洲国家如法国、德国、意大利也都有深厚的文化传统，但也继英国之后相继实现了现代化。这种现代化都是在其各自的文化传统之上建立起来的，因此虽然都属早发、内发型国家，却仍能各具特色。美国、加拿大、澳大利亚、新西兰等国的历史较短，文化传统的影响较小，但它们的现代化也并未完全摆脱殖民地时期形成的传统。东方文化历史久远，而日本已经走上现代化，其他亚洲国家的崛起也正在改写近代以来以西方为中心的历史，现代化中蕴含着东方文化传统。这些都是现代化基于民族文化传统的明证。第二，民族文化传统的合理内核促进现代化进程。民族文化传统中的一些内容反映了旧的时代特征，但并不排除民族文化传统中蕴含着反映民族性和人类性的内容，后者代表了这个民族，乃至整个人类的发展方向。它们虽然存在于旧文化当中，但不属于旧质文化；相反，它们能在现代化潮流的冲刷下焕发出更加旺盛的生命力。例如，首先进入现代化的国家许多是临海国家，海洋民族的文化传统中本来就含有与其他民族交往的开放传统和从事商贸活动的商业传统，这些传统在现代化的激发下有效地促进了这些国家迅速地适应工业社会的需要。再如，东方传统中的团结合作、纪律严明、忍辱负重等品格，为亚洲国家在内忧外患的不利状况下迅速完成经济起飞发挥了巨大作用。中国文化的自强不息精神，必将促使中国以更快的步伐迈进现代化国家的行列。第三，民族文化传统是一个民族发展的动力和源泉，它能形成一种民族精神，激发民族活力，从而使民族在复杂、曲折的现代化道路中获得新生。从世界文化史来看，现代化国家的一个强有力的精神杠杆就是本民族强烈的民族意识和爱国主义精神，这些国家的人民总是以虔敬的心情缅怀着自己的文化传统，对于本民族的历史文化遗迹都倍加珍惜和爱护。数千年来中华民族的爱国主义精神团结了占世界总人口1/5的人民，在自己的国土上抗击侵略者和建设自己的家园；改革开放以来，全世界华人都在为祖国的现代化出力。

正因为民族文化传统的上述作用，我们说：现代化不排斥传统，而是需要传统；现代化不剔除传统，而是吸收传统，它只是摒弃一些不适应时代的传统思想和内容。

二、教育传统的现代转化

民族文化传统对教育的现代化的影响是通过教育传统进行的，教育传统与教育现代化的关系和民族文化传统与现代化的关系一样，既有矛盾、冲突、对立的一面，又有适应、协调和促进的一面。

前面谈到，教育传统受到各个时代，各个国家政治、经济和文化传统的影响，是在不断变革中形成和发展的。一个国家的教育传统可以说是这个国家原有的教育传统遗传和变异的产物。不同的时代有不同的教育传统。教育传统具有一定的稳定性和凝固性，因此，它总是落后于时代的发展。教育现代化的过程，就是优化旧的教育传统和创造新的教育传统的过程。

教育传统在教育系统的各个方面都有表现，但最主要的是表现在教育观念上。传统教育观念与现代教育观念在以下几方面有着根本的不同：第一，现代教育观念要求主动适应社会变革，而传统教育观念倾向于被动调节。第二，现代教育观念是开放的和动态的，而传统教育观念以自我封闭和墨守成规为特征。第三，现代教育观念强调多样性，而传统观念强调单一性和统一性。第四，现代教育观念在发挥教育功能和进行教育的自身建设方面具有超前意识，而传统观念注重过去，具有滞后性。第五，现代教育观念强调个性化，而传统观念重视标准化。[①]

传统教育观念在各国都有具体的表现。就我国而言，需要进行变革的传统教育观念主要有：①狭隘的教育价值观，即只把学校教育看作政治斗争的工具，为统治阶级服务，看不到它的经济功能、文化功能，尤其是忽略了它在人的发展中的功能。②往往把促进社会发展与促进人的发展对立起来，看不到社会的发展需要以人的发展为前提。③因循守旧的人才观，即只要求受教育者恪守传统的知识和技艺，守住祖宗家业，而不重视启迪受教育者开辟新的知识领域，鼓励他们的创造精神。④轻视实践和轻视技术的观念，即不让学生接触社会，不参加生产，不重视职业技术教育，鄙视一切技艺性的职业和劳动。⑤僵化的教学观，即强求一律，方法呆板，强调教师的作用，忽视学生的主体作用和主动性等。这一切源于我国长期处于封建小农经济的生产方式下，再加上封建科举考试制度的影响。

教育传统的转化是整体性的和全方位的，它涉及教育传统的物质、制度、观念三个层面，以及人员、财物、结构、信息等教育系统的各个要素。这三个层面和各个要素之间又是相互依赖、相互影响、相互制约的，但它们的地位和作用并不一致。从三个层面来看，教育观念的转化起主导作用。从四个要素来分析，人员要素处于主导地位。这是因为：第一，人员要素包括教育者和受教育者。教育者是施教者，教育方针要由他来贯彻，教育目标要由他来完成，教育内容要通过他来传递。受教育者则是教育的对象，是教育目的的直接承受者。教育的特殊规定性就是培养人。促使受教育者自由、全面地发展，是教育的内在价值。第二，其他要素作为达到教育目的的手段，都是为它服务的。第三，其他要素也要通过人员要素起作用，但在强调人员要素的同时，不能忽视信

---

① 袁振国：《教育改革论》，127～130页，南京，江苏教育出版社，1992。

息要素的作用。信息要素包含教育思想观念和教育内容。前面讲到,教育观念起主导作用,教育者(人员要素)的教育观念直接影响教育目的。

教育传统的现代转化的整体性和全方位性,表现为这种转化不仅是教育内部的事情,而且是全社会的任务。例如,如果国家的领导成员不能克服狭隘的教育价值观,不把教育视为社会发展的前提,就不可能把发展教育放在国家发展的战略地位,就不可能增加教育投入。又如,我国"以应试为目的的教育"、学生负担过重,长期困扰着广大教师和教育行政人员,即使教育部门三令五申要求克服"应试教育",要求减轻学生作业负担,但由于教育观念没有在广大群众的思想中转化,学生的负担不但没有减轻,反而越来越沉重。

教育传统的现代转化不是凭空能完成的,需要一定的条件。就我国而言,社会主义市场经济体制的建立、商品经济的发展、就业门路的拓宽是根本的物质基础;改革开放、国际交流、扩大眼界是外部条件;随着教育的普及,国民受教育程度的提高、国民素质的提高是传统观念转化的内部动力。同时,教育部门不能坐等条件的成熟,需要主动、积极地推行教育改革,以促使人们转化教育传统观念。

第二章 文化差异对师生观的影响——中美师生观的比较①

教育是师生的双边活动,在这一活动中师生处于何种地位,扮演什么角色,不仅影响到教育效果,而且反映了教师的人才观、教育的价值观,从而影响到人才的培养和发展。因此,研究民族文化传统和教育的现代化,不能不研究师生观。东西方是两种不同的文化体系,因而影响教育中的师生关系的是两种截然不同的师生观。西方文化对师生观的

---

① 原为《民族文化传统与教育现代化》第十章。

影响又因各国各民族的传统有不同的师生观，东方文化也是这样。我们不可能研究所有东西方国家不同的师生观，故只选择其中最有代表性的国家。选择国别的标准是：第一，目前其教育思想在东西方有较大的影响；第二，对我们的教育现代化建设有借鉴意义。这里选了中国和美国作为比较国。

第一节　师生观的概念及其在教学过程中的作用

师生观是对教师和学生在教学过程的地位和作用的认识。为了说清这个问题，先要对教学过程的要素做一番讨论。

对教学过程具备哪些基本要素，人们有各种意见。第一种是二要素说，即教师和学生。此说认为只要有教师和学生就可以构成教学过程。只有教师，没有学生，当然不能进行教学活动；光有学生，没有教师，只能称为自学过程。第二种是三要素说，即教师、学生和教材（教学内容）。此说认为，教学过程除了必须有教师和学生外，还应有教学内容。也就是教师向学生传授知识（教学内容）才能构成教学过程。第三种说法是四要素说，即教师、学生、教材和教育技术手段。此说认为，教师传授知识必须使用一定的技术手段，如黑板、粉笔，现代则有各种电化教具、仪器设备。此外还有五要素说、六要素说。例如，美国著名教育规划专家菲力浦·孔布斯（又译"菲利普·库姆斯"）认为教育要素有五种，即目标、课程、教师、教材和教育技术。他认为"五种校内因素对教育的质量、适应性和效果有着尤其强有力的影响"[①]。但他这是针对学校办学的基本要素而言，不是指教学过程。

我们认为，教学过程的基本要素有三个，即教师、学生、教学内容（或称"教育影响"）。它也是随着时代的发展有所发展的，而且表现形

---

① ［美］菲力浦·孔布斯：《世界教育危机——八十年代的观点》，赵宝恒、李环等译，123页，北京，人民教育出版社，1990。

式不相同。在古代，文字教材出现以前，教学过程的模式是"教师—学生"。教学内容和教师是合二为一的，教师是知识的载体、道德的化身。教学内容被隐去了，但实际上它是存在的，如果没有教学内容，师生的交往就不能叫作教学过程，只能是一般人际交往。文字教材出现以后，教学内容就从教师中分离出来，教学过程的模式变成"教师—教材—学生"。但是，随着科学技术的发展及其在教学过程中的应用，教学过程的要素由三个变为四个，即教师、学生、教材、教育技术手段。这是因为现代化的教学内容，如果不利用教育技术手段，很难让学生理解和掌握。例如，学习微生物，如果没有显微镜就难以进行；学习天文学，如果没有天文望远镜，只能纸上谈兵；学习化学、物理学，都需要先进的实验设备。但是，教学过程的基本要素仍然是教师、学生、教学内容三者，因为它们缺一就构不成教学过程，至于教育技术手段，虽然在现代教育中是不可缺少的，但不是最基本的，它的作用是起到延长师生感觉器官的作用。

对教学过程中三个基本要素各起着什么作用，人们有着不同的观点。特别是教师和学生所处的地位、所扮演的角色，人们有不同的理解，就出现了不同的师生观。师生观是人才观的一种反映，有什么样的人才观，就有什么样的师生观。例如，要培养照章办事的、唯书唯上的人，就必须强调教师的无上威严，把书本作为经典，教师处于绝对权威的地位，学生是被动地接受教诲；如果要培养创造性人才，就需要强调学生的自主性、主动性，学生就应该处于主体地位，主动地参与教学过程。同时，师生关系亲密与否，会直接影响到教育效果，因此有人认为，优良的师生关系是一种巨大的教育力量。研究师生观，对于实现教育的现代化具有十分重要的意义。

第二节　西方对教师角色认识的争论

虽然师生关系从教育产生之日起就存在，但研究师生关系的理论还是近代的事情。一研究这个问题就出现很大的分歧，但大体可以归纳为两种：一种叫作传统教育师生观，另一种叫作现代教育师生观。

传统教育师生观以德国教育家赫尔巴特为代表。赫尔巴特（Johann Friedrich Herbart，1776—1841）在耶拿大学毕业后曾当过家庭教师，之后潜心研究哲学，并取得哥廷根大学博士学位，被该校聘为讲师，主讲哲学、教育学，1806年完成并出版了著名的《普通教育学》。有人认为，此书出版是科学的教育学形成的标志。他晚年的重要著作有《教育学讲授纲要》（1835年）。"在此书中他重新审订了他的教育原则，并把《普通教育学》中阐述的教育理论与其心理学理论更明确地联系在一起。"①赫尔巴特的教育思想极为丰富，他开始把教育学建立在心理学的基础上，他对教学过程的论述为教育理论的发展做出了重大的贡献。他持有的师生观是以教师为中心的。

赫尔巴特把教育分为三部分：管理、教学、训育。他认为进行教学以前，首先必须对学生进行管理。管理的目的是"要造成一种守秩序的精神"，为顺利进行教育教学创造必要的条件。他在分析了惩罚的威胁、监督等管理方法的利弊得失以后，强调"权威与爱"的力量。他认为运用惩罚有两种危险：一种是有些本性顽强的儿童"蔑视一切威胁，敢于做任何事情以实现他们的意志"；另一种是更多的儿童"本性软弱，不能承受威胁，恐惧反而有益于欲望的发展"。

对于监督，他表示得很谨慎。一方面，"单纯威胁是极端不可信赖的方法，因此，长时期以来就认为监督是儿童管理的不可缺少的部分"②；另一方面，他认为监督也有许多弊端。他说："拘于细节与经常的监督，对于监督者与被监督者均同样是一种负担，因此双方面易于以

---

① 滕大春：《外国教育通史》第3卷，250页，济南，山东教育出版社，1990。
② 张焕庭：《西方资产阶级教育论著选》，269页，北京，人民教育出版社，1979。

欺骗相结合……监督还阻止儿童认识自己，考验自己，使他们不能学到包括在教学制度中的许多事件，只有自己去探索。"①他还认为："在经常监督的压力之下成长的人们，不能希望他们多才多艺，不能希望他们有创造的能力，不能希望他们有果敢的精神，不能希望他们有自信的行为。"②但他同时又强调："一时一刻也不要认为，放任儿童撒野，不予监督，不予教养，就能培养成伟大人物。"③

他认为，要通过管理在儿童心中树立起权威与爱。他说："人心屈服于权威；权威能拘束心的出乎常轨的活动，因此在压制一种倾向于邪恶的、正在成长的意志，权威可以有很大用处。"④他认为："实现权威的途径一经达到以后，我们就要越过管理而谈教育本身了。"⑤"爱依赖于情感的和谐，同时依赖于习惯。"⑥他认为，过分生硬淡漠和过分亲热都得不到爱。"爱所要求的情感和谐可以在两种情形下产生：教师深入到学生的感情中去，不让儿童注意到即机警地参加进去；或者他设法使学生的感情以某种特殊的方式接近他自己的感情。"⑦他认为，这种爱一经获得，就会极大地减轻管理工作的困难。

赫尔巴特一反文艺复兴时期资产阶级启蒙思想家强调教育要顺应自然、要发展个性的思想，主张对儿童加强管理，防止儿童不正当的欲望得到发展，以及个人的性格被扭曲。这与他生活的年代和德国的环境有关。赫尔巴特生活的年代刚好是普鲁士动乱的年代。法国资产阶级革命成果被拿破仑篡夺，拿破仑独揽大权，实行扩张政策，东征西战，搞得

① 张焕庭：《西方资产阶级教育论著选》，269页，北京，人民教育出版社，1979。
② 张焕庭：《西方资产阶级教育论著选》，269页，北京，人民教育出版社，1979。
③ 张焕庭：《西方资产阶级教育论著选》，270页，北京，人民教育出版社，1979。
④ 张焕庭：《西方资产阶级教育论著选》，270页，北京，人民教育出版社，1979。
⑤ 张焕庭：《西方资产阶级教育论著选》，270页，北京，人民教育出版社，1979。
⑥ 张焕庭：《西方资产阶级教育论著选》，270页，北京，人民教育出版社，1979。
⑦ 张焕庭：《西方资产阶级教育论著选》，270页，北京，人民教育出版社，1979。

欧洲不得安宁。德国直到19世纪初仍分裂成300多个小公国，资本主义发展缓慢，经济落后。德国资产阶级是一个软弱的阶级，它强烈要求发展资本主义，但同时又处处对封建贵族妥协退让。赫尔巴特的世界观充分反映出当时德国资产阶级的矛盾性：一方面，具有强烈的愿望，要使国家强盛，资本主义得以发展；另一方面，害怕革命，想要保持一个稳定的秩序。他的世界观反映到教育上，就成为上述强调教师权威、加强学生管理的保守的教育思想。

有人把赫尔巴特的传统教育思想总括为以教师为中心、以课本为中心、以课堂为中心，是不无道理的。

现代教育师生观是以美国教育家杜威为代表的。约翰·杜威（John Dewey，1859—1952）是美国著名哲学家、教育家。他在佛蒙特大学毕业以后曾在宾夕法尼亚州的一所中学教书，两年后回到故乡任乡村教师，后进约翰·霍普金斯大学做研究生，获得哲学博士学位后在密歇根大学任教，设立了美国第一个教育学讲座。1894年，他接受了芝加哥大学的聘请，担任哲学、心理系和教育学系的主任。正是在这一时期，杜威开始形成了具有特色的哲学思想和教育思想。[1]1896年1月，他在芝加哥市开办了一所实验学校，实践他的教育理想。他一生著作甚丰，是20世纪美国最有影响力的人物。20世纪20年代前后，他还到过中国、日本、苏联讲学。

杜威在《学校与社会》的讲演集中第一次提出了"传统教育"的概念，并对传统教育的做法进行了批判。《儿童与课程》是杜威在芝加哥大学实验学校的实验结果，强调把儿童现在的生活经验作为课程的中心。[2]杜威认为，传统学校教师"消极地对待儿童，机械地使儿童集合在

---

① 滕大春：《外国教育通史》，济南，山东教育出版社，1990。
② 滕大春：《外国教育通史》，济南，山东教育出版社，1990。

一起，课程和教法划一"。他批评教育只重视教师，不重视儿童，来自教师的刺激和控制太多，而对儿童的兴趣和经验考虑太少。他提出，学校生活组织应该以儿童为中心，一切必要的教育措施应该为了促进儿童的成长。教学计划、教育内容和方法及一切教育活动，都要服从儿童的兴趣和经验的需要。杜威把这种转化说成是一种革命。他说，现在，我们教育中将引起的改变是重心的转移。这是一种变革，这是一种革命，这是和哥白尼把天文学的中心从地球转到太阳一样的革命。这里，儿童变成了太阳，而教育的一切措施围绕着他们转动，儿童是中心，教育的措施便围绕他们而组织起来。这就是杜威的儿童中心主义。

杜威在论述学校生活以儿童为中心的同时，还指出教师不是该采取放手政策。他认为，教师采取放手政策，就意味着让儿童被偶然的接触和刺激摆布，也就是教师放弃了应有的责任。他认为，教师对儿童既不应该压制，也不应该放任，而是要加以引导，把儿童的兴趣和需要转变成他们自己发展的手段和使能力进一步发展的工具。他强调教师要对儿童加以指导。他指出，如果教师在学校生活中只是问儿童喜欢什么，然后就让他们去做，教师既不动手，也不动脑，又不给予必要的指导，那就不能促进儿童的生长。①

杜威认为，教师的首要任务是为儿童提供一个实际的经验情境，使之引起他们的探究兴趣。也就是说，教师应该给儿童提供成长的机会和条件。为此，教师要了解儿童的兴趣和能力。他说，经常而细心地观察儿童的兴趣，对于教育者是最重要的。②

杜威强调师生的平等关系，在教育过程中，教师和儿童要共同参与，相互合作，并且双方都是作为平等者和学习者来参与的。这种亲密

---

① 滕大春：《外国教育通史》，济南，山东教育出版社，1990。
② ［美］约翰·杜威：《杜威教育论著选》，赵祥麟等编译，10页，上海，华东师范大学出版社，1981。

的关系会使儿童得到教师更多的指导。

因此，杜威虽然批判了传统教育的教师权威，但并没有完全否定教师的作用。他把教师的作用归结为设计教育情境、指导学生生活两个方面。

杜威的师生观出自他的哲学思想和教育观。杜威所处的时代是20世纪初科学技术有了进一步发展，工业革命深入进行的时代，资本主义发展到垄断的阶段，资本争夺世界市场的竞争十分激烈。实用主义的哲学思想应运而生。杜威的现代教育思想体系就是建立在实用主义哲学思想基础上的。在杜威的教育哲学，乃至一般哲学中，"经验"是个最重要的名词。[①]他认为，经验是人类有机体与环境相互作用的结果。客观存在只有以某种方式与主体相互作用，才能产生经验。他否定客观真理的存在，把真理也看作主观的产物。

杜威认为，"教育就是经验的改造或改组"。这种改造或改组，既能增加经验的意义，又能提高指导后来经验进程的能力。[②]

杜威从这种教育哲学出发，认为儿童的发展就是建立在儿童的经验获得之上的，因此提出了"教育即生活"和"学校即社会"的教育信念。他认为最好的教育就是"从生活中学习""从经验中学习"，教育就是要给儿童提供保证生长或充分生活的条件。教育是儿童现在生活的过程，而不是将来生活的准备。

教育就是生长，人的发展与形成就是人的本能生长的过程。他把儿童的本能看作教育最根本的基础。他认为，教育绝不是把外面的东西强迫儿童去吸收，而是要使人类与生俱来的能力得到生长，所以，他批判传统教育把学校教育同儿童的生活相割裂，没有给儿童充分生活或生长

---

① 瞿葆奎：《曹孚教育论稿》，上海，华东师范大学出版社，1969。

② ［美］约翰·杜威：《杜威教育论著选》，赵祥麟等编译，159页，上海，华东师范大学出版社，1981。

提供必要的和适当的条件，不能使儿童在学校中完全、自由地运用他在校外所获得的经验，也不能把学校的东西应用到日常生活。[①]杜威由此而得出的教学方法是"从做中学"，也就是"从活动中学""从经验中学"。因此，有的学者把杜威的师生观归纳为以儿童为中心、以活动为中心、以经验为中心，与赫尔巴特传统教育的以教师为中心、以课本为中心、以课堂为中心相对立。

以赫尔巴特为代表的传统教育师生观和以杜威为代表的现代教育师生观影响到世界各国的教育，形成了欧洲大陆的教育传统和北美教育的传统。苏联受传统教育思想的影响较深，特别是20世纪30年代，苏联批判儿童学和设计教学法等实用主义教育思想，强调系统的学科知识在学校中的地位，强调教师的权威，几乎恢复了传统教育的一切做法。虽然有些教育家如马卡连柯、苏霍姆林斯基等都曾强调学生的作用，并且一再主张教师要热爱学生、相信学生，但总是把教师置于主要地位。中国教育在新中国成立以后受苏联教育的影响很深，长期强调教师的主导作用，忽视学生在教育过程的地位。当然，中国还有自己的文化传统的影响。

第三节　中国师道尊严的传统

中国教育的师生观长期受师道尊严的影响。其实在中国古代，春秋战国时期师生关系还是比较平等的，只是到了后来，封建统治阶级为了强化封建的统治，才把教师也列为权威。这与中国的科举制度有关。科举把教育与选拔人才联系在一起，教育的目的就是应付科举考试。考试中榜，就进入了社会的上层，当然，这就不能抹杀教师的作用，因此，中国有"一日为师，终身为父"的思想，把教师放到与父母同等的地位。另外，由于独尊儒学，把孔子抬到维持封建统治的至高无上的思想家的地位，孔子一生主要从事的职业是教师，因此，教师也就沾了孔子

---

① 滕大春：《外国教育通史》，济南，山东教育出版社，1990。

的光,成为"天地君亲师"的最后一员。下面我们简要地分析一下从古到今中国师道尊严的传统。

一、孔子的师生观

孔子首开中国私学之风,他收了三千弟子,任教四十余年。他一生以"学而不厌,诲人不倦"的精神,热爱和从事教育工作。他曾率领弟子周游列国,与学生共患难,师生结成了亲密的关系。他"爱生忠诲,不隐其学",对学生真诚相待,和学生讨论问题,总是虚心听取不同的意见。别人对他的批评,不管是善意的,还是恶意的,只要指出他的过错,他就会当面承认自己的过错,所谓"闻过则喜"。《论语》记载了一个故事,陈司败用两难推理发问孔子:鲁昭公知礼吗?因为昭公娶了吴国的一位夫人,吴、鲁同姓,按周礼规定,同姓不能通婚;同时周礼又规定,臣要为君讳过。这样,不管孔子答知礼还是不知礼,都违背周礼。孔子当时答曰:"知礼。"孔子走后,陈司败便以"君子不党"的周礼原则,责备孔子为鲁昭公讳过。孔子的学生巫马期听到后转告孔子,孔子承认自己的错误,说:"丘也幸,苟有过,人必知之。"

孔子爱学生,忠于教职。他说:"爱之,能勿劳乎?忠焉,能勿诲乎?"这就是他的师生观。

他诲人不倦,决不隐瞒自己的学识,把全部知识毫无保留地教给学生。

他提倡师生在教学中共同切磋学问,砥砺品行,互相学习,即后来《学记》中所说的"教学相长"。

他承认而且鼓励学生超过老师,他不愿学生唯唯诺诺,做老师的应声虫,他希望学生能够提出不同的意见。他说:"后生可畏,焉知来者之不如今也?"

他主张"当仁,不让于师"。他教导学生,在"仁"的面前不分师生,一律平等。

从上面的论述可以看到，在孔子的时代，师生之间的关系还是比较开明的。

二、荀子的师生观

荀子生于约公元前313年，卒于公元前238年，晚孔子200余年，是战国末期思想家、教育家。他和孔子一样，主张"礼"治，但是他主张把"礼"治与"法"治结合起来。

荀子提倡尊师。他说："礼，所以正身也；师，所以正礼也。无礼何以正身？无师，吾安知礼之为是也？"他认为，"礼"是最高的社会规范，而教师又是传授"礼"和实行"礼"的榜样。荀子认为，《礼》《乐》《诗》《书》和《春秋》等书本知识，学生必须学习，但是，《礼》《乐》只讲了些原则，而没有实际的详细说明，学生不易领会掌握；《诗》《书》又均是记载些过去的事，不切当前的实际情况；《春秋》的言语含义太隐晦，不能使学生迅速理解。所以，只有教师的教和以身作则，才能把封建社会"礼法"传给学生。故曰："'学莫便乎近其人。'师之教，是学生学习'礼法'的捷径。所以，为学必须接近贤师，仰承师训。"

荀子认为，教师的作用关系到国家的兴衰、法制的存废、人心的善恶。他说："国将兴，必贵师而重傅；贵师而重傅，则法存。国将衰，必贱师而轻傅；贱师而轻傅，则人有快，人有快则法度坏。"（《荀子·儒效》）荀子把教师提高到与天地君亲同等的地位，并宣称："天地者，生之本也；先祖者，类之本也；君师者，治之本也。"

荀子把师生关系与君臣关系相比拟。荀子认为教师要和君一样有无上权威，学生要无条件地服从教师。他说："言而不称师谓之畔（叛），教而不称师谓之倍（背），倍畔之人，明君不内（纳），朝士大夫遇诸涂不与言。"

从荀子的教育思想可以看出，封建社会的发展，需要为建立大一统的封建王朝制造舆论，师生关系与200多年前孔子的时代有了变化，逐渐把师道尊严作为重要的教育原则。

三、《学记》中的师生观

《学记》是我国古代一部完整的教育专著。它以简洁的文字，系统地阐明了教育的作用和任务，以及教育制度、教育原则和教育思想。

《学记》论述了教师的作用、地位和条件，涉及教师与政治、教师与教学、教师与学生的关系。它认为，教师的任务在于教人"为君"，管理国家、统治人民。它说："能为师，然后能为长；能为长，然后能为君。"把"为师"当作"为长""为君"的前提，反映了当时政教合一、官师不分的现状。对于家族来说，"师无当于五服，五服弗得不亲"。也就是说，教师虽不在五服之列，但若没有教师，五服不通过师教，就难以维系家族之间的亲情关系。

《学记》把"师"同"道"紧密联系起来，强调"师严然后道尊"。因为"师"是"道"的传播者，只有尊师，才能达到传道的目的。

《学记》中的师生观反映了封建社会深化的要求。它提出的"道"，就是封建社会的政治和道德规范，提出"师道尊严"，也是强化封建统治的必然。但《学记》中也反映了古代，特别是孔子教育思想中朴素的民主思想，如提出"学然后知不足，教然后知困""教学相长"等。这些思想在今天仍然有重大的意义。

四、汉代以后的尊师传统

汉代以后，由于封建统治的不断强化，"师道尊严"的思想也不断加强。特别是董仲舒主张罢黜百家、独尊儒学以后，"师道尊严"变成了唯儒家经典的传诵。

董仲舒适应汉武帝时代政治上统一的需要，罢黜百家，独尊儒术。他认为，"天"是主宰一切的有意志的神，帝王"受命于天"，因此权力不能分割，权威不能动摇。他认为儒家最重视正名定分，最合封建中央集权一体的需要，所以他主张以儒家思想作为统一思想学术的准绳。他主张用"三纲五常"来教化臣民，从思想上消灭"犯上作乱"的根源。他说，"教化不立而万民不正""教化立而奸邪皆止"[1]。

"独尊儒术"对当时的教育产生了巨大的影响。一方面，它提高了教育的地位，促进了教育的发展，但同时也结束了"百家争鸣"，使学术思想僵化。从此，"道"已经不是百家的道，而是适应汉代封建统治的官方儒学。它的核心是"三纲五常"，负有强化君父统治的职能；在师生关系上，强调教师的尊严。汉代为了确保师师相传的经说不致"走样"，促成政治思想的高度统一，统治者规定传授经书必须信守师法和家法。所谓师法，是指传经时以汉初立为博士的经师的经说为准绳；所谓家法，是指后来大师的弟子们在传经时，又有所发展，形成一家之言。朝廷对信守师法和家法的要求很严格："师之所传，弟之所授，一字毋敢出入；背师说即不用。"[2]

中国古代许多教育思想家论述过师生关系，但都没有摆脱"师道尊严"的传统。唐代韩愈写过著名的《师说》，把教师的基本任务归纳为"传道、授业、解惑"，同时提倡学无常师，要虚心好学，不耻下问。对于师生关系，他提出了"弟子不必不如师，师不必贤于弟子。闻道有先后，术业有专攻"，师生可以相互学习，发扬了古代"教学相长"的民主性，但是仍然强调"师道尊严"，把教师放到权威的地位。科举制度进一步强化了"师道尊严"的传统。科举制度是通过考试，把培养人才和选拔人才合为一体，体现了政教合一的原则。在这种考试制度中，教师有无上的权威。

中国封建主义教育传统在我国近代史上受过多次冲击。[3]

① 《中国大百科全书·教育卷》，69页，北京，中国大百科全书出版社，1985。
② 毛礼锐、沈灌群：《中国教育通史》第2卷，84页，济南，山东教育出版社，1986。
③ 顾明远：《论教育的传统与变革》，载《中国社会科学》，1987（4）。

第一次大冲击是清朝末年的洋务运动和变法维新。前者指封建统治阶级内部的洋务派提出的"中学为体，西学为用"的教育主张；后者指资产阶级改良派提出的所谓"新学"主张。虽然两次运动的背景、内容都不相同，但都是对封建主义教育传统的一次冲击。这两次运动都以失败告终，但经过他们的斗争，封建伦理纲常开始动摇，封建主义教育思想受到批判，封建教育制度开始崩溃。废科举、兴学堂就是这两次运动的结果。

　　辛亥革命对封建教育传统也可以说是一次冲击。特别是蔡元培提出的教育方针，体现了资产阶级关于人的和谐发展的思想，对封建主义教育思想是一次有力的批判。但是随着辛亥革命的失败，蔡元培的教育思想并未得到充分的体现。

　　第二次大冲击是"五四运动"。"五四运动"中，先进的知识分子对封建主义思想体系进行了有力的批判，提出了"科学"和"民主"的口号，有力地打击了封建主义的教育传统。他们在"科学"和"民主"的口号下提倡男女受教育的权利平等；提倡民主、平等的师生关系。

　　第三次大冲击是解放战争的胜利和中华人民共和国的成立。解放战争的胜利，彻底推翻了封建主义和帝国主义的统治，封建主义教育传统失去了它的基础。新中国成立初期的教育改革，肃清了封建的、买办的、法西斯主义的教育思想，建立起了民族的、科学的、大众的新民主主义教育。

　　但是，我们不能不认识到，思想体系的崩溃不等于这些思想从此绝迹。某些封建主义教育思想的残余仍然会存留下来，至今还在一些人的头脑中起作用。

　　"师道尊严"作为我国古代教育传统，固然与封建主义教育思想有联系，但也因为它有合理的一面，所以长期传承下来。

　　它的合理的一面是强调了教师在培养人的过程中的重要作用。教师的任务是"传道、授业、解惑",教师"闻道在先,术业专攻"。他能够引导学生较快地掌握人类文化科学知识;他是学生学习的榜样,引导学生树立崇高的理想。中国人民有重视教育的传统,因此也就有尊重教师的传统。这种尊师的传统是应该保存和发扬的,但过分强调教师的作用,忽视学生的主动性、创造性,则是应该纠正的。

新中国成立初期,我们向苏联教育学习。苏联在20世纪30年代曾经批判杜威的实用主义教育,强调教师的权威作用,这与我国"师道尊严"的传统不谋而合,从而更加强化了教师的作用。

近几年来以应付升学考试为目的的教育模式,又进一步强化了教师的作用,影响到正常的师生观的建立,从而影响到学生的积极主动性,抑制了儿童个性和创造力的发展。这一点不能不引起我们的高度重视。

第四节　中美师生观的比较

师生观包括对教师在教育过程角色的认识和学生在教学过程中的作用问题;也包括教师和学生的相互关系问题。这里,对教师角色的认识是关键。对教师角色认识的不同,会直接影响到对学生作用的认识和师生之间相互关系的认识,因此,这里着重分析中美两国对教师角色的认识的差异。

一、中美对教师角色的不同认识

第一,在教学中,美国主张以儿童为中心,教师只起辅助的作用、引导的作用。通过多次到美国的实地考察,笔者发现杜威实用主义教育思想至今在美国还有较大的影响。反映在教学过程中,他们过分地强调学生的自主性和自动性。在教学中,教师往往只把问题提出来,答案则由学生自己去找,而且常常不给予结论。中国则主张教师的主导作用。这种主导作用可以做多种理解,可以理解为绝对的权威,也可以理解为对学生的学习行为进行控制和指导。不论如何理解,如果不把学生放到主体地位,则教师的主导作用往往被理解为"教师说了算"。在教学实践中，所谓课堂教学，实际上还是以教师讲解为主，学生被动地接受知识。优秀的教师常常使用启发式来启发学生思考问题，但这种启发式仍以教师为主。教师设计好了问题，让学生来回答，不是由学生自己提出问题，所以常常出现"启而不发"的情况，没有把学生放到教学过程中的主体地位，没有激发学生主动参与教学活动。

第二，美国主张教师是学生的朋友，和学生是平等、自由的关系，善于理解学生。美国1976年举行的一次盖洛普民意测验，描述理想教师的素质中提名最多的依次是：交谈和理解的能力；严格而公正地执行纪律的能力；启发和引起动机的能力；高尚的品德；爱护和关心儿童；对专门职业的献身与热忱；友善的个性；端正、洁净的仪表。[①]

其中排列在第一位的是"交谈和理解的能力"，这是和学生交朋友最重要的素质。

中国历来强调"师道尊严"，把教师放到"父兄""师长"的地位。虽然新中国成立以后无论在法律上还是在理论上都主张师生应是民主、平等的关系，但在实际中，教师往往把自己放在领导者、长辈的角色地位，不能与学生平等相处。这不能不说是传统的影响。

第三，在教学中，美国教师较为放任，对学生缺乏严格的要求，对学生的行为只进行"劝告""建议"，很少采取严格禁止或干预的方法。中国主张对学生有严格要求，要把严格要求和尊重学生结合起来。对学生的行为不提出要求，不严格管理，就是教师失职。因为教师闻道在先，教师的职业就是接受人民和家长的委托培养人才。教育是有目的、有计划、有组织的活动，教育方针谁来执行？是教师来执行。教师如果

---

① ［美］理查德·D.范斯科德、理查德·J.克拉夫特、约翰·D.哈斯：《美国教育基础——社会展望》，北京师范大学外国教育研究所译，332页，北京，教育科学出版社，1984。

放弃管理，就无法培养社会所需要的人才。

总的来看，美国在教学过程中把学生放在主体地位，教师起引导作用。一位美国专家认为，教师的角色有三个：一是观察者，观察学生的表现，发现他们的才能，注意他们的发展，发现他们的问题；二是帮助者，在学生遇到困难时加以适当的帮助，使学生能够顺利地克服困难，取得成功；三是设计者，教师要设计学习环境，让学生在这个环境中学习到知识和能力。这虽然不能代表美国所有学校对教师作用的认识，但确实有较大的普遍性。他们重视学生的个人兴趣、爱好，重视学生的自主性。

中国教育受中国传统文化的影响较深，历来奉行"师道尊严"的原则，认为教师是知识、道德的化身，处于中心地位，有绝对的权威，学生的任务是向教师学习。虽然古代有些教育家也主张"教学相长""因材施教"，但都是以教为中心。直到今天，许多教师仍然把自己放在权威的中心地位，较少考虑学生的自主性。灌输式教学仍是中国教育的重要弊端。中国教育理论界和教育行政管理部门虽然一贯主张教学要废除灌输式，提倡启发式，但是推行起来困难重重。而且即使是启发式，也仍然以教师为主，是由教师启发学生，而不是学生主动地参与教学过程，仍不免教师是中心。但中国主张教师"以身作则""为人师表"，对学生要严格要求，并把严格要求和尊重学生结合起来，建立民主、平等的师生关系，按照教育方针培养社会所需要的人才。这一点是中国特色，是值得发扬的。

中美两国对教师在教育过程中作用和地位的不同认识，有其历史文化的背景。

美国是一个年轻的移民国家，美国人民来自世界各地，来到美洲新大陆，为了生存和发展，就要靠自己的奋斗和开拓。这种传统影响到教育，要求从小培养孩子的奋斗精神、开拓精神、自我创造精神。教育过程以儿童为中心，体现了美国自由主义和民主化的精神传统。

中国是一个古老的国家，长期处于农业经济的封闭社会，小农经济具有守家立业的保守思想，同时，正如上节所述，中国长期存在着"师道尊严"的教育传统。虽然新中国成立以后，特别是改革开放二十年来，现代化有了飞速的发展，中国教育也走向世界，与世界各国开展了学术交流，保守的思想正被克服。但是任何一种思想传统都具有相对的凝固性，它的转变是缓慢的，不像物质、制度层面上的传统容易改变。教育中的师生观，作为一种思想观念的转变极为困难。当前"应试教育"的竞争，加剧了这种困难。考试是以书本知识为主，于是以课本为中心、以课堂为中心、以教师为中心的局面就难以打破。

中美两国关于教师角色的传统有如此大的差异，但从教育效果来讲，互有得失。

美国强调以学生为中心，其最大的优点是能够发挥学生的主动性和积极性，学生能够积极参与教学过程，有利于学生智力发展，特别是创造能力和动手操作能力的发展，但缺点是学生往往缺乏严格的训练，基础知识学得不扎实，读、写、算的能力较差。这是多年来困扰美国的问题。美国高质量教育委员会于1983年发表的《国家处在危险之中：教育改革势在必行》报告，对美国的教育质量有较详细的描述，认为"美国以往各代，在教育、文化和经济上的成就都超过它的上一代。一代人的教育水平不能超过、不能与父辈相提并论，甚至还达不到父辈的水平，这在我国历史上还是第一次"[①]。这种状况，除了教育制度上的原因，也有对教师角色的认识问题，忽视了教师的主导作用，不重视对学生的严格要求和必要训练与记忆。

---

① 国家教育发展与政策研究中心：《发达国家教育改革的动向和趋势（第二集）——美国、苏联、日本、法国、英国1986—1988年期间教育改革文件和报告选编》，6页，北京，人民教育出版社，1987。

与美国相比，中国过分强调教师的作用，忽视学生的作用。中国教育的优点在于学生受到严格的训练，基础知识学得比较扎实，读、写、算的能力较强。中国留学生把自己的孩子带到美国，送到美国学校学习，往往可以进入更高的年级。但是中国学生往往独立学习的能力较差，教学中参与意识较弱，创造能力和动手操作能力都较差，培养出来的人才与当今激烈竞争的社会不相适应。

　　由此可以得出结论，即两国对教师的角色认识都有偏差，应该互相学习，取长补短，达到较为正确的认识，以利于教育质量的提高。

二、树立正确的师生观

　　在教育过程中，教师和学生都是最主要的要素，两者缺一不可。不能强调一方面的作用，而忽视另一方面的作用。正确的师生观应该是教师起主导作用，学生起主体作用。

　　教师不能当旁观者，要积极地引导学生学习，要严格要求学生，使学生获得扎实的基础知识和得到较好的训练。教师应起主导作用，理由如下。

　　第一，教师是教育目的和教育目标的执行者，教育是人类有意识、有目的的活动，教育要促进人的成长，把人培养为当代社会所需要的人才。每一级学校都有一定的教育目标和要求，这些目标和要求只有通过教师才能得以贯彻。光靠学生自己，是不可能自发地达到的。

　　第二，教师闻道在先，掌握着丰富的知识，学校即便有最好的课本，也必须有教师的引导、讲解、指点，学生才能较容易、较快地掌握书本的知识。因此，教师是知识的传播者。

　　第三，教师在教学中不仅传播知识，而且启发学生的智慧。许多著名的学者之所以获得成功，大多是因为在学校中受到教师的启发。中国著名数学家陈景润就是在中学时代经教师的指导，了解了数学领域中的宝藏——哥德巴赫猜想，并在后来的研究中为解开这个数学之谜做出了前人未能做出的贡献。可见，教师是学生智慧的启迪者。

第四，教师是学生最信赖的人，是学生的榜样。学生就是在教师那里获得信心和力量，学到高尚的思想品德。教师在教育学生过程中总是倾注了全部心血，教师不仅用知识教育学生，而且是用自己的心灵哺育学生。因此，教师是学生情操的陶冶者、心灵的哺育者，是人类心灵的工程师。

第五，学生在成长过程中，他还不成熟，他的成长不是自发的，要符合教育发展的规律，也就是说要在教师的指导下成长。

但是，学生是学习的主体。任何知识的传授只有在学生处于主动接受的状态下才有效果。在课堂上，学生不是录音机，也不是录像机，不能把老师的一言一行记录下来。学生在听课时是有选择的：感兴趣的学科，他愿学习；不感兴趣的，他不愿学习。师生关系融洽的课程，他愿意学习；如果他对某位老师感到厌恶，就会拒绝学习这位老师教的科目。学习情绪好的时候，他学习专心，学习效果就好；情绪不好时，学习难以集中精力，学习效果就不好。因此在教学过程中，教师要注意发挥学生的主动性，引导学生主动地积极参与，才能取得较好的效果。

教师的严格要求是必要的。因为学生还不成熟，自我判断力还不强，但是这种严格要求要变成学生的自觉行动才会有效果。这就要求教师把严格要求的意义和目标让学生懂得，并养成习惯。

强调学生的主体性绝不是削弱教师的作用。有的专家预言，由于多媒体在教学中的应用，个别学习成为可能，因此，学校将消亡，教师将消失。这是没有道理的。且不说多媒体软件的制作要依靠有经验的教师，只有教师参与，才能制作出符合教育规律的教材。学校的群体效应、学校的文化氛围、学校的熏陶作用，在学生成长中的作用是无可替代的。教师对学生智力的启迪、心灵的陶冶和人格的培养，教师以身作则的榜样作用，更是学生成长的必要条件。

美国卡内基教育和经济论坛1986年5月发表的《国家为培养21世纪的教师做准备》报告中也指出："学校教学工作的中心必须从教转到学上来，学生应从被动地获得知识和一般技能转到积极地运用知识去解决问题，这种转移将提高而不是削弱教师的作用。"[①]

中国"师道尊严"的传统，如果去掉封建主义的"道"的内容，去掉绝对权威的内涵，从强调教师的作用、尊重教师的一面来讲，也还是可以继承和发扬的。

21世纪将面临种种挑战，这种挑战来自两个方面：一是科学技术的加速发展，科学知识总是急剧增加。在学校教育的短短时间内再也不可能，也没有必要把人类的所有知识传授给学生，更重要的是要教会学生学习。即我们通常说的不是"授之以鱼"，而是要"授之以渔"。二是社会变革的挑战，科学技术的进步固然给人类带来了丰富的物质财富，但同时也带来了资源的浪费、环境的污染、青少年道德的滑坡，教育不能光注意传授知识，还要注意培养学生完善的人格，培养他们对社会、对他人、对自己的责任心。

21世纪对教师提出了更高的要求，教师应该具备三方面的素质。

第一，教师必须具备教师的职业意识和职业道德。即热爱儿童，热爱教育事业，愿意为教育事业而献身；不断钻研自己的业务，提高自己的服务水平，认真负责地对待每个学生。

第二，教师要有较强的业务能力。教师要有渊博的知识，并且善于把必要的知识传播给学生，发展学生的智力。美国卡内基教育和经济论坛的报告指出："教师应该很好地掌握各种自然和社会系统运转的规律，懂得获取什么信息和如何运用信息，应该有帮助学生解释迷惑、领悟到

[①] 国家教育发展与政策研究中心：《发达国家教育改革的动向和趋势（第二集）——美国、苏联、日本、法国、英国1986—1988年期间教育改革文件和报告选编》，83～84页，北京，人民教育出版社，1987。

真意所在的能力，具有培养学生获得真正创造力的能力，具有与人共事，共同完成任务的能力。"[①]这与中国传统的"传道、授业、解惑"有同样的意思。

第三，教师要具有较好的心理素质和思想素质。这具体表现为有理想，有道德，善于处理人际关系，能够以身作则，一言一行能作为学生的表率。教育是双边活动过程，师生融洽才能使教育取得成功。许多调查表明，教育的失败在于师生关系不协调，学生不愿意接受教师的教诲。建立融洽的师生关系的基础是相互信赖，特别是教师要信赖学生，相信学生是愿意学习的，愿意坚持真理的，即使有时有某些缺点或错误，只要经过耐心的教育是可以改变的。只有教师对学生的信任，才能换来学生对教师的信任。一旦学生对教师有了信任感，教育就变成十分容易的事了。

可以总结一条：没有爱就没有教育，没有兴趣就没有学习。

---

① 国家教育发展与政策研究中心：《发达国家教育改革的动向和趋势（第二集）——美国、苏联、日本、法国、英国1986—1988年期间教育改革文件和报告选编》，83～84页，北京，人民教育出版社，1987。

"比较教育译丛"序[*]

比较教育在我国从恢复之日起发展到今天，已经整整20年。记得1980年，我在北京师范大学担任教育系主任，聘请了美国哥伦比亚大学胡昌度教授来系给学生开设比较教育课程，同时邀请9所大学从事比较教育的老师来听讲。胡昌度教授又单独为我们这些教师讲解了比较教育方法论的课程，并共同研讨。三个月以后，我们十多位教师商量，应该组织起来，编写一本中国自己的比较教育教材。为了编好这本书，我们把王承绪、檀仁梅、朱勃三位老前辈请出来指导。经过两年多的研讨、编写，终于在1982年出版了新中国成立后第一本比较教育教材。可惜檀仁梅教授因病未能参加后期编写工作，所以大家不大知道他。

1981年，第三次外国教育学术研讨会在保定召开，与会代表一致决定，把1979年在上海成立的全国外国教育研究会改名为全国比较教育研究会。从此，比较教育在我国蓬勃发展。1980年，我们第一次参加了世界比较教育学会联合会在日本埼玉县召开的第四次大会；1984年，我国比较教育研究会成为世界比较教育学会联合会的成员。从此，我们的比较教育也走向了世界。

20年来，比较教育研究出了大批研究成果，从简单介绍外国教育情

---

* 原载"比较教育译丛"，人民教育出版社，2000年。

况，深入到专题研究，为我国教育改革和发展提供了外国的可资借鉴的经验和教训。

在比较教育发展过程中，出版界给了我们很大的支持。特别是人民教育出版社，一直关注着比较教育的研究和成果的出版。1979年，它最早出版了一套"外国教育丛书"，以后连续出版了几本比较教育的教科书，还翻译出版了几部有代表性的著作。"九五"规划期间，我们在人民教育出版社的支持下，编辑出版了一套"比较教育丛书"，共10册。这套丛书不仅检阅了比较教育界的研究成果，而且取得了很好的社会效益。

20世纪90年代是世界教育改革最频繁的年代。世界政治格局的变化，科学技术的进步，特别是信息时代的到来，都给教育提出了新的要求，各国教育改革也有许多新经验。我国教育要改革与发展，必须了解世界教育改革的新动向和研究的新成果。因此，有必要把"比较教育丛书"继续编下去，以满足广大教育工作者的需要。

我和王承绪教授还有一个心愿：为了比较教育的学科建设，一定要把比较教育学科发展近200年来有代表性的著作翻译出版。现在人民教育出版社决定出版"比较教育论丛"，并同时出版"比较教育译丛"，我们的愿望可以实现了。由于时间关系，只能先出其中几部，有的已出版过，这次对译文进行修订后再版，纳入"比较教育译丛"之中。

"比较教育论丛"和"比较教育译丛"这两套丛书是比较教育工作者和人民教育出版社在千年之交献给我国读者的一份礼物。我相信，读者会从中获取有益的信息，同时，它将激励比较教育工作者进一步努力，在新的千年中取得更多的研究成果。

文化研究与比较教育[*]

一、导言——比较教育学史中的文化研究

比较教育研究对文化的重视可以追溯到100年以前。1900年，萨德勒（M.E.Sadler）在题为《我们能在多大程度上从外国教育制度研究中学到有实际价值的东西？》（*How Far Can We Learn Anything of Practical Value from the Study of Foreign System of Education?*）的著名演讲中，第一次指明了文化研究对比较教育的重要意义。他的一句名言是："在研究外国教育制度时，我们不应忘记校外的事情比校内的事情更重要，并且制约和说明校内的事情。"他说的校外的事情，主要是指一个国家的民族精神。他说："当我们倡导研究外国教育制度时，我们注意的焦点一定不能只集中在有形有色的建筑物上，或仅仅落在教师与学生身上，我们一定要走上街头，深入民间家庭，并努力去发现在任何成功的教育制度背后，维系着实际上的学校制度并对其取得的实际成效予以说明的那种无形的、难以理解的精神力量。"民族精神是文化的核心。也就是说，只有理解了一个国家的文化传统，才能理解这个国家的教育制度。

20世纪二三十年代，康德尔（I. L. Kandel）等人秉承了这一思想，

---

* 原载《比较教育研究》，2000年第4期。

他们开创了因素分析时代，为比较教育中的文化研究奠定了重要地位。康德尔提倡描述历史事实，分析社会历史背景。他还把民族主义和民族性作为决定各国教育制度性质的因素。汉斯（N. Hans）则对影响教育的诸种外部因素加以系统化，并主张应当对形成教育的因素给予历史的说明。他把影响各国教育制度性质的因素分为三类：自然的因素（种族、语言、地理和经济因素），宗教的因素（罗马天主教、英国国教和清教徒），世俗的因素（人文主义、社会主义、民族主义和民主主义）。三类因素中，文化因素占了主要地位。

埃德蒙·金（Edmund King）也十分重视教育的历史背景。他的相对主义方法论重视客文化中的主体对教育现象的观点。要了解他们的观点，就必须对他们的文化有深入的了解，因此，文化研究是必不可少的。

近几十年来，文化研究在比较教育界越来越受到重视。但是综观以往的研究，还存在着三个问题：一是比较教育中的文化研究所依赖的参照系只是西方文化，用它作为一个普遍的准则来影响包括非西方世界在内的全世界的比较教育研究，这一做法有失公正，也与当今世界色彩纷呈的各民族文化极不协调。二是对文化的理解过于狭窄，把文化只理解为"民族特性"，实际上文化的概念更广泛。三是对文化与教育的互动关系研究得不够，往往只讲民族文化对教育制度的影响，很少谈文化对教育主体（教育决策者、教师、家长）的观念的影响。关于教育对于文化的反作用的研究更不多见。因此，对于比较教育中的文化研究还有深入一步的必要。

二、文化的概念及其特点

文化是什么，如何理解文化？文化是一个有广泛内涵的概念，据说学术界对文化的定义已有200多种。有的说，文化是一种生活样态；有的说，文化是人类创造的物质和精神成果的总和。这都有一定的道理。我认为，所谓文化，是指人类在生产实践和社会实践活动中所采用的方式和创造的物质和精神成果的总和。这里面包括了人类的活动方式（动态的）和活动所取得的成果（静态的）两个方面。它一般分为三个层面，即物质层面（包括建筑、服饰、器皿等），制度层面（包括教育制度在内的一切制度），思想层面（包括思维方式和民族精神等）。物质层面最容易交流和吸收，制度层面也常常因为政治变革而改变，唯独思想层面具有较强的保守性和凝固性，不容易吸收异质文化并互相交融。但是，文化随着时代的变迁和各民族间的交往，也总是在变化的。概括起来，文化具有以下一些特性。

第一，具有民族性。文化总是由人类的某个民族创造的，而一个民族的特性也较多地集中表现在文化中。因此，文化传统和民族文化传统可以是同义词。由于世界各民族所处的历史时期不同，环境不同，对自然界和社会各种现象的认识和理解不同，他们创造出了各自不同的文化。例如，对待自然，中国文化比较重视人与自然的和谐，而西方文化则强调人征服自然、战胜自然；对待社会和他人，中国人主张中庸、谦让，西方人则主张竞争、斗争。这是从观念形态上讲的。表现在物质形态上，中西方也有极大的不同。例如，中国的民间艺术图案讲究对称、统一、和谐，西方民族则讲究差异、多样。可见，民族性表现在各个方面。

第二，具有稳定性。民族文化传统常常表现出相对的凝固性和稳定性。这种稳定性表现在时间上就是惯性。也就是说，文化传统发展变化的速度比较慢，总是落后于时代的发展，具有滞后性。这种稳定性表现在空间上，就是民族文化的独特性，也就是维持着自己民族文化的发展轨迹，往往拒绝外来文化的影响，形成了一定的保守性。所以，在世界文化交流已经如此频繁和深入的今天，各民族文化仍然保持着各自的特点，从而形成了世界文化的多元性。民族文化传统的稳定性是民族文化传统得以保存的主要原因，但在某种程度上表现出凝固性和保守性。它不仅在发展进程上落后于时代，有时甚至拒绝时代变革的要求，拒绝外来文化的渗透。中国近代学习西方经过了曲折的过程，就是一个明显的例子。因此，文化传统的稳固性具有两面意义：积极方面的意义是它保持了文化传统的独特性，即民族性；消极方面的意义是它影响到文化传统的交流和变革，阻碍着对先进文化的吸收、创造和传播。

第三，具有变异性。每种民族文化都是不断发展的，也就是不断变革的。人类社会在不断发展，民族也在不断发展，民族文化也在不断发展。要发展就要有变革。也就是说，文化传统不能完全保持原来的样式，总要增加新的符合时代的内容，要去掉一些不符合时代要求的内容。例如，无论是中国还是日本，都有男尊女卑的思想传统，但是现在是男女平等的时代，这种男尊女卑的陋习就应该除掉。

每种民族的文化传统中都有优秀的内容，也不免有落后的内容。在文化发展和变革中就要继承和发扬文化传统中优秀的东西，摒弃落后的、不符合时代要求的东西。对待外来文化，也是这种态度，吸收外来文化中优秀的东西，排斥落后的东西。这就是我们在比较教育研究中的基本的文化观。

三、文化研究与克服西方文化中心主义

要克服西方文化中心主义的观念，就要承认世界文化的多元性。自从人类进入文明时代开始，人类就有五大古代文明，即古希腊文明、古巴比伦文明、古埃及文明、古印度文明、古代中国文明。虽然经过几千年的历史变迁，由于战争和其他原因，有些文明衰落了，希腊文明成了西方文明的源头，而东方的中国文明一直延续到今天。不论是哪种文

明，都给世界文化留下了许多宝贵的文化遗产。文艺复兴以后，西方文明有了较快的发展。生产力的提高，特别是工业革命以后生产力的飞速发展、物质生产的迅速增长，为西方国家的扩张提供了条件。实际上，西方文明是在掠夺其他文明的基础上发展起来的。西方文化的发达，并不能排除其他各民族文化的发展。只要这个民族还存在，它的文化总是会按照自己的方式发展的。

20世纪60年代，西方出现一种现代化理论，认为非西方发展中国家与西方发达国家的发展历程是一致的，前者现在所处的阶段是后者经历过的一个阶段，非西方发展中国家要想实现现代化，唯一的途径就是西方化和照搬西方的模式；只有靠西方文明的传播，靠输入西方社会的现代化因素才有可能。这种理论代表了西方中心主义的观点。事实上，世界文明并非以西方文明为中心，西方文明只是人类文明中的一个类型。20世纪60年代以后，许多东方国家走上现代化的道路，创造了各自现代化的模式，打破了"现代化理论"的神话。"现代化理论"在比较教育研究中有一定的影响。70年代以后，它受到许多学者的批判，现在已经不起什么作用。但是西方文化中心主义的文化观很难在西方学者中克服，原因不在于他们自己不想克服，而是他们太不了解别的文化了。尤其是比较教育，它产生于西方，长期活动在西方，更容易受到西方文化中心主义的影响。近几年来，世界比较教育学会理事会在非西方国家举行年会，对于西方学者了解非西方文化是大有裨益的。亚洲比较教育学会的成立，更有利于东西方比较教育学者的交流。

应该特别提出，以儒教为核心的东亚文化，覆盖东亚、东南亚及世界其他东亚移民居住地区，但是包括比较教育在内的几乎所有的人文社会科学研究中，它未能发挥重要作用。在21世纪，东亚各国应自觉地挖掘本民族文化中的优秀传统，使之成为东亚比较教育研究的重要理论源泉。

要克服西方文化中心主义观念，东方学者也有责任。东方学者要放弃迷信西方的观念，要跳出表面看西方教育制度的框框，进入西方文化的深层去认识西方的教育；要在学习西方文化的优秀经验时注意理解它的实质，并尽力使之本土化。这就要开展文化研究。

四、文化与教育的互动关系

教育是文化的组成部分，但它又具有相对的独立性。教育离不开文化传统，教育除了受一定社会的政治制度、经济发展的影响外，教育思想、教育制度、教育内容和方法无不留下文化传统的痕迹。例如，中国历史上长期存在的科举制度是在封建制度中形成的，这种科举制度把学校教育与人才的选拔制度结合在一起，这就影响到中国1 000多年的教育传统。清朝末年帝国主义列强的侵略，动摇了封建主义统治的基础，科举制度终于随着政治经济的剧烈变革而彻底破灭。科举制度作为一种制度虽然在中国已消灭了100年，但与科举制度相伴随的教育思想作为一种传统的教育思想，至今仍然在一些人的头脑中残存下来。追求学历，重视考试，就是这种教育思想的反映。日本的所谓"考试地狱"，恐怕也与中国的传统有关。

教育一方面受到文化传统的影响；另一方面，它又是发展文化、创造文化的最重要手段。也就是说，教育无时无刻不在传播文化、创造文化。文化靠什么继承和发展？靠教育。当然，这种教育不仅指学校教育，而且包括家庭教育、社会教育。但是学校教育起着重要的作用。教育又总是根据时代的要求、社会的需要对文化传统加以选择和改造。特别是学校教育，是有计划、有组织的活动，它要根据国家的教育方针、培养目标来选择文化、传播文化、改造文化、创造文化，使它符合时代的要求、社会的需要。

比较教育要了解一个国家的教育，就需要研究影响这个国家教育制度的各种因素，特别是文化因素。前面说到，文化的内涵很广，但对教育来说，最重要的是一个国家、一个民族的价值观、思维方式、民族心理和民族精神。例如，西方文化强调个人主义，而东方文化则重视集体主义；发达国家多少具有霸权主义倾向，不发达国家总是抱有民族主义倾向。即使同是西方发达国家，由于历史文化背景不同，他们的思维方式和民族心理也很不相同。笔者最近访问法国，适值WTO（世界贸易组织）在西雅图开会，法国教授批评WTO过分重视商业，不重视文化。他们总是为自己的文化传统而自豪，但如果你到美国，就很难听到这种声音。一个国家的这种传统必然会反映到教育上，特别是反映到教育思想观念上，从而影响到教育的各个方面。这就是为什么强调比较教育中文化研究的重要性。也就是说，只有从文化研究中才能认识一个国家、一个民族的教育的本质。

五、文化研究的困难与课题

进行文化研究是很困难的一件事，最好是采用文化人类学的方法，到当地去生活一段较长的时间。正像萨德勒曾经说过的，不能只注意一个国家的有形有色的建筑物和教师与学生，还要走上街头，深入民间家庭，去发现无形的精神力量。这是难以做到的。即使在一个国家做到了，对其他国家还是不了解，仍然难以比较。

还有另一个困难是，研究者本身是另一种文化的主体，他自身已经具有本民族文化的传统，也就是具有本民族的思维定式，即使他能够深入客文化中，如果不克服自身的思维定式，也不能得出客观的、科学的结论。因此，从事文化研究的比较教育学者，特别是西方学者，需要克服自身的文化偏见，树立多元文化的观念，尊重别国、别民族的文化，尊重他们的价值观。

进行文化研究还需要与历史研究结合起来。因为文化传统总是历史延续下来的。不了解一个国家的历史，就不可能了解这个国家的文化传统是怎样形成的，也就不能了解它的文化实质。因此，比较教育中的文化研究不仅是跨文化的研究，而且是跨学科的研究。

虽然有以上困难，但在比较教育中开展文化研究也不是不可能的。因为一个国家的文化总有它的表现形式，它们常常表现在这个国家的哲学历史著作中、文学艺术中，也常常表现在这个国家的教育政策、教育体制、教育管理等方面。研究他们的文献资料，特别是该国著名学者的著作，是可以把握他们的文化实质的。尤其是近几十年来教育的国际化促进了人员的交往，许多留学生到异国他乡去学习，对当地的文化有了较为深入的了解，有利于开展文化研究；各国学者的交往与合作也有利于对别国文化的了解和认识；特别是几个国家的学者如果能合作开展文化研究，则将会取得更好的成果。

我们北京师范大学国际与比较教育研究所正在从事题为"文化传统和教育现代化"的研究，目的是通过研究，了解各国文化传统在教育现代化的进程中起了什么作用，传统教育如何向现代教育转变，从而认识今天如何进行教育改革。我们的方法是：选择在某个国家有留学经验或对该国有较深了解的学者，研究该国的历史、哲学乃至文学；研究该国教育政策文献；实地考察该国的教育，包括参观访问，和教师、学生、学者座谈；最后与其他国家加以比较。此项研究已进行了9年，第一阶段的成果反映在《民族文化传统与教育现代化》（北京师范大学出版社出版，1998年）这部专著中。该书研究了美国、英国、德国、俄罗斯、日本、中国六国的文化传统和教育传统，并对中西人文主义传统、中日人才观、中美师生观及西方现代知识观进行了比较分析。此项研究还有必要进一步深入，研究还在继续中。

【参考文献】

［1］ 顾明远，薛理银. 比较教育导论——教育与国家发展［M］. 北京：人民教育出版社，1996.

［2］ 顾明远.民族文化传统与教育现代化［M］. 北京：人民教育出版社，1998.

［3］ 全国比较教育研究会.国际教育纵横——中国比较教育文选［G］. 北京：人民教育出版社，1994.

［4］ 王承绪. 比较教育学史［M］.北京：人民教育出版社，1997.

［5］ 薛理银. 当代比较教育方法论研究——作为国际教育交流论坛的比较教育［M］. 北京：首都师范大学出版社，1993.

［6］ 赵中建，顾建民. 比较教育的理论与方法——国外比较教育文选［M］. 北京：人民教育出版社，1994.

［7］ 朱勃，等. 比较教育——名著与评论［M］. 长春：吉林教育出版社，1988.

知识经济时代比较教育的使命[*]

一、20世纪比较教育研究的回顾

比较教育是工业时代的产物。工业革命是在生产劳动和科学技术结合的形势下发生的。工业革命使人类认识自然和控制自然的能力得到空前的提高，并且在社会的各个领域引起了一系列的变革。它对教育的发展也有着深远的影响。工业大生产一方面要求劳动者具备一定的文化知识，以提高劳动生产率；另一方面又把大批儿童抛向街头。为了生计，许多家庭中妻子和丈夫一样外出劳动，而儿童却无人照顾。19世纪初，一些资本主义发展较快的国家，开始为学前儿童设立专门的公共教育机构；一些慈善家也开办一些幼儿学校，招收无人照管的儿童，使他们受到一定的教育。同时，大机器生产也要求劳动者有一定文化知识，于是公共教育开始发展起来。教育的发展为比较教育的产生和发展创造了条件。朱利安、库森对比较教育的研究就是在这种背景下展开的。

19世纪，欧洲民族主义高涨，民族国家纷纷独立。为了维护民族意识和增强国力，各国都十分重视教育，国家开始兴办公立学校。欧洲许

---

* 原载《比较教育研究》，2003年第1期。

多国家从普鲁士举办公共教育和学校世俗化方面得到启示，特别是普法战争以后，许多有识之士认为，普鲁士的胜利不是在战场上，而且在课堂上，因此纷纷向普鲁士学习，从教会手中取得教育的领导权，加强国家对教育的控制。比较教育的研究开始兴旺起来。

20世纪是风云变幻的世纪，一方面，科学技术迅猛发展，生产率极大提高，世界经济虽然经过多次危机，但还是得到空前的发展和繁荣；另一方面，世界各国争斗不断，两次世界大战都发生在20世纪前半期。教育成为科学技术发展的基础、提高综合国力的途径，因此，各国对教育的重视也是空前的。以往教育改革只是在教育界内部展开，但20世纪后半叶的教育改革都是在政府的参与下进行的。特别是在冷战的年代，教育变成冷战的工具。冷战双方都在研究和进行教育改革，以便培养更多更优秀的科学技术人才，夺得科学技术的制高点，以期取得冷战的胜利。于是20世纪也就成为比较教育研究最有生气的时代。比较教育可以从政府或者基金会获得足够的经费，开展对各国教育的研究。正如已故比较教育学家霍尔姆斯所说的："在历史上，我们可以看出有趣的比较教育研究是如何被激起的。当苏联发射了第一颗人造地球卫星之后，美国变得更加关注其工程技术人员的培养。基于当时的美苏关系，这个危机激起了美国学者对比较教育的兴趣。英法殖民地的独立运动激起了他们对发展中国家教育的兴趣。"[1]

20世纪比较教育研究兴起的另一个原因，就是霍尔姆斯前面所说的，英法殖民地的独立运动激起了学者对发展中国家进行教育研究的兴趣。民族民主国家独立以后，急需人才。过去这些国家连教师都主要来自宗主国，教育制度更是宗主国教育制度的简单移植，并不适合当地

---

[1] 薛理银：《问题法与比较教育——对布莱恩·霍尔姆斯的一次采访》，载《比较教育研究》，1992（3）。

的实际。独立以后，为了确立民族意识和发展经济，需要对殖民时期的教育进行改革。于是发展中国家急需借鉴发达国家教育改革的经验，而发达国家的学者也对发展中国家的教育改革感兴趣，并想输出自己的经验。现代化理论和人才资本理论都是在这种背景下产生的。但是，这些理论并未给发展中国家带来他们所预期的结果。

20世纪80年代以后，西方比较教育研究热潮逐渐消退，而发展中国家对比较教育的研究却方兴未艾。有些学者对这种现象不能理解。其实，这里面暴露了比较教育本身的缺陷。其一，比较教育从诞生之日起就是西方中心主义的。研究者只研究工业化国家的教育制度，分析这些教育制度产生的种种因素，以作为本国教育改革的借鉴。但是到了80年代，许多发达国家认为自己的教育制度已经完善了，无须向别国学习。正如霍尔姆斯所说的："我认为比较教育将不会像从前曾经有过的那样得到更多的资助。如果将来出现新的世界危机，那么人们也许就会重视比较教育。"①其二，现代化理论、人力资本理论也是西方中心主义的理论。他们试图将发达国家发展的模式移植到发展中国家，但是效果不佳，极大地降低了比较教育研究者的兴趣。60年代，一些持激进观点的社会学者受到社会的重视，其中采用马克思主义观点的学者形成了新马克思主义学派。与此同时，拉丁美洲的社会学者提出依附理论。这些学派的观点也影响到比较教育，比较教育研究的重心逐渐向发展中国家转移。其三，比较教育研究的理论建设，特别是它的方法论一直困扰着比较教育学者。比较教育是一门学科还是一个研究领域？比较教育有没有自己独特的方法？至今谁也说不清楚。我不是否定比较教育将近200年来发展的成就。我们的前辈为我们做了许多工作，无论

---

① 薛理银：《问题法与比较教育——对布莱恩·霍尔姆斯的一次采访》，载《比较教育研究》，1992（3）。

是20世纪前半叶的康德尔、施奈德、汉斯，还是后半叶的贝雷迪、金、霍尔姆斯，以及至今还健在的诺亚、埃克斯坦、阿尔特巴赫等，都对比较教育研究和理论发展做出了重大贡献。当代比较教育学者如黎南魁、施瑞尔、许美德等，仍在孜孜不倦地开拓比较教育的新天地，为比较教育的学科建设而努力，但比较教育理论的先天不足也是显而易见的。

近二十年来发展中国家的比较教育有了很大的发展，但是他们研究的对象也主要是发达国家的教育，以作为本国教育改革的借鉴。发展中国家对比较教育研究的热情很高，一方面，他们总是想跟上世界教育发展的潮流；另一方面，也是为了改善本国的教育，不像发达国家的学者那样做纯理论的、"价值中立"的研究。发展中国家比较教育研究的困难还在于经费不足，不能做人类学的田野考察。他们的研究资源主要来自文献资料。虽然许多国际组织，如联合国教科文组织、国际教育局、世界银行、经济合作与发展组织等都收集各国教育信息资料，但是这些资料大多来自各国的官方文件，与实际情况是否有出入，不做实际调查是难以判断的。另外，这些资料即使是可靠的，但是它们产生的背景，光凭资料也是说不清楚的。

中国的比较教育研究也是在这种背景下产生的。改革开放以前，中国主要是学习苏联的教育经验，还谈不上进行比较教育的研究。改革开放以后，前十多年主要研究美国、英国、法国、德国、苏联、日本的教育，近几年来才开始研究周边发展中国家的教育，并把教育的本土化问题提到议事日程。而且学界对比较教育的方法论研究缺乏兴趣，至今缺乏有力的著作问世。也因为经费的缺乏，中国比较教育学者参加国际会议的机会较少，当然还有语言的障碍，国际交往和交流不够，也影响了比较教育研究的发展。我想，随着中国经济的发展，国家的进一步开放，年青一代比较教育学者的成长，这些困难都会逐渐克服。

二、中国比较教育在21世纪的使命

21世纪是知识经济的时代。知识经济时代的特征不仅是知识成为经济发展的主要因素，而且带来了经济的全球化和社会的各种变革，而最大的变革是人们价值观的变化。知识经济使人们看到了人的价值、知识的价值。在工业经济时代，人们看到的是资本的力量、机器的力量。虽然20世纪60年代提出了人才资本理论，认识到人受到的教育程度直接影响到经济的增长，但还只是从提高劳动生产率的角度提出来的，并未认识到人的真正价值。在知识经济时代可不同，人不是简单的创造资本的机器，人是社会的主人，又是自然的一员。在工业经济时代，人一方面创造了供一部分人享受的丰富的物质财富，另一方面破坏了人类赖以生存的环境。今天人们开始认识到可持续发展的道理。知识经济时代还要继续发展经济，但不能以损害人类的长远利益为代价。人的发展、人类的发展是第一位的。人的创造，经济的发展，归根到底是为了人类自身的发展。

我们对教育也应有进一步的认识。教育的本质是育人，是提高人的素质，但长期以来人们常常把教育视为工具，政治家把教育视为阶级斗争，乃至政治斗争的工具；经济学家在人力资本理论的影响下，把教育视为实现经济增长的重要手段；广大家长则把教育视作谋取优越职业的敲门砖。这都曲解了教育的本质，不利于人的发展。教育确实离不开政治和经济的发展，离不开整个社会的发展，但是教育不完全依附于政治、经济，更重要的是促进社会的进步和发展，而最终的目的，也还是促进人类自身的发展。

知识经济是全球化的经济，它是20世纪科学技术迅猛发展所带来的生产社会化和国际化的必然结果。经济全球化必然会加剧国际竞争，而总的趋势是有利于发达国家，发展中国家则处于不利地位。为了竞争，就要培养人才，各国总想把教育重点放在培养高级人才上，以求占领高新科技的制高点，从而使教育的资源配置越来越不均衡。同时，由于富国和穷国的差距在扩大，发展中国家的人才必然会流向发达国家。这都造成教育的新危机。

21世纪科学技术发展将变得更加迅速。信息化、数字化时代使生产工具从机器生产时代的人手的延伸发展到人脑的延伸，整个劳动方式、生产方式、生活方式、思维方式都将产生重大变化。信息网络化又使得各种文化思想的传播十分迅速。这一切必将促进教育的国际化，同时也带来了中西文化的冲突。

总之，21世纪将给我们带来一个崭新的世界，教育将在21世纪有重大的发展与变革。只要教育有发展和变革，比较教育就有发展和前途。

中国是一个名副其实的发展中国家，改革开放二十多年来有了飞速的发展，在21世纪中叶要达到中等发达国家水平，但发达国家并非停步不前，因此，中国还要加倍地努力，才能赶上发达国家。但是中国教育还存在许多困难，最大的困难是教育资源的不足和教育需求之间的矛盾。我们用了15年的时间，花了很大的力气在20世纪末基本上实现了普及九年义务教育，基本上扫除了青壮年文盲，但是发展极不平衡。沿海发达城市的教育基本上已经达到现代化水平，而边远地区、贫困地区的教育尚不够发达；在同一城市、同一地区，优质学校与薄弱学校的差距也很大；高等教育虽然近几年扩大招生规模，但仍然不能满足青年升学的追求。中国教育正在进行重大的调整和改革，以扩大教育资源，提高办学效率，推进区域的均衡发展。中国比较教育仍然要以研究国际教育发展规律、借鉴外国优秀教育经验、发展本国教育为己任。为此，我们有许多工作要做。

第一，我们需要继续深入研究发达国家优秀的教育经验。所谓继续研究，就是要跟踪研究各国新的教育改革、新的教育理论和新鲜的经验，并通过这些研究预测教育发展的趋势；所谓深入研究，就是要探究各国教育改革的缘由，了解各国教育的本质特征。过去二十年，我们对几个主要发达国家的教育制度、课程内容、思想流派都进行了比较研究，但是难以说已经很深入。这就是为什么我提倡文化研究的原因。我认为，缺乏对西方文化的认识，很难理解西方的教育；缺乏对一个具体国家文化的了解，就很难理解该国的教育。因此，要真正学到别国教育的优点，就必须继续深入研究。

第二，要深入研究别国的教育，就要深入该国的社会。过去由于经费的原因，再加上语言障碍，老一辈的比较教育学者出国的机会极少，出去也是走马观花。现在情况有了极大的改变，年轻学者出国的机会很多，也没有太大的语言障碍。但有一点我想提醒年轻学者注意，出国学习期间不能埋头于课堂和图书馆，听教师讲课和收集资料确实是重要的，但如果你不深入社会，做田野式的考察，就消化不了教师的讲课内容，收集不到真实的资料，拿回来的仍然是脱离实际的书本知识和理论。我认为比较教育研究要引入人类学研究方法，以客文化中的一员，深入其境，进行较长时期的观察研究，才能获得真实可靠的材料，才能理解客文化，从而理解它的教育的实质。[1]要做到这一点当然不容易，但的确是必要的，是我们努力的方向。

第三，要重视比较教育研究本土化问题。现在世界各国的教育理论五彩纷呈。各种教育理论，除非是绝顶荒谬的，都有它合理的一面，但各种理论也都有各自的哲学基础和文化背景。引入任何一种理论都需要评价和鉴别，吸收其精华，融入我国的主文化中，使其本土化。在本土化问题上要克服两种片面性：一种是盲目照搬，不加评价和鉴别，甚

---

① 薛理银：《当代比较教育方法论研究——作为国际教育交流论坛的比较教育》，北京，首都师范大学出版社，1993。

至有些语言都是外来的。我并不排斥外来语，但不能是生造的，而是要能够让大家理解的。另一种认为，由于比较教育的传统是西方中心主义的，因而外国的理论都不适合中国国情，中国教育理论只能在本土上生长。比较教育中流传着一种"去殖民化"理论。我理解的"去殖民化"是不要用西方中心主义的思维、价值观来观察事物、判断事物，并不是排斥外国的经验。教育的国际化是必然的趋势。教育的国际化，就表现在教育的国际交流与合作，互相学习，互相融合，取长补短上。在经济全球化时代，纯粹的本土理论是没有的，本土生产的理论也需要从世界文化中吸收营养。

第四，要把比较教育研究与我国教育发展和改革的研究结合起来。我不大赞成"价值无涉""价值中立"的为研究而研究，特别是我们还是一个发展中国家，决策部门、教育实际工作者迫切希望比较教育向他们提供可借鉴的外国经验。这就需要比较教育学者，特别是我们的年轻学者和研究人员关心本国教育的现实。其实，比较教育本土化问题的关键在于我们对自己的认识。我们只有对自己的国情和教育有了认识，才能以我为主，吸收一切有益于我们发展的理论，建立本土化的理论。为此，在比较教育研究中要突破"跨国性"的界限。过去我们把比较教育定位在跨国的研究上。其实一个国家内部不同地区教育的发展也不相同，特别是中国，不仅地域广阔，经济发展不均衡，教育发展也不均衡，因此，对国内的教育也需要做跨地区、跨民族文化的比较研究，才能真正了解我们自己的教育，探索教育发展规律，为我国的教育发展服务。

第五，要加强比较教育的理论建设。比较教育的理论建设是我国比较教育研究的薄弱环节，希望在21世纪之初能有所发展。理论建设不是凭空想出来的，一方面，需要运用现代科学理论成果来分析研究当代教育问题；另一方面，要透彻研究比较教育学者已经提出的理论，结合当代教育发展的实际提出新的理论框架，加以反复验证。在方法论研究上，我个人的观点是要把实证研究和定性研究结合起来。由于长期以来我国教育研究停留在描述性研究和定性研究上，所以加强实证研究是必要的。

总之，知识经济时代是一个多元化时代，理论的多元化是必然的。只有在百家争鸣中，我们的理论才能发展，但是教育理论界缺少争鸣。我希望在21世纪中能够有更多的争鸣，以繁荣我国的比较教育学术研究。

第六，要加强和国际比较教育学者的交流与合作。中国比较教育学会一直抱着积极的态度和各国比较教育学者开展合作和交流，我们邀请了许多著名的学者来华讲学、访问，我们利用我们的条件召开各种国际会议，1998年我们还成功地举办了第二届亚洲比较教育学会年会。今后还要采取各种措施，进一步加强和各国比较教育学者的联系和对话。

我们现在还没有真正和国外的学者对话，因为过去我们只是介绍国外的教育经验，很少把我国的教育经验介绍给外国学者。今后我们也应主动走向世界，在国际著名杂志上发表我们的论文，这样才能与国外学者对话。最近我看到强海燕教授和英国学者合作，完成了"中英14所学校管理模式的个案研究与比较"的课题，并在*Compare*杂志上发表了多篇文章，我感到非常高兴，希望今后能有更多的这样的合作和研究。

总之，知识经济时代的信息网络化使得各国教育改革的新动向很快传遍全世界，各国学者交流更加便捷。中国比较教育学者在21世纪任重道远，将大有所为。

比较教育的身份危机及出路[*]

今天的比较教育研讨会有着特别的意义，今年适值铃木慎一先生70华诞，为此，我要代表中国教育界的同行、北京师范大学的同事们及我个人向铃木先生表示最热烈的祝贺和敬意，衷心祝愿他健康长寿，合家幸福。

铃木慎一先生是我认识最早的日本学者之一。早在1980年，我在参加世界比较教育学会联合会在日本埼玉县召开的第四届比较教育大会期间就认识了他。此后，我们在许多国际会议上常常见面。我每次访问日本的时候，他都会热情地接待我。铃木先生是日本著名的学者，在中国也很有名。他在早稻田大学工作了40年，培养了大批学生，在比较教育和教师教育方面尤其有突出的贡献。他治学严谨，待人诚恳，为中日教育交流做了大量工作。尤其是与北京师范大学国际与比较教育研究所有着密切的交往，他是我们所的客座教授。今天我们来庆祝他的70华诞，我们要向他学习，为进一步促进中日两国学者的交流，促进国际合作，为我们下一代和平幸福的发展成长而努力工作。

关于比较教育，我非常赞赏这次研讨会的主题——"比较教育的历史文化自我认同与他者"（Historical & Cultural Self Identities and of

---

* 原载《比较教育研究》，2003年第7期。

Others in Comparative Perspectives)。最近，不少学者在谈论比较教育的身份危机，认为比较教育在20世纪六七十年代曾辉煌一时，近二十年来却逐渐地衰落下来，原因在于比较教育的身份危机：比较教育是不是一门学科？比较教育有没有自己的研究方法？比较教育起什么作用？我却认为，比较教育学者首先不应纠缠比较教育是什么的争论，而要从切切实实研究当代世界教育中存在哪些问题、如何解决当中，找到关于比较教育自身问题的答案。教育学科中所有学科都在研究教育问题，但他们只是从自身学科的视角研究这些问题。例如，教育经济学是从经济学的视角研究教育的投入和产出，教育社会学是从社会学的视角研究教育在社会变迁中的作用等，比较教育则是要从世界的大视野来审视教育问题，这种审视似乎至今还没有哪一门学科能够替代。特别是20世纪，人类创造了物质文明的辉煌，同时带来了毁灭性的战乱和生态环境的破坏；一部分人过着奢侈的生活，另一部分人却连最起码的生存条件都没有；物质欲望在增长而道德水准却在下降；教育质量滑坡，学校暴力日趋严重。这一切难道不值得比较教育工作者关注吗？比较教育工作者有许多事情需要做，而不必自暴自弃，自我制造身份的危机。其实，任何一门学科都可以产生危机，当这门学科的知识不能解决现有的问题时，危机就出现了。我们要努力寻求解决问题的方法，当问题解决了，学科就会得到进一步发展。因此可以说，没有危机就没有进步，就没有发展。比较教育何尝不是这样呢？

教育的历史和文化的自我认同是比较教育研究的重要课题。比较教育不只是研究各国教育的共同点和不同点，还要说出这些共同点和不同点的由来，这样才能深刻理解一个国家或一个民族的教育，也才能寻找出教育发展的内在规律。教育的历史和文化认同要求比较教育学者对本国的教育做客观的、历史的自我分析，而不是仅仅用别国的理论或别国的价值观来评价本国的教育；研究别国的教育应该站在客文化的立场上做客观的分析，不要用研究者主体的理论或个人的价值观去评价别国的教育。所以我有时说，我是赞同文化相对主义的。在当今民族主义高涨的时代，更要强调文化的多元化，反对任何文化霸权主义。但是，教育既是文化的产物，同时又是科学的产物。文化是有个性的，科学却是不分国界的。因此，在教育领域里有许多共同的话语，不同国家的学者可以互相对话，互相沟通。

教育的科学性表现在教育发展是有规律可循的，尽管这种规律有时难以捉摸。由于影响教育发展的可变因素太多，难以用自然科学的方法来精密测量，所以长期以来，比较教育学者试图用科学的方法来测量教育的发展总是难以奏效。例如，过去教育经济学者认为，初等教育的收益率是最高的，近些年来却发现，还是高等教育的收益率比较高。正如世界银行和联合国教科文组织联合组织的高等教育与社会特别工作组编著的《发展中国家的高等教育：危机与出路》一书所指出的："20世纪80年代以来，许多国家的政府和国际捐助者都把高等教育置于一个相对较低的地位。在我们看来，狭隘的和误导的经济分析促成了这样一种观点，即与投资于初等和中等学校相比，对于大学和学院的公共投资所带来的收益要小，并且高等教育加剧了收入不平等。"知识经济时代的到来，使得教育越来越重要。正如上述特别工作组在该书开篇就指出的："通过两年多的研究，特别工作组在集中讨论和听取意见的基础上，得出这样的结论：没有更多更高质的高等教育，发展中国家将会发现自身越来越难以从全球性知识经济中受益。"最后又强调："高等教育不再是一种奢侈品：它是国家、社会和经济发展的必需。"[1]这种观点的转变是通过各种可变因素得出的。其实，20世纪80年代的观点也未必就是错误

---

[1] 世界银行、联合国教科文组织高等教育与社会特别工作组：《发展中国家的高等教育：危机与出路》，蒋凯译，北京，教育科学出版社，2001。

的。一个刚刚步入工业化的国家，恐怕应该把主要投资放在中小学上，否则缺乏优质的劳动力，发展经济是不现实的。但是，知识经济的迅速到来，教育外部因素变化了，发展教育的策略自然也应该变化。这种变化是带有规律性的，是可以预见的。比较教育工作者在这方面有许多工作要做。而且，当今世界，科学技术日新月异，社会发展瞬息万变，比较教育工作者就要关注并研究这些变化对教育的影响，预测教育未来的发展。

以上是从教育发展的宏观上来讲的，从教育的微观上来看，更有许多带有规律性的问题可以研究。近几年来脑科学的发展，人们对人的认识过程、人的能力发展提出了许多新见解。重新审视传统教育的内容、方式和方法，提出新的教育内容、方式和方法，是各国广大教师关注的焦点。比较教育工作者在这方面也不是无所事事的。比较教育工作者不仅需要比较各种教育内容、方式和方法的异同，更要研究哪种教育内容、方式和方法在何种背景、何种条件下才能取得成功。

比较教育学界有一种观点认为，比较教育借鉴别国经验的时代已经过去，借鉴别国经验是现代化的理论，是文化殖民主义的表现，也是比较教育落后之所在。现在要用后现代主义的理论来消解现代化理论，用后现代主义来审视教育，文化本来就是多元的，教育当然也是多元的，因此无所谓借鉴。我无意在这篇小文章中来评论后现代主义理论，我只想说明，任何学科都有两种研究，一种是基础研究，另一种是应用研究。比较教育也不例外，比较教育的基础研究可以是对比较教育定义的研究、方法论的研究、国际教育的调查与分析等。比较教育的应用研究就是借鉴，就是为我所用，没有必要把教育借鉴与教育多元化对立起来。事实上，没有教育的多元化也就用不着借鉴，正是因为彼此不同才需要借鉴；而在当今国际化时代，没有借鉴也就没有发展。后现代主义是主张创新的，但创新从来都是在多元文化的互相冲突和互相学习中产生的，从来没有毫无基础的创新，没有半空中掉下来的创新。比较教育工作者如果想为自己国家的教育发展做点贡献，那就要认真研究别国的教育，吸取一切有益的经验，为本国的教育改革提出建议。当然，这种借鉴并不是照搬，而是在对本国的教育和别国的教育研究透彻的基础上进行，就像人体器官移植那样，使别人的器官能够融入自己的机体，成为自己机体的一部分。现在人人都提倡对话、交流，先不说对话的目的，对话的结果必然是互相了解、互相学习。无论是现代还是后现代，这一点恐怕是没有区别的，区别只在于不要把自己的价值观强加于别人。

比较教育是靠借鉴发展起来的，近几十年来比较教育之所以衰退，正是因为忽视了教育的借鉴意义。正如已故比较教育学家霍尔姆斯在20世纪90年代初所说的："在历史上，我们可以看出有趣的比较教育研究是如何被激起的。当苏联发射了第一颗人造地球卫星之后，美国变得更加关注其工程技术人员的培养。基于当时的美苏关系，这个危机激起了美国学者对比较教育的兴趣。英法殖民地的独立运动激起了他们对发展中国家教育的兴趣。"他还说："我认为比较教育将不会像从前曾经有过的那样得到更多的资助。如果将来出现新的世界危机，那么人们也许就会重视比较教育。"[①]可见，现在并非比较教育学者不想从事比较教育研究，而是决策者觉得不需要借鉴别国的教育经验，所以不需要比较教育。当然，比较教育学者需要研究改善这门学科，完善它的理论体系，但并不能用比较教育的学科身份危机来抹杀比较教育的借鉴作用，或把教育的借鉴说成是比较教育身份危机的根源。

经济的全球化给比较教育带来了新的课题。经济的全球化已经把世

---

① 薛理银：《问题法与比较教育——对布莱恩·霍尔姆斯的一次采访》，载《比较教育研究》，1992（3）。

界连成一体，互相依存，共同发展，但是，国家之间的竞争越来越激烈。在当今知识经济时代，国家间的竞争，说到底是知识的竞争、人才的竞争，因此，新一轮的教育改革正在全球兴起。各国的教育工作者无不关注着别国的教育改革和发展。这种关注也可以理解为借鉴。借鉴并非把别国的经验拿来，也可以把别国的经验作为一面镜子来对照自己，从而更好地认识自己并设法改善自己。比较教育借鉴的理论确实已经很古老，但是在新的时代越发显现出它的重要性。

在经济全球化、国际化的浪潮中，各国教育更需要历史的、文化的自我认同。要借鉴别国的经验，首先对自己要有清醒的认识。就像移植人体器官一样，首先要检查自己的身体，有没有接受别人的器官的能力，有没有排异现象。历史的、文化的自我认同也是在比较中认识的。例如，东方文化的特点，必须在和西方文化的比较中才能显现出来。长期以来，比较教育中的西方中心主义占统治地位，比较教育学者很少研究东方文化，自然也就不了解东方国家的教育。东方国家由于近几百年来的停滞，在科学技术和经济发展上落后于西方国家，并且是在西方列强的逼迫和侵略下走上现代化道路的，是后发外发型国家，因此，他们长期以来把西方先发内发的现代化国家视为自己的榜样。东方的比较教育工作者较多地注意研究和介绍别国的教育经验，却对自己的历史文化传统认识不足。尤其是中国比较教育工作者，渴望了解别国的情况，改革开放以后，犹如一下子打开窗户看到外面五彩缤纷的世界，因而迫不及待地把它们介绍到中国来。近些年来我们开始反思，国外的经验都是好的吗？能不能适合中国的国情？和中国传统文化如何结合？我们能不能创造出自己的经验？这种反思就要求中国比较教育工作者认真研究中国的文化历史，然后再与别国做比较，这种比较才具有深刻性。我和我的研究生正在做这种研究。当然，这还只是刚刚开始，还有许多艰苦的工作。

关于比较教育学科建设的几个问题[*]

中国比较教育学科建设在改革开放以来有了长足的进步，表现为研究范围不断扩大，研究内容不断深入，研究成果十分丰硕，研究队伍日益庞大。但比较教育的学科定位和今后的发展始终困扰着中国的比较教育学者，每次年会或研讨会总会把比较教育的身份问题、方法问题的讨论放在重要位置。如何摆脱比较教育学科所遇到的困境？我想是否可以另辟蹊径，打开一条新的出路？

一、比较教育有没有存在的必要

首先来回答这个问题，比较教育有没有独立存在的必要？有没有其他学科可以替代？许多学者都谈到，比较只是一种方法，其他学科也会使用这种方法，例如，教育经济学需要比较各国的教育投入，教育社会学需要比较各国教育在社会分层中的作用，教育管理学需要比较各种管理理论和方法，课程论要比较各国的课程，似乎比较教育没有单独存在的必要。但是，是不是还有一些问题是其他学科所包含不进去的？例如，教育制度的比较。比较教育的产生是从教育制度的比较开始的，然

---

* 原载《比较教育研究》，2005年第3期。

后发展到对各国教育制度产生的背景、因素进行分析和研究，这些问题现在仍然为比较教育学者所关注。当然，也可以再建立一门教育制度学来替代比较教育的研究，但随着比较教育的发展，比较教育早已不再限于教育制度的比较，比较教育研究的领域在20世纪有了很大的扩展。如教育与国家发展的研究，这是20世纪50年代发展起来的。随着第二次世界大战后民族国家的独立，教育和民族国家发展的研究就被比较教育学者关注，例如，英国伦敦大学国际教育研究中心就是研究英国原殖民地国家教育的机构。80年代以后，比较教育学者开始关注国际教育问题、全球教育问题，如人口教育、环境教育、妇女教育、多元文化教育等。学者对比较教育研究的兴趣在增长，研究的领域在扩大，似乎不是要不要比较教育的问题，而是如何把握比较教育研究的走向，把教育发展与国际形势和国家的发展综合起来加以研究，提高对教育发展规律的认识的问题。比较教育的身份危机只是一部分从事比较教育学科本身研究的学者提出来的。对于比较教育学科的问题，确实值得探讨。过去我们曾经说过，与其说比较教育是一门学科，不如说它是一个研究领域。这个领域似乎还没有其他学科能够占领它。因此，比较教育学者应在国际比较教育领域中发挥作用，并在研究过程中逐步建设学科体系。

比较教育的研究对象应该包括以下几个方面：一是国别教育，把一个国家的教育研究透彻并非易事，而且要跟踪研究它的发展，充分掌握它的教育信息。这方面的研究，我们做得还很不够，更不要说我们研究的国别太少，而且对这些少数国家的教育也还没有研究透彻，还需要我们花大力气去研究。二是国际组织对世界教育的评论和意见。当今国际组织都很关心教育，联合国教科文组织、世界银行、经济合作与发展组织、联合国儿童基金会等经常发布报告。比较教育研究者需要关注这些报告，研究其对各国教育发展和改革的影响。三是世界教育发展遇到的共同问题，如教育与国家发展、人口教育、环境教育、国际教育、妇女教育、宗教教育、少数民族教育等，这些问题中有些问题在别的学科也会涉及，但要作为一个整体问题，恐怕是别的学科难以承担的，需要比较教育学者来研究。

二、中国比较教育研究的走向

我这里只讲中国的比较教育研究，因为外国比较教育研究者所关注的问题与我们不同。当然，我们应该关注他们的研究动向，吸收他们的研究成果，但任何一门学科的发展都离不开本国的利益，纯粹价值无涉的学科是没有的。即使是自然科学，探讨自然的奥秘，最终也还是为了人类自身的发展。社会科学研究社会发展的规律，更不能脱离自身所存在的社会。中国比较教育是在中国改革开放以后，谋求中国教育的优化发展而发展起来的。回顾中国比较教育发展的历程，是从研究六个发达国家的教育制度开始的，然后到专题比较研究，再到教育国际化的研究；从宏观的制度研究到微观的课程、教学模式和方法的研究……无不与我国的教育改革和发展密切相关。尽管国际比较教育界认为，比较借鉴的时代已经过去，但是在多元文化研究中，在国际化与本土化的矛盾冲突中，我们总会把别国的教育经验融入本土教育之中。回避借鉴，既无必要，也不明智。特别是在我国，教育已有雄厚的基础和丰富的经验，但不能说已经建成完善的现代国民教育体系，在教育国际化的发展趋势中，我们还有许多需要向别人学习借鉴的地方。比较教育回避了借鉴，在我国就难以发展。当然，借鉴不是把别人的经验简单地搬来，而是要从比较中发现教育的规律或者带有规律性的经验，或者从比较研究中得到启发，通过本土化研究得出改善本国教育的政策。当前有几个问题值得我们特别关注。

（一）教育国际化是当代比较教育需要研究的重要课题

我和薛理银在《比较教育导论——教育与国家发展》一书中曾提出教育国际化的十大课题，至今仍有重要意义。其中，以下几个问题值得我们重视。

第一，教育国际化与国家发展问题值得我们始终关注。经济全球化导致了许多国际机构的出现，如世界贸易组织、国际货币基金组织、世界银行等。这些国际组织影响着各国的政治、经济、文化行为，也对各国的教育提出了许多新的目标和要求。我们需要深入研究教育国际化与各国的经济发展、政治发展、社会发展、文化发展之间的关系，寻找教育发展的规律，探求具有中国特色的教育发展模式。

第二，人员交流，培养国际化人才的问题。在今天相互依存的世界体系中，教育将成为沟通国际理解、培养具有跨文化人才的重要渠道。国际化过程中的人员交流、互派学者和留学生、互相承认学历和学位等问题，都需要通过比较教育研究来解决。我们需要研究各国的人才策略，对外国教育和外国留学生的政策进行研究，分析这些政策背后的政治、经济、文化因素和实施的现状，以作为我国制定对外教育政策的依据。我国加入世界贸易组织以后，中外合作办学骤增，合理的政策会促进中外合作办学健康的发展，并有利于我国人才的培养。

第三，需要研究经济全球化和教育国际化过程中存在的问题。国际化也对各国教育的发展，特别是对发展中国家的教育发展带来许多问题，例如，人才的流失、文化的渗透、国际强势语言和民族语言的矛盾等。这些问题只有比较教育工作者才有能力去研究。我国随着国际地位的提高，国际交往的增多，需要探讨国际化对我国教育的影响和要求，探索与国际化相适应的教育模式。

第四，国际化与本土化的关系。借鉴别国的教育经验，运用于本国的教育改革，有一个选择和改造的过程，也就是本土化的过程。排斥别国的教育经验是不明智的，照搬别国的经验也不会有好的效果，几十年的经验教训说明了这一点。本土化并不是简单地说说本土化，而是要使外国教育的先进经验经过选择和改造，内化为我们自己的教育理念，从而创造出自己独特的教育理论和教育模式。

第五，使中国教育走向世界的问题。教育国际化需要互相交流，但是以往很长时期我们只是单向交流。虽然我们也曾召开过多次国际会议，我们也曾参加国外的会议，学者到国外访问进修，但总是去学习别国的教育经验，很少介绍我国的经验。许多外国比较教育学者至今不了解中国。中国比较教育学者有责任把中国教育发展的成就、科学研究的成果，甚至我们在发展中遇到的问题介绍给世界。进行双向交流才有利于相互理解，互相学习。

（二）跨文化研究是比较教育研究的重要内容

过去我国比较教育总是研究外国的教育，把比较教育局限于跨国性，其实，在本土也有可比较的内容和课题。我认为比较教育也应该包括本国的各地区、各民族之间教育的研究。我国幅员辽阔，各地经济发展极不平衡；我国又是一个多民族国家，56个民族集居在广阔的土地上，他们有不同的语言、不同的文化传统，即使是占人口绝大多数的汉族，也因地区不同，有不同的文化传统。开展不同地区、不同文化传统的比较研究，对于我国教育的改革与发展有重要的意义。

（三）世界教育思潮的比较研究

教育思潮往往影响到一个时期的教育改革和发展。在教育发展历史上，重大的教育思潮都对教育制度、课程和教学模式的变革产生重大影响。当前，建构主义思潮、后现代主义思潮正在冲击着传统的教育观念和教育模式。全民教育思潮和终身教育思潮从另一个角度影响着各国教育的发展。是否可以这样说，建构主义、后现代主义等思潮是从微观层面上影响着学校教育教学的改革，全民教育和终身教育则是从宏观层面上影响各国教育的发展？如何正确地理解和应对这些思潮对我国教育的影响，需要比较教育学家认真地研究。

需要研究的问题还有许许多多，比较教育工作者在我国还大有用武之地。

三、关于比较教育研究方法问题

比较教育的研究方法是比较教育学科建设中的重要问题，一直受到大家的关注。在比较教育发展的历史上，有很多学者探索过比较教育的研究方法，但是至今没有被大家公认的方法论体系。这是构成比较教育学科身份危机最重要的因素。是不是一门学科只有一种属于自己的独特方法才能存在呢？恐怕也未必如此。实验法是自然科学研究普遍运用的方法，社会分析法往往是社会科学研究的方法，并不是每门学科都只能有一种独特的方法，为什么一定要求比较教育必须有自己的独特方法呢？硬要说比较教育有独特的方法，那就是比较法。其他学科也在使用比较法，但没有像在比较教育研究中那样突出和重要。只要了解一下别的社会学科的研究方法就可以发现，文献法、调查法是社会学科的普遍方法，很难说是哪门学科所独有的。各门学科的各个研究领域都有自己需要的研究方法，但只是一组方法的组合。比较教育学科内也有多个领域，不同的研究领域和不同的课题也需要不同方法的组合。例如，比较研究各国的教育政策，主要运用文献法，对各国颁布的各种法律、法规进行比较研究；如果要比较研究教育政策实施的效果，最好采用调查法、访谈法、实地考察法，这样能了解到真实的情况。我这里无意也无法举出比较教育的方法论体系，我只想强调文化研究对比较教育研究的重要性。

文化研究是我竭力主张的比较教育研究方法，因为教育是一个十分复杂的社会现象，教育要受到政治、经济、文化等各种因素的影响。而政治经济的变革比较激烈，它们对教育的影响比较容易显现，容易为人们所认识，但是文化的影响比较隐匿，比较深刻，比较持久，不容易被人们认识。因此，对教育的文化研究就十分必要。可以这样说，不了解一个国家或一个民族的文化，就很难理解这个国家或这个民族的教育。当然，我并不排斥其他的研究方法，只是强调文化研究的必要性和重要性。

进行文化研究有一个立场问题。需要采取历史唯物主义的方法论立场，历史地和客观地分析各种教育现象，避免主观性。也就是说，研究主体（比较教育工作者）要摒弃主体主文化的立场，要有一个客观的参照系，来评价、分析研究客体。同时，研究主体还应该站在客文化的立场上来理解客文化与研究客体（教育现象）的关系。例如，许多西方学者研究汉学，由于对中国的文化理解不深，对中国发生的一些事实往往用西方人的眼光来审视，得出的结果难免有谬误。我们研究别国的教育也会发生这种现象。因此，首先要理解别国的文化，认识别国文化与该国教育的关系，才能真正认识该国的教育。为了加以比较，还要有一个客观的参照系。选择客观的参照系却是一件难事。既然各国文化教育五彩缤纷，各有特点，并无优劣之分，怎样才能找到一个普遍适用的客观标准呢？在比较研究时，往往采取两种方法：一种是先以一个国家为参照系，再列举别的国家的数据加以比较分析，得出比较客观的参照系，再按照这个参照系来分析；另一种是列举各国的数据，从中抽象出带有普遍性的标准，例如，列举发达国家高等教育大众化与该国GDP（国内生产总值）的关系，在比较中得出GDP在什么水平上就将带来高等教育大众化。但是即使如此，研究者也必须选择几个与研究有关的因子，建立一个参照模型。以上述例子来说，研究者选择的是GDP和高等教育毛入学率两个因子来说明高等教育大众化的临界线。也可以选择产业结构作为因子来说明高等教育大众化的临界线。找到了这种临界线，就可以把它作为参照系来比较各国教育的发展。当然，文化研究要找到参照系是十分困难的，或者说是不可能的，所以只能运用历史唯物主义的方法论来描述各国的教育事实，探索教育发展的规律或规律性的经验。

总之，对比较教育学科身份的争论仍会继续下去，比较教育研究领域中的许许多多问题也仍亟待我们去研究。

国际理解与比较教育[*]

一、科技革命改变了世界

20世纪后半叶科学技术的迅猛发展把人类带入了一个科学幻想的世界。20世纪70年代美国大片《星球大战》的场面让人感到不可思议，但今天这一切正在一一实现。变化最快的就是信息技术。20年以前，使用个人电脑是可望而不可即的事，现在手提电脑、掌上电脑已经在知识界普及；20年前移动电话是只有经济大款才能拿在手里的砖头般大的"大哥大"，现在已经成为人们装在口袋里的必备的交流工具。国际互联网的开通，不仅把世界缩小到一个"地球村"，而且极大地扩大了人的脑力，可以把人类的智慧集中起来。譬如说，一个疑难病症，在本地本国无法诊断和治疗，消息发布到网上，全世界四面八方的医生可以来会诊。

科学技术的发展带来了生产的不断变革，跨国公司的诞生、国际贸易的增加，促进了经济的全球化。虽然各国为了自身利益，总想采取各种贸易壁垒，但经济全球化的潮流不可阻挡。科学技术的迅猛发展使产品不断翻新，经济全球化带来的激烈国际竞争，两者都集中到一点上，就是能不能创造出新的产品。新产品是需要人去创造的，因此，人才的

---

* 原载《比较教育研究》，2005年第12期。

培养就成为体现综合国力、竞争能力的关键。但人不是经济的工具，人自身要发展，人人都具有创造力，人的创造是为了改善环境，使自身得到更好的发展，国际的盲目竞争却泯灭了人自身发展的需求和目的。人成为竞争的工具，互相争斗，直至互相残杀。科学技术本应造福人类，现在却变成毁灭人类的武器。人类如果再不觉醒，毁灭总有一天会到来。但我不是悲观主义者，我相信，人类总有一天会理解人类的共同利益，走向世界大同，虽然那是很遥远的未来。

二、国际理解和文化多元化

为了人类的觉醒，我们迈出的第一步就是国际理解。国际理解是国际和平的基础。人类是由许许多多民族组成的。不同民族是由不同的环境、语言、文化、生活方式等长期延续而形成的。简单地说，不同民族有不同的文化。经济全球化增强了各国各民族之间的交往和互相依赖，但它无法抹杀不同的民族文化。相反，在经济全球化的背景下，富国的强势经济正在侵蚀着穷国的利益，强势文化正在侵蚀着弱势文化。这种形势更促使民族国家凝聚本民族的文化与强势文化进行抗争。因此，我们在讲经济全球化的时候，必须清醒地看到文化是不可能全球一体化的，文化只能是多元化。多种文化的并存，反映了现实世界的多样性、复杂性，同时也才使世界文化显得丰富多彩。也正是因为世界文化多元化，所以人们需要互相理解，互相学习，互相沟通。

由于世界各国在政治、经济、科学技术等方面的相互依赖性增强，教育之间的相互影响也在扩大，但是教育也不可能实现全球化。虽然育人有科学的普遍规律，但教育是文化的一部分，是具有各国各民族文化特性的。一个孩子呱呱坠地后就生活在一定文化环境之中，受到文化环境的熏陶。同时，一个国家的教育首先要培养年青一代的民族精神，因此，教育既具有科学性，又具有民族性。科学是没有国界的，教育方法、教育制度也是可以互相学习的；教育的民族性反映了民族的特色，它反映在各民族的语言、文学艺术、宗教、习俗，特别是民族价值观的传承上。教育的理念、教育制度、教育内容（特别是自然科学和属于世界遗产的人文学科内容）、教育方法都可以互相学习，也就是今天大家提倡的教育国际化。民族精神、民族的价值观是无法替代的，这可以互相学习，但不能替代。而且，即使是教育理念、教育制度、教育内容和方法的学习，也还有一个本土化问题。即如何结合本国的国情和民族文化特点，对外国的教育理念、制度、内容、方法进行一番选择和改造。当然，这种选择和改造不是随意的，而是应该符合教育发展的科学规律的；不是任意歪曲的，而是要保留客文化的精华，这样才能真正学习到别国的教育经验。

教育全球化的理论在20世纪60年代就受到批判。教育依附理论就指出，发展中国家教育的落后不是因为他们传统文化的非现代化，而是发达国家的后殖民和发展中国家对发达国家教育的过度依赖。发展中国家只有摆脱对发达国家的依赖，建立符合本国国情的，能够促进本国经济发展的教育体系，才能摆脱贫困。当然，发展中国家也不能排斥发达国家的教育经验，而是要立足本国的实际，吸纳一切国家有益的教育经验，为我所用。其实，不只是教育依附论者持这种观点，总结20世纪六七十年代的教训，许多学者都指出了这一点。库姆斯（Philip Coombs）在《世界教育危机》一书中就指出："各地盛行的将工业化国家的教育模式移植到发展中国家的实践，这些模式常常被荒唐地采用，不能适应发展中国家的实际需要、环境及其资源。"[①]这些研究都说明，

---

① ［美］菲利普·库姆斯：《世界教育危机》，赵宝恒、李环等译，35页，北京，人民教育出版社，2001。

简单移植别国的教育模式是行不通的。

正因为世界文化的多元化、教育的多元模式，所以国际理解就显得特别重要。但是，国际理解需要一个重要的前提，就是必须在平等的基础上理解别国的文化和教育。如果用自己已有的思维模式和价值观念，或者某一地区、某一国家的标准去考察别国的教育，是无法理解它的。因此，需要采取客观的立场，有时甚至要站在对方的立场来认识事物，正如俗话所说的，"替别方想一想"。

三、国际理解是比较教育应负的使命

教育在国际理解中起着重要作用。教育不仅使当今年青一代对别国、对国际事务有较好的理解，而且可以帮助下一代理解别国、理解别国的文化。我国的中小学课程中就有国际理解的内容，有些地区的有些学校还专门设立国际理解的课程。

比较教育从它诞生之日起就具有国际性。1817年，"比较教育之父"朱利安提出的《比较教育的研究计划和初步意见》中就提到，要建立一个国际教育协会，聘请公务人员，收集各国教育资料，定期用各种语言出版刊物，传播教育改革的经验。[①]比较教育在发展的各个历史时期，无论是在"借鉴时期"还是在"因素分析时期"，都是在寻求理解别国的教育，从比较中发现教育发展的规律。比较教育一个最显著的特点就是跨国性，或者叫跨民族、跨文化性。我们过去曾经提出比较教育是国际教育交流论坛的主张。这种主张的出发点也是促进教育的国际理解。薛理银博士曾经在他的著作《当代比较教育方法论研究——作为国际教育交流论坛的比较教育》中设计了国际教育交流论坛的几种模式——

---

① 王承绪、顾明远：《比较教育》，2～3页，北京，人民教育出版社，1999。

理论建设和理论检验的论坛、教育观念和教育价值交流的论坛、教育决策和教育实践的论坛，[①]就是从教育的各个层面开展交流而达到国际理解。

要理解别国的教育，就要对别国（某一个具体国家）的教育开展系统的、全面的、细致的研究，了解该国教育的全貌。这就是比较教育国别研究的任务。要了解一个国家教育的全貌，不仅要了解这个国家的教育制度，而且需要了解这种教育制度产生的背景，即该国的政治、经济、文化历史的特点和对教育的影响。正如比较教育学家萨德勒所说的，研究校外的事情比研究校内的事情更重要。特别是民族因素和文化因素对教育的影响至深且远，不做深入的研究就很难理解一国的教育。举一个例子来讲，众所周知，1999年欧洲29个国家曾经在欧洲最古老的大学——意大利博洛尼亚大学集会，通过了《博洛尼亚宣言》，决定在欧洲引进英国式的学士和硕士制度，以便欧洲有一个统一的高等教育体系。但是该决定遭到一些国家的反对，特别是德国的激烈反对。他们说，德国是遵循柏林大学的传统，实行教学与科研相结合的多功能型教学模式国家，而英国的模式是以传授知识为主的教学模式，采用英国模式，意味着要放弃德国教育的传统。这当然是德国学者所难以接受的，因此，《博洛尼亚宣言》已发表6年之久，但欧洲高等教育制度的变化并不显著。这就是历史文化因素在起作用。经济的统一是容易做到的，欧元已经在欧洲大陆通行，但教育制度难以统一。

比较教育的重要任务是对各国教育及具体的教育观念、教育制度加以比较，在比较中把握各国教育的特点，达到国际理解。特别是东西方

---

① 薛理银：《当代比较教育方法论研究——作为国际教育交流论坛的比较教育》，224～233页，北京，首都师范大学出版社，1993。

各国的教育，由于东西方文化的差异，东西方学者更需要沟通和理解。这就是比较教育的使命。比较教育不仅要从比较中探讨各国教育不同的特点，而且要寻找各国教育的相同之处，寻找教育发展的共同规律。毕竟，教育是育人的活动，使儿童青少年健康地发展成长，这在东西方是没有差别的，差别在于如何使儿童青少年健康地发展成长。这里有不同的教育理念、不同的教育方法。通过比较，了解了同与不同，就达到了沟通和理解的目的。比较并不是要趋同，而在于理解，当然也便于互相学习和借鉴。

比较教育为国际理解提供了最好、最广阔的论坛。为了更好地利用这个论坛，比较教育学者需要在以下几个方面继续努力。

第一，加强人员的交流，互派留学生和访问学者。中国从改革开放以来非常重视派遣留学生和学者到国外学习和访问。中国的大学在聘任教师时很重视被聘任者的国外学历背景，强调教育的国际化，但是到中国来留学的外国学生和学者还很少，这在交流上不对称。障碍可能来自语言，但我认为主要障碍不在于语言，恐怕还在于观念的不同。我们希望能有更多的外国留学生来中国学习，也欢迎外国学者到中国来讲学。

第二，加强资料信息的交流。现在是单向交流比较多，这里的确有语言的障碍问题。我曾提议在中国创办外文教育期刊，介绍中国的教育，使世界了解中国，但是提议已好几年，期刊至今没有办起来，原因就是语言的问题。外语对我们年轻教师来说，虽然在口头交流上已不是问题，但用外文写作，还有很大困难。希望再加强努力，使中国的外文教育期刊早日问世。

第三，加强合作研究。中国比较教育界与国外的合作研究很少。中国学者也承担一些国际组织，如世界银行、联合国儿童基金会等国际合作项目，但这些项目大多是中国地区的，说不上是国际合作项目，国家（或地区）、学校、学者之间的合作项目更是缺乏。要加强国际理解，就需要加强合作研究，在共同研究中互相沟通和理解。我希望世界比较教育学会联合会能够组织一些国际合作项目。

第四，举办各种学术研讨会。学术研讨会是学术交流最便捷、最直接的方式。研讨会上可以面对面地探讨、质疑、交流，不仅在学术上容易交流、理解，更能够增加学者之间的友谊，为进一步交流创造条件。

《当代比较教育方法论研究》再版序言[*]

  《当代比较教育方法论研究》一书是薛理银的博士学位论文成果，1993年由首都师范大学出版社出版，至今已十多年。比较教育学术界仍认为该书是我国研究比较教育方法论的力作，至今仍有重要的理论价值。因此，不少学者建议该书再版，现将它纳入我任总主编的"比较教育文库"丛书。本来再版时想请薛理银修订一下，增加一些新的内容，但薛理银认为，既是博士学位论文，都经过专家评审了，不便再修改，同时他现在国外任职，也抽不出时间来修订。我觉得这样也好。本书反映了我国比较教育发展的历史，既具有理论价值，又具有历史意义。

  为什么说这篇博士学位论文具有历史意义？这要从我国比较教育发展的历史来考察。我国自1978年改革开放以后恢复比较教育的研究，至今大约经过了几个阶段：第一个阶段是20世纪80年代，主要是介绍几个发达国家的教育制度、国际教育发展的动向、国外的一些教育思想和思潮；第二个阶段是80年代末90年代初，开始对各种教育专题进行比较，同时开始重视比较教育的学科建设；第三个阶段是90年代中期至今，开始重视对周边国家和其他发展中国家教育的研究，同时开始对国际教育中的重大问题进行研究。90年代后期至今，比较教育开始寻求新的生

---

* 原载《当代比较教育方法论研究》，人民教育出版社，2009年。

长点，试图在方法论上有所突破，比较教育文化研究方法占据了重要地位。薛理银的博士学位论文发表在我国比较教育发展的第二个阶段时期，可以说它是我国研究比较教育方法论的开山之作。之前，我国还没有人系统研究过比较教育方法论。薛理银这篇博士学位论文的历史意义还不仅在于它是我国第一本系统研究比较教育方法论专著，而且书中提出了许多创新的见解，对我国比较教育学科建设具有重大影响。该书有以下几个亮点。

第一，研究的视角新颖。作者把比较教育研究分解为五个要素，即主体、客体、方法、媒介和目的，深入分析了五个要素之间存在的相互关系，从而探讨比较教育研究中存在的问题。正如我在初版序言中所说的，薛理银的本科和硕士研究生阶段都是学习理工科的，由于他的这种文化背景，使他能够运用理工科的思维方式和方法，跳出一般比较教育学者的思维框框，提出新的理论。作者探讨了比较教育的参照系统，为各种学派的方法论构建了理论模型。这就清晰地把各派方法论的特点和区别呈现在读者面前。

第二，论文选择了14位当代有代表性的比较教育学者的方法论观点加以评论。这14位学者有国外的，也有国内的。正如《博士学位论文答辩委员会决议》所说的："评论言之有据，是公正合理的。"我还想说，做这种评论需要充分掌握学者的理论体系，同时还要有批判的勇气。作者做到这一点是不容易的，在我国也是第一人。

第三，作者大胆地提出了比较教育是国际（跨文化）教育交流论坛的理论，这是一种理论创新。它不仅消解了比较教育的学科身份危机，而且扩展了比较教育研究的视野。从20世纪90年代以后，西方比较教育研究日薄西山，原因是多方面的，但主要是西方比较教育研究总是抱着西方中心主义的观点，试图用西方的教育模式去改造非西方国家的教育制度。这种企图失败了，他们就觉得无事可做了。其实，如果客观地看待一切国家的教育制度，平等地交流观点和经验，比较教育是大有作为的。教育是随着时代发展不断变革和发展的，不同时期总有新的问题需要研究和交流，特别是在教育日益国际化的条件下，更是如此。这也是我们为什么在20世纪90年代初把北京师范大学比较教育研究所改为国际与比较教育研究所的缘由。我们就是想把我们的研究所建设成为一个跨文化的国际教育交流论坛，为各国比较教育学者提供交流对话的平台。就这个意义上讲，薛理银提出的理论是具有超前性的。

该论文发表在20世纪90年代初，至今已有十多年。在这十多年的时间里，中国比较教育学者做了大量工作，出版了许多论著，对比较教育方法论也有进一步的研究；在这期间，中国教育学会比较教育研究会和北京师范大学等单位召开了多次国际教育研讨会；中国对外出版了一些论著。中国比较教育在国际上的影响力也有所增强。

当前，我国比较教育学科建设急需比较教育方法论研究，我想这本书的再版会引起比较教育界对比较教育方法论研究的兴趣。

"比较教育研究丛书"总序[*]

教育改革的核心是课程改革。因为教育的任何改革都要落实到课程上，落实到课堂中。纵观20世纪三次大的教育改革，都是从课程改革开始的。第一次教育改革在20世纪之初，简单地说，是以杜威的进步主义教育为代表的现代教育批判以赫尔巴特为代表的传统教育，批判课堂中心，提倡活动中心，强调课程必须适应社会生活的需要，教材要与儿童的生活经验相联系。第二次教育改革在20世纪五六十年代，核心仍然是课程，提出要加强课程的学科结构，在传授学科的基本知识的同时培养学生的能力，于是出现了一批新教材。虽然后来因为这批新教材太难、太深，未能普及，但它的影响是十分深远的。第三次教育改革起自20世纪80年代，这次改革的背景是经济的全球化、中等教育的普及和终身教育思潮的兴起，改革的核心依旧是课程。所不同的是，这次课程改革没有统一的指导思想，各国都在根据本国的实际提出不同的改革目标。有的国家提出要加强基础，有的国家提出要培养健全的人格。但有一点是相同的，即都提出要提高教育质量。

我国的教育改革也总是以课程改革为核心，而且是与世界各国课程改革同步的，除了"文化大革命"期间耽误以外。20世纪80年代中期，

---

* 原载"比较教育研究丛书"，高等教育出版社，2010年。

各国掀起教育改革的浪潮时，我国的教育改革也开始起步。当时修订了九年义务教育的教学计划和教学大纲，以"一纲多本"的原则，编写了多套教材。20世纪末又拉开了新一轮课程改革的序幕，国家颁布了新的课程标准和课程纲要，编写了多套教材。新的课程改革经过三年的试点，于2005年在全国全面铺开。

课程改革与教学是分不开的。课程的实施可以分多个层次：一是理想课程，即国家颁布的课程标准；二是开发课程，即编写的教材；三是实施课程，即教师在课堂上的教学。实施课程是最关键、最主要的环节，它是靠广大教师来实施的。因此，教师只有透彻理解课程改革的意义、精神和目标，才能实现理想课程所设定的目标。历次课程改革都要求对教师进行培训。培训的内容除了理解新颁布的课程标准的精神和内容，更重要的是打开教师的思路，转变教育观念。有了新的观念和思路，就会不断地创造出方法来。

新的课程改革借鉴了各国课程改革的经验，但具体借鉴了什么经验，特别是在各科教学中吸收了别国哪些长处，大多数教师似乎并不太清楚。因此，有必要把各国课程改革的实际介绍给广大教师。为此，我们组织北京师范大学从事各学科教学研究的专家编写了这套"比较教育研究丛书"。这套丛书是按学科分册，一册一门学科，比较研究各个国家有关这门学科的课程标准和内容。撰写这套丛书的作者都是长期从事学科教学研究的专家，大多具有国外留学的背景，有的已是本学科的学术带头人、博士研究生导师。因此，我相信，这套丛书的出版，必定有助于广大教师对新的课程改革的理解，有利于他们开阔眼界，借鉴世界各国课程改革的成功经验，创造我国自己的新经验。

比较教育与国际教育交流论坛[*]

1992年，薛理银在博士学位论文中提出了比较教育是国际教育交流论坛的观点。时隔快二十年，国际教育交流越来越频繁，教育国际化已成为不可逆转的趋势，但对比较教育作为国际教育交流论坛的观点，在学术界并未得到应有的重视和研究，今天有重提的必要。

薛理银在论文中把比较教育的研究对象分为三类：即教育观念、教育制度和教育实践；把比较教育看作理论建设和理论检验的论坛、教育观念和教育价值交流的论坛、教育决策和教育实践的论坛，并用国际教育交流论坛的分析框架剖析了比较教育发展的历史。他的观点，当时大家觉得很新颖，今天仍然没有失去它的光芒，我们应该把它作为比较教育方法论的分析框架加以重视。[①]

常年困扰比较教育学者的问题是比较教育是不是一门学科？如果是一门学科，它的方法论体系是什么？许多学者认为，比较法是一种研究方法，几乎所有学科都用到，并非比较教育学科所独有。至于比较教育常用的其他方法都是借用历史学、社会学、政治学、经济学、文化学的方法，比较教育没有自己独有的方法论体系，于是产生了比较教育学科

---

[*] 原载《比较教育研究》，2011年第10期。
① 薛理银：《当代比较教育方法论研究》，209页，北京，人民教育出版社，2009。

220　顾明远文集 | 第五卷

的身份危机。虽然身份危机已经喊了几十年，但世界上还是有那么多人在从事比较教育研究；虽然比较教育在发达国家已经有所衰落，但在发展中国家方兴未艾。其魅力何在？笔者认为就是教育国际化的需要，也就是国际教育交流的需要。

薛理银在20世纪90年代初曾经访问过英国著名比较教育学家霍尔姆斯，谈到比较教育发展的前景。霍尔姆斯说："在历史上，我们可以看出有趣的比较教育是如何被激起的。当苏联发射了第一颗人造地球卫星之后，美国变得更加关注其工程技术人员的培养。基于当时的美苏关系，这个危机激起了美国学者对比较教育的兴趣。英法殖民地的独立运动激起了他们对发展中国家教育的兴趣。"他又说："我认为比较教育将不会像从前曾经有过的那样得到更多的资助。如果将来出现新的世界危机，那么人们也许就会重视比较教育。"[①]今天的世界遇到了新的危机，这次的危机不是美苏的对抗，而是经济全球化带来的全球化危机。

大家知道，新的科技革命把人类带入了一个新的时代，即知识经济的时代。知识经济时代的特征不仅是知识成为发展经济的主要因素，而且带来了经济的全球化和社会的各种变革，其中最大的变革是人们价值观的变化。知识经济使人们看到了人的价值、知识的价值和教育的价值。知识经济使人们认识到，人不是简单地创造资本的机器，人是社会的主人，又是自然的一员。人的发展、人类的发展是第一位的。人的创造、经济的发展，归根到底是为了人类自身的发展。知识经济时代，人对教育有了进一步的认识，教育的本质是育人，是提高人的素质。教育确实离不开政治和经济的发展，离不开社会的发展，但教育不是消极地适应社会政治和经济的发展。教育要促进社会的进步和发展，而且最终

---

① 薛理银：《问题法与比较教育——对布莱恩·霍尔姆斯的一次采访》，载《比较教育研究》，1992（3）。

的目的仍然是促进人类自身的发展。同时，科学技术的发展带来了经济全球化，也必然带来新的国际竞争。争夺能源的竞争、贸易的竞争、技术创新的竞争，说到底是人才的竞争。

苏联的解体和经济的全球化也带来了世界格局新的变化，世界的多极化和经济体的多元化使得国际竞争愈演愈烈，2008年发生的全球金融危机更加重了这种竞争。培养人才的教育成为各国综合国力竞争的筹码。正如中国2010年发布的《国家中长期人才发展规划纲要（2010—2020年）》中所指出的："当今世界正处在大发展大变革大调整时期。世界多极化、经济全球化深入发展，科技进步日新月异，知识经济方兴未艾，加快人才发展是在激烈的国际竞争中赢得主动的重大战略选择。"美国总统奥巴马在2011年的国情咨文中四次提到中国，特别提到中国的教育。他说："中国和印度等国已意识到，他们在做出一些变革后将能够在新世界与其他国家进行竞争。所以，他们开始对孩子进行更早和更长时间的教育，更加重视数学和科学。他们投资于研发和新技术。"他还说："美国要想赢得未来，就必须赢得教育竞争。"[①]

在这场全球性危机带来的激烈的国际竞争中，比较教育应该扮演什么角色？这是值得各国比较教育学者思考的问题。今天的比较教育已经不是去研究敌对国家的教育优势或问题，也不再是去研究民族独立国家如何模仿宗主国的教育模式。世界已经变了，各国无论是领导人还是学者都有一个共识：今天各国需要竞争，也需要合作，要在交流合作中达成共赢。因此，教育更需要互相交流与合作，促进全球教育的发展。

国际教育交流与合作是现代教育发展的必然趋势。随着科学技术的发展，交通越来越便捷，信息交流越来越快捷，大大降低了时间和空间的距离，地球变得越来越小。教育与文化领域的国际交流日益频繁。各

---

① 《奥巴马国情咨文四提中国　要美国提升竞争力》，载《成都晚报》，2011-01-27。

种文化产品借助新型的大众传媒跨越国界，传播全世界。大量在国外学习的留学生、在异国工作的外国专家和顾问、在世界各地举办的国际专业会议、学者之间的信件往来，都促进了教育国际化的发展。某一国家的某项教育改革可以迅速传遍全世界。任何一个国家的教育都不可能闭关自守，无视国际教育的发展。

现代教育本来就是一种国际现象，在历史上，欧洲的大学是没有国界的。中国现代教育制度也是从西方传过来的。儿童的成长有共同规律，教育有共同规律，因此，培养人也是有共同规律的，是可以互相学习、互相借鉴的。教育只有坚持扩大开放，加深国际化程度，才能更好地吸收世界一切优秀文明成果，充实和丰富各国自己的教育。

20世纪70年代开始，一支新的比较教育力量正在兴起，这就是许多国际组织，如联合国教科文组织、世界银行、经济与合作组织等，它们对教育给予了极大的关注。它们并不直接参加比较教育学者们的讨论，但它们研究世界教育发展的趋势，研究教育在社会变革、经济发展中的作用。联合国教科文组织1972年和1996年的报告，以及1990年发起的全民教育会议，对世界教育的发展起到了非常重要的作用。世界银行几乎每隔几年就发表教育报告，再加上它对发展中国家的教育贷款，都在影响着世界各国，特别是发展中国家教育发展的政策。

由此可见，把比较教育作为国际教育交流论坛，就可以摆脱比较教育学科身份危机的困境，开辟比较教育研究新的广阔天地。国际教育交流论坛的参与者就不限于专门从事比较教育研究的学者和专家，只要是关注国际教育并对世界各国教育、文化和社会有一定研究的学者，都可以参与。国际组织的参与大大地扩大了国际教育交流论坛的舞台。

国际教育交流的内容和形式是什么？薛理银把比较教育看作理论建设和理论检验的论坛、教育观念和教育价值交流的论坛、教育决策和教育实践的论坛。教育理论建设是研究教育的客观规律的；教育观念和教育价值虽然也要符合客观规律，但带有研究者的主观意向；而教育决策和教育实践完全是经验性的。三者既有联系又有区别，是教育学科研究的三个主要方面。比较教育要从这三个方面，通过交流来寻找教育教学的规律。教育理论、教育观念、教育价值、教育制度、教育实践都离不开对教育规律和对普适性的教育经验的追求。三者的区别在于研究的主体、研究的视角、研究的内容和方法不同。比较教育学者更多地关心教育理论的建设和规律的探索，教育行政工作者主要关心教育政策的制定和实施。但是，作为国际教育交流论坛的比较教育并非漫无边际地讨论所有教育问题。比较教育学科的性质决定了交流讨论的教育问题必须具有国际性、跨文化性、发展性和预测性。国际教育交流论坛更关心的问题是国际性的课题，如全民教育问题、农村教育问题、女童教育问题、移民教育问题、教育与国家发展问题、跨文化教育的比较、预测教育发展未来等。

我们选取了《比较教育》《比较》和《比较教育评论》这三本专业期刊近五年发表的论文和20世纪70年代后半期这三种期刊发表的论文进行比较，①从中不难发现："理论建设和理论检验""教育观念和教育价值交流""教育决策和教育实践"始终是比较教育研究者们关注的焦点，尤其是世界各国"教育决策和教育实践"交流的论文在绝对数量上，从1975—1979年的175篇增长至2007—2011年的266篇（见图1），其相对比重也大幅增长，从1975—1979年的58%（见图2）增长至2007—2011

---

① 《比较教育评论》1957年创刊，是美国比较与国际教育学会的会刊；《比较》1971年创刊，是英国国际与比较教育学会会刊；《比较教育》1964年创刊，同样是国际比较教育领域享有高度专业声誉的学术期刊。受资源获取方式的限制，本研究分别选取了1975—1979年及2007—2011年，这三本期刊公开发表的722篇学术论文（不包括书评、文评等内容）作为研究对象，具体分析了这些论文的内容取向。其中，《比较教育》1977年第1期网络资源不可获取，而2011年度《比较教育》《比较》和《比较教育评论》都仅收入最新一期的文章，不代表全年的文章。

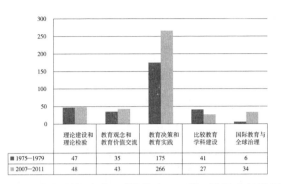

图1　三大专业期刊不同时期发表不同类型的论文的数量

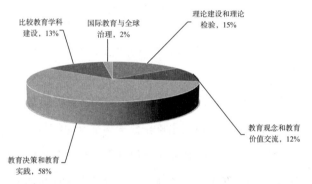

图2　三大专业期刊在1975—1979年不同类型的论文所占比重

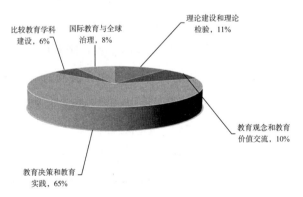

图3　三大专业期刊在2007—2011年不同类型的论文所占比重

年的65%（见图3）。而曾经备受比较教育学界关注的热点问题"比较教育学科建设"，相关研究论文的绝对数量从1975—1979年的41篇大幅下滑至2007—2011年的27篇（见图1），其相对比重从1975—1979年的13%（见图2）下降至2007—2011年的6%（见图3）。相比之下，关于"国际教育与全球治理"问题的研究日益增长，其论文绝对数量从1975—1979年的6篇大幅增长至2007—2011年的34篇（见图1），增长近6倍，其相对比重也从1975—1979年的2%（见图2）增长至2007—2011年的8%（见图3），增长4倍。由此可见，比较教育从前是，现在是，未来依然会是国际教育交流的论坛。特别是随着国际化与经济全球化的发展，人类共同面临的"国际教育与全球治理"问题将进一步扩大比较教育这个国际教育交流的舞台。

国际教育交流论坛的形式是可以多种多样的。世界比较教育学会联合会举办的学术大会、各国比较教育学会举办的年会、各种比较教育机构举办的论坛等都是国际教育交流很好的舞台，各种比较教育杂志也是比较教育交流的极好园地，各种比较教育学术著作和各国比较教育学者的函信来往都可以视作国际教育交流的方式。国际教育交流论坛其实就是各国比较教育学者发表意见的平台。既然称交流论坛，理论的多样化和方法的多元化是不可避免的，因此就不能要求对问题必须有统一的认识，而是可以自由地讨论，从交流讨论中拓展学者的国际视野，学习借鉴别国的经验，提高对国际教育发展的认识和预测教育发展的未来。

教育交流中有一个方法问题。正如薛理银讲的，"某一文化的主体怎样才能理解另一文化主体的教育价值观念"，他认为相对主义和民族志方法将发挥作用，即"按照他人理解问题的方式理解他人是实现真诚沟通的基础"[1]。笔者也同意他的观点。在论坛中必须客观地对待不同民

---

① 薛理银：《当代比较教育方法论研究》，212页，北京，人民教育出版社，2009。

族、不同国家文化背景下的教育，不能用研究者的价值观去评论别的文化体的教育价值，这样才有交流的基础。

北京师范大学国际与比较教育研究院到今天已经走过了半个世纪，五十年来从一个小小的外国教育研究室，逐渐发展为外国教育研究所，20世纪90年代更名为国际与比较教育研究所，2009年又更名为国际与比较教育研究院。名称的变化也说明我国比较教育学科的发展。今年召开第四届"比较教育国际论坛"，就是想使比较教育真正成为国际教育交流论坛，比较教育学者在这个论坛上互相交流，共同讨论教育理论、教育观念、教育政策和全球教育治理等问题。

教育的国际化与本土化[*]

一、经济全球化带来了教育国际化

新的科技革命把人类带入了一个新的时代，即知识经济的时代。知识经济时代的特征不仅使知识成为发展经济的主要因素，而且带来了经济的全球化和社会的各种变革。而最大的变革是人们价值观的变化。知识经济使人们看到了人的价值、知识的价值。知识经济使人们认识到，人不是简单地创造资本的机器，人是社会的主人，又是自然的一员。人的发展、人类的发展是第一位的。人的创造、经济的发展，归根到底是为了人类自身的发展。

知识经济时代也使人对教育有了进一步的认识。教育的本质是育人，是提高人的素质。教育确实离不开政治和经济的发展，离不开社会的发展，但教育不是消极地适应社会政治和经济的发展，教育要促进社会的进步和发展，而最终的目的是促进人类自身的发展。

科学技术的发展带来了经济全球化，同时也影响到文化的国际化和教育的国际化。但不要误解，文化教育的国际化不是文化教育的全球一体化，它不同于经济的全球化，而是说文化教育也必然会受到经济全球

---

* 原载《华中师范大学学报（人文社会科学版）》，2011年第11期。

228 顾明远文集 | 第五卷

化的影响，主要是指文化教育的国际交流与融合。当然，其中充满着矛盾与冲突。

二、全球化的概念

"全球化"一词最早出现在1959年的英国《经济学者》杂志上，流行于20世纪90年代。"全球化"一词没有统一的定义，主要是指人类的活动跨越大陆和地区，突破了地域和民族国家的局限，形成了全球广泛的交流和联系。

全球化首先表现在经济领域。跨国生产、跨国消费、全球范围的金融流动、集装箱运输、卫星通信、互联网技术等，使得各国经济互相依赖，任何国家都不可能独立地生存和发展。

经济全球化的实质是现代化。现代化必然会导致经济全球化。现代化是人类生产力发展的必然结果。现代化发轫于西方，但并非只有西方才能实现现代化。后发国家虽然现代化来得晚一些，但生产力的发展也必然会走向现代化。当然，现代化的发展模式并非只有西方一种，各个国家应当走自己现代化的道路。由于现代化发轫于西方，再加上西方的强势经济和文化，因此，有人认为全球化就是西方化，甚至称它为美国化，也因此有人反对全球化。但经济全球化是时代发展的必然，是回避不了的，人们只能更好地认识它、利用它。

经济全球化带来了文化教育的国际化。文化教育具有很强的民族性和时代性。民族性具有固守民族文化的特点，但文化发展又是动态的，是在继承和固守民族文化传统的基础上，不断吸收其他民族的优秀文化而逐渐创造新文化的过程。文化教育的国际化同样被看作一种"脱越"的过程。一些原本在特定地点或人群中使用的符号、形式、价值观念脱离本土，传播到其他地方；一些原本固着在本土的符号和形式被外来者取代；同时一些新的符号和形式在全球范围内产生和流行。文化的国际化在全球范围内产生了一些新的文化制度，如奥林匹克运动会、奥斯卡电影奖，以及其他各种电影节、文化节、人类的自然遗产和文化遗产的展示与保护等。有些文化原本是在特定的民族国家或地区流行的，现在则为全世界所关注和保护。凡是符合时代要求，能够促进生产力发展的文化教育都会被不同民族吸收和融合。如人类发明的各种先进技术、各民族创造的艺术，都会很快地传播到全世界。

经济全球化带来了文化教育的融合，同时也带来了冲突和焦虑。冲突表现在外来文化与本土文化的不和谐，不能相融合；焦虑表现在对外来文化的浸透，本土文化有被融化、被改变，甚至丧失的危险。出路何在？一是采取开放的心态，学习、吸收世界文明一切优秀成果，并使之本土化，融合到我们民族文化之中，不断创造民族的新文化。二是继承和弘扬自己民族文化的优秀传统，并向世界传播。

三、教育国际化的时代意义

2010年7月公布的《国家中长期教育改革和发展规划纲要（2010—2020年）》（以下简称《教育规划纲要》）明确提出"加强国际交流与合作""提高我国教育国际化水平"。推进教育国际化，对于我国实现教育现代化，进入人力资源强国行列，具有重要的战略意义。

第一，教育国际化是经济全球化的需要。经济全球化带来了深刻的社会变化，一方面，它把全球所有地区、所有国家都纳入全球经济一体化的体系之中，促进了全球经济发展，促进了文化交流和融合；另一方面，经济全球化带来了激烈的国际竞争。正如《国家中长期人才发展规划纲要（2010—2020年）》所指出的："当今世界正处在大发展大变革大调整时期。世界多极化、经济全球化深入发展，科技进步日新月异，知识经济方兴未艾，加快人才发展是在激烈的国际竞争中赢得主动的重大战略选择。"在经济全球化过程中，发展中国家往往处于劣势，主要靠输出资源和劳动力，要依靠发达国家的资本和技术，所以，有的经济学家指出，经济全球化最本质的东西是发达国家把夕阳工业输出到发展中国家，剥削发展中国家的资源和劳动力；同时输出他们的文化和价值观。麦当劳文化已经传遍全世界。在这样一种形势下，发展中国家一方面要利用发达国家的技术来发展自己的工业，发展自己的经济；另一方面要在引进技术中创新，创造自己的新技术，实现跨越式发展。只有这样，发展中国家才能不依附于发达国家，才能真正走上富强之路。如果不在技术和人才上有所突破，就难以摆脱对发达国家的依赖。因此，我们必须坚持扩大教育开放，引进先进的技术，培养创新人才。

第二，推进教育国际化是我国教育改革和发展的需要。早在1983年，邓小平就为北京景山学校题词，"教育要面向现代化，面向世界，面向未来"。中国的现代化首先是科学技术的现代化，科学技术是第一生产力，但是先进的科学技术掌握在发达国家手中，我们只有面向世界，向发达国家学习，并在学习中自主创新，面向未来，培养人才，才能实现我国社会主义现代化建设的目标。教育国际化是我们向发达国家学习的重要途径。一方面，我们派遣留学生到发达国家去学技术；另一方面，借鉴发达国家的教育经验，用现代教育来改造旧教育，通过教育国际交流与合作，引进先进教育理念、教育内容和方法，促进我国教育现代化。

第三，教育国际化是日益频繁的国际教育交流与合作的必然趋势。经济的全球化必然带来教育的国际化。随着科学技术的发展，国家间的交通越来越便捷，信息交流越来越快捷，大大降低了时间和空间的距离，地球变得越来越小。教育与文化领域的国际交流日益频繁。各种文化产品借助新型的大众传媒跨越国界，传播到全世界。大量在国外学习的留学生，在异国工作的外国专家和顾问，在世界各地举办的国际专业会议，学者之间的信件往来，都促进了教育国际化的发展，某一国家的某项教育改革可以迅速传遍全世界。任何一个国家的教育都不可能闭关自守，无视国际教育的发展。

现代教育本来就是一种国际现象，在历史上，欧洲的大学是没有国界的。中国现代教育制度也是从西方传过来的。儿童的成长有共同规律，教育有共同规律，因此，培养人也是有共同规律的，是可以互相学习、互相借鉴的。教育只有坚持扩大开放，加深国际化程度，才能更好地吸收世界一切优秀文明成果，充实和丰富我国的教育。

四、教育国际化的内涵

有的学者不赞成提教育国际化，其实，这是对教育国际化的理解问题。教育国际化并非西方化，也不是国际趋同化。教育国际化是指国家间的人员交流、财力支援、信息交换（包括教育观念和教育内容）、教育机构的国际合作，以及跨国的教育活动等。教育国际化是现代教育的基本特征。教育国际化包含以下几个方面。

第一，合作办学。《教育规划纲要》指出："引进优质教育资源。吸引境外知名学校、教育和科研机构以及企业，合作设立教育教学、实训、研究机构或项目。"可通过合作办学引进境外的优质教育资源，包括人力资源（知名学者）、信息资源（课程、教材等）、管理资源（先进的管理理念和经验）。如宁波诺丁汉大学、中加学校等都是合作办学的典型。

第二，聘请专家。吸引世界一流的专家学者来华从事教学、科研和管理工作。学校要面向世界，向世界开放，聘请世界一流专家到我国学校任教，引进国外学科的前沿成果，引进先进的课程和教材。这是我国高等学校走向世界一流的捷径。香港科技大学之所以能在短短十多年时间办成知名大学，就在于他们向世界开放，从世界上引进人才，当然还有充足的经费和优越的政策环境的支持。这是教育国际化极好的案例。

第三，合作与交流。即开展政府之间、学校之间的合作。建立教学科研合作平台，签订科研合作、人员培训等合作项目；扩大中外大学间的教师互派、学生互换、学分互认和学位互授联授等，使我国高等教育融入世界，为世界学术界、高等教育界认可。

第四，互派留学生。我国改革开放以来，掀起了第三次留学高潮。2008年有出国留学生17.98万人，从1978年到2008年，出国留学生累计达到139.15万人。[1]近些年来，我国出国留学生的年龄越来越小，许多中学生都出国留学了。很多学生是为了规避国内的应试教育，也有的为了更早地适应国外教育环境。这也并非什么坏事，它可以促进我国的教育改革。但年龄过小到国外去也有很大风险，最好还是上完中学或大学再出去。每年也有很多外国留学生来华学习。2008年我国接收外国留学生7.1万人，[2]预计到2020年，将扩大到50万人。留学生规模的扩大是教育国际化的重要标志。

第五，与国际组织合作，把握国际教育的新趋势。许多国际组织，如联合国教科文组织、世界银行、经济合作与发展组织、联合国儿童基金会等组织都关注教育问题，经常发布有关教育的国际报告，反映国际教育发展的动向和趋势。他们不仅给发展中国家提供教育援助，而且发表战略性的政策建议。例如，联合国教科文组织1972年发布的《学会

---

① 《数据统计：2008年出国留学人数达17.98万人》，goabroad.sohu.com/20090326/n263026952.shtml，2011-01-15。

② 教育部发展规划司：《2008全国教育事业发展简明统计分析》，103页，2009。

生存——教育世界的今天和明天》以及1996年发布的《教育——财富蕴藏其中》的报告，对世界教育的发展具有重要的指导意义。我国改革开放以后就与这些国际组织有广泛的交往合作。例如，在我国改革开放初期，世界银行为我国高等教育、师范教育的发展提供贷款，对我国教育的恢复和发展起了重要作用。今后我们仍然要加强与他们的合作。

第六，介绍国外教育理论，翻译学术著作。改革开放以来，在"解放思想，实事求是"的思想路线指引下，我国教育界认真反思新中国成立以来的教育发展，努力吸纳世界各国教育改革的新理论、新经验，翻译介绍了大量外国学术著作。1977年，邓小平指示"要引进外国教材，吸收外国教材中有益的东西"。在当时外汇十分紧缺的情况下，中央拨款10万美元，从美国、英国、德国、法国、日本等国家选购了大批中小学教材，促进了我国课程和教材的现代化。[1]

第七，中国教育走向世界。教育国际化是全球性的，对我国教育来讲，是双向的，我们既要吸收世界文明的一切成果，又要把中国文化介绍到世界，促进国家间的相互交流。一方面，我们吸收外国留学生；另一方面，我们也到外国办学。《教育规划纲要》提出"推动我国高水平教育机构海外办学""支持国际汉语教育""加大教育国际援助力度，为发展中国家培养培训专门人才"。

第八，开展国际理解教育，培养国际化人才。即开展国际文化、世界时势的教育，提高国民对世界各地区政治、经济、文化的了解，扩大视野，为适应国家经济社会对外开放的要求，培养大批具有国际视野、通晓国际规则、能够参与国际事务和国际竞争的国际化人才。

---

[1] 吕达：《永远铭记邓小平对中小学课程教材改革的丰功伟绩》，见课程教材研究所：《课程教材改革之路》，北京，人民教育出版社，2000。

五、教育国际化进程中，我国教育遇到的挑战及其应对措施

在教育国际化进程中，我们遇到两个方面的挑战：一是在引进先进技术和先进管理理念的同时如何创新，如何跨越？二是如何应对西方文化渗透问题？这两个问题都是教育需要应对的。问题的本质就在于如何在实现教育国际化过程中保持教育的本土化。

面对第一种挑战，我们需要在引进先进技术过程中创新，有了自主创新，才能超越。要创新就要有人才。因此，人才是关键，教育是基础。迎接挑战就要求教育培养高素质人才，即具有创新精神和实践能力的人才。综合国力的竞争，说到底是人才的竞争、创新能力的竞争。在这场竞争中谁掌握了人才的优势，谁就能战胜对手。像我们这样一个发展中国家，只有培养创新人才，努力创新，实现技术的超越，才能摆脱对发达国家的技术依赖。我国现在的状况是，许多产品都是利用人家的技术来料加工，还很少有自己的品牌。例如，汽车工业，奥迪、菲亚特等都是外国公司的牌子，我们很少有自己的牌子。这样下去，我们永远是发达国家的加工厂。只有创造自己的品牌，才能摆脱依赖。所以2006年国家公布的《国家中长期科学和技术发展规划纲要（2006—2020年）》特别强调自主创新。要在科学技术上创新，就要从小培养学生的创新精神和创新能力。而这方面恰恰是我国教育的弱点。当前我国教育遇到"应试教育"的严重干扰，学生学业负担过重，推进素质教育困难，学生没有时间思考问题，没有精力参加社会实践和个人喜爱的科技文体活动，压制了学生的创造力。因此，亟须深化教育改革，更新教育观念，实行人才培养模式的创新。

最近媒体盛传"中国虎妈"，有人甚至宣扬中国式的传统教育优于西方教育。这是一种误导。我们且不说"虎妈"提倡的教育方式是否可取，如果仔细读读"虎妈"写的那本书，你就会发现，"虎妈"的教育

并非中国的传统教育方式，虽然她确实写到中国的文化传统与西方的文化传统有许多不同，但整个教育过程中渗透着美国方式，她女儿的音乐老师都是西方人，并非中国人，更何况她的教育是在美国那样的大环境中进行的。

最近公布的上海参加国际学生评估项目（PISA），名列65个国家的第一名的消息，让许多人又一次认为中国的教育优于西方国家。且不说上海的水平不能代表全国的水平，测试的方式、内容都是按照国际标准进行的，这只能说明上海教育近些年来吸收了国际先进理念，坚持了新课改的精神，克服了"应试教育"的弊端，已经初见成效，绝不能得出中国传统教育更优越的结论。

我国教育确实有优秀传统，例如，古代就提倡教书育人、德育为先、因材施教、循循善诱、重视基础、学思结合等，反对揠苗助长、强迫压制，《学记》就讲到"道而弗牵，强而弗抑，开而弗达"。我们现在的"应试教育"恰恰违背了我国教育的优秀传统，继承了科举制度死记硬背的坏传统。因此，我国教育需要扩大开放，吸收世界教育的先进理念和方法，使它与中国教育的优秀传统相结合，把国际经验本土化。

我们面对的第二种挑战就是应对文化渗透问题。文化是一个民族生存的样式。文化的最大特性是民族性。如果文化失去了民族性，这个民族的文化就不复存在，这个民族也就不复存在。因此，保持民族文化传统，是每一个民族国家最关注的问题。当然，文化也是发展的，它随着时代的发展而发展，随着民族之间的交往而发展。文化在发展过程中总是会淘汰一些不符合时代精神的落后的内容，吸收一些别的民族的优秀的、先进的内容。因此，文化又具有发展性、时代性。当然，这种吸收不是全盘接纳，不是放弃自己的传统，而是在保持自己传统的基础上吸收有利于发展民族文化的精华。这就是文化的本土化。中华民族文化传统有着优秀的内核，如自强不息、仁爱诚信、贵和求中、敬老爱幼、勤俭节约等，但也存在着与时代精神相悖的封建思想残余，如重名分、官本位、重男轻女、读书为做官等。我们需要在吸收外来文化过程中进一步发扬中华美德，克服封建、落后的观念，吸取西方的科学、民主的精神，并内化为自己的文化因素。

当前在国际交往中对待文化要避免两种不正确的态度。一种是全盘西化，无批判地接受一切西方文化。更可怕的是接受的并非西方优秀的精华，而是一种低俗文化，有些甚至在西方社会也非文雅之士所赞赏的文化。说得再透一些，就是别把人家的糟粕拿来当精华。另一种不正确的态度是鼓吹民粹主义，排斥一切外来文化。把中国传统文化的所有内容都视为最优秀的，不加区别地传播和发扬。有些地方把中国传统文化庸俗化、商业化。例如，当前挖掘名人之风盛行，他们不是为了传承名人的思想和精神，而是为了搞旅游，所谓"文化搭台，经济唱戏"，实际上是把优秀文化庸俗化。最近这几年到处在祭孔，我不知道如果孔子在世会有什么感想。孔子的学说需要大大发扬，这是毫无疑义的，但现在这样的做法能起到弘扬的作用吗？有些地方让刚上学的儿童穿着古代的服装，戴着古代的官帽读《弟子规》。我不知道这给六岁儿童的是一种什么教育！

教育是文化的一部分，文化对教育起着奠基的作用，同时教育又是传承和发展文化的主要途径。教育应该起到传承文化、选择文化、创新文化的作用。教育要选择民族传统文化中的优秀内容传授给下一代，同时又要根据时代的精神，吸收世界一切文明的优秀成果来充实我们的民族文化，创造新的文化。

教育国际化是时代发展的趋势，但每个国家、每个民族的教育又都具有民族性。教育培养的人不是抽象的人，而是民族的人。因此，教育国际化不能排斥教育的民族性。教育要吸收世界文明的一切优秀成果，但又必须结合本国的实际。我们在学习别国的教育理念和经验时必须了解他们的历史背景和文化传统，这样才能了解他们的教育理念和经验的精粹。同样，在借鉴别国理念和经验时不要忘记我们自己的优秀教育传统，这样才能从别国的理念和经验中吸取有利于发展我国教育的有益的东西，并内化为我们自己的观念形态，这就是本土化。

教育国际化过程中还有一个问题，就是在介绍外国教育理论和经验时要尽量运用中国读者读得懂的语言，不要生搬硬套，生造词语。现在教育界有些年轻学者在撰写论文时往往开口是海德格尔，闭口是哈贝马斯，动不动就是建构主义、后现代主义。且不说这些思潮和主义是不是放之四海而皆准的真理，即使是真理，也不能简单地搬运到中国来，需要考虑如何与中国的教育实际相结合，考虑中国广大教师如何接受它。

过去我们只讲经济全球化，不讲文化全球化、教育全球化，但是毋庸讳言，全球化不仅影响到经济，也影响到文化和教育。如果认为全球化并非一体化，而是指不可避免的互相交往、互相联系、互相影响的话，那么，教育也不能不纳入全球化的轨道。教育只有加大开放力度，才能了解世界上的先进科学技术，吸收优秀文化，为我所用。

本土化是相对国际化而言的，所以两者是不矛盾的。正是因为教育要国际化，我们才提出在国际化过程中要结合民族特点，使之本土化。因此，不存在纯粹的本土化，不能说本民族的文化才是本土化，民族文化是自然存在的，无所谓本土化的问题。

民族教育政策国际比较研究中的
几个问题*

　　民族问题历来是各国、各地区敏感的问题。当今世界的许多冲突，差不多都与民族之间的利益有关。因此，处理好民族之间的关系，是国与国和睦相处的基础。从一个国家内部来讲，多民族国家也存在民族之间的矛盾和融合问题，建立一个文明的、融合的、和睦的民族关系，对于国家的发展、民族的繁荣都具有十分重要的意义。教育是民族发展的基础，也是各民族交往、沟通、理解、融合的桥梁。因此，研究各国民族教育政策、借鉴国际经验，对于发展我国民族教育、促进民族教育具有重要意义。《国家中长期教育改革和发展规划纲要（2010—2020年）》（以下简称《教育规划纲要》）指出："加快民族教育事业发展，对于推动少数民族和民族地区经济社会发展，促进各民族共同奋斗、共同繁荣发展，具有重大而深远的意义。"

---

* 本文系国家社会科学基金"十一五规划"2010年度教育学重大（重点）课题"主要国家民族教育政策比较研究"（课题编号：ADA100008）的研究成果之一。
原载《比较教育研究》，2014年第9期。

一、概念界定

任何研究都需要对研究的对象、概念做明确的界定。比较教育研究中最重要的原则，是概念的同一性，内容具有可比性。因此，我们在进行民族教育政策的国际比较研究时，就必须对"民族""民族教育""少数民族教育"几个概念做一个清晰的界定。

什么叫民族？《现代汉语词典》第6版的解释是："指历史上形成的、处于不同发展阶段的各种人的共同体。"[①]《辞海》的解释是："人类社会共同体形式之一。是在一定历史阶段形成的有共同语言、共同经济生活和表现为共同文化特点基础上的共同心理素质的稳定的共同体。"[②]

可见，构成民族的必要因素是共同语言、共同地域、共同经济生活和共同文化心理。少数民族一般指多民族国家中相对于主体民族，人口较少，地域经济、文化教育不够发达的民族。民族教育——我国在各种文献中讲的民族教育，实际上是"少数民族教育"的简称，即国家政府对少数民族教育的特有政策和举措。

按照以上民族的标准，我们民族教育政策国际比较研究对象中的几个发达国家，除俄罗斯、印度是比较典型的多民族国家外，其他几个发达国家都算不上是多民族国家。美国、澳大利亚是移民国家，其主体是白人移民，只有少数土著居民。这些土著居民具有共同语言、共同文化心理，分散在不同的相对集中的地域，具有少数民族的特点。[③]另外，这些发达国家都有大批外族移民，如美国有非洲移民、墨西哥移民、亚裔

---

① 中国社会科学院语言研究所词典编辑室：《现代汉语词典》（第6版），904页，北京，商务印书馆，2012。
② 辞海编辑委员会：《辞海（第六版缩印本）》，131页，上海，上海辞书出版社，2010。
③ 滕大春：《美国教育史》，北京，人民教育出版社，2001。

移民，法国有大量的非洲移民，德国有土耳其移民等。这些移民虽然有些还保留着本民族语言和一些文化传统，但基本上已经融入主体民族之中，缺少独立民族的特点。印度除有多种民族外，还有种姓的区别，这已经不是民族问题，而是社会阶层问题。但低种姓的居民的教育处境与高种姓的教育处境大不相同，因而也有一个对低种姓居民的教育政策的问题。

因此，我们在民族教育政策的国际比较研究中，要把比较的对象修正一下，主要是比较各国对于少数族系居民的教育政策。多民族国家可以指对少数民族的教育政策，非多民族国家可以指对非主体民族的移民的教育政策。

二、比较的内容

民族教育政策与各国的民族政策有关。当前世界上多民族国家的民族政策有两种不同的形态。一种是民族自治型，如中国和俄罗斯，在少数民族聚居的地域成立自治区、自治州，同时使用国家的通用语言和民族语言，实行民族自治；另一种是融入型，如美国，采取的是熔炉政策，土著民族和外来移民都融入白人主体之中。[①] 两种民族政策之下的民族教育有很大不同。其共同点，具有一定可比性的地方是对待少数民族（族群）、少数弱势群体教育的政策。笔者认为，这主要有三大方面的政策。

首先是少数民族（族群）教育发展的问题。少数民族（族群）经济社会、文化教育比较落后，教育是社会发展的基础，也是社会公平的基

---

① 胡鞍钢、胡联合：《第二代民族政策：促进民族交融一体和繁荣一体》，载《新疆师范大学学报（哲学社会科学版）》，2011（5）。

础，促进教育的公平，重点应该在少数民族教育上。文明国家都要关心少数民族（族群）的教育问题，以促进社会公平和社会和谐。各国政府采取什么政策来加速发展他们的教育，就是我们需要研究的问题。例如，《教育规划纲要》指出："切实解决少数民族和民族地区教育事业发展面临的特殊困难和突出问题。""公共教育资源要向民族地区倾斜。中央和地方政府要进一步加大对民族教育支持力度。"我国实施高考招生加分制度等，也是为了促进少数民族教育的发展。

其次是双语教育问题。一个民族如果失去了本民族的语言，也就失去了民族的特性。当然，有许多少数民族使用的就是他们的民族语言。发展民族教育就要发展他们的民族语言。但是，为了与主体民族交往，为了融入一个国家的大民族之中，少数民族又需要学习主体民族的语言，即国家通用的语言。这就出现了双语教育问题。研究民族教育政策就不能不研究双语教育问题。双语教育是一个十分复杂的问题。一是民族语言和通用语言的关系，有没有主次问题？二是双语教育怎样进行的问题，什么时候开始学习通用语言最适宜？三是有的双语是同一语系，学习起来就比较容易，有的非同一语系，学习就比较困难。四是文化背景不同，对不同语言的理解问题。这些问题在我们的研究中不可能都一一回答，我们只能粗略地研究各国对双语教育所采取的政策举措。

最后是民族理解教育问题。民族教育政策中的一个重要问题是进行民族理解教育、民族团结教育。民族团结是国家昌盛、民族繁荣的基础。由于各民族经济发展水平不同、文化背景不同、心理素质不同，民族之间出现矛盾就不足为奇。关键是要互相尊重，互相理解，促进民族团结，共同繁荣。教育是民族沟通、理解的桥梁。在教育过程中，特别在主体民族的教育中加强民族理解教育、民族团结教育，反对大民族主义，反对民族歧视就非常重要，同时也要反对狭隘民族主义。《教育规划纲要》就特别强调："在各级各类学校广泛开展民族团结教育。推动党的民族理论和民族政策、国家法律法规进教材、进课堂、进头脑，引导广大师生牢固树立马克思主义祖国观、民族观、宗教观，不断夯实各民族大团结的基础，增强中华民族自豪感和凝聚力。"各国反对民族歧视，加强民族团结教育的政策和举措值得比较研究。

以上三方面的内容应该是民族教育政策国际比较研究的重点。

三、研究方法

研究各国的民族教育政策，首先要对各国的民族状况有一个清晰的了解。前面讲到，各国民族构成十分复杂。我国有56个民族，其中汉族人数占大多数，少数民族有55个。而美国就非常复杂，主体是白人移民，主要来自欧洲，还有一部分印第安人，然后是从非洲来的黑人及其后裔，以及后来不断涌入的墨西哥移民、亚洲移民。这些移民虽然保留着某些原民族的文化习俗和文化心理，但并无共同的定居地域，形成不了一个民族。法国主要是法兰西民族。德国主要是日耳曼民族，其他是各洲移民。因此，研究各国的民族教育政策，需要实事求是，不能只限于我们上面说到的少数民族的界定，还应包括属于非主体民族的移民族群。

比较教育的一个重要研究方法是文化研究。教育的本质就是传承文化、培养人才。各民族的文化是不同的，而文化心理素质是构成民族的最主要的因素。因此，研究各国民族教育政策，就必须研究该国的主流文化及各少数民族的文化。进行文化研究，当然莫过于采用社会人类学的田野研究，深入研究对象的民族中，深入了解他们的生产、生活、习俗、思维方式等，但是一般比较教育研究者难以做到。我们主要是从文献资料中查找线索，即所谓文献研究法。当然，研究民族教育政策不是研究民族文化本身，但一项民族教育政策的出台，总有它的历史文化背景。只有了解了这些背景，才能理解所出台政策的意义。同时，研究还应该了解该项政策执行的情况和效果，切莫就事论事，妄下结论。

本来，比较教育的原则是要具有可比性的，但各国民族教育政策缺乏可比性。在不可比的情况下找到民族教育政策的差异，也可以算作一种特殊的方法吧。

回顾与展望*

前面各章介绍了各国的教育制度，并对各类教育进行了分析比较。从这些比较中可以总结出第二次世界大战后各国教育发展的基本趋势、共同特点和规律。这一章，我们就对第二次世界大战后世界教育的发展做一个概要的综述，并对今后的发展做一点展望。

纵观第二次世界大战后世界各国教育的发展，其大致可以分为以下三个阶段。

第一节　20世纪五六十年代教育的大发展与大改革

一、发展和改革的社会根源

众所周知，20世纪五六十年代是世界各国教育大发展和大改革的时期。这种发展与改革有着深刻的社会根源。

第一，第二次世界大战以后，世界的政治形势发生了巨大变化。一批社会主义国家建立起来，特别是占世界人口约1/4的中国人民站起来了。中华人民共和国的建立，改变了世界政治力量的对比；许多过去被帝国主义霸占的殖民地和半殖民地国家纷纷宣告独立，建立起独立的

---

* 本文原为《比较教育》第五版第十章，人民教育出版社，2015年。

民族民主国家；资本主义国家内部，民主运动高涨，人民大众要求政治民主化、教育民主化，要求各阶层人民都有享受教育的平等权利。这一切无不影响到各国教育的发展和改革。正如埃德加·富尔在《学会生存——教育世界的今天和明天》一书的序言中所说的："过去人们把一切事物都视为万能的主宰按照事物的自然秩序所作的安排，因而甘愿忍受一切痛苦。现在不然，单就经济、福利与生活水平而言，人们已不再甘心于把人分成不同的阶级而使自己居于不平等的地位；也不再甘心忍受那种使整个民族受苦的挫折。他们也不再听任教育居于不发达的状态，特别当他们开始相信普及教育是促进经济'起飞'和收复失地的绝对武器时，尤其如此。"①第二次世界大战后，民主运动的潮流不可阻挡，政治的民主化导致教育的民主化。再加上第二次世界大战后出生的人口正好在20世纪60年代到了上中学和大学的年龄，所以导致20世纪60年代各国教育大发展。

第二，第二次世界大战中，一方面，几个先进工业国如德国、日本、法国的经济受到严重的破坏；另一方面，在战争中因军事需要而发展起来的以核子、电子为代表的新的科学技术推动了生产力的高度发展。从20世纪50年代中期开始，资本主义发达国家的经济就开始进入了空前繁荣的时期。国际竞争由热战转为冷战，转入经济实力和科学技术力量的较量。经济的发展促进了教育的发展，"人力资源的开发"被作为高速度发展经济的条件在20世纪60年代提了出来。正如日本文部省调查局在它的报告书中所说的："在激烈的国际竞争中，科学的创见、技术的熟练、生产者的才能等重要因素，对于经济发展所起的作用，不亚于增加物的

---

① 联合国教科文组织国际教育发展委员会：《学会生存——教育世界的今天和明天》，上海师范大学外国教育研究室译，6～7页，上海，上海译文出版社，1979。

资本和劳动力的数量。"①大力开发人的能力，是促进将来的经济发展的重要条件；而人的能力的开发，则依赖教育的普及和提高。

第三，第二次世界大战后科学技术的迅猛发展，使得学校教育的内容远远落后于现状。许多科学家认为，中小学教育的内容陈旧落后，至少只反映了19世纪末期的科学成就。美国A.V.贝兹在《世界科学教育的革新》一文中说：教科书不再代表科学界的观点了……教师仍然把科学知识作为一成不变的东西灌输给学生，实验室物资也比较缺乏，教师还大大依赖使用粉笔和黑板进行讲课的教学方式，而很少利用新的视听辅助教学工具。这种状况引起了科学家们的注意，他们竭力主张改革中等教育，而且许多人成为20世纪60年代新教材的编写者。

第四，科学技术的进步和知识总量的急剧增加，使得一个人不能以学校毕业作为学习的终结，而是要不断学习，更新知识，以传授知识为主的传统的教学方法已经不能适应新形势发展的要求。教育家们不仅关心教给学生什么，而且关心什么时候教，怎样教。脑生理学和心理学的发展，为新的教育理论提供了科学的根据。随着通信技术的发展，广播、电视等群众性媒介的普及，学校已经不是接受知识的唯一场所。这都影响到学校教育的改革。

二、教育发展与改革的主要表现

在这样的背景下，世界各国的教育发生了翻天覆地的变化，主要表现在以下几个方面。

（一）中等教育的普及化和高等教育的大众化

20世纪五六十年代是资本主义经济发展的"黄金时代"，也是教育发展最快的年代。在60年代初，中学普及率除美国和苏联超过90%以

---

① 日本文部省调查局：《日本的经济发展和教育》，吉林师大外研所日本教育研究室译，1页，长春，吉林人民出版社，1978。

外，其他工业化国家也只达到60%～70%。法国最低，只到46%，但是到70年代后期，各工业化国家都超过了80%。

在这个时期，高等教育发展得特别快。在20世纪50年代，高等教育的入学率除美国和苏联外，都没有超过同龄人的10%，但到70年代初几乎都超过了20%。以发展速度最快的美国来说，1946—1950年平均年增长率为2.83%，50年代为4.73%，60年代为8.27%。增长的高峰有三次，第一次是1947年，比上年增长12.5%，原因是大批退伍军人复学；第二次是1956年，比上年增长10%；第三次是1964年和1965年，分别比上年增长10.1%和11.6%。[①]70年代初开始，各国高等教育的发展势头减缓。这固然有战后人口增长而出现的学龄人数的高峰期已经过去的原因，更重要的是70年代初资本主义经济危机带来的经济衰退反映到教育上。从各国高等教育发展的情况可以看出，经济发展速度快的时候，高等教育发展就快；经济发展速度慢下来，高等教育的发展也就停滞不前，甚至还会下降。同时，高等教育发展到一定数量，满足了经济部门的需要以后，发展的速度就会停滞。

（二）教育内部结构的变化

各国经济的高速度发展和现代技术在生产和生活上的广泛应用，不仅需要高级技术人才，而且需要各级各类的技术人员。为人民生活服务的第三产业的兴起，更需要各种具有一定技术和知识的人员。这就促进了教育内部结构的改革。

20世纪50年代以前，中等教育还没有普及，初中毕业生少数升学，多数就业。学生的职业分化很早，在初中就分流，大部分学生接受职业训练，而高中的结构比较单一，主要是为高等学校输送合格的毕业生。随着中等教育的日趋普及，学生的职业分化推迟到高中阶段。高中的结

---

① 逸帆：《战后三十年美国高校学生增长情况的初步分析》，载《外国教育动态》，1980（6）。

构变得多样化了，它要担负向高等学校输送新生和为社会培养劳动力的双重任务。为了完成这个双重任务，各国一般有两种做法：一种是把高中分成普通中学和职业中学两个系统；另一种是在普通中学加强职业训练。西欧国家有双轨制的传统，中学阶段就分为文法中学、技术中学和现代中学。战后在各个阶层争取民主、平等斗争的压力下，国家逐渐取消中学教育阶段的多种学校体制，采取综合中学的体制。例如，英国1964年工党执政后，开始将文法中学、技术中学和现代中学合并为综合中学；法国从1964年起实行统一初中教育课程的综合中学。但是这些改革并没有改变其分科的实质，英国的综合中学内部仍然分为文法科、技术科和现代科。法国在高中一年后就开始分组，到毕业班分成八个组，实际上已经失去了普通教育的性质，变成相应专业的预备班了。除了综合中学以外，各国还有职业中学的体系。日本第二次世界大战后建立起来的教育体系中，高中分为普通高中和职业高中，以及把这两者合在一个学校内的综合中学，此外，还有职业性更强的称谓的各种学校。

高等教育的结构也随着科学技术的发展和中等教育的普及发生了很大的变化。过去实施高等教育的机构主要是大学和学院，学制一般较长，水平基本相似，现在出现了培养各种专业和半专业人才的短期高等学校，使得高等教育的结构多样化和多层次化。具体的变化，已在前面各章中谈到，这里不再赘述。

（三）教育内容的现代化

20世纪50年代末开始，各国掀起了教育改革的浪潮。这是科学技术的新发展对教育提出的客观要求。改革的内容主要是使教育内容现代化。1957年，苏联第一颗人造地球卫星上天，触发了这次改革运动。1958年，美国国会通过了《国防教育法》，增加教育拨款，重点改进各级学校的数学、自然科学和现代外语的教学，即所谓"新三艺"；充实各级学校理科实验设备；选拔、鼓励有才能的学生升入大学。为使教育内容现代化，美国组织大批科学家和教育家编写中小学理科的新教材，把现代科技成果充实到教材中去。苏联从1964年开始，用了10年时间对普通学校的教育内容，特别是对数学、物理、化学、生物、天文等课程进行改革，编写了新的教学大纲和103种教科书。课程改革的浪潮波及英国、法国、德国、日本等世界各国。

到了20世纪70年代初期，教学现代化运动的势头有所减弱，人们对新教材开始有了批评意见。他们认为新教材太深太难，只适用于少数有才能的学生，脱离了大多数学生的实际水平，教师也不适应。有人主张编一套有弹性的教材，适应不同才能的学生。但是，尽管对新教材有许多责难，教育改革运动还是在向前发展，教育内容的现代化是现代科学技术和现代生产对教育的客观要求，是大势所趋。

在实现教育内容现代化的同时，加强基础理论教学是教育的重要趋向。许多人认为，狭窄的专业训练不能适应当前科学技术日新月异的变化，只有掌握宽厚的知识和坚实的理论才能适应这种变化。因此，各国高等教育中普遍加强了通识课和基础课的教学。

（四）重视学生能力的培养

科学技术的迅猛发展带来的"知识爆炸"，使得学校教育不可能也没有必要在学生学习的短短十几年的时间内把人类积累起来的所有知识传授给学生。那么，如何使学生跟上科技发展的形势呢？除了要教给学生最基本的知识以外，还要发展学生的能力，特别是智力，使学生学会在已有知识的基础上去探索新的知识。几十年来，生理学、心理学对人脑功能的研究，为发展学生的能力提供了理论根据。在教学理论上主张发展能力的教育家，比较有影响的有苏联的赞科夫和美国的布鲁纳。

苏联教育家、心理学家赞科夫（1901—1977），在1957年开始进行"教育与发展的关系"的大规模和长时间实验，1964年在第一阶段实验的基础上，总结并公布了"小学教学新体系"的主张。他提出，教学工作最重要的任务是以最高的效率推动学生的"一般发展"。他认为，学生的潜力很大，传统的教学低估了学生的能力，因而是低效率的。他提出了"在高难度上进行教学的原则""高速度进行教学的原则"和"理论知识起指导作用的原则"等，并用实验证明，小学四年的课程可以在三年内学完。赞科夫的教学新体系和教学原则曾经引起了苏联教育界一场激烈争论，意见虽有不同，但它促进了教学理论的发展。

在西方，布鲁纳（J. S. Bruner）的结构主义教育思想曾经一度流行。在1960年出版的《教育过程》一书中，他指出："我们也许可以把追求优异成绩作为教育的一般目标，但是，应该弄清楚追求优异成绩这个说法指的是什么意思。它在这里指的是，不仅要教育成绩优良的学生，而且也要帮助每个学生获得最好的智力发展。"[1]他在书中阐述了课程改革的中心思想，他认为，学习任何学科，主要是使学生掌握学科的基本结构，并且要使学生掌握研究该学科的基本态度和方法。他还认为，任何学科的基础知识都可以用某种形式教给任何年龄的学生。布鲁纳提倡广泛使用"发现法"，要求学生像数学家那样思考数学，像史学家那样思考历史，利用教师或教材提供的材料，亲自去"发现"应得出的结论。布鲁纳的教育思想对课程改革和教学方法的改革还是有一定影响的。

在发展能力的思想指导下，教学方法有了很大的改变。教学实际中教师采用各种方式培养学生自己学习的能力，改变了过去"教师滔滔地讲，学生静静地听"的局面，而且主张从实际生活中提出学生感兴趣的课题；教师提供材料，指导学生思考，学生共同讨论、探索，得出应有的结论。西方国家流行所谓"讨论法"，苏联教学法专家达尼洛夫等提出了"课题教学法"。

---

[1]［美］布鲁纳：《布鲁纳教育论著选》，邵瑞珍、张渭城等译，26页，北京，人民教育出版社，1989。

（五）重视职业技术教育和成人教育

现代生产需要具有一定技术的工人和各种职业人员，再加上中等教育的普及，教育如何为青年就业做准备的问题就凸显出来，所以第二次世界大战后，各国都十分重视职业技术教育，并建立起了职业技术教育的体系，这在第六章里已经详细地谈到了。

职业技术教育既在学校进行，也在工厂企业进行。新的科学技术成果在生产上的应用，造成了职业的变动和工人的流动，因此，经过一次职业训练已经不能保证终身的职业。这就迫使人们不断学习和重新接受训练，以适应瞬息万变的世界，于是出现了终身教育的思潮。

这一时期，各种类型的新型学校应运而生。函授大学、广播电视大学、开放大学、暑期课程、车厢大学等都开办起来，总之，各国利用各种时间，采取各种方式为成年人提供继续教育的机会。许多教育家认为，应该把高等教育纳入终身教育的范畴，即高等教育不应只限于招收18～25岁的青年入学，而是要为所有人提供第二次、第三次受教育的机会。在美国，大学生的年龄结构越来越复杂，有三十多岁、四十多岁，甚至更大年龄的学生。

与终身教育思潮相联系的，是在20世纪60年代后期出现的一种叫"回归教育"的思潮。它主张教育不要一次受完，而是分几次学成，使人在生活的各个阶段都有受教育的机会。人们将根据需要，在他认为最需要学习的时候接受教育。过去学生辍学被认为是消极行为，许多学校是不允许的，现在则被认为是积极的。学生在一定时期离开校园，通过就业、社会活动、旅行，或者到非正规教育机构中去学习等，有助于学生明确将来的志愿和学习意义；然后回到学校学习，他就知道应该学习什么，提高了学习的积极性，从而提高了教育质量。这就叫作"回归教育"。这种回归教育思想是20世纪60年代末首先在瑞典产生的，后来逐渐流行到美国和其他欧洲国家。1975年，欧洲各国教育部长会议上还专门讨论了如何实施的问题。回归教育不仅流行于高等教育，而且逐渐蔓延到中等教育。在瑞典，1971年综合制高中的就学率为95%，但70年代末降到70%。这并非学生不愿意学习，而是不少成绩优秀的男女青年愿意到社会上去考验一下自己的能力。

回归教育思想和"终身教育"思想是有联系的。其产生的背景是现代科学技术的发展所带来的现代生产的不断变革。人们要适应这种变化，就要不断学习，就不能认为学习一次就一劳永逸。同时它也反映了经济危机对人们的威胁，许多国家的教育家都在寻求一种解决学习与就业的矛盾的办法。关于美国社区学院的作用，美国工会合作服务中心主任威廉·艾博特在《未来学家》1978年8月号的文章里说，这是企图"用教育战胜失业"。当然，教育不是万能的，不可能通过教育解决一切社会矛盾。但是，终身教育思想是一种积极的教育理念，它是现代生产对教育提出的客观要求。

第二节 20世纪70—80年代终身教育与学习型社会思潮的兴起

一、教育危机及终身教育的提出

（一）教育危机的表现

20世纪50—60年代可以说是发达国家的教育繁荣时期，但一进入70年代就出现了许多问题。西方有的教育家惊呼教育危机，而且到80年代，这种危机感有增无减。教育危机的出现与整个社会的变化有关。自从1973年爆发石油危机以来，教育也就处于重大危机之中，主要表现在下列几个方面。

1. 大学毕业生过剩，失业人口增多

20世纪50—60年代欧洲各国都扩大了中等教育，但到70年代，青年人，尤其是大学毕业生，"毕业即失业"成了深刻的社会问题。几年前还喊"教育不足"，现在变为高喊"教育过剩"了。如法国，据统计，1977年，失业青年的情况如下：持职业教育证书者为28.5%，持职业能力证书者为17.3%，持中学职业教育证书者为21.3%，中学会考及格者为20.7%，短期技术大学毕业生为16.1%，持学士文凭者为13.1%。在美国，据美国劳动统计局统计，1972—1985年，有1 530万名有学衔的毕业生和大学研究生进入劳动力市场，但用于补充、更替、提高劳动力水平而更换劳动力所需要人数总共只有1 450万人，供求之间的矛盾是将有80万人得不到就业机会，其中拥有博士学衔的就有39 600人。

2．教育质量下降，青少年犯罪率提高

美国许多家长反映，美国学生的写作能力大不如前，文理不通、拼写失当、词不达意等错误比比皆是。有的人认为，这种写作危机是20世纪60年代受"教育改革运动"的冲击，许多学校放弃传统的语法课和行之有效的讲授方法的结果。其他科的质量也很低。在美国，只有9%的高中毕业生学过一年物理，16%的学生学过一年化学，45%的学生学过一年生物，高中毕业率只达75%。而苏联，全体高中毕业生学过两年微积分、五年物理、四年化学、五年生物和一年天文。因此，美国教育家惊呼："在过去十年中，苏联人在教育数量和质量上都取得了他们教育制度上从未有过的成就。"[①]1983年4月，美国高质量教育委员会发表了以《国家处在危险之中：教育改革势在必行》为题的给美国人民的一封公开信，警告美国人民说，曾一度被美国占据的商业、工业、科学和技术方面的毫无异议的领先地位，现在已被世界各国的竞争对手夺走，美国正面临着危险的处境，其主要原因是美国社会的教育基础正在削弱。美国高等教育的质量也每况愈下，在入学率接近50%的情况下，上大学

---

① ［美］戴维·萨维奇：《我们学校中科学水平差距日益增大》，载《华盛顿邮报》，1981-05-31。

这件事就带有某种社会强制性，不愿意上学而勉强就学的人数增加，他们对学习没有兴趣，往往中途"辍学"。据美国联邦政府统计中心的统计，1960—1975年，美国大学生取得学位的人基本上是四年前入学人数的50%～53%。其中还有包括用五年以上时间才获得学位的人，所以，按期毕业的学生实际上低于50%。现在，美国"辍学"的学生数已经多达200万人，相当于在校学生总数的1/5。以上这些情况虽然在西欧和日本还不普遍，但学生负担过重、学习质量下降、青少年犯罪率上升、学生闹事等，都是资本主义国家所共有的。在日本，主要的问题是职工学历的提高，产生了"学历主义"的高度竞争。一部分学生因为追求学历而拼命读书，以期考上名牌大学，毕业后能获得较好的职业。另一部分学生对学习没有兴趣，在学校中破坏、捣乱。学历主义的影响使日本变成了"考试地狱"，同时也造成了学生间互相仇视、互不信任的心理状态，甚至在学校内部和家庭内部发生暴力事件。

3. 教育经费的增长跟不上通货膨胀的速度，学校经费困难

据美国联邦政府统计中心统计，20世纪70年代的十年里有100多所高等学校停办。学生来源短缺固然与人口出生率高峰已过有关，但更重要的是经济危机带来的失业和教育质量下降，使人们对教育失去了信心。纳税人不再愿意增加教育经费，因为看不到它的经济效果。

4. 发展中国家普及教育的进展缓慢

在发展中国家，尽管各国政府尽了最大的努力，但普及教育的进展缓慢，文盲的绝对人数增加，人口的剧增也抵消了扫盲和普及教育的努力。许多国家采用原宗主国的教育制度、教材，不能适应当地实际的需要。

以上问题带来了人们对教育的失望情绪。日本一位教育家在分析教育危机时指出，近些年来，人们对教育的价值产生了怀疑。他说，在20世纪50—60年代，教育，无论对于个人还是对于社会，都被认为是制约性因素。教育可以通过培养高质量的劳动力，增加按人口

平均的国民生产总值，丰富人们的生活，提高人们的收入水平；教育能够增长人们的才智，使之有所作为，便于找到更好的职业，晋升到更高的地位。人们希望通过教育消除无知、贫困和不平。总之，从某些意义上，"教育被看作'魔术师的手杖'，而寄予人的期望，致使教育突然爆炸性地发展起来了"。但是，到了70年代，一系列变化动摇了人们对于教育原有的那种乐观的信赖，引起了失望和危机感。教育的爆炸性发展，其结果"无论对于个人还是对于社会，教育的作用都走向负数"①。

（二）教育危机的成因及终身教育的提出

造成这种教育危机的原因是多方面的，其中最重要的因素就是第三次科技革命。美、苏两个超级大国之间的军备竞赛直接推动了人类历史上第三次科技革命的发展。这次科技革命以核子、电子和空间技术的广泛应用为主要标志，涉及信息技术、新能源技术、新材料技术、生物技术、空间技术和海洋技术等诸多领域。与以往人类的科技革命不同，第三次科技革命将科学、技术和生产紧密相连，大大缩短了新科学技术在生产中物质化的时间，如晶体管从发明到应用只用了三年的时间，激光的发明到激光器的生产仅仅用了不到一年的时间。②另外，科技对于生产力提高的贡献也越来越大，从20世纪初的5%～20%，到七八十年代的60%～80%，有的产业部门甚至高达100%。③第三次科技革命导致国民经济结构发生了巨大的转变。"新的技艺和工艺在生产上的应用，使得一些行业消失了，一些新的行业产生了。例如，美国在1949—1965年约有8 000种职业从劳动力市场消失，同时出现了6 000种以上新的职业。由于农业生产的工业化，农业

① ［日］天野郁夫：《教育的国际动向》，司荫贞译，载《外国教育动态》，1980（2）。
② 顾明远：《新的科技革命和教育的现代化》，载《北京师范大学学报》，1984（5）。
③ 刘苏雨：《现代科技革命影响世界格局变动》，载《中国科技信息》，2005（6）。

劳动的性质发生了变化，农业劳动者大为减少，流入市场，转入工业或服务业。"①正如丹尼尔·贝尔的"后工业社会"理论、托夫勒的《第三次浪潮》、海因曼的《科学技术革命的今天与明天》所强调的那样，科技革命不仅改造了传统的产业部门，而且推动了一大批知识密集型、技术密集型的新型产业的发展。

国民经济结构的调整就像多米诺骨牌一样，随即引发了各国内部政治、文化和社会生活等一系列的变革，学生运动、民权运动、女权运动、环境保护运动在整个20世纪60年代后期此起彼伏。"60年代再次举起人本主义的旗帜、个人主义的旗帜和文化自由主义的旗帜……在60年代，个人主义得到张扬，个人欲望得到满足，个人情感得到宣泄，个人意志得到尊重，大写的人再次被放到世界中心的位置，与现代理性社会中的统治权威和社会规范进行对抗。"②这种效应同样也蔓延到了发展中国家，蔓延到了世界各地。它不仅极大地改变了各个国家内部的政治、经济和文化氛围，而且推动了国际社会经济、政治和文化的变革，更重要的是，这样的变革引发了更深层次的生活方式和思维方式的变革。

在这样的冲击下，终身教育思想得以广泛流行。终身教育自1965年在联合国教科文组织第三届成人教育国际促进会议上提出后，迅速得到了国际社会的广泛认同，联合国教科文组织也先后就这一问题发表了大量丰富的报告。其中有代表性的包括：1965年保罗·朗格朗（Paul Lengrand，又译为"保罗·朗格让"）《关于终身教育》的提案，以及由此衍生的《终身教育导论》和1972年的《富尔报告》（即《学会生存——教育世界的今天和明天》）。这是20世纪最有影响的教育思潮。

---

① 顾明远：《现代生产与现代教育》，载《外国教育动态》，1981（1）。
② 许平：《"60年代"解读——60年代西方学生运动的历史定位》，载《历史教学》，2003（3）。

二、保尔·朗格朗的终身教育思想和《富尔报告》的学习化社会建议

（一）保尔·朗格朗的终身教育思想

早在20世纪60年代之前，联合国教科文组织就先后两次在国际成人教育大会上展开了有关终身教育的讨论，但这一时期的终身教育仅仅是一个模糊的观念，并未成为一个专门的术语。1965年12月，联合国教科文组织成人教育计划处处长保罗·朗格朗第一次以"终身教育"为题，向第三届成人教育国际促进会议提交了一份名为《关于终身教育》的提案。在这个提案中，朗格朗提出了终身教育发展的五项目标：①（社会）要为人的一生（从生至死）提供教育（学习）的机会。②对各级各类教育的实施必须进行协调与统合。③小学、中学、大学及其他地区性社会学校、地区性文化中心所发挥的教育功能，（政府或社会）应予以鼓励。④（政府或社会）应对有关劳动日的调整、教育休假、文化休假等针对本国公民的制度或措施的实施起促进作用。⑤为了对以往的教育观念做根本的改变，应使此理念（终身教育）渗透到教育的各个领域。[①]这一提案获得了与会人员的一致认同，并最终提交给联合国教科文组织总部，作为工作报告公开发表。

在随后更为系统的《终身教育导论》一书中，朗格朗更为详细地阐述了他关于终身教育产生背景、意义、内容、范畴、目的和建议的思想。他认为，现代人面临着变革加速、人口增长、科技发展、政治挑战、信息爆炸、闲暇增加、生活模式和人际关系的危机、精神与肉体不平衡、意识形态的危机等多方面的冲击。[②]在这样的冲击下，"人凭借某种固定的知识和技能就能度过一生，这种观念正在迅速地消失……教育现在正处在实现其真正意义的进程中，其目标不是为了获取知识的宝

---

① 吴遵民：《现代国际终身教育论》，7～8页，北京，中国人民大学出版社，2007。
② ［法］保罗·朗格让：《终身教育导论》，滕星等译，21～32页，北京，华夏出版社，1988。

库，而是为了个人的发展"①。

终身教育就是朗格朗眼中实现这一目标的最好武器。因为它打破了年龄的限制，尽管朗格朗承认某些特定的能力是受年龄限制的，但一个人从一个年龄阶段向另一个年龄阶段的过渡往往会出现一些猝不及防的问题，要确保每一个阶段的过渡都能获得充分的意义，"在人生旅途的各个阶段通向各种体力和智力的现有知识形式的大门，都广为敞开着"②。因此，对于朗格朗而言，教育有了更为重要的任务，即为人的"生命旅程"保驾护航。朗格朗特别重视年轻人和成年人的教育。"对儿童和青少年的教育工作无论多么重要和必需，却仅仅是一种准备，一种真正的教育过程的不甚完备的预示活动。这种教育，只有在我们的同辈人，即成年人中实施时，才呈现其完整意义和全部余地。我们感到：教育的整个未来与这种承担培训和教育任务的新制度的建立和发挥作用是紧密联系在一起的。"③同时，他强调终身教育"必须立足于理解、同化、分析的能力，对自己已获得的知识进行分类的能力，轻松处理抽象与具体、一般与特殊之间的关系的能力，以及阐述知与行、调整专与博的关系的能力"④，使人们"学会学习"。然而，更重要的是，终身教育不仅是一些具体的活动或教育活动中的因素，更是一种强调协调性和连贯性的教育理念。"从今以后，教育将被看作一个密切相关的统一结构，这个结构中的每一个部分都依靠另一部分，也只有与其它部分有联系时才有意义。如果一部分消失，结构的其余部分将失去平衡。"⑤

朗格朗认为，终身教育涉及的范围非常广泛，包括"男人和女

① ［法］保罗·朗格让：《终身教育导论》，滕星等译，45页，北京，华夏出版社，1988。
② ［法］保罗·朗格让：《终身教育导论》，滕星等译，46页，北京，华夏出版社，1988。
③ ［法］保罗·朗格让：《终身教育导论》，滕星等译，6～7页，北京，华夏出版社，1988。
④ ［法］保罗·朗格让：《终身教育导论》，滕星等译，50页，北京，华夏出版社，1988。
⑤ ［法］保罗·朗格让：《终身教育导论》，滕星等译，53页，北京，华夏出版社，1988。

人""父母和孩子""职业""闲暇教育""艺术经历""体育和运动""大众传媒"和"公民教育",①几乎涉及一个人生命旅程中的所有问题。但作为多年从事成人教育的教育工作者,朗格朗对于终身教育的描述显然带有明显的"成人"痕迹。当然,为确保"终身教育"的思想得以落实,朗格朗也强调国家应给予财政、法令、管理、服务、设施、人员培训和研究方面的支持。对于成人教育而言,除了扫盲、工人教育外,工人应参与管理活动,企业也要相应地调整工作时间表,社会各界也可以提供如图书馆、博物馆之类的资源。对于儿童而言,最重要的就是要因材施教,将学习内容与日常生活相联系,注重方法。此外,朗格朗强调终身教育是一项全社会共同的事业,"所有这些现代社会不同职业的人与各部门一起构成了庞大的教育队伍,扩大可能为社会所利用的训练方式"②。应该说,朗格朗提出的"终身教育"这一概念使得"教育不是从外部施加于生活的附属物,同文化一样,它也不是人们可以获得的财富。用哲学家的语言来说,它不处于'占有'的地位,而处于'存在'的地位"③。

朗格朗的思想得到了国际社会的广泛认同,有些国家还把终身教育用法律确定下来。例如,法国于1971年制定了《使终身教育成为一项全国性的义务》的法案,其主要精神如下:①承认职工在工作期间有离职进修的权利,即所谓"训练假"(不是全部带薪)。②企业主要为其雇员的职业继续培训提供一定的费用。1976年规定,雇有10名以上职工的企业,全年工资总额的2%作为终身教育的费用。企业可以自办培训班,也可以与学校合作,或将费用交给地方教育当局,由地方统一组织。③政府提供预算,监督法律执行,支付学员报酬,并资助某些培训中心的装备等。

---

① [法] 保罗·朗格让:《终身教育导论》,滕星等译,57~65页,北京,华夏出版社,1988。
② [法] 保罗·朗格让:《终身教育导论》,滕星等译,81页,北京,华夏出版社,1988。
③ [法] 保罗·朗格让:《终身教育导论》,滕星等译,56页,北京,华夏出版社,1988。

（二）《富尔报告》的学习化社会思想

1972年，联合国教科文组织国际教育发展委员会发表了一篇题为《学会生存——教育世界的今天和明天》（*Learning to Be: The World of Education Today and Tomorrow*）的报告。①由于该报告由国际教育发展委员会执行主席、法国前总理兼教育部长埃德加·富尔负责起草，因而又被称为《富尔报告》。《富尔报告》继承和发扬了朗格朗有关终身教育的思想。它首先回顾了教育发展的历史：“教育活动起初是分散的、片断的并为少数杰出人才服务的。这些教育活动，从各个时代和无数历史对比来看，不可避免地倾向于同一个结论，即建立一种具有普遍使命的、结构坚固而权力集中的学校体系。然而，当这些机构似乎接近完成的时候，出现了或再度出现了越来越多的校外活动与校外机构，其中大部分往往跟正规的、官方的教育没有任何有机联系。这些正规的、官方的教育十分狭隘，十分死板，以致它们不能包括这些校外活动与校外机构。于是一些开明人士企图用合并学校与校外体系的办法来补救这个不和谐的缺点。”②而当今的教育面临现实和未来的挑战，尤其是阶级对立、劳动异化等原因造成了“精神和肉体”“物质和精神”的完整人格分裂。“教育，如果像过去一样，局限于按照某些预定的组织规划、需要和见

① “learning to be”本是一个导向人性自由和教育解放的概念，“学会生存”的译法在中文语境中过于功利化，不符合英文本意。另外，从《德洛尔报告》提出的教育的四大支柱（“学会认知”，learning to know；“学会做事”，learning to do；“学会共同生活”，learning to live with others；“学会生存”，learning to be）中，我们可以看出，前两项主要针对教育如何帮助人认识和控制外部世界（包括自然界和人类社会），第三项主要针对教育如何帮助人学会与他人相处，而第四项从逻辑上来说，应该是延续“外部世界—他人—自我”的思路，集中关注人本身的一大教育支柱。因此，笔者同意将“learning to be”翻译为“学会成人”，这样才能体现“认识你自己、成为你自己”这样的教育主体性内涵。具体参见沈俊强：《中国与联合国教科文组织教育合作关系的研究——以“全民终身教育”为视角》，98~100页，博士学位论文，华东师范大学，2009年。

② 联合国教科文组织国际教育发展委员会：《学会生存——教育世界的今天和明天》，华东师范大学比较教育研究所译，199页，北京，教育科学出版社，1996。

解去训练未来社会的领袖，或想一劳永逸地培养一定规格的青年，这是不可能的了。教育已不再是某些杰出人才的特权或某一特定年龄的规定活动：教育正在日益向着包括整个社会和个人终身的方向发展。"①而在这个发展过程中，人的主体性必须得到充分的发挥。"教育正在越出历史悠久的传统教育所规定的界限。它正逐渐在时间上和空间上扩展到它的真正领域——整个人的各个方面……在这一领域内，教学活动便让位于学习活动。虽然一个人正在不断地受教育，但他越来越不成为对象，而越来越成为主体了……他是依靠征服知识而获得教育的。这样，他便成了他所获得的知识的最高主体，而不是消极的知识接收者。"②

《富尔报告》在朗格朗终身教育思想的基础上，结合赫钦斯（R.M. Hutchins）的"学习化社会"理论，进一步提出"向学习化社会前进"的建议。"如果我们承认，教育现在是，而且将来也越来越是每一个人的需要，那末我们不仅需要发展、丰富、增加中小学和大学，而且我们还必须超越学校教育的范围，把教育的功能扩充到整个社会的各个方面……所有的部门——政府机关、工业交通、运输——都必须参与教育工作……正如普拉塔奇所说，'城邦是最好的教师'。……它的社会结构、行政结构和它的文化网都具有这种巨大的教育潜力；——不仅是由于它进行的交流具有活力，而且是因为这个城邦就是一所培养公民感情和相互了解的学校。"③在这样的一个社会，教育不再只是一种义务，而是一种责任，甚至是一个人或社会本身存在的状态。这种状态，《富尔报告》称之为"学习化社会"。更难得的是，《富尔报告》对如何实现学习化社

---

① 联合国教科文组织国际教育发展委员会：《学会生存——教育世界的今天和明天》，华东师范大学比较教育研究所译，199~200页，北京，教育科学出版社，1996。
② 联合国教科文组织国际教育发展委员会：《学会生存——教育世界的今天和明天》，华东师范大学比较教育研究所译，200页，北京，教育科学出版社，1996。
③ 联合国教科文组织国际教育发展委员会：《学会生存——教育世界的今天和明天》，华东师范大学比较教育研究所译，201页，北京，教育科学出版社，1996。

会的发展目标提出了详细的建议。从政策制定到各级各类教育，《富尔报告》都给出了具体原则、考虑因素、建议说明和例证，具体内容在此就不一一赘述。

事实上，所谓学习型社会，就是以学习求发展的社会，就是不断创新的社会。具体内涵包括：以个体学习、终身学习来追求个体的全面发展；以组织的学习和创新来追求组织的发展；以社会的学习和创新来促进社会的发展，从而达到全面小康的和谐社会。个体学习是基础，以每个公民的个体学习、终身学习来促进全社会的和谐发展，和谐社会反过来又为人的全面发展创造条件，最终达到人类追求的最高目标。[①]学习型社会可以用图1的模型来说明。在学习型社会，科学技术不断进步，促进知识经济的发展；科学技术进步和知识经济都要求人的全面发展，形成全民学习、终身学习的学习型社会；通过个体学习、组织学习促进

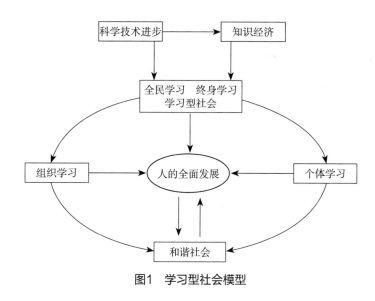

图1 学习型社会模型

---

① 顾明远：《终身学习与人的全面发展》，载《北京师范大学学报（社会科学版）》，2008（6）。

人的全面发展，最终达到和谐社会。和谐社会又反过来促进人的全面发展，逐步达到人类的最高追求。

第三节　20世纪80年代中期至今全民优质教育的发展

随着世界和平发展的进程和国际竞争的日益激烈，教育作为人的生存和发展的权利被提到议事日程，同时，提高教育质量的呼声也越来越高。

一、《世界全民教育宣言》

教育民主化思潮兴起与第三世界国家的快速发展有着密切的关系。第二次世界大战后，第三世界国家不断发展壮大，他们在获取民族独立的同时，努力发展本国经济，但从"万隆会议"到"不结盟运动"再到"七十七国集团"，第三世界国家始终面临着经济发展的困境。这迫使一些第三世界国家的学者开始反思本国的发展模式。联合国拉美经济委员会首先质疑当时的世界经济发展模式，他们认为整个世界市场就是由处于"中心"地位的发达工业国家和处于"边缘"地位的贫困落后国家构成的一个世界分工体系。处于"中心"地位的国家之所以发达，主要是因为他们剥削和压迫了处于"边缘"地位的国家。如果"边缘"国家融入世界市场，就意味着他们可能永远遭受"中心"国家的剥削和压迫，永远成为世界不发达国家。对于"边缘"国家而言，真正的出路在于"自主内生"的发展。

这种"自主内生"的发展路径迫切要求各国大力发展本国的教育。据联合国教科文组织统计，当时全世界共有1亿多儿童未能接受初等学校教育，其中包括至少6 000万名女童；9.6亿多成人是文盲，其中2/3是妇女，功能性文盲已成为包括工业化国家和发展中国家在内的所有国家的一个严重问题；世界1/3以上的成人未能学习书本知识、新技能和新技术，以改善其生活质量，并帮助他们适应社会、文化的变化；1亿多名儿童和不计其数的成人未能完成基础教育，即便是那些完成基础教育的人，也并未掌握基本的知识和技能。[①]与此同时，经济停滞、环境恶化、债务负担、人口增长、战争、暴乱等一系列问题，使得人们的基本学习需要无法得到满足，这反过来又限制了各国解决这些问题的能力。

为解决这些问题，联合国教科文组织提出"全民教育"的理念。事实上，早在1983年，"全民教育"（Education for All，EFA）就出现在联合国教科文组织大会决议上。由于当时联合国教科文组织发展面临严重的内部危机，全民教育的思想并未真正受到世界各国的重视。直至1990年3月，世界全民教育大会在泰国宗滴恩召开，会议讨论通过了《世界全民教育宣言》及其指南《满足基本学习需要的行动纲领》，全民教育才被各国政府、国际组织及教育专家接受。然而，当时全民教育在世界范围内的实施仍然面临着巨大的挑战，有历史文化的原因，也有财政经费的原因。为进一步推动全民教育的发展，联合国教科文组织又于2000年在塞内加尔首都达喀尔召开"世界教育论坛"，1 100余名来自世界各国的与会代表重申了全民教育的意义和价值，并通过了《达喀尔行动纲领》。此后，为实现全民教育的发展目标，联合国教科文组织多次召开了有关全民教育的会议，如"全民教育高层会议""E9国家全民教育教育部长会议"等，并从2002年开始陆续发布全民教育全球监测报告。全民教育究竟是什么样的教育理念，全民教育究竟要解决什么样的教育问题？

《世界全民教育宣言》提出要满足人的基本学习需求，以便能帮助

---

① UNESCO, *World Declaration on Education for All and Framework for Action to Meet Basic Learning Needs*, Paris, United Nations Educational, Scientific and Cultural Organization, 1990, p.1.

人们生存、发展自己的能力，并有尊严地生活和工作。^①这其中既包括基本的学习技能，如读、写、口头表达、演算、问题解决，也包括基本的学习内容，如知识、技能、价值观念、态度。在2000年《达喀尔行动纲领》中，联合国教科文组织进一步提出了更具体的六大发展目标：①扩大并改善幼儿，尤其是最脆弱和条件最差的幼儿保育和教育。②确保在2015年以前，所有的儿童，尤其是女童、各方面条件较差的儿童和少数民族儿童，都能接受和完成免费、高质量的初等教育。③确保所有的青年人和成年人能平等地获得必要的学习机会，以学习各种生活技能。④2015年前使成人脱盲人数，尤其是妇女脱盲人数增加50%，所有的成年人都有接受基础教育和继续教育的平等机会。⑤在2005年以前消除初等教育和中等教育中男女生人数不平衡的现象，实现男女平等，重点确保女童能充分、平等地接受和完成高质量的基础教育。⑥全面提高教育质量，确保人人都能学好，在读、写、算和基本生活技能方面都能达到一定的标准。

2015年4月9日，联合国教科文组织发布了最新全民教育全球监测报告《全民教育2000—2015：成就与挑战》，对六大发展目标进行了全面评估。报告认为，在过去的15年里，世界各国在全民教育发展过程中取得了显著成就。但全世界只有1/3的国家实现了全民教育发展目标的量化指标，且只有一半的国家实现了全民教育计划的主要目标，即普及初等义务教育的目标。而未来15年，也就是到2030年，国际教育发展的新目标已经确定。根据2014年5月12日至14日全球全民教育会议发布的《马斯喀特共识》(*Muscat Agreement*)，国际社会已经确立将"到2030年实现公平性、包容性优质教育与终身学习"作为2015年后发展议程的首

---

① UNESC, *World Declaration on Education for All and Framework for Action to Meet Basic Learning Needs*, Paris, The United Nations Educational Scientific and Cultural Organization, 1990, p.3.

要目标。

二、《德洛尔报告》

随着人类社会从工业社会向知识社会的进一步转型，在《富尔报告》中若隐若现的"终身学习"，在"学习化社会"概念的催生下迅速发展，大有取代"终身教育"的势头。1996年，联合国教科文组织国际21世纪教育委员会提交了一份名为《教育——财富蕴藏其中》（*Learning：The Treasure Within*）的报告，因报告由国际21世纪教育委员会主席雅克·德洛尔主持，又名《德洛尔报告》。《德洛尔报告》特别强调学习的地位和作用。它认为，学习是社会的核心，是提高社会生活质量的基本手段，是21世纪最为关键的一项投资。"终身教育概念看来是进入21世纪的一把钥匙。它超越了启蒙教育和继续教育之间的传统区别。它响应迅速变革之世界的挑战，但是这种看法并不新奇，因为先前一些有关教育的报告已强调过返回学校以接受个人生活和职业生活中出现的新生事物这种需要。这种需要现在依然存在，甚至变得更加强烈。每个人如不学会学习，这种需要是无法得到满足的。"[①]

更重要的是，《德洛尔报告》提出了教育的四大支柱：学会认知、学会做事、学会共同生活和学会成人。其中，"学会认知""学会做事"和"学会成人"都是以往已经多次强调的教育观念，而"学会共同生活"则是该报告的一大亮点。"教育的使命是教学生懂得人类的多样性，同时还要教他们认识地球上的所有人之间具有相似性又是相互依存的。"[②]因为人类社会"又出现了另外一种迫切需要，即在生活的传统范畴发生深刻变化之后，迫使我们要更好地了解他人、更好地了解世界的

---

① 联合国教科文组织：《教育——财富蕴藏其中》，联合国教科文组织总部中文科译，8页，北京，教育科学出版社，1996。

② 联合国教科文组织：《教育——财富蕴藏其中》，联合国教科文组织总部中文科译，83页，北京，教育科学出版社，1996。

迫切需要。人们有相互了解、和平交流以及和睦相处的需要，这几方面正是我们的世界最为缺少的。采取这种立场之后，委员会进一步强调了它作为教育基础而提出并阐明了的四个支柱之一，即通过增进对他人及其历史、传统和精神价值的了解，学会共同生活"[1]。

三、提高教育质量与世界各国的教育改革

进入20世纪80年代以后，世界教育又掀起了新的改革高潮。1983年，美国高质量教育委员会发表了《国家处在危险之中：教育改革势在必行》的公开信，拉开了新的教育改革的序幕。之后，美国发表了一系列报告、文件。1989年，美国制定了《中小学数学课程及评价标准》，随后美国科学院又制定了《国家科学教育标准》和《社会学科课程标准》。1991年，布什总统提出了《2000年教育战略》。克林顿执政以后，以追求教育质量优异为目标的教育改革进一步深入发展。在他第一任期内，国会通过了《2000年目标：美国教育法》，从而使由布什提出的国家教育目标完成了立法程序。1985年3月，英国教育与科学部、威尔士事务部向议会提出《把学校办得更好》的白皮书；1987年4月又提出《高等教育应付新的挑战》的白皮书；1988年，英国国会通过了《1988年教育改革法》，规定自1989年起，全国公立中小学实行统一课程，英国教育改革进入了一个新阶段。法国社会党自1981年5月执政以后，即着手对教育进行全面改革。政府组织了一大批学者和专家，按各级各类教育专题开展调查研究，对改革提出具体建议。日本自1984年开始，拉开了第三次教育改革的序幕。时任首相中曾根康弘在首相府下面设立了一个临时教育审议会（简称"临教审"），三年中提出了四次教育咨询报告，并提出了八项基本指导思想：①重视个性原则。②重视基础。③培养创

---

① 联合国教科文组织：《教育——财富蕴藏其中》，联合国教科文组织总部中文科译，9页，北京，教育科学出版社，1996。

造性思考能力。④扩大选择受教育的机会。⑤教育环境中的人与人之间的关系。⑥向终身教育体系过渡。⑦适应国际化社会。⑧适应信息化社会。进入20世纪90年代后，日本又提出了一系列改革措施，特别是课程改革的措施。1998年6月，中央教育审议会提出的《关于从学前期开始的心灵教育》的咨询报告，对中小学的课程进行了改革。苏联于1984年开始改革，当年发布了《苏联普通学校和职业技术学校改革的基本方针（草案）》，1986年又公布了《苏联高等和中等专业教育改革的基本方针》。苏联解体以后，俄罗斯按照市场经济和私有化等政治、经济的要求，参照西方的教育制度，对苏联的教育制度进行改造，于1992年7月通过了《俄罗斯联邦教育法》。21世纪以来，各国政府对教育更加重视，把它视为增强综合国力的主要途径。例如，2011年奥巴马总统的国情咨文报告又大谈教育问题，而且四次提到中国。他说："中国和印度等国已意识到，他们在做出一些变革后将能够在新世界里与其他国家进行竞争。所以，他们开始对孩子进行更早和更长时间的教育。他们投资于研发和新技术。"他还说："美国要想赢得未来，就必须赢得教育的竞争。"

当然，世界各国的教育改革也遇到了许多困难，包括需求与供给之间的矛盾，财政的紧缩，高教育与低就业的矛盾，教育管理效率的低下，教育失败严重，学生厌学、逃学、吸毒、自杀、欺侮弱小等。特别是2008年全球经济危机爆发以来，各国教育经费不断紧缩。如英国财政研究院（Institute for Fiscal Studies）2011年10月最新发布的研究报告显示，英国公共教育经费急剧下降，达到1950年以来的最高下降率。研究人员表示，排除物价因素，估计教育经费在2014—2015年的支出将比2010—2011年的支出降低13%。资深的经济研究专家鲁克·斯比塔（Luke Sibieta）说："在21世纪初，英国教育经费空前增长，而在未来的几年里，教育经费将面临史无前例的削减。"财政研究院预计，英国的公共教育经费将可能削减至20世纪90年代后期的水平。教育改革如此频繁，反映了教育在社会发展中的作用越来越重要，各国政府对教育越来越重视。教育改革的动因可以从教育外部和内部两个方面来分析。

从教育外部来讲，改革的动因有以下几个方面。

第一，新的科学技术革命的挑战。人类进入20世纪80年代以后，全世界范围内进行着以微电子学和电子计算机技术为主要标志的新的科学技术革命，形成了一系列高新技术产业。同时，科学技术的发展呈现出既高度分化又高度综合，且以高度综合为主的趋势，科学技术转化为生产力的速度越来越快。这一切都要求教育做出反应，教育制度、教育内容必须随着科学技术的发展进行改革。

第二，国际竞争日趋激烈。20世纪80年代以后，国际局势开始发生了巨大的变化，东欧剧变、苏联解体，结束了世界冷战的局面，但美国企图一霸天下，为了实现其野心，它需要在军事、经济、科技各个领域保持优势。美国高质量教育委员会的《国家处在危险之中：教育改革势在必行》的公开信第一句话就提出："我们的国家处于险境。我国一度在商业、工业、科学和技术上的创造发明无异议地处于领先地位，现在正在被世界各国的竞争者赶上。"[①]与此同时，各国政府都深感国际竞争的实质是综合国力的竞争，是人才的竞争。谁培养了掌握高新科技的人才，培养了众多的高素质人才，谁就会在竞争中取胜，因此，各国都寄希望于教育改革。

第三，科学技术的进步固然给人类带来了丰富的物质财富，但同时也带来了灾难。资源的严重浪费，遭受破坏和污染的环境，正在威胁着人类的生存圈。物质丰富带来的人们物欲的高涨，青少年吸毒、道德水

---

① 国家教育发展与政策研究中心：《发达国家教育改革的动向和趋势（第一集）——美国、苏联、日本、法国、英国1981—1986年期间教育改革文件和报告选编》，1页，北京，人民教育出版社，1986。

准下降等社会问题阻碍了社会的进步。教育要从小培养儿童的责任心，关心环境，关心他人，以实现社会的协调发展。

从教育内部来讲，教育质量的下降是人们普遍关心的问题。科学技术革新也需要改革课程内容和方法；教育技术，特别是多媒体技术在教育中的应用也呼唤着教育思想、教育内容和方法的革新。

我国教育面临着更多的挑战。除了上述各种内外因素在推动着我国教育改革外，我国还面临着经济转型的挑战。我国的教育制度长期以来是在计划经济体制下形成的，要适应社会主义市场经济体制，无论是教育制度还是教育内容都要加以变革。当前我国经济增长的方式也在由粗放型向集约型转变，推动产业结构升级，转变经济发展方式，建设资源节约型和环境友好型社会，必须依靠科技进步和提高劳动者素质。科学技术是第一生产力，人才是关键，教育是基础。从国际形势来看，世界格局深刻变化，科技进步日新月异，国际竞争日益激烈。国际竞争是综合国力的竞争，说到底是人才的竞争，是民族创新能力的竞争。国际金融危机更加凸显科技创新的重要性，同时，近些年来，我国的国际地位有了极大的提升，重大的国际事务如果没有中国参与，就难以解决。但是我国在国际人才培养上，与我国的国际地位极不相称。根据联合国秘书处最新公布的数据，2010年7月4日至2011年6月30日，在联合国秘书处就职的工作人员共有43 747人，中国人为473人，仍属于任职人数偏低的国家，其中具有高级职位[①]的人员仅为11人（见表1）。这不仅与发达国家如英、美等国相去甚远，而且与一些发展中国家也有一定的差距。例如，作为非常任理事国的印度，在联合国秘书处就职的工作人员为622人，其中，高级官员为10人。

---

① 高级职位包括副秘书长、助理秘书长和分管各部门的主任官员等职位。

表1 联合国秘书处部分国家职员分布状况[①]

国家	工作人员总数 / 人	占总人数的比重 / %	高级官员 / 人
中国	473	1.08	11
美国	2 694	6.16	39
英国	934	2.14	17
法国	1 531	3.50	18
德国	503	1.15	18
加拿大	691	1.58	11
澳大利亚	301	0.69	6
日本	258	0.59	11
韩国	114	0.26	6
印度	622	1.42	10
巴西	167	0.37	4

因此，我们亟须提高国民素质，培养创新人才、国际人才。从教育内部来看，新中国成立以来，虽然教育发展取得了伟大的成绩，但教育仍然不完全适应国家经济社会发展和人民群众接受良好教育的要求。教育观念相对落后，内容方法比较陈旧；学生适应社会和就业创业能力不强，创新型、实用型、复合型人才紧缺；教育体制机制不活，学校办学活力不足；教育结构和布局不尽合理，城乡、区域教育发展不平衡；教育投入不足。深化教育改革，促进教育公平，提高教育质量，是全社会的共同心声，因此，2010年7月，党中央、国务院在北京召开了21世纪以来的第一次全国教育工作会议，会后发布了《国家中长期教育改革和发展规划纲要（2010—2020年）》（简称《教育规划纲要》），为我国未来十年的教育发展描绘了一幅宏伟的蓝图。

---

① http://www.un.org/ga/search/view doc. asp? symbol=A/66/347&referer=http://www.un.org/en/mainbodies/secretariat/&Lang=c, 2012-08-20。

第四节　世界教育发展的基本趋势

半个多世纪以来，世界教育的发展呈现了以下几个特点。

一、教育民主化

教育民主化成为世界教育的主要趋势，教育民主化的核心是教育平等。教育是人的一种基本权利，联合国教科文组织正是从捍卫人的基本受教育权利的角度提出了"全民教育"的思想。为了实现教育平等，各国都制订了照顾弱势群体的计划，如21世纪初，美国出台的《不让一个儿童掉队法》的第一条，就是要求提高弱势群体儿童（贫困地区学校的儿童、英语不好的儿童、移民儿童、残疾儿童、印第安儿童、被忽视和违法儿童，以及在阅读方面需要帮助的儿童）的学业成就，缩小学生之间的学业差距。此外，比较典型的还有美国的"开端计划"、法国的"教育优先发展区"等。我国最新颁布的《教育规划纲要》也提出，促进公平和提高质量是今后教育的两大重点。实现教育公平，首先就是要实现教育机会的公平，不让一个学生因性别、年龄、民族、宗教信仰、家庭经济状况而失学。

二、教育终身化

终身学习和学习型社会的思想也得到了世界各国和国际社会的普遍认同。1998年，英国工党政府发表了《打开通向学习型社会之门》（*Opening Doors to the Learning Society*），认为学习型社会是一个"所有个体作为文明的、繁荣、充满爱心的社区积极公民均能实现自身潜力的社会"[1]。2005年的联合国教科文组织发布的世界教育报告《迈向知识型社会》（*Towards Knowledge Societies*）中就提出："教育作为人的一项基本权利，已得到人们的广泛认同。20世纪，在国际社会的反复呼吁下，

---

[1] The Labor Party, *Opening Doors to the Learning Society*, 1998, pp.133-142.

我们制定了大量的法规和标准，以保障人的基本教育权。然而，过去数十年的发展要求我们重新看待整个教育的社会、政治和哲学内涵，知识型社会正在逐渐形成。"①事实上，学习化社会绝不只是一个信息社会，学习作为一种社会现象，充斥着社会的各个角落，成为我们工作、生活的一个模式。②2007年，联合国教科文组织公布的《2008—2013年中期发展战略》(2008—2013 Medium-Term Strategy)将"达成优质全民教育和终身学习"作为未来五年发展的第一目标。③2011年11月，联合国教科文组织第36届大会教育委员会通过《国际教育标准分类法（2011年）》修订文本④，特别凸显了终身教育的重要性。按照2011年版分类的界定，受教育程度是指个人已经完成的最高教育等级，而国家承认的教育资格证书是划分受教育程度的重要依据。其主要有三种类型：成功完成一个阶段的教育课程而取得的正规教育资格证书；成功完成一个教育课程的某个阶段而取得的中间资格证书；通过非正规教育或以非正式学习方式获得国家承认的相当于正规教育的资格证书。2011年版分类允许以非正规或非正式学习途径获得的相当于正规教育的资格证书作为衡量受教育程度的依据，反映出世界各国在推进终身学习的过程中日益重视非正规和非正式学习，终身学习的理念日益深入人心。

三、教育信息化

20世纪80年代以来，由于微电子技术的发展，个人电脑的普及，以

---

① UNESCO, *Towards Knowledge Societies*, 2005, p.69.

② UNESCO, *Towards Knowledge Societies*, 2005, p.60.

③ UNESCO, *2008-2013 Medium-Term Strategy*, 2007, p.16.

④ 该标准制定于1976年，并于1997年第一次修订。2007年，联合国教科文组织根据各国教育政策和结构发生的变化，第二次审查和修订了教育标准分类。2011年修订的教育标准分类，根据教育课程内容的复杂程度和专门化程度，将教育体系从低到高分为9个等级序列，即0级早期儿童教育、1级小学教育、2级初中教育、3级高中教育、4级中等后非高等教育、5级短期高等教育、6级本科教育（学士或等同）、7级硕士教育（硕士或等同）和8级博士教育（博士或等同）。

及软件开发和大规模产业化，人类进入了信息革命的新时代。信息技术，特别是互联网的发展，不仅为远程教育、终身教育、个别学习提供了条件，而且悄然改变了教与学的方式，改变了师生关系，改变了教育组织形式，甚至引发了教育思想的变革。毫不夸张地说，信息技术正在改变整个教育体系和教育过程。

四、教育国际化

随着现代交通和信息技术的发展，教育国际化已成为世界各国教育发展的一个基本趋势。特别是在高等教育领域，学生与教师的流动、合作伙伴关系的建立、海外校区的建设、远程教育网络平台的搭建等，已成为各国高等教育机构教育国际化战略的基本策略。经济合作与发展组织（简称"经合组织"）发布的研究报告显示，1975—2008年，包括经合组织及其伙伴国家在内的全世界的留学生数量增长速度非常快，从1975年的80万人增长到2008年的330万人，绝对数增长了250万人。[1]各国政府在积极吸纳国际留学生的同时，也纷纷鼓励本国学生跨境学习。以美国为例，2007年美国高等学府中国际学生的比重为3.24%，对于耶鲁大学、杜克大学、加利福尼亚大学伯克利分校这样的研究型大学而言，国际学生的比重更大，分别为17.7%、13.6%和9.3%。而美国出境学习的学生比重也从1995—1996年的0.6%上升至2005—2006年的1.5%。[2]2008年7月，日本文部科学省联合外务省、法务省、厚生劳动省、经济产业省、国土交通省制订了"留学生30万人计划"，计划到2020年，在日本学习的留学生人数增加到30万人，以此作为日本加强国际化、提高国际地位的重要政策之一。中国政府也在积极扩大留学生规模。2008年有出

---

① OECD, *Education at a Glance 2010:OECD Indicators*. http://www.oecd.org/document/52/0. 3746, en-2649-39263238-45897844-1-1-1-1, 00.html, 2014-10-11.

② 曾满超、王美欣、蔺乐：《美国、英国、澳大利亚的高等教育国际化》，载《北京大学教育评论》，2009（2）。

国留学生17.98万人，1978—2008年累计达到139.15万人。每年也有很多外国留学生来华学习。2008年，我国接收外国留学生7.1万人。计划到2020年，来华留学生达到50万人。[①]

区域性的合作项目也是教育国际化的重要表现之一，如欧洲的"博洛尼亚进程"和"伊拉斯谟世界计划"。"博洛尼亚进程"毫无疑问是迄今为止最宏大的教育国际化计划。该计划宣称在2010年前建立一个欧洲高等教育自由区（European Higher Education Area，EHEA），该自由区的学生可以自由地选择高质量的课程，同时实现学历互认。当然，"博洛尼亚进程"的实现需要其他很多项目的支持，其中具有代表性的一个项目就是"伊拉斯谟世界计划"。"伊拉斯谟世界计划"主要提供在三个欧洲国家学习硕士课程的机会，为第三世界国家的毕业生和学者提供奖学金，通过与第三世界国家高校建立伙伴关系来鼓励欧洲向全世界敞开大门。目前已有90%的欧洲高等教育机构参与了该项目。2011年，北京师范大学国际与比较教育研究院也参与了该项目，成为国内首家以"全员合作伙伴（full-partner）"身份参与"伊拉斯谟世界计划"的单位。

五、教育优质化

各国政府在关注教育公平的同时，也普遍重视提高教育质量。2009年，奥巴马政府上台后，积极地推行"教育新政"，借助《美国复苏与再投资法》，向教育领域投入了1 000多亿美元，全面提高美国从学前教育到高等教育的质量。此外，奥巴马政府还积极推进教育信息化建设，提出要建设21世纪的教室，为更多的教室配备计算机等设备，加强对教师的技术培训，让新技术在美国中小学充分发挥作用，帮助学校在课程中融合更多的技术元素，让所有孩子都有机会使用互联网。2008年，英国政府也成立了国家卓越教育委员会，提出要建立世界一流的教育体

---

① 顾明远：《教育的国际化与本土化》，载《华中师范大学学报（人文社会科学版）》，2011（6）。

系，以确保英国的国际竞争力。2010年5月11日，英国新上台的联合政府将实现社会公平摆在政策的核心地位，并增加一笔总额达70亿英镑的"公平津贴"，针对2～20岁的儿童和青年，旨在使最贫困的儿童获得更好的生活。2007年，陆克文竞选澳大利亚总统时，将"教育革命"作为一条重要的政治纲领，提出改善公共教育，提高教育质量。德国大学为了提高大学的教育质量，为中学毕业生设置"预备学年"，参与社会实践，使其选择专业和学习更有目的性。日本也重提"间隔年"，和德国大学一样，强调让学生获得更多的社会体验，以提高学习质量。

总之，进入21世纪以来，世界风云变幻，国际竞争愈加激烈。教育是增强国家综合实力的基础，同时也是人类追求自身发展的主要途径，是实现社会公平的基石。不断推进教育改革，提高教育质量，是世界各国人民的共同心声。

比较教育导论[*]

——教育与国家发展

———————————

* 顾明远、薛理银著，人民教育出版社，1998年。

第 一 编

第一章　教育现代化与比较教育的制度化

教育既能促进国家发展，也能阻碍国家发展。比较教育的使命与教育发展息息相关，从而与国家发展息息相关。在19世纪，欧美现代资本主义民族国家的大发展、现代化，导致了他们的国民教育制度的建立，而许多身为教育官员的比较教育家则为这种制度的建立做出了贡献。20世纪上半叶的民族主义狂热与国际主义理想的冲突，影响了制度化形态的比较教育的理想。在五六十年代，伴随着发达国家的经济大发展及发展中国家的现代化浪潮的是教育大改革与大发展，教育与国家发展的关系成为比较教育研究的主旋律。面向21世纪，相互依赖的世界大家庭使国际化成为教育改革的一个重要目标，而教育国际化将给比较教育带来一个新的春天。本书开篇于教育现代化，终止于教育国际化，力图把比较教育在教育发展与国家发展中的作用勾画出来。

第一节　工业革命与教育现代化

17世纪的英国资产阶级革命，18世纪的法国资产阶级革命，以及18世纪60年代在英国开始的工业革命，大大改变了世界历史的发展进程。工业革命使人类控制自然的能力得到空前提高，在社会的各个领域引起了一系列的变革。它对教育的发展也有着深远的影响。

学前公共教育产生于大机器工业生产的初期。18世纪末到19世纪初，欧美许多国家的生产力已发展到大机器工业生产阶段，出现了数量不少的由资本家经营的大工厂和大农场，城乡的独立手工业者和小农遭到破产。为了生计，在许多家庭里，妻子和丈夫一样外出工作，结果孩子无人照顾，安全得不到保证。这一现象成为严重的社会问题。为了解决这个问题，一些资本主义发展较快的国家，开始为学前儿童设立专门的公共教育机构。同时，另有一些慈善家，他们为了使那些无人照管的孩子生活下去，也开办了一些幼儿学校、婴儿学校或苦难儿童保护所。在这个时期，德国蒙育家福禄培尔在教育界发起了幼儿园运动，不少国家先后建立并发展了幼儿园。美国于1855年由福禄培尔的学生舒尔茨夫人在奥格顿开设了一所幼儿园；俄国于1866年在彼得堡和莫斯科等地开办了幼儿园；英国于1873年由威廉·马特爵士创办了第一所幼儿园；日本也于1876年由政府创办了第一所幼儿园。法国在19世纪末才创办福禄培尔式的幼儿园，福禄培尔的理论在法国母育学校中产生了巨大的影响。

工业大生产要求劳动者必须具备一定的文化知识，以提高劳动生产率。在19世纪前，劳动人民的子女主要是在教会和慈善团体兴办的初等学校中接受读、写、算初步知识和宗教教义的教育。到了19世纪，欧美国家出现了民族主义的高潮，各国在独立以后都十分关心教育事业，教育成为发展和维护民族意识的重要力量，成为国家使自己民族从外国的文化和政治的束缚和影响下解放出来的一个工具。国家开始兴办公立学校。欧洲多数国家从普鲁士在教育公办和世俗化方面得到启示，从教会手中取得教育的领导权，加强国家对教育的控制。国家为劳动人民子女兴办的公立小学，不仅向学生传授简单的读、写、算的知识与技能，而且灌输资产阶级的道德精神，使劳动者对自己所担负的工作具有"社会责任感"。19世纪后半叶，美国、英国、法国、日本等国通过立法确立了普及义务和公共教育的原则。普鲁士早在1763年和1794年先后颁布义务教育法令；美国马萨诸塞州在1852年颁布义务教育法令；英国在1870年颁布教育法令；法国在1881年和1882年先后颁布义务教育法令；日本在1886年颁布小学校令。这些国家通过颁布法令，确定对儿童进行普及、义务的初等教育。总之，以全民为对象，建立在法律基础上的现代初等教育制度逐渐在欧洲许多国家确立起来了。普及初等教育既是生产发展的客观要求，又是一个国家进行思想政治教育和提高全民科学文化水平的基本手段。各国普遍重视初等教育的普及，把普及教育看作国家的一项大政。

19世纪中后期，资本主义开始由自由竞争走向垄断。同时，这个时期的科学技术也有了很大发展，生产规模不断扩大，生产效率不断提高。帝国主义经济、政治的发展，需要更多的具有一定科学文化知识的熟练劳动力和各种各样的技术人才。因此，欧美各国都在实施强迫义务教育的基础上，大力发展中等教育和高等教育，以便中等教育和初等教育衔接起来。尤其重要的是，这个时期职业技术教育得到很大发展。欧洲各国中等职业技术教育制度基本上是在这个时期形成的。机器大工业生产提出了向青年进行职业技术教育的要求，工艺学校、职业学校和实科中学的创立，为广泛进行职业技术教育提供了客观可能性。

在欧洲工业革命之前，高等教育的主要任务是保存和传授当时人类积累起来的科学知识和文学艺术的成就。产业革命推动了经济的迅速发展，资产阶级对大学提出了培养专门人才的要求。高等教育逐渐摆脱教会的控制，并与社会经济发展相联系，培养资本主义社会需要的管理国家和现代生产的人才。

第二节　第二次世界大战以后世界教育的改革与发展

20世纪五六十年代是世界各国教育大发展和大改革时期。20世纪四五十年代，由于第三次新技术革命的出现，人类跨入信息社会，教育的现代化也随之进入了一个新的阶段。第二次世界大战后的教育大改革、大发展与下面几个因素有关。[①]

第一，第二次世界大战以后，世界的政治形势发生了巨大的变化，一批社会主义国家建立起来了，许多过去被帝国主义霸占的殖民地和半殖民地国家纷纷宣告独立，世界进入了两极地缘政治时代。不管是资本主义世界还是社会主义阵营，人们普遍相信普及教育是促进经济"起飞"的发动机，是改造社会的有效工具。在资本主义国家内部，教育机会均等和教育民主化的呼声很高。对发展中国家来说，发达国家的教育模式和教育的快速扩展则成为学习的"榜样"。

第二，战后由于经济的恢复，出现了人口出生率增长的高峰期，这些人口在20世纪60年代刚好达到上中学或大学的年龄，这也导致了战后各国教育的大发展。

第三，战后以电子技术为代表的新技术革命推动了经济的高速发展。从20世纪50年代中期开始，资本主义国家的经济就开始进入了空前繁荣的时期；经济的发展促进了教育的发展。舒尔茨等人的"人力资本理论"的提出，使"人力资源的开发"作为高速发展经济的条件在60年代提出。正如日本文部省调查局在它的报告书中所说的："在激烈的国际竞争中，科学的创见、技术的熟练、生产者的才能等重要因素，对于经济发展所起的作用，不亚于增加物的资本和劳动力的数量。"[②]大力开发人的能力，是促进将来的经济发展的重要条件；而人的能力的开发，依赖教育的普及和提高。

第四，战后科学技术的迅猛发展，使得学校教育的内容远远落后于

---

① 王承绪、朱勃、顾明远：《比较教育》，256～258页，北京，人民教育出版社，1985。
② 转引自王承绪、朱勃、顾明远：《比较教育》，257页，北京，人民教育出版社，1985。

现状。当时，许多科学家认为，中小学教育的内容陈旧、落后，至多只反映了19世纪末期的科学成就。他们竭力主张改革中小学的教材。一些国家组织了一大批科学家和教师编写新的教科书。布鲁纳的教学理论与这场运动关系密切。

第五，中小学校不仅在教学内容上落后于现状，而且在教学手段上也没有反映科学技术的新发展。教师还大大依赖"使用粉笔和黑板进行讲课"的教学方式，很少利用新的视听辅助教学工具。可以说，教育领域在反映新技术方面是最迟钝的一个产业。因此，许多教育家希望利用新技术所提供的可能性来改变这种局面。这导致了程序教学、计算机辅助教学和视听教学等得到蓬勃发展。当然，这场运动并没有达到人们所预想的结果。

第六，科学技术的进步和知识总量的急剧增加，使得一个人不能以学校毕业作为学习的终结，而是要不断学习，更新知识。以传授知识为主的传统教学方法不能适应形势发展的要求。通信技术的发展，广播、电视等大众媒介的普及，使得学校已经不是接受知识的唯一场所。

战后教育大改革、大发展表现在以下几个方面。

第一，发达国家中等教育的普及化和高等教育的大众化。从20世纪50年代末到70年代初是资本主义经济大发展时期，也是教育发展的"黄金时代"。在60年代初，中等教育普及率除美国、苏联两国超过90%以外，其他工业化国家也只达到60%～70%，法国甚至只达到46%；高等教育的入学率除美国、苏联两国之外，只有10%左右。但是，到了70年代后期，发达国家中等教育入学率都超过80%，高等教育入学率也几乎都超过20%。

第二，教育内部结构的变化。经济的高速发展和现代技术在生产和生活上的广泛应用，使得各国不仅需要高级技术人才，而且需要其他各级各类的技术人员。第三产业的兴起，更需要各种具有一定技术和知识的人员。这就促使人们对教育内部结构进行改革。20世纪50年代以前，中等教育还没普及，学生的职业分化很早，因此，初中结构多样，而高中比较单一。随着中等教育的日益普及，学生的职业分化推迟到高中阶段。高中的结构变得多样化了，既有普通高中（如文法中学），又有实科中学、技术中学和现代中学等。同时，许多国家由于教育平等化和民主化的压力，尝试采用综合中学体制，使各类中学统一在一所学校中。实际上，在综合中学内部，并没有改变分科的性质。同样，高等教育的结构也发生了很大变化。50年代以前，大学的水平比较接近；现在，培养各种专业和半专业人才的短期高等学校大量涌现，各种技术大学也得到很大发展，同时，硕士和博士研究生阶段教育的规模也不断扩大。这些都使得高等教育的结构多样化和多层次化了。

第三，教育内容的现代化。1957年苏联第一颗人造地球卫星上天，触发了发达国家的课程改革运动。1958年美国国会通过了《国防教育法》，增加教育拨款，重点改进各级学校的数学、自然科学和现代外语教学，即所谓"新三艺"的教学；充实各级学校理科实验室设备；确定选拔、培养"天才学生"的办法。为了使教育内容现代化，各国组织了大批科学家和教育家编写中小学数学和自然科学的新教材，把现代科技成果充实到教材中去。这场改革运动的浪潮波及苏联、英国、法国、德国和日本等。

第四，教学方法的科学化与教学手段的现代化。20世纪五六十年代，教学理论发展迅速，出现了以美国布鲁纳的"结构教学理论"、苏联赞科夫的"教学与发展"理论，以及德国以瓦根舍因为代表的"范例教学理论"。这些教学理论的发展及其在实践中的运用，都推动了教学方法的改革。这个时期也是教育技术发展的黄金年代。教育技术学在许多西方国家成为一门新的教育分支学科。它的理论框架基本成形。在此之前，教育是一个低技术的劳动密集型产业。世界在日新月异地发展，可是教育这个职业仍然保持着中世纪的生产方式。从人员的平均受教育程度来看，教育系统可以说是集结着社会的高层次人才，可是教育系统的自我再生产比任何一个部门都晚采用自己创造的科学与技术。工业革命扩大了教育系统的规模，然而，技术的发展并未使教育系统的生产真正达到"工业化"的水平。当世界从蒸汽时代进入电气时代之后，除了一些局部现象之外，技术对教育方法的影响微乎其微。但是，信息技术给教育带来的将是一场革命，这场革命目前正在发展着。我国于60年代初期，就已开办广播电视大学，发起了教育工业化运动。然而，在世界范围内，影响大的应该说是于1971年开办的英国开放大学。此后，世界许多国家纷纷仿效，建立了"空中大学""电视大学"和"远距离教育大学"等，为大批因各种原因失去高等教育机会的成人提供了新的机会。然而，这些学校通常只是正规教育的补充。信息技术的进一步发展将会改变这种状况，尤其是"信息高速公路"的实现，将为个别化的教育发展提供很大的可能空间。

第五，教育与劳动世界的联系。战后世界各国都十分重视职业技术教育，以培养现代生产所需要的具有一定技术的工人和各种职业人员。例如，美国国会于1963年通过了关于职业教育的法案，力求把职业教育的计划与劳动市场的实际更紧密地结合起来。职业技术教育不仅在学校里进行，而且在工厂企业中进行。在高等教育层次，一方面，技术学院的数量不断增加；另一方面，在传统大学，应用科学的研究普遍增长。

第六，教育的终身化。新的科学技术成果在生产上得到广泛应用，造成了职业变动和结构性失业。因此，经过一次职业训练已经不能保证终身的职业。教育是每个人从生到死的继续着的过程，导致终身教育思潮在20世纪60年代流行。首先提出终身教育主张的是保罗·朗格朗。1965年，联合国教科文组织国际成人教育促进委员会讨论通过了朗格朗的"终身教育"提案。此后，它得到了许多国家的认可。有些国家还把终身教育作为全国性的义务，用法律确定下来。

第三节　教育发展与教育学科发展史

虽然人们对教育进行研究的历史很悠久，但是作为制度化的教育研究，大约只有100年的历史。

随着元教育学研究的逐步兴起，教育学发展的历史分期问题开始受到重视。目前关于教育学发展的分期有多种观点。[①]有一种观点以教育学的发展形态为准绳，从独立与非独立、科学与非科学两个角度，把教育学的发展历程分为三个阶段。第一阶段是教育学的萌芽阶段，这一阶段教育学尚未形成自己的独立体系，关于教育的论述包含在庞大的哲学体系之内，并且抽象概括层次较低。第二阶段为独立形态的教育学的产生阶段。南京师范大学主编的《教育学》认为其上限为文艺复兴，下限为杜威的《民主主义与教育》的出版。[②]这一阶段教育学的理论化、科学化水平有了一定程度的提高，逐步从现象的描述转向理论的论证，从比喻、类比走向科学的说明。第三阶段为科学教育学的建立阶段，从马克思主义诞生起，一直到现在。有的人把教育理论的发展归结为神学化、人本学化和心理学化三大进程。这种观点认为：柏拉图的《理想国》是神学化时期的代表作；夸美纽斯是神学化向人本学化过渡时期的人物；卢梭开创了教育科学发展的人本学化的道路，他的思想又展现出了心理学化的端倪；真正进入心理学化时期应当从赫尔巴特算起。还有人以教育学研究的中心课题的转换为标准来划分阶段。

我们认为以上各种划分标准都有一定的合理性，它们的片面性也

---

① 沈剑平：《教育学发展的历史分期》，见瞿葆奎：《社会科学争鸣大系——教育学卷》，46～50页，上海，上海人民出版社，1992。
② 南京师范大学教育系：《教育学》，4～9页，北京，人民教育出版社，1984。

是显而易见的。人们在建立划分标准时总是强调某一方面，而忽视了其他方面，以便说明教育学在某一方面的发展历史，而不是教育学本身的发展历史。我们认为，教育学科发展阶段划分的标准应当包括三个方面。一是教育事业或教育实践本身的发展（如规模等）。它是教育研究的对象，是教育理论的源泉。二是教育研究人员队伍的发展。教育研究人员是教育理论的创造者。教学成为一种得到社会承认的"专业"，从而使教育研究也成为一种独立的"专业"，并在大学中得以制度化，应当是教育学发展史上的一个重大事件。如果任何有学科知识的人都可以当教师，那么就没有教育研究的地位，教育理论也就不可能得到发展。三是教育学理论中所包含的认识论取向的演变，或理论体系本身的更替。

基于以上标准，我们可以把教育学科发展划分为以下几个阶段：一是原始阶段，它的下限是16世纪中叶；二是初创阶段，它的上限是16世纪后半叶，下限是19世纪中后期；三是制度化阶段，它始于19世纪后期，终于第二次世界大战时期；四是开放化阶段或"殖民地化"阶段，20世纪中叶至今属于这一阶段。

原始阶段包括文艺复兴及其之前的时期。这一阶段教育主要由教会、慈善团体和个人操办，受教育的人占总人口的比率极小。尽管我们的教育史中也提到许多教育家，但他们同时是其他领域的思想家，而且在他们对人类社会的贡献中，也许后者更为重要。教育学还没有形成自己的独立体系，有关教育的学说包含在哲学、伦理学中。

从文艺复兴结束到欧洲工业革命结束之前是教育学的初创阶段。16世纪结束时，西欧已经出现了新的政治、经济、社会和宗教势力，民族势力已向教会提出了挑战，并在许多地方赢得了胜利。人们开始有勇气反对古代传说，质问神权，敢于创造改造他们环境的新方法。一场影响人类生活各个方面并使人们开始科学探索的革命已经爆发。18世纪的

"理性时代"更加剧了这一倾向的发展。这些深深地影响了教育事业。人们开始自愿离开教会所办的学校，并且为推动这个世界的进步而开始掌握世界。这个阶段，资本主义经济也开始发展。因此，许多个人、城市和自治单位都开始重建他们的学校，修订他们的课程，训练他们的教师。各宗教教派发现教育是进行宗教斗争的最好的武器。天主教的耶稣会训练教师，设立学校，并发展了适合其需要的课程和教学方法。然而，现代意义上的国民教育制度尚未建立。该阶段教育研究还没有成为一种职业，它主要是个别教育家为改善具体的教育实践进行的一些尝试和对实际教育经验教训进行总结。这一阶段出现了许多以教育事业为主的思想家，他们一方面从事具体的教育实践；另一方面总结教育经验，提出教育理论。比如，夸美纽斯、裴斯泰洛齐和福禄培尔等。夸美纽斯的《大教学论》的诞生，标志着教育学从哲学中分离出来了，形成独立的体系。这一阶段晚期的最重要的教育家可以说是赫尔巴特，他同时是一名哲学家。在他最辉煌的年代，他被任命为东普鲁士哥尼斯堡大学哲学讲座的教授（1809年）。这一席位曾经一直为伊曼努尔·康德所占据，当时他除了讲授哲学外，也讲授教育学。因此，这时教育学还没在大学里得到制度化。教育研究的方法主要还是思辨与类比等。

从工业革命结束到第二次世界大战期间是教育学的制度化阶段。这一阶段的主要标志是许多国家国民教育制度的建立，教育研究在大学中得以制度化，以及教育研究的科学化（如强调实验）和自主化（区别于其他学科）。19世纪后半叶，由于工业革命影响的结果，各级学校教育得到很大发展。欧洲许多国家建立了自己的国民教育制度。日本的现代学校教育制度是从1872年颁布学制时开始建立的。中国自19世纪60年代初到90年代末的洋务教育运动是近代新教育的开端，而现代教育制度则建于20世纪初。

为了提高教育研究的学术性及社会地位，教育家们力争使教育学成为与其他学术性科目并列的科目，在研究型大学中占有一席之地。在法国，第一个教育学讲座诞生于1887年；而在德国，教育学讲座建立于第一次世界大战前后，如莱比锡大学（1912年）、慕尼黑大学（1914年）、法兰克福大学（1916年）、柏林大学（1920年）、哥廷根大学（1920年）、哥尼斯堡大学（1922年）和图宾根大学（1923年），都是在这个时期建立起自己的教育学讲座的。[1]美国的第一个大学教育学讲座则是1873年在艾奥瓦大学设立的，1890年办成独立的"教育系"，1907年成立"教育学院"。[2]1889年私立的纽约师范学院获准成立，后来于1898年并入哥伦比亚大学。该学院对美国的师范教育有重大影响。英国的牛津大学和剑桥大学分别于1891年和1892年设置师范学院。[3]

专业组织也是推动教育专业成长的重要因素。在美国，从1865年到1918年，各个种类的教师专业组织稳定地发展着，先后成立了全国教育协会与美国教师联合会。在1892年，美国成立了全国赫尔巴特协会，研讨和提倡赫尔巴特的教育学说。该协会以后更名为"全国教育科学研究会"，对开展科学的教育研究产生了很大影响。

这一时期，科学技术的普遍成功在教育领域产生了巨大的影响。教育研究也试图仿效自然科学的研究方法。实际上，这已经反映在初创阶段的赫尔巴特的心理学化的教育理论中。斯宾塞认为，心理学是完整和正确的教育学的唯一坚实基础。他写道："只有到科学占有了理性心理学的那一天，教育才会被明确地系统化。"[4]在德国，实验教育学的诞生

① Jürgen Schriewer and Edwin Keiner, "Communication Patterns and Intellectual Traditions in Educational Sciences: France and Germany", *Comparative Education Review*, 1992, 36(1). 德国第一个教育学教授职位于1779年设于哈勒大学，其拥有者为Ernst C. Trapp。

② 滕大春：《外国近代教育史》，503页，北京，人民教育出版社，1989。

③ 滕大春：《外国近代教育史》，530页，北京，人民教育出版社，1989。

④ 转引自［美］S. E. 佛罗斯特：《西方教育的历史和哲学基础》，吴元训等译，498页，北京，华夏出版社，1987。

与实验心理学的诞生紧密相关。实验心理学的首创者当推德国的古斯诺夫·特奥多尔·费希纳，他建立了心理物理学。1879年，德国心理学家威廉·冯特（1832—1920）在莱比锡大学创建了世界上第一个心理学实验室。经冯特的研究，实验心理学终于成形，并迅速传播到欧美各国。有些学者把实验心理学的成果和研究方法引进教育理论和教育实践，便出现了实验教育学。在德国，从事这项工作且成绩较为显著的是埃恩思特·梅伊曼和奥古斯特·拉伊。1901年，梅伊曼首先提出"实验教育学"的名称。上述实验教育学影响的时间并不长，到两次世界大战期间，代之而起的是精神科学教育学。德国的教育学术领域的开创者们，如斯普朗格、福里特纳、李特和诺尔等，使教育研究建立在狄尔泰的认识论基础之上，强调教育学科的自主性。20世纪60年代以前，精神科学教育学在德国一直占统治地位。

1917年十月革命的胜利，使马克思主义教育学说很快在苏联占领了整个教育领域。辩证唯物主义和历史唯物主义学说指导着苏联学者的教育研究。教育研究队伍也迅速壮大，出现了诸如克鲁普斯卡娅和马卡连柯等著名教育家。教育研究在高等教育机构中得以制度化。另外，苏联还建立了一批独立的教育研究机构。苏联教育事业的发展速度是举世瞩目的。它的教育学的发展大大影响了第二次世界大战以后社会主义国家的教育理论与实践，对发达资本主义国家及发展中国家也有一定的影响。

从20世纪中叶至今是教育学的开放化阶段或"殖民地化"阶段。其主要标志是20世纪五六十年代世界各国教育的大发展、教育研究群体的多学科化，以及教育研究和教育理论的多样化。①战后教育大发展，前文

---

① Wolfgang Mitter, "Current Trends in Educational Research in Europe", *European Journal of Teacher Education*, 1992, 15(1/2).

已经论及，这里不再赘述。伴随着教育大发展，教育研究队伍也不断扩大，大量的社会科学家加入教育研究中来。在许多国家，有关行政机构和学术团体的名称也从"教学"改为"教育"。比如，从60年代起，法国大学的专业学术名称中使用的是复数的"教育科学"。大学中几乎所有的社会科学专业都对教育研究产生影响。有些学者既是教育家，又是其他社会科学领域的专家。美国斯坦福大学教育学院中的许多教授同时也在其他学院任课，如马丁·卡诺伊就是教育学和经济学教授。在我国，由于学者的学术背景及观点不同等原因，教育经济学和教育社会学两个领域分别建立了两个研究会，隶属于不同的上级学术团体（教育学、经济学和社会学）。这一阶段建立了许多教育专业学术组织。它们当中有的已经跨越国界，成为国际性组织。因此，这一阶段教育学已经沦为其他社会科学的"殖民地"，它的自主性和独立性正在丧失。然而，它的学术性不断得到提高。

由于在许多国家的财政支出中，教育支出仅次于国防支出，因此，许多其他领域的学者涌入教育研究领域也是自然的。学术群体本身的多学科化的结果，便是教育研究方法和教育理论的多样化。在德国，自20世纪60年代起，精神科学教育学逐渐失去了统治地位，与它一争高低的是实证主义教育学。维也纳学派的哲学，尤其是卡尔·波普尔的批判理性主义的影响日益增大。批判理性主义教育学的代表人物是布雷津卡。建立在批判理论、结构主义或现象学基础之上的教育理论在德国也有重要地位。英国和美国的教育界更是学派林立，百花齐放。

以上所述的仅是一个非常粗略的教育学发展历史阶段的划分框架。由于世界各国的具体背景不同，以及学术传统上的差异，我们很难得到一个精确的世界统一模式。世界各国的教育学发展既有共同性，也有各自的独特性。跨国的比较历史分析将有助于加深我们的理解。在这方面，德国的于尔根·施瑞尔（Jürgen Schriewer）教授等人已经做了有益的尝试。[①]

第四节　比较教育的制度化与国际化

比较教育的发展与世界各国、各民族的经济、文化和政治等的发展紧密地联系在一起。广义的比较教育的历史也就是世界各国、各民族教育交流的历史。因此，人们常说，比较教育"有悠长的过去，却只有短暂的历史"[②]。这从表面上看是一个矛盾的说法。实际上，我们通常所说的比较教育的历史，指的是有计划、有组织的教育交流的历史。需要强调的是，这里的交流应当是以教育为主要目的的交流，而不是一般的文化交流。比如，我国盛唐期间，日本曾经有遣唐使到中国，这段历史就应当是外国教育史和国际关系史或世界史的研究对象。

我们认为比较教育大于一门学科。它是一切愿意贡献教育见解的社会群体的公共领域。他们既可以是教育诸领域的专家，也可以是社会科学领域的专家。它的对象是教育的整个领域。任何方法只要有用，都可以成为它的研究方法。然而，它不是也不可能无所不包。一项教育研究（以现当代教育为中心），在它的主体、客体和参照系三个要素中，只要有一个与其他两个不属于同一个国家（或同一种文化），那么我们就可以把它看作比较教育研究。例如，在教育研究的上述三个要素中，只要有一个是跨国的（如研究人员由多国学者组成），那么它就是比较教育研究。一言以蔽之，比较教育是国际（跨文化、民族间）教育交流的论坛。有关该观点的认识论上的论证可参看本书第四章"国际教育交流

---

① Jürgen Schriewer and Edwin Keiner, "Communication Patterns and Intellectual Traditions in Educational Sciences: France and Germany", *Comparative Education Review*, 1992, 36(1).

② Philip E. Jones, *Comparative Education? Purpose and Method*, St. Lucia, University of Queensland Press, 1971, p. 48.

认识论"。

　　基于上述观点，可以认为比较教育的发展历史就是国际教育交流论坛的形成、制度化及国际化的过程。为此，我们把比较教育的历史分成以下几个阶段：一是"史前"阶段，即人们开始酝酿、建立论坛之前的时期，它以1817年为下限。当年"比较教育之父"朱利安发表了著名的《比较教育的研究计划和初步意见》一文。二是形成阶段，它以19世纪和20世纪交替时期为下限。三是制度化阶段，即20世纪上半叶，它开始于有形实体的出现，即制度化教育交流论坛的出现。四是国际化阶段，它起始于1946年，当年联合国教科文组织成立了。[①]1968年，世界比较教育学会联合会成立，它是世界比较教育史上的一个重大事件。因此，第四阶段还可细分成两个小阶段：1946年至1968年是国际化的第一阶段，而自1968年以来是国际化的第二阶段。

　　虽然现代学校教育的历史不长，但是广义的教育活动和人类具有同样长的历史。因此，广义的比较教育的历史可以追溯到古希腊、古罗马时期。[②]

　　当不同国家的人们因旅行、贸易、战争和传教活动而相互往来时，教育与文化的交流就出现了。当然，最初可能只是口头传递，以后发展到书面描述，从而实现各国的教育交流。有些学者还进一步对所观察到的现象进行分析，做出比较。比如，古希腊的希波克拉底把不同民族在智力上的差异归因于不同的气候条件。

　　11—13世纪，欧洲出现了许多直接的域外报告，其中包括一些对不

① 薛理银：《当代比较教育方法论研究——作为国际教育交流论坛的比较教育》，233～237页，北京，首都师范大学出版社，1993。

② W. W. Brickman, "History, Concepts and Methods", in T. N. Postlethwaite (ed.), *The Encyclopedia of Comparative Education and National Systems of Education*, Oxford, Pergamon Press, 1988.

同文化和风俗的描述。罗杰·培根在旅行日志中对不同民族进行描述。他主张传教士要研究所有国家的风俗习惯和生活方式。马可·波罗的游记描述了中国和其他一些东方国家的情况。顺便指出,在过去的几年中,有关教育民族志和教育民俗学的研究在比较教育研究中得到复活,尤其在北美洲,它已成为一种新的时尚。^①日本比较教育界也有人提倡研究教育民俗和教育博物学。^②地理大发现、探险、增长的贸易和旅行,以及扩大的传教活动,带来了更多的关于外族的报道。天主教的耶稣会记载了日本、中国和拉丁美洲的文化和教育。总之,古代的学者、旅行家和外交官等都在各国的教育交流方面留下了自己的足迹。唐朝时,我国与日本、朝鲜和印度等国都有过广泛的教育交流。但是,"史前"阶段的教育交流无论在形式上还是在规模上都非常有限。

从1817年到19世纪末或20世纪初,为国际教育交流论坛的形成阶段。19世纪,各国在兴办教育事业过程中逐步形成了自己的国民教育制度。但是,究竟什么样的教育制度最有利于培养人才,外国的教育制度和教育实践中有哪些优良经验可以借鉴,是摆在各国教育官员面前的重要问题。各国都试图把外国的教育经验借鉴到本国,为本国学校教育制度的建立服务。在这个阶段,除了极个别情况以外,教育还没有在欧美国家成为一门学术性的学科,教育交流的主体基本上是教育官员,比如,美国的霍勒斯·曼就是马萨诸塞州的教育督察长。在这一阶段,如果说朱利安是实证主义者,那么法国的库森则是相对主义者。

在我国近代,学习外国教育始于清末的洋务运动。第二次鸦片战争以后,列强进一步侵略中国,中国的民族资本主义也逐渐有所发展,一

---

① Philip Altbach and G. P. Kelly (eds.), *New Approaches to Comparative Education*, Chicago, The University of Chicago Press, 1986; Vandra Masemann, "Ways of Knowing", *Comparative Education Review*, 1990, 34(4).

② 〔日〕石附实:《教育比较的三个视点》,钟启泉译,载《外国教育资料》,1993(6)。

场办"洋务"、兴"西学"的运动得到迅速发展。洋务派在各地办起了一些新学校，并派遣学生到外国学习。这些留学生带回了一些西方的办学思想。例如，容闳受过美国的高等教育，他回国后成为改良主义教育的代表人物。他认为中国要想独立富强，就应当学习西方资本主义国家办教育的经验。梁启超和严复等人也都曾介绍过外国的教育经验。在义和团运动前后，一些人还翻译和介绍了不少有关日本和欧美各国的教育制度的资料。这些工作对清末废科举、建立新教育制度的影响很大。

从20世纪初到第二次世界大战结束是比较教育的制度化阶段。英国曼彻斯特大学的萨德勒是活动于形成阶段和制度化阶段交替时期的著名教育家。他基本上是一位相对主义者，在比较教育史上有重要的地位。在制度化阶段，世界各国已经由相互孤立的民族国家进入了相互依赖的世界体系。佛罗斯特说："要理解20世纪的西方教育，必须把它放到世界事件之中，而不能只看成是西方文化的产物。"[①]因此，欧美许多大学开始开设比较教育课程，比较教育作为一种制度已经存在。由于第一次世界大战的影响，人们重视教育在促进国际相互理解及维护世界和平方面的作用，因此，比较教育研究在这一阶段有显著的人文主义特征。这一点也反映在康德尔、汉斯和施奈德等人的工作中。

中国的比较教育教学与研究开始于19世纪"五四"新文化运动以后。由于十月革命的影响，许多中国知识分子开始注意俄罗斯的教育。美国杜威和孟禄等人来华讲学，对当时的中国教育也有过不小的影响。在这种背景下，许多学者开始研究外国教育。这导致了一些大学开始开设比较教育课程。在这个时期，有许多比较教育著作或教科书问世，例如，庄泽宣的《各国教育比较论》（1929年出版），钟鲁斋的《比较教

---

① [美]S. E. 佛罗斯特：《西方教育的历史和哲学基础》，吴元训等译，519～520页，北京，华夏出版社，1987。

育》（1935年出版）等。另外，罗廷光和韦懿曾把康德尔的《比较教育学》（1933年出版）译成中文，作为大学教科书。[1]

创立于1929年的国际教育局（于1969年成为联合国教科文组织的一个下属机构），是教育交流论坛超出单个国家，走向世界的开端。1946年，联合国教科文组织的成立则是制度化的教育交流论坛国际化的标志。第二次世界大战之后，各个独立国家都开展了大规模的教育改革。东西方的对峙导致激烈的教育竞争。因此，20世纪五六十年代比较教育在许多西方国家异常活跃，比较教育学会纷纷成立。联合国教科文组织及其下属教育机构主编的专业期刊《国际教育评论》和《教育展望》，则为各国学者提供了交流教育观点的论坛。[2]1968年创立的世界比较教育学会联合会（原名为International Committee of Comparative Education Societies，在1970年第一届大会上改名为World Council of Comparative Education Societies），标志着以比较教育学者为主导力量的世界性的教育交流论坛的诞生。它对比较教育的未来发展产生了影响。有关这一阶段的比较教育的发展，我们将在第二章深入探讨，这里不再赘述。

我国20世纪50年代主要学习苏联的教育经验，完全排斥了对其他国家的教育情况的研究。在大学里，比较教育的教学和研究停止了。直到1961年在周恩来总理的倡导下，我们才又重新重视对外国教育的研究。北京师范大学和东北师范大学等校相继成立了外国教育研究机构，出版了《外国教育动态》和《外国教育资料》杂志。但是，这项工作刚开始不久，我国爆发了"文化大革命"，有关外国教育的研究也就停止了。

---

[1] 王承绪、朱勃、顾明远：《比较教育》，283页，北京，人民教育出版社，1985。
[2] 有关国际教育组织及其编辑发行的比较教育文献的介绍可参看：M. Debeauvais, "Documentation in Comparative Education", in: T. N. Postlethwaite (ed.), *The Encyclopedia of Comparative Education and National Systems of Education*, Oxford, Pergamon Press, 1988, pp. 41–48.

改革开放以后，国家现代化的需要使研究外国教育变得刻不容缓，因此，比较教育又在高等学校和科研机构重新得以制度化。我国的比较教育事业在过去的十多年中得到了突飞猛进的发展，国际合作与交流也渐渐频繁。中国比较教育研究会已于1984年正式加入了世界比较教育学会联合会，国际地位正在逐渐提高。

比较教育是国际性的事业。世界比较教育的发展水平取决于各国比较教育的发展状况。由于欧美许多国家的比较教育很难与已经牢固地建立起来的其他教育分支学科相抗衡，而在发展中国家，比较教育相对来说地位较高，因此有些学者认为，通过为发展中国家培养比较教育专业人员，可以使欧美国家的比较教育得到发展。[①]我们认为，只有加强国际合作与交流，即加快比较教育的国际化进程，才能推动比较教育向纵深发展。中国比较教育的国际化是摆在我们面前的重要任务。

---

① E. Epstein, "Toward the Internationalization of Comparative Education: A Report on the World Council of Comparative Education Societies", *Comparative Education Review*, 1981, 25(2).

第二章 比较教育研究的现状与趋势

在上一章中，我们把比较教育看作国际（跨文化、民族间）教育交流论坛，把比较教育的发展与教育的发展及国家的发展演变联系在一起。关于比较教育的定义，目前国际上尚未达到共识，国内几本教科书的定义也各不相同。例如，王承绪、朱勃和顾明远主编的《比较教育》给出的定义是："比较教育是用比较分析的方法，研究当代外国教育的理论和实践，找出教育发展的共同规律和发展趋势，以作为改革本国教育的借鉴。"[①] 由日本胜田守一编的《岩波教育小辞典》，给比较教育下的定义是："比较研究各国的教育制度、教育理论和教育实践，从中归纳出教育的本质和规律的学科。"[②] 上述两个定义显然受到了"因素分析"时代比较教育的定义的影响。在那个时代，以康德尔、汉斯和施奈德等人为代表的比较教育学者，以19世纪国民教育制度建立时期产生的外国教育研究的传统为基础，于20世纪二三十年代创立了比较教育学。

本章试图通过分析比较教育研究的学术群体、机构、对象、方法、媒介和成果，阐述比较教育研究的现状与趋势，从而进一步把握比较教

---

① 王承绪、朱勃、顾明远：《比较教育》，17页，北京，人民教育出版社，1985。

② 转引自赵中建、顾建民：《比较教育的理论与方法——国外比较教育文选》，62页，北京，人民教育出版社，1994。

育的质的规定性。[①]

第一节　比较教育研究的学者与机构

　　各国教育相互作用的前提是主体的介入。教育主体通常由社会的教育决策人员、教育研究人员（包括比较教育研究人员）和教育实践过程中的有关人员组成。他们在国际教育交流中是三种不同类型的主体。三种类型的主体缺一不可，各有其对象和目的，都能贡献各自的教育见解。对于比较教育，根据认识、实践和服务对象的不同，我们可把主体分为国际论坛主体、外主体和内主体。在研究主体这一层次，国际组织专家、外国专家和国内专家就是上述三类主体的具体例子。其中的国际组织专家指的是受雇于诸如联合国教科文组织、经济合作与发展组织、世界银行等国际性机构的专家。他们有的从事国际教育资料的收集工作，有的接受有关第三世界国家的教育改革的咨询。这种分类有助于理解"教育借鉴"与"教育输出"，以及"教育援助"与"文化帝国主义"等概念的含义。

　　比较教育研究人员是比较教育事业发展的主导力量。自20世纪初以来，比较教育在很多国家得以制度化，涌现出一批著名学者，如康德尔（Issac Kandel）、乌里希（Robert Ulich）、汉斯（Nicholas Hans）、施奈德（Friedrich Schneider）、希尔克（Franz Hilker）和罗塞洛（Pedro Rossello）等。然而，在发达国家，比较教育的真正大发展时期是在20世纪五六十年代以后。[②]

---

① 有关比较教育的基本要素的理论分析，请参看薛理银：《当代比较教育方法论研究——作为国际教育交流论坛的比较教育》，第二章，北京，首都师范大学出版社，1993。

② W. D. Halls (ed.), *Comparative Education: Contemporary Issues and Trends*, London, Jessica Kingsley Publishers/UNESCO, 1990.

自1956年美国比较教育学会成立以来，比较教育研究在美国得到了很大发展。早期的领导人物包括贝雷迪（George Bereday）、布里克曼（William W. Brickman）、里德（Gerald Read）、安德森（C. Arnold Anderson）和埃格森（Claude A. Eggertsen）等。当时居统治地位的三大中心是芝加哥大学、哥伦比亚大学和密歇根大学。

美国芝加哥大学教育学院比较教育中心是1958年在福特基金会的支援下设立的，它同时还接受了卡内基基金会和联邦教育局的补助。这些财政支援的主要目的，是力求将社会科学方法应用于各种文化教育研究。因此，该研究中心采用社会学、人类学、政治学、经济学和历史学等的方法，研究文化教育与社会其他部门之间的关系等问题。该研究中心的首任主任是安德森，其核心成员的专长遍及社会科学的各个领域。

上述三大中心培养了一大批比较教育学者，他们当中的许多人至今仍然在美国比较教育界有很大影响。然而，三大中心的统治地位早已消失。目前，代之而起的是以下几个机构的比较教育部门：斯坦福大学、加州大学洛杉矶分校、佛罗里达州立大学、匹兹堡大学、纽约州立大学布法罗分校和阿尔本尼分校。

位于莱茵河畔法兰克福的德国国际教育研究所在德国比较教育界占有很重要的地位，现任所长是著名的比较教育家沃尔夫冈·密特教授（Wolfgang Mitter）。马克斯·普朗克教育研究所也从事比较教育研究。在德国，还有许多大学设有比较教育研究机构。比如，波恩大学、海德堡大学和汉堡大学。在于尔根·施瑞尔和韩友耿教授的领导下，一个新的比较教育研究中心已在柏林洪堡大学建立，其影响不断增大。

英国伦敦大学教育学院于1947年设立比较教育函授教学站，此后在劳韦里斯（J. A. Lauwerys）及霍尔姆斯（Brian Holmes）等人的领导下，逐渐发展成为英国比较教育研究的中心，甚至可以说是世界比较教育研究中心之一。由于殖民传统及英语的特殊性，许多国家，尤其是发展中国家的学生到伦敦大学教育学院攻读比较教育专业的学位。20世纪80年代中期,该学院的比较教育系与发展中国家教育系合并,成立了国际与比较教育系。

伦敦大学英王学院也曾经是英国的比较教育研究中心之一。著名的比较教育家汉斯和埃德蒙·金(Edmund King)曾是这个中心的带头人。遗憾的是金一退休,该中心也就随之消失了。

20世纪80年代之后,由于英国比较教育的"衰落",伦敦大学教育学院在这一领域的影响稍有减小。在许多大学,如萨塞克斯大学,成立了国际教育中心,为原英殖民地国家培训师资,同时对它们的教育进行研究。然而,在伦敦以外的各大学,比较教育研究的规模都很小,它通常只是个别学者从事的事业。例如,布劳夫特(Patricia Broadfoot)教授在布里斯托尔大学研究,沃森(Keith Waston)教授在里丁大学(著名的比较教育家马林森曾在该校任教)研究,瑞巴(Raymond Ryba)在曼彻斯特大学研究,格兰特(Nigel Grant)在格拉斯哥大学研究。在90年代初,牛津大学成立了比较教育中心,其规模同样很小,主要研究人员是菲利普斯(David Philips)。

欧洲其他国家也有一些比较教育研究机构。瑞典斯德哥尔摩大学的国际教育研究所就是一个著名的比较教育研究中心。胡森(Torston Husen)教授曾经是该所的领导人。

日本的国立教育研究所设有比较教育研究部。该所的其他下属部门也积极开展国际比较研究。东京大学、九州大学、广岛大学、京都大学和筑波大学五所国立大学的教育学部设有比较教育"讲座"。另外,还有几十所大学开设比较教育课程。日本的大学中,唯有九州大学专门了设置比较教育与文化研究所。广岛大学的大学教育研究中心也进行了大量的比较研究。

中国的比较教育自20世纪70年代末以来发展迅猛。目前,中国的比较教育研究机构主要有：北京师范大学国际与比较教育研究所、华东师范大学国际与比较教育研究所、杭州大学比较教育中心、东北师范大学比较教育研究所、华南师范大学外国教育研究所、中央教育科学研究所比较教育研究室。许多师范院校的教育系也开展比较教育研究。另外，北京大学和厦门大学的高等教育研究所也有一些学者从事比较教育研究。

在过去的一二十年中，发达国家的许多比较教育研究中心由于财政困难，渐渐丧失了统治地位，使有限的比较教育学者分散在众多的研究机构之中，甚至有的学者认为比较教育有非制度化的趋势。[①]因此，发达国家的比较教育学者面临着一场严峻的挑战。令人欣慰的是，比较教育在发展中国家得到了蓬勃发展。发展中国家比较教育研究机构和学者在不断增加。另外，一些国际组织也积极参与比较教育研究，比如，世界银行和联合国教科文组织的下属研究机构就开展了许多政策方面的比较研究。联合国教科文组织的国际教育局、教育研究所、国际教育规划研究所和亚洲地区教育事务所的作用尤其大。近年来，世界银行在比较教育研究中扮演的角色越来越重要。研究队伍的国际化是比较教育未来发展的趋势。国际教育成就评价协会（IEA）是这方面的典范。

第二节　比较教育研究的对象

现有的比较教育定义大多是在对教育现象做一定的分类后加上"比较"这个词而得到的。许多学者提出了自己的分类学体系，他们都对比较教育学的发展做出了贡献。比较的单元多种多样，可以以一个或多个国家作为一个单元。比如，在研究意识形态对教育的影响时，可以把世

---

① 杜祖贻等：《美国比较教育的新特征》，载《比较教育研究》，1994（1）。

界各国分为社会主义国家和资本主义国家，对它们进行比较分析；也可以在资本主义国家阵营内对各国进行比较。同样，在研究经济发展水平对教育的影响时，可把各国分为发展中国家和发达国家；在考虑宗教因素时，则可分为基督教国家和佛教国家等。一个国家内的不同民族地区也可作为比较的单元，比如，西藏、新疆、内蒙古和江苏各作为一个单元。把世界各国作为一个整体进行分析也是可行的。上述各种分法只考虑了空间维度，如果增加时间维度（历史），那么可选择的比较单元就更多了。

在每一个单元中，根据对象的性质不同，还可把研究对象分为观念要素、制度要素和实践要素。这三个要素不仅是比较教育的研究对象，而且是一般教育的研究对象。然而，比较教育还有自己独特的研究对象，即不同国家（文化或民族）的教育观念、制度和实践的相互作用。我们还可以在教育目标、结构、内容、对象、方法与技术、资源、财政与行政等方面进行比较研究。法国黎成魁（Lê Thành Khôi）把"教育事实领域"（他不用"教育制度"这个术语，理由是教育制度就其准确意义而言，是19世纪才出现的）分为目标、行政和财政组织、结构、内容、方法和技术，以及教育中的行动者。[1]我国的许多比较教育著作对这个问题还没有进行深入探讨。当然，这个问题（乃至比较教育这个领域存在的许多问题）源于教育学本身的贫困，如果教育学本身的科学性、系统性尚未解决，那么我们就很难论证比较教育的地位、作用和价值。本书把教育系统看成是由相互关联、相互作用的四个要素——人员要素、财物要素、信息要素和结构要素——构成的有机整体。这也是本书分析问题的基本框架。

---

① 转引自赵中建、顾建民：《比较教育的理论与方法——国外比较教育文选》，4～5页，北京，人民教育出版社，1994。

在一些西方国家，有关教育的国际研究分化为三个部分，即比较教育（comparative education）、国际教育（international education）和发展教育（development education）。人们对三者之间的联系与区别有不同的理解。弗雷泽认为，国际教育研究两个或更多个社会中个人和群体之间在智力、文化和教育方面的关系，还探讨诸如为了相互得益和增进了解而进行的国际访问和国际交流这样的问题。因此，可以认为，国际教育主要研究那些为了达到国际交流和了解而进行的各种活动。人们通常认为比较教育要做一些学术性更强的工作，即在跨国、跨文化的基础上分析各种教育制度，解释各种教育制度的异同点，并在可能的情况下检验关于教育和社会之间的关系的各种论述。[1]发展教育则主要研究教育在发展中国家所起的作用，认识和理解发展的过程和问题。教育的国际研究领域的分化主要表现在欧美国家。在英国，"比较教育"主要研究发达国家，如欧洲和北美洲的教育，有重视理论研究的传统，重视"比较"。"发展教育"或"发展中国家教育"（education in developing countries）主要研究非洲和其他发展中国家的教育。进行后一类研究的学者很少做"比较"研究。尽管欧美许多"比较教育家"同时开展上述"三个领域"的研究工作，但许多"发展教育家"倾向于把比较教育研究限定在一些发达国家，把"发展教育"独立出来，明确地阐述自己的界定，以便获得政府或国际组织用于国际交流和发展计划的资金。我们认为，在许多方面，三者是共同的，或是相互补充的。有关这一点的理论论证，可参看本书第四章。实际上，英国和美国的"比较教育学会"都已改为"比较与国际教育学会"，伦敦大学教育学院的"比较教育系"也于20世纪80年代中期与"发展中国家教育系"合并。尽管如此，分化还是明显存

---

① 转引自赵中建、顾建民：《比较教育的理论与方法——国外比较教育文选》，24页，北京，人民教育出版社，1994。

在着的。在中国，上述三者是联系在一起的，目前不存在任何争论。但是，"发展教育"在我国比较教育界尚未引起足够的重视。本书重视比较教育的这个维度，把比较教育与教育发展及国家发展紧密地联系在一起。在专业名称上，我们认为，无论采用"比较教育"还是"国际与比较教育"，都是可以的。在我国，它并不是一个实质性的问题。

在比较教育研究过程中，对象国和研究主题的选择受很多因素制约。这些因素可以是语言、国家教育政策、研究资助和研究人员个人的教育背景等。由于世界上有很多情况各异的国家，而且教育领域的课题又非常广泛，因此，比较教育研究的多样性肯定是难免的。比较教育给人留下的印象是：比较教育家们研究各自感兴趣的外国的教育，除此之外，很难找到共同点。

比较教育研究对象的多样性首先表现在国别选择上。美国主要研究欧洲和拉丁美洲国家的教育；在冷战时代，对苏联教育极为重视；在过去的十多年中，日本的经济地位迅速上升，对美国经济冲击很大，故美国比较教育界开始重视日本教育。当然，由于美国国力较强，研究的国家比较多，比如，也有不少学者研究中国教育。联邦德国主要研究原东德及原东欧社会主义国家的教育，也有学者研究中国教育。英国的比较与国际教育则与欧洲及英联邦国家的教育联系在一起。日本的比较教育界除了研究欧美教育之外，还研究亚洲国家的教育。比较教育研究对象的多样性还表现在专题选择上。我国在20世纪70年代末恢复比较教育研究初期，主要研究美国、英国、法国、德国、日本和苏联六个国家的教育制度，后来逐渐过渡到专题研究，近年来则对亚洲几个国家的教育感兴趣。

迄今为止的世界比较教育学会联合会的九届大会的主题分别是："师范教育与比较教育"（渥太华，1970年），"中等教育的效率"（日内瓦，1974年），"教育的多样性与统一性"（伦敦，1977年），"教育的传统与革新"（东京，1980年），"依赖与相互依赖"（巴黎，1984年），"教育、危机与变革"（里约热内卢，1987年），"发展、交流与语言"（蒙特利尔，1989年），"教育、民主与发展"（布拉格，1992年），"教育的传统性、现代性与后现代性"（悉尼，1996年）。

从以上主题，我们可以看出，比较教育研究与教育发展、国家发展及国际关系密切相关。当然，比较教育学者也不会忘记自己的特有领地——国际教育的相互作用。在发展中国家，比较教育界普遍重视研究发达国家的教育；在发达国家，比较教育研究与20世纪五六十年代的教育大发展，以及70年代以后的"世界教育危机"紧密地联系在一起，同时还与许多发展中国家的教育重建和发展有关。

第三节　比较教育研究的目的

纵观比较教育的发展，我们可以发现学者们提出了各不相同的目的。朱利安希望通过比较教育的研究建立一门实证的教育科学；[①]康德尔说：对外国教育制度的研究，意味着对自己教育思想的一次检讨和挑战，因而也是对本国教育制度的背景和基础的一次比较清楚的分析。埃德蒙·金和霍尔姆斯都认为这门学科是非常实用的。金认为通过比较研究可以为教育决策做出贡献。[②]虽然霍尔姆斯对此比较悲观，但他认为通过比较研究，可以为教育决策者指明某项政策不可行或不明智。[③]安德森、诺亚和埃克斯坦认为比较教育的目标是建立学校与社会之间关系的

---

① ［法］M.朱利安：《比较教育的研究计划和初步意见》，见朱勃、王孟宪：《比较教育——名著与评论》，1～54页，长春，吉林教育出版社，1988。

② Edmund King, *Comparative Studies and Educational Decision*, London, Methuen Publishing, 1968.

③ 薛理银：《问题法与比较教育——对布莱恩·霍尔姆斯的一次采访》，载《比较教育研究》，1992（3）。

理论。①乌里希重视比较教育在培训教师方面的作用，认为它有助于克服教师和教育行政人员的狭隘的地方主义。②

根据上述学者的观点，我们可以把比较教育的研究目的归纳为以下三类：科学知识的目的、人文知识的目的和教育决策的目的。科学知识和人文知识是教育决策的基础，教育实践是科学知识与人文知识的源泉。

比较研究是通向普遍的教育法则的必经之路。有关教育的各种一般命题都应当拿到各国去检验，从而进一步确证该命题或证伪它。因为所有教育科学研究人员都可以进行这种研究，所以，在这个意义上，比较教育并不具有独特性。比较教育学就是教育学本身。然而，从具体的研究实践来看，在世界各国的"教育实验室"中检验教育理论，需要一些特殊的技能和知识背景。研究人员除了要精通自己的专门领域外，还应当掌握有关外国教育与文化的基本知识，以及跨国比较研究的设计技术等。一个完全不了解英国教育的研究人员，完全可能把"公学"看作"公立学校"。上述要求对单个研究者来说可能比较高，因此，在发展普遍教育命题方面，比较教育家可以在自己的专门领域开展类似其他教育家的研究工作，而后者则有必要接受比较教育方面的专门训练。此时，跨国、跨文化的比较研究技术的开发，是比较教育家应当做出贡献的领域。

研究别国的教育可以增进对本国教育的理解。比较教育研究可以为教育的发展与改革做出贡献。这里，我们从教育政策的制定、批评和辩

① C. A. Anderson, "Methodology of Comparative Education", *International Review of Education*, 1961, 7(1).

② Paul Nash, "A Humanistic Gift from Europe: Robert Ulrich's, Contribution to Comparative Education", *Comparative Education Review*, 1977, 21(2-3).

护的角度来看比较教育的作用。[①]

在教育政策制定方面，比较教育研究人员根据本国的教育问题选择研究对象国，通过研究外国教育来制定本国的教育政策。对象国的选择通常决定于媒介的可获得性。比如，发展中国家往往研究发达国家，而不是发展中国家。在这种场合，比较教育家常常根据自己的需要，从自己的立场出发，对外国教育进行解释，而不关心实在意义上的教育现实。

政策辩护也是许多比较教育研究活动的目的。假定在某一时期教育决策人员与社会其他人士就教育的一些问题已达成共识，一旦决策人员做出某项新的决策，那么这种共识就被破坏了。这时，决策者与大众之间就需要经过互动，达成新的共识。决策者必须从理论或实践上对其决策行为进行解释。显然，通过比较教育这个途径，可以在一定程度上实现这个目标。然而，此时由于比较研究的"结论"已定，故研究人员往往努力寻求能证实"结论"的信息，而忽视与现有立场相矛盾的信息。因此，如果过分强调比较教育的这一功能，将会严重阻碍比较教育的健康发展。

在政策辩护研究中，比较教育家成为教育决策者的附庸。实际上，比较教育家还可以作为独立于决策阶层和公众的社会力量，在政策批评和鉴别方面发挥作用。这是教育决策科学化与民主化的重要一环。

比较教育研究可以实现政策制定、政策辩护和政策批评的功能。三个方面的功能是统一的。显然，人们更重视前两个功能，因为研究人员可以获得资助。因此，在阅读有关研究报告时，应该有鉴别的眼光。

比较教育有助于国际理解和友好合作。世界各国许多大学的教育学院开设了比较教育课程，其目的之一是培训师资。这种制度是比较教育

---

① 薛理银：《当代比较教育方法论研究——作为国际教育交流论坛的比较教育》，60～64页，北京，首都师范大学出版社，1993。

赖以发展的重要保障。传统上人们深信比较教育课程在教师培训中的作用。教师担负着培养下一代的重要使命，教师的世界观将影响学生的言行。比较教育有助于消除民族中心主义，减少文化偏见，加深国际理解，从而有助于世界和平。在比较教育史上，康德尔和乌里希特别强调这种国际主义。乌里希指出："不仅应该从具有特定历史、疆域和竞争的民族文化来思考自己，而且还应该从世界各国的传统来思考自己，这样就会使人类摆脱狭隘的观念和自我孤立，从而达到那些由于人类无止境的努力而产生的伟大而深刻的思想。"[①]尽管许多比较教育工作者仍然把国际合作和理解看作比较教育的目的，但他们认为这种合作与理解是通过跨国研究而得到的意外收获。事实上，有时情况应当颠倒过来，即在收集各国资料并进行研究的过程中，我们就需要这种合作与理解。

第四节　比较教育研究的方法

在各门教育分支学科中，并不一定每门都要有专门研究所用的方法。因为各种教育研究方法，只要跟所要研究的问题相关，就可以应用。然而，由于跨国、跨文化研究的特殊性，比较的方法论成为比较教育研究的一个非常重要的课题。汉斯（N. Hans）认为："建立比较的方法论是比较教育学家的特定任务。这样做，部分是为了促进这一过程，部分是为了避免滥用概括和任意借鉴。"[②]许多比较教育名家从正面规定比较教育的研究方法。澳大利亚比较教育家特雷舍韦（A. R. Trethewey）则从反面，在他的《比较教育导论》（*Introducing Comparative Education*）

---

① 转引自赵中建、顾建民：《比较教育的理论与方法——国外比较教育文选》，22页，北京，人民教育出版社，1994。

② N. Hans, "English Pioneers of Comparative Education", *British Journal of Educational Studies*, 1952, 1(1).

一书中，专列一章论述比较教育研究中易犯的错误。[①]

20世纪五六十年代，各国学界对比较教育方法论的争论很激烈。谁在方法论方面有自己独特的观点，谁就获得声誉。当时，贝雷迪、安德森、霍尔姆斯、金、诺亚和埃克斯坦等人都提出了自己的方法论观点。方法论研究的功能有两个，即认知功能与社会学功能。前者的含义是：每一个人都要确定自己的立场，为自己的研究提供指导，同时也为自己的研究进行辩护。后者的含义是：建立研究的方法论基础是为了让其他学科的学者理解这一领域，并使它成为大学中的一个合法的领域，即具有一定的学术基础，能够贡献知识。因此，在比较教育发展的每一关键时期（不管是大发展还是出现危机），方法论研究都会受到重视。我国的比较教育在20世纪80年代发展迅速，重点研究了西方几个发达国家的教育。然而，如何在此基础上提高比较教育研究的水平，成为比较教育发展的一大难题。许多比较教育家都有危机感。因此，在1990年全国比较教育研究会的年会上，比较教育方法论成为人们关注的主题。这导致了国内第一部比较教育方法论著作[②]于1993年问世。

在采用具体的研究方法方面，学者们会由于对以下几个二元范畴的不同偏好而倾向于采用不同的方法，即归纳与演绎、过程与结构、定性与定量、内部观点与外部观点、一致与冲突、理论与实践、微观与宏观、现场研究与文献研究等。然而，在理论上，人们通常认为二者都是有价值的。

在比较教育中，人们对具体的方法的争论并不多。总的来说，人们承认各种传统的教育研究方法都可以用在比较教育研究之中。不过，有的人特别强调比较法。当然，不同学派的学者倾向于使用不同的方

---

① A. R. Trethewey, *Introducing Comparative Education*, Oxford, Pergamon Press, 1976.
② 即薛理银的《当代比较教育方法论研究——作为国际教育交流论坛的比较教育》，于1993年由首都师范大学出版社出版。

法。实证主义者喜欢用问卷、统计和实验等方法；现象学者则对访问法、民族志的方法、历史法和人类学的方法有偏好。因此，两个学派之间的争论自然也会涉及研究方法上的有效性与可靠性的问题。本书将在第六章深入探讨比较教育研究中常用的方法。决定研究方法的因素是多种多样的。它取决于研究者、研究对象、研究目的和研究媒介。其中的研究媒介是一个技术性因素，但它对比较教育的发展将起很大作用。

第五节　比较教育研究的媒介

比较教育研究人员总是通过一定的途径或渠道来认识待研究的教育现象的。这里的途径或渠道就是比较教育研究的媒介。我们可以把它分为印刷媒介、人际媒介、现实媒介和新信息技术媒介等。印刷媒介包括期刊、书籍等。这是外国教育知识的主要来源。尤其是学术著作和杂志中的文章，它们的抽象程度较高，是主体认识从感性到理性飞跃的产物。人际媒介包括个人的国际性交际网络、研究协会、比较教育的教学和研究机构及国际教育组织等。从学术研究的角度来看通过人际网络获得的知识是不可靠的，也不具有系统性，但它是深入理解待研究的教育现象的一个台阶。现实媒介指的是比较教育研究人员直接参与具体的教育实践过程时所进行的各种活动，比如，现场观察和访问等。这是研究外国教育最可靠的途径。然而，由于经济上的原因，许多发展中国家的比较教育学者跟此种媒介无缘。新信息技术媒介则是近几十年来出现的新事物。它包括通信卫星、计算机通信网络和各种音像系统等。新信息技术媒介的出现使得更多的人可以以更方便的方式接触异国的教育现实。近年来发展迅猛的互联网，将对国际教育交流和比较研究产生重大影响。

对发展中国家的比较教育研究人员来说，最重要且最现实的媒介是各种文献和统计资料。由于比较教育所涉及的范围相当广泛，因此，很难详尽地列出所有文献。每一个比较教育研究专家必须根据自己的兴趣和研究的国家建立自己的信息体系。然而，有一些文献是比较教育专业研究人员和一般公众共同感兴趣的。国际组织，尤其是联合国教科文组织及其下属机构，提供了对教育的各个方面进行比较研究的最完善的文献来源。它们提供的资料很容易查找，并且具有一定的可比性。几乎所有在世界范围进行比较的研究都是以联合国教科文组织的统计年鉴（Statistical Yearbook）所提供的材料为基础的。统计年鉴中的基本数据资料，是由联合国教科文组织通过问卷，从其成员国的统计机构收集来的。然而，联合国教科文组织并不直接负责向公众提供文献，这一职责是由国际教育局（IBE）承担的。IBE设在日内瓦的图书馆，是比较教育领域最大的图书馆。需要特别指出的是，IBE出版了一套《教育部长会议记录汇编》。教育部长会议每隔一年在日内瓦召开一次，与联合国教科文组织大会交替进行。各国代表提交的报告主要介绍自上一届会议以来本国发生的主要变化，并对世界教育的发展趋势提出总的看法。这套汇编材料已经制成缩微胶片。联合国教科文组织的地区教育机构也进一步提供数据资料，并进行地区比较研究。

在职业培训领域，国际劳工组织是最丰富的国际文献来源。世界银行也是比较教育的一个重要文献来源。一些地区性的国际组织也出版教育文献。

比较教育领域还有不少专业杂志，可为读者提供最新的研究趋势和理论争鸣的信息。比较重要的专业期刊有：联合国教科文组织的《国际教育评论》（*International Review of Education*）和《教育展望》（*Prospects*），美国的《比较教育评论》（*Comparative Education Review*），英国的《比较教育》（*Comparative Education*）和《比较》（*Compare*），法国的《欧洲教育杂志》(*European Journal of Education*)等。我国的比较教育期刊主要有:《比较教育研究》(北京师范大学主办,兼为中国比较教育研究会会刊),《外国教育研究》(华东师范大学主办),以及《外国教育资料》(华东师范大学主办)等。

目前,许多国家和国际组织正在建设(有的已经建成了)教育文献信息系统,以便利用计算机网络系统查阅文献和编制文献索引。随着信息技术的进一步发展,教育文献信息系统最终将在国际范围内建立起来。IBE建立的"国际教育情报网"(International Network for Educational Information)目前尚处于初级阶段,但它代表了在全世界范围内收集和处理教育情报方面迈出的第一步。查阅世界教育文献的问题在不久的将来会得到较彻底的解决,这将有利于提高发展中国家比较教育研究的水平。

第六节　比较教育的知识

比较教育的知识,指的是比较教育研究的成果。上一节提到的教育文献是比较教育知识的载体。比较教育知识还以专著和教科书的形式出现。特定的比较教育知识构成了大学或师范学院比较教育课程的内容或教科书。20世纪60年代以前,比较教育的主要教科书有:康德尔的《比较教育》(1933年),施奈德的《各国国民教育的原动力——比较教育学入门》(1947年)和汉斯的《比较教育——教育的因素与传统的研究》(1949年)。六七十年代则有:贝雷迪的《教育中的比较法》(1964年),金的《别国的学校和我们的学校——今日比较教育》(1958年第1版,1979年第5版)和《比较研究与教育决策》(1968年),马林森的《比较教育导论》(1957年第1版,以后多次再版),霍尔姆斯的《教育中的诸问题》(1965年),卡扎米亚斯和马西亚拉斯的《教育的传统与变革》(1967年),

诺亚和埃克斯坦的《比较教育科学探索》（1969年）。70年代新马克思主义崛起后，出现了卡诺伊的《作为文化帝国主义的教育》（1974年）。80年代又增加了霍尔姆斯的《比较教育——对方法的一些思考》（1981年），以及阿尔特巴赫等人主编的《比较教育》（1982年）和《比较教育的新方法》（1986年）。80年代末，施瑞尔和霍尔姆斯合编的《比较教育中的理论与方法》（1988年第1版，1992年第3版）成为当前比较教育专业研究生的主要教科书之一。在非英语国家还有一些影响较大的教科书，比如，法语地区有黎成魁的《比较教育》（1981年），日本有冲原丰的《比较教育学》（1981年），苏联有索科洛娃等编的《比较教育学》（1978年）。我国则有王承绪等人主编的《比较教育》（1982年）、成有信的《比较教育教程》（1987年），以及吴文侃和杨汉清主编的《比较教育学》（1999年）等。另外，需要特别指出的是，由于发展教育学的兴起，费格林德（I. Fägerlind）与萨哈（C. Saha）合著的《教育与国家发展》（1983年第1版，1989年第2版）在过去十多年中也是广为流行的教科书。

比较教育知识的形成，与方法论、理论及教育发展密切相关。随着时间的推移，理论和方法论争论中心及教育发展的主题都在发生变化，因此，比较教育的知识从内容到形式（载体）都会有所发展和变化。在20世纪五六十年代，比较教育的争论主要集中在方法论和定义上。比较教育开始背离康德尔等人开创的历史主义传统，迈入社会科学的轨道。然而，比较教育也从此丧失了一致性。此后，贝雷迪的"比较的四个阶段"、安德森的结构功能主义、诺亚的"科学的方法"、霍尔姆斯的"问题法"及金的"教育决策"，在比较教育领域留下了深深的足迹。在这期间，比较教育的研究与战后教育重建和改革密切相关。

20世纪60年代，许多学者在"现代化理论"的框架下，采用结构功能主义的观点研究教育发展问题。北美洲比较教育学者致力于研究教育与社会经济的发展和现代化的关系问题，而不是学校内部的教与学的内容等问题。现代化理论认为教育能够而且总会以特定的方式发挥作用，而弄清这种方式的最好途径，是通过研究那些受过教育的人，而不是通过研究教育的各个过程。因此，比较教育在后一方面提供的系统知识很少。这样，比较教育就日益脱离教育从业人员和师资培训人员的直接利害关系，而更像其他社会学科。比较教育学者试图确定对社会发展贡献最大的教育的层次与类型，认为教育投资比重工业投资能收回更高的利润。他们比较研究各国国民生产总值的增长率与教育的扩展程度之间的关系；研究教育的层次和类型与就业之间的关系等。相对来说，西欧国家比较重视研究学校内部的各种现象。在60年代，国际教育成就评价协会（IEA）也提供了大量的比较教育知识。IEA的研究不以理论发展作为框架，而是首次系统地以认知效果评价各种教育制度的效率。IEA的研究目标之一是通过清楚地了解影响教育成就的因素来改进教育实践。这类研究在各国政府的赞助下，了解到学生在数学、自然科学、外语、阅读和公民教育等科目上所取得的成绩，以及学校、教师和学生的背景特点与学业成绩的关系。这些资料可以用来评价各国教育系统的教学效果。IEA研究的主要缺陷在于其研究完全基于标准化考试对教学效果进行测量。尽管有许多缺点，但它依然是大规模跨国比较研究的典范。

到了20世纪70年代，人们看到由先前的研究导出的政策未能获得预期的结果，一些国家大幅度地扩展了教育，但这并没有给他们的经济带来发展。事实上，大多数发展中国家的经济开始停滞。教育扩展也未能推进发展中国家的政治民主化。许多国家的贫富和城乡差距加大。"在有些情况下，教育的增长似乎不但与经济倒退而且与政治不稳定、社会不宁的局势的扩展有关。"[①]因此，许多人开始对比较教育研究的理论基

---

① ［法］M.朱利安：《比较教育的研究计划和初步意见》，见朱勃、王孟宪：《比较教育——名著与评论》，270页，长春，吉林教育出版社，1988。

础产生怀疑。在70年代和80年代早期，一些人开始对现代化框架进行修正，比如，菲利普·福斯特（Philip Foster）。他们主张教育对经济发展的贡献并非出自任何一种教育的普及，非正规教育可能有重要作用。这导致了许多关于职业教育、"基本需要教育"和非正规教育的研究的发展。许多新马克思主义比较教育学者则以"依附论""合法化理论"和"世界体系论"等来替代现代化理论。围绕这些理论，大量的比较教育文献出现了。它们考察教育如何为不同的社会群体服务，以及社会的不平等如何在地区和国际水平上起作用。有些比较教育学者转向研究学校教育的认知效果及教育的效益；另一些则开辟新的研究领域，比如，妇女教育与少数民族教育等。

比较教育研究一直受到当代各种事件的影响，它的主题通常是与教育时尚一致的。比如，当前随着欧洲统一步伐的迈进，英国比较教育家又开始重视教育中的欧洲这一维度。在过去的几年中，苏联的解体，以及一些社会主义国家引入市场经济体制，使"西方马克思主义"似乎不再是替代结构功能主义的一种可行的选择了，比较教育也似乎失去了得以支持的理论。因此，比较教育的知识体系就显得更加凌乱了。

在发展中国家，由于比较教育研究起步较晚，所提供的比较教育知识主要是关于发达国家的教育制度和实践的描述性与评论性的知识。在过去的十多年中，我国比较教育学者较为完备地介绍了几个发达国家的教育制度，并发挥其外语水平较高的优势，引进了许多新的教育理论和教育实践。这对提高我国的教育研究水平有不小的影响。我国比较教育学者提供的知识通常是以国别和教育的层次来分类的，近年来出版了《战后英国教育研究》《战后苏联教育研究》《战后日本教育研究》《比较高等教育》《比较师范教育》《中外职业技术教育比较》等著作，另外，还出版了一些专题研究著作，如《现代课程论》《各国教育法制比较研究》《比较教学论》《当代比较教育方法论研究——作为国际教育交流论坛的比较教育》等。

比较教育知识的消费者范围极广。它可包括与教育有关的所有人员与机构，从师范生、教育研究人员、社会科学与人文科学研究人员、教师、教育行政人员、教育决策者到各种国际组织。当然，他们所消费的知识的种类和层次有较大的不同。比较教育知识的生产、交流、分配和消费也是一个值得深入研究的课题。

第三章 比较法与逻辑分析法

在上一章中，我们已经指出比较法并不是比较教育研究的唯一方法。各种社会科学研究方法都可以在比较教育研究中得到应用。然而，比较法在比较教育研究中确实有比较特殊的地位。相对于其他学科来说，在比较教育中，人们更倾向于使用比较的方法，而且使用得比较广泛。在比较教育发展的历史上，曾有人用"比较法"来定义比较教育，贝雷迪还专门写了一本书论教育中的比较方法。[①]因此，我们认为有必要专列一章，讨论比较法及其在教育研究中的应用。

第一节 比较法的历史发展与理论依据

科学研究的成功是各种思维方法综合运用的结果。比较法不仅本身在科学研究中得到了广泛应用，同时它又是其他新方法和新思想产生、发展和应用的基础之一。在自然科学的发展史及社会研究的历史中，比较法的运用事例数不胜数。

一般来说，比较就是确定对象的共同点与不同点。这种方法在加工和整理经验材料时得到广泛应用。早在公元前，比较方法就得到应用。

---

① G. Z. F. Bereday, *Comparative Method in Education*, New York, Holt, Rinehart and Winston, 1964.

公元前4世纪，亚里士多德曾对158个城邦政制（宪法）进行了比较研究，写出了著名的《雅典政制》一书。但是，在各门学科中，把比较法作为一种重要的研究方法是在18世纪以后的事情。在十八九世纪，许多思想家自觉或不自觉地做了许多比较研究。然而，直到20世纪初，许多比较研究领域才获得承认，或者从它们的母体学科中独立出来。例如，1900年，各国法学家云集巴黎，召开了第一次国际比较法学大会之后，才正式确立了比较法在法学领域的地位和作用。现在，绝大多数的人文科学和社会科学学科中，都有比较研究的分支，例如，比较法学、比较文学（比较神话）、比较语言学、比较史学、比较哲学（比较宗教学）、比较政治学、比较经济学、比较社会学和比较文化等，教育领域则有我们的比较教育学。随着社会国际化程度的提高，我们相信，比较法将会变得更加重要。

在日常生活中，我们时时处处都在做各种潜在的比较。没有比较，人类的任何一种认识活动都是不可思议的。然而，我们在科学研究中不能把思维活动停留在潜在的比较上，而是要自觉地进行科学的比较研究。为此，我们必须对比较的理论依据进行分析。

客观事物的发展和变化是统一性和多样性的辩证结合。所谓统一性，是指客观事物的发展和变化遵循着共同的规律；多样性则是指事物的发展和变化千姿百态、丰富多彩。事物发展变化的共同性与差异性是应用比较法的客观基础。在空间上同时并存的事物之间，以及在时间上先后相继的事物之间，都存在着这种共同性与差异性。

在客观世界的发展过程中，大至社会形态的更替，小至具体的某人某事，均处于相互联系之中。世界上的各种事物，不仅在时间上先后相继、互相联系着，而且在空间上与其他事物相互依赖和相互联系着。客观事物既是有联系的，又是有区别的。这种联系与区别就是进行比较研究的基本依据。

人类社会和自然界一样，也存在着某种普遍的规则或规律。教育作为一种社会现象，也有它自身的内在规律。人们在谈论教育借鉴时，通常假定在教育中存在客观规律（尽管不同社会有不同的教育），在教育思想、教育的组织形式、教育的方法和教育的内容等方面都有某些共同的东西。如果不存在有一定普遍性的规律，比较就失去了科学基础。不同社会的教育之间存在的差别，则是进行比较研究的另一基础。要是它们完全等同，那就失去了比较的意义。这就是为什么在物理学和化学中没有"比较物理学"和"比较化学"分支的原因。在物理学和化学中，科学所研究的对象在世界各地都一样，而且所研究的现象必须是可以复制的。然而，社会领域的情况大不相同。实际上，每一个国家都有自己独特的文化传统、价值体系和教育历史，在研究中很难把这些因素与研究对象隔离开来。社会研究工作者既要努力设法隔离无关因素，又要分析这些因素与研究对象之间的关系。因此，跨国、跨文化的比较研究就成为教育研究的一个重要组成部分。比较研究的主要目的就是异中求同，同中求异。

第二节　比较法的基本类型

比较的类型繁多。为了进行分类，我们有必要明确以下问题，即比较什么？如何比较？为何比较？关于比较什么的问题，在比较教育发展初期就得到重视。回答该问题的结果，便是许多教育系统分类体系的诞生。假定某一教育系统由许多基本要素组成，每一要素还可以分成多个子要素，这些要素按一定的规则相互联系，从而形成一定的结构，相应地，也就具有一定的特征和功能。系统除了具有以上的空间结构之外，还有自身的演化历史，即时间结构。另外，在教育系统之外，还有许多其他社会子系统，比如，政治和经济子系统等。教育系统与它们之间也存在一定的关系，两者的构成要素之间的关系更复杂。因此，比较的对象可以是整个系统，可以是教育系统与其他社会子系统之间的关系，也可以是系统的构成要素，还可以是要素之间的关系。当考虑系统的演化时，还可以对不同时期的上述对象进行比较。

关于怎么比较的问题，似乎很直观，把两个事物并列在一起，然后根据比较者的"经验"和一定的外在"标准"做出的判断就是比较。我们以人均教育经费为例进行分析。首先，必须对"人均教育经费"的含义进行界定，我们假定它是一国在一年内用于正规教育的各项开支总和除以人口总数的值。这就为比较确定了"标准"。然后，比较者根据自己对该国教育系统的知识，确定其人均教育经费的具体数目。为完成这一步工作，比较者必须经过专门训练。集权制国家的教育经费可能完全来自国家财政拨款；联邦制国家的教育经费则来自联邦政府和各级地方政府，甚至来自私人的基金、捐款，以及受教育者所交的学费等。确定比较的标准是最关键的一步。以上讨论的是标准的概念方面。在教育比较中，我们还会碰到标准的等级方面和价值方面的问题。比如，对教育经费，通过分析，我们可以发现A国比B国人均教育经费多，有的学者可能据此做出价值判断，认为A国的决策者的做法是可取的、正确的。在价值判断方面，不同的学者可能会得出不同的结论。比如，可能有人认为，资源的总量是有限的，如果在教育方面投入过多，国民经济的其他部门的投入就必然少，从而影响经济发展，而教育投入过多，可能导致高级人才失业或社会动乱。对于类似"教育经费"这样的"标准"或指标，在概念层次或等级层次上是比较容易处理的，而价值层次上的判断，则在很大程度上取决于研究人员自身的价值观和认识深度。因此，一项研究的水平之高低，往往体现在它在已有的数据资料上做出的判断是否令人信服。

在研究某一国教育时，有时研究人员可能做出这样的判断：某国在教育方面投入了大量的经费，有利于教育的发展。实际上，这里比较的对象被隐含起来了，被比较的另一方可能是比较者自己的国家，潜台词是本国的教育经费太低，不利于社会经济的发展。这就是比较教育研究中的"隐含"比较。当然，像这一类判断不应该出现在研究报告或论文中。

上文的"人均教育经费"由于比较容易量化，故在"标准"的概念和等级层次上相对比较客观。然而，绝大多数教育概念是很难量化的，比如，"教师—学生中心"。要进行比较就必须严格界定，使其他研究者可以审查研究过程，从而对研究结论做出评判。当然，某一研究人员做出的界定并不一定能在其他研究者中达成共识，即不同的研究者可以做出不同的界定和量化。

比较的直接目的也就是比较的直接结果，通俗地说，就是确定被比较对象之间的相同点与不同点。德国施瑞尔在分析各种比较教育研究活动时，指出了比较的三个直接目的，即确定相同点、等级序列和不同点。[①]实际上，相同点与不同点也是相对的，取决于比较的层次。我们还是以例子来说明。世界各国解决高等教育经费短缺的措施既有共同点，也有不同点。A类国家的决策人员认为，为了提高教育效率，必须使教育私有化，因此，应该向学生征收学费；B类国家认为教育是国家的事业，应当由国家财政拨款解决；C类国家认为谁投资谁受益，然而，由于许多家庭无力支付学费，故应当采用向学生贷款的方式解决问题；D类国家考虑到教育平等和社会福利等因素，只向低收入家庭的子女提供助学金，而高收入家庭的子女必须缴纳高额的学费；E类国家通过降低高等教育的质量，使有限的资源可以满足更多的人的学习愿望；F类

---

① Jürgen Schriewer, "The Method of Comparison and the Need for Externalization: Methodological Criteria and Sociological Concepts", in Jürgen Schriewer and Brian Holmes (eds.), *Theories and Methods in Comparative Education*, 2nd ed., Frankfurt, Peter Lang, 1990.

国家可能是发展中国家，干脆停止进一步发展高等教育，而把有限的资源用于普及义务教育；G类国家则有选择地采纳上述措施中的一部分。显然，每一类内部，可以视作相同的。初步的比较可以认为以上各类之间是不同的，因为它们采用了不同的措施。如果进一步分析，可以看出G类国家与其他各类国家既有共同点，又有不同点。如果按是否继续发展高等教育比较，则F类明显与众不同，这时，可能有些比较教育家会做出判断，认为F类国家目前的发展阶段相当于发达国家发展过程中的一个早期阶段。这就是等级序列判断。如果按是否向学生收费来比较，则A、C和D可归为相似的一类，B、E和F归为另一类。在向学生征收学费的国家中，根据收费的数量，可排出一个序列，甚至得出具体的比率关系。

当在不同的国家检验教育命题（假说）时，我们感兴趣的是，待检验的关系模式在不同国家是否存在，也就是相同或不同。如果存在，则该假说的可靠程度增大；如果不存在，则要修改原来的假说，提出新的假说。

比较教育研究的间接目的比较复杂，有关这一部分内容可参看第二章的第三节。

根据不同的标准，可把比较法分成不同的类型，下面介绍几种常用的比较法。

一、同类比较法与异类比较法

根据比较对象具有的同一性和差异性，我们可把比较方法分为同类比较法与异类比较法。

同类比较法指的是比较两种或两种以上同类对象而认识其相异点的方法。这种方法的功用是使我们能够看出在表面上相似的对象之间有其相异点，即同中有异。比如，日本的明治维新与中国的戊戌变法之间的比较，就可以看作同类比较。在教育领域，同一社会制度、同一经济发展水平或同一文化传统下的教育之间的比较，也属于同类比较。

　　然而，在我国的比较教育中，人们更注重在同类国家中找出共同的教育规律，而不是相异点。传统上，有些人认为只有同类国家才是可比的，而不属于同一社会制度的国家之间是不可比的。这里混淆了相似与可比。在检验教育命题时，研究人员需要选择在哪些国家检验该命题。有的人的策略是选择国情尽量相似的国家，认为只有这样才是可比的。比如，近几年来，我国比较教育界开始重视亚洲几个国家的教育，许多人论证说：相对于西方国家，我国与这几个国家的国情更相似，更可比。在这里，是控制外界条件固定不变，以检验特定的教育命题能否在不同国家成立。显然，经这样检验的命题并不具有普遍性，它至多只能在上述外界条件不变的情况下才成立。因此，即使该命题在所选的同类国家中成立，它很可能在不同类国家不成立。

　　从上面的分析可以看出，同类比较法在比较教育中的运用已经发生了变化。应该指出，在比较教育中，比较对象的同类并非意味着同一，它们之间既有共同点，又有不同点。

　　异类比较法指的是通过比较两种或两种以上的异类对象从而认识其相同点的方法。通过这种比较，我们可以认识到表面相异的对象之间有其相同性，即异中有同。例如，中西教育比较，发展中国家与发达国家之间的教育比较。这类比较在我国比较教育发展初期（20世纪70年代末）受到高度重视。那时，比较教育家要把对西方国家教育的研究合法化，认为尽管社会制度不同，但是社会主义教育"与资本主义教育一样是现代生产的产物，它们有许多共同的特点，从办学的形式，到课程内容（特别是科学技术方面的内容）、教学方法和手段都有许多共同点，它们都需要适应现代生产力发展的需要，并为它服务"[1]。在检验教育命

---

[1] 顾明远：《世界教育发展的启示》，9页，成都，四川教育出版社，1989。

题（假说）是否具有普遍性时，需要选择差异很大的国家，作为检验命题的实验室。如果命题在外界条件极为不同的情况下仍然能够成立，那么它就具有普遍性。当然，要进行这种检验，研究人员需要具备足够的关于异国的知识。

上述同类比较法和异类比较法可以联合使用。比如，我们有这样的假说：学生的学校教育成就大小与其家庭的经济状况的好坏成正比。在一些发达国家检验该假说，就属于同类比较。这时由于没有考虑发展中国家的情况，故即使检验结果表明假说成立，仍不能认为该假说具有普遍性。因此，应该把比较对象扩大到发展中国家（异类比较）。这时假说可能成立，也可能不成立。如果成立，则该假说的可靠程度增大，但它仍然是假说，有待进一步验证；如果不成立，则需要修改原假说，提出新的假说。

二、异期纵向比较法与同期横向比较法

根据比较对象的历史发展和相互联系的特点，我们可以将比较方法分为异期纵向比较法与同期横向比较法。

异期纵向比较法（也就是历史比较法）是比较同一对象在不同历史时期内的发展、变化的方法。通过这种比较，可以追溯事物发展的历史渊源和确定事物发展的历史顺序。比如，我们可以比较明治维新时期日本教育近代化与日本在第二次世界大战后的教育改造。对不同国家在历史上的不同时期的教育进行比较，也是一种历史比较。比如，我们可以比较发达国家人均国民生产总值1 000美元时期的教育发展与中国当前教育的发展。

同期横向比较法是把同类的不同对象在同一时期、同一标准下进行比较的方法。进行这种比较研究时，不同的对象必须处于同一历史时期。比如，可以比较英国和德国20世纪初以来大学所设置的学科，还可以比较自工业革命以来两国之间教育的相互影响。

三、影响比较与平行比较

所谓影响比较，就是一国（或民族、文化）的教育与受其影响的其他国家（或民族、文化）的教育之间的比较。比如，19世纪德国柏林大学的科学研究模式对美国研究型大学的影响，20世纪70年代英国的开放大学对世界各国的远距离教育的影响，布鲁纳的结构主义、布卢姆的掌握学习和赞科夫的最近发展区理论对中国教育研究和实践的影响等，都是影响比较的例子。要进行这种比较，首先，要分析一种教育思潮、教育理论、教育模式或新的教学方法在它的诞生地的本来含义与背景，以及对教育的实施过程的影响程度；其次，分析它们在另一些受其影响的环境中的表现形态与影响范围；最后，比较二者的共同点与不同点，并从各国的文化传统与现实情况对此加以解释。当然，作为比较教育研究人员，我们对跨国、跨文化教育影响的途径与模式也感兴趣。

世界各国的教育交流导致教育的相互影响。影响比较既可以看作共时比较，也可看作历时比较，但它们之间又有差别。"影响"一词本身就意味着先有影响者，然后才有被影响者，这里有一个时间差。因此，影响比较与共时比较有点差别。然而，在当今社会，这种时间差通常很小，一般只有几个月到几年，因此，影响比较与历时比较也不同。虽然影响比较同样也涉及共同点与不同点，但它强调的是"源"和"流"，或"信源"和"信宿"之间的关系，即被比较对象之间的血缘关系。共时或历时比较并不关心被比较对象之间是否近亲，关心的是它们作为同一的"种"（都是教育），应当有一些共同的特征，同时作为独立的"个体"（不同文化或民族的教育），应当存在个别差异。这种比较就是"平行比较"。

四、宏观比较法与微观比较法

根据比较对象的整体性与局部性，我们可以将比较方法分为宏观比较法与微观比较法。

宏观比较法是在大范围内对各种对象进行整体比较研究的方法。比如，我们可以整体比较中日两国的教育，还可以在世界范围内比较各国教育的发展趋势。在比较教育的历史上，许多著名比较教育家，如康德尔、汉斯和罗塞洛等都做过这种比较。目前，进行这种宏观比较的学者较少。

微观比较法是相对于宏观比较法而言的。宏观比较法着重于整体比较，微观比较法则着重于局部比较。当然，两者之间很难区分，没有一个严格的界限。比如，比较杜威的实用主义教育思想与陶行知的生活教育观，就属于微观比较。

从以上分析可以看出，要对比较类型进行划分，主要的标准是比较的对象。各类比较法在比较的过程和直接目的方面差别不大，下面从比较对象出发，对比较教育研究中常用的几种比较法进行分析。

五、结构功能比较法

在自然界和社会生活中，我们经常可以看到这种现象，即当事物具有一定量的规定性时，由于构成事物的元素采用不同的排列组合，事物的性质也因此发生了根本的变化。如化学中的同素异形体，金刚石和石墨就是同素异形体，它们之间元素相同，只是由于结构不同而导致了根本不同的性质。对于这种现象，系统论已经给出了很好的解释。系统论指出，系统的性质是由组成系统的各要素的组合方式决定的。组成系统的各个要素一旦以某种方式形成系统，这些要素就失去了原来的质的规定性而获得新质。当要素组合方式或结构层次改变了，系统的性质也会出现变化。这就是"系统效应"。事物的"量"和"结构"是两个独立的概念。量是指事物存在和发展的程度和速度等，而结构是指事物的成分排列组合及其构成方式。结构不同，系统的性质也不同。

与系统的结构对应的是系统的功能。所谓功能，就是指具有一定结构的系统的活动能力。系统的功能是通过系统内部结构对外部输入的变换而反映出来的，是系统对外界的作用。结构和功能既相互区别，又相互联系。功能的实现以一定的结构作为必要条件，结构变化超出一定的范围，事物的功能也就相应发生了变化。

在对各国的教育进行比较时，我们可以就教育系统的结构和功能两方面，以及它们之间的联系方式进行比较。首先，要确定各国教育系统（或某一子系统）的基本结构，即系统的各组成要素的排列方式和联系方式。其次，分析其功能（对社会的平等、经济发展、政治稳定、文化传递，以及对个人的就业和升迁机会等方面的作用）。最后，分析结构和功能之间的联系方式。

在结构方面，首先，要分析待研究的各个国家的教育系统是否具有共同的组成要素，或者有哪些独特的要素。比如，绝大多数国家的教育系统都包含初等教育、中等教育和高等教育，然而，有的国家的正规教育系统中包括幼儿教育，有的则不包含。其次，分析这些要素的组合及联系方式在不同国家的表现。比如，对于高等教育学科的设置，有些国家在综合大学里设置工学、理学、文史、法学和医学等学院，也有一些国家设置独立的工业大学和医学院等。

在功能方面，可以从两个角度进行分析。首先，要分析某一待研究的教育结构所完成的功能，然后分析不同国家相同或相似的教育结构是否完成相同或相似的功能。比如，社会主义国家与资本主义国家的教育结构在许多方面相似，它们的教育系统的功能在许多方面也相似，如传递文化知识等，但也存在不同的功能，这主要体现在意识形态的差异上。其次，要分析同一功能在不同的国家是由什么样的教育结构实现的，是相似的还是不同的结构。比如，关于大学生选拔制度，有的国家采用全国统考的办法，有的国家采用各大学单独考试的制度，还有的国家根据学生的中学毕业文凭来决定是否录取学生。

对结构功能关系模式也可以进行比较。一定的教育结构能够实现的功能，既包括决策者所希望的，也包括其所不希望的，甚至意想不到的功能。

六、解决问题过程比较法

解决问题过程比较法又称"问题法"，是霍尔姆斯发明的。霍尔姆斯的问题法并未直接涉及比较操作。他的问题法的基本步骤是：问题分析；提出假设或政策办法；详细描述前提条件或背景；从被采纳的假设，逻辑地预言可能出现的结果；比较逻辑预言得出的结果和可能观察到的事件。霍尔姆斯认为，可以在不同的国家对问题法中的各个步骤的内容进行比较。首先，可以把在一个国家发现的问题同另一个国家的问题进行比较；其次，可以比较针对该问题提出的解决方案；再次，比较各国提出该方案的前提条件和背景；最后，比较在不同国家采纳特定的教育政策后导致的结果。

七、主客体三分比较法

在第二章中，我们把教育主体分为研究主体、决策主体与实施主体；把比较教育研究的客体分为教育思想、教育制度与教育实践。在主体方面，我们可以比较三方面主体的构成与资格。教育研究人员的教育背景与工作经历在各国有很大差异。在欧美国家，这种背景可能遍布人文科学与社会科学的各个领域，尤其是历史学、经济学、社会学、语言学和人类学等。在中国，大部分教育研究人员是师范大学（或学院）教育系的产物，近年来，也有一些其他学科的学者涌进教育研究领域。对主体的三个方面的关系或互动模式的比较则更有意义。比如，我们可以比较在教育决策过程中，各国教育研究人员的地位与作用。在教育研究的客体方面，对各国的教育制度进行分析比较是比较教育的传统课题，也是研究得最多的课题；民族文化传统与教育现代化之间的关系在不同国家的表现，则是比较研究的重大课题。教育观念、教育制度和具体的教育实施状况之间的矛盾是教育问题的源泉。因此，对某一国际性教育问题的分析，可以从上述三个方面之间的矛盾入手。

第三节　比较法与类比推理

所谓类比推理，就是根据两个（类）对象之间在某些方面的相似或相同而推出它们在其他方面也可能相似或相同的一种逻辑方法。从上一节对比较过程的分析可见，比较是类比推理的基础，而类比推理是比较研究隐含的目的。实际上，许多教育比较可以归为类比推理。通过对两种背景下的教育进行比较，找出它们之间的相似点与相同点，然后以此为根据，把其中某一背景下的教育的有关知识或结论推移到另一背景下的教育中去。类比推理的基本原理可见以下过程。

A对象具有属性a、b、c、d；

B对象具有属性a′、b′、c′；

a、b、c分别与a′、b′、c′相似或相同，

——————————————————————

所以，B对象可能也具有属性d或相似的d′。

其中，A、B是指不同的对象。类比推理在政策制定和辩护中应用较广。例如，A国和B国国情相近，A国教育经费占人均国民生产总值比率较高，其经济增长率较高（相对于B国），某个研究者通过类比A和B，可能得出结论：如果B国增加教育投入（作为与A国相似的属性），则其经济增长率也将提高（类推结果）。

类推法的结论是或然的。A和B既有共性也有特殊性，如果推移属性恰好是特殊性，那么做出的推论就是错误的。类推结论的可靠程度取决于两个（类）事物的相同（似）属性a、b、c与推移属性d之间的相关程度。如果相同（似）属性与推移属性相关程度越高，那么，类推结论

的可靠程度也就越大。在上面的例子中，教育经费多与经济增长率高之间的联系并未被证明是必然的，因此，B国增加教育投入未必就能提高经济增长率。

第四节　比较法的应用条件与局限性

我们应该清醒地看到比较方法和其他思维方法一样，都具有局限性。那些应用该方法取得的成功，是科学家们依靠其敏锐的观察力、正确的判断力和丰富的想象力，最大限度地克服它的局限性的结果。应用比较法是有条件的。

第一，两种被比较的对象在需要比较的属性方面应当能用同一种单位或标准去衡量，否则就不能相比。

第二，比较时应当有精确、稳定的比较标准。对于定量研究，比较的标准容易控制；而对于定性研究，人们常常不自觉地改变比较标准。

第三，进行跨国、跨文化比较，需要有较高的语言水平。

第四，研究者需要有较为广博的知识面，积累关于研究对象的各方面知识。在进行跨国比较时，通常要求研究人员具备在国外的生活经验。广博的知识和丰富的经验是应用比较法的基础。我们的知识越丰富，基础也就越扎实、深厚，这样在比较过程中就能游刃有余，观察力更敏锐，判断更准确。

第五，比较要深入，不要被事物的表面假象迷惑，要透过表面现象分析深层的原因。科学研究中的比较，就是要能在表面差异极大的事物之间看出它们在本质上的共同点；在表面极为相似的事物之间看出它们在本质上的差异点。黑格尔说过："假如一个人看出当即显而易见的差别，譬如，能区别一支笔和一头骆驼，我们不会说这人有了不起的聪明。同样，另一方面，一个人能比较两个近似的东西，如橡树与槐树，或寺院与教堂，而知其相似，我们也不能说他有很高的比较能力。我们所要求的，是要能看出异中之同和同中之异。"[1]

比较法有自己的局限性，只适用于一定范围。列宁说："任何比喻都是有缺陷的，这是大家早就清楚的。任何比喻都只是拿相比事物或概念的一个方面或几个方面相比，暂时和有条件地撇开其他方面。我们提醒读者注意一下这个人所共知而常被遗忘的真理……"[2]比较过程通常是在一定条件下和一定层次上进行的，这就决定了其结果是相对的。比较不是一次完成的，而是不断深化的，即比较过程的起点不断提高。

第五节　归纳与演绎

在自然科学研究中，归纳推理的方法，就是从实验和观测的事实材料、实验数据出发，得出理论性的一般结果和规律。归纳法是从特殊到一般、由实验事实到理论的推理方法。在进行归纳的时候，人们从观察到的大量资料出发，加以概括，从而解释观察到的事物之间的联系。简单枚举法是归纳法的一种，可表示如下。[3]

事物S_1具有性质P，

事物S_2具有性质P，

事物S_3具有性质P，

………………

S_1，S_2，S_3……都属于S类事物，

未发现S_n不具有性质P。

———————————

① ［德］黑格尔：《小逻辑》，贺麟译，253页，北京，商务印书馆，1980。
②《列宁全集》第10卷，336页，北京，人民出版社，1987。
③ 李克东：《教育传播科学研究方法》，353页，北京，高等教育出版社，1990。

所以，S类的所有事物都具有性质P。

在科学研究活动中，运用归纳法取得重大发现的典型例子，就是众所周知的门捷列夫化学元素周期表。它是门捷列夫等人从分析当时已知的60余种化学元素的性质与原子量的关系时归纳出来的规律。

由于归纳的推理方法是从大量的个别事例得出新的一般原理和规律，因此，这种推理方法较有创造性。但是，由于归纳推理往往可以从所收集到的事实材料引出好几种可能的理论，其中有些理论甚至可能是相互矛盾的，正确的理论只有一个，所以归纳得到的理论不可能全部正确，甚至可能都不正确。由此可见，归纳推理的结果，往往缺乏足够的可靠性。例如，"地球中心说"就是一个错误的归纳结果。

演绎推理的方法，就是从一般的规律出发，着重运用数学的演算或者逻辑的证明，得出特殊的具体例子所应遵循的规律。因此，演绎法就是"从一般到特殊"的推理方法。由此可见，演绎推理得出的结论是受原始前提制约的。如果原始前提是正确的，则结论也应该是正确的。最广泛应用演绎法的学科是数学。演绎的基本形式是三段论，它包括大前提、小前提和结论。

对于复杂现象，人们对其认识很不充分，前提不明确，这种情况下，演绎推理就不可能是十分可靠的。由于演绎推理是将一般原理推广应用到其他的具体事例，所以，这种推理方法一般不可能在科学上做出重大突破。但是，这只是说明演绎的结论没有超出前提的范围，并非说演绎不过是重复已经知道的知识。演绎法也是获得新知识的一种重要方法。

归纳和演绎这两种科学研究中的基本逻辑方法，既相互区别，又相互补充。恩格斯说："归纳和演绎，正如分析和综合一样，必然是属于一个整体的。不应当牺牲一个而把另一个捧到天上去，应当设法把每一个都用到该用的地方，但是只有记住它们是属于一个整体，它们是相辅相成的，才能做到这一点。"[①]

19世纪中叶，西方科学方法论的标准观点认为，科学研究是从对事实的自由、公正的观察开始，经过归纳推理，形成关于所考察事实的普遍法则，再经过进一步的归纳，形成理论。这些法则和理论的真理性通过对其经验效果与所观察的事实的比较加以检验。20世纪初，假说演绎模型成为流行的科学方法论。假说演绎指的是以假说为前提，推导出可观测结果的过程。早期的假说演绎模型的核心是所谓科学解释与科学预言之间的对称命题。这一命题的含义是，科学解释和科学预言所牵涉的逻辑推理法则是相同的，二者的区别仅仅在于科学解释是事后概念，而科学预言是事前概念。这种观点存在一些问题。预言仅仅要求事件之间的相关性，而科学解释则要求更多的条件，牵涉原因和结果之间的更复杂的中间机制。然而，预言是可以检验的，这就引出了关于证实与证伪的争论。

第六节　证实与证伪

实践作为检验认识真理性的标准，既能证实认识，也能证伪认识。证实和证伪是人们在实践检验过程中做出的两种判定。证实与证伪与上一节的归纳法和演绎法有密切的联系。

早期的实证主义认为，真实的理论是通过归纳经验材料而来的，是在观察提供的观察陈述的基础上，通过归纳推理建立起来的。如果大量的A在各种各样的条件下被观察到，而且如果所有这些观察到的A都无一例外地具有B性质，那么所有的A都具有B性质。根据这一点，实证主

---

① 恩格斯：《自然辩证法》，见《马克思恩格斯选集》第4卷，335页，北京，人民出版社，1995。

义者提出了一条关于科学划界的原则，即所谓"证实原则"，认为科学理论是在经验提供的可靠材料的基础上，借归纳法的支持得到证明的。一切科学的、认识上有意义的论断，都是来自经验，都是在经验上可证实的；如果在经验上不可证实，就是不科学的。

实证主义的证实原则具有一定的合理因素。归纳法在真理的发现和证明中确实具有一定的作用，这是不能否定的。然而，其中也存在一些逻辑困难。

首先，在具体的认识过程中，理论是观察陈述的前提。在观察陈述之前，总是预先有某种理论作为背景，观察陈述与前提理论一样，可能是谬误，因而建立在这种观察陈述基础上的理论知识，也可能是错误的。

其次，即使归纳推理中的前提是真的，其结论也未必是真的，也有可能从真实的前提中推出一个错误的结论。例如，我们平时看到的天鹅都是白的，由此归纳出"一切天鹅都是白的"结论，但是，后来人们在澳大利亚发现了黑天鹅，从而推翻了原来的结论。

同实证主义的"证实原则"相对立，卡尔·波普尔提出了"证伪原则"。波普尔认为，理论不能被证实，只能被证伪。只要有一件反例，就足以驳倒无数事实肯定了的理论。例如，不管看到多少只白天鹅，都不能证明"凡天鹅皆白"的结论，但只要看到一只黑天鹅，就可否定这一结论。就是说，不存在证实论的逻辑，却存在证伪论的逻辑。所以，科学只是具有"可证伪性"的陈述的总和，它们之所以还被认为是真理，只是因为它们尚未被驳倒。波普尔认为，可证伪性是科学与非科学的分界标准。他强调："一切理论都是假设，一切理论都可以被推翻、被证伪。"

波普尔的"证伪理论"有合理的因素，在西方思想界影响很大。他对实证主义的"证实原则"和对归纳主义的批判都是深刻的。然而，同

"证实理论"一样，它也存在问题。理论的证伪是复杂的。当理论遇到一个反常的事例时，并不一定就说明理论是错误的。由于客观条件的限制，观察或实验的结果可能是错误的。形成理论的背景知识和前提条件也可能存在问题。即使是出现了相反的确凿无疑的事实，也不能全部推翻已经被大量事实肯定了的理论。出现的反例只是进一步限定了理论的适用范围。爱因斯坦创立的相对论并没有完全推翻牛顿力学，相对论只是表明，在宏观高速领域，牛顿力学是不适用的，但是在宏观低速领域，它同相对论是一致的。

总之，证实和证伪是辩证的统一。任何把它们绝对地对立起来，肯定一方、否定另一方的观点都是片面的、形而上学的。关于归纳与演绎、证实与证伪，以及方法论规范规定与实证描述等争论，也反映在比较教育方法论研究中，有关这方面的内容将在后续章节讨论。

第四章 国际教育交流认识论①

  20世纪由于世界各国在政治、经济和科学技术等方面的相互依赖性的增强，教育之间的相互影响也扩大。所谓国际教育交流，就是世界各国的教育的相互作用。本章试图从认识论上论证"比较教育是国际教育交流论坛"这一观点。这个问题与比较教育流派的划分也密切相关。

  爱泼斯坦（Erwin Epstein）在《比较教育中的意识形态》（*Currents Left and Right：Ideology in Comparative Education*）一文中对比较教育的各流派的基本假设做了分析。②作为一个社会学家，他采用了社会学中广泛应用的划分研究流派的准则。③他采用的分类维度有两个：一个是研究人员把社会现实看成是主观的还是客观的；另一个是研究人员假定社会是平衡的还是冲突的。这可用图4-1来表示。

  根据上述标准，爱泼斯坦指出比较教育中存在三个学派，即新实证主义、新相对主义和新马克思主义。它们分别对应于图4-1中的第四、

---

① 本章内容根据薛理银的《当代比较教育方法论研究——作为国际教育交流论坛的比较教育》（首都师范大学出版社1993年版）一书的第五章改写。

② Erwin Epstein, "Currents Left and Right: Ideology in Comparative Education", in Philip Altbach and Gail Kelly (eds.), *New Approaches to Comparative Education*, Chicago, The University of Chicago Press, 1986.

③ G. Burrell and G. Morgen, *Sociological Paradigms and Organizational Analysis*, London, Heinemann Educational Books, 1979.

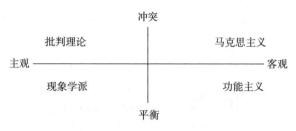

图4-1　社会理论观点分类图

第三、第一和第二象限。他未把批判理论独立出来，与比较教育当时的发展状况有关。在20世纪六七十年代，很少有人把批判理论应用于比较教育研究。最近几年，比较教育的文献中出现了一批应用哈贝马斯的合法化理论，以及其他法兰克福学派学者的理论的文章。爱泼斯坦在另一篇相关的论文中，对其观点做了些修正，从认识论的角度把比较教育中的理论观点分为两大流派，即实证主义和相对主义（包括文化相对主义和现象学）。[①]他认为在能够对上述两者的观点进行综合之前，我们应当接受多种意义的"比较"。

爱泼斯坦的分类有助于人们看清各个学派的基本假定和研究的逻辑出发点，但是他并未阐明如何把这些不同的研究策略组织起来，以推动比较教育的发展。本章从国际教育交流的角度分析比较教育中的各个流派，在系统描述现有的各个流派的基本假定和特点的同时，对比较教育的未来发展做出规定。

第一节　国际教育交流模型

为了方便说明问题，这里采用一个简化的教育交流模型，只考虑两

---

① Erwin Epstein, "The Problematic Meaning of Comparison in Comparative Education", in Jürgen Schriewer and Brian Holmes (eds.), *Theories and Methods in Comparative Education*, 2nd ed., Frankfurt, Peter Lang, 1990, pp. 3-23.

国之间的教育交流，其结论很容易推广到多国、多种文化或多个民族的交流），如图4-2所示。其中主体代表与教育有关的人员的集合；客体A（或B）代表成为主体A（或B）认识、实践与评价对象的A（或B）国的教育现实；客体AB（或BA）为主体B（或A）的关于A（或B）国的客体。主体A或主体B称为单元主体。主体A（或B）对于客体A（或B）来说为内主体，主体A（或B）对于客体BA（或AB）来说为外主体；同样，客体A（或B）对于主体A（或B）来说为内客体，而客体BA（或AB）为主体A（或B）的外客体。主体F为论坛主体，它可能来自A国或B国，但它既不代表A国也不代表B国。客体AF（或BF）代表成为论坛主体F认识、实践和评价对象的A（或B）国的教育现实，称为论坛客体。客体I代表两国教育的相互作用的过程，称为互动客体。RSA、RSB、RSS和RSI代表各种参照系统。其具体含义，后文再说明。

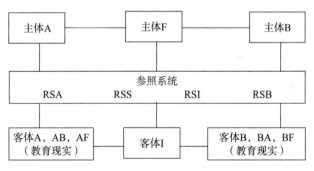

图4-2　简化的国际教育交流模型

在交流学（传播学）中，符号学派把传播看作意义的产生与交换过程。它不重视传播者及其意向，而把重点转向消息或"文本"（text）是如何被阅读的。阅读就是读者与"文本"相互作用而产生意义的过程。因此，不同文化背景的读者对"文本"的理解是不同的。[1]把这种观点应

---

① John Fiske, *Introduction to Communication Studies*, 2nd, London, Routledge, 1990, p. 3.

用到比较教育中，则读者是比较教育家，"文本"是文化上不同的教育。

跨文化教育交流的前提是主体对内外客体及其关系的认识。认识的方式与过程是各比较教育学派论战的中心。因为人类的认识不是简单地接受外部刺激，而是一个互动和协商的过程，故不同文化背景的主体将以不同的方式认识和评价同一外在的教育现实。这导致了他们的认识结果既有共同点，又有不同点。这是开展国际教育交流的认识上的根据。

第二节　参照系统概述

在跨文化教育交流过程中，主体的观察和感知与其所处的环境有关。这些环境指的是文化系统、社会系统、人格系统和有机系统。如果从个体的认知过程来看，那么影响认识过程的是皮亚杰所说的"认知图式"或舒尔茨所说的"知识库"。它们是主体的参照系统。参照系统的层次决定了比较教育研究的层次，或比较教育研究的单元的大小。如果参照系统是文化系统，那么我们就可以根据文化传统来划分比较研究的单元。我们可以比较东方文化和西方文化传统下的不同的教育（可以是教育制度、教育观念、教育实践或教育问题），这就是东西方教育比较。这里的核心问题是参照系统的具体内容的选择。比如，我们是以欧洲文化的认识方法和价值标准作为分析和评价中国教育的根据，还是以中国文化的认识方法和价值标准作为根据？是以阿拉伯文化的认识方法和价值标准为根据，还是以某一客观的标准为根据？

不同文化背景的主体的参照系统各不相同，同一文化背景下的各层次、各类主体的参照系统也不相同。随着时间的推移，社会的政治、经济、文化和技术都会发生变化，参照系统也要发生变化。尤其是随着国际交流变得越来越频繁，不同文化主体的参照系统之间的相互影响、相互作用也将变得更加强烈。限于实际条件与认识能力，我们难以构造出一个包罗万象的参照系统，但这并不妨碍我们假定它存在。这对于理论分析来说是有意义的。在解决实际问题时，我们只需要建构特定时期和环境中具体的、微观的、特殊类别的参照系统，这在实际操作中是可以做到的。建构国际主义的参照系统，则是比较教育家的任务。下文就以比较教育学者所采用的不同类别的参照系统作为分析问题的出发点，对比较教育研究中的各流派进行分析。

由于分析单元的大小的不同，故后文将以"单元"代替国家。现在假定存在两个单元，分别称为单元A和单元B。假定A（或B）内主体认识客体A（或B）时的参照系统为RSA（或RSB）。根据A内主体认识和评价外客体B时所采用的参照系统，可把比较教育中的研究取向分为四类：第一，民族中心主义，它的参照系统是RSA，即它以本文化的思维方式、概念系统、认识方法和价值标准来分析和评价客文化的教育。第二，科学主义，它的参照系统用RSS表示，它假定认识是价值中立的、客观的。第三，相对主义，它的参照系统是RSB，即它以客文化的思维方式和价值标准来认识和评价客文化的教育。第四，国际主义，它的参照系统用RSI表示，它假定存在一个国际公认的认识方式、概念系统和价值体系，并以此作为分析（主）客文化的教育现象。下文探讨这四种观点的基本假设、存在的问题和理论潜力。

第三节　民族中心主义

"民族中心主义"基本上是一个贬义词，大概不会有人愿意承认自己是一个民族中心主义者，但它作为一种价值倾向时常可见。后文除了分析其存在的问题之外，还要指出它的积极意义，即它在跨文化教育交流过程中的意义。

本书的民族中心主义的含义比较广。它指的是主体根据自己的文化系统、社会系统和人格系统所赋予的价值标准和认知方式来分析和评价客系统的教育现象。当分析和评价客教育现象的目的不同时，民族中心主义的表现形态也将不同。分析和评价客教育现象的目的可分为两类：一类指向客教育现象（如考虑国家的对外政策和教育援助等）；另一类指向本文化教育（如为了改革本国教育）。下面先分析第一类民族中心主义。"民族中心主义"这个概念与历史学中的"欧洲中心论"的概念密切相关。欧洲中心论认为西方文明是世界中心，人类社会都必须经过欧洲历史上的各发展阶段而达到现代化。这种观点曾经影响一些使用现代化框架研究发展中国家教育的学者。因此，在论及教育的传播和交流时，西方中心主义将会认为西方发达国家的教育适用于发展中国家，并可通过传播和扩散来实现。因此，它将忽视教育的交流和互动，即忽视受体的吸收和创造能力，把受体当作容器。

民族中心主义假定价值标准和认知方式的普遍性，而实际上它的所谓普遍的价值标准和认知方式仅具有特殊性。因此在研究过程中，研究主体使用本文化的概念来描述他国的教育现象，但主观地认为他国的主体也使用同一概念来描述该现象，或者认为他国的同一概念所描述的教育现象与自己的一致。

朴素的民族中心主义的资料往往不是实地调查的结果，常常是游客、传教士和殖民地执政官员的报告和笔记。[①]它的结论已经包含在它的基本假定中，资料只是用来进一步证明它的基本假定。

民族中心主义还体现在对教育制度的看法上。贝雷迪说，康德尔并不直接了解苏联，也不会讲俄语，却强烈谴责苏联的极权主义。[②]同样，苏联学者也极力批评资本主义各国的教育，甚至认为这是苏联比较教育

---

① ［日］绫部恒雄：《文化人类学的十五种理论》，中国社会科学院日本研究所社会文化室译，27页，北京，国际文化出版公司，1988。

② G. Z. F. Bereday, "Memorial to Issac Kandel 1881—1965", *Comparative Education*, 1966, 2(3).

家的主要任务，宣扬苏联和东欧社会主义国家的教育如何优于资本主义国家的教育。[①]

民族中心主义的消极意义是显然的。对教育交流来说，它将导致发达国家忽视发展中国家的观点。这样，教育交流将只限定在同等发展水平的发达国家之间。在发达国家中，虽然有大量的比较教育学者研究发展中国家的教育，但是其目的是指向发展中国家的教育，或者服务于本国的对外政策的制定的。为了改善本国的教育而去研究发展中国家的教育的学者很少，这也可能是英国的"比较教育"和"发展中国家教育"分裂的原因之一。在英国，所谓"比较教育家"只研究欧洲和北美洲各国的教育，这种状况显然不利于国际教育交流。民族中心主义的积极意义在于它有时能够指出客文化教育中存在的一些问题，客文化内主体由于思维定式很难发现这些问题，这就是"不识庐山真面目，只缘身在此山中"。它的观点也是国际教育交流过程中的众多竞争性观点之一，而且是不可缺少的一个组成部分。当然，这里指的是抛弃民族中心主义的有害的、反动的和贬低他国事物的内容之后留下的部分。哈贝马斯在论述其沟通行动理论时断言，在通过对谈话活动的前后关联的解释达到理解与相互主观性时，人类是沿着下述三个维度提出有效要求的：命题的真实性、规范的适当及主观上真诚。[②]因此，这里的要求相当于哈贝马斯的"主观上真诚"。在这种前提下，民族中心主义的价值是显然的。

我们不能说比较教育中存在上述这一类民族中心主义的学派。它只是存在于各个学派的一种有意或无意的思想倾向。埃德蒙·金与贝雷迪对英国和美国教育问题曾有过的一场争论，是这一类民族中心主义难以

---

① ［苏］索科洛娃等：《比较教育学》，顾明远译，北京，文化教育出版社，1981。
② ［美］乔纳森·H. 特纳：《社会学理论的结构》，吴曲辉等译，252页，杭州，浙江人民出版社，1987。

克服的很好的例子。①但是，从认识方式上看，民族中心主义有独特之处，不同于其他学派。

第二类民族中心主义分析和评价客文化教育是为了实现对本国教育政策的制定、辩护和批评。它并不想克服、超越自身的文化传统和历史性，而把这些当作理解客文化教育的条件和前提。因此，这种民族中心主义实际上持的是解释学（hermeneutics）的观点。在现代解释学中，"文本"真正的意义并不是作者的原意或最初的读者对"文本"的理解。解释对象和理解者都是历史的存在。"文本"的真正意义实际上是由一代又一代的理解者共同决定的。因此，客文化教育现象的意义并不是如内主体所理解的，而是由一代又一代不同文化背景的理解者共同决定的。

上述两类民族中心主义，确切地讲，应该称为"本民族中心主义"。在比较教育中还有一种可以称为"客民族中心主义"的民族中心主义，它以客文化的参照系统认识和评价主文化的教育。这种认识方法也是积极意义与消极意义兼备的。它在发展中国家比较流行。中国社会科学院哲学研究所的郑涌先生在赞赏海德格尔试图摆脱欧洲中心主义的局限，超越狭隘的西方近代经验，从东方哲学中汲取思想营养的同时，批评中国学者忽视自己的文化传统，以及中国人现实的生活世界。他说："不少著名中国哲学家至今仍在追随那种欧洲近代所形成的西方哲学定式，用西方哲学的理论框架、思维方式、概念系统来理解、解释中国的现实、中国的历史、中国的学问。"②消极的"客民族中心主义"将导致自我殖民化。由于"客民族中心主义"与"本民族中心主义"一样，都是以一种文化的参照系统来认识和评价另一文化的教育，因此，前文对第

---

① G. Z. F. Bereday, *Comparative Method in Education*, Holt, Rinehart and Winston, Inc., 1964, pp. 156-167.

② 郑涌：《哲学也许并不像我们所说》，载《读书》，1992（3）。

一类民族中心主义的分析可以类推到"客民族中心主义"。同样，有关客参照系统方面问题的分析，可参看后文对"相对主义"的分析。

第四节　科学主义

在社会科学的书刊中，"科学主义"与"实证主义"几乎是同义语，在分析社会科学的各个流派时，通常用"实证主义"这个术语。本书用"科学主义"这个术语描述比较教育中这样一种观点，即比较教育家的任务是以客观的、与价值无涉的参照系统来描述和分析主客文化的教育现象，从而发现具有一般普遍性的规律或法则。

社会学家吉登斯（Anthony Giddens）认为：首先，实证主义假定自然科学的方法论程序可以直接应用到社会科学中，把社会科学家当作社会现实的观察者。其次，实证主义认为社会科学家的研究结果可以以平行于自然科学的方式来表述，即表示为定律或类似于定律的一般化陈述。[1]因此，只有弄清自然科学的原则和假定才能理解实证主义的观点。自然科学有哪些原则呢？关于这个问题，文献中已有详尽的阐述，因此，这里只把其基本要点归纳如下：第一，决定论。它的含义是每一个事件都有原因，而且这种因果关系是可以发现和认识的。科学家的任务就是发现这些关系定律来解释其周围世界中发生的事件，从而给人以预测和控制的稳固的基础。第二，经验论。它认为可靠的知识只能来自经验。理论和假说的可靠性取决于是否有经验证据确证它。经验科学的研究过程可分为以下五步：①经验；②分类；③量化；④关系的发现；⑤逼近真理。第三，经济原则。它的基本想法是以最经济的方

---

① 转引自Louis Cohen and Lawrence Manion, *Research Methods in Education*, London, Croom Helm, 3rd, 1990，p. 12.

式解释各种现象。第四，一般性。它指的是科学研究的结果必须是普遍适用的。[①]关于什么是科学、科学如何可能和科学如何进化等问题是科学哲学中争论不休的问题，这里不准备讨论它们。科学的目的也是多种多样的。对专业科学家来说，科学的目的可能是理论。对不同的学派来说，理论的意义也是不一样的，但是概念、变量、陈述和格式这四个基本要素是所有不同主张共有的成分。[②]理论由概念构成。概念指称现象，它把世界中被认为是主要的特征分离出来。概念由定义构成。一个定义是诸如语言中的句型、逻辑符号或数字记号等的术语系统，它告诉研究者概念所指称的现象。变量是概念的一种。实证主义者倾向于把概念转化为变量，从而理解一现象的变化如何与另一现象的变化相联系。概念间的联结构成理论陈述。它说明概念所指称的事件相互联系的方式，同时解释事件应该如何及为何相互联系。理论陈述的组合就构成了"理论格式"。在发展理论的最佳策略上，各学派争论不休，这里就不深入探讨了。

科学主义强调科学是价值中立的。作为它的参照系统的一个成分的认知方式，也是外在于主体的科学的程序。它认为存在一个独立于主体的社会实体，而且它是可知的。

实证主义在比较教育中的体现是结构功能主义。它的代表人物是安德森、胡森、福斯特、诺亚和埃克斯坦等。他们的观点是经验论的。他们希望通过跨国的比较研究找出教育内部各要素之间的关系，以及教育和社会的其他子系统之间的关系。这首先是协变关系，然后是因果关系。安德森认为，比较教育要研究三种相关关系。它们是：①教育系统

---

① Louis Cohen and Lawrence Manion, *Research Methods in Education*, London, Croom Helm, 3rd, 1990，p.13.

② ［美］乔纳森·H.特纳：《社会学理论的结构》，吴曲辉等译，8～25页，杭州，浙江人民出版社，1987。

的各个方面之间的关系模式；②一个简化的教育系统分类学体系，它能把多种模式的数据包含其中；③教育和社会之间的关系。①在20世纪六七十年代，世界各国的比较教育家，尤其是北美洲的比较教育家，在这方面做了大量工作。美国的《比较教育评论》于1977年出了一期总结性的专刊，较好地反映了这方面的工作。②实证主义者的研究结果只是初步的，离提出的目标还很遥远。许多研究只是重复一些常识性的见解，比如，教育是与经济和政治相关的，至于它们之间存在什么样的关系，还很难说清。在实际教育政策方面，实证主义也没开出什么好的处方。在实际研究过程中，实证主义者并没有严格地按照其方法论程序进行研究，当然，这可能是实际条件的限制造成的。70年代之后，比较教育中的实证主义观点受到了挑战。新马克思主义和现象学派的比较教育学者纷纷登场，结束了实证主义在比较教育界的垄断历史。

比较教育中的结构功能主义被许多人指责为对人类带有宿命论的观点。功能主义者把人类行为描述成是被社会系统决定的，与其说是人们创造了他们生活于其间的社会世界，倒不如说人是社会系统的产物。现象学者们认为人们主动地建造自己的社会世界，而不是莫名其妙地被存在于人本身之外的社会制度左右。正如爱泼斯坦所指出的："工科学生能找到高工资的工作，这并不是一个中性的陈述，它将导致培养更多的工程师。"③

马克思主义把人看作社会的创造者，又把人看作社会的产物。人用

① C. A. Anderson, "Methodology of Comparative Education", *International Review of Education*, 1961, 7(1).

② Andreas M. Kazamias, "The State of the Art: Twenty Years of Comparative Education", *Comparative Education Review*, 1977, 21(2/3).

③ Erwin Epstein, "Currents Left and Right: Ideology in Comparative Education", in Philip Altbach and Gail Kelly (eds.), *New Approaches to Comparative Education*, Chicago, The University of Chicago Press, 1986, p. 243.

自己的行动创造了社会和自身。历史是人的自我创造过程，然而，人又是社会的产物，人是被社会关系和他所创造的社会思想体系塑造成的。因此，对社会的理解就涉及用历史的眼光详细考察何以人既是社会的创造者又是社会实体产物的那种过程。一个社会构成一个总体，社会的各个局部相互联系并相互影响。这样对经济、政治、法律和宗教等制度，就只有根据它们的相互作用，才能获得理解。在这些方面，马克思主义的观点比较接近实证主义的观点。因此，许多人认为马克思主义就是一种实证主义，如霍尔姆斯。许多西方学者批判马克思主义具有所谓"决定论"的观点。在这里，他们忽视了马克思思想中的人的主观能动性的作用。马克思也认为经济因素对社会施加基本的影响，它是决定社会其他方面的主要因素。恩格斯指出："如果有人在这里加以歪曲，说经济因素是唯一决定性的因素，那么他就是把这个命题变成毫无内容的、抽象的、荒诞无稽的空话。经济状况是基础，但是对历史斗争的进程发生影响并且在许多情况下主要是决定着这一斗争的形式的，还有上层建筑的各种因素……"[1]马克思主义强调教育既属于生产力又属于上层建筑，因此，马克思主义也重视教育的意识形态的性质。

结构功能主义倾向于否认教育的压制和冲突。当分析教育的社会化作用时，它强调人们所追求的目的与价值观一致的重要性，但是它并不探查这种一致的目的和价值观是谁的，不关心人们是在追求自己的目的还是在追求别人强加在他们身上的东西。新马克思主义认为某些社会群体为了他们自身的特殊利益而去支配别人，一致的价值观不过是把统治集团的地位合法化。非实证主义者认为实证主义的观点有益于统治阶级维护现有社会秩序的需要，因此，其价值中立说是虚伪的。

在比较研究中还有另一种可以称为科学主义的观点，但它不是经验

---

[1]《马克思恩格斯选集》第4卷，696页，北京，人民出版社，1995。

论的，而是属于唯理论的范畴。这种观点与结构主义关系密切。结构主义的代表人物之一是法国的列维–斯特劳斯。他认为，社会结构只是基本精神过程的表层显现。因为结构主义的唯灵论色彩很浓，而且经常是还原主义的，因此在比较教育中并没有多少人提倡它，但这种观点有间接影响。列维–斯特劳斯受费迪南·索绪尔和罗曼·雅各布逊的结构语言学影响。索绪尔认为言语只是更基本的精神活动的表面显现。雅各布逊认为运用语言进行思考的精神产生于二元对比。列维–斯特劳斯还从雅各布逊和其他人那里吸收了这样的思想，即把基本的二元对立精神现实看作由一系列"内在编码"或规则所组织和传递的东西。这些编码和规则能被用来生成许多不同的社会形式：语言、艺术、音乐、社会结构、神话、价值观和信仰等。比较教育研究就是要寻找一系列生成各国教育现实的"内在编码"和规则。

比较研究中的科学主义观点认为，比较研究的任务是要在某一系统特有的社会行为规则和普遍的社会行为规则之间做出区分。反对存在普遍规律的学者认为，社会现实可以是无限多样的，它只能在它被观察的特定情境中被"理解"，而不可能用类似规律的陈述来解释。受乔姆斯基结构主义观点影响的学者不同意这种看法。他们反驳道：正如无限多的句子是由相对来说适量的基本短语结构规则集、转换规则集和基本的单词产生的一样，人们也可以在无限多样的社会行为中寻求这种普遍语法。当然，一些违反句法规则的句子是不能通过这种办法生成的，因此，人的有些行为也是不能用普遍规则来解释的。

总之，比较教育中的科学主义观点认为比较教育与其他教育分支学科在目的与方法上并没有什么根本的不同。所有教育研究都进行描述、解释、重复、确证和证伪，比较研究的目的是在不同的社会中检验教育命题，也就是使特定时空的命题，即"当A和B和C时，如果有X那么就有Y"，转变为普遍的命题，即"只要有X那么就有Y"；或者指明后一种命题仅在一些特殊的社会中成立。这种目的只有通过跨社会的研究才能实现，因此，比较研究是通向普遍的教育规律的唯一途径。正如法雷尔（Joseph Farrell）所说："如果对教育的研究不是比较的，那么这种研究就不是对教育的一般化的科学研究。"[1]至于通过何种程序才能达到这个目的，则是个争论不休的问题。

对经验论的科学主义者来说，比较教育和国别教育是不同的，但都是必需的。只有通过比较研究才能使命题具有"如果……那么……"的特征。然而，也只有通过深入的个案研究才能解释为什么这种命题在有些场合不成立。比较研究与其他社会研究遵循的是同一科学原则，因此，从总的原则上来看，比较教育在方法论上的困难与其他社会研究并无不同。尽管如此，比较教育还是具有不同于其他教育分支学科的地方。比较研究通常涉及一种或多种不同于研究者生活于其中的文化。也正是这个特征，使比较教育面临其独特的方法论上的问题，如可比性、概念的等价和个案的数目等。有的是理论上的问题，有的则是外在的客观条件问题。有限的资源将影响方法的选择。比较研究单元的选择是应该使单元之间尽可能相似，以便尽可能多的结构和其他外界因素保持不变，还是应该使单元之间的差别尽可能地大，以便证明某两个或多个现象之间的联系不是偶然的？这是在问题确定以后，选择国别时必须考虑的一个问题。

现在回到跨文化教育交流的问题上来。科学主义在这种交流过程中可以做出哪些贡献，以及存在哪些问题呢？哈贝马斯的理想互动情境的有效断言要求之一是命题的真实。科学主义宣称其研究目的是寻求客观的知识，也就是真实的命题，因此，科学主义的潜在贡献是显而易见

---

[1] Joseph Farrell, "The Necessity of Comparison and the Study of Education: the Salient of Science and the Problem of Comparability", *Comparative Education Review*, 1979, 23(1).

的。科学主义也是理性化的教育"借鉴"和"输出"的有效的手段。外国的经验不一定适合本国的情况，但是通过科学主义的比较研究获得的知识具有一定普遍性的规律。毋庸置疑，这种知识是可以指导本国的教育实践的，但是科学主义本身也存在问题。在比较教育中，科学主义研究对教育决策的影响还很小，这与其说是教育决策者的反科学态度，毋宁说是科学主义还没有提供可以值得信赖的客观知识。

第五节　相对主义

比较教育中的相对主义的势力看来有增长的趋势。按照本书的分析框架，相对主义指的是以客文化的价值观和认知方式为参照系统来认识客文化的教育现象的一种研究范式。比较教育中的相对主义的典型代表是埃德蒙·金。目前，相对主义的影响还不如实证主义大。相对主义者在研究中大多采用现象学和本土方法论的方法。在科学哲学中，相对主义经过波普尔的证伪主义和批判二元论，以及库恩的科学发展的范式论，在费耶阿本德那里得到了充分的发展。

相对主义注重客文化中的主体对教育现象的观点。在这一点上，它与实证主义有很大不同。实证主义要研究外在于主体的客观的教育现实，而相对主义感兴趣的是有生命的人的观点。在本体论上，相对主义对是否存在一个独立于主体的社会实体并不关心，用胡塞尔的话来说，就是把它"悬置"起来。在价值论上，相对主义强调不同文化之间的差异性、"内部观点"的独特性，避免把自己的价值观强加于他人。它认为，源于任何一种观点如马克思主义或实证主义的知识，都不具有权威性。但是，实际情况是否如此呢？从马克思主义的观点来看，任何一种认为不存在道义上权威的观点将有助于使占统治地位的意识形态不受挑战，因此也就不是价值中立的。

在认识论上，相对主义认为寻求普遍适用的规律是徒劳无功的，如果认为有什么一般规律的话，那也只能是适用于特定时空的。现在来看一下如何才能获得"内部观点"，也就是说，研究者是如何"切中"内部主体对客教育现象的观点的呢？为了弄清这个问题，我们需要分析以下几个要素，即研究者、内部主体、内部主体的观点、主参照系统、客教育现象和客参照系统（"客"是相对于研究者来说的）。内部主体的观点是内部主体通过运用客参照系统来认识客教育现象的结果。假定这种观点是内部主体以客参照系统为基础，进行演绎推理的结果，那么研究者只要掌握客参照系统就能达到目的。但是在推理的过程中还必须把主参照系统"悬置"起来。这种方法是否可能呢？首先，内部主体和客参照系统是很难分开的，这里不仅有理论上的困难，而且有实践上的困难（不过本书假定存在独立的、不断变化的参照系统）。其次，这里假定的纯粹演绎推理实际上是不可能的。再次，研究者把主参照系统"悬置"起来，虽然从逻辑上说并非不可能，但是这种技术还有待于进一步开发。最后，存在如何获得客参照系统的问题。一种最有效的途径是研究者作为客文化中的一员，与客文化内部的人员一起生活，逐渐掌握他们的价值观念、认知方式和生活习惯，从而把客参照系统（包括推理方式）内化于研究者头脑中。这样，研究者就可以跟内部主体一样看待问题和解决问题，学会当地的价值规范和行为准则。这就是人类学家所推崇的方法。它听起来有点浪漫，也还有一定效果。这种方法的最大问题是实际条件的限制，研究者不具有那么多的时间和精力进行这种研究，因此，这种方法只对少数有这种机会的学者有效。这种方法是很难传递的，它往往是个别杰出学者所专有的。正如日本学者绫部恒雄在分析本尼迪克特的"文化模式论"时所说的："本尼迪克特的学说，特别是她的文化相对主义给予文化人类学很大的影响，但由于她的理论过分依靠直觉，只有她自己才能得心应手地运用，别人学不来，因此没能找到优秀的接班人，可谓后继无人。"①这种方法的积极特点是效度较高，但是其信度的高低是实证主义者的批评对象。实证主义认为，这种认识是无法证实的。它也许只是我们把自己的观点强加在他人头上的结果。因为有上述问题，所以人们期望从其他间接的途径来逼近客参照系统。马林森提出通过研究客文化的文学作品来理解民族性。霍尔姆斯提出通过研究经典的思想家的作品及当代的法律来了解一个民族的精神状态。霍尔姆斯的方法的特点是经济，而且是可以传递的，因此，其研究结果是可以重复的，信度较高，但是它是否能准确反映实际情况，不得而知，故其效度成问题。

　　以上是相对主义的那种认识是否可能的问题。即使可能，它还是存在不少问题。在这方面，实证主义者对它进行了很多批评。第一，内部主体对客教育现象（对研究者来说是"客"）的认识可能是错误的。②这种现象经常发生，这时研究者也只能与内部主体共享这种错误的认识。当然，相对主义者会回答说，他们对内部主体的认识是否正确并不感兴趣，或者它是不重要的，重要的是内部主体的观点。也许内部主体的观点是错误的这一判断是根据研究者的标准做出的。内部主体根据其"本土"的方法来理解教育现象和解决教育问题。即使内部主体认识错误，我们也只有通过把握内部主体建构其教育现实的过程才能认识这一点。因此，实证主义和相对主义在这方面的冲突根源于两者的目标不一样。相对主义探求对独特的教育现象进行解释，否认存在可用来解释一切教育现象的普遍的规律，对内部主体的观点是否具有真理性并不感兴

---

① ［日］绫部恒雄：《文化人类学的十五种理论》，中国社会科学研究院日本研究所社会文化室译，37页，北京，国际文化出版公司，1988。

② Lê Thanh Khoi, "Conceptual Problems in Inter-Cultural Comparisons", in Jürgen Schriewer and Brian Holmes (eds.,) *Theories and Methods in Comparative Education*, 2nd, Frankfurt, Peter Lang, 1990, pp. 87-114.

趣。它的目标是共享内部主体的观点，或者探讨内部主体在形成这种观点时所用的方法。因此，实证主义的这一批评是无力的，是"民族"中心主义的。第二，由于人类的基本需求的一致性，导致人类反应的相似性。现代国家在制度结构方面显示出极大的相似性，它们都有立法机构、行政制度、军队和利益集团等。这种制度结构上的相似，预示着其存在某种功能上的联系。如果把每一个社会都作为独特的实体来研究的话，那么这种功能上的联结就不可能得以发现并加以检验。相对主义的观点虽然有助于理解特定场合的教育的性质和做出教育决策，但它几乎难以在特定的文化背景中把教育相关因素和教育无关因素加以系统地区分。[1]第三，对相对主义的最致命的批评也许要算是它使自己处于两难的境地。正如弗兰科尔指出的："结果在这种观念中存在一个悖论，一方面，它认为所有的关于人类事务的观念，只有当它们从特定的文化和社会阶级的观点来看时才是真实的。这个陈述本身就是一个关于人类事务的观念。如果它像其他所有这类观念一样，对一些人是真实的，而对另一些人是错误的，那么就没有理由要求持有其他观点的人注意它。另一方面，如果它的有效性是不受限制的，那么它就是它自己宣称的观点的一个例外。它是一个真理性超越其所在的历史情境的观念的例子。如果存在这样的一个观念，那么认为不存在其他这样的观念似乎是武断的。"[2]

在比较教育中，纯粹的相对主义者并不多见。相对主义者通常批判实证主义不能正确地解释教育现象，忽视了主体的创造性。他们倡导研

---

① Erwin Epstein, "Currents Left and Right: Ideology in Comparative Education", in Philip Altbach and Gail Kelly (eds.), *New Approaches to Comparative Education*, Chicago, The University of Chicago Press, 1986, pp. 254-255.

② Erwin Epstein, "Currents Left and Right: Ideology in Comparative Education", in Philip Altbach and Gail Kelly (eds.), *New Approaches to Comparative Education*, Chicago, The University of Chicago Press, 1986, p. 255.

究人员研究不同的教育主体建构教育现实的过程，但是他们当中的许多学者只是从给比较教育增加一个维度的角度去提倡上述观点，而并不完全否定实证主义方法的价值。有的学者则是实证主义和相对主义的观点并存，如霍尔姆斯。埃德蒙·金则强调两者之间的互补关系。他说："所以，在今天的社会科学中不再强调或者是实证主义者所主张的伪科学的'客观性'，或者是考虑人的反应的现象学方法，而是强调在研究的这两个方面提供证据和见解的人们相互之间建立伙伴关系。同样，在教育的研究中，特别是教育的比较研究中，经验的方法和'客观的'社会科学的方法被严格地应用于某些问题和现象的考察，但是人们越来越认识到那些'现象'必须表达内部的观点和研究时对内部情境的微妙的感受。"①

既然相对主义注重内部主体的观点，那么就必然要考虑不同类型的主体。虽然在同一文化背景下，他们具有一些相同的参照点、相同的价值观和认知方式，但是，由于所处的地位不同，在社会中所扮演的角色不同，他们之间还是具有一些不同的价值观念和认知方式的。因此，这里也是新马克思主义的用武之地。这样要得到较为完整的内部观点将非常艰难——相对主义方法对研究者的要求是很高的。

在国际教育交流中，这种内部观点能做出什么贡献呢？如果内部主体撰写一篇关于其本国教育的文章，并把它投给比较教育杂志或比较教育国际会议，这与相对主义者费了很大精力才获得的所谓"内部观点"有什么区别呢？如果没有区别，那么持相对主义观点的比较教育研究人员的工作的意义何在呢？由于相对主义宣称要客观地获得内部观点，故就文章内容所涉及的方面应该是没有区别的，否则就表明研究结果有

---

① ［英］埃德蒙·金：《别国的学校和我们的学校——今日比较教育》，王承绪等译，25页，北京，人民教育出版社，1989。

误。各种比较教育杂志上出现过不少这样的文章，比如，英国1984年第1期的《比较教育》就刊登了一些中国学者论中国教育的文章。这也许必须从整个教育交流过程才能看出两者之间的区别。首先，研究要做到完全客观很困难。即使研究者可以把主参照系统悬置起来，但是为了实现其研究目的，他还需要做出一定的选择，他是有目的的。其次，在研究结果的呈现上，他还得用自己的语言和文本化的表达方式，也就是说，用不同于客文化的符号系统的"文本"呈现给本国读者，使他们通过阅读它能够产生与内部观点相同的意义。内部主体的文章很难达到这种效果，尤其是当他不了解异国文化时。反之，如果该内部主体本身是比较教育家，非常了解异国文化，那么内部主体就可以胜任前文中论及的研究者的工作。实际上，有不少比较教育家正在从事这方面的工作。最后，内部主体比较教育家只是内部主体的一小部分，他们对本文化教育现象的理解显然有其片面性，因此，他们的观点并不能完全反映教育现实。这样，外部研究者的工作仍然有意义（尽管其目标还是客观地获得内部观点）。

这种内部观点有多方面贡献。一是人文主义的，它有助于加深国际理解，促进世界和平；二是有助于被研究国家的教育决策；三是丰富研究者本国人民的教育知识，有助于他们从更多的维度观察本国教育。在最后一点上，相对主义的观点与把异国教育现象作为一个阅读的"文本"并从中产生出意义的符号学观点相比，前者的意义并不比后者大。教育交流的实现既可以以正确理解他国教育的形式出现，也可以以错误理解他国教育的形式出现，两者都有价值。

第六节　国际主义

目前，在比较教育界没有人认为存在一个可称为国际主义的流派。

比较教育家是国际问题专家的一个组成部分。比较教育的一个很显著的特点是跨国（民族或文化）性，因此，必然会涉及国际主义这个问题。实际上，我们可以在比较教育文献中找到大量涉及"国际观点"（或"国际透视"）或"世界观点"的文章。为了对这种现象进行描述和分析，本书引入"国际主义"这一术语。本书中的国际主义指的是这样的一种观点：假定在历史上的某一时期（以别于科学主义的超时空的假定）存在一个国际上"公认"的价值体系和认知方式（它是一种相互主观性的东西，而不一定是客观的），并以此为参照系统描述、分析和评价各国（民族或文化）的教育。

关于世界性的文化或哲学，人们已经提出很多见解。因为这是对未来的一种预测，根据不充分，故多半带有浪漫的味道，或者是一种乌托邦。我们不想斗胆在这方面涉足。下面先看一下前述三种观点（相对主义、科学主义、民族中心主义）与国际主义之间的关系。在比较教育中，不管是实证主义者还是相对主义者，都使用"国际观点"这一术语。对相对主义来说，由于它强调不同文化教育的独特性，因此在逻辑上不存在"国际观点"，要是有的话，那也只是所有不同的"个别观点"的堆积。至于科学主义，它的目的是要在不同的文化教育现象中建立和检验普遍的教育法则。显然，这种法则存在于每一个别的文化教育现象中。科学主义的参照系统是客观存在的，而且"共在"于所有文化的教育现象中。因此，它首先是"共在"这种客观，然后才是"共认"这种主观。"国际观点"寓于"个别观点"之中。科学发现的规律是这种"国际观点"的基础。这种国际主义首先是科学的，然后才是人道的。民族中心主义的国际主义则是狭隘的，它认为自己的参照系统是普遍适用的，应该成为国际上的标准。

国际主义在比较教育中的表现形式除了上述三种之外，还有其他几种形式。这里的核心问题是世界性的认识方式、概念系统和价值体系如何可能（而不是是否可能）。建构适用于世界各国教育制度的描述框架或分类学体系，是一种具有理论意义的活动。该分类学体系被假定为世界各国公认的参照系统，可以依此描述各国的教育制度，收集各国的统计资料，然后分析、比较和评价各国的教育。这些是国际教育组织，如UNESCO和IBE，以及各种国际教育词典、百科全书和丛书的编者们的基本假定。在分析、比较和评价这一步中，同样存在参照系统的问题，许多著名的比较教育家在这方面做了大量工作。罗塞洛利用IBE收集到的国际性的教育资料，提出了许多有价值的教育"国际趋势"。霍尔姆斯不但提出了收集和分类各国教育资料的框架，[①]而且做了许多具体工作。[②]埃德蒙·金主编了一套名为"社会、学校和进步"的系列丛书，论述一些国家的教育，其中的每一本著作基本上都采用了共同的框架。[③]劳韦里斯（Joseph Lauwerys）也曾长期主编《世界教育年鉴》（*The World Year Book of Education*）。[④]从广义上说，所有涉及多国教育的著作都存在这种共同的参照系统的问题，但这种参照系统是否公认就不得而知了。虽然要研究各种分类学体系的实际形成过程很困难，条件不具备，但是其中存在互动与协商的因素是毋庸置疑的。

相对主义否认上述公认的参照系统的存在。科学主义对参照系统的要求标准比"公认"还高，但是迄今还未见其目标得以实现。也许它的

---

① Brian Holmes, *Comparative Education*: *Some Considerations of Method*, New South Wales, George Allen & Unwin Ltd. , 1981, pp. 89-110.

② Brian Holmes (ed.), *International Handbook of Education Systems*: *Europe and Canada*, vol. 1, New Jersey, John Wiley & Sons, 1983.

③ 由埃德蒙·金本人撰写的一本是：《美国的社会、学校和进步》（*Society, Schools and Progress in the U. S. A.* , Oxford, Pergamon Press, 1965；2nd, 1970 ）。

④ Joseph Lauwerys, et al. (eds.), *The World Year Book of Education*, London, Evans, 1948—1970.

目标必须在遥远的将来才能实现。如果是这样，那么科学主义的权宜之计是什么呢？相对主义和科学主义在形成这种公认的参照系统的过程中能做出什么贡献呢？我们从前面的定义可以看出，国际主义虽然不同于科学主义和相对主义，但是它同时具备双方的一些特点。这里关键的字眼是"公认"。一方面，"公认"的观点适用于所有各国，是共同的东西，因此也是基于归纳的经验科学的基本成分，人们可以据此形成经验定律；另一方面，这种共同的东西又仅仅是"公认"的，是经过"协商"过程才得以承认的，而不是客观规律，人们不得不承认它。因此，从结果来看，国际主义有点类似科学主义；而从过程来看，"公认"的观点的形成又有点像现象学和本土方法论的相互主观性的形成。纵观比较教育发展过程中的文献，很难说已经发现了什么科学的定律，而相对主义虽然在批判实证主义过程中有其价值，但也很难说已有什么积极的建树。因此，现在也许是实证主义放下架子，至少是暂时地，由相对主义积极地运用其独特的方法为比较教育做出正面贡献的时候了。在元理论上，人们已经开始对实证主义的一些基本假设进行修正，比如，假定理论仅是在一定的时期特定的科学共同体对科学的对象所达成的共识，即它是一种相互主观性。[1]实际上，施瑞尔在分析比较教育理论的二重性时，也把科学理论看成是可互为主观地共享的真理。[2]因此，他也采用了相互主观性的标准，但在这方面没有任何更多的论述。施瑞尔的理论二重性中的另一理论形态是国际教育反射理论。他对这种理论的潜力寄予

---

① D.Fiske and R. Shweder (eds.), *Metatheory in Social Science*, Chicago, The University of Chicago Press, 1986.

② Jürgen Schriewer, "The Method of Comparison and the Need for Externalization: Methodological Criteria and Sociological Concepts", in Jürgen Schriewer and Brian Holmes (eds.), *Theories and Methods in Comparative Education*, 2nd ed., Frankfurt, Peter Lang, 1990, p.52.

很大期望。①国际教育反射理论的框架范围要比本书的国际主义框架小，可以把它看作一种特殊的国际主义理论形态。

从积极的意义来看，比较教育研究活动应该是一种国际主义的活动。许多比较教育活动与其说是科学主义的或相对主义的，毋宁说是国际主义的或民族中心主义的，因此往往带有较浓的意识形态色彩。另外，有些人文主义的比较教育活动很难说是实证主义的还是相对主义的，实际上可以把它们归入国际主义这一范畴。如何形成国际主义的理论形态，是比较教育当前和未来的一项重要任务。

前面涉及的是国际主义的本体论和方法论上的一些假定和理论策略，至于国际主义的研究活动的程序与其他观点没有太大不同，重要的是它增加了国际性这一维度，突出了各国的比较教育家之间的协作、协商和互动。它将对国际教育交流论坛的形成与发展做出积极贡献。既然参照系统是公认的和协商的，那么这里就必须有每一个国家的比较教育家的贡献，不管他们来自发达国家还是发展中国家。各国（文化或民族）的比较教育家都可以以自己的（内）参照系统和他国（文化和民族）的（外）参照系统（多个这种系统）来"看"自己的（内）教育和他人的（外）教育。假定有 N 个分析单元，那么"看"某单元的教育的一个"子集"的参照系统就有 N 个。内部和外部观点加起来就有 N 个（这里忽略了不同单元主体用同一参照系统"看"时获得的观点的差别）。假定在所有其他单元中都存在等价的"子集"，则"看"每一个这样的等价"子集"的参照系统也是 N 个。结果，这 N 个"子集"的观点总数为 $N \times N$。如此多的观点是否有可能统一呢？实际上，上述的假定

---

① Jürgen Schriewer, "The Method of Comparison and the Need for Externalization: Methodological Criteria and Sociological Concepts", in Jürgen Schriewer and Brian Holmes (eds.), *Theories and Methods in Comparative Education*, 2nd ed., Frankfurt, Peter Lang, 1990, p.83.

就已经部分地回答了这个问题。等价关系的存在本身就说明了这些观点之间存在共性。这样经过协商，是可能在一些问题上达成共识的。这些共性可以是形式上的，也可以是内容上的。正如国际关系一样，人们可以求同存异。因此，所谓教育知识，首先是各国的教育学家共同体相互协商的结果，然后才有关于是否为科学定律或真理的问题。当然，如果协商结果是科学定律，那它就应当经得起实践检验。这种协商或互动是否可能呢？它又是如何可能的，即协商的规则和程序是什么？这里只讨论前一个问题。

协商的可能性：①各国面临等价的教育问题，需要学习他人的智慧。②各国面临相关的教育问题（如生态问题、多元文化教育问题等），即存在共同的互动客体，需要联合起来才能解决。③现代传播媒介的发展，使协商在技术上变得易于进行。④目前已经存在一些关于教育的国际机构和学会，使协商在制度上已有所保证。⑤最重要的是，世界各国在教育思想、教育制度、教育实践和教育问题等方面都具有共同性。

国际主义并不排斥民族中心主义、相对主义和科学主义，相反，国际主义尊重和维护各民族的传统价值标准和利益，尊重科学和维护真理。那种以维护国际秩序为名，进行霸权主义的活动，只能是民族中心主义的。在那种以帮助发展中国家发展经济为名的教育援助中，把自己的价值观强加于人或自己利益至上的"人道主义"或"国际主义"，是应该加以谴责的。

国际教育交流是一个过程，它的过去、现在和将来都在不停地进行着。它可以是有意识的，也可以是无意识的。当然，我们感兴趣的是有意识的交流过程。由于跨文化教育交流的结果，我们正在变得更加相像，也正在变得更加不像。一种世界性的文化正伴随着我们自身的发展而成长。因为我们是一种普遍的"类"的人，故我们的文化必定是世界性的。然而，由于我们每一个人又是独特的，因此，"尽管我们的生活方式变得越来越相似，但毫无疑问存在着一种强有力的逆趋势：一种反对一致性的呼声，一种维护文化与语言独特性的愿望，一种对外来影响的拒绝"①。"我们的生活方式变得越统一，我们便越执着于深层的价值标准——宗教、语言、艺术和文学。由于外部世界日趋同化，我们将更加珍视从内部萌发出来的传统。"②

以上所述的"民族中心主义""科学主义""相对主义"和"国际主义"研究活动，都是比较教育的组成部分。因此，把比较教育看作国际教育交流的论坛这种观点有很大的包容性和统一性。这种观点与国际化社会紧密联系在一起。我们认为，解决如何建构具有相互主观性的参照系统的问题也许是未来比较教育发展的关键。

---

① [美] 约·奈斯比特、帕·阿博顿妮：《2000年大趋势——九十年代的十个新趋向》，周学恩等译，124页，北京，东方出版社，1990。
② [美] 约·奈斯比特、帕·阿博顿妮：《2000年大趋势——九十年代的十个新趋向》，周学恩等译，126页，北京，东方出版社，1990。

第五章 当代比较教育家方法论观点选评

在第三章中，我们专门分析了比较法。在第四章中，我们探讨了比较教育研究主要流派的基本观点。本章选择四位比较有代表性的比较教育家，即哈罗德·诺亚、麦克斯·埃克斯坦、埃德蒙·金、布莱恩·霍尔姆斯和于尔根·施瑞尔，分析他们的比较教育观。

我们在本书头两章中已经指出，比较教育史上曾经有许多人做出了突出的贡献。在19世纪，"比较教育之父"——法国的朱利安，是一位超时代的人物，他的比较教育观与当时的其他比较教育家不同。19世纪的其他比较教育家有法国的维克多·库森，美国的贺拉斯·曼和威廉·哈里斯，英国的马丢·阿诺德和约瑟夫·凯，俄国的康斯坦丁·乌申斯基，以及日本的田中不二麿等。他们有意识地研究外国学校教育，希望把外国教育介绍到自己的国家，以便改进本国的教育实践。他们的研究具有明显的功利主义色彩。19世纪末20世纪初，英国的萨德勒对不加怀疑的教育借鉴提出警告，认为学校内部发生的事情具有特定的文化背景，一国的教育很难移植到其他的社会和政治环境中去。还有一些人担心，外国的教育思想和实践一旦介绍到本国，将可能起颠覆政府的作用，从而威胁到社会政治秩序。我国清末许多人就持有这种看法。20世纪上半叶主要的比较教育家有移居美国的康德尔、德国的施奈德和英国的汉斯。他们认为，教育制度不仅体现而且维持着一个国家的特质（他们经常使用"民族性"这个术语)。他们一方面从政治、历史、社会和文化背景探讨各国教育的特点;另一方面认为一个国家的学制标志着这个国家政治的或宗教的理想、价值观、态度和社会现实。从第二次世界大战结束到20世纪60年代,重要的比较教育家有英国的劳韦里斯(倡导哲学法)、马林森(强调用民族性概念分析教育),德国的希尔克(对国际教育分类体系的研究),西班牙裔瑞士的罗塞洛(任职于国际教育局,并利用所收集的世界各国资料分析世界教育的发展"趋势"),美国的乌里希(强调比较教育的人文主义价值)、安德森(倡导结构功能主义观点)、贝雷迪(提出比较研究的"四个阶段")。以上学者都已作古。

本章按如下两个标准选择具有一定代表性的学者:一是对中国比较教育有较大影响或中国与其有较大的相关性;二是在比较教育方法论方面具有系统化的观点。埃德蒙·金、霍尔姆斯、诺亚和埃克斯坦出现在20世纪60年代比较教育方法论争论的高潮时期,是当时的主要代表人物。还有一些比较教育家在方法论方面也有深刻的见解,但他们的观点或者尚未系统化并客体化(写成专论),或者对我国影响不大。他们是瑞典的胡森(倡导心理测量方法,实施IEA项目)、美国的库姆斯(提出"世界教育危机"的观点,并倡导与实践系统方法)、卡诺伊(新马克思主义代表人物),法国的黎成魁(倡导东方式的新马克思主义观点)等。在过去的十多年中,有些北美的比较教育家倡导民族志和人类学的方法,但还没有出现其影响可以与上述学者并列的人物。施瑞尔的观点则反映了科学哲学从逻辑主义到历史主义的转变在各门社会科学中的表现。他比较系统地描述和分析了各种比较教育活动。

第一节　诺亚和埃克斯坦的实证主义比较教育学

诺亚和埃克斯坦(后文简称"诺—埃")毕业于英国伦敦大学,并继续在英王学院教育系做研究生，是汉斯的学生。此后，他们又在美国哥伦比亚大学师从贝雷迪，并获得博士学位。诺亚曾经先后在哥伦比亚大学和纽约州立大学布法罗分校任教授。埃克斯坦曾任纽约城大学教授。他们于1991年退休。他们合著的代表作是1990年出版的《比较教育科学探索》(*Toward A Science of Comparative Education*)，[①]在比较教育界影响深远。

一、比较教育的性质

首先，我们分析一下诺—埃对比较教育的性质的看法。他们认为，比较教育这个领域包含了两方面的潜力：一是跨国研究教育上争论的问题的特殊价值；二是这个学科领域所提供的作为各学科协作研究的活动场所。前者指的是在不同国家检验教育与社会之间关系的命题，这是从个案研究确立起来的命题得出概括性的结论的必要的一步。后者指比较教育的问题是社会科学家和教育工作者的共同问题，而非任何一方的专门问题，比如，教育与发展中国家现代化的关系问题。比较教育可以促使研究工作者超越狭窄的专业界限而进行综合研究。诺—埃的这个观点与我们倡导的"比较教育是国际教育交流的论坛"是一致的，只是他们所指的"场所"仅是我们所说的"论坛"的一个组成部分。

在比较教育的研究对象上，诺—埃认为："比较教育学，一方面，坚实地扎根于普通教育学；另一方面，扎根于社会科学的更广泛的领域。"[②]前者主要是解释教育制度及其组织机构范围内的各种现象，即研究教学方法、不同类型的课堂教学、组织结构、视导工作、行政管理及其与教育效果的关系等方面的问题。这方面研究通常由教师、教育行

---

① Harold Noah and Max Eckstein, *Toward A Science of Comparative Education*, New York, Macmillan, 1969.

② Harold Noah and Max Eckstein, *Toward A Science of Comparative Education*, New York, Macmillan, 1969，p. 113.

政人员和教育心理学家进行。他们试图理解并尽可能地改进教学工作。诺—埃把这个领域称为"比较教授学"（comparative pedagogy）。后者涉及的范围和资料与社会科学家感兴趣的问题重合，即把教育作为一种社会现象，探讨教育与社会之间的关系。因此，我们可以认为诺—埃的比较教育的对象包括教育的所有领域，而且比较教育家的工作或者与普通教育学领域的人员的研究重叠，或者与其他社会科学的研究人员的相应工作重叠。这样，他们就试图从方法的角度论证比较教育独立存在的价值。

诺—埃说："比较教育学，只要它既无一套充分具体化的理论结构，本身又无自己特定的概念，就不能被看作具有存在价值的一门科学。比较教育学在它的资料和方法已被阐明，以及这些资料和方法彼此之间的相互关系被确认以前，不可能在学术研究的等级制度中获得可靠的地位。"[1]

在"比较教育中的方法"词条中，诺亚认为："比较教育使用一个或更多国家或地区的材料，描述教育的制度、过程或成就；促进教育制度和实践的发展；阐明教育与社会之间的关系；形成对两个以上国家有效的概括性的教育论断。"[2]总之，他总是把理论的检验与概括当作比较教育的中心问题。

我们知道，在20世纪上半叶，比较教育家们常用的一个术语是"民族性"，当然，其影响至今仍然存在。它甚至是马林森分析教育的主要工具。霍尔姆斯也认为这一概念"有用"，并把它与他的"精神状态模式"的建构联系起来。许多教育研究的著作认为：德国人的行为，表现出纯理论反思的特征；法国人的行为，表现出清晰推理的特点。使用

---

① Harold Noah and Max Eckstein, *Toward A Science of Comparative Education*, New York, Macmillan, 1969, p. 118.

② 转引自［德］T.N.波斯特莱斯维特：《最新世界教育百科全书》，郑军、王金波主编译，7页，石家庄，河北教育出版社，1991。

"民族性"概念，存在许多问题。第一，它所指称的内容含糊不清，同样一个特性，有时可以同时用来描述非常不同的国家。第二，同一个国家在地区、社会等级等方面往往有很大差异，而且随着时间的流逝而变化。第三，用来解释教育现象时，它往往导致循环论证。使用"民族性"概念与传统的比较研究的特点是分不开的，即尽可能地扩大和丰富各个国家名称下的内涵。

20世纪五六十年代，在政治学、经济学和社会学中，比较研究开始超越早期的鉴别、描述与分类，而注重解释和预测，并建立假说，构建和检验各种理论。比较方法在社会科学中的作用，正像实验在物理学中所起的作用一样，比较法是为了验证假说而代替实验法的一种方法。因此，在比较教育中，诺—埃对社会科学的这种发展做出反应是顺理成章的。在这种一般社会研究方法论影响下，诺—埃认为，比较研究基本上是一种尽可能用概念名词来代替制度（国家）名称的尝试，探讨类似一般法则的跨制度陈述，即不涉及任何国家名称的陈述，并只有当我们不能准确地跨越国家来进行概括时，才引入国家（制度）的名称，即这时才用诸如"民族性"和"历史背景"等因素去解释和概括。[①]这应当说是诺—埃的一大贡献。

基于上述考虑，诺—埃主要以比较方法给比较教育下定义。他们认为比较研究不一定是国与国之间的、跨国的或多国的研究。他们把美国国内对南部地区与非南部地区，或者都市与乡村，或者白人与黑人之间进行的比较（由制度内研究者完成）都看作比较教育研究。我们基本上不能同意这种观点。首先，从诺—埃的逻辑来看，上述定量研究代表了社会研究的新范式，它当然也应该是教育研究领域的范式，因此，所

---

① ［美］诺亚：《比较教育界说：概念》，董小燕等译，见赵中建、顾建民：《比较教育的理论与方法——国外比较教育文选》，214页，北京，人民教育出版社，1994。

有的研究都将采用比较研究法，这就等于取消了比较教育。其次，这个观点（1973年）与他在1969年的观点不一致。在《比较教育科学探索》中，诺—埃说："比较教育领域最好被定义为各门社会科学、教育学和跨国研究三者相互作用的一个学科领域。"[①]当时他们论证道：因为教育的课题与跨国研究领域，无论对哪门社会科学来说，都不是研究的中心；同样，各项社会科学事业与跨国研究领域也不是教育工作者的研究中心。然而，我们也同意在一定条件下，上述类型的比较研究可以是比较教育的一个组成部分，即当它成为跨国研究项目的一部分时；或者研究人员从"国际的观点"来看待这种比较时，即把命题的检验与国际背景联系起来时。这种研究的结果是"教育科学"的组成部分。在这方面，比较教育与教育学重合。因此，从研究对象上看，比较教育已经没有什么特殊性（各国教育相互作用除外），只能说它的分工是进行跨国、跨文化研究。如果从研究主体的角度来看，我们可以把比较教育作为国际教育交流的论坛，在国际范围内组成有关课题的研究小组，这样就可以把在一国内对不同地区的教育进行的比较看作比较教育。实际上，发展中国家的比较教育学者可以从这个角度出发，提高比较教育研究的水平，使自己的研究与国际同行同步，进行学术对话与交流，共享研究成果。

二、科学的比较教育研究程序

诺—埃认为："科学研究的方法不仅是一套程序或方法，而且是建立科学信念的途径。"[②]他们在比较教育方法论方面的主要贡献，也在于把一般社会科学研究程序引进比较教育研究。他们的科学比较教育学的

---

① Harold Noah and Max Eckstein, *Toward A Science of Comparative Education*, New York, Macmillan, 1969，p. 121.

② Harold Noah and Max Eckstein, *Toward A Science of Comparative Education*, New York, Macmillan, 1969，p. 122.

基本研究步骤是：①确定问题；②建立假说；③概念的操作化与指标的确定；④选择个案；⑤收集资料；⑥处理数据；⑦检验假说和解释结果。下面就对这种研究程序进行分析。

1. 确定问题与建立假说

诺—埃认为，研究从确定问题开始，然而，他们并未给出确定问题的具体可操作的方法。他们认为："对一些相似和不同的事例所引起的好奇心，将不可避免地会提出'为什么'和'怎么样'的问题。"①实际上，问题的提出既与社会需要有关（比如，我国比较教育发展初期对学位制度的研究），也与研究人员所信奉的理论有关（比如，信奉依附论的学者与以现代化理论研究发展中国家教育的学者通常会提出不同的问题），还与研究者所熟悉的并喜欢采用的方法有关（比如，霍尔姆斯的问题法就可用来诊断问题）。如何提出与社会需要密切相关并具有理论建设价值的问题，并不是一件轻而易举的事情。

有了问题，就可以建立假说。在没有假说的情况下着手收集资料，效率低、浪费大，研究者可能在杂乱无章的资料中漫游，浪费时间。假说通常是根据研究者所信奉的理论提出的。例如，信奉结构功能主义的学者会提出假说：随着时间的推移，即使没有社会结构的变革，社会的转变也会发生；或者即使改变了社会的基本结构，不平等也是很难彻底消灭的。新马克思主义学者的假说则可能是：没有社会结构的变革，学校只能再生产现有的社会关系，以及现存的社会不平等。

2. 概念的操作化与指标的确定

假说是关于两个或两个以上事物之间变化关系的一种陈述，它通常用一个概念与其他概念之间的关系来表示。概念是人为地赋予现实世界

---

① Harold Noah and Max Eckstein, *Toward A science of Comparative Education*, New York, Macmillan, 1969，p. 126.

中所观察到的现象的一个名称。为了用经验数据来验证假说，人们就要明确假说中所包含的概念，并尽量用实际能够测定的指标数据来表示概念。这就是概念的量化。把概念转化为变量，就可以探讨一现象的变化如何与另一现象的变化相联系。

教育理论上的许多争论产生于概念不清。20世纪六七十年代，英国的分析教育哲学家们努力通过分析概念，考察概念判断的根据，揭示概念所包含的因素，将有关需要解决的问题清楚、明白地揭示出来，以便其他学科能够做进一步的研究。尽管目前分析教育哲学发展的兴盛期已经过去，但概念分析作为一种研究方法是不会过时的。人类的智力活动离不开概念，不仅在现有的研究领域存在含糊的概念，而且随着研究领域的扩大和深化，总有新的概念出现，因此，澄清概念的问题总是存在的。尽可能使所有研究者做出统一的理解是理论建构对概念的要求，而用几个客观的可以检查的指标来代表概念，则是达到客观性和统一性的一种途径。

3. 选择个案与收集资料

建立了假说之后，就要在不同的背景中检验该假说。为了使研究结果更加普遍化，具有更大的可靠度，选择的对象国越多越好。然而，世界上有那么多国家，不可能对所有的问题在每一个国家或民族进行检验，因此，首先要选择适当的个案。诺—埃认为个案的选择标准有三个："与假说的相关性，对主要外部变量控制的程度，以及调查研究的经济性。"[1]可见，个案的选择主要受两个方面的影响：一是假说本身的特点和假说检验过程中的方法论，即关于个案的理想选择；二是实际客观条件所能提供的可能性，这些条件指的是政治环境及语言等。例如，在研究农村

---

① Harold Noah and Max Eckstein, *Toward A Science of Comparative Education*, New York, Macmillan, 1969, p. 143.

教育发展或义务教育的普及时，为了消除工业化水平对该领域的假说的影响，在选择个案时，要尽量使所有的个案在工业化水平上接近。然而，有时由于很难得到发展中国家的资料，这时就要选择西方发达国家19世纪的教育和当代一些发展中国家的教育作为个案。

选择了个案之后，就可以根据前述指标收集数据，这里的关键因素是要使指标在不同的个案中具有相同的或等价的含义。

4. 处理数据、检验假说和解释结果

收集到资料后，就可以根据假说要求做适当处理。当一个概念用多个指标来描述时，就有哪一个指标更重要的问题，也就是加权的问题。有些指标的数据相对来说可靠性较大，权重应该较大，而这一点只有到收集资料时才能知道。但是，如果在收集资料之后再确定权重，那么就很难逃脱拼凑数据以符合研究者意图之指责。因此，在确定权重方面，要做到完全客观很困难。诺—埃认为："客观的权重总是较为合乎需要的，而主观的权重至少使研究者的偏见的性质公开化。"①因此，从问题的确定到资料的处理都存在主观性的因素，而科学方法的特征就是避免这种主观性，在难以避免时，要求这种主观因素公开化，以便接受公众的检查。

数据类型不同，相应的处理方法也不一样。有的数据只能加以分类，然后赋予各类不同的名称，比如，分为A和B；有的数据可以按一定的标准进行排序，比如，A大于B，B大于C；有的数据可以进行加与减的运算而不能进行乘除，比如，温度；还有一类数据既可以加减也可以乘除，比如，学习反应时间。由于条件的限制，概念的操作化的程度不一样，所得到的数据类型也就不一样，这就限制了数据处理的方法。

---

① Harold Noah and Max Eckstein, *Toward A Science of Comparative Education*, New York, Macmillan, 1969，p. 151.

数据处理之后，就可在不同个案中检验所提出的假说。如果在所有个案中假说都成立，则该假说的可靠度增大；如果在有些个案中不成立，那么就要对这些个案进行分析，找出不成立的原因，以便修正假说，提出新的假说。

三、结语

诺—埃倡导在比较教育研究中使用上述假说检验方法，当然，这种方法也是有缺陷的，它的误用和滥用将会产生消极的效果。正如埃德蒙·金所说："实证主义的调查研究由于时髦的定量标准更容易被认为是'科学的'（有时也因为人们认为预测比咨询更科学），比较难于定量分析的、更为复杂的东西，常被急于在下一次选举中获胜的部长们，或急于通过产生某些惊人的'结果'而赢得晋升的研究者们抛弃在规划之外。"[①]在过去的几十年中，这种研究并没有提供很多令人信服的有价值的结果，因此，批评之声一浪盖过一浪，并有许多研究者放弃这种定量的方法而转向定性研究。我们认为，包含在定量研究中的科学精神应该发扬光大，并使这种精神在定性研究中得到贯彻。正如诺—埃所说："从理论上讲，人们需要的是一种具有自我纠错功能的方法，使观察者产生偏见的可能性极小化，同时使资料的效度极大化。尤其重要的是，它必须成为这样的一种方法，即把调查研究的每一步骤和研究者所做出的结论的逻辑上和经验上的根据公之于世，接受公众的检查。"[②]这些也是我们的研究应当遵循的基本准则。

诺—埃只注意到比较教育在教育科学建设中的作用，忽视了教育哲学和实践教育学的领域，应该说是片面的。它只是跨国（跨文化）教育

---

① ［英］埃德蒙·金：《别国的学校和我们的学校——今日比较教育》，王承绪等译，24～25页，北京，人民教育出版社，1989。

② Harold Noah and Max Eckstein，*Toward A Science of Comparative Education*，New York，Macmillan，1969，p. 89.

交流论坛的一个组成部分，而不是全部。这种片面性导致了他们以研究的"科学性"程度的提高为准则来划分比较教育的历史发展阶段。这是需要我们加以克服的。

第二节　金的文化相对主义比较教育学

埃德蒙·金生于1914年，他早年接受的是人文主义教育，在成人教育方面获得博士学位。由于研究成绩突出，后来他还被授予文学博士学位。他曾经是波普尔在伦敦经济学院任教时的博士研究生，学习社会科学方法论。他的主要著作包括《比较研究与教育决策》《别国的学校和我们的学校——今日比较教育》《西方教育史》《义务教育后教育Ⅰ》和《义务教育后教育Ⅱ》等。金曾经是伦敦大学英王学院教育学教授，于1979年退休。他是英国《比较教育》杂志的创办人之一，并长期担任主编工作。

金的比较教育方法论观点与他的教育发展的三模式理论密切相关。金早在1972年就提出了技术发展的三个阶段对应于三种教育模式。前工业社会、工业社会和后工业社会或信息社会各自对应的教育模式不同。最早的教育形式反映前工业时代或工业发展早期阶段的需求，它重视的是纯粹科学和传统的学术技能，教育的侧重点放在脱离当时的实际事务，尤其是脱离商业和技术之类实际事务的"博雅"知识上。金把这一阶段的典型学校描绘成"修道院式的学校"。在工业社会阶段，教育与工商业的行为准则一致，反映城市中产阶级的要求，重视的是"应用科学"和各种"工程学"。这一阶段的典型学校被称为"工厂式学校"或"培训学校"。在后工业社会阶段，社会科学以及对人类反应和决策的研究的重要性增大。与这一阶段相应的教育正在显现之中，它还没有在任何地方成为驾驭全国的力量。金认为，综合学校就是一种发展中的第三种教育形式的教育机构。金认为，教育发展的三个模式的理论可用来分析各国教育中存在的问题。许多国家三种教育模式并存，有些争论和冲突是它们之间冲突的表现。

金应用以上教育发展的三个模式理论为他的比较教育方法论辩护。他认为，工业社会的学者和计划人员"研究社会领域的蓝图和'预测'，以使他们能安排社会的形式和社会内部人民的反应"①；而在信息社会，更强调交往、共享和反馈，人类的反应、选择和决策成为一个重要因素。因此，金把研究重点转移到对人的主观性进行分析。这种主观性包含两个方面：一是作为研究主体的人的主观性；二是作为研究对象的主体（参与教育过程的人）的主观性。人们普遍承认前者的存在，只是对它的性质有不同的理解。我们的观察，甚至推理，总是受到文化偏见的影响。金对上述第二个方面感兴趣，即作为研究对象的主体对教育现象的理解，或者教育现象对他们所具有的不同意义。实证主义的研究对象是"客观的教育事实"及其关系，而不是这些事实对主体的意义。

在比较教育中，我们如何才能理解文化上不同的他人呢？或者如何才能共享他们的观点呢？金的回答是："我们确实有必要尽我们所能，抓住人们内在的思想。我们必须尽可能学习他们的'生活语言'，这是比照字面学习他们的语言更加重要的问题。我们必须懂得他们的语言的条件作用和所关心的事情。对事情的轻重缓急，我们必须尽可能和他们具有共同的认识，这只是为了体验文化的冲击，知道我们自己的思想（和他们的思想一样）只表现一种文化的相对性而没有绝对的价值。如果能够达到这个'真理'，这种人文主义的研究方法就会和逻辑中的任何代数练习一样安全可靠。"②可见，这种研究的基本策略是：努力学会

---

① ［英］埃德蒙·金：《别国的学校和我们的学校——今日比较教育》，王承绪等译，39页，北京，人民教育出版社，1989。

② ［英］埃德蒙·金：《别国的学校和我们的学校——今日比较教育》，王承绪等译，45页，北京，人民教育出版社，1989。

跟作为研究对象的主体一样的行动和思维，把他们的价值标准和行为规范等"内化"。我们认为这里面存在两个问题：一是我们怎样才能知道已经达到"真理"？对具体的研究来说，不同的研究者可能会得出不同的结论，哪一个是对的，也许只能请作为我们研究对象的主体来评判。如果是这样，那么这种研究的意义又何在？二是能否找到一种用于"内化"的较为经济的方法，因为不可能有大量的研究人员长期生活在外国文化之中。在这方面，我们认为传统的"民族性"概念，以及霍尔姆斯的"四个模式"是比较有用的，起码可以是"内化"的辅助工具。当然，我们期待着其他方法的出现。金的比较分析的具体操作技术是从背景、概念、制度和操作这几个方面来分析各国的教育的。

金特别强调比较教育在指导教育决策和发展方面的作用。然而，除了人文主义的因素之外，准确理解他国教育与改革本国教育两者之间并无密切的逻辑上的联系。它更有助于指导研究对象国的教育改革与决策。实际的教育借鉴未必发生于对外国教育的准确理解。在跨国教育合作与交流中，为了解决诸如各国之间的学位和证书的等值问题、欧共体各国的专业人员的流动问题，以及在课程内容上消除大国沙文主义或民族主义的内容等方面问题，"内部观点"是不可缺少的。由于我们的世界正在变得越来越相互依赖，跨国、跨文化教育交流也越来越频繁，因此，"内部观点"亦越加重要。当然，共享的技术与途径也更加丰富多彩。

金的比较分析的主要目标是为教育决策服务，然而，他对完全可靠的规划表示怀疑。他接受了卡尔·波普尔的试错性和零星（或逐步的）社会工程的观点，强调我们要不断地从现实中获得反馈和不断地重新分析和检查决策，并做出新的决策。为此，我们需要建立与教育相关的各个"伙伴"之间的"互补"关系。"互补"概念是金的比较教育框架的基本组成部分，它的含义比较广。第一，它意味着多学科之间的互补，即政治学家、经济学家、社会学家、历史学家和教育学家都应该为教育决策做出贡献。这就是比较教育中常说的跨学科或多学科合作研究，只是金特别强调这种研究要为教育决策服务。第二，它意味着教育研究人员、行政人员和决策人员之间的协作关系。第三，不同教育制度之间相互依赖，并各自为人类今天的总的状况贡献见解。第四，专业人员与"外行"教育消费者之间互补，即应当注意他们的反应和见解，他们也可以为教育决策贡献见解。第五，比较教育的不同流派都有存在的价值。

总之，埃德蒙·金的观点比较折中，在为教育决策服务这个大前提下，可以有很大的包容性。对一国教育现象从背景、概念、制度和操作这四个方面来分析是比较全面的，它在一定程度上为两国教育之间的比较分析提供了可操作的方法。然而，它还比较粗糙，很难为一般人所掌握。他所强调的教育的众"伙伴"之间的合作关系，对我们今天的教育改革与决策具有现实意义。

第三节　霍尔姆斯的实用主义比较教育学

布莱恩·霍尔姆斯（1920—1993）在大学期间是学物理学的。他曾经是伦敦大学教育学院的比较教育教授，并担任过世界比较教育学会联合会的主席。《教育中的诸问题：一个比较方法》（ *Problems in Education*: *A Comparative Approach* ）[1]和《比较教育：对方法的一些思考》（ *Comparative Education*: *Some Considerations of Method* ）[2]是他的代表作。

---

① Brian Holmes, *Problems in Education*：*A Comparative Approach*, London, Routledge & Kegan Paul, 1965.

② Brian Holmes, *Comparative Education*：*Some Considerations of Method*, New South Wales, George Allen & Unwin Ltd., 1981.

他的主要贡献是提出了一套独具特色的比较教育方法论；培养了一大批比较教育专业人才（超越国界），他们中的许多人已经是当今比较教育界的知名人士。

一、问题法的五个步骤

以下几个内容对理解霍尔姆斯的方法论是非常重要的：第一，他曾经是中学物理教师；第二，杜威的反省思维与问题解决法；第三，波普尔的证伪主义、批判二元论与零星社会工程；第四，比较教育中的因素分析法与历史法的传统；第五，实证主义努力探求的类似自然规律的社会的一般或普遍法则；第六，现象学家关注的主体建构的社会世界。下面我们就来分析这几个内容对霍尔姆斯观点的影响。

霍尔姆斯的比较教育方法论框架有两个核心部分：一是以杜威的问题法为基础的"五步法"；二是以波普尔的批判二元论为基础的"四模式"。"四模式"是使"五步法"操作化的基本工具。我们先看一下他的问题法的五个步骤：①问题分析或理智化；②提出假设或政策办法；③细述前提条件或背景；④预测可能出现的结果；⑤比较预测结果与观察结果。[①]

我们总是面临着各种各样需要解决的问题：或者要解释已经发生的事件；或者对某项计划周密的行动的结果进行预测；或者对一些理论假说进行检验。作为物理教师，霍尔姆斯首先想到的是"定律"（如万有引力定律）或普遍法则。当用一些法则去解决问题时，还需要针对具体的问题列出"初始条件"（时间上的）和"变界条件"（空间上的），以及外力的作用。为了分析方便，下文用"初始条件"代表所有三个因素。有了"定律"和"初始条件"，就可以对已经发生的事件进行解释，

---

① Brian Holmes, *Comparative Education*：*Some Considerations of Method*, New South Wales, George Allen & Unwin Ltd., 1981，p. 76.

对将要实施的行动的结果进行预测。同时，我们还可以把一般法则（假说）应用到不同情境中去检验：或者推翻，或者进一步证实。将上述问题法的各个步骤进行对比，可以看出：定律或普遍法则对应于第二步的假设或政策办法；初始条件对应于第三步的背景。

实证主义努力探索教育的一般规律；相对主义则注重分析具体的情境（"初始条件"），否认存在具有普遍意义的法则。霍尔姆斯早年特别强调一般法则（社会学法则）的预测作用，认为它是教育规划的基础，因此，发现它便是比较教育的一大任务。他说："正是对有关的社会学定律的研究构成了教育科学，或者你愿意称之为'教育的科学研究'。"[1] 这种观点后来也没有太大变化，只是他并没有对它进行深入研究。他认为实证主义研究忽视了对初始条件进行分析。他说，为了避免误解（即有人认为他的观点是决定论的），他后来更多地使用政策或假说性的解决措施来表示社会学法则。为了与日常的含义区别开来，他强调要把政策表述成可检验的命题，即"如果……就……"，比如，"如果推广综合中学，那就会促进教育平等"。可见，命题的前半部分为实际政策，后半部分为预期的结果，可分别用政策措施和政策目的表示。受波普尔的证伪主义影响，霍尔姆斯特别强调教育命题的可检验性。

传统的比较教育重视用各个国家的背景来分析教育问题，比如，民族性、因素与力量，这些实际上对应于霍尔姆斯的"初始条件"。他把注意力集中在对"初始条件"的描述与分析上。他几乎采用了比较教育先驱们用来解释教育现象的所有范畴。它们包括：民族性、哲学思想、宗教传统、宪法和法律、各种制度和自然环境等。康德尔、汉斯、施奈

---

[1] Brian Holmes, *Problems in Education*: *A Comparative Approach*, London, Routledge & Kegan Paul, 1965, p.51.

德、马林森和劳韦里斯则各自用了其中的一部分因素。霍尔姆斯与他们的不同之处在于，他是用这些范畴来预测用于解决特定问题的教育政策可能导致的结果，而不是寻找不同国家教育上差异的原因。在这方面，霍尔姆斯的主要贡献在于：他努力使那些因素分析有法可依，并且尽可能地使研究结果具有可重复性，以符合科学研究的基本要求。他提出的基本分析工具就是"四模式"。现象学家关心的是如何构造出内部主体建构他们各自的社会现实的过程和结果。他们通常采用现场研究法，研究人员亲自到国外参观，甚至成为研究对象的一员，跟他们一样生活、思维与行动。霍尔姆斯则强调通过研究各种文献资料来建构内部主体构造的社会现实，即精神状态模式。

把问题法用于教育规划时，针对某个教育问题，为了达到一定的政策目的，提出多种政策措施，通过问题法的前四个步骤，即可预测出某项政策措施是否可行：不可行就放弃；如果某项政策可行，即可向决策机构提出政策建议。通过问题法的最后一步，即可检验政策命题。

二、四个模式的建构方法与资料

为了完成问题法的各个步骤，研究者需要收集相关的资料，并对这些资料进行适当的处理。因此，需要特殊的技术，霍尔姆斯提出的技术是"四个模式"。它是基于波普尔的批判二元论建立的分类框架。波普尔认为，任何一种社会都有两种不同的法则，即社会学法则和规范性法则。前者是描述自然规律的法则，是不能随意违背的（除非能证明它是错误的）；后者是行为的规范、戒律或禁忌，是可以改变的，人有根据自己的智慧拒绝或变更规范的自由。霍尔姆斯研究过两种分类策略问题。一是关于教育制度的结构。它的目的是建立用于收集不同国家教育制度各个方面的数据的分类学体系。我们将在下一章讨论它。该分类学体系在霍尔姆斯的问题法中主要用于建立"制度模式"。二是马克斯·韦伯的理想型模型。理想型模型是一种强调分析社会现象重要特征的范畴体系。理想型模型是从现实中抽象出来的，反映的是相似过程和结构中某些共同的特征。通过提供某种共同的分析标准，理想型模型可以用于对不同情境下的经验事件进行比较。霍尔姆斯提出的四个模式是：规范模式、制度模式、精神状态模式和自然环境模式。下面分别论述四个模式及其建构。

规范模式与精神状态模式是紧密地联系在一起的。建构它们的技术是韦伯的理想型模型。规范模式是关于某一国家的男女公民都了解并都接受或反对的规范或规范法则的陈述。它可以从知识、人和社会三个方面来分析。霍尔姆斯通过分析一些经典哲学著作来建立规范模式，并称之为"纯粹"的理想型模型。由于古代东西方许多思想家的影响是超国界的，故用上述方法建构出来的模式也可能具有跨国性，即同一模式可能适用于不同的国家。这在跨文化比较时可以使用。但是，比较教育研究中更多的是跨国比较，因此，霍尔姆斯又提出了"实际"的理想型模型，即从一个国家的宪法和法规中导出规范模式。对于规范模式，霍尔姆斯认为也可以用经验主义的方法来建立。

霍尔姆斯的精神状态模式相当于马林森的"民族性"。把它与规范模式区分开的原因是：社会的价值、规范和目的与内化于个人头脑中的相应的东西并不一致，与人的行动差距就更大。他采用历史上更早时期的理想型规范模式来建构精神状态模式。但是，霍尔姆斯认为精神状态模式不能从一些经验方法（如态度测验）得到。

制度模式包括两大类陈述：一是对政治、经济和教育等制度进行的描述；二是对教育制度内各个方面之间的关系（如课程与结构、考试与教学方法等），以及它们与其他制度的各个方面之间的关系（如课程与人力资源、教育结构与社会阶级等）的描述。霍尔姆斯认为，这些关系应该表述为可以检验的社会学法则。

自然环境模式是关于自然条件的建构的。它包括自然资源与开发资源的知识和技术及其普及程度。自然资源对教育发展的影响很大。例如，石油的发现和开采是一些阿拉伯国家扩大教育的政策成功的重要原因。有关自然环境模式，霍尔姆斯谈得较少。

霍尔姆斯就是用以上四个模式来描述"初始条件"的。他还用它们及社会变迁理论来分析教育中的问题。存在于模式内部或各模式之间的不一致都是问题的源泉，比如，如果教育法规与人们的精神状态不一致，就可能产生问题；再如，在制度模式中，社会学法则方程两边如果有一边变了而另一边未变，也将产生问题。

三、结语

自《教育中的诸问题：一个比较方法》于1965年出版以来，霍尔姆斯一直致力于完善他的问题法。在此过程中，他自然要对一些观点进行扩充或修正。比如，他把早期提出的三个模式增加为四个，即增加了精神状态模式，就是一个具有很大方法论意义的变动，使他的观点既具有实证主义的因素，又具有相对主义的成分。当然，这是他持实用主义观点的结果。虽然霍尔姆斯的工作重点是对初始条件进行分析，集中精力建构分类学体系，但他始终坚持认为只有对社会学法则的研究才构成比较教育科学。

霍尔姆斯的问题法存在不少问题。在四模式的建构，以及问题法的每一步骤中都存在着实际的问题或逻辑上的困难。比如，他在选择资料时采用的"有用"标准，以及在预测阶段对许多因素的相对重要性程度的主观判断，都是很难达到相互主观性的。许多比较教育大家做了很有价值的研究工作，然而，他们所用的方法很难传授给他人。霍尔姆斯虽尽力使比较教育研究有法可依，使研究结果可以重复，但遗憾的是，他的问题法同样具有很强的个性化色彩，人们很难也不一定愿意遵循他的方法去做。

霍尔姆斯的工作颇具创造性和系统性。他的观点从某种意义上可以说是20世纪70年代以前的比较教育观的集大成。尽管他想把比较教育的新发展纳入他的框架，但他并未成功地提出具体的操作技术。总的来说，霍尔姆斯的问题法并不是一种具体的方法，而是一个巨型的分析框架，所有"有用"的方法都可以经过改造而纳入这个框架。所以，有人认为他的观点最为折中。由于问题法注重的是利用各种文字资料和统计资料分析教育问题，而不是现场研究，因此，它对发展中国家比较教育研究的意义不容忽视。

第四节　施瑞尔的系统功能主义比较教育学

于尔根·施瑞尔在德国维尔茨堡大学获得博士学位。他曾经是法兰克福大学的比较教育教授，现任柏林洪堡大学比较教育学教授。他曾任德国比较教育学会会长，并于1992年被选为欧洲比较教育学会会长。施瑞尔与霍尔姆斯合编的《比较教育中的理论与方法》(*Theories and Methods in Comparative Education*)[①]一书在国际比较教育界影响较大，此书已有中文版。

一、从方法论规定到社会历史描述

在过去的二三十年中，一方面，比较教育无论从学术队伍还是从学术成果和研究的主题来说，都发展很快；另一方面，差异对照鲜明的方法、争执不休的定义和学科地位危机始终是比较教育的特征。施瑞尔认为通过方法论规定（即各自以不同的哲学观点对比较教育方法论做出规定）是不能解决比较教育中存在的矛盾和争论的，而需要引进外部的观点，即分析观点必须"从方法论规定转向社会历史描述"。可见，施瑞尔的观点反映了科学哲学研究中的从逻辑主义走向历史主义这一趋势。

---

① Jürgen Schriewer and Brian Holmes (eds.), *Theories and Methods in Comparative Education*, Frankfurt, Peter Lang, 1988; 2nd, 1990.

然而，他认为美国科学哲学家库恩的"范式"概念太狭窄，不适用于像比较教育这么复杂的学科。因此，施瑞尔把他的方法论描述建立在德国的尼克拉斯·卢曼（Niklas Luhmann）的系统功能主义社会学的基础上。他的分析框架不仅把比较教育中相互冲突的学派和传统确定为不同的理论—方法论模式，而且把它们的起源和变迁与各自参照的社会框架联系起来。该参照框架是构成不同的"推理风格"的基础。

卢曼的系统方法的重点内容是讨论系统与环境之间的区分，以及系统如何发展出降低其环境复杂性的机制。系统通过分化来增加自身的复杂性，从而达到应付环境的复杂性。功能分化是现代社会的一个重要特征。社会系统不断分化出各种功能领域，如经济、政治、法律、宗教、科学和教育等。各子系统通过对自身的反省（自我反射、自我参照、自我观察）来减少决策失误的风险。卢曼把自我参照理解为："通过参照外在于自身的事物并由此返回自身的各种操作。"[①]他认为，现代社会的一个很重要的特征是社会的各个功能子系统的自我反射性的沟通过程强烈到这种程度，以至于具体化为明确的反射理论：政治系统中发展出政治理论；科学系统中也产生出独特的反射理论，即科学哲学。这样，社会的功能分化将导致理论的二重性，即科学理论和反射理论。前者是根据社会的以"真理"为目标的科学研究子系统的功能承诺产生的；后者是形成于社会各个功能子系统中的自我理解和自我描述的具体化。

二、比较风格与理论类型

施瑞尔区分了两类比较风格，即简单的或单级的"普遍精神操作"与复杂的或多级的"社会科学方法"。单级比较是把各被比较单元中的事实元素或可观察量联系起来。这种比较的结果大多停留在对事实描述的水平上。它们不能作为论据与理论命题或假说联系起来，不能提供诊

---

① Niklas Luhmann, *Ecological Communication*, Cambridge, Polity Press, 1989, p. 145.

断性的证据。作为"社会科学方法"的比较，则使每一个被比较对象中的关系或关系模式相互联系起来，实际上就是在不同情境中检验理论命题。这种比较能够实现理论建立、理论检验和理论批评的功能。

施瑞尔把比较的基本操作分为三类：第一，确定相同点；第二，把不同点排列为同一维度上的等级序列或层级；第三，鉴别不同点。他认为，其中的第一类和第二类与"普遍精神操作"联系在一起。对它来说，比较意味着相似。他说："这种比较风格依靠混淆比较与可比性，以及可比性与相似程度，并根据相似程度的两种基本含义，即相似性或（轻度的）等级差异，来把握被研究的对象。"①"社会科学方法"关心的是经验上的差异，即注重鉴别不同点这种操作，以便检验命题的真实性与普遍性。

施瑞尔认为，观察者的认知行为与其社会心理状况密切相关。他要确定观察者的感知和思维方式与他们喜欢采用的基本比较操作之间的关系。他把三种基本的比较操作，即确定相同点、排列等级和鉴别不同点，分别对应于三种感知和思维模式，即普遍化、等级化和相对化。同时，他认为普遍化和等级化的模式是"社会中心主义"的，即观察者的感知和思维模式在很大程度上取决于对自身与所属的群体意义重大的社会利益，以及观察者自身的社会文化取向模式，比如，价值、理想、信仰和世界观等；而相对化模式是透视主义的，即观察者从外在于某一社会群体的观点来观察其对象，从而领略"他人"的独特性，同时承认他们在地位上与自己平等。施瑞尔认为，处理对"他人"的经验的普遍化模式是通过把自己熟知的感知范畴投射到属于"他人"的陌生世界，把他人等同于自己（或关于自己的理想观念），以克服来自陌生经验的挑

---

① Jürgen Schriewer and Brain Holmes (eds.), *Theories and Methods in Comparative Education*, Frankfurt, Peter Lang, 1990, pp. 35-36.

战；等级化模式则是观察者根据自己的优越和劣等的观念把他人排入等级序列，以降低自身的认知不和谐性；相对化则意味着伦理和文化的相对主义。

在对以上诸二元范畴的分析基础上，施瑞尔回到了卢曼的理论二重性，即科学理论与反射理论。他把教育理论分为两类，即教育科学（science of education）与教授学（pedagogy）。两种理论在地位上是平等的，但在方法和目的上迥然不同，相互之间是不可还原的。在比较教育中，这两种理论的表现是："比较教育研究"与"国际发展教育"，或"比较教育科学"与"教育的国际改善反省"。前者与"社会科学方法""鉴别不同点""透视主义"和"相对化"范畴联系在一起；后者则与"普遍精神操作""确定相同点或排列等级""社会中心主义"及"普遍化或等级化"范畴相联系。科学理论处理的是科学问题，它以理论和经验观察为参照框架，所用的比较方法的功能是检验理论、证实理论和进一步建构理论；反射理论随着社会历史情境的变革而变化，并试图为社会行动提供指导，处理的是以社会群体的利益或时代的需要为参照框架的社会行动问题。

到此为止，施瑞尔通过把两种类型的理论与两种比较风格，以及感知和思维的参照框架联系起来，形成一个描述和分析比较教育这一社会沟通活动的较为完整的框架。作为两种比较风格之一的"社会科学方法"，在比较教育中的功能比较明确。然而，对"他人"的描述在教育系统的自我描述的情境中完成什么功能呢？这种缺乏"科学性"的研究为何能够在比较教育中持续存在呢？施瑞尔认为，这必须从卢曼的自我参照社会子系统，以及产生于其中的反射理论的特点来解释。由于自我参照描述本身包含在它要描述的系统之中，因此，必须对其循环的相互依赖关系进行中断，而中断的典型方式就是向外界环境开放。描述文化他人就是教育系统自我反省的一种重要的外化方式。与它对应的比较教育研究，实际上注重的不是"拿来"，而是通过参照"世界情境"获得"附加的意义"，以丰富系统内部的争论，或从中得到"经验教训""启示"。人们通过"客观"地描述各国教育现象并进行统计分析，以确保其"科学性"，同时使自己的改革问题、政策和观念国际化，以反驳对手的非难，从而证实自己的改革要求的一般性和不可或缺性。

三、结语

施瑞尔以卢曼的系统功能主义社会学为基础建立起他的分析框架，可以用来对比较教育的历史和研究风格进行分析。他根据教育系统外化的特点，提出对迄今未加利用的大量历史文献、杂志甚至档案进行分析，以解释现代教育系统发展的各个阶段，以及其间存在的冲突，这种观点也是很有现实意义的。然而，他的框架也存在不少问题。首先，施瑞尔持的是理性主义的观点，把归纳和演绎对立起来，结果把三种应同时归属于科学理论和反射理论的基本比较操作（即在两类研究中都确定相同点和鉴别不同点）人为地割裂开来。因此，他的框架存在二元对立，没有联结点。显然，要使两种理论联系起来，必须打破这种二元对立。其次，教育系统的自我描述通常参照"国际透视"或"国际观点"，它可以是某一特定的教育系统外化过程的手段和结果。各国教育系统都有其"国际透视"，许多国际组织也使用"国际透视"，施瑞尔只注意从单个系统的自我反射来理解比较教育研究活动，过分强调其方法论上的弱点，而忽视了它的积极意义。因此，他的框架中很难找到教育"输出"的位置（他注意到了教育"借鉴"活动），很难解释英、美等国比较教育家的"发展教育"这个研究主题。由于经济全球化时代的到来，所有国家和民族的命运将紧密地联系在一起，国内问题和国际问题也将交错在一起，我们应该可以预见以世界为单位的教育系统的自我反射将变得重要。因此，建构国际主义的参照系统（或"国际透视"）是比较教育未来发展的重要课题。它可能是各种风格理论的联结点。

第六章　比较教育研究的常用方法

　　前面两章主要涉及比较教育的方法论问题，在这个领域比较教育家们争论比较激烈。在具体的教育研究中，方法论的争论将体现在：研究问题的选择、研究方法的偏好，以及对研究结果的不同解释等。不同学派的学者倾向于使用不同的方法：实证主义者喜欢用各种定量方法，而现象学者则对访谈法、民族志的方法、历史法和人类学的方法有偏好。现象学者对实证主义研究的资料效度提出批评；实证主义者则对现象学者的资料的信度表示怀疑。在比较教育中，尽管也存在一些对方法的批评，比如，20世纪五六十年代对"历史法"和"民族性"的批评，然而，总的来说，人们对方法的批评不多。方法论具有排他性，而方法具有互补性。人们一般不会完全否定某一种方法的价值，而是认为每一种方法都有长处和短处。我们认为，各种传统的教育研究方法（包括比较法）都可以用在比较教育研究中。同时，我们也不反对比较教育研究可能有独特方法的观点，然而，至少目前尚不存在这样一种方法。

　　本章讨论几种与比较教育研究关系密切的方法，其中，有的可能历史"悠久"，如因素分析法；有的是过去二三十年中常用的方法，如相关研究法；还有一些则是尚未在比较教育家中引起足够重视，但我们认为很有价值的方法，如比较内容分析法和语义分析法。由于篇幅所限，我们舍弃一些不大符合我国"国情"的方法，如现场研究法。现场研究法本身很有价值，而且是常用的方法，然而，现阶段毕竟只有少数比较教育学者有机会到国外去进行现场研究。

第一节　移植法

在科学研究活动中，将一个学科领域中发现的新原理或新技术，应用或移植到其他领域里去，往往可以使研究者的基本思想豁然开朗，或者会成为所研究问题的关键性解决办法，这种取得进展的方法，在研究工作中叫作移植法。[①]这种方法是科学研究中比较有效、比较简便的方法，尤其在应用科学的研究中，是运用最为普遍的方法。

在一个学科领域中，一个看来很普通的原理或技术，当应用到其他领域时，往往可以对其他学科的研究工作产生重大影响，有时甚至会促成进一步的发展，或者形成一门新兴的学科。

在现代科学研究活动中，由于学科之间的相互渗透和相互联系的影响，移植法的作用日益显得重要。它不仅是科学发展的一种重要方法，而且不少重大的科学成果也都是来自移植其他领域的新原理和新方法。因此，有些研究人员有意识地采用一种新技术，然后寻找一些可以把这种新技术运用在其中的课题，以便借助新技术的特殊优点开辟出一条新的研究途径。例如，有些科学家往往有意识地在两门学科交接处的领域，利用这两个学科领域内各自的原理和技术并使其结合起来，进行所谓"边缘"研究。

在科学研究活动中，运用移植法的最大困难在于科学研究工作者有时不能够理解其他领域内的新发现对于自己研究工作的意义。为了在科学研究活动中能够成功地运用移植法，科学研究工作者应掌握其他科学

---

① 陈衡：《科学研究的方法论》，292页，北京，科学出版社，1984。

领域的发展情况，尤其是邻近学科的基本原理和技术上的重大进展，更应该尽可能地有所了解。为了达到这个目的，最有效的办法是经常阅读其他学科的文献综述，或者参加一些其他学科领域的学术报告会，这样可以使人开阔眼界，增长知识。

各门学科理论之间的相互借鉴和渗透是当今科学发展的一大动力，但是，由于各门学科所处的状况并不相同，因此，有时借鉴和渗透是单向的，而不是相互的。虽然社会科学和自然科学之间相互渗透是常有的事，但是从方法的角度来看，后者对前者影响更大。数学和自然科学的方法在社会科学研究中有很大的市场。在社会科学中，经济学被认为是"最发达的"。人们根据自然科学的方法分析经济问题，在许多场合获得成功。同样，经济学和社会学的理论和方法被广泛地应用到教育研究中。然而，教育为其他社会学科提供了哪些理论和方法呢？可以说，几乎没有。教育这门学科几乎成了其他社会科学的"殖民地"。在比较教育中，因素分析时代的学者们借用历史学的方法研究各国的教育问题，20世纪五六十年代以后则百花盛开：安德森引进功能主义社会学的理论和方法；诺亚和埃克斯坦引进受自然科学影响的一般社会科学研究方法；金虽然比较讨厌理论和方法论研究，但是他认为比较教育研究和社会科学研究步调一致，并倡导他的"现象学"取向；霍尔姆斯则是只要"有用"，不管什么理论和方法都可以纳入他的"范式"。比较教育中的现代化理论、依附论、人力资本理论和合法化理论等，都是来自其他社会学科。它们是许多社会研究的共同理论。理论移植既有积极的意义，又有消极的影响。英国伦敦大学马丁·麦克林（Martin McLean）博士对依附理论进行批判时，指出从别的学科借用理论存在的危险。第一，当一种理论迁移到另一研究领域之后，将变得僵化，人们往往忽视该理论在原来的学科中不断得到修正这一事实。第二，许多中心概念在两个领域中的地位很少是完全对等的。第三，理论的迁移将会引出一系列有待解决的新问题，而这些问题未必是最重要的，因此，它们可能把人们的注意力从重要问题转移开来。①这些危险确实存在，然而也是可以避免的。跨学科理论移植的价值和面临的问题与比较教育中的跨国教育"借鉴"的价值和存在的问题相似。

第二节　教育系统分类学

教育系统分类学并不是一种研究方法，但是它在比较教育研究中有特殊的作用。比较教育史上，许多人把比较教育定义为：比较教育是比较研究……这种定义以"比较"为核心。要实现这种比较，首先就需要对被比较对象进行分类，而比较教育在大多数场合都是跨国比较，因此，对一个国家教育系统的各个组成部分进行分类描述，就成为比较教育研究的一个重要课题。另外，一些国际组织，如联合国教科文组织和国际教育局，为了收集具有可比性的资料，也需要建立教育系统分类框架。为了编辑《世界教育百科全书》，人们也需要建立类似的框架。在这个领域，朱利安、希尔克、利奥·费尼格（Leo Fernig）和霍尔姆斯等著名比较教育家做了很多工作。

本书把教育系统的构成要素分成四类——人员要素、财物要素、信息要素与结构要素，如图6-1所示。当然，教育系统非常复杂，各要素之间很难截然分开，而且教育系统与社会的其他子系统还有交换关系，因此，特定的分类只是为了分析问题或收集数据之方便而引入的。本章所建立的分类框架也是本书后续章节分析问题的参照框架。我们并不期望框架的完整性，只是希望通过指出教育系统的主要方面及其相互关系，使我们对教育问题及其潜在的原因更加敏感，从而提高洞察力。

---

① Martin McLean, "Educational Dependency: A Critique", *Compare*, 1983, 13(1).

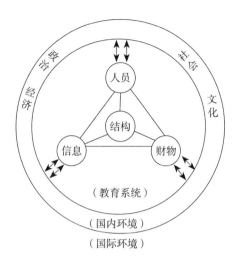

图6-1　教育系统要素关联图

一、人员要素

人员要素指的是教育系统在实现其功能并与外界交换信息和产品的过程中所涉及的教育主体。它包括教育立法人员、教育决策人员、教育行政人员、教育者、受教育者和教育研究人员等。各部分人员的构成特点、发展变化，以及相互之间的关系，对教育系统的特点和功能的实现有很大影响。这些人员是教育系统自我再生产的一个重要方面。

教育系统具有文化传递和知识创造等功能。功能的实现直接体现在受教育者的能力、情感和态度的转变之上。谁受教育，以及何种人受何种教育等问题，是与教育机会均等和教育民主化密切相关的。在这方面，可以用来描述受教育者的二元范畴包括：城市与农村、富裕与贫穷、多数民族与少数民族（白人与有色人种）、男性与女性，以及正常人与残疾人等。所受的教育的种类则与课程及教育系统的结构有关。一国人口多寡及其变化则影响教育系统的规模，比如，第二次世界大战结束之后一段时期人口出生率上升，就是20世纪五六十年代教育大发展的原因之一。有些发达国家由于出生率下降，受教育人口减少，结果导致高等学校培养的教师过剩，从而出现教师失业的问题。在我国，农村人口的不断增长，给教育系统造成很大财政压力。人口统计、计划生育政策、公民教育素质等因素都将影响教育系统的规模。师范教育是教育系统的重要组成部分。教师的社会构成、内部等级、培养方式、专业资格、工作报酬、雇佣和解聘程序及社会地位等，都制约着教育系统的正常运转。教育研究则是教育系统进行自我反思、提高效益和实现最优化的最重要途径。

二、财物要素

财物要素指的是教育系统的各种非人力资源。它包括教育经费、校舍、课桌椅、实验设备、图书馆和现代教育技术手段等。该要素的各个方面的配置与优化是教育经济学、教育财政学、教育技术学和教育管理学等学科的研究对象。在上述资源中，教育经费的征集、配置和使用是核心。教育经费占国民生产总值的比率大小，以及在国家财政预算中所处的地位，决定了教育目标能否实现。教育经费的来源可以是国家，也可以是地方，它们之间的比率关系反映了国家和地方各自的职责范围。各国征集教育经费的方法并不相同，有的专门征集教育税，有的则从一般的税收中分配一部分经费给教育。一定的教育经费可以根据国家教育发展战略以不同的比率分配给不同层次的教育。比如，有些发展中国家优先普及义务教育，以提高全体公民的文化素质；另一些则优先发展高等教育，以培养现代工业生产所需要的高层次的科技和管理人才。教育经费在教师薪金、图书设备和校舍等方面的合理配置，是提高教育系统效率的有效途径。

三、信息要素

信息要素指的是规定或指导教育系统正常运转的目标与方法。它包括教育法规、教育目标、教育内容（课程）、教育方法，以及有关教育系统的知识（教育研究的结果）等。教育法规和目标是一定的价值观念（通常是社会统治阶层的观念）的体现，它与社会的人才观、知识观、教师观密切相关。课程的问题既是理论的，也是技术的。不同的社会有不同的课程，它可以是知识本位的、社会本位的或学生本位的，也可以是学术性的或职业技术性的。霍尔姆斯把课程理论分为四类，即本质论、百科全书论、实用论和多科技术论。[1]这些课程理论决定了课程内容选择的标准。对课堂上应该讲授什么内容，或什么知识有用，企业界、教师、学生家长和学生往往有不同的看法，这将引发许多问题。在一些国家，由于综合学校的发展，教育制度逐渐从多轨制走向单轨制，实现"多轨"功能的机制则从学校类别的分化变为课程的分化。有关教育系统的知识则是教育研究的结果。它是教育规划、决策和实施的基础。各国教育研究的理论传统和问题通常有较大的差别。我们可以从中看出各国传统哲学思想的痕迹，比如，法国的理性主义、英国的经验主义、美国的实用主义，以及德国的解释学传统和唯心主义等。同时，不同时期教育研究的主题通常反映了各国教育发展过程中所遇到的问题。

四、结构要素

结构要素指的是教育系统的各个方面的形式关系。它包括学校教育结构、非正规教育结构、行政结构、教育立法程序和决策程序等。结构因素反映的是教育系统的制度化的成分，具有相对的稳定性，易于客观描述。然而，世界各国的教育结构千差万别，很难用一个统一的框架进行描述。这种多样性可参见表6-1。各国的学校都有自己的特定含义，比如，美语中的high school，英语中的public school和grammar school，法语中的lycèe，德语中的gymnasium、hauptschule、realschule，日语中的"中学校"和"高等学校"，以及汉语中的"中学"并不完全相同。尽管如此，人们还是努力建立共同的标准，以便在国际范围内收集资料

---

[1] Brian Holmes, *Comparative Education：Some Considerations of Method*, New South Wales, George Allen & Unwin Ltd. , 1981, pp. 105-106.

和预测世界教育发展趋势。我国比较教育界通常把正规教育结构分解为：学前教育、初等教育、中等教育（包括普通和职业技术中等教育）、高等教育（包括专科、本科和研究生教育）及师范教育。罗宾逊等人认为，正规学校教育至少可以划分为四级（level），每一级又包含一至数个阶段（stage）。[①]这四级基本上对应于初等、中等、大学和研究生教育，其中，中等和高等教育都可分为两个阶段。各个阶段或级别之间的连接方式（包括课程内容、考试方式或不同证书的价值）是比较教育研究富有成效的领域。

表6-1　202个国家和地区中各类情形的数量统计

年龄或年限	第一级教育入学年龄	年限		
		义务教育	第一级教育	第二级教育
0		33		
1				1
2				1
3			2	3
4	2		8	23
5	36	9	29	29
6	121	32	110	76
7	41	12	27	63
8	2	35	22	5
9		33	3	1
10		31	1	
11		6		
12		4		
不确定		7		

① Brain Holmes, *Comparative Education: Some Considerations of Method*, New South Wales, George Allen & Unwin Ltd., 1981, p. 101.

行政结构、立法程序和决策程序是紧密联系在一起的。教育立法机构可能是全国性（中央或联邦）的，也可能是省（州）一级的或县（地方）一级的，其成员通常由选举产生。不同政制国家的立法程序可能有较大差别。行政结构与教育系统的效率密切相关。它可以是中央集权制的，也可以是地方分权制的。立法人员、决策人员、研究人员、行政人员和教师之间的关系，在教育政策的制定、采纳和实施过程中将得到充分体现。

第三节　比较教育统计

统计法是教育研究中常用的一种方法，它有助于提高教育研究的科学性。20世纪60年代以来，由于人们逐渐认识到教育在经济和社会发展中的中心地位，教育统计显示出相当重要的作用，成为教育行政部门的一项重要工作。教育统计是制定教育方针、政策的重要工具，同时也是教育行政人员和教师分析教学情况、改进教学方法、加强教学管理的手段。由于教育统计方法的内容可以在一般的教育研究方法的书籍中找到，因此，这里只讨论主要国际统计资料的使用，为以世界教育发展为背景的比较研究服务。

各国在教育结构上的巨大差异，使教育统计工作面临着许多棘手的问题。尽管过去几十年的发展，使国际范围内资料的可比性与可靠性得到提高，但很多工作还有待以后完成。在大多数国家，资料的收集和整理由教育部的统计中心或中央统计部门负责，其形式依教育行政制度的集权程度而变。有些主要反映人口教育特点的资料的收集则是人口调查的一部分。大多数国家每年至少出版一份详细的教育统计。在国际范围内，联合国教科文组织负责教育方面的统计；联合国负责人口统计；国际劳工组织则负责劳工统计。这些资料都与教育有关。其他一些国际或地区组织也出版教育统计，比如，经济合作与发展组织（OECD）出版了《经济合作与发展组织国家教育统计（1981年）》。需要注意的是，由于分类标准不同，同一国家的数据资料在各种国际或地区资料来源中并不总是一致或具有可比性。在国际性出版物中，每一份教育方面的统计表一般都附有大量的注释。

上一节中已经指出，各国的教育结构存在很大差异，教育系统的实际运转更加复杂。为了能对各个国家进行比较，统计应建立在统一的概念、定义、分类及制表形式的基础上。教育统计的标准化问题，早在1926年就提出来了，从那时以来已经取得了很大进展。在这一领域发展起来的两项主要措施是1975年国际教育大会通过的《国际教育标准分类》（*International Standard Classification of Education*）和1958年联合国教科文组织大会通过的《关于国际教育统计标准的建议》。联合国教科文组织在1978年又对其建议做了修订，使之与《国际教育标准分类》一致。

教育统计资料是为了教育决策、规划和管理而收集的。许多国际或地区组织都曾运用比较性资料制订教育发展计划。罗塞洛则用这些数据预测教育发展的"国际趋势"。下面讨论国际组织出版物中几个常用的有关教育的指标的含义及其使用。

1. 学龄人口

学龄人口的规模、结构和增长情况是教育规划者的基本知识。显然，由于各国学制不同，学龄的含义也不同，因此，统计资料中通常会标明具体的年限，比如，初等教育年龄组规定为6～11岁，据此就可计算出某年度的初等教育学龄人口。由于发展中国家和发达国家的人口增长情况不同，学龄人口的增长趋势也不同，这就很难笼统地说国际教育事业的发展趋势是什么样的。在大多数发展中国家，由于人口增长率较高，即使维持现在的入学率，入学人数也将有较大的增加。如果要提高入学率，比如，普及初等教育，那么入学人数将有更大的增长。对于已经普及了初等教育的发达国家，由于人口增长较慢（有些国家甚至减少），入学人数不会有很大的增长。因此，在不同地区，教育资源配置的标准是不同的。

2. 成人文盲

世界各国对文盲的定义大不相同，有的以是否具备基本的读写能力为标准，有的则以接受一定年限的教育为标准。尽管成人文盲率在不断下降（1970年文盲率为32.4%，1980年为28.9%），但是成人文盲的绝对人数在继续增加——1970年是7.42亿人，1980年为8.14亿人。这是由15岁以上人口的猛增引起的。文盲人口在不同地区和性别之间的分布差别很大。许多研究已经指出，要在短期内大大减少文盲人数，仅靠正规的学校教育是不够的。在发展中国家的广大农村，由于无法普及初等教育，新的文盲还在不断增加。因此，扫除文盲将是长期的任务。

3. 性别结构

男女之间的教育不平等在大多数国家都存在。在发展中国家，各级教育的女生人数都明显地少于男生，尤其是在中等和高等教育，但这种差距在不断缩小；在发达国家，在初等和中等教育阶段，女生人数与男生人数持平，而在高等教育阶段，男女生人数差别正在逐渐消失。

4. 总入学率

总入学率指的是某一级教育或某一年龄组的入学总人数与对应于这一级教育或该年龄组的总人数之比。例如，初等教育的总入学率就是这一级教育的入学总人数（不考虑学生的年龄）与"法定"接受初等教育的总人数之比。在计算总入学率时，初等教育的法定年龄组一般定为6～11岁，第二级和第三级教育则分别定为12～17岁与20～24岁。总入学率是比较教育研究中最常用的入学率，但是这种入学率可能超过100%，因为它包括了年龄不到或超过了某一级教育的学生，其中有些是留级生。总入学率是衡量初等教育体系"容纳能力"的一个指标，反映了该体系能否招收全部法定年龄儿童入学。发展中国家与发达国家相比，在容纳能力方面有较大差异，为了消除超龄儿童数目的影响，可采用净入学率。它指的是在校注册者在所有学龄儿童中所占的比率，反映了有多少学龄儿童在学校上学。

5. 教育公共支出

对教育支出进行评估，往往会由于缺乏完整的数据资料而遇到很多困难。因为对于教育经费，通常只有公立教育或教育部的支出的数据比较容易获得。在进行比较研究时，还要考虑到货币换算和价格波动等因素。尽管有种种困难，联合国教科文组织定期估测各地区的教育支出，以便研究这方面的国际趋势。它在评估各国教育公共支出时的两个主要指标是"教育支出占国民生产总值（GNP）的比率"和"人均教育公共支出"。因为教育经费的来源较多，因此，通常认为"教育支出占国民生产总值（GNP）的比率"这一指标比"教育支出占财政预算的比率"更具有比较的价值。对于人口少而GNP高的小国，尽管教育支出占GNP的比率很小，然而，它的人均教育公共支出可能很大，因此，两个指标要结合考虑。目前，发达国家的教育支出占国民生产总值的比率明显高于发展中国家；在人均教育公共支出方面，两者也有很大差异。

教育统计可靠性的重要性不用多说，但对可靠性的估量并不是一件轻而易举的事情，各种统计出版物中很少有关于数据资料可靠性的材料。

第四节 因素分析法

因素分析法是20世纪上半叶比较教育研究的主要方法。先驱人物是英国的萨德勒。他认为校外的事情比校内的事情更重要，并支配或说明校内的事情。因此，为了真正了解外国教育，应考察这种教育制度的社会背景。康德尔继承了萨德勒的观点，并为因素分析法奠定了基础。他认为，要了解和评价各国的教育制度，需要对影响教育制度性质和发展的历史传统、国民的态度、政治和经济等诸条件进行分析。他还把民族主义和民族性作为决定各国教育制度性质的因素。汉斯则对影响教育的诸外部因素加以系统化，并主张应当对形成教育的因素给予历史的说明。他把影响各国教育制度性质的因素分为三类：自然的因素（种族、语言、地理和经济）、宗教的因素（罗马天主教、英国国教和清教徒）和世俗的因素（人文主义、社会主义、民族主义和民主主义）。施奈德也提倡因素分析法。他的特点是提出了教育自身内在的发展规律这一因素。这与强调外部影响的英美比较教育学者形成了鲜明的对照。因此，日本学者吉田正晴称他的方法为"辩证法的因素分析法"[①]。施奈德强调教育的内发因素，以及内外因素之间的相互作用。他的观点是植根于德国传统的。

因素分析法的目的在于对决定各国教育制度的性质的诸因素加以解释，探索其形成的原因，以便真正地了解外国教育。然而，这种方法显然太粗糙，可操作性不强。每一个因素本身涉及面很广，要做出界定已经相当困难（比如，"民族性"的概念就很模糊），要想弄清该因素对教育有多大影响，不是通过简单的定性分析所能解决的，而是需要进行大量的经验研究。同样，各因素的相对重要性也很难确定。另外，是诸因素决定教育，还是教育影响各个因素，其间的因果关系难以确定。

尽管因素分析时代强调的是历史分析法，然而，比较教育的跨学科性也已体现在因素分析法中。上面提到的诸因素是各门社会科学或人文科学的研究对象，因此，在20世纪五六十年代，比较教育与教育经济学、教育政治学、教育史、教育社会学和教育人类学等教育分支学科紧密地联系在一起，也可以看作研究深入发展的结果。传统的因素分析法

---

① 转引自［日］冲原丰：《比较教育学新论》，吴自强编译，28页，南昌，江西教育出版社，1986。

似乎已无太大实用价值，它要成为一种经验的研究方法，还需要经过改造（研究设计的科学化）。然而，它有助于比较教育学者从宏观背景上综合地透视世界各国教育，从而使比较教育从其他教育分支学科中分化出来，显示出自身存在的价值。

第五节　比较历史法

上文所述的因素分析法，尤其是汉斯所倡导的，实际上就是一种比较历史法。本节所讨论的比较历史法是一种跨国、跨文化的历史法。康德尔认为比较教育是教育史的延续。汉斯说，"在其历史背景方面，比较教育又不得不运用历史研究的方法"[①]，而历史背景是对任何比较资料进行解释所不可缺少的。[②]比较历史法的一个很重要的特征是它的数据资料已经存在，不需要研究者直接对现实进行观察，因此，它不会干扰被研究的现实。访谈法和现场研究法等都要求研究人员亲临现场，从而有可能对现实产生干扰作用。同时，对比较教育研究来说，最重要的是跨国、跨文化的现场研究将耗费大量的人力和财力，这对发达国家的学者来说也是不堪重负的，在发展中国家，这种研究只是少数人的"特权"，大部分学者甚至不敢有此奢望。比较历史法和后面将要讨论的比较内容分析法的研究费用（在不跨国收集资料时）相对较低，而且研究的学术性丝毫不会降低。我们认为，它们是符合发展中国家国情的，是比较教育研究人员的新选择，值得倡导。我国的比较教育研究在过去的十多年中虽然得到蓬勃发展，但是总的来说，研究质量尚待提高，而外国教育

---

① ［英］N. 汉斯：《比较教育的历史法》，见赵中建、顾建民：《比较教育的理论与方法——国外比较教育文选》，140页，北京，人民教育出版社，1994。

② ［英］N. 汉斯：《比较教育的历史法》，见赵中建、顾建民：《比较教育的理论与方法——国外比较教育文选》，142页，北京，人民教育出版社，1994。

史研究的队伍比较大，因此，两方面人员的合作将有助于提高比较教育研究的学术水平。需要指出的是，采用现场研究的问题，也可以从历史的角度进行分析。

教育中的历史研究通常指的是系统地、客观地寻找、评价和综合有关证据，以便重构过去的事实，得到关于历史事件的结论。在这种情况下，如果我们的研究对象是外国教育，那么相应的研究就属于外国教育史的范围。当然，这种研究也可以是对不同国家的比较，但它的着眼点是"过去"。尽管它往往也强调与现在及未来的相关性，但这种联系是间接的。比较教育研究的着重点是当代教育，研究过去是为了解释现在，不跨入历史就难以理解现在，即各国之间的有些差异有时只能用历史传统来解释，而不能有别的解释。汉斯说："有鉴于哲学、社会学和经济学都想通过比较不同国家的教育以发现作为教育理论和实践发展之基础的普遍原则，因而历史研究就力图去提示在宗教或民族的共同体当中个体与群体之差别的历史原因。"[①]通过比较历史研究，我们可以理解各国的教育理论、教育观念、教育制度和教育实践的历史发展，及其与现在形态之间的关系，并对将来的变化做出预测。

以上我们已经为比较历史法在比较教育研究中争得一席之地，下面简要地说明一下该方法的基本步骤。[②]

首先是问题的确定和假说的提出。这里主要判断什么样的问题适合用比较历史法来解决。有些问题纯粹是由当代科学技术进步引起的，不一定能用比较历史法。问题的选择与研究人员的经验关系很大。一般来说，对那些在各国表现不同，而且除了历史传统之外很难用其他因素来解释的教育现象，可以采用比较历史法。比如，汉斯举了法国、英国

---

① 转引自赵中建、顾建民：《比较教育的理论与方法——国外比较教育文选》，149页，北京，人民教育出版社，1994。
② 李秉德：《教育科学研究方法》，北京，人民教育出版社，1986。

和俄国的"社会"与"国家"之间的关系（例如，国家干预教育与学校的自治之间的关系）；平等理想及其对英国、美国和法国的教育制度的影响；历史传统对教学语言媒介的选择、校舍内部的设计和外部的建筑风格等的影响。施瑞尔用比较历史法研究法国和德国的学术传统在各自的教育研究中的表现。我们认为，农村教育现代化与农村发展的关系在不同经济发展水平国家（比如，发展中国家、亚洲"四小龙"、发达国家，以及19世纪的许多欧洲国家）的表现形态，将是比较历史法富有成效的应用领域。我们还可以用比较历史法研究世界著名大学的传统与应变模式。

其次是资料的收集。当问题和假说确定之后，就要收集有关的资料。在历史研究中，通常根据与教育历史事件是否有直接的、有形的关联而将资料区分为两类，即第一手资料与第二手资料。前者是历史研究的主要依据；后者是辅助性资料，或在缺乏第一手资料时使用的资料。当然，这种区分是针对所研究的问题而言的，比如，教育期刊，一般情况下是第二手资料，但如果研究的问题是各国的学术传统对教育研究的影响，它就成为第一手资料。从形态上可将资料区分为三类：一是史迹遗存，包括学校的遗址、设施、文具、教具、图片、照片、录音和录像等；二是与研究对象有关的教育故事、传说、礼仪和风俗等；三是历史文献。其中的第一类资料在有些国家可在教育博物馆找到。我国至今尚无教育博物馆，它的作用和意义很大，我们希望在不久的将来，它能够在中国的大地上出现。第二类资料通常需要经现场研究才能得到，民族志方法常用来收集这种资料。第三类资料也可归入第一类，但它是比较历史法中最常用的资料，对发展中国家的学者来说，更是如此。它包括历史上不同时期的教育法令、教育年鉴、统计报表、学校的章程、教学计划、教学大纲、教育家的论著、试题和教科书等。收集资料时应当注意资料与所研究课题的相关性，避免盲目性，并尽量使用第一手资料。

再次是资料的鉴别。比较历史法所涉及的历史年代与研究者所处的时代有一定的时间差，这会影响资料的可靠性，因此，收集到的史料一定要进行鉴别。这是比较历史法不同于其他方法之处。经鉴别后得到的资料称为历史证据。它可作为有效的事实来检验假说或对问题进行解释。鉴别一般分为两步，即外部鉴别与内部鉴别。外部鉴别指的是对资料的真实性进行判断。幸运的是，教育方面的伪造资料较少。内部鉴别涉及资料内容的准确性。尽管资料从形式上看是真实的，但由于资料作者自身的能力，以及与事件之间存在的关系，可能使事件受到歪曲。资料作者可能不是一个经过专门训练的观察者，他可能受到外部的压力（如政治压力）等。比较教育研究中所用的许多统计资料的一致性较差，即对同一问题有不同的描述。有些国家为了某些政治目的，夸大本国的教育成就；还有一些国家则为了得到国际社会的援助，低估自己的教育成就。

最后是资料的分析与问题的解释或假说的检验。这是最难的一步，研究人员需要有丰富的经验和高度的想象力。在跨国教育研究中，有一点值得指出，即由于历史的变迁，字词的含义可能发生改变，这可能导致研究人员错误地理解历史上的教育现象，从而得出错误的结论。

通常，历史法是定性的、人文主义的方法，但是由于"科学方法"的影响，定量的历史研究现在也很流行，其中很重要的一种方法是内容分析法。当然，内容分析法本身已经是一种比较完整的研究方法。它可以用在历史研究中，也可以用在其他研究中，下面就讨论这种研究方法在比较教育研究中的应用。

第六节　比较内容分析法

内容分析法是传播学中广泛使用的一种方法。在跨国研究中，内容分析法可用来检验各种有关教育与社会的假说。[①]它是对明显的传播内容做客观而系统地量化并加以描述的一种研究方法。明显的传播内容就是指任何形态的，可以记录、可以保存，并具有传播价值的内容。传播内容的形态可以是文字的（如报纸、杂志、书籍和文件）和非文字的（录音、录像和照片），还可以是形体动作（姿态和手语）。内容分析就是要通过对直接内容的分析来研究间接的、潜在的动机、态度和效果。它的分析过程有特定的格式和程序，分析结果可以用数字来表达。在比较教育中，我们可以用内容分析法研究各国的教育法令、教育期刊、教科书、电视教育节目、计算机辅助教学软件，以及课堂中的师生互动情境等。

内容分析包括两方面的工作：一是对资料进行分析，以取得量化的结果；二是根据课题的要求，设计系统化的分析模式，把各种内容分析的量化结果加以比较，并定量地说明研究的结果。

一、资料的量化处理

资料的量化处理的步骤包括：内容抽样、分析单元的确定、类目的确定、评判记录和信度分析。

1. 内容抽样

内容抽样就是选取进行内容分析的样本。当待分析的材料较多时，就需要从分析材料总体中抽取内容分析的样本。内容分析抽样首先要明确界定总体，其次要从总体中抽取有代表性的样本。内容抽样通常涉及三种方式：①来源抽样，即对资料的来源进行取样，如选择哪些学术期刊、教科书或电视节目进行分析。②日期抽样，即选择哪一段时间的资料进行分析。③分析单元抽样，即确定抽取资料的单元，如某篇文章、某页或某段。例如，为研究近年来美国的比较教育研究状况，可以选择

---

① Else Φyen, *Comparative Methodology*, California, SAGE Publication Ltd., 1990.

对1985年以来《比较教育评论》杂志上发表的论文（不包括书评）进行分析，显然，这里包含三种抽样。

2. 分析单元的确定

在内容分析研究中，分析单元是在描述或解释研究对象时所使用的最小或最基本单位。它可以是时间间隔、文章段落、句子或字数，也可以是电视节目的镜头。在分析上述《比较教育评论》时，可以以"篇"为分析单元。

3. 类目的确定

内容分析的基本做法就是要按照预先制定的类目表格，用分析单元进行系统评判，记录各类目所表现的客观事实。分析的类目就是根据研究的需要而设计的将资料内容进行分类的项目、方面或角度。它可以是前人已经设计的分类系统，也可以是研究者根据研究目的自行设计的。

为了保证内容分析工作的客观性，在设计分析类目时需要遵循以下几个原则：第一，类目必须在进行具体评判之前预先确定，不能边分析边适应性地修改补充。第二，在一次分类中，分类标准只能有一个。类目的含义要明确，而且各类间彼此要相互排斥，不能出现某分析单元既可归入这一类目又可放入另一类目的现象。第三，分类方法要使每一个分析单元都有归口处，不能出现某些分析单元无处可放的现象。在分析上述《比较教育评论》时，可根据各篇文章所处理的对象国的数目之不同而把类目确定为"单一国家"和"两个或两个以上国家"，以查明真正进行"比较"研究的论文所占的比率；还可以根据所研究的教育的层次划分为学前教育、初等教育、中等教育、高等教育和其他种类的教育（如扫盲计划）。当然，这里的类目应严格界定，比如，限定中等师范教育归入中等教育，高等师范教育属于高等教育。

4. 评判记录

在确定了分析单元、制定出分析类目之后，就要逐一阅读所抽取出的资料，并按确定出的类目对其进行系统评判和记录。评判一般只能记录某类项目之有无、长短或大小等明显的客观事实，必须避免使用主观的、价值性的词语，如好与坏、善与恶等。例如，在《比较教育评论》中，一篇专门分析中国教育的文章应判归上述的"单一国家"类目。

5. 信度分析

内容分析中的信度分析指的是两个以上参与内容分析的研究者对相同类目判断的一致性。一致性越高，内容分析的可信度也越高。内容分析必须经过信度分析，才能使结果可靠，可信度得到提高。通常，在内容分析研究中，是由研究人员本人作为主要评判员，同时安排一名或数名其他人员作为助理评判员。

内容分析信度的计算公式为：

$$R（信度）=\frac{n\times 平均相互同意度}{1+（n-1）\times 平均相互同意度} \qquad （式6-1）$$

其中，n为评判员数目，相互同意度是指两个评判员之间相互同意的程度。

$$相互同意度=\frac{2M}{N_1+N_2} \qquad （式6-2）$$

上式中M为两者完全同意的类目数，N_1和N_2分别为第一评判员和第二评判员所分析的类目数。平均相互同意度是所有评判员两两之间的相互同意度的平均值。例如，某研究共有10个类目，两位评判员评判一致的类目有9个，则可算得相互同意度为0.9，信度为0.9。根据经验，如果信度大于0.9，就可以把主评判员的评判结果作为内容分析的结果。

二、量化结果的处理与分析

通过以上几个步骤的分析，我们得到了有关分析材料的数据。根据研究目的，我们可以对这些数据进行统计分析，比如，计算次数分布、百分比、比例和相关系数等。

在比较教育研究中，我们可以按照内容分析的基本步骤，对来自不同文化、国家的有关内容资料做客观、系统的量化处理，取得量化结果，然后把这些结果按一定的模式加以比较。根据数据资料的时间特点，可对数据资料内容进行静态分析和动态分析。比较分析的基本模式如图6-2所示。[①]

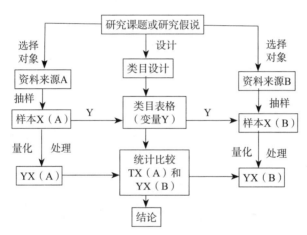

图6-2　比较分析的基本模式

图中A、B代表不同对象的资料来源，它们的样本用X（A）和X（B）表示；Y则代表类目项，即A与B的共同测量标准。

1. 比较静态分析

比较静态分析就是对来自不同研究单元同一时期的材料进行比较分析。例如，它可用于：比较不同国家教育电视节目设计思想和制作技巧上的异同；比较两国各自占主导地位的学术流派的学术观点之异同；比较各国中小学各类教科书的结构和内容上的异同；比较各国教育法规。

---

① 李克东：《教育传播科学研究方法》，263页，北京，高等教育出版社，1990，略有改动。

2. 比较动态分析

比较动态分析就是对来自不同研究单元特定时间过程的材料进行比较分析。显然，这种方法可用于处理比较历史法的资料。例如，通过比较分析欧洲国家和日本的教育现代化过程，找出该过程的基本特征，以及各国文化传统在这个过程中的独特表现；在不同文化传统下，探讨"教育"和"教学"这两个术语含义的历史演变过程；通过对不同历史时期的教育法规文献的研究，揭示各国占主导地位的意识形态对教育的影响，以及不同时期不同国家教育法规中稳定不变的成分；通过对一些国家特定历史时期的教育研究文献的分析，可以发现这些国家主要学术流派的学术思想发展与演变的过程，以及将来的趋势。

3. 跨国传播研究

一个国家的教育理论和实践有时会对其他国家产生影响。这种影响有时是直接的，有时是通过第三国实现的，有时则以世界趋势的形式表现出来，即某种教育思潮成为跨国意识形态。应用内容分析法，可以对某种教育思想、理论、制度或实践在它的发源地、影响的中介国，以及受影响国的具体表现进行分析。这种具体表现反映在教育法规、教科书、教育方法、政策报告、学术论文及著名教育家的著作中。

第七节　语义分析法

在比较教育中，语言不仅是研究的媒介，而且是研究的对象。比较研究中的语言通常很难达到自然科学语言的那种确定性和客观性，即研究人员通常很难就某一概念完全达到"共识"。当把问卷或测量的量表从一种语言翻译成其他语言时，就存在译文能否保存其原有的全部意义的问题。语义分析法是解决这一问题的有力工具。语言中沉积了民族的文化传统（包括教育传统），因此，通过对与教育相关的语言进行分析比较，就有可能在一定程度上揭示各国的教育传统的共同点与不同点。语义分析法也是这种研究的工具之一。运用语义分析法，可以研究人们对不同事物或概念的意义的不同理解，或对某一问题的不同态度，还可以研究人们对事物的态度的变化。在比较教育研究中，目前似乎尚无人采用这种方法。

语义分析法是运用语义区分量表来研究事物的意义的一种方法。[①]它是由美国心理学家奥斯古德（C. Osgood）等人创立的。该方法要求被试在若干个七点等级的语义量表上对某一事物或概念（如教师、考试）进行评价，以了解该事物或概念在各被评价维度上的意义和强度。等级序列的两个端点通常是意义相反的形容词，如好与坏、积极与消极、主动与被动。

一、语义分析法的步骤

语义分析法的设计与实施包含以下几个步骤。

第一，根据研究目的，确定待评价的事物或概念。例如，为研究不同国家教师的社会地位，就应当选与教师的学科知识和教学技能、师生关系及教学活动等有关的事物或概念。

第二，确定评价维度。对所选的事物或概念，一般可以从三个维度（因素）来评价性质（如好与坏、重要与不重要）、力量（如强与弱、硬与软）、活动（如主动与被动、快与慢）。这三个维度是一般语义空间中最重要的维度。有时由于被评价对象较多，可只采用单一的维度，但是，一般情况下，应尽可能同时采用上述三个维度。

第三，选择具体评价的子项目及数量。确定了评价维度之后，就需要决定在每一个维度上应选择的子项目（如在活动维度上，可选"活跃"与"不活跃"等）及数量。采用什么子项目，视研究目的而定，而

---

① 董奇：《心理与教育研究方法》，广州，广东教育出版社，1992。

子项目的数量通常以三个或三个以上为宜。

第四，具体编制语义区分量表。语义区分量表为七点等级量表。编制时应将意义相反的形容词列于等级序列的两端，中间留出代表七个等级的线段，供评价者选择。例如，对教师职业，可在性质方面设计一子项目：

好＿＿＿＿＿＿坏。

在设计量表时，应避免将性质方向相同的形容词都放在同一端（如将好的、重要的、强的都列在左端），以防有关心理因素影响研究结果。在进行跨国分析时，还应将语义区分量表翻译成其他语言。

第五，用语义区分量表施测。研究者既可以对集体施测，也可以对个人施测。施测时，要求被试在每一具体评价子项目的七个等级上只做一个选择（如画一个"√"或"×"）。在进行跨国比较研究时，有时为了节省时间和经费，可以对外国旅游者、留学生、商务和技术人员等施测。因此，这种方法对我国学者来说，是有实际意义的。

第六，对结果进行处理。参看下文。

二、语义分析结果的处理与分析

对语义分析结果的计分有两种方式：一种方式是将七点等级按规定的方向（如从慢到快的方向）分别记为1～7分；另一种是将七点等级量表中的中间等级计为0分，两端分别记为–3分和+3分。前者使用得较为普遍。根据实际需要，还可以进一步计算出三个维度上的得分，即把同一维度上的各子项目的得分合并起来。对语义分析法获得的数据，可以做如下几方面的比较分析。

1. 静态比较

通过比较两国或多国的同类团体（比如，同是教师或工人）在某一具体评价子项目或某一维度上的得分差异，了解他们对事物、社会或问题的看法和态度的相同点与不同点。例如，团体A在评价"教师职业"时，在"好—坏"项目上的平均分为6分，而团体B相应的分数为2分，则表明教师职业的吸引力在团体A中比在团体B中大。因此，对教师社会地位的各个维度进行分析，并精心设计语义区分量表，就可以比较分析不同国家的教师的社会地位的特征。当然，还应结合对教师的工资，以及社会福利的统计分析，这样才能比较完整地描绘出教师地位的轮廓。

2. 动态比较

在不同时间阶段，同一团体对事物、问题或社会的看法与态度有时会不一致，即由于教育或社会经验等原因而发生改变，因此，在某一具体评价子项目或某一维度上的得分将出现差异。动态比较就是对两国或多国的同类团体的上述态度和看法的改变情况进行比较。与前文的静态比较不同的是，动态比较需要在两个或多个时间点上对被试施测。这样由于研究周期方面的原因，可能使动态比较的应用受到限制。当然，根据课题的性质和实际条件，有时可把在不同时间对同一团体的施测转化为对不同类团体施测。例如，为了分析高等教育对某一团体的影响，通过对只接受过中等教育的团体和受过高等教育的团体分别施测，就可以达到目的。

3. 不同语言概念等值

为了寻找两种语言的等值概念，也可以用语义分析法。假定两种语言分别为A和B，设它们之间有一对对应的概念为CA和CB，为了判断它们是否等值，可让母语不同的两个同类团体GA和GB，在某一具体评价子项目或某一维度上分别对CA和CB进行评价，通过分析评价结果，就可探讨这两个概念所含意义的接近程度，即语义距离。计算语义距离的公式为：

$$D_{ij} = \sqrt{\sum d_{ij}^2} \qquad （式6-3）$$

其中，D_{ij} 为两个概念之间的语义距离，$\sum d_{ij}^2$ 为两个概念在各维度或子项目上的得分之差之平方和。语义距离足够小时，就可认为两个概念是等值的；如果距离较大，则认为它们不等值。

第八节　相关研究法

比较教育的一项主要任务是探讨教育制度内部的各种关系，以及教育与社会其他方面的关系。在因素分析时代，比较教育家主要研究"校外的事情"对校内的影响，属于定性研究，统计学只是起描述性作用。在20世纪五六十年代以后，大量的定量研究出现了，尤其是利用社会学和经济学的概念与方法的研究项目占很大比率。各种各样的统计技术（尤其是回归分析方法）被用来在国际范围内检验特定假说的有效性。比如，国际教育成就评价协会就运用这类技术揭示学生的学科成绩与学校、家庭和社会背景之间的关系。诺亚和埃克斯坦的比较教育教科书——《比较教育科学探索》，就以这种统计方法为核心内容。鉴于在上一章中已对他们的方法做过分析，因此，本节就不重复已讨论过的问题，而介绍相关分析法的其他方面的内容。

简单地说，相关研究就是确定概念、变量之间的相互关系。[1]根据研究的课题的性质，对双变量场合，通常把其中的一个确定为自变量，另一个为因变量。相关研究通常要回答关于两个变量或两组数据四个方面的问题：①它们之间的相关仅仅是偶然的，还是在我们所研究的对象中普遍存在的，即它们之间的相关是否显著。②它们之间相关的方向怎样，是正的还是负的。③它们之间相关的幅度大小如何，即如果我们知

---

[1]　Louis Cohen and Lawrence Manion, *Research Methods in Education*, London, Croom Helm, 3rd, 1990.

道了自变量，那么能够在多大程度上预测因变量。④相关的形状如何，是线性的还是非线性的。线性关系一般可用方程式表示为：$y=ax+b$，其中，y为因变量，x为自变量。

描述变量之间相关程度的量很多，其中常用的一个是皮尔逊积矩相关系数r。它在-1与$+1$之间取值。曾经有人用相关系数分析75个国家的经济增长与教育支出之间的关系。

当$r=1$时，表明完全正相关，如圆的周长与直径之间的关系。

当$r=0.9$时，表明较高的正相关，如学术成就与智商之间的关系。

当$r=0$时，表明两个变量无关，如体重与智商之间的关系。

当$r=-1$时，表明完全负相关，如测验分数与答错的题数之间的关系。

当$r=-0.9$时，表明较高的负相关，如智商与视力敏锐度之间的关系。

有时两个变量之间的关系是非线性的，如一个人的年龄与所认识的人的数目之间的关系（随着年龄的增长，认识的人逐渐增加，但是当年龄超过六七十岁时，其所认识的人当中，许多人逐渐离开人世）。研究非线性关系的工具比较复杂，这里只讨论线性关系。

在比较教育研究中，通常在许多国家同时收集两个变量的数据，比如，个人的受教育年限与收入，在获得两组数据后，就可检验两个变量之间的特定关系是否在所有各国都成立，或者研究两组数据之间的关系，计算相关系数等。但是，在使用相关研究法时需要注意：两个变量之间的相关，并不一定意味它们之间存在因果关系。它们可能同时是另一个因素影响的结果。

在研究的初始阶段，相关研究法可用于确定研究对象中各种关系的结构。变量间的相关关系是建立假说和进行进一步研究的基础。在教育中，一个事件的发生通常是许多变量同时作用的结果。当变量之间的关系比较复杂时，就难以用实验的方法对变量加以控制，这时就可采用相关研究法。实际上，在比较教育研究中，实验研究一般很难行得通。这也是相关研究法得以流行的原因之一。相关研究法还可以用于预测，即以一个变量的知识预测另一个变量的情况。为了进行较为可靠的预测，两个变量之间的相关系数应足够大，而且时间跨度不能太大，即长期预测的可靠度不高。

当我们要研究多个自变量对一个因变量的影响时，就要采用多元回归分析法。比如，从一个人的身高、性别、年龄、人种及父母的收入来预测其体重。由于计算量大，这种分析一般由计算机来完成。目前已有很多多元统计分析软件包，常用的有SPSS和SAS等。它们一般都提供"逐步多元回归"分析程序。逐步多元回归技术就是先在所有的自变量中寻找与因变量相关最大的一个自变量，然后从剩下的自变量中找出相关最大的自变量，如此往复，直到分析完所有自变量为止，或者到剩下的自变量与因变量的相关很弱，无助于解释因变量的变化为止。然后，计算机就可以打印出因变量与每一个自变量之间的相关系数，一个多元相关系数矩阵R，以及回归方程。

回归分析是多元统计技术之一。常用的多元统计方法有：回归分析、方差分析、因子分析、聚类分析、判别分析、路径分析和多维标度分析等。[①]这类方法的数学分析比较复杂，但是它们都已被编制成计算机软件。要使用它们，并不需要掌握深奥的数学知识，因此，在教育研究中，它们已得到广泛应用，比较教育研究中也不例外。

第九节　系统分析法

所谓系统，就是由若干相互联系、相互作用的要素构成的，具有特

---

① H. Russell Bemard, *Research Methods in Cultural Anthropology*, California, SAGE Publications, Ltd., 1988.

定功能和运动规律的整体。系统分析法是建立在系统论、信息论和控制论基础之上的。它把研究对象当作一个系统，从系统总体出发，在系统整体与构成系统的诸要素、要素与要素、系统与外部环境之间的相互作用中，揭示和处理研究对象的性质与规律，从而达到最佳地处理和解决问题的一种方法。在过去的二三十年中出现的耗散结构理论、协同学、突变论和超循环理论等，丰富和发展了系统理论。当然，随着系统理论自身的发展，系统分析法的形式也在不断变化。

一、系统分析法的基本原则

尽管系统分析法在社会科学研究中应用广泛，但是并不存在一个大家都遵循的固定的模式。[①]不过，以下几个原则是系统分析法的基本特点，这些原则是由系统的基本特征决定的。

1. 整体性原则

系统是由许多要素（子系统）组成的，但是系统的功能不等于各子系统功能的简单叠加。这就是人们常说的"整体大于各部分的总和"。一个由教师、学生和教育技术手段组成的课堂系统，除了用教师的资格、学生的数量和教学手段的先进性等可量化的指标进行描述之外，还要对教师、学生和教学手段之间的相互关系，尤其是师生之间的互动模式，进行深入细致的考察。后一方面可能是更重要的方面，往往被那些热衷于定量研究的学者忽视。因此，在分析教育问题时，要牢固树立全局的观念，始终把研究对象看作一个有机的整体。

2. 联系性原则

联系性原则有两方面含义：其一是指系统与外部环境之间的相互联系与相互制约；其二是指系统内部各要素之间的相互联系与制约。因此，应当从系统、要素和环境三者之间相互联系、相互制约来考察系

---

① 安文铸：《教育科学与系统科学》，长春，吉林教育出版社，1990。

统。比如，教育系统中的课程的革新，在系统内部，将导致教学和学习方法的改变、教学辅助设施的更换，以及教师的重新培训等；而在与系统外部关系上，则表现为向外部征集有关资源和在一定时间间隔之后提供新型的人力资源。从宏观上看，这个原则在比较教育研究中已有所体现。比较教育学者重视对教育与社会之间的关系，以及教育系统内部各要素之间的关系进行分析。教育系统有自身的层次与结构，有自己的子系统，然而，它只是整个社会的一个子系统。因此，在分析教育系统时，要把社会的其他子系统看作教育系统的外部环境。系统内部各要素的排列组合方式不同，即结构不同，系统的功能也就不同。系统的功能反映外部环境的需要，同时对外部环境产生影响。因此，在系统分析过程中，经常采用结构功能分析法。

3. 动态性原则

在分析过程中，应当以发展变化的观点看待系统。任何系统总是存在于特定的环境之中的，与外界进行能量、物质和信息的交换，既影响环境，也受环境的影响。因此，系统的要素，以及各要素之间的相互关系，都不是一成不变的，而是随着时间的推移而改变的。社会变革可能导致教育系统的某些功能发生改变，这种变化可能表现为要素的增减，也可能表现为结构的重组。

4. 最优化原则

人们对系统进行研究和改造的目的，是使系统达到最优运转的状态。一个系统可能有多种组成方案，系统在适应环境的变化时也存在多种应变措施，系统分析的任务就是根据一定的目标和原则，设计和选择最优的方案，使系统最佳化。例如，为了解决教师短缺的问题，既可以采用提高工资待遇以增强教师职业的吸引力的办法，也可以采用引进现代教育技术手段（如广播电视授课）以提高教师工作效率的措施。系统分析的任务就是根据具体情况对这两种措施进行分析比较，从而确定最优方案，以作为教育决策的依据。

我们认为，上述系统分析法的基本原则也可以看作比较教育研究的基本原则。在这些原则的基础上，针对不同的系统和研究目的，可以应用多种系统分析方法。总的来说，系统方法的基本构成是结构方法、功能方法和动态方法的辩证统一。结构方法是朝向系统内部的研究方法，它基于系统的内部结构，要求把握系统功能所依赖的结构，实现系统结构的优化。功能方法是朝向系统外部的，它基于系统外部行为的描述，把系统当作"黑箱"，在系统与环境的相互作用中把握系统的功能，实现系统功能的优化。动态方法则是从系统进化的角度出发，揭示系统的产生、发展和演变的规律。

二、系统分析法实例

下面举一个系统分析法的实例。库姆斯在他1968年的著作《世界教育危机：系统分析》（ *The World Educational Crisis*： *A System Analysis* ）一书中，采用了系统分析法。他着重从教育系统的输入与输出，以及它们与系统内部结构关系的角度分析世界教育问题。他把教育系统划分为12个主要组成部分，如图6-3所示。[①]其中的12个要素是：目的、优先目标、计划、内容、教师、学习资源、设施、技术、方法、质量控制、研究、费用。

图6-3　教育系统的组成部分

---

① Philip H. Coombs, *The World Educational Crisis* ： *A Systems Analysis*, Oxford, Oxford University Press, 1968, p. 11.

为了分析教育系统与外部环境之间的相互作用，库姆斯又对教育系统的输入与输出进行了分类，其结果如图6-4所示（图中右边一栏的详细内容省略了）。①

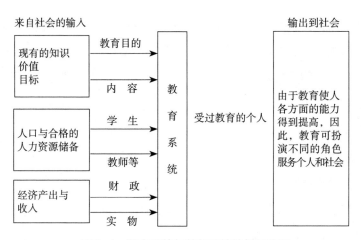

图6-4　教育系统与外部环境的相互作用

库姆斯还用系统分析的方法研究世界各国的教育系统之间的相互依赖。他采用的模型仍然是输入与输出，如图6-5所示。②在这里，他把某国（X国）的教育系统从外国"进口"（输入）的要素分为：前来学习的外国学生和研究人员、从海外学成归来的本国学生和研究人员、前来援助本国教育的外国教师和专家，以及外国的知识、技术与文化；"出口"（输出）到外国的要素分为：带着新知识回国的外国学生和研究人员、前往外国学习的本国学生和研究人员、前往援助外国教育的本国教师和专家，以及对外国有用的知识、技术和文化。

① Philip H. Coombs, *The World Educational Crisis*: *A Systems Analysis*, Oxford, Oxford University Press, 1968, p. 12.

② Philip H. Coombs, *The World Educational Crisis*: *A Systems Analysis*, Oxford, Oxford University Press, 1968, p. 14.

图6-5　世界各国教育系统的相互关联

　　系统分析法应用广泛，而且其表现形式丰富多彩。笔者在本书中也力图贯彻系统分析的思想与方法，例如，本章第二节给出的图6-1"教育系统要素关联图"就是这种努力的一个结果，它也是本书的基本分析框架。

第 二 编

第七章　发展学与发展教育学

　　第一编的第一章至第六章首先论述了比较教育在教育发展和国家发展过程中的作用，进而分析了比较教育的研究方法和主要流派。从第七章到第十章，我们讨论比较教育的一个重要分支，即发展教育。我们在第二章中已经指出比较教育、国际教育和发展教育之间的异同点。在西方，对于三者应该分开发展还是合在一起，人们有不同的看法。在我国，这个问题目前尚未出现。这一方面说明我国的比较教育研究并没有与国家的发展和现代化的战略联系在一起，即脱离我国的教育发展实践；另一方面也说明教育研究在国家战略制定中处于边陲地位（我国的高等学校中有许多社会发展研究机构，但还没有"发展教育"的研究机构）。因此，本书的目的之一就是倡导发展教育研究，认为发展教育是比较教育的重要组成部分，甚至是我国比较教育发展的生命力之所在。为了说明这一点，需要先分析发展学或发展研究的由来。

第一节　发展问题与发展研究

　　20世纪五六十年代，"发展研究"作为一个跨学科的领域出现在美国和欧洲。它直接起源于第三世界的发展实践和全球发展问题。

　　18世纪70年代在英国开始的工业革命，经过约60年的发展，使英国最早实现了以工业化为核心的早期现代化。接着，现代化沿着海、陆区迅速向西欧和北美推进，在19世纪掀起了世界性的现代化浪潮。然而，这些国家的现代化过程，同时也是非洲和拉丁美洲广大地区变为殖民地、附属国、商品销售市场和原材料供给地的过程。由于各国走向现代化的先后次序、速度和规模等不同，因此出现了重新瓜分势力范围的两次世界大战。在第二次世界大战之前，亚洲、非洲、拉丁美洲国家除了日本之外，都还没有实现现代化。

在第二次世界大战之后，国际政治力量对比和国际关系发生了根本性的变化。资本主义的殖民体系分崩离析，亚洲、非洲和拉丁美洲诞生了一大批新兴的民族独立国家和社会主义国家。世界呈现出资本主义与社会主义、发达国家与发展中国家并存的基本政治、经济格局，出现了三个世界、四个方面（东、西、南、北）纵横交错的新局面。第三世界各国政治的独立与发展并不等于经济和社会的独立与发展。这些国家要在经济上真正获得独立，就必须解决向什么方向发展，以及如何发展的问题。这绝不仅仅是第三世界的发展问题，它涉及国际政治、经济利益的根本调整与重建。在发达国家和发展中国家相互依赖的国际关系中，如何做到有利于双方的共同发展、互惠互利和互相促进，既是第三世界国家面临的迫切问题，又是全世界普遍关注的重大问题。当时，发展中国家独立后发展道路的选择有两种，即以美国为首的西方资本主义制度和以苏联为首的社会主义制度。西方国家为了对抗社会主义运动，推行西方各国的发展模式，制订了有效的发展援助计划和发展政策。自20世纪60年代以来，人们对发展中国家的发展问题和南北关系中的发展问题进行了深入、广泛的研究。

发展学有广义和狭义之分。广义的发展学研究全球范围的经济发展和社会变迁的一般规律，总结包括发展中国家和发达国家在内的世界各国社会经济发展的历史过程，分析其现状，预测人类社会的未来，如马克思的社会发展理论就属于这一类。狭义的发展学则是第二次世界大战后专门研究发展中国家由不发达向发达过渡和转化（有时也说从传统社会向现代社会过渡和转化）的条件、动力、方法和途径的学说。

发展或现代化是一项复杂的系统工程，它涉及经济、政治和文化等诸多方面，因此，发展问题是多学科的共同研究对象。然而，发展研究是以经济学为先导和基础发展起来的，随着经济的发展，政治、社会和文化等非经济因素的重要性逐渐显现出来，从而引发出了发展社会学、发展新闻学、发展政治学、发展历史学、发展教育学和发展哲学等新兴的边缘学科。发展学则是由这些学科研究成果构成的综合知识体系。发展学从诞生到现在也只有大约40年的历史，其发展速度快得惊人。传统学科通常要经历数百年才能形成学科体系，在发展学中，发展经济学和发展社会学比较成熟，它们的理论影响到其他发展学分支的研究。

发展研究与各国政府及一些国际组织的发展战略和发展政策密切相关，因此受到官方机构和民间团体的重视与支持。自20世纪60年代以来，一些著名的官方研究机构和民间学术团体纷纷建立，如美国的赫德森研究所和罗马俱乐部、英国的萨塞克斯大学发展研究院（IDS）、法国的未来世界研究联合会，以及德国的慕尼黑发展研究中心。第三世界对发展研究的兴趣也与日俱增，建立了许多发展研究机构，如墨西哥的第三世界经济与社会研究中心和非洲的达喀尔非洲规划研究中心。一些国际组织也进行大量的发展研究，如经济合作与发展组织、联合国教科文组织、世界银行、国际劳工组织和联合国大学等。我国政府机关和学术团体中有关社会发展问题的研究机构与组织也相继成立，如国务院发展研究中心、社会科学院的社会学研究所、原国家计委的社会发展局，以及民政部的社会福利与社会进步研究所等。在教育方面，原国家教育委员会（现教育部）设有教育发展研究中心。

第二节　有关发展研究的基本概念

由于发展研究的多学科性，其术语繁杂，就连"发展"本身也是一个含混不清的概念。"发展""现代化""进步""增长"和"变迁"等常常被当作含义相近的术语来使用。人们通常用"进步"指社会朝人们满意的方向发展，因此，它的价值判断成分比较明显。一般来说，经济学家笔下的"发展"很多情况下指的是"经济增长"，而社会学家更喜欢谈论"社会变迁"。在20世纪60年代，增长经济学盛行一时，"经济增长"便是发展的观点占统治地位。在社会学中，研究整个人类社会变迁的理论是广义的社会变迁理论；研究工业化过程中的社会变迁理论是特殊的阶段性的社会变迁理论；研究第二次世界大战之后发展中国家的工业化过程的狭义的社会变迁理论就是发展社会学。正是由于狭义的发展研究与发展中国家的工业化联系在一起，故人们也常常使用"现代化"这个概念。

"现代化"由谁及在何时提出，目前都还没有确切的答案。人们一般用"现代化"来说明近代以来"特殊"的社会变迁过程，通过这个过程，一个社会就可获得那些在技术、政治、经济和社会发展诸方面处于最先进水平的国家所共有的特征。这些特征通常用"现代化"这个术语描述。一般来说，"现代化"这个术语是个中性的概念，然而，为了避免与"西化"及"欧化"的概念相混淆，有些学者更愿意采用"发展"这个术语。

"发展"是一个有多层意义的术语。[1]它既指活动过程，也意味着活动的结果。它在发展研究中的含义也经历了许多变化。它由单指经济增长变为泛指整个社会生活各个侧面的变迁；由单独的经济发展变成

---

[1] 刘佐、章俗：《发展社会学教程》，8页，哈尔滨，黑龙江教育出版社，1992。

社会经济协调发展；由局部、外延的发展变为综合整体和内在的发展；由注重物质发展转到注重人的发展；由忽视文化的发展到重视文化的因素；由关注第三世界的发展问题变为关心全球的发展问题。现在人们认识到：不存在关于发展的"终极""标准"的定义，"发展"的概念也是发展变化的，具有时代性和部门性，"发展"的概念应该是开放的；应当从社会经济的协调、均衡发展，以及人的全面发展来探讨发展问题。

由于狭义的发展学是研究发展中国家的发展和现代化的问题，因此，哪些国家是发展中国家是一个必须回答的问题。与"发展中国家"相近的概念还有"不发达国家""第三世界国家""欠发达国家"和"非西方后发展社会"等；相对的概念有"发达国家""西方国家"和"早发展国家"等。在社会科学中，把世界区分为三类是很流行的做法。这种区分出自联合国的分类体系。它的分类标准是经济指标与政治指标的混合物。它把世界区分为发达的自由市场经济（第一世界）、中央计划经济（第二世界）和不发达的自由市场经济（第三世界）。美国、日本和西欧国家显然属于第一世界；所有社会主义国家属于第二世界；第三世界则是以上两类之外的国家，它既包括很富的石油输出国（如科威特），也包括许多很穷的亚非拉国家（如孟加拉国）。随着东欧社会主义国家的解体，三个世界的划分将会发生变化。"不发达"（underdevelopment）原来的意义是一个中性的意义，仅仅说明那时被称为不发达国家的较穷国家的情况。然而，这个术语使人觉得有贬义，从此它在国际术语中消失，被代之以比较委婉的术语"发展中国家"。不过，现在在发展研究中，"不发达"这个术语具有新的特定含义。它紧密地同依附理论联系在一起，"表明一种信念，就是在世界经济中有各种离心力在起作用，它们加强已经富裕的'核心'的地位，同时使'外围'穷国处在永久不发达的状况"[1]。与依附论相关的概念还有许多，我们将在下一章分析。

各种国际组织对国家地区的分类标准不一。常用的有联合国、世界银行、国际货币基金组织、联合国贸易和发展会议等组织的分类。例如，世界银行的《1993年世界发展报告：投资于健康》（*World Development Report 1993*：*Investing in Health*）采用了二维分类标准。[2] 第一维是以人均国民收入为标准，比如，1993年的报告根据1991年的数据，把世界各国经济分为低收入经济（人均GNP≤635美元）国家、中等收入经济（人均GNP为635～7 910美元）国家和高收入经济（人均GNP≥7 910美元）国家。其中，中等收入经济国家又分为中下收入经济（人均GNP为635～2 555美元）国家和中上收入经济（人均GNP为2 555～7 910美元）国家；高收入经济国家也分为经济合作与发展组织（OECD）国家和非OECD国家。第二维是以地区为标准。把世界各国分为撒哈拉以南非洲国家（细分为东部和南部非洲国家、西部非洲国家）、亚洲国家（细分为东亚和太平洋地区国家、南亚国家）、欧洲和中亚（细分为东欧和中亚国家、欧洲其他国家）、中东和北非国家（细分为中东国家、北非国家）和美洲国家。比如，我国是亚洲国家且属于低收入经济国家；巴西是美洲国家且属于中上收入经济国家。世界银行还根据各国的主要出口类别（制成品、初级产品、以石油为主的燃料和劳务等）和债务状况（严重负债、适度负债、轻度负债和无负债等）来分类，比如，中国是以制成品出口为主的轻度负债国家。[3]《1993年世界发

---

① ［英］亚当·库珀、杰西卡·库珀：《社会科学百科全书》，804页，上海，上海译文出版社，1989。

② The World Bank, *World Development Report* 1993 ：*Investing in Health*, Oxford, Oxford University Press, 1993，pp. 326-329.

③ The World Bank, *World Development Report* 1993 ：*Investing in Health*, Oxford, Oxford University Press, 1993，pp. 326-329.

展报告：投资于健康》不仅列出了各国的教育及其他方面的数据，而且有以上述标准分类得到的各类国家的有关数据的加权平均值及总值。然而，各类世界组织的分类由于标准不一，有时会出现表面上矛盾的结果。比如，在世界银行的分类中，新加坡和以色列属于高收入国家，但在另一些分类中，它们属于发展中国家。

第三节　全球性现代化进程的阶段性与迟发展效应

与发达国家及发展中国家概念相关的还有"早发展"或"先发展"国家和"晚发展""迟发展"或"后发展"国家，以及现代化的"先到者"与"后来者"等概念。这些概念是以各民族国家走上现代化道路或已相对实现了现代化的先后次序来界定的。根据各民族国家走上现代化道路的先后次序，我们可把全球性现代化进程划分为四个阶段。[①]

第一阶段是西欧现代化的发端，它开始于1500年左右。其间发生了一系列具有重大历史意义的事件：1492年哥伦布发现美洲新大陆；1500年前后，意大利文艺复兴开始；1521年，宗教改革开始；1543年，哥白尼的《天体运行论》出版；1588年，英国海军打败西班牙的"无敌舰队"，获得海上霸权，西欧在海外的扩张进入一个新的阶段；17世纪40年代，英国资产阶级革命爆发；1688年，英国发生"光荣革命"，实行君主立宪制；18世纪70年代，工业革命开始；1789年，法国大革命爆发。这一系列事件使西欧走向人类历史上未曾有过的新文明。英国和法国等西欧国家第一批走上了现代化道路。这种现代化是一种没有先例的历史过程，是在自己内部现代性因素不断成熟的情况下逐步演进的，因此称为"内发"的现代化。

---

① 孙立平：《全球性现代化进程的阶段性及其特征》，载《社会学研究》，1991（1）。

第二阶段是18世纪中后期的现代化浪潮。卷入这一次现代化浪潮的只有两类国家：一类是西欧的海外殖民地，如美国、加拿大、澳大利亚和新西兰；另一类是欧洲走上现代化道路较晚的国家，如西班牙、荷兰、比利时、意大利、瑞典和丹麦等。如果说英国与法国是第一批"内发"型现代化国家，那么从18世纪中后期开始现代化的国家则是最后一批"内发"型现代化国家。因此，有些学者把这两个阶段走上现代化的国家归入同一批。然而，后一部分国家的现代化明显晚于第一批现代化国家，从而是相对的"后发"型现代化国家。第一批现代化国家的"榜样"的存在和"示范"作用，使"后发"型国家免去了一系列现代化的先行者所不可避免的创新过程，从而加速了现代化的进程。

第三阶段的现代化浪潮开始于19世纪中后期。这批国家包括德国、俄国（苏联）、日本和中国等。它们都属于"后发"型的现代化国家。中、日、俄属于"外发"型国家。德国的现代化，过去人们一直认为是一种"内发"型现代化，依据主要在于其文化属西欧范围，但如果从现代性的积累看，应当认为它是一种"外发"型的现代化。这次现代化浪潮中，第一次出现了社会主义现代化的道路，打破了资本主义现代化模式一统天下的局面。这批国家的现代化对20世纪国际经济、政治秩序基本格局的形成起了重要作用。这个时期的现代化，虽然波及的国家数目很少，但过程复杂，而且它们基本上是"后发"型、"外发"型的现代化，是其他尚未实现现代化的国家学习的"榜样"，因此给人们的启示很多，人们对它们进行的研究也很多。

第四阶段是第二次世界大战后的现代化浪潮。这次浪潮中所涉及的国家基本上就是我们今天所说的"发展中国家"。在这一批现代化国家中，有些已经取得了可喜的成就，如东亚和拉丁美洲的一些新兴工业国家和地区，然而，有些国家至今没有走上现代化的道路。

需要指出的是，"迟发展国家"与"发展中国家"的概念并不完全相同。前者的范围要比后者广泛，迟发展国家既包括发展中国家，也包括发达国家中发展起步较晚的国家，如日本等。由于迟发展国家的现代化和社会发展并不是一种内生的自然演进过程，而是在外部因素的影响下人为地进行的，因此，它们的现代化所面临的制约条件与早发展国家相比，很不相同，这样就形成了它们社会发展的不同特点。所谓"迟发展效应"，指的是现代化起步较晚的国家，由于其起步晚而面临的与现代化起步较早国家不同的制约条件。[①]人们通常所说的发展中国家普遍存在的"二元结构"，就是由迟发展效应而形成的社会结构多元化的表现形式。"二元结构"实质上是后发展国家中现代性结构与传统性结构的一种分裂，它是迟发展国家现代化过程的一个重要制约因素。社会的两大部门对教育的要求差别很大，如何协调两方面的利益，如何发展教育以促进传统部门向现代部门转化，是迟发展国家政府所面临的问题。

发展中国家在国际经济秩序中所处的不利地位也是一种迟发展效应。当发展中国家获得政治独立从而开始现代化进程时，西方国家占主导地位的国际经济秩序已经建立起来了，因此，在"中心—边缘"这一世界经济结构中，迟发展国家不得不在早发展国家的支配下发展经济。导致欧美国家早期现代化的初始条件对迟发展国家来说，已不复存在。早发展国家的现代化的实现是以经济和非经济手段掠取当时世界丰富的自然与人力资源为前提的，它们几乎是用整个世界的资源来发展经济，而且将工业化带来的污染向整个世界排放。总的来说，发展中国家与发达国家开始其现代化进程时相比，是十分缺乏自然资源的（少数石油及其他矿产丰富的国家除外）。另外，发展中国家还不得不与发达国家共同分担早发展国家造成的环境污染的恶果。

---

① 孙立平:《迟发展效果与迟发展国家现代化的制约条件》,载《社会学研究》,1988（2）。

为克服上述"中心—边缘"国际经济格局对发展中国家现代化进程带来的制约，国家的作用变得更为突出。另外，从发展中国家国内环境看，由于市场发育不完全，其作用很有限，因此，国家在发展战略制定、结构改革、资本形成、基础设施建设、金融体系的完善和文化教育发展等方面担任了主要角色。另外，早发展国家的现代化是一个自发的累进过程，而迟发展国家的现代化一般都具有人为性，这就决定了其领导机构和领导人的极端重要性。因此，迟发展国家的现代化往往是"自上而下"的、有计划和有目的的社会变迁过程，教育规划则是社会计划的一个重要组成部分。

根据人类学的观点，一个社会的结构可以从物质、制度和观念层面来划分。一个社会的问题往往产生于三者之间的矛盾。发展中国家的现代化和社会发展，并不是一种内生的自然演化过程，而是在外部因素影响下人为地进行的。然而，由于实际条件的限制，完全的计划是不可能的，这样，社会的各个部门发展不平衡一般都难以避免。迟发展国家或者从发达国家引进先进的技术与设备，或者模仿西方的政治模式建立民主政体和现代的企业组织制度，或者接受西方的某些价值观念，但是，这种变化通常只存在于一个层面或两个层面，而在其他层面还保持传统社会的特征，因此，三个层面之间的矛盾与冲突通常很激烈。

迟发展国家可以有选择地在上述三个层面从发达国家引进所要的东西，然而，由于世界各国交流越来越频繁，这种选择是无法控制的。因此，来自早发展国家的"示范效应"也是迟发展国家现代化进程中的一个重要制约因素。"示范效应"可以表现在物质、制度和观念三个层面，它将对迟发展国家的现代化进程产生一系列不利影响，比如，消费膨胀难以抑制，人才外流难以控制，政治上难以安定，落后心理难以消除，日益严重的"急性病"难以克服。

尽管迟发展国家现代化进程中有许多不利的制约条件，但是也有不少"落后优势"，其中很重要的一条是可借鉴发达国家的经验，少走弯路。早发展国家由于是现代化的最早到来者，技术上的一切都要由自己来创造，而迟发展国家可以从早发展国家进口技术。因此，迟发展国家可以省去为从事技术发明所需的大量资金，而且赢得了时间。在这方面，日本是一个最突出的例子。

第四节　发展研究与发展教育学

以上我们讨论整个社会的发展与现代化问题，教育作为社会的一个子系统，同样也存在现代化和发展的问题。当然，教育与社会的其他子系统是相互制约的，政治、经济、社会和文化的现代化将影响教育的现代化。然而，在发展研究中，人们更关心的是教育如何促进国家发展，而不是发展政策和项目对教育进步的影响。在20世纪60年代，人们普遍对教育促进社会经济发展持乐观态度，而到了70年代，怀疑主义笼罩着教育发展学术界。人们逐渐认识到教育在某些社会背景下能促进社会经济发展，而在另一些场合，尽管投入了大量的人力、物力和财力，但可能导致社会动乱，加剧社会不平等。发展教育学就是研究教育与发展之间的关系。它可以是发展学的一个分支，也可以是比较教育的一个分支。从目前世界各国的实际情况看，发展教育通常是在教育领域得以制度化的，因此，我们在本书中就把它当作比较教育的一个分支。我们认为这将有助于加强我国比较教育研究与教育实践之间的关系，推动比较教育研究深入发展。

发展问题可以分为以下四个层次：第一个层次是整个人类社会的发展问题；第二个层次以各个国家本身的现实发展为目的，以包括国与国之间、南北之间、东西之间、南南之间和北北之间的国际社会的协调发展为研究对象，地区性问题是其研究的重点；第三个层次是某一国家的发展问题；第四个层次是普遍的"人的发展问题"。①发展教育学当然可以研究所有上述四个层次的问题。但是，作为比较教育的一个分支，它的核心是第二、第三层次的问题。研究某一国的发展是进行跨国比较研究的基础，而全球的发展问题则是比较研究的未来方向。比较教育将在全球社会和教育的国际化中扮演重要的角色。有关教育的国际化，我们将在本书最后一章探讨。"人的发展"则是发展研究所要达到的目标。

比较研究在发展研究中占有很重要的地位。发展是个全球性的问题，全球过半数的人口生活于发展中国家。在从传统迈向现代化的过程中，各发展中国家既要解决共同的问题，又要超越各自不同的传统给现代化进程所设置的障碍。同样，迟发展国家与早发展国家的发展既有差异性，也有共同性，因此，即使狭义的发展学以发展中国家的现代化为研究对象，也必须探讨早发展国家的早期发展过程，从中汲取经验教训和获得启示。另外，由于新技术革命的影响，许多发达国家目前已进入发展的新阶段，有人称之为后现代社会、后工业社会或信息社会，它们也面临着如何解决由"现代性"造成的问题。新技术革命的影响是全球性的，发展中社会既要考虑走向现代化的问题，又要为社会的进一步发展做好准备。不管人们愿意还是不愿意，发展中国家一旦打开国门，发达国家的"示范性"的影响将是无法避免的。因此，发展学是比较研究的天然领地。

在发展学的各个分支领域中，许多著名学者都进行了比较研究，比如，C.E.布莱克、R.N.贝拉、S.N.艾森斯塔特、M.J.列维、A.英克尔斯、亨廷顿和富永健一等。美国的现代化研究专家布莱克的《现代化的动力——一个比较史的研究》一书的副标题就是"一个比较史的研究"。

---

① 刘佐、章俗：《发展社会学教程》，12～13页，哈尔滨，黑龙江教育出版社，1992。

他还著有《日本和俄国的现代化——一份进行比较的研究报告》。[①]当然，也有相当多的学者只研究某一国家的发展问题，这也应该认为是比较研究的一个组成部分。

如果说19世纪比较教育的主要作用是推进早发展国家的教育现代化，包括教育制度的建立和教育的改革，那么可以说20世纪60年代以来，比较教育研究的主题是教育如何推动发展中国家的发展和现代化，主要探讨教育与发展的各个层面的关系。我们深信比较教育将对21世纪经济全球化时代的教育和社会的国际化做出贡献。自20世纪60年代以来，比较教育研究与发展研究基本上保持步调一致。20世纪60年代初期至70年代初期，北美洲学者们提供比较教育研究信息的主要理论框架是现代化框架，当时比较教育研究领域的近半数研究课题应用了该理论框架，围绕现代化理论，人们积累了大量的知识。欧洲一些发达国家也有类似的情况。70年代初期以来，依附理论也对比较教育研究产生了很大影响，从而使结构功能主义失去了统治地位。新马克思主义学者欲与结构功能主义学者分庭抗礼。到了70年代末80年代初，世界体系论也登上了论争的论坛。至此，比较教育研究的理论观点缤纷多彩，百家争鸣。然而，总的来说，发展中国家的学者在比较教育这个国际教育交流的论坛上的声音是如此微弱，以至于人们感觉到只有发达国家的学者才有能力对发展中国家的教育与发展方面的"疾病"开处方。我国比较教育研究虽然在改革开放初期为我国教育改革做出过一定的贡献，但从总体上讲，它与教育实践是脱节的。在教育与国家发展领域，比较教育家并没有完成自己的使命。这种状况的一个后果是比较教育研究的学术性难以提高，而且在重大教育决策问题上，比较教育家似乎也无多大发言权；

---

① ［美］C. E.布莱克：《现代化的动力——一个比较史的研究》，景跃进、张静译，杭州，浙江人民出版社，1989；［美］C. E.布莱克等：《日本和俄国的现代化——一份进行比较的研究报告》，周师铭等译，北京，商务印书馆，1983。

另一个后果是我国的比较教育界与国际比较教育界几乎不存在学术性的对话。世界各国的比较教育家已经在许多问题上做过比较深入的探讨。我们只有通过学术对话，才能利用这些成果，从而提高我国的比较教育研究水平，在国际教育交流的论坛上贡献我们的见解。在全球，尤其是发展中国家的发展背景下，探讨我国的教育与国家发展之间的关系，是进行上述对话的捷径。

在当前全球发展的大背景下，我们认为我国的发展教育研究可以从以下几个方面开展。

第一，在过去二十年间，形形色色的"新马克思主义"在发展教育研究中占有很重要的位置，它们与辩证唯物主义和历史唯物主义的教育发展观有什么区别和联系，苏联和东欧社会主义国家的演变对它们有什么影响，是应当重视的理论问题。

第二，近年来发展中国家的比较教育研究发展很快，尤其是拉美国家，发展中国家的比较教育学家对本国的教育发展问题有更多的发言权。传统的发展教育研究者主要来自西方国家，尤其是英国和美国，对发展中国家发展问题的研究往往脱离发展中国家具体的发展实际。在这种背景下，一方面，我们要向国际社会贡献我们在发展问题上的见解；另一方面，我们要加强对发展中国家比较教育研究成果的研究。

第三，要以我国的现代化为背景，重点对英国等早发、内发型国家，以及德国、日本和俄国等晚发、外发型国家的现代化历史过程中的教育发展进行比较研究（当然，对发达国家当前的教育发展还应当加以适当的注意），同时比较亚洲"四小龙"与拉丁美洲的新兴工业国的教育发展战略和实施结果，以便为我国教育发展战略的制定与实施做出积极的贡献。

第四，加强对发展理论的研究，探索现有各种发展理论与中国教育发展的相关性，以提高比较教育研究的理论性。我们应探讨"中心—边缘""二元结构""迟发展效应""示范效应""传统性"和"现代性"等概念，以及"自上而下"和"自下而上"的发展战略对我国教育发展的意义，在此基础上，建立教育与发展的系统分析框架。

第五，加强对民族文化传统、教育现代化与国家发展三者之间关系的研究。经济的增长并不等于国家的现代化，也不意味着行为方式、价值观念的现代化。在一定条件下，民族文化结构、文化模式既可能成为国家发展的障碍，也可能促进国家发展。人是文化传统的重要载体，人的发展是发展问题的核心，而教育是促进人的发展的重要途径。当前国际社会在发展战略方面已经由经济增长转向人的全面发展，在教育发展中影响重大的"满足基本需要发展战略"就是对这种转变的一种反应。平民百姓是发展战略的实施主体，他们对"发展"的理解和对发展政策的反应，是发展计划的实施能否达到预期结果的重要影响因素。

第六，探讨全球时代的教育与发展之间的关系。目前，"世界性的发展"已取代了"地区性发展"和"一国的发展"，"世界性的发展观"已渗透到发展研究中。人们越来越重视谋求全球社会的均衡发展，更加注重"南北间相互依存的发展问题"。人口、环境、债务和贸易等，都是南北国家共同关心的问题。教育如何迎接国际化社会的挑战，是比较教育研究的重大课题。中国比较教育走向世界，也将是大势所趋。

第八章 发展理论综论

发展理论是关于社会发展问题的理论。它有广义和狭义之分。广义的发展理论是关于整个人类社会由低级向高级、由落后向先进、由欠发达向发达过渡的理论。它历史悠久，源远流长。狭义的发展理论是关于发展中国家如何从欠发达、欠发展状态过渡到发达状态的理论。

第一节 发展理论的发展

古希腊和罗马的哲学中具有丰富的"发展"思想。"physis"这个词被用来表示"发展"这个概念，它的意思是"成长""展开"。它被用于描述树木、动物、人和社会。古典思想家们把人类文明的发展看成与植物的开花、凋谢，然后在下一阶段又开花和凋谢一样，经历成长和衰败的不断循环的过程。

5世纪，基督教成为罗马帝国的国教，希伯来文化、古希腊文化与基督教的结合产生了新的发展观。在基督教教义中，古希腊和罗马的永无止境的循环被单一的周期取代，即人类社会自上帝创造出亚当开始，随着耶稣基督的到来而昌盛，最后以物质世界的死亡和解体而告终。基督教对物质世界的未来持悲观态度，而相信"上帝之城"的永恒世界的存在。因此，物质世界变迁的动力不是自然过程，而是"上帝的意志"。

这种观念在12世纪之前一直占统治地位。

文艺复兴和宗教改革开始冲击正统的基督教的发展观。到了17世纪和18世纪的启蒙运动时期，人们认为自然过程是累积的、逻辑的和无限的，国家的管理职能就是消除那些有碍于自然和人类的自然过程的因素。法国的启蒙运动首先比较系统地提出了社会发展问题，直接把人作为社会进步的核心，使人类发展自我意识得到启蒙。从此，社会发展开始走上人类"自为寻求发展"的道路。

在19世纪，进化的思想影响很大。在自然科学领域，达尔文提出了生物进化论。在哲学和社会研究领域，社会学的鼻祖奥古斯特·孔德认为进步和发展来自人类的科学成就。他提出了人类社会和知识体系的演化的"三个阶段的规律"[①]。在神学阶段，家庭是主要的社会单元，社会受神职人员控制，并由军队统治，对社会事件的解释主要来自宗教信条或超自然力。继神学阶段之后是形而上学阶段，社会的发展基于人们的哲学推理，逻辑和哲学的推理决定了对事件的解释方法。最后一个阶段便是"实证主义"或科学阶段。孔德认为，宇宙的所有领域的知识发展逐渐经过了这三个阶段，人类组织模式将是最后进入实证阶段的领域。他的这种思想至今对社会科学的研究还有很大影响。对孔德来说，进化主要意味着道德进步和观念提升，它应该通过人类理性的干预加以引导。19世纪英国哲学家赫伯特·斯宾塞认为，进化主要是社会结构的更加分化和专门化。他是个社会达尔文主义者，认为应当使"适者生存"原则在社会领域发生作用。因此，从上述两位学者的观点中，可以引出不同的社会发展政策，即干预政策（社会计划）和自由主义政策。

当把进化论用于分析和解释社会发展方面的问题时，人们认为贫穷

---

① ［美］乔纳森·H.特纳：《社会学理论的结构》，吴曲辉等译，2页，杭州，浙江人民出版社，1987。

的非工业社会处于进化的原始阶段，工业化国家则处于复杂的文明阶段，文明阶段则是原始、欠发达社会的未来发展阶段。在19世纪，进化论曾经被用于为殖民主义行径进行辩护：欠发达社会是原始的、落后的和不文明的，需要通过殖民政府的帮助及宗教界的传教活动，使它们沿着文明社会曾经走过的道路发展。

19世纪中叶，马克思系统地对人类社会的历史发展进行了全面的研究，分析了社会发展的动因、阶段、手段和形式。马克思的辩证唯物主义和历史唯物主义成为当代西方（更不用说东方）世界发展研究中最有影响力的学说之一。马克思的发展理论有三个组成部分：一是辩证唯物主义，它是关于哲学层次的发展，探讨一般发展问题的规律。二是历史唯物主义，它是关于社会的发展，探讨人类社会发展的最一般规律和发展问题。三是科学社会主义，它是关于共产主义社会的发展理论。在马克思的发展观中，社会由低级向高级、由简单到复杂的运动的总趋向是前进的，但具体道路则随不同国家、不同民族、不同环境和不同时代而异，表现出多样性。社会发展既非直线亦非循环，而是曲折的、螺旋式上升的。马克思把生产力与生产关系的矛盾运动作为社会发展的动因，突出了生产力是决定社会历史发展的最终动力的作用。社会的经济基础与上层建筑既有相适应的一面，又有矛盾不相适应的一面，这种对立的统一共同推动了社会的运动。马克思的发展观不承认发展的终极性，因此，社会的现代化过程不过是人类社会发展的一个特定阶段。马克思的发展理论的核心是社会的发展，而社会的发展又以人的全面发展为基本问题和目标。在当今"发展第一"的时代，马克思学说有很大的理论和实践意义。

20世纪初，列宁将马克思的社会发展理论与观点同当时的世界发展趋势及俄国革命的具体实践相结合，继承和发展了马克思的学说，提出了帝国主义理论。列宁的社会发展实践对20世纪的国际关系格局产生了极大影响，而他的学说则成为当代西方一些"新马克思主义"学者进行发展研究的理论基础。

　　以上简要地回顾了欧洲历史上主要的一些发展观点。这些观点及古代东方国家的一些发展观对当代的各种发展观仍有不小的影响。比较教育学者费格林德和萨哈（Fägerlind & Saha）根据发展随时间变化的特点，把不同的发展观分为四类，即古典循环理论、基督教的发展理论、直线发展理论和螺旋线性发展理论，见图8-1。[①]

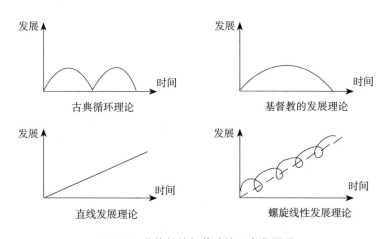

图8-1　费格林德与萨哈的四类发展观

　　第一类是古典循环理论。这类发展观认为，包括民族国家和文明在内的物质世界，将经历成长和衰落的永无止境的循环过程。比如，前述的古希腊和罗马的发展观就属于这一类型。如果认为发展不具有周期性，而且从一开始的逐渐成长经历一段时间之后达到高峰期，接着又逐渐衰落，走向灭亡（世界末日的来临），那么这种发展观就是第二类——基督教的发展理论。那种认为世界将由于核武器或其他因素的作用而走向灭亡的观点，就是基督教发展观在当代社会的反映。启蒙运动

①　Ingemar Fägerlind and Lawrence H. Saha, *Education and National Development*, *A Comparative Perspective*, Oxford, Pergamon Press, 1983, p. 26.

的乐观精神和各种进化理论则可归入第三类——直线发展理论。费格林德和萨哈把结构功能论、现代化理论和人力资本理论也归入这一类型。第四类螺旋线性发展理论是循环理论中的冲突观与直线发展理论中的乐观精神组合的结果。黑格尔和马克思的辩证法属于这一类型。

当代发展理论种类繁多，但基本上都来源于经济学和社会学。本章只讨论与比较教育研究密切相关的现代化理论、依附论与世界体系论、人力资本理论。

第二节 现代化理论

在19世纪，由工业革命所带来的科学、民主、世俗主义和理性主义的胜利，使得人们对西方社会充满了美妙的幻想和乐观的态度，而19世纪末20世纪初资本主义的世界性扩张和渗透，使得人们坚信非西方社会必定要被西方化。然而，好景不长，20世纪上半叶的两次世界大战，严重地动摇了人们对西方文明的信心，甚至认为它已寿终正寝。但是，战后西方资本主义世界的新技术革命不仅很快治好了它们的创伤，而且带来了资本主义经济的高速增长。因此，人们又重新对人类社会的未来充满信心。现代化理论就是在这种背景下于20世纪50年代出现的，其目的之一就是论证西方社会制度的优越性和合理性。现代化理论的另一目的是为战后发展中国家的社会发展提供理论指导和政策依据。早期的现代化理论不重视工业社会的进一步发展问题，而着重研究传统社会的现代化过程。

现代化理论在理论观点取向上属于结构功能主义学派。结构功能主义的代表人物是帕森斯（Talcott Parsons）和默顿（Robert Merton）。结构功能主义从系统的角度考察社会。社会被看作由相互关联的部分（如经济制度、政治结构、教育和宗教等）组成。对这些相关部分的分析，集中在它们怎样维持系统的常态性和均衡上。冲突被认为对社会的整合和均衡有负功能，应当加以避免，因此，人们认为结构功能主义是保守的。帕森斯在其后期著作中，力图引进进化的观点，以分析社会变迁。

现代化理论的思想源远流长。经典社会学家迪尔凯姆、韦伯、腾尼斯、斯宾塞和帕森斯关于传统与现代之分的两极理论观点和思想体系，对现代化理论影响深远。现代化理论就是探讨传统社会如何向现代社会过渡的学说。现代化理论涉及的主要问题有：现代化的阶段划分；社会的各个子系统的现代化时间顺序；现代化的模型与道路；现代化的国际、国内环境与社会经济条件；现代化的动力机制；传统社会与现代社会的基本特征和区别；现代化的表现与衡量标准等。基本上所有这些问题都存在争论，但"经典"的现代化理论在一些主要观点上比较一致。[①]

在发展阶段上，现代化理论认为非西方不发达国家未能突破传统和现代的界限，仍然处在传统社会阶段。在现代化理论中，学者们对现代社会和传统社会的特征的定义是不尽相同的，然而，在归纳这种特征的方法上是一致的，一般是从现代社会的对立意义来理解传统社会，即传统社会就是非现代社会，或非西方社会。

在发展的障碍方面，现代化理论将非西方发展中国家未能现代化的原因完全归咎于其社会内部的"传统性"。本国的"传统性"是现代化的障碍，它抗拒社会经济的任何改革，破坏企业家活动的条件，阻碍支持这种活动的社会机制正常发挥职能。在"传统性"的具体内容上，不同学者的侧重点不一样。有的学者认为，非西方社会要想实现现代化，首先必须具备人的现代化；有的学者则从传统文化和社会结构来解释为什么西方国家能够进入现代社会，而发展中国家不能。

在发展模式上，现代化理论认为非西方不发达国家要想实现现代化，唯一的途径就是西方化和照搬西方的模式，对于非西方不发达国家来说，

---

① 严立贤：《"现代化理论"述评》，载《社会学研究》，1988（2）。

现代化就是西化。非西方国家要想实现现代化，只有靠西方文明的传播，靠输入西方社会的现代化因素才有可能。比如，日本学者富永健一认为必须经过以下四个阶段，才能使西方文明内化为本社会的文明，即现代化：一是输入西方文明以摆脱传统主义统治，这是一个对本国传统社会的破坏过程；二是由推进现代化的杰出人物着手，对西方文明进行有计划的输入和固定；三是民间涌现大量的西方文明的承担者；四是现代阵营与传统阵营对立之消除。经过这四个阶段，现代化即告成功。

在发展道路上，现代化理论认为非西方发展中国家与西方发达国家是一致的，前者现在所处的阶段是后者曾经经历过的一个阶段，因此，在现代化过程中所遇到的问题也是与西方发达国家一样的。这是一种社会进化论的观点。社会发展是单线的，即无论哪一个社会，其发展方向和发展道路是一样的，这个道路就是西方曾经走过的路，所不同的是，有的社会发展快一点，有的慢一点，即只有速度快慢之别而无方向之别。

现代化理论是多学科的。从20世纪50年代到60年代末，它成为许多社会学家、社会心理学家、政治学家、经济学家和人类学家研究的理论基础。当然，比较教育也不例外。

与教育研究直接相关的是，许多现代化理论家认为，现代价值观可以是人为计划的结果，特定的社会机构，如家庭、学校和工厂，对现代化价值观念的形成尤其重要。一个社会在其大多数成员持有现代价值观之前，是不可能指望得到发展的。美国社会心理学家阿历克斯·英克尔斯（Alex Inkeles）等人曾经制定了"现代性量表"。[①]自20世纪60年代以来，该量表被广泛用于度量社会成员在多大程度上持有现代价值观。

现代化理论假定在以下五个要素之间存在直接的因果关系，即现代

---

① Alex Inkeles and David Smith, *Becoming Modern*, London, Heinemann Education Books, 1974; Alex Inkeles, National Differences in Scholastic Performance, *Comparative Education Review*, 1979, 23(3).

化机构、现代价值、现代行为、现代社会和现代发展。它们之间的关系如图8-2所示。[①]

图8-2　英克尔斯等人的现代化过程图

许多经验研究表明，目前还没有足够的证据证明上述因果链，但有许多反例。例如，在现代价值量表上得分高的农民并没有表现出高的生产力水平；日本的现代化表明现代与传统的价值观和态度之间未必就不兼容；发展中国家专业人员流向富裕的发达国家是一种现代行为，然而，我们很难说这种行为一定有助于发展中国家的经济发展。

现代化理论存在许多缺陷。首先，传统社会与现代社会的二分法尽管作为分析框架具有存在的价值，但是如果简单地把所有发展中国家都说成是传统社会，并把传统与现代对立起来，则有问题。西方各社会之间和非西方各社会之间的差异程度绝不比西方社会与非西方社会之间的差异程度小。发展中国家具有发达国家的一些现代特征，发达国家也具有很多传统社会的特征，现代化理论这种二元对立很难解释从传统向现代过渡的过程。穆尔说："关于现代化的著作，与其说它成功地描绘了从一个状态到另一个状态的过渡，毋宁说它更成功地勾画出了现代社会和传统社会的特性。现代化着重于'这个状态'到'那个状态'的变迁方向，而非变迁的范围、时期、方法和速率。因此，现代化理论乃是在说明与比较两种静态社会，而不是一种解释变迁的理论。"[②]

其次，现代化理论中暗含着西方中心主义的观点，它反映在发展道

---

① 参见Ingemar Fägerlind and Lawrence H. Saha, *Education and National Development, A Comparative Perspective*, Oxford, Pergamon Press, 1983，p.16.

② 转引自陈鸿瑜:《政治发展理论》，43页，台北，桂冠图书股份有限公司，1985。

路及发展原因上。然而，我们知道，西方文明只是人类众多文明中的一个类型。现代化理论只注重文化趋同，忽视了文化多样性。

最后，20世纪60年代末由于发展中国家运用现代化理论所提供的"增长第一"的发展战略和发展政策，发展实践遭受了严重挫折，出现了"有增长无发展"的局面，使人们对现代化理论产生了怀疑。因此，一方面，许多现代化研究学者不断对现代化理论进行修正；另一方面，一种新的阐明发展中国家不发达原因的理论，即依附论，作为现代化理论的直接对立面而出现。在比较教育研究中，情况基本上一样。

第三节　依附论与世界体系论

依附论最早是20世纪60年代在拉丁美洲出现的，是在对西方新古典主义发展经济学的批判中逐渐形成的。当时，依附论者认为，需要一种能解释拉美不发达问题的"总理论"，这种理论把拉美国家置于世界经济体系的总体框架之中，从宏观上来考察拉美这个局部体系。[1]依附论最早是由阿根廷的普雷维什提出的。最重要的代表人物是弗兰克（Ander Gunder Frank），他早在20世纪50年代末就开始研究拉美的发展问题。依附论的思想源泉是马克思的阶级冲突理论及列宁的帝国主义概念。

下面简要地概括依附论的基本观点。[2]

第一，世界经济是一个体系，这个体系由核心国家（西方发达资本主义国家）和边陲国家（非西方欠发达国家）两部分构成，核心和边陲之间的经济关系是不平等的。前者对后者的剥削，是导致后者欠发达、不发达的根本原因。依附论使用的主要概念有："中心"与"外围"，"宗

---

① 肖枫：《西方发展学与拉美的发展经济学》，151页，北京，世界知识出版社，1990。
② 刘佐、章俗：《发展社会学教程》，45页，哈尔滨，黑龙江教育出版社，1992。

主国"与"卫星国","殖民主义"与"新殖民主义","文化帝国主义"和"文化异化"等。

第二,工业化国家的发达与发展中国家的不发达是同一历史过程中两个互为因果的方面,前者的发达必然以后者的贫困为代价。

第三,依附的形式有三种:一是殖民地的依附;二是进口替代依附;三是跨国公司的依附。三种依附形式反映了依附化过程的三个阶段。在殖民帝国主义时期,穷国在国际市场上长期充当农产品和矿物资源输出国的角色,富国则向其输出资本、工业品和初级技术。许多殖民地的独立、获得国家主权,并没有改变它们在世界经济体系中的从属地位。为了抵消"外向型"经济的消极后果,建立本国的工业基础,拉美经济委员会提出了发展进口—替代型制造业的发展战略(如进口半成品和引进技术,由本国组装出口)。跨国公司的渗透则更进一步加固了依附关系。依附论者认为,穷国的社会精英是实现依附关系的主要工具,他们所持的价值观、态度和利益与富国的资产阶级一致。

第四,依附或欠发达型经济具有自己的一些特征,如依附国经济发展水平与其跟核心国经济联系的密切程度成反比,生产部门间的兴衰以核心国的兴趣和需要为转移。畸形扭曲的工业化和城市化,国内阶级结构两极分化,出现了一个"新买办阶级",高级专门人才外流,债台高筑等。

第五,在发展的模式上,依附论主张为了克服依附关系,出路在于同西方发达国家脱钩,进行社会主义革命。

在发展经济学和发展社会学中,依附论并不是一个统一的、完整的理论体系。它只是分散在各种有关"依附性"问题的著作中的一些概念和观点,以及由此而形成的一套具有不同倾向的理论体系。它们的共同点是强调外部因素(国际力量)对发展的影响,但是在分析方法、强调程度和政策建议上有许多差异。

依附论自问世以来就一直受到批评。首先,依附论过于强调外部因素的消极作用，忽视了内部的某些传统文化和社会结构对发展的阻碍作用。其次，外国的投资、贸易和援助至少在短期内有助于发展中国家的经济增长，在当今世界根本不可能有什么完全"独立"的发展道路，闭关锁国的结果只能是"不发达"。因此，目前许多新马克思主义者一方面坚持资本主义的扩张是"不发达"的根源；另一方面也不否认依附国依靠富国的力量而获得了一定程度的发展。然而，他们认为这是一种"依附性的发展"，是一种"畸形"的发展。再次，依附论所使用的一些概念比较含糊，没有明确的测度标准，把它们应用到在世界体系中地位差异很大、国情各不相同的国家是不合适的。最后，依附论并没有提出令人信服的、有效的发展战略。同西方国家脱钩是一种简单化的策略，不可能促进经济增长。

20世纪70年代末，在依附论的基础上又衍生出世界体系论。这个理论由匈牙利社会学家沃勒斯坦提出。它的理论根源有四个：一是弗里德里希·李斯特对李嘉图自由贸易论和比较利益论的批判；二是列宁的帝国主义理论，以及托洛茨基的中心—外围—半外围观点；三是法西斯的世界体系论；四是依附论。[①]世界体系论完善了依附论，弥补了它的许多不足。

世界体系论的核心观点如下：首先，世界体系的基础是世界贸易和国际分工；其次，世界体系的结构由中心国家、边陲国家和半边陲国家组成；最后，在世界体系崩溃之前，其结构不会改变，一个国家或社会在世界体系中的地位取决于世界体系结构。

20世纪五六十年代，北美的比较教育研究主要受结构功能主义的影响。从70年代起，阿普尔（Michael Apple）、卡诺伊（Martin Carnoy）、阿诺夫（Robert Arnove）、保尔斯顿（Rolland Paulston）、韦勒（Hans

---

① 刘佐、章俊：《发展社会学教程》，45页，哈尔滨，黑龙江教育出版社，1992。

Weiler）和阿尔特巴赫等人引进了种种西方马克思主义理论，如依附论、世界体系论、合法化理论、批判理论和解放理论等，使比较教育中的理论争论趋于激烈。

比较教育中的依附论观点也是在批判结构功能主义的发展观的过程中形成的。卡诺伊、阿诺夫和阿尔特巴赫等人都论证了一个国家的教育制度与其说受本国因素的影响，不如说更经常受本国以外的因素影响。他们极力主张比较教育研究要集中辨别这些外部因素。他们考察教育制度如何以不同方式服务于不同的社会团体，以及社会不平等怎样在地区和国际水平上产生。卡诺伊于1974年出版的《作为文化帝国主义的教育》（*Education as Cultural Imperialism*）一书，标志着比较教育领域中依附论观点开始流行。①

比较教育中的新马克思主义学者试图在正统的发展观之外寻找可替代的发展范式。他们认为阶级分化是资本主义社会所固有的。资本主义社会总是试图在阶级冲突的情境中再生产出阶级关系。鲍尔斯和金梯斯（Bowles & Gintis）认为，学校教育反映和再生产社会生产关系，它的变革是对生产关系变革做出的反映。教育上的许多问题，比如，教育的低质量、教育机会不平等和高文盲率等，在很大程度上是阶级国家所固有的，而不仅仅是缺乏资源和管理技术水平低的缘故。卡诺伊认为：要变革以阶级关系再生产为特征的教育制度，必须探讨变革社会的阶级结构和占统治地位的资本主义的生产关系的总战略。②为了推进社会结构的变革，卡诺伊指出了学校改革的两种战略：第一，通过教育激化资本主义社会存在的矛盾；第二，推进劳动阶级控制的教育选择发展策略。

---

① Martin Carnoy, *Education as Cultural Imperialism*, New York, Mckay, 1974.

② Martin Carnoy, "Education for Alternative Development", in Philip Altbach & Gail Kelly (eds.), *New Approaches to Comparative Education*, Chicago, The University of Chicago Press, 1986, pp. 75-76.

"……教育是发展过程的有机组成部分之一。生产并非社会上阶级（种族、性别或群体）斗争的唯一场所。"[1]还有一些学者强调教育的解放作用，如弗赖尔（Paulo Freire），对他们来说，发展更重要的一面是正义而不是财富，如果能为穷人提供教育，他们就能从教育中获益，无知和文盲只能使他们不能驾驭自己的命运。

比较教育学者采用世界体系分析框架开展了许多研究，比如，国际学生流动对发展中国家的影响，发达国家对发展中国家的学校所传播的知识的控制和分配，发达国家如何通过知识控制竭力维持现存的国际不平等。

世界体系分析给比较教育研究带来了新的活力，它使比较教育领域恢复了国际维度。因此，尽管大部分研究是注重"依附"和"冲突"，但也有一些研究只采纳世界体系分析中所包含的国际教育相互影响这个因素。比如，约翰·迈耶和迈克尔·汉农（John Meyer & Michael Hannon）指出：第二次世界大战以后一段时期，世界各国普及初等教育的动力及中等教育与高等教育的空前发展，不能仅根据各国特有的社会结构来解释，也不能用它们的经济是如何受到控制的来解释，而是国际化的结果。[2]有些学者则把依附作为自治民族国家发展中的一个阶段。尽管依附论存在许多问题，但我们也应该看到："虽然认为各国之间的相互依赖具有对称的关系只是人们的良好的愿望，在目前状况下以相互依赖的观点批评依附论只能是肤浅的和脱离实际的，但是对称的相互依赖

---

① Martin Carnoy, "Education for Alternative Development", in Philip Altbach & Gail Kelly (eds.), *New Approaches to Comparative Education*, Chicago, The University of Chicago Press, 1986, p. 84.

② John Meyer and Michael Hannon, *National Development and the World System*, Chicago, The University of Chicago Press , 1979.

是值得我们去追求的目标。"①

到了20世纪80年代中期，比较教育的理论争论已不再集中于西方马克思主义与结构功能主义之间，而是转向人力资本理论。

第四节　人力资本理论

当现代化理论指导社会学家进行研究时，经济学家也提出了自己的发展理论。在教育研究中，学者们根据自身的教育背景，如社会学和经济学，而采用不同的发展理论。在教育研究中，现代化理论主要表现为一种社会心理理论，注重个体的价值观和态度，分析传统与现代价值观之间的差别，探讨教育在获得现代价值观过程中的作用，以及它对经济发展的意义。以经济学为背景的学者则集中探讨发展过程中的人的生产能力，把劳动力质量的提高当作一种资本投资。人们获得的才干、技能和知识，能增强劳动者在劳动市场上挣得收入的能力。

本节讨论的"人力资本理论"，严格来说，不是发展理论，但它对教育发展研究和实践影响很大，因此，本书把它与其他发展理论并列在一起分析。

人力资本投资推动经济增长的概念，实际上，在亚当·斯密时代和早期古典经济学家那里就已出现。20世纪60年代，舒尔茨、丹尼森和贝克尔等人的开创性的系统研究则使人力资本理论得以形成。1960年，舒尔茨在美国经济学会做了以"人力资本投资"为题的会长就职演说。他认为，不应仅仅把教育看作一项消费，而应看作生产性投资；教育不仅提高个人的选择消费能力，而且提供为经济增长所必需的劳动力类型。

---

① 薛理银：《当代比较教育方法论研究——作为国际教育交流讨论的比较教育》，170页，北京，首都师范大学出版社，1993。

以人力资本概念为基础，一些学者认为，任何社会发展的最有效途径是提高人口素质。

　　早期测定教育对经济增长的贡献，有丹尼森等人提出的增长计算法和舒尔茨等人提出的人力资本收益率方法。增长计算法以总生产函数概念为依据，将产出（Y）表示为实物资本（K）和劳动（L）投入的线性齐次函数：$Y=F（K，L）$。如果经济增长完全是由于实物资本和劳动的增加引起的，那么，产出的增长就可分解为资本部分和劳动部分。当丹尼森用这个函数关系来解释1910年至1960年美国经济的增长时，他发现存在用这种方法难以解释的"余数"，而这"余数"与劳动力的素质有关。教育对劳动力素质存在影响。根据丹尼森的计算，在1930年至1960年，美国国民生产总值增长率的23%要归功于劳动力教育水准的提高。舒尔茨的方法则是先算出人力资本的收益率，然后将其与实物资本的收益率相比较，以测定教育对经济增长的贡献。他的结论同丹尼森的一样，即美国产出增长率的相当一部分要归因于教育投资。[①]教育规划者根据人力资本理论，对教育投资进行成本—收益分析，并根据社会的人力需求提出了一系列政策建议。

　　"人力资本"这个概念目前已被广泛接受。人力资本理论的"教育能促进经济增长"的假说一提出，就被用于论证增加教育财政支出的必要性。这无论在发展中国家还是在发达国家，情况都一样。与现代化理论一样，人力资本理论把发展中国家的不发达和经济停滞归因于这些国家的内部因素，而不是外部因素。

　　自20世纪70年代末以来，人们开始对人力资本理论进行批评。首先，人力资本理论在方法论上存在困难。估算人力资本投资的收益的

---

① ［美］George Psacharopoulos and Maureen Woodhall：《教育投资分析》，薛伯英等译，18页，台北，五南图书出版公司，1991。

种种假设受到质疑。比如，为了使人们收入上的差异与他们所获得的人力资本的差异联系起来，一般假定：在任何地方，劳动市场都具有充分的竞争性，不同类型的人力资本所产生的各种服务具有充分的相互替代性；教育机会充分地开放；受过教育的工人的较高所得是测定他们生产力提高，从而也是测定他们对经济增长有所贡献的尺度。[①]人力资本理论的有关"余数"与劳动力素质提高之间的关系的假设也受到抨击。

其次，在个体层次上，对教育是否与职业的成功及收入的增加直接相关，学者之间存在很多争论。许多学者的研究表明，家庭背景、个人能力，以及政治、经济和社会等结构性的因素，对个人的成功与否影响很大。

最后，在具体的教育政策上，关于人力资本理论的争论在某种程度上反映了比较教育学术界与世界银行之间的分歧。[②]对人力资本理论的质疑也可以说是对世界银行政策指令的质疑。在美国退出联合国教科文组织之后，世界银行就成了参与规划和资助发展中国家教育的最有力的国际机构。20世纪70年代中期以来，世界银行的研究人员根据人力资本理论，提出了由国家支持的免费公共教育是发展的障碍的观点。世界银行力主征收学费，并使学校私有化，以此提高学校系统的效率。优先发展初等教育，不增加对中等教育和高等教育的拨款，也是世界银行为发展中国家提供的政策建议。在比较教育中，人们曾对公共学校教育在社会变革中的作用提出过疑问，但并不认为私立教育是一种更理想的形式。

世界银行主张减少国家在教育中的作用，指出个人应为自己所受的教育付款，而且认为由私人企业家为获得赢利而开设的学校优于公立学校，因为前者受自由市场需求支配，教育效益会提高。从事比较教育研

---

① [英] 亚当·库珀、杰西卡·库珀主编：《社会科学百科全书》，337页，上海，上海译文出版社，1989。
② [美] 盖尔·P.凯利：《比较教育的论争与趋势》，郑桂泉译，载《比较教育研究》，1992（5）。

究的大多数专家主要从公平的角度反对这种政策。他们坚决捍卫公共教育，认为国家能使穷人免受市场兴衰的影响，从而是穷人接受教育的基本保障。

在比较教育中，人们于20世纪70年代以种种西方马克思主义作为替代理论，对结构功能主义和现代化理论进行批评，然而，在80年代的有关人力资本理论的争论中，几乎没有提出任何替代理论。世界银行的乔治·萨柯罗波洛斯（George Psacharopoulos）则坚决捍卫人力资本理论。[①]

发展中国家的发展实践表明，以上各种发展理论都存在缺陷，难以指导各国的发展实践。由于20世纪五六十年代的许多教育努力都以失败告终，现在人们对教育在促进经济发展和推动现代化过程中所起的作用，已没有往昔那么乐观了，人们更注重教育与满足基本需要的关系。现代化、人力资本和依附等概念对发展中国家的意义正日益得到修正。加拿大学者海霍（Ruth Hayhoe）也认为，依附理论和现代化理论不适合中国的具体国情。[②]为建构中国式的（教育）发展理论添砖加瓦，是我国比较教育学者义不容辞的责任。

---

① George Psacharopoulos, Comparative Education：From Theory to Practice, or Are You A: \neo.*or B: \ * . ist?, and From Rhetoric to Usefulness, *Comparative Education Review*, 1990, 34(3).

② Ruth Hayhoe, "A Chinese Puzzle", *Comparative Education Review*, 1989, 33(2).

第九章　教育与国家发展

国家发展问题是随着战后日本和欧洲的重建、非洲国家的独立而受到重视的。在欧洲和日本的战后重建过程中，新式经济计划的推出，国家间的密切合作，加上从美国输入的大量资本、技术及管理经验，使得这些深受战争创伤的国家很快恢复到原来的经济基础。其速度之快，大大超出人们的预料。此后，许多西方经济学家和政治学家便认为，西欧及日本重建的经验可以同样适用于经济落后国家，以便实现全球性的经济飞跃。但是，实践很快证明，这种设想行不通。因为对发展中国家来说，它们缺少西欧及日本经济发展的前提条件：坚实的经济管理根基、丰富的生产技术和大量受过良好教育的人力资本。它们的经济发展不是靠简单地输入资金以更换厂房和设备等所能解决的。于是，人力资本问题便很快被包括在经济发展的策略中。许多经济学家论证说，人才短缺是发展中国家经济增长的主要薄弱环节，而教育支出是一项高收益的经济发展投资。

在20世纪六七十年代，不论是发达国家还是发展中国家，都付出了巨大的努力来发展自己国家的教育，导致了这一时期的教育大发展。但是，70年代以来，发达国家和发展中国家大量受过教育的人失业现象的出现，引起了政治上的不安定，教育与经济的关系问题开始引起人们的反思。教育这种智力投资并没有收到人们想象中的那种收益，增加教育投资并没有使穷国变为富国；教育并没有促进或增加就业；教育也没有解决社会不平等问题，相反，教育的功能是在扩大贫富之间的差距，维持贫富的恶性循环；由于教育的"刚性"特点，即只能上不能下，政府背上了沉重的财政负担。因此，人们对教育的信念由乐观转为悲观，发生了所谓"教育信仰危机"[①]。

国家的发展应当是经济和社会事业的全面发展。发展的结果不仅表现为社会财富的不断增长，而且意味着增长着的社会财富在全体人民中的合理分配，同时也体现着社会平等、政治民主程度的提高。现在的问题是，教育与国家发展之间到底存在什么样的关系。发展通常被理解为事物朝着人所希望的方向和方面变迁。教育本身存在多种层次和类别，国家发展也有多个维度。因此，哪一层次或类别的教育能促进哪一维度的国家发展，以及国家发展的不同方面对教育的发展有何制约，是应当加以深入研究的课题。本章拟从经济增长、文化发展、政治发展等几个维度探讨教育与国家发展之间的关系，并就资源、人口与环境问题，分析教育与可持续发展之间的关系。

第一节　教育与经济增长

虽然经济增长本身不能代表和反映真正的国家发展，但经济增长是国家发展的重要前提条件。因此，在20世纪五六十年代，许多发展中国家推行的发展战略就是经济增长，把经济增长等同于发展。许多经济学家以西方社会的发展过程为参照模型，提出了各种经济发展阶段论，把社会的工业化过程划分为几个不同的阶段，认为尽管不同国家通过这些阶段的时间不同，但凡是要实现成熟经济体系的国家都必须经过这些阶

---

① 李守信：《中国教育发展问题研究》，286页，北京，中国计划出版社，1988。

段。在这些理论当中，最有名的可以说是罗斯托（Walt W. Rostow）的经济增长的五个阶段理论。罗斯托认为，为了实现成熟的经济，所有社会都必须经过以下五个阶段，即传统阶段、准备起飞阶段、起飞阶段、走向成熟阶段和高度消费阶段。为了实现"起飞"，传统社会需要经历一系列政治、经济和社会结构的变革，包括人们价值观念的变革。教育在获取已有的科学技术和探索新的科学技术及改变人的价值观念方面是必不可少的。正由于"起飞"需要许多前提条件，因此，罗斯托的增长阶段论不完全是经济学的，实际上是现代化理论的一个部分。

人力资本理论认为教育的财政支出是人力资本的投资，人力资本是国民生产要素之一。教育提高受教育者的生产能力，它构成了重要的生产资本，具有促进经济增长的经济效益。因此，教育不仅是一种消费，而且是一种有效的投资。教育的扩展可以增加国民收入，促进经济增长。在当代西方教育经济学中，人力资本理论一直处于主流地位。其他一些流派主要包括筛选理论、劳动力市场划分理论、社会化理论和教育的国家论。[①]

我国经济学家厉以宁认为教育在促进一个国家经济增长中的作用，大体上可归结为以下五个方面：第一，它向社会提供一支能在科学上有所发现、发明，在生产技术上有创新、变革的科学研究和设计队伍。第二，它向社会提供一支能掌握和运用先进生产方法的技术队伍。第三，它向社会提供一支适应工业化水平的生产和技术管理的队伍。第四，它提高全社会的科学文化水平，为新产品的推广使用，为先进科学技术知识的普及和提高准备条件，同时也为今后技术力量的成长提供广阔的基础，为源源不断的高质量的科研人员、工程技术人员、管理人员和熟练工人的供给提供保证。第五，它使社会积累起来的科学知识和生产经验

---

① 曾满超等：《西方教育经济学流派》，北京，北京师范大学出版社，1990。

得以保存和传播。[①]

世界各国的教育学家与经济学家不仅提出了各种教育与经济关系的理论，而且进行了大量的经验研究。这方面的研究主要包括：成人文化普及率与人均国民生产总值的关系；各种层次的教育的投资收益率与物力投资的收益率之间的关系；教育与劳动生产率的关系；经济发展速度与人力需求等。

一、教育与国民生产总值

在20世纪70年代，鲍曼（M. J. Bowman）和安德森（C. A. Anderson）在调查与分析83个国家和地区教育与经济增长的关系后论证道：如果排除特殊情况（如石油输出国），一个国家的人均国民生产总值要想达到300美元，必须具有40%以上的成人识字率，而要想达到500美元以上，则需要90%的成人识字率。惠勒（D. Wheeler）指出，一般来说，识字率从20%提高到30%，便能使国内生产总值（GDP）从8%增长到16%。[②]其他人的研究表明，教育不仅促进经济增长，而且如果没有教育投资支持的话，一般的物力投资对经济增长的影响也会减弱。还有人考虑教育投资对经济增长的间接贡献。一般来说，人们相信——当然也有很多证据表明——教育既直接也间接推动经济增长。但是，教育与经济增长之间的关系表现为鸡与蛋之间谁先谁后的关系，至少目前还不可能完全说清。

二、教育投资的收益率

所有投资都有收益率大小的问题，如果教育投资的收益率高于物力投资的收益率，那么就可以从实践的角度说明教育在经济增长过程中的重要作用。萨柯罗波洛斯的研究表明，在发展中国家，人力资本的平均

---

① 厉以宁：《教育经济学》，2页，北京，北京出版社，1984。
② 转引自George Psacharopoulos and Maureen Woodhall：《教育投资分析》，薛伯英等译，22页，台北，五南图书出版公司，1991。

收益率高于实物资本的收益率，而在更发达的国家，情况则恰恰相反。^①

在进行教育投资时，还要对教育的形式和层次做出选择，以便使教育投资的收益率达到最大值。比如，在工业化国家，大学教育的成本可能是小学教育成本的2倍或3倍，但是在某些发展中国家，这种成本差距可能高达50∶1，甚至100∶1。在证明将大量社会稀有资源用于扩大大学招生人数是否明智之前，必须进行成本—收益分析。世界银行委托一些专家对44个国家教育投资的收益率进行估算和比较，得出了如下结论。

①初等教育的收益率（无论是社会的还是私人的）是所有教育层次中最高的。

②私人收益率超过了社会收益率，在高等教育中更是如此。

③发展中国家教育投资的所有收益率高于它们资本的机会成本，通常为所获收益的10%。

④发展中国家教育的收益率高于先进国家的相应收益。

⑤在所研究的22个发展中国家中，初等教育的社会收益率大大高于中等和高等教育，它们的社会收益率分别为27%、16%和13%。^②

上述结论对发展中国家的投资决策的意义是显然的。首先，教育作为私人投资和社会投资都是有利可图的；其次，应当把初等教育投资放在最优先的地位（当然，应当与其他层次的教育投资保持均衡）；最后，高等教育的私人收益率和社会收益率之间的巨大差别，表明了由受教育者负担高等教育的一部分成本的政策是合理的。

三、教育与劳动生产率

教育水平是否影响劳动生产率是教育经济研究的重大课题。人力资

---

① George Psacharopoulos and Maureen Woodhall：《教育投资分析》，薛伯英等译，23页，台北，五南图书出版公司，1991。

② George Psacharopoulos and Maureen Woodhall：《教育投资分析》，薛伯英等译，67页，台北，五南图书出版公司，1991。

本理论的批评者断言：教育有可能鉴别工人的生产能力，而不一定会提高他们的生产能力。如果教育没有直接提高工人的技能和生产能力，那么教育可能是一种有利可图的私人投资，但社会从中获得的利益很少。"筛选理论"强调教育的信息本质，指出教育文凭是雇主选择工人的主要依据，认为教育的主要经济价值就是对雇员进行筛选。因此，教育投资的经济效益自然就小多了。由于雇主对教育文凭水平的要求不断提高，加上教育的不断扩张，从而造成"文凭膨胀"的不良现象。然而，还是有许多证据表明教育可以提高劳动生产率。

教育与劳动生产率关系的研究大多集中于低收入国家的农业生产。世界银行的有关研究表明，如果农民完成了4年小学教育，那么，其劳动生产率将比没有受过教育的农民平均高出8.7%。如果农民有能力补充投入以改善农业技术的话，那么教育的作用就会更大。也就是说，在更先进、更现代化的环境中，教育的积极作用可能比在传统农业条件下大得多。有关教育对发展中国家工业劳动生产率的促进作用的研究较少，也没有提出多少令人信服的证据。因为在工业部门，教育的作用机制比较复杂，难于测量，而且有时候劳动生产率的提高是生产设备更新的结果，而不是由操作它的劳动者的教育水平所决定的。教育对工业劳动生产率的提高往往是通过科技的创造、更新来实现的。

四、人力计划

构成人力计划分析基础的基本信念是：熟练人力是现代经济最关键的投入之一。为了推动经济增长，计划工作者就要预测未来社会对熟练人力的需求，根据这种需求建立相应的教育体系，以培养出具有特定知识和技能的劳动力。人力预测者不完全相信需求和供给能使劳动力市场达到平衡的功效。他们认为，由于培养训练有素的人力需要很多年，故熟练人力的短缺不会立即导致具有必要技能的人力供给的增长，而人力的短缺会限制经济增长，因而需要有长期的人力需求预测，以确保教育系统能培养出经济稳定增长所需要的人力。常用的人力预测法有：未来人力需求的雇主估算法、国际比较法、人力—人口比率法和固定的投入—产出比率外推法等。

人力预测的批评者断言，劳动市场具有足够的灵活性，以适应长时期内供给和需求不断变动的局面，而且，不同投入物之间存在着高度的可替换性，以致相同水平的产出可以经由劳动与资本、熟练劳动与半熟练劳动的各种不同组合而达到；雇主还可以为具有较低教育水平的工人提供在职培训，以使其获得较高的劳动技能。因此，进行长期预测既困难，又没有必要。

成本收益分析和人力预测是20世纪60年代以来教育规划的最主要的方法。人们对教育投资究竟应该依据人力预测还是依据成本—收益分析一直存在争论。人力预测的支持者不相信相对价格能够成为未来投资决策的可靠指南，而宁愿采用就业人数预测方法；收益率方法的拥护者却不相信纯粹的人力数量预测，而用相对工资或薪金作为人力需求和供给的信号。有些学者则认为，在制订教育投资计划时，应当将人力的供给和需求估算与收益率估算结合起来使用。

从20世纪60年代中期就有人对人力预测进行评价。一般的结论是这一方法并不成功，大多数人力计划都过高估计了对受过教育的人力需求的增长，而且，有时候对未来熟练人力需要的高估竟达到100%。尽管如此，人力预测方法依然支配着许多政府部门的人力规划与发展机构。这里的原因可能是人力预测显得简单、明了，能够提供明确的数量目标，而成本—收益分析法仅能指明变化的方向，因此，人力预测法对政策制定者有更大的吸引力。

五、经济水平与教育发展

上文主要论述教育对经济的贡献，下文我们转而探讨经济水平对教育发展的制约。尽管社会存在大量的教育需求，但是国家的经济实力决定了教育发展的规模和速度。教育事业的发展需要投入一定的人力、物力和财力，没有足够的经济实力，教育的发展将是一纸空谈。尽管教育是促进经济增长的重要投资之一，然而，一个国家的财政分配是多方面的，各个方面都需要消耗资源。在总的资源确定的条件下，如果增加教育投资，势必减少其他方面的投资。因此，究竟有多少资金能用于教育投资，是与国家的发展战略、民族文化传统、教育投资的收益状况，以及人们对这种状况的认识等因素有关的。

制约教育投资在国民生产总值中的份额的经济因素主要有以下两个：一是教育行业自身的特点。教育行业是一种"劳动密集型"生产，不易提高劳动生产率。教育的主要成本是教师的工资，而工资水平需要不断提高，因此，即使维持产出不变，教育成本也在不断上涨。如果要改善教学条件，比如，降低每一教师负担的学生数，则教育成本增加更多。二是外界竞争因素。政府必须在财政支出这块"蛋糕"上切出足够的份额给卫生医疗、住房和基础设施建设等，以支持相关的发展政策。这样，势必影响到教育资金的增加。当教育投资不增加时，如果考虑到通货膨胀因素，那么教育投资水平实际上是在下降。从过去三十多年世界各国教育投资的比例来看，教育支出占国民生产总值的比例一般在3%～5%，占财政支出的比例大约在15%。自20世纪60年代末70年代初出现了世界范围的"教育危机"之后，要增加教育方面的投资变得更加困难。

教育在早发国家和晚发、外发型国家的工业化过程中的作用，具有不同的特点。在英国工业化的"起飞"阶段（1783—1830年），人们并没有把学校与经济进步联系在一起。当时，在工厂中工作所需要的技能和知识并不复杂，只要边工作边学习即可。甚至到了19世纪中叶，为穷人设立学校，主要是出于慈善的目的和培养纪律性，而非职业上的考虑。因此，英国正规学校教育的扩展更多的是工业化的结果，而非工业化的原因。然而，日本的情况就大不相同了。为了工业化，日本不必经历像英国那么漫长的时间，许多复杂的工业技术是现成的，因此，在工业化的早期就需要有较高技能的人力，这样教育就成为实现经济增长所不可缺少的要素。日本早在19世纪70年代就建立了国民教育制度，这对日本的现代化起了很大作用。第二次世界大战以后，联邦德国和日本经济高速增长的经验，经常被教育决策者用来论证要发展经济，教育必须先行的政策。

对发展中国家来说，如何提高非常有限的教育资源的效益，是教育决策者面临的一大难题。从世界范围来看，发展中国家在总结过去几十年的发展的经验教训之后，现在一般都重视基本教育和非正规教育的发展。

第二节　教育与文化发展

经济增长理论家们以经济因素作为经济发展的中心，而现代化理论家们则强调稳定的经济增长所要求的人的社会和心理特征。在人力资本理论和现代化理论中，教育都被看作能在达到发展目标的过程中发挥重要作用的角色。

把现代化看作单一的线性过程的观点，在学术界一直比较流行，许多学者也指出其中存在的问题。这种观点类似于前文谈及的经济发展阶段论。第二次世界大战以后在政治上获得独立的发展中国家，在现代化过程中所面临的问题，与早发国家在十八九世纪面临的问题有很大差异。它们在经济上往往依附于发达国家，而且相对来说缺乏经济发展所需要的资源；社会不平等问题很普遍，既有受过西方教育的社会精英阶层，又有深受传统束缚的广大农村人口。更重要的是，每个发展中国家都具有自己的民族文化传统，这种传统既可能推动也可能阻碍国家现代化。因此，简单地把西方国家现代化过程的经验搬到发展中国家，显然行不通。当然，这并不意味着各类社会现代化过程不存在共性。本节侧重探讨教育与民族文化传统，以及教育与现代人之间的关系。

一、民族文化传统的内容与特征

民族文化传统是经过长期的历史积淀而形成的对现实社会仍产生巨大影响的文化特质或文化模式，它反映了人类社会的历史相似或历史延续性质。由于民族文化传统是经过长期选择以后保存下来的文化的一部分，因此，它的内容虽不及总体文化丰富，但能发挥更为潜在而强烈的影响。

人类学认为，文化主要由物质层面、制度层面和观念层面所构成。物质文化就是人类创造和加工的各种器具，是可触知的人类产品的总和；制度文化则反映人类社会的各种关系，它作为独立于主体之外的一种组织形式和结构，对人产生制约性影响；观念文化由价值观念、思维方式、道德情操、审美情趣、宗教情感和民族性格等要素构成，属于社会意识的范畴。这种三层次的文化分类法，只是概略地描述文化的构成，很难穷尽文化的所有方面，因此又出现了四层次和五层次之说。其中特别受到人们重视的是，把风俗习惯的要素，即行为文化，也纳入文化结构的观点。这种观点认为三层次说未能包括行为文化，而行为文化是主体与客体相互作用的重要表征，因此，不应当把它排除在文化之外。关于文化的内容结构，尽管还存在着一些争论，但对于文化内涵的丰富性和外延的广阔性，人们还是有了基本统一的认识。

民族文化传统主要有以下几个特点：第一，稳定性。文化传统是在一定时间和空间的背景上，从众多的文化事相中提炼、凝聚而成的，在某种程度上，它已经摆脱了具象性而成为具有一定共性的文化，因此，相对于变动不居的一般文化事相，文化传统具有一定的稳定性。文化传统的稳定性在时间和空间上都有明显的表现。在时间上，它表现为惯性，即文化传统发展变化的速率和节奏并不与时代的发展保持同步，而是落后于后者，所以文化传统往往是过去时代的反映。在空间上，文化传统的稳定性保持了文化本身的独特性，即它维护各民族文化原本不同的发展轨迹，使各民族文化的相互作用和相互影响被限定在一定范围之内，因此，在世界文化交流已经相当深入的今天，各民族文化之间仍保持着鲜明的独特性，从而形成了世界文化的多元性。由于这种空间上的独特性通常以民族为单位，因此，它又被称作"民族性"。第二，统摄性。文化传统一旦形成，就在一定范围内对人们具有普遍的内在约束力，从而对社会成员的心理倾向和行为方式发挥引导作用，以建立整个社会成员所共同遵循的文化标准。第三，系统性。文化传统的各个层次和各个方面构成一个有机的整体，各种文化要素之间具有内在的质的联系。因此，尽管文化传统的各个层面的稳定性不同，但只要改变文化传统的任何一个层面，其他层面就会随之发生相应的变化。中国近代的文化转型就是文化传统系统性的一个鲜明例证。当初清政府改革的本意只在引进西方的坚船利炮，但很快就发生了他们所不愿见到的专制制度的垮台和封建理念的坍塌。

民族文化传统的这些性质，是它对现代化进程发挥重要影响的决定因素。民族文化传统的影响空间十分广泛，几乎涉及社会的所有领域，其影响的方式又相当隐晦，渗透于社会各个分野的里层，这就使民族文化传统与国家的现代化关系表现出相当的复杂性。

二、民族文化传统与国家发展

虽然民族文化传统与现代化的复杂关系要求人们对其进行审慎的研究，但在相当一段时期，人们对文化传统采取了简单粗暴的态度，特别是在发展中国家，人们往往将欠发达的原因归咎于传统，而现代西方的发展学说在其中也起了推波助澜的作用。不过，事实并没有给上述观点以有力的支持。一方面，许多迟发展国家在合理继承各自文化传统的情况下走向了现代化，如日本；另一方面，急于摆脱文化传统的欠发达国家反而未能摆脱欠发达状况。这种事实使人们对于文化传统的看法逐步趋于客观和深入。

民族文化传统与国家现代化之间存在着矛盾、冲突和对立的一面，这的确是不可否认的事实。文化传统的许多内容阻碍着现代化的进程，而当现代性积累到一定程度时又反过来将这些内容摧毁。造成两者对立的原因，是它们总体上代表不同的时代。工业社会以前的文化与工业社会的文化显然具有不同的质。文化传统在其形成初期，对当时的社会而言是新文化，代表了当时社会的发展方向，而对现代社会来说，文化传统就是旧文化，它总体上属于旧的时代。因此，世界各国的现代化都伴随着对传统的否定。法国是早发国家中否定传统最甚的一个。1789年发生在法国巴黎的大革命，是决定法国能否进入现代社会的关键性历史事件，而这次大革命的一个核心思想就是与传统彻底决裂。历史学家A.托克维尔在描述法国当时的"决裂"心态时说，法国人"在他们迄今为止的历史和他们所希望的未来之间开出一道鸿沟。为此，他们谨小慎微地极力不把任何过去的旧东西带到新环境中来，并给自己规定了种种限制，力图养成一套不同于他们父辈的习惯。总之，他们殚精竭虑地要把自己弄得面目全非"[①]。这种决裂心态指导了法国从1789年到1870年短短81年里爆发的四次革命，而每次革命都是急风暴雨式的、恐怖的和血淋淋的。中国则是晚发、外发型国家中以反传统著称的国家。延绵了数千年的中华文化到了19世纪末20世纪初开始遭到非难，在要传统和不要传统的激烈论争中，否定传统的力量迅速膨胀，并终于上升为主导地位。中国的现代化从学日本到学美国再到学苏联，始终回避学传统，甚至到20世纪80年代，这种否定传统的全盘西化思想仍有相当的市场。

实际上，民族文化传统与国家现代化的对立只是相对的，两者之间

---

① 转引自高毅：《法兰西风格：大革命的政治文化》，33页，杭州，浙江人民出版社，1991。

还有相适应、相协调和相促进的一面。从民族文化传统的角度来说，第一，文化传统是现代化的基础、前提、立足点和出发点。尽管一些国家极力否定传统，但没有一个民族能把自己的社会先变成一张与传统毫无关系的白纸，再在上面画上现代化的美景。现代化只能站在一个现实的基础之上，而这个现实即由传统构成。考察世界各国的现代化，就可发现即使它们有扬弃传统的过程，但这个过程也只能在传统的基础之上进行。我们知道，英国是一个历史悠久、文化传统十分深厚的国家，而资产阶级革命和工业革命首先发生在那里；美国、加拿大、澳大利亚、新西兰等国的历史较短，文化传统的影响较小，但它们的现代化也并未完全摆脱殖民地时期形成的传统；日本的现代化及亚洲其他一些国家的崛起也正在改写近代以来以西方为中心的历史。这些都是现代化基于民族文化传统的明证。第二，民族文化传统的合理内核能促进现代化进程。民族文化传统中的一些内容反映了旧的时代，但这并不否认文化传统中也有反映民族性和人类性的内容。这些内容代表了这个民族，乃至整个人类的发展方向。它们虽然存在于旧文化中，但不属于旧质文化，相反，它们能在现代化潮流的冲刷下焕发出更加旺盛的生命力。例如，首先进入现代化的国家许多是临海国家，海洋民族的文化传统中本来就含有与其他民族交往的开放传统和从事贸易活动的商业传统，这些传统在现代化的激发下，有效地促进了这些国家迅速地适应工业社会的需要。再如，东方传统中的团结合作、纪律严明、忍辱负重等品格，在亚洲许多国家的经济发展中发挥了巨大作用。第三，民族文化传统是一个民族发展的动力源泉，它能形成一种民族精神，激发民族活力，从而使民族在复杂、曲折的现代化道路上获得新生。从世界文化史来看，现代化国家的一个强有力的精神杠杆就是本民族强烈的民族意识和爱国主义精神，这些国家的人民至今仍常常以虔敬的心态来缅怀自己的文化传统，对本民族的历史文化遗迹倍加珍惜。

正因为民族文化传统对国家现代化具有深刻的影响，所以，我们需要对它进行必要的整理和改造，使之顺利完成创造性转化，以促进国家现代化进程。

三、教育与民族文化传统的创造性转化

教育能否通过促使民族文化传统的创造性转化而促进国家现代化呢？这是我们必须回答的问题。从民族文化传统的演进过程来看，教育能够完成这一使命。

民族文化传统的演进过程十分复杂，很多因素交织在一起而无法厘清，但总体而言，它离不开创造（making）、发现（finding）、选择（selecting）和传递（transfering）这四个基本环节。

所谓创造，就是建立前所未有的新质文化的过程，它包括具有起始意义的创造和在一定文化基础之上的再创造。中国的先秦时期和欧洲的古希腊时期就是其各自文化的奠基时期，也即具有起始意义的创造时期。中国和欧洲的文化都是在那个时候确定了各自的基本走向。对既往的文化进行加工、整理，以及对外来文化进行本土化的工作，则属于再创造的过程。现代化进程中，各国使各自的文化传统进行创造性转化的过程也是再创造的过程。所谓发现，是指挖掘和利用已经存在的但未曾受到注意的文化。发现可以分为两种。在时间意义上，发现是指对过去的文化进行发掘和利用。如我国汉代古文学派就是因为在孔子的故居的夹壁墙中发现了大量的春秋战国时期的文献资料而兴起的，欧洲的文艺复兴也是通过对古希腊文化的发掘而阐扬了资产阶级思想。在空间意义上，发现是指对异质文化的学习，文化交流就是其主要表现。当然，这种划分并不是绝对的，一般来说，发现都伴随着再创造的过程，因为发现旧有文化和异质文化本身，并不能使这些文化融合于现有文化之中，还需要创造性地把它们结合起来，从而创造出新的民族文化。

如果说创造和发现都属于生产文化的环节，那么选择和传递就基本

上属于保存文化的环节。选择，就是根据一定的社会需要对已有的文化产品进行淘汰或保留。如我国西汉时期的"罢黜百家，独尊儒术"就是一次大规模的文化选择运动，它使儒学占据了中国文化的主导地位。传递，就是将既有的文化产品在时间和空间上加以延伸，以期在不同的地域和久远的将来仍可保存，其中，时间上的纵向传递是形成民族文化传统的最直接因素。

教育在人类社会初期主要发挥着传递文化的功能，以维持人类的生存和社会的延续，但随着人类文化产品的逐步丰富和教育本身的发展壮大，教育的文化功能也在不断扩展。它不仅担负着传递文化的任务，而且在民族文化传统的选择、发现和创造等各个环节中都发挥着重要的作用。

通过传递文化而培养人，是教育的核心功能。丧失了这一功能，教育就失去了存在的意义。人的社会性决定了人类的文化无法通过自然遗传而得到继承，人类社会也无法通过个体的自然成长与个体的自然组合而存在和发展。只有借助有意识和有目的的教育过程，人类才能提高认识、利用和控制自然的能力，才能促进社会发展。教育能够进行文化选择，则是人类文化总量不断增加的必然结果。随着旧文化的积累和新文化的产生，文化的内容日趋丰富，从而导致在数量上不可能把所有的文化产品原封不动地加以传递，同时在质量上很多文化产品也不能适应新时代的社会需要，这样，教育在发挥传递功能之前，就必须进行选择。教育对文化的选择主要通过两种途径进行：第一，通过确定和编排教育内容，直接对文化进行选择；第二，通过选择文化的重要载体——教师来间接选择文化。

教育在文化发现和文化创造方面也发挥着重要作用。在古代，教育的这种功能的获得起因于脑力劳动与体力劳动的分离，因为两者分离的直接结果是大部分脑力劳动者充任了学校的教师，使教育成了脑力劳动者从事文化的发现与创造的主要阵地。在现代社会，高等学校通过承担大量的科学研究工作，成为新文化的重要发源地。留学体制和教育交流合作体制的建立，也为异质文化间的相互学习与吸收开阔了视野，从而使教育的文化发现与创造功能得到了进一步发挥。

四、教育与人的观念的现代化

前文我们分析了教育与民族文化传统之间的关系，要实现国家现代化，就必须对民族文化传统进行改造与更新。由于人是文化的重要载体，因此，在精神层面上，现代化过程就是人获得现代观念，使社会行为理性化的过程。英克尔斯和史密斯（Inkeles & Smith）曾设计了"现代性量表"，用于对现代性进行操作化度量。他们认为，现代化从根本上说，是一个社会心理过程，只有当一个国家的社会成员采纳了现代态度、价值和信仰，它才能成为现代的。他们所列出的具有现代观念的人的特征如下。

①乐于接受新事物。

②对社会变化具有思想准备。

③意识到态度和观点的多样性，同时持有自己的观点。

④能动地获取事实和信息，并在此基础上提出观点和意见。

⑤在时间取向上，面向现在和未来，而不是过去。

⑥具有能够对自己周围环境施加影响的信念。

⑦无论对公共事业还是个人生活，均有一个长期计划的观念。

⑧对周围世界持信任态度，并相信他人及组织能履行其责任和义务。

⑨高度重视技术技能，并将其作为分配社会报酬的基础。

⑩高度重视正规教育，并具有获取高的教育和职业成就的抱负。

⑪尊重他人的个人尊严。

⑫理解生产和工业活动的规律和逻辑。[①]

---

① 转引自Ingemar Fägerlind and Lawrence Saha, *Education and National Development, A Comparative Perspective*, Oxford, Pergamon Press, 1983，p. 95.

英克尔斯和史密斯认为，除了上述特点外，"现代人"还具有另外两方面的特征，即普遍主义和乐观主义。普遍主义意味着社会的规则和规范适用于社会的所有成员，而不受年龄、性别和友谊限制；乐观主义则指的是对控制自己命运的能力持乐观态度。

许多关于现代化的理论研究认为，社会朝着现代化发展的过程，首先应当是人从传统观念向现代观念转化的过程。而现代观念的形成离不开教育。比较教育学家、教育社会学家和社会心理学家们在教育与人的现代态度、观念、信仰和行为之间的关系上进行了大量经验研究。许多研究表明，西方型学校教育与"现代人"之间有很多的相关性。当然，人们现代观念的形成，不限于学校，现代化工厂、家庭、广播、电视、报纸等，都是传播现代观念的工具。学校教育的现代化作用的机制不一定是课程内容，可能更重要的是学校作为一种社会组织的独特的性质（隐蔽课程的重要性）。通过把不同背景的年轻人结合在一起，并按固定的计划安排他们的时间，学校可能拓宽他们的视野，使他们学会容忍和适应规范，形成预告计划和守时的习惯。学校组织的许多方面都具有使人的观念现代化的作用，比如，学校的管理制度和教师的榜样等。

然而，并非所有的正规学校教育都与现代观念成正相关，也就是说，并不是任何学校教育都能培养"现代人"。有人认为，只有西方型的正规学校教育才有这种功效。但是现代化并不等于西方化，非西方型的学校教育可能有助于非西方型的现代化。

很少有人怀疑学校是现代化过程中的强有力的机构。学校拓展人们的视野，灌输有益于现代化项目和目标的价值和信仰，促进民族国家的统一和团结。对个人来说，学校能培养技能，增进知识，提高适应社会变迁的能力。学校教育为个人提供了向上流动的潜在的可能性。

现代化理论中所谈及的现代化，一般指的是西方的工业化模式。关于现代化和学校教育的概念，也都基于西方模型。西方型学校教育在形成个人的现代性方面的作用虽然难以否定，但是接受学校教育及个人的现代观念可能同时是其他因素作用的结果。愿意接受较长时间的学校教育本身，可能就是现代观念影响的结果。

要确定学校教育在社会发展方面的作用，不仅要论证学校教育与个人现代性的关系，而且必须分析个人的现代性与整个社会现代化和发展的关系。如果一个社会所选择的发展战略不是西方型的，那么西方型学校教育所培养出的人才就可能无助于甚至有损于发展目标的达到。一方面，有些现代的观念和行为可能阻碍现代化的进程，比如，发展中国家普遍存在高级人才流失的问题；另一方面，有些传统的价值观和行为也可能推动现代化的实现，比如，日本的家庭观念。实际上，发展和现代化是多维的，在传统和现代之间，有些是相容的，人们可以在一些方面保持传统的观念，而在其他方面采纳现代的观念；有些则是冲突的，传统的因素阻碍了社会的发展，比如，教育民主化、大众化程度很高，经济也比较发达，那么极权的政治结构就非得改革不可了。因此，现代化理论在这方面把问题过于简单化了，而且明显夸大了现代观念对于现代化进程的推动作用。

第三节　教育与政治发展

类似教育与经济增长的关系，教育与政治制度之间的关系也是互为因果的。一个国家的政治制度是维护其经济基础的核心，它要求教育所培养的劳动后备军的思想意识与其政治目标保持一致。一方面，政治制度决定着教育制度的方针、目标和内容；另一方面，教育制度又起着维护和加强政治制度的作用。

为了分析教育与政治发展之间的关系，我们首先需要了解政治现代化的含义。政治现代化是一种政体向另一种政体的转移，这一过程可以归纳为几个主要方面：第一，权威的合理化，即以单一的、世俗的、全国性的政治权威取代各种传统的、宗教的、家庭的和种族的政治权威。第二，政治职能的高度分化，各种职能由相应的专门机构来履行，各级行政组织变得更精密和更复杂。第三，政治民主化，社会中更多的集团参与政治。现代国家与传统国家的最大区别在于人民在大规模的政治单元中参与政治和受到政治影响的程度扩大了。依附论把政治发展看作从外国的影响中解放出来，这种影响可能是新帝国主义的或新殖民主义的。

目前，发展中国家的政治不发达表现在政治秩序的混乱上。暴力、动荡、骚乱和政变等政治现象比比皆是。政治权力从传统领袖手中向现代化领袖手中转移的问题是具有普遍意义的政治发展问题。伴随权力转移过程而出现的不稳定和暴力，使得决策者面临一些困难的抉择。然而，在过去的相当长的一段时间里，人们对政治发展注意不够，认为发展中国家首先应当实现经济发展，继而实现社会变革，而政治稳定将是前者一种自然和必然的结果，忽视了社会生活各领域发展顺序的差异性与重要性。实际上，经济发展与政治稳定是相互联系的两个方面，但经济发展并不能完全等同于政治稳定，经济发展与政治稳定是两个相互独立的目标。在某些情况下，经济发展可能会促进政治稳定，比如，经济的迅速增长，创造了许多就业机会，从而把一些人的雄心和才干转向赚钱，而不是去制造政变；而在另一些场合，经济发展可能会严重破坏政治稳定，比如，经济增长将可能破坏传统的社会利益集团之间的平衡，加剧贫富差距，由此出现一些暴发户要求拥有同他们新的经济地位相称的政治权力和社会地位。同样，某些形式的政治稳定可以促进经济发展，而另一些政治稳定又会阻碍经济发展。发展中国家政治不稳定既可能源于内部，也可能是发达国家政治势力的渗透、影响和干预的结果。

教育在政治方面的功能主要有三个：一是政治社会化功能；二是选择和培养政治精英的功能；三是培养国民的政治意识、促进政治整合的功能。下面重点探讨前两个功能，第三个功能与政治社会化功能一起讨论。

一、教育与政治社会化

政治社会化就是个人把政治制度的规范和价值内化的过程。政治社会化的目标是培养同占统治地位的政治思想相一致的政治观点、准则和行为方式。不论一个国家的政治、经济状况如何，政治社会化过去是，现在仍然是一切教育制度的一个主要职能。当然，家庭、教堂、工厂和青年组织也进行政治社会化的工作。学校的政治社会化过程一般通过正规的课程来进行，尤其是历史、社会学科和人文学科，也通过课外活动等形式来补充课堂的政治教育。政治教育课程的名称在各国并不相同，常见的名称有"政治教育""道德教育""公民"和"民主问题"等。有关政治社会化的研究主要集中于社会化的内容、形式、时间特点和效果，以及正规学校与社会其他机构的作用的比较分析。通常在发展中国家，相对于其他社会化机构来说，通过学校实现政治社会化的可能性要比在发达国家大得多。值得指出的是，政治社会化并不一定能达到预期的目的。

教育还可以在民族国家文化的形成和统一的民族国家的巩固方面发挥作用。许多社会科学家认为，国民政治价值共识的形成是政治制度稳定的重要条件，这一点尤其适合那些国内各社会或民族群体之间存在冲突或具有分裂倾向的发展中国家。教育是达成共识的主要途径。然而，教育不仅再生产现存的社会结构，而且促进社会结构的变革，即教育对国家的整合和巩固具有反功能。教育与政治发展的这种矛盾使决策者处于进退两难的境地：一方面，如果没有足够的受过教育的国民，那么更大范围的政治参与和国家整合就不会发生；另一方面，教育给社会的解体播下种子，有碍于国家的巩固。

二、教育与政治精英

"精英"这个术语通常用来指那些具有一般人所不具备的独特特征的特殊阶层。[①]这些特征可以包括财富、权力、才智、教育、社交风度和天资等。教育与政治精英之间存在一种功能关系。有关教育与政治领导之间的关系主要体现在社会精英的教育背景，以及政治精英与广大民众之间的差距上。

尽管获得政治权力的途径很多，比如，宗教、经济和军事等，但是一般来说，教育的作用比较显著，在现代社会尤其如此。教育是使政治权威合法化的重要途径。政治精英的教育背景通常在以下三个方面与一般民众存在差别：一是接受正规教育的程度或水平；二是接受教育的学校类型；三是接受教育的专业。这三个方面的标准和关系模式，在不同文化传统的社会将表现出不同的特点。有研究表明，在美国，高等教育是形成政治精英的关键要素，而学校类型的重要性次之（尽管哈佛大学、耶鲁大学和普林斯顿大学等确实起了很大作用）；在英国，历史悠久的公学，以及牛津大学和剑桥大学培养出的学生，在政治精英中占很大的比例。在某些大学的院系和专业受教育，是获得和维持政治权力的重要因素。在许多西方国家，法律和政治专业教育是获取高级政治职位的先决条件，而在有些国家，相当一部分政治精英的教育背景是工程技术。专业教育将推进政治职能的高度分化。在发展中国家，国外留学对获取政治地位也有很大影响。

虽然教育在政治精英的形成中越来越成为必要条件，但是，我们不应该就此下结论，认为它是充分条件。种族、宗教、婚姻、年龄和个性

---

① ［美］卡扎米亚斯、马西亚拉斯：《教育的传统与变革》，福建师范大学等译，217页，北京，文化教育出版社，1981。

特征等都是相关的要素。另外，精英与政治发展之间的关系尚不太明确。政治精英也是由不同类型的人构成的，有的倾向于维持现行的政治结构，有的则试图改变它。因此，教育既可能服务于维持极权政治，阻碍政治发展，也可能激起广泛的政治参与，从而推动政治发展。我们也应当看到教育的大发展还可能导致政治不稳定。

教育的发展，特别是发展中国家高等教育的发展，与社会政治稳定程度的关系十分密切。在世界各国，受过教育的阶层拥有参与政治的钥匙，而缺少教育的人则较少有参与政治的机会和参与政治的手段。受过教育的人可以就广泛的问题发表政治见解，并参加政治讨论。美国政治学家亨廷顿的研究表明：在发展中国家，城市是国内反对派的中心；中产阶级是城市内反对派的中心；知识分子是中产阶级内最积极的反对派集团；学生又是知识分子中最坚决和最有力的革命分子。

以上我们论述了教育对政治发展的作用，实际上，政治制度也制约着教育的这种作用。政治教育的内容、政治精英的选拔和培养，以及政治民主化的具体含义，都受政治制度的影响。资本主义国家和社会主义国家的教育在这方面存在显著差别。

第四节　教育与基本需要的满足

在20世纪60年代，不管是人力资本理论还是现代化理论，都以经济增长为核心，探讨促进这种增长的条件，两者的差别只是侧重点不同。经济增长发展战略确实使许多发展中国家的经济得到增长，但是这种战略也导致了严重的社会不平等与不平衡。首先，在国际范围内，发达国家与发展中国家的差距并没有缩小，可以说反而是有所扩大。许多发展中国家并没有摆脱对发达国家的依赖，无法实现真正独立的经济和政治上的独立发展。这就是当今许多国家提出"南北对话"或"南南合作"

的原因，反映了发展中国家要求合理的世界经济发展结构的政治愿望。其次，从发展中国家国内情况来看，城乡之间的差距并未缩小，在某种程度上还有所扩大；社会各阶层之间的不合理现象不断加剧。在这种背景下，学者们认识到，单纯的经济增长并不能自动改善、提高所有人的生活条件，不能反映大多数人的利益，因此，经济增长速度或人均国民生产总值并不能代表真正意义上的发展。

要实现经济增长，需要足够的自然资源和人力资源。自然资源的有限性，限制了社会维持其目前的发展水平的能力，因此，人力资源还有相当大的发展空间。但是，社会的不平等导致社会一部分人的基本生活条件得不到满足，从而也就谈不上他们对社会发展的贡献。因此，要实现发展，除了要改变人们的态度、价值观和信仰之外，还要改善人们的基本的物质和社会生活条件。

1974年联合国大会通过了一项决议，它宣称"新的国际经济秩序"的目标是纠正现存的不平等，以确保稳定地加速经济发展，最终维持人类目前和将来的和平与正义。这个决议标志着官方对发展概念看法的改变，即从强调经济增长转变到注重人类的物质和心理条件。

20世纪70年代兴起的新的发展学说把国民收入的合理分配问题置于重要地位。国家发展的目标不再是仅仅追求经济增长，而是改善人们的生活条件，尤其是改善那些处于社会底层的人们的生存条件。新的发展学说把国家发展的目标具体化为满足人类的"基本需要"。所谓基本需要，可概述为三大类：一是人们的基本消费需要，包括衣、食、住等；二是人们的基本服务需要，即教育、卫生、供水等；三是人们的基本政治需要，即人们要求民主、平等和参与政治决策的权力。[1]有关人类基本需要方面的政策和研究的一大难题是如何测度基本需要，比如，衣、

---

① 李守信：《中国教育发展问题研究》，289页，北京，中国计划出版社，1988。

食、住和教育的具体标准。满足基本需要的教育应该是什么样的，它们与国家发展之间又有什么联系，是需要深入研究的课题。1990年在泰国召开的世界全民教育大会，以"满足基本学习需要"为主题。自此以来，许多世界组织和研究机构在基本教育与国家发展方面开展了大量的研究。[①]应该认识到，在科学技术高度发达的现代全球社会，"满足基本需要"这种"自下而上"的发展战略是不可能完全替代"自上而下"的战略的。

第五节　教育与可持续发展

21世纪以来，随着科技的进步，人类创造了前所未有的物质财富，加速推进了文明发展的进程。然而，生产的发展也导致人口剧增、资源过度消耗、环境污染、生态破坏等全球性重大问题的出现。这些问题严重地阻碍着经济的进一步发展和人民生活水平的进一步提高，继而威胁着全人类的未来生存和发展。在这种严峻的形势下，人类不得不重新审视自己走过的历程，认识到通过高消耗追求经济数量增长和"先污染后治理"的传统发展模式已不再适应当今和未来发展的要求，而必须努力寻求一条经济、社会、环境和资源相互协调，既能满足当代人的需求而又不对满足后代人需求的能力构成危害的"可持续发展"（sustainable development）的道路。

1992年6月，联合国环境与发展大会在巴西里约热内卢召开。会议通过了《里约环境与发展宣言》和《21世纪议程》等重要文件。这些文件充分体现了当今人类社会可持续发展的新思想，反映了关于环境与发

---

① UNICEF, *Basic Education and National Development*: *Lessons from China and India* (*Draft*), Dunfermline, Better World Books Ltd., 1991.

展领域合作的全球共识和最高级别的政治承诺。《21世纪议程》要求各国制定和组织实施相应的可持续发展战略、计划和政策，迎接人类社会面临的共同挑战。执行《21世纪议程》，不仅促使各个国家走上可持续发展的道路，还将是各国加强国际合作、促进经济发展和保持全球环境的开端。

我国政府已经于1994年通过了《中国21世纪议程》。走可持续发展之路，是中国在21世纪发展的自身需要和必然选择。可持续发展对于发达国家和发展中国家同样是必要的战略选择，但是对于像中国这样的发展中国家，"可持续发展的前提是发展……只有当经济增长率到达和保持一定的水平，才有可能不断消除贫困，人民的生活水平才会逐步提高，并且提供必要的能力和条件，支持可持续发展"。

教育与可持续发展关系密切。首先是教育与可持续发展技术的开发之间的关系。可持续发展的一个关键要素是科学技术，比如，大气层的保护、荒漠化防治、防灾减灾、绿色产品的生产、资源的可持续利用和水资源的保护，都需要科学技术的支持，而科学技术的进步又是与教育的发展联系在一起的。

其次是教育与人口控制之间的关系。为了谋求可持续发展，必须努力控制人口数量，提高人口素质，改善人口结构，以减缓由于人口增长给有限的能源、资源带来的压力。教育与人口出生率之间的关系已为人们所公认。在发展中国家，教育的间接效益之一往往是人口出生率的下降。不过，教育与人口出生率之间的关系比较复杂，国外许多研究表明，提高女子的受教育程度将比提高男子的受教育程度更有可能降低人口出生率。

再次是教育与可持续发展观念之间的关系。《中国21世纪议程》提到，要加强对受教育者的可持续发展思想的灌输，在小学"自然"课程、中学"地理"课程中纳入资源、生态、环境和可持续发展内容，在高等院校普遍开设"发展与环境"课程，将可持续发展思想贯穿于从初等到高等的整个教育过程中。通过这种措施，可在一定程度上提高全民的可持续发展意识，增强其危机感，培养其崇尚节俭的道德，抵制人们只顾眼前利益、局部利益和铺张浪费的倾向。前文中我们已经讨论了教育与现代观念之间的关系，这里就不再赘述。

最后是教育与团体及公众参与可持续发展之间的关系。实现可持续发展目标，必须依靠公众及社会团体的支持和参与。公众、团体和组织的参与方式和参与程度，将决定可持续发展目标实现的进程。团体及公众既需要参与有关环境与发展的决策过程，特别是参与那些可能影响到他们生活和工作的社区决策，也需要参与对决策执行的监督。在这方面，教育的作用类似教育在政治发展，尤其是政治民主化过程中的作用。这里需要特别指出的是，教育有助于提高妇女和少数民族的参与能力，从而对可持续发展做出贡献。

有关教育与可持续发展之间的关系的研究还不是很多，在我国尤其如此。可持续发展是全球问题，需要世界各国的相互协作，这里当然也包括教育合作，因此，我国比较教育家应该对此加以重视。

第十章 教育传统与教育现代化

在上一章中，我们探讨了教育与国家发展的关系，指出教育对于国家现代化有着至关重要的影响。但这里似乎需要一个理论前提，那就是教育本身必须现代化，因为一个代表着旧时代的教育是无法完成促进国家现代化的使命的。不过，这个理论前提在现实中并不存在，它只是一个虚设。实际上，教育现代化也是国家现代化的一部分，两者之间并不存在明确的先后顺序，也不是简单的线性关系，它们相互交织，互为因果，共时发生。因此，从这个意义上说，教育现代化既是一种手段，也是目的本身。在本章中，我们将联系社会发展的三大阶段，对现代教育的基本特征做一简要分析，用以明确教育现代化的根本指向。同时，我们还将初步探讨教育现代化进程中的重大课题——教育传统的创造性转化。

第一节 现代化与现代社会的基本特征

一、现代化的概念、阶段与特征

世界各国都在追求现代化，但什么叫现代化，人们有很多不同的理解。我们认为，所谓现代化，就是人类认识自然、利用自然和控制自然（包括人类自身）的能力空前提高的历史过程，以及由此而引起的政治、经济、文化等社会各领域广泛而深刻的变革，其目标是创造高度的物质文明和精神文明。

现代化的客观历史进程始于西方，它大体上包括从农业社会向工业社会转变和从工业社会向信息社会转变这两大阶段。现代化的最初萌芽约在1500年前后就已产生。1492年，哥伦布发现美洲新大陆；1500年前后，文艺复兴从意大利开始；1521年，马丁·路德倡导的宗教改革运动爆发；1543年，哥白尼的《天体运行论》出版；1640年，英国资产阶级革命爆发……这些都是现代化开始的先兆。18世纪70年代发生于英国的产业革命，可以看作现代化的正式开端。产业革命打碎了保守的生产技术基础，把科学技术与生产结合起来，使大工业机器生产代替了手工业小生产，使人类利用、控制自然界的能力有了空前提高，为人类创造了巨大的物质财富。这一深刻的变化为人类带来的文明与进步，是整个工业社会以前的历史所无法比拟的。因此，尽管在漫长的农业社会，人类文明的演进始终未曾间断，但它不能称作"现代化"，而只有英国产业革命以来的巨大的社会变迁才被看作现代化进程。这一阶段的现代化在世界各国都表现出如下特点：第一，工业化。其最重要的特征是资本的集中和大企业的形成，大企业的活动成为工业的正常形式。第二，城市化。英国19世纪上半叶成为世界上第一个都市化社会，其城市人口由1/5激增到4/5，后来其他国家的经济起飞也与城市化相伴随。第三，社会结构的分化与集中化。即一方面，个人角色和社会角色趋于专门化，社会资源的配置渠道趋于多样化；另一方面，社会协作与流动又在不断深入和加强。第四，世俗化和理性化。利益、效率和程序成为社会行为的最高原则，神秘主义的精神寄托被理性主义的实际行动代替。

现代化是一个动态的、不断发展的过程，它的第二阶段是从工业社会向信息社会转变。1956年，美国白领工人的数量在历史上第一次超过蓝领工人；1957年，苏联发射了第一颗人造卫星。这两件事成为世界由工业社会向信息社会转变的标志。美国社会预测学家约翰·奈斯比特认为信息社会具有以下特点：第一，信息是经济社会的驱动力。第二，信息和知识在经济增长因素中起着举足轻重的作用。第三，人们的时间和生活观念总是倾向未来。第四，人与人相互交往的增多，使竞争和对抗成为人们相互作用的主要表现形式。[①]其中，"智力工业""知识工业"是信息社会的核心工业，这是信息社会最重要的特点。如果说产业革命时代现代化的主要特征是机器代替了人的体力，那么20世纪中叶以来的现代化的主要特征则是电脑代替了人的部分脑力，社会生产趋于智能化。

二、现代社会的基本特征

教育现代化的进程与社会的总体发展紧密相关。就整个社会的发展而言，按照现代化的历史进程，以生产力的发展来划分，它大体上经过了农业社会、工业社会和信息社会三大阶段。这里暂且避开离现代化较为遥远的狩猎社会，教育作为社会发展的组成部分，在这三大阶段也表现出不同的特征，因为从根本上说，教育的特征是由整个社会的发展所规定和制约的。因此，我们首先要对人类社会在三个不同历史阶段表现出的特质进行一番考察。我们可以从人类的经济活动、社会系统和思想观念三个方面来分析，参见表10-1。

首先，工业社会的生产方式发生了根本性变革。农业社会的生产基本上是在土地上进行，农业和严重依赖农业的手工业是当时的主导产业，整个社会的生产依赖土地上的植物资源，所以工业社会以前的生产力是土地生产力。到了工业社会，生产场所由土地转向工厂，生产工具由手工工具转变为以蒸汽机为代表的大机器，社会的主导产业由农业和

---

① ［美］约·奈斯比特、帕·阿博顿妮:《2000年大趋势——九十年代的十个新趋向》，周学恩等译，北京，东方出版社，1990。

手工业转变为制造业和服务业，生产所需的资源由植物原料转变为对煤炭、石油、天然气、水力、电力等能源的需求，以土地生产力为特征的农业社会生产转变为以机器生产力为特点的工业社会生产。

表10-1　三种社会的基本特征

项目		农业社会	工业社会	信息社会
经济活动	生产力特征	土地生产力（手工工具）	机器生产力（蒸汽机）	信息生产力（计算机）
	主导产业	农业和手工业	制造业和服务业	信息业和知识业
	资源	土地	能源	信息
社会系统	社会特征	人被束缚在土地上，闭关自守的乡村社会	人被限制在生产场所集中的都市化社会	人被规范于社会系统分散的网络社会
	政治结构	服从长官意志的专制制度	体现工业理性的科层制度	尊重普遍人权的民主制度
	统治方式	运用武力维持统治	通过经济影响政治	引进科技参与决策
思想观念	主导思想	朴素的人文思想、虚幻的宗教哲学	激进的人本主义、理性的科学精神	人道的科学理念，科学主义与人文主义的融合
	方法论	运用常识与思辨哲学	注重实验与归纳论证	设立模型与抽象理论
	价值取向	崇尚政治和宗教权威	崇尚经济权威，重视物质文明	崇尚知识权威，重视精神文明

其次，工业社会的社会结构与农业社会大相径庭。在农业社会，人类主要被束缚在土地上，是一种闭关自守的社会风貌。在政治上，专制政体为绝对服从长官意志提供保障，人民的权益遭到蔑视和践踏。充当统治阶级的奴隶主阶级和地主阶级直接控制着军事力量，武力是其最重要的统治工具。而在工业社会，大部分成年人被集中在工厂，从而形成

了集中的都市化社会。整个政治结构也反映了工业生产的要求，形成了贯彻理性精神的程序化的科层制度。占据统治地位的资产阶级也采取了不同于以往的统治方式，主要是通过经济手段间接影响政治，而把武力作为最后的保证。因此，农业社会中存在的人对人绝对依赖的状况得到了改善，使人在相当程度上获得了自由和独立性。

最后，工业社会的思想观念有了飞跃性的进步。在整个农业社会，朴素的人文思想和宗教思想是当时社会的主导思想。朴素的人文思想虽然在人类和自然的关系上采取重视人类社会的态度，但它对自然和人类本身的认识还极为肤浅和不精确。到中世纪，欧洲的宗教思想占据了统治地位。烦琐的宗教哲学是人类认识自然、控制自然能力低下的必然结果，它的极端发展使人丧失了主人的地位而沦为上帝的奴隶，同时也为现实社会中阶级的不平等提供了理论根据。工业社会以后，人本主义思想迅速发展起来，它蔑视神权，高扬人性，构筑了现代社会人道主义理论大厦。同时，科学的理性精神渗透到社会的各个领域，注重实验和归纳论证的方法论成为科学进步的重要支柱，它不仅在自然科学中得到应用，而且被广泛运用于人文学科和社会学科之中。而农业社会运用常识、经验和思辨哲学来认识客观世界的方法论，受到了人们的批判。工业社会经济发展水平的迅速提高，也使人们的价值观发生了重大转变，农业社会中那种崇尚宗教权威（神权）和崇尚政治权威（君权）的价值观念被崇尚经济权威（金钱和金钱的拥有者）的价值取向代替，甚至工业社会的每一点进步都与资本家无止境的利润追求有着密切的关系。

20世纪50年代末，美国率先进入后工业社会即信息社会，标志着人类社会的发展进入了一个新的时代。信息社会虽然是工业社会的继续发展，但它已表现出与工业社会许多质的不同。第一，信息社会的生产力越来越需要信息和知识的介入，智力工业成为信息社会的核心工业，信息成为经济活动的重要资源，而计算机的普遍运用为知识和信息参与生产过程提供了物质保障。第二，人类虽然仍被规范在社会系统之中，但由于交通和通信的便利，人们已不再受到空间的严格限制，他们可以通过网络系统分散在不同的地点，从事科研和生产活动，因此，社会呈现了分散的网络化特征。在政治上，民主制度得到进一步完善，人道主义福利制度也得到大力推行。科学技术越来越严重地影响着现代国家的政府决策，科学家和技术人员拥有越来越多的发言权。第三，在思想观念方面，科学主义和人文主义两大哲学思潮开始趋于融合，科学的发展充分考虑人的权利的保障，而人权理念的追求也以科学为基础。这一时期，社会的价值取向更多地趋向于对知识的崇尚，系统模型建立等抽象理论受到广泛的重视。

工业社会和信息社会是现代社会的两大阶段，当然，在这两个阶段中，又有资本主义和社会主义两种不同的社会制度，它们在政治系统和观念形态上存在着质的差别。而这两大阶段都是现代教育赖以生存和发展的土壤，它们规定了现代教育的基本特征。

第二节　现代教育的基本特征

教育在不同的社会表现出不同的特征，它们都是人类社会不同阶段的生产力水平和社会状况在教育上的反映。下面我们将从人员、财物、结构和信息四个维度来阐述三种社会教育的不同特征。人员主要是指学生、教师等教育中的主体要素；财物是指教育经费、教育条件和教学手段等物质的和经济的要素；结构是指教育的结构性特征，即各级各类教育在整个教育中所占的比重和教育行政管理制度的特点；信息主要描述主导思想和教育内容等非物质性和非制度性的意识领域的特点。

三种社会教育的特征大致可以用表10-2来表示。

表10-2 三种社会的教育特征

项目		农业社会	工业社会	信息社会
人员	学生	广泛性与平等性的缺乏，性别歧视	广泛性与平等性的建立	广泛性与平等性的深化
	教师	职业非特定性	职业专门化	学术水平、教育能力的不断提高
财物	经费	总量不足，国家经费仅投向少数人享受教育的机关	总量增加，国家经费主要投向义务教育	总量剧增，国家经费大量投向高等教育和科研
	设施	校舍简陋，手工制品充当教学手段	校舍规范，机器产品充当教学手段	校舍完善，高科技产品（特别是信息技术产品）充当教学手段
结构	学制	家庭教育占有重要地位，完整学制尚未形成	中等教育、职业教育获得发展，完整学制得以形成	社会教育受到重视，终身教育制度得以建立
	管理体制	伦理化、官僚化	国家化、集中化、规范化	民主化、多样化
信息	主导思想	朴素的、思辨的教育学说，强调教育的政治功能	理性的、科学的教育思想，强调教育的经济功能	科学与人文统一的教育理论，强调教育的内在价值
	教育内容	以统治术为核心内容	以科学知识为核心内容	以综合课程为发展重点
基本特征		学校教育与生产劳动相脱离，与社会生活脱节	教育与生产劳动相结合，与社会生活相联系	教育与社会劳动和社会生活紧密结合

一、工业社会的教育特征

在人员方面，工业社会的受教育者具有广泛性与平等性，这与农业社会受教育者的非广泛性和不平等性形成了鲜明对照。在农业社会，教育的发展水平不高，教育也还没有形成一个完整的体系，因此，受教育者只是整个社会成员中数量很少的一部分，这种非广泛性与不平等性紧密相连，即这些少数的受教育者主要集中于贵族和富人子弟，而最广大的劳动人民及其子弟则被排除在学校教育之外。教育实行性别歧视，妇女被剥夺了受教育的权利。在工业社会，这种状况得到了根本的改变，其中最具革命性的措施就是义务教育的实施与普及。普及义务教育的思想早在工业社会的萌芽时期就已经出现，德国在18世纪颁布了《强迫教育法令》，美国的马萨诸塞州在1852年也制定了《义务教育法令》，但义务教育的真正普及是在工业社会之后，德国、美国、英国和日本都在19世纪末20世纪初普及了初等义务教育。义务教育最重要的意义是使全社会的成员不分民族、种族、宗教信仰、性别、家庭状况、财产和文化背景，都享有受教育的权利，从而在相当程度上实现了受教育者的广泛性与平等性。在教育者方面，教师由非特定性职业发展成为特定性职业。在农业社会，教师通常还不是一个固定的职业，如在欧洲的古希腊时期，是以智者为师；到了中世纪，则以教士为师。而在中国，"好师"为官和"好官"为师都是封建社会长期存在的普遍现象。工业社会以后，教师开始成为一个相对独立的阶层，而且需要一定的资格，尽管开始的时候教师资格还并不严格，但这种资格制度已经将教师职业与其他职业区别开来，同时建立了培养教师的专门机构，使教师走向专门化。

在财物方面，工业社会的教育也显示出它的进步性。就经费而言，由于社会生产力的巨大发展，社会财富总量的增加，工业社会教育经费的投入远远超过农业社会，并在整个政府预算中占有特殊地位。在经费的分配上，农业社会的教育投入是很有限的，并且主要集中于贵族和富人子弟能够就读的少数教育机构。工业社会由于实行免费的义务教育，因此，教育经费首先投向初等教育，其他各阶段的教育则基本上采取公私并举的方针，充分调动社会各界的力量，开辟多种资金渠道。在教学条件上，工业社会一改过去校舍破旧简陋、杂乱不一的状况，在保持各校建筑特色的同时，国家对于学校的基本设施通常也都有统一的规定或提出可供参照的标准。工业社会的教育还在教学活动中运用了现代化的教学手段，这些都是农业社会的教育所无法比拟的。

在结构方面，工业社会的教育也发生了重大变革。农业社会还没有建立起各级各类教育体系，初等教育虽有一定的发展，高等教育也早在中世纪的欧洲建立起来，但中等教育尚不占有重要的地位，完整的学校制度尚未形成。到了工业社会，由于大机器工业对技术工人的需求，培养中等技术人才成为教育的重要任务，中等教育开始发挥重要作用。就普通教育和职业教育的结构而言，农业社会只有普通教育而没有职业教育，而在工业社会，教育的生产性凸显出来，社会要求教育为工厂输送熟练的劳动者，职业教育由此应运而生，成为现代教育的重要组成部分。此外，工业社会的整个教育制度都出现了国家化、集中化和规范化的趋势。国家化就是国家开始干预教育，既为教育提供条件，又对教育提出要求；集中化是教育国家化的直接结果，即教育的管理权集中于政府，教育的实施反映工业生产的集中方式；规范化就是教育的管理参照工业企业的管理方式，像规范生产过程和产品那样，规范教育的年限、规模、运作方式和人才规格等。

在信息方面，工业社会的教育也更新了它的指导思想和教学内容。工业社会的教育思想主要有以下几个特征：第一，与古代人文教育思想相比，现代教育开始走向科学化，它一改经验式的、思辨式的教育学说所具有的大量空想成分，使教育理论的各种假设都尽可能地建立在缜密的实验论证之上。赫尔巴特教育学作为近代科学化教育学说的最早开端，成为教育学与哲学相分离的重要标志。第二，与古代的神本主义教育思想相比，现代教育特别强调人本的价值取向。现代教育不像传统教育那样，在人之外还树立上帝的权威，而是强调人性的解放和人的充分自由的发展，从而使教育思想脱离了虚幻的彼岸世界，而回到理性的现实之中。第三，与古代教育思想相比，现代教育强调教育的生产功能，强调教育与经济的密切联系，而古代教育是为统治阶级培养政治人才，它发挥的是教育的政治功能。第四，在教育内容方面，科学占据了现代学校的课堂，古代教育那种把协调社会关系的封建道德和统治阶级哲学作为教育主要内容的状况一去不复返了。

农业社会生产力落后，并不要求学校教育为农业生产培养人才，农业社会的学校教育是严重脱离生产、脱离社会的，农业社会发展起来的高等学校也是远离社会的象牙之塔。工业社会的生产要求与科学技术相结合，要求教育为它培养掌握科学技术的人才，因此，工业社会的教育必须与生产劳动相结合，必须与社会生活相联系。

二、现代教育的继续发展

到20世纪中叶，随着人类社会向信息时代迈进，现代教育也有了新的进展。

近四十年来，当发展中国家正在大力普及基础教育的时候，一些发达国家的高等教育出现了大众化的趋势，在更高程度上实现了教育机会均等的理想，使受教育者的广泛性和平等性得到进一步的深化。1960年，美国高等教育机构的入学率为34%，日本为11%，法国为12%，联邦德国为6%；到1975年，美国上升为45%，日本为37%，法国为24%，联邦德国和英国为20%。不仅发达国家如此，一些发展中国家的高等教育也发展很快，如韩国的高等教育人口从1945年至1980年竟增长了78.7倍！[①]高等教育的大众化使整个社会显现出高学历的特征，为建立学习化社会创造了条件。在教师方面，关于教师职业性质的争论也开始明朗

---

① 国家教育委员会教育发展与研究中心：《当代国际高等教育改革的趋向》，86、296页，北京，高等教育出版社，1988。

化。1966年，国际劳工组织和联合国教科文组织联合发表了《关于教员地位的建议》，正式宣布教师不是一般的职业（occupation），而是一种专门职业（profession）。为实现教师职业专门化的目标，1974年，经济合作与发展组织在巴黎召开了关于教员政策的专家会议和政府间会议；1975年，联合国教科文组织在日内瓦召开的第35届国际教育会议上，通过了《关于教员作用的变化及其对于教师职业的准备教育、在职教育的影响的建议》，要求提高教师的学术水平和教育能力，为师范教育的改革提供指针。

信息社会的来临也使财物方面发生了变化。各国的教育经费增长很快，如美国1965年教育经费的支出为370亿美元，五年之后达到646亿美元；苏联1960年的教育经费支出为85亿卢布，1970年则为210亿卢布；日本从1960年至1975年的十五年间，教育经费从7 522亿日元增加到84 668亿日元，增加了十倍。[①]由于科学技术在信息社会的生产中日趋占有重要地位，因此，各国的教育投资开始较多地投向高等教育和科研。例如，1960年至1975年，法国的高等教育经费增加了3倍，美国和英国增加了4倍，联邦德国增加了6倍，日本则增加了10倍。[②]在科研方面，各国的投资迅速增加，如在1975年到1980年，美国科研经费增加了25%，联邦德国增加了32%，日本增加了29%。[③]而由于科研任务相当一部分由高校承担，因此，这些国家的高校科研经费约占其科研与开发总经费的1/6至1/4。[④]在物质条件上，一些高度精密化的仪器参与到教学活动中来。

---

① 厉以贤：《现代教育原理》，112页，北京，北京师范大学出版社，1988。

② 国家教育委员会教育发展与政策研究中心：《当代国际高等教育改革的趋向》，3页，北京，高等教育出版社，1988。

③ 梁忠义：《战后日本教育——日本的经济现代化与教育》，307页，长春，吉林教育出版社，1988。

④ 张诗亚：《教育的生机——论崛起的教育技术学》，251页，成都，四川教育出版社，1988。

大众传播媒体如无线电广播、电视大量运用于教育，卫星通信系统也在教学中发挥重要作用，其他教育技术如录音技术、录像技术、幻灯机、电影机、投影仪、多相放映系统、电化黑板等进入了学校的课堂。20世纪50年代末产生的自动教学机于60年代风靡美国，直接促进了程序教学理论的发展。在信息社会，教学手段最重要的变化就是计算机的普及。70年代初，随着电子学的发展，微型电子计算机的研制取得了突破性进展，十年以后，它就被迅速运用到学校教育中。1983年，在美国各级各类学校中使用的小型和微型电子计算机已达30万台；1982年，日本全国所有学校拥有计算机10.634 4万台；英国于1982年年底已使全国6 000所中学每百人达到1~2台计算机，而到1984年年底，英国全国2.7万所小学中有75%已达到这个水平。[1]近年来计算机网络化已在校园中实现。计算机在教育中的运用具有革命意义，信息社会教育的许多变化都是由计算机的运用引起的。

在教育结构上，信息社会的教育表现出延展性、多样性和分散性。延展性的具体表现就是终身教育思想的提出和终身教育体制的建立。1965年12月，联合国教科文组织国际成人教育促进委员会讨论了法国教育家保罗·朗格朗关于终身教育的提案，决定把终身教育作为教育方面全部工作的主要指导路线。终身教育要求教育不仅面向少年儿童，而且要面向中老年人；不仅要举办学校教育，而且要发展社会教育，它使教育的年限得到了最大限度的延伸，使教育的空间得到了最大程度的扩展。这一思想提出以后，许多国家着手推行。1971年，法国制定了关于终身教育的义务教育法；瑞士则以实现终身教育为目标，制定了教育休假法；日本明确提出以终身教育的观点综合地调整整个教育体系；韩国

---

[1] 张诗亚：《教育的生机——论崛起的教育技术学》，269~270页，成都，四川教育出版社，1988。

则在宪法中明确规定"国家要振兴终身教育"。因此，建立终身教育体制已经成为一个国际性目标。教育的终身化也带来了教育的多样化，它要求充分调动全社会的各种力量，采取各种形式，利用各种途径，建立全民学习的社会，而单一的教育显然不能适应这种要求。因此，在办学体制和专业结构等方面，教育呈现出多元发展的趋势。教育的结构性分散表现在两个方面：一是教育行政上的分权倾向。这是教育民主化的一个重要内容，它为调动社会各界和教育领域内各个部门积极参与教育管理提供了可能，同时也使教育的运作更能与信息工业和纷繁复杂的实际相符合。二是由于计算机和系统信息网络的运用，教育的空间正在扩大。在学校内部，班级授课制受到严重挑战，个别化学习系统开始建立，一些国家还出现了"不分年级的学校"（nongraded school）。远距离教育也得到了空前的发展，它使时间和空间上的集中学习变成了分散学习，大大提高了教学效率。未来学家托夫勒认为，随着教学软件的家庭占有，学校教育的许多内容将可在家庭中完成。很多教育专家也在关注这一新变化，甚至有人认为，由于计算机教学可以在任何地方进行，学校有遭到废弃的可能。

在信息要素方面，有两大趋势值得住意。一是在教育思想方面，科学主义和人文主义两大思潮表现出了融合的趋势。这两大思潮经过大半个世纪的争论，已经开始调整各自的立场，特别是20世纪70年代以后，各国教育改革不仅强调科学化，而且强调民主化和国际化。环境教育等关系到人类生存和发展前途的教育内容也被重视起来。联合国教科文组织于1972年发表的《学会生存——教育世界的今天和明天》与1989年发表的《学会关心：21世纪的教育——圆桌会议报告》两个倡议，在不否认科学价值观的基础上，突出了教育的人文价值观，从两个方面明确了世界教育改革的基本立场。与此同时，各国教育改革不仅注重教育的社会功能，而且开始关注教育在养成健康人格、促进个体成长方面的内在价值。二是在课程改革方面，随着信息社会科学研究的深入开展和技术革新的不断加快，人类知识的总量迅猛增加，大大加剧了"生也有涯，知也无涯"的矛盾。在这种大的背景下，世界各国的课程改革都抓住了两个中心。第一，强调知识的基础性和系统性，企图让学生掌握最核心的知识以满足未来社会的需要。20世纪50年代末美国布鲁纳的结构主义教学改革就是这种观点的反映。第二，强调发展学生的能力，使学生在毕业以后能在原有知识水平的基础上更新知识。苏联赞科夫的教学与发展实验就是以此为指导思想的。

教育与生产劳动的结合也有进一步发展，普遍受到各国的重视。1981年联合国教科文组织在日内瓦召开的第38届教育大会，主题就是教育与生产劳动相结合。作为教育与生产劳动相结合的形式，教学、科研、生产一体化及合作教育等在各国有了较大发展。

在简要地回顾了教育发展的三个基本阶段之后，我们可以对整个教育现代化的过程做如下描述：教育现代化的过程，就是教育获得和深化现代性的过程。当教育通过变革而具备了工业社会教育的基本特征时，就表明它获得了现代性；当教育改革使它具备了信息社会教育的基本特征时，就表明它完成了现代性的深化。这两个过程没有空间的制约，只有时间的顺序。各国教育的发展都有其各自的特点，但都不过是这两个过程的现实的、具体的表现。

第三节　教育传统与教育现代化

目前，世界各国教育发展的主题都统一于现代化的进程中，发达国家注重的是如何使教育更加适合信息社会发展的要求，而对广大发展中国家来说，如何使本国教育全方位地获得现代性仍是其主要任务。在世界各国教育现代化的进程中，传统作为一种"社会遗传"，发挥着极其重要的影响。在民族文化传统的影响下，各国教育都形成了自己的教育传统，因此，我们首先要分析教育传统的形成，以及它与教育现代化的关系。

一、教育传统的形成及其特质

所谓教育传统，是指经过长期的历史积淀而形成并继承下来的教育思想、制度、内容和方法，即在过去教育实践中形成并得以流传的具有一定特色的教育体系。教育传统是民族文化传统的组成部分，它有一个形成、发展的过程。一定的历史时期有一定的文化传统，也就有一定的教育传统。这种教育传统是受当时的政治经济及文化的影响而形成的，同时也是对过去的教育传统的继承和发展。因此，一个时期的教育传统总是受到外部和内部两种影响。外部影响就是当时的政治、经济、文化传统；内部影响就是旧的教育传统。

传统因素首先表现在社会生产力水平和经济特征方面，这是对教育发展起决定作用的因素。从当今世界各国的发展状况来看，不同国家在全球现代化时序中的地位对其生产力水平和经济特征有决定性影响。就生产力水平而言，目前较发达的国家主要由现代化早发国家所组成，它们的工业革命发生得早，现代生产力发展的时间比较长，水平相应地也就比较高。当然，其中也有一些此消彼长的情况，如经过两次世界大战，英、法两国的实力已大大落后于美国，但总体而言，这些早发国家基本上都处在全球生产力发展的高水平阶段上。就经济特征而言，早发国家因其现代性主要来自内部的积累，因此多为内发型国家，内发型国家的资本积累和自由竞争具有自然发生的性质。与此相反，后发国家现代化的发动常常是迫于外部的压力，所以多为外发型。比较而言，外发型国家的经济具有较强的政府主导或政府干预的特征，以日本为代表的东方式的资本主义国家基本上都具有上述特征。由于生产力水平和经济特征不同，教育面临的问题也就不一样，各国政府发展教育的策略也就会产生重大差别。

对教育传统影响较大的是一个国家的政治制度、经济制度及其他制度。如美国联邦制的形成有其殖民地时期殖民主义者划地统治的历史背景，法国的中央集权则是它长期的封建制和等级制的历史产物。这些包含着传统因素又存在于现代社会的各种制度，对教育显然具有强烈的制约作用。其他如英国的文官制度、日本的企业职工终身制等，无不对教育传统产生影响。

对教育传统影响最深的莫过于一个国家的民族文化传统。我们在第九章里已经详细地论述了教育与民族文化的关系。教育对民族文化起着创造、发现、选择和传递的作用。这个过程始终是在传统文化的基础上进行的。传递和选择属于保存文化的环节，创造和发现则属于生产文化的环节，但无论是保存还是生产，都会在教育思想、制度、内容和方法上留下文化传统的痕迹。例如，中国历史上长期存在的科举取士的传统是在封建制度的发展中形成的。这种科举制度把学校教育和人才的选拔制度结合起来。清朝末年，帝国主义的侵略动摇了封建主义的统治基础，科举制度终于随着政治、经济的剧烈变革而彻底破灭。科举制度虽然作为一种制度早已消灭，但与科举制度相伴随的教育思想，作为一种传统的教育思想，仍在人们的头脑中残存下来。又如，英国的"绅士教育"、德国的职业教育等，都受该国民族文化传统的影响。

对教育的外部影响可以说明，任何一项教育改革都有赖于其他社会领域的综合改革；同时，仅仅通过教育手段来解决社会进步与国家发展中存在的问题是幼稚的。

教育传统的内部影响就是旧的教育传统。它表现在教育制度、教育内容和教育方法各个方面，但最主要的表现是在教育观念上。这一点在上面已经谈到。

我们在审视教育传统时有几点应该明确。

首先，一个国家的教育传统有其自身的特点及其存在的基础，不能简单地肯定或否定。甲国的教育传统适合甲国的政治、经济和文化传统，但不一定适合乙国，因此，教育传统不能简单地照搬。就本国而言，教育传统中有好的、优秀的传统，也有不好的或者已经过时的教育传统。有些教育思想、制度和方法符合人的发展规律，符合教育发展规律，就是优秀的教育传统，就会世代传下来。例如，我国古代"因材施教""教学相长"等教育思想，夸美纽斯、卢梭等先进教育思想家的许多教育学说，是世界教育的宝贵遗产，今天仍应继承和发扬。教育传统中有些教育思想、制度和方法是落后的、腐朽的，或者在当时的历史条件下是进步的、可取的，但随着时代的发展而变得落后了，今天就应该摒弃它。

其次，教育传统是动态的，不是静止的，它是在不断发展的。教育传统与民族文化传统一样，其自身也在不断创造、发现、选择和传递的过程中。每一个历史时期都有不同的教育传统。例如，中国当代的教育传统就是在继承、批判古代中国教育传统，以及吸收西方教育思想、制度和方法过程中逐步形成的，它还在随着我国政治、经济的发展不断地发展和变化。

最后，教育传统有相对的稳定性和凝固性。教育传统是不断发展的，但在一个时期又有相对的稳定性，甚至凝固性。教育传统与民族文化传统有许多相似性，也可以分为物质层面、制度层面和思想层面。物质层面表现在教育手段、教育设备和教具等方面；制度层面表现在学校制度、管理制度、考试制度等方面；思想层面表现在教育的价值观、人才观、教学观、师生观等教育观念方面。教育制度的改变虽然也要经过激烈的冲突和斗争，但它比教育思想的改变要容易得多。前面讲到的中国科举制度早已消灭，但科举思想的反映在今天的教育传统中随处可见，学历主义就是其中之一。正因为教育传统有相对的稳定性和凝固性，我们才会在现代化过程中遇到一个冲突和选择的问题。

二、教育传统的现代化转化

社会现代化过程中都会遇到一个传统与变革的问题，尤其在东方国家，这个问题更为突出。因为现代化首先是在西方发生的，东方国家的现代化是晚发、外发型的。它们在现代化过程中总是要引进早发国家的技术和理论，就会遇到与民族文化传统的冲突。作为文化的组成部分的教育，同样遇到这个问题。体现于教育思想和教育实践中的传统因素，即教育传统。教育现代化的过程，就是优化旧的教育传统和创造新的教育传统的过程。如何促使教育传统适应现代社会，使其完成由旧质向新质的转换，是教育现代化的主要课题。

第九章中我们详细地分析了教育与国家发展的关系，教育从总体上来讲，对国家发展起着促进的作用。但是这种作用不总是正面的，有时可能是负面的。例如，21世纪将是科技高度发达的世纪，同时又是充满着矛盾和竞争的世纪。教育要为21世纪培养人才，就要求这些人才具有较高的创造能力、竞争能力，但是陈旧的教育思想把学生视作知识的容器，教育方法采取灌输式，这种教育传统可能抑制学生创造力的发展，从而影响到科技人才、管理人才的培养。这也是本章一开头就讲国家现代化要求教育本身的现代化的原因。要做到这一点，就要对教育传统进行缜密的研究，分清教育传统中哪些是符合时代要求，符合教育发展规律，需要继承和发扬的，哪些是不符合时代要求，需要改造或舍弃的，即所谓"取其精华，去其糟粕"。

教育传统的现代转化可以在多个层面上进行，但是最根本的应是教育观念的转化。因为教育传统的物质层面和制度层面无不受教育观念层面的影响。根据对现代教育特征的分析，我们可以把现代教育观念和旧的教育传统观念（通常称"传统教育观念"）做一比较，也许可以得到较为明确的印象。

现代教育观念与传统教育观念在以下方面有着根本的不同：第一，现代教育观念要求主动适应社会变革，而传统观念倾向于被动调节。第二，现代教育观念是开放的和动态的，而传统观念以自我封闭和墨守成规为特征。第三，现代教育观念强调多样性，而传统观念强调单一性和统一性。第四，现代教育观念在发挥教育的功能和进行教育的自身建设方面具有超前意识，而传统观念注重过去，具有滞后性。第五，现代教育观念强调个性化，而传统观念重视标准化。[①]传统教育观念在各方面都有其具体的表现。就我国而言，需要变革的传统教育观念主要有：狭隘的教育价值观，即学校教育为统治阶级服务，培养统治人才，教育与生产劳动相脱离；因循守旧的人才观，即只要求受教育者恪守传统的知识和技艺，守住祖宗家业，而不重视启迪受教育者去开辟新的知识领域，鼓励他们的创造精神；轻视实践和轻视技术的观念，即不使学生接触社会，不参加生产，鄙视一切技艺性的职业和劳动；僵化的教学观，即强求一律，方法呆板，强调教师的作用，忽视学生的主体作用和主动性等。[②]

教育传统的转化是整体性的和全方位的，它涉及教育观念、制度、内容和方法各个方面。从教育系统来说，涉及人员、财物、结构、信息等诸方面。当一国的教育在现代化进程中有所进步，那么它必然会表现在教育的各个方面，而不可能只在某一部分修修补补，所以，任何教育改革都必须配套进行。值得注意的是，人员、财物、结构、信息这四个方面尽管相互依赖、相互影响、相互制约，但它们的地位和作用并不完全一致。第一，从目的和手段上看，人员维度中的受教育者要素，是其他各维度各要素的目的所在，而其他维度和其他要素只是实现这一目的的手段。这是因为教育的特殊规定性是培养人，促进受教育者自由、全面的发展是教

---

① 袁振国：《教育改革论》，127～130页，南京，江苏教育出版社，1992。
② 顾明远：《论教育的传统与变革》，载《中国社会科学》，1987（4）。

育的内在价值，虽然教育同时还具有各种各样的外在功能，但在教育系统内部，各个领域的运行始终必须围绕着培养人这一最高目的。因此，无论是师资的培养、财物的丰富，还是结构的优化和信息的变革，在整个教育系统内部都只属于手段的现代化，其目的都是指向受教育者的现代化。可见，人的现代化作为一种目的，它的实现只能在手段现代化取得进展之后渐次达成。第二，从传统表现出的稳定性来看，这四个方面也有很大的差异。比较而言，物质和具有物质性的事物存在的稳定性差。财物即属物质范畴，制度虽然不是物质，但也具有物质性，在历史唯物主义中，制度就被看作物质上层建筑。正因为如此，财物和制度因其容易变革，而常常成为世界各国教育改革的突破口。信息属于意识范畴，是第二行动。它虽然受物质的决定和制约，随着社会存在的变化而变化，但它的变化常常是被动的和迟缓的，而人作为教育信息的重要载体，其知识范畴和思维方式的变化也往往滞后于社会存在的变化。因此在教育改革中，信息和人员要素中所表现出的传统惯性常常是各国教育改革的难题。这种情形在历史悠久、传统深厚的国家表现得尤为突出，如东亚的日本、中国和韩国，早在20世纪初期和中期就移入了西方的学制，但在教育内容和教育方法上仍保持着浓厚的东方特色，其激烈的升学竞争、严格的基础训练、矜持的伦理教养等，都与中古时期的教育传统一脉相承。由此可见，人员、财物、结构、信息的紧密联系并不表明它们的地位、作用和特点毫无差别。相反，各国正是利用它们的差异，尽可能地使这四个方面在不同时期达到最佳组合，以加速教育现代化的进程。

在第一节分析现代教育基本特征的时候，我们主要以发达国家的教育现代化进程为重点，对现代教育进行了粗线条的勾勒，这是因为发达国家早已进入现代社会，其教育本质上是现代教育。与它们相比，发展中国家还没有完全脱离农业社会，它们的教育也还存在着明显的传统特征，因此在本节中，我们想主要通过发展中国家教育现代化的问题来谈谈教育传统在当代的一些影响。

从20世纪60年代以来发展中国家的教育现代化进程来看，其主要存在以下问题。

在人员方面，发展中国家所面临的主要问题是，由于生产力落后和生活贫困，儿童受教育权利的保障仍有很大困难，这一点通过发展中国家的文盲状况就可以了解。根据联合国教科文组织的统计，全世界文盲人数1991年增长到9.6亿人，绝大部分在发展中国家，其中，文盲率最高的是撒哈拉以南的非洲，其次是亚洲。在各国文盲人口中，女性文盲都毫无例外地多于男性文盲。发展中国家由落后的生产方式反映出来的"多子多福"的传统观念进一步加剧了文盲人口的增长。这反映了在大工业生产还不能深入发展的情况下，传统在发展中国家的变革只可能是循序渐进的，很难在短时间内取得明显的成绩。

在财物方面，发展中国家主要面临两大问题：一是滞后发展；二是超阶段发展。社会现代化的首要标志是经济发展水平的提高，因此，促进经济成长是各国最为关注的问题。发展中国家为了尽快摆脱贫困，早日进入现代化国家的行列，其视线当然也集中于发展经济，而当这种思路发展到极端，就很容易把教育的发展置于经济发展之后。教育滞后发展的最重要表现是教育经费占国民生产总值的比例太低。例如，1987年人均国民生产总值为2 360美元的阿根廷，教育经费仅占国民生产总值的1.9%（而这一档次的国家相应数字应为4.47%）；人均国民生产总值为340美元的巴基斯坦，教育经费仅占国民生产总值的2.1%（而这一档次的国家相应数字应为3.46%）；其他诸如印度尼西亚、尼日利亚、哥伦比亚等一些发展中国家都不同程度地存在这个问题；我国在这方面也有值得反省的教训。[1]另外，有

---

[1] 国家统计局国际统计信息中心：《世界主要国家和地区社会发展比较统计资料1990》北京，中国统计出版社，1991。括号内数字见厉以贤：《现代教育原理》，114页，北京，北京师范大学出版社，1988。

些发展中国家也有操之过急的现象。人力资本理论认为，教育发展能为整个国家的发展带来收益。这种思想武装了许多发展中国家领导人的头脑，从而使这些国家采取了教育先行的策略。但有时教育先行被强调到不适当的程度，以至于教育的发展脱离了社会发展的总体水平。喀麦隆1967—1968年度国民生产总值的增长不过10%，教育经费的增长却达到65%，到1982—1983年度，其教育部分的年度预算为404.46亿非洲法郎，占国家行政预算的17%，在各部门中名列首位。刚果人民共和国人均收入极低，但4个居民中就有1个享受免费的初等教育。[1]教育超阶段发展的最大问题是教育无法面对缓慢发展的经济，因此也很难发挥其推动经济发展的作用。同时，教育的质量也受到严重的影响，刚才提到的喀麦隆和刚果，1982—1983年度初等教育的留级学生比例高达28.9%和33.2%。[2]关于教育的质量问题，我们还将在以后的章节专门论述。

在结构方面，发展中国家的教育虽然总体而言发展很快，但在各级各类教育的均衡发展方面，还存在着不少问题，其中比较引人注目的是高等教育膨胀过快和职业教育发展不足。高等教育迅速膨胀的现象在许多国家都存在。如巴西在1970—1975年五年间，在校大学生数由42.5万人猛增到113.6万余人，超过初等教育发展速度的5倍以上，在1970年的教育经费中，高等教育经费几乎是初等教育经费的7倍。印度的情况则更为明显，1947—1948年度，印度只有16所大学和591所学院，而到了1979—1980年度，发展到108所大学、11所相当于大学的机构、9所全国性的教学机关和4 000余所附属学院，印度的大学生总

---

① 吴忠魁、张俊洪：《教育改革的理论模式》，59页，成都，四川教育出版社，1988。
② 联合国教科文组织统计办公室教育统计处：《世界教育简要统计概述1970—1984年》，见国家教育委员会教育发展与政策研究中心等：《世界中等教育发展与改革的趋向》，北京，人民教育出版社，1987。

数仅次于美国和苏联，居世界第三位。[①]20世纪80年代以后，印度尼西亚、菲律宾和泰国的高等教育膨胀得也很快，高等教育人口失业已成为一大社会问题。职业技术教育得不到有效发展，是发展中国家教育结构存在的另一个问题。鉴于发展中国家的中等职业技术教育对社会经济发展具有重大的意义，亚洲国家曾建议把中等职业学校的学生数提高到整个中等教育学生数的30%以上，但到80年代初，职业学校学生数达到10%以上的亚洲国家仅有5个。[②]这种状况很不利于发展中国家的工业化进程。

在信息方面，发展中国家为了加大教育现代化的步履，在教育思想和教育内容上都或多或少地向发达国家看齐，特别是向西方国家看齐，因此，西方的各种教育思潮和课程改革在某种条件下很容易对发展中国家产生影响。但为了抵制西方大国的渗透，保持国家在全球现代化进程中不被西方大国牵制，发展中国家也比较注重民族文化传统的弘扬。常常困扰发展中国家的问题是：在实践中做到既能有效地学习西方又能合理地抗拒西方并不是一件容易的事，处理不好，要么丧失民族特色，甚至损害国家利益，要么会不自觉地用陈旧、落后的观念来反对现代思想。因此，发展中国家在信息方面表现出二元性和摇摆性。二元性就是在某些方面强调与西方的一致性，如科学教育，而在另一方面强调民族的独特性，如伦理和社会课程。摇摆性就是在某些时候向发达国家学习，如在国际关系缓和、和平因素占主导地位的条件下就是如此；而当国际矛盾尖锐、斗争激烈的情况下，许多发展中国家又转而加大排斥西方影响的力度，强调回归民族传统。造成这一局面的根本原因是发展中国家在全球现代化进程中仍处于被动的地位。

---

① UNESCO, Office of Statistics, *Compendium of Statistics on Illiteracy*, 1988.

② 卡塞勒斯:《本世纪末世界脱盲展望：到2000年所有人脱盲的目标在统计上有可能吗？》，见瞿葆奎、施良方等:《国际教育展望》，34页，北京，人民教育出版社，1993。

当然，教育传统的影响并不是负面的，因为即使在农业社会，教育的发展也并不是仅仅包含着那些只适应农业社会要求的因素，很多代表着人类教育发展方向的高度智慧在浩瀚的教育传统中也发出耀眼的光辉，继承和弘扬这些优秀的教育传统将对教育现代化起巨大的推动作用。

　　在本章中，我们所谈的教育传统都是放在全球现代化这一大的背景之下的，这种教育传统在全球范围内具有共同的特征，即它们都与农业社会紧密相连，同时将随着农业社会的消失、工业社会的产生和信息社会的变革而逐步具备现代性。从这个意义上说，"教育现代化"与"教育传统的现代转化"是同义语。除了教育传统的这种全球共性之外，教育传统还具有民族性，它在各国都有其特殊的表现，限于篇幅，这里就不详细讨论了。

第 三 编

第十一章　教育人口与教育发展

从本章到第十五章，我们将分析教育系统的人员要素、结构要素、信息要素和财物要素中存在的主要问题及其发展前景，并讨论它们相互之间的关系，以及它们与教育系统外部环境之间的关系。

人员要素包括学生、教师和教育行政人员。本章主要分析与教育发展关系最密切的人员要素中的教育人口问题。人口的多寡与教育发展直接有关，因此，需要探讨人口的数量和结构对教育系统的影响。

第一节　人口数量增长与教育需求

人口是制约教育发展的重要因素。世界人口急剧增长是对教育最大的压力。在历史上，世界人口的增长呈加速度状态。据统计，1650年世界人口只有5亿，到1800年，即150年以后，达10亿；又经过130年，达20亿；1975年达40亿，增加一倍的时间缩短到45年。特别是第二次世界大战以后，世界人口的增长是惊人的。1950年全球人口是25亿，1975年就达到40亿，1990年则已达52.6亿。据联合国教科文组织估计，世界人口还将继续增长，到2000年将超过60亿。1965—1988年世界人口的增长状况可见表11-1。

表11-1　世界人口增长状况（1965—1988年）

国家组别	1965年	1973年	1980年	1985年	1988年	净增人口数
低收入和中等收入国家	23.77亿	28.97亿	33.59亿	37.18亿	39.52亿	15.75亿
低收入国家	17.41亿	21.29亿	24.59亿	27.14亿	28.84亿	11.43亿
中等收入国家	6.35亿	7.68亿	9.00亿	10.03亿	10.68亿	4.33亿
东亚	9.80亿	12.08亿	13.63亿	14.70亿	15.38亿	5.58亿
南亚	6.45亿	7.81亿	9.22亿	10.33亿	11.07亿	4.62亿
撒哈拉以南的非洲	2.43亿	2.99亿	3.62亿	4.22亿	4.64亿	2.21亿
OECD成员国	6.32亿	6.81亿	7.16亿	7.38亿	7.51亿	1.19亿
低收入国家农村人口占	83%	—	—	—	65%	—
中等收入国家农村人口占	58%	—	—	—	42%	—
高收入国家农村人口占	27%	—	—	—	22%	—

注："—"表示数据未获得。

资料来源：The World Bank, *World Development Report 1993: Investing in Health*, Oxford, The Oxford University Press, 1993.

人口增长最快的是发展中国家，尤其是不发达地区。这些地区人口总量占世界人口总数的比例不断上升，从1950年的66%上升到1989年的79%。[1]虽然自20世纪80年代以来，有些国家制定了计划生育政策，人口增长率开始下降，但是由于基数太大，人口增长的绝对量依然高得惊人。特别是一些最不发达地区，他们反对计划生育和避孕措施。世界银行报告中讲到，撒哈拉以南的非洲地区，农业停滞不前与环境恶化影响

---

① *Digest of Education Statistics* 1992，p. 4 007.

到人口的增长。因粮食短缺和营养不良引起的婴幼儿高死亡率促使人们生育更多的孩子。这样做是为了使部分子女能存活下来，好为他们养老送终。因此，这个地区的人口出生率很高，平均每个妇女要生育6.6个孩子，而其他发展中国家的妇女平均只生育4个。[①]

人口增长的另一个现象是农村人口增长率远远超过城市人口增长率。从世界范围来讲，农村人口占世界总人口的58%，然而，在最不发达国家，农村人口占82%。在发展中国家，农村人口占67%，而工业国的农村人口仅占总人口的28%。也就是说，越是不发达国家，人口增长率越高，越造成该地区的贫困。同时反过来，越是贫困就越刺激生育，人口增长率也就越高，形成了一种恶性循环。联合国教科文组织总干事马约尔在中国农村教育国际研讨会的开幕式讲话中提道："当今，有十亿多人生活在绝对贫困之中，近9.5亿成年人为文盲。17.5亿人缺乏安全的饮用水，约1亿人无家可归，8亿人食不果腹。1.5亿名5岁以下的儿童营养不良，其中每年死亡3 000万人。1亿名儿童没有任何接受初等教育的机会。"[②]

人口增长直接影响到教育需求，但是，这种需求和这些地区的经济形成鲜明的反差。尽管许多国家做出了极大的努力，但经费的增长常常跟不上人口增长的速度。联合国教科文组织的统计数字表明，发展中国家1960—1980年小学阶段在校生人数增长的50%被人口增长抵消。因此，大多数发展中国家面临着人口不断增长，并由此而带来的教育需求的沉重压力。这些国家要普及教育和扫除文盲需要付出艰苦的努力。尽管他们确实已付出巨大的代价，但就目前的经济发展状况来看，前途不容乐观。普及教育一直受到各国政府和国际组织的极大关注。许多发展中国家在独立以后就采取种种措施来普及教育。早在20世纪60年代初，

---

① 世界银行：《1991年世界发展报告：发展面临的挑战》，北京，中国财政经济出版社，1991。
② 国家教委、中国联合国教科文组织：《当代国际农村教育发展和改革大趋势》，北京，教育科学出版社，1993。

联合国教科文组织就召开了一系列亚洲、非洲、拉丁美洲教育部长的地区会议，确定的一致目标是，要在20年内完成普及初等教育的任务。时间已经过去30多年，虽然世界教育有了很大发展，但这个目标并未达到。的确，在20世纪60年代以后的20年中，世界教育的发展是惊人的，发展中国家教育的发展尤为显著。据联合国教科文组织的统计，1960年世界各级教育注册人数总计为3.27亿人，1980年则达到6.41亿人。其中，发展中国家从1.46亿人增长到4.1亿人。发展中国家初等教育的普及率也有很大提高，从1960年的60%上升到1980年的86%。但是，还要看到另一方面的情况。联合国教科文组织在20世纪80年代初对亚洲、非洲、拉丁美洲做了一次小学教育浪费情况的调查，调查表明，在大多数被调查的国家中，小学注册人数中的重读生占10%～30%，而且辍学率极高。在调查的36个国家中，一半以上国家有20%～75%的小学生甚至没有读完小学四年级。这一切都与贫困有关。世界初等教育入学人数的变化可参见表11-2。

表11-2　世界初等教育入学人数变化情况　　　　　　　　/千人

类别	1960年	1965年	1970年	1975年	1980年	1985年	1990年
世界	245.992	299.916	342.344	514.543	566.047	580.146	609.969
发达国家	125.455	135.401	139.871	115.368	111.003	109.900	111.731
发展中国家	120.537	164.514	202.472	399.175	445.044	470.246	498.236

资料来源：《联合国教科文组织统计年鉴》1978/1979年，1993年。

第二节　人口的结构变化与教育需求

人口因素对教育的需求不仅表现在人口的增长上，而且表现在人口的结构变化上。人口的结构又可以分为人口分布结构和人口年龄结构。人口分布结构表现在城市人口和农村人口的结构比例上，但是这种比例是动态的，它随着人口的流动而变化。人口年龄结构表现在不同年龄的构成上，它也是动态的，随着社会环境的变化而变化。无论是人口分布结构还是人口年龄结构，都影响着教育的需求。

前面在谈到人口增长与教育的需求时已经讲到农村人口增长率高于城市人口增长率的问题，也就是说已经讲到人口结构与教育的关系。这一节主要分析人口结构的变化与教育需求的关系。

首先，人口的流动与教育的需求关系。人口因素对教育的需求不仅表现在人口的增长上，而且表现在人口的流动和迁移上。第二次世界大战以后，人口流动的总趋势是由农村流向城市。这种流动在发达国家尤为明显，城市化已成为现代化的重要特征。在发展中国家，城市化也是很明显的。较为现代化的企业都集中在少数城市，甚至发展中国家的大城市比发达国家的大城市发展要快得多。大批农民涌向城市，为了适应城市生活就需要学习。不仅因为城市人口增长、学龄儿童增长需要增加中小学的学额，而且涌入城市的中青年也需要学习。例如，许多农村青年流入城市后，主要从事建筑业和工业加工业，他们就需要学习现代化的建筑技术，学会使用现代化设备。这些需求光靠正规教育是完不成的，还需要发展非正规教育。中国就是一个很突出的例子。

中国自改革开放十多年来，城市化发展极为迅速。农村人口向城市转移的速度也很快。据有关资料统计，1992年中国工业总产值占社会总产值的82.2%，中国可以说是一个工业国家。然而，在总人口构成中，农村人口又占72.4%，约有8.2亿人在农村。改革开放以来，农业剩余劳动力不断增加，1992年年底约有1.3亿人。虽然因为乡镇企业蓬勃发展，形成了"离土不离乡""进厂不进城""就地转移"等农村劳动力转移的模式，但仍有许多农民涌入城市。1990年普查，全国常住流动人口达到2 135万人。①而短期流动人口的数目还要大得多。农村流入城市的人口的文化程度普遍低于城市人口。据统计，1992年转移出的农村剩余劳动力中，文盲半文盲占6%，小学文化程度者占29.3%，初中文化程度者占51%，高中以上文化程度者占13.7%。②这些人转移到城市，降低了城市人口的平均文化素质，同时也降低了农村人口的平均文化素质。因为从农村流出的人口大多比留在农村的文化程度高。这种状况给中国农村和城市的教育都增加了巨大的压力。教育的需求如果得不到满足，就会影响到农村和城市的经济发展和社会安定。因此，发展教育，不能不考虑人口流动的因素。

其次，从国际范围来讲，人口素质还有一个移民问题。由于战争和自然灾害，大量发展中国家移民离开自己的家园，移居到发达国家。美国、加拿大和澳大利亚是移民涌入最多的地方。越南战争结束以后，大批难民拥挤在破旧的船舱里，渡过太平洋来到这些国家，一部分就近到了中国。在美洲，移民最多的是墨西哥人，他们成百万地非法进入美国。移民大多数文化程度较低，到了新的国家，就要为适应新的环境而学习，要学习当地的语言和技术。移民问题成为发达国家沉重的负担，发达国家为此要付出大量的资金和人力。

最后，人口结构的变化还表现在年龄结构上。战后人口的年龄结构发生了很大变化。由于医学的进步，医疗保险事业的发展，人类的寿命普遍延长了。特别是工业发达国家，一方面，人口出生率下降；另一方面，死亡率也下降。因此，许多国家进入了老龄社会。这种变化对教育的需求也产生了影响。20世纪70年代以后，许多发达国家一方面中小学

---

① 江流、陆学艺、单天伦：《1993—1994年中国：社会形势分析与预测》，北京，中国社会科学出版社，1994。

② 江流、陆学艺、单天伦：《1993—1994年中国：社会形势分析与预测》，北京，中国社会科学出版社，1994。

的校舍空闲下来；另一方面兴起了"老年大学""闲暇大学"。世界上第一所老年大学首先在法国诞生，以后许多国家都成立了类似的大学。中国的老年大学在80年代兴起，1990年已达5 000余所。人口年龄结构的变化带来的老年人的公共福利费用不断增加，它与年青一代的教育费用的矛盾日益加剧，必然会影响到教育的普及和提高。

第三节　教育人口与教育民主化

教育的人口要素涉及的范围很广，不仅涉及人口的增长和变化对教育的要求，而且涉及哪一类人口受什么样的教育问题。在阶级社会里，教育权总是掌握在统治这个社会的阶级手中。但是随着社会民主化的进展，教育民主化的呼声越来越高。教育已经不是少数有钱人的专利品，而是全体公民所应享受的权利。教育机会均等成为教育民主化的口号。教育机会均等曾经是资产阶级民主的口号，但是资产阶级掌握政权以后并没有真正实现这个口号，直到19世纪下半叶，工业国家才开始实行普及义务教育。第二次世界大战后，社会生活发生了巨大的变化。民主化是变革的主旋律，教育民主化也有了较大的进展。英国取消11岁考试，推行综合中学运动，就是教育民主化的突出表现。美国"小石城事件"以后，教育上的种族歧视已被人们视为不文明的表现。尽管教育上的种族差异依然存在，但是社会普遍呼吁要对处境不利的儿童给予特殊的教育补偿。从头开始计划、补偿教育计划在许多国家兴起。

发展中国家尤其把教育民主化作为社会发展的重要条件。许多殖民地国家独立以后，深切认识到教育对其民族独立和振兴经济的重要性，把教育计划纳入整个国家发展计划之中。正如《学会生存——教育世界的今天和明天》一书序言中所说："当第三世界国家从殖民地时代挣脱出来的时候，它们就以全副精力投入了反愚昧的斗争；它们十分正确地把这种斗争视为彻底解放和真正发展的非常重要的条件。"①

1990年3月，联合国儿童基金会（UNICEF）、联合国开发计划署（UNDP）、联合国教科文组织（UNESCO）及世界银行（World Bank）发起，并在泰国宗滴恩召开了世界全民教育大会。参加会议的代表共有1 500人，155个国家的政府派员参加了会议。代表们分别参加48个圆桌会议，并举行了一次全体会议，充分讨论了全民教育的各个方面的内容。会议发表了《世界全民教育宣言》和《满足基本学习需要的行动纲领》两份文件。两份文件表达了全世界的一致意见：要加强基础教育，并再次确认各国都应有效满足所有儿童、青少年和成年的基本学习需要。大会把教育民主化推到新的高潮。

《世界全民教育宣言》指出，尽管四十多年前世界各国通过的《世界人权宣言》宣告，"每个人均享有受教育的权利"，尽管世界各国为确保每个人的受教育权利做出了令人瞩目的努力，然而，以下事实依然存在。

——1亿多儿童，其中包括至少6 000万女孩没有接受初等教育的机会。

——9.6亿名以上成年人属于文盲，其中2/3是妇女；功能性文盲成为所有国家，包括工业化国家和发展中国家的严重问题。

——世界1/3以上的成年人没有机会掌握能改进其生活质量、帮助他们影响和适应社会、文化变化的书本知识、新技能和技术。

——1亿多名儿童和成千上万的成年人未能完成基础教育；更多的人虽能满足出勤的要求，但并未掌握基本的知识和技能。②

文件指出，全民教育的目标是满足基本学习需要，即每一个人——无论他是儿童、青年还是成人，都应该能从旨在满足其基本学习需要的受教育

---

① 联合国教科文组织国际教育发展委员会：《学会生存——教育世界的今天和明天》，上海师范大学外国教育研究室译，1页，上海，上海译文出版社，1979。
②《世界全民教育宣言》，世界全民教育大会文件，泰国，宗滴恩，1990。

机会中获益。"基本学习需要包括人们为生存下去、为充分发展自己的能力、为有尊严地生活和工作、为充分参与发展、为改善自己的生活质量、为做出有见识的决策、为继续学习所需的基本学习手段（如扫盲、口头表达、演算和解题）和基本学习内容（如知识、技能价值观念和态度）。"[①]

但是现实距离这个要求还很远，当然，战后教育民主化有了某些进展。发达国家有如下一些变化。

第一，中等教育普及化和高等教育大众化。战前，即便是最发达的工业国家，中等教育也没有普及，高等教育只是为少数有才华的青年或有钱人的子女准备的选拔性的尖子教育。即使到20世纪60年代初，中学普及率在欧洲也只达到60%～70%，法国甚至只有46%。但到70年代后期，各工业国家都已超过80%。高等教育的发展尤其迅速。战前，欧洲国家高等教育的入学率都没有超过同龄人的10%，但到70年代初期几乎都超过20%，见表11-3。

表11-3　欧洲三国大中学生注册人数在相应学龄阶段人口中的比例

国家	年份	中学教育/%	高等教育/%
英国	1960	67	8.50
	1974	81	16.66
法国	1960	46	9.83
	1975	85	24.29
联邦德国*	1960	67	6.11
	1975	82	20.15

＊联邦德国的中等教育指中小学合计。
资料来源：《联合国教科文组织统计年鉴（1977年）》。

以上资料说明，教育民主化在工业发达国家有了较大进步。

---

①《世界全民教育宣言》，世界全民教育大会文件，泰国，宗滴恩，1990。

第二，妇女受教育的人数增加，教育程度提高。社会变革和民主化的另一种表现是妇女进入劳动力市场。政治的民主化必然带来妇女的解放，同时，科学技术的发展也为妇女提供了许多就业机会。20世纪70年代以来，妇女进入劳动力市场的比例有很大提高。妇女从事职业需要学习，因此，妇女受教育的人数在战后增加较快，受教育程度也有提高。尽管许多国家在男女教育平等方面做出了极大的努力，妇女依然在受教育方面处于不利地位。高等教育的入学人数中男生依然高于女生。在发展中国家，女孩入学率普遍低于男孩入学率。

联合国教科文组织在1989年公布的数字表明，1987年，世界初等、中等、高等三级教育的总入学率为56.2%，其中，男性入学率为60.8%，女性入学率为51.3%；女性的初、中、高等教育三级入学率分别为92.8%、42.9%和11.1%。在高等教育中，女性的地位更不利，即使在发达国家，也是如此。美国、荷兰、东欧国家进入高等教育的女性学生都已超过半数，但有些欧洲国家女性学生所占比例仍然较低，例如，瑞士在1979年仅有32%，荷兰是30%。另外，在声望较低的大学里，女性人数可能要超过男性人数；而在声望较高的大学里，女性人数就大大低于男性人数。在两年制的短期大学里，女性学生数要比男性多，[①]见表11-4。

表11-4　1979年全日制教育的男女生百分比

年龄组／岁	发达国家		发展中国家	
	男性/%	女性/%	男性/%	女性/%
6～11	93.1	93.3	75.4	60.5
12～17	81.9	84.3	44.9	32.6
18～23	33.6	30.3	14.2	8.1

资料来源：《联合国教科文组织统计年鉴（1982年）》。

---

① 樊泽恒：《国外高等教育中女性地位》，载《外国教育动态》，1991（5）。

第三，成人学习的机会有了较大的增加。第二次世界大战后，特别是20世纪60年代后期以来，世界成人教育在学习的口号下有了很大的发展。各国在教育立法中都把成人学习作为重要的教育政策。

第四，少数民族教育有了较大的发展。多民族国家的少数民族一般居住在边远地区和经济不发达的地区，如果国家不采取一些特殊政策，少数民族就很难获得受教育的机会。苏联在发展少数民族教育方面取得了很大成功。美国是多元民族国家，欧裔属大多数，其次是黑色人种和亚裔，还有印第安人。美国在20世纪50年代以前实行"熔炉"政策，认为不同民族或种族由于生活在一起，密切交往，应使他们的不同文化彼此相容，形成美国的主体文化。60年代以后开始实行多种文化教育，即向学生传授有关多种文化和不论其种族与人种的所有人的尊严的知识。它起源于60年代和70年代反对种族隔离和使用两种语言进行教学的运动。多种文化教育强调教育机会均等。中国是多民族国家，中华人民共和国成立以后，国家对发展少数民族教育给予极大的关注。每年国家拨专款支持少数民族教育，使它有了较大的发展。

虽然战后教育民主化有了明显的进步，但教育的分化总是存在，因为每个儿童的能力、兴趣、特长有差异，儿童的努力程度也有差异。教育机会均等只能理解为人人都有学习的机会，至于学习什么，还要看儿童的能力、兴趣和努力程度。高等教育在许多国家已达到大众化程度，入学条件已经没有什么限制。但由于大学的水平差异，声望不一，追求高水平的名牌大学仍是青年的理想。从大学生的家庭背景来看，经济条件富裕的家庭子女仍然占优势。

第四节　农村人口与教育普及

讲到人口与教育的关系，不能不讲农村教育的普及问题，因为世界人口的大多数在农村，农村人口约占世界总人口的58%，而在发展中国家，农村人口占67%，在最不发达国家占82%。因此，改善农村状况，缩小城乡差距，已是当今世界发展的主要课题。而改善农村的教育条件，大力普及农村教育和扫除文盲，则是农村发展的必要前提。农村发展主要是指所有技术、经济、社会和文化方面的变化和进展。发展教育是提高农村人口的生产能力的基本条件。只有生产力提高了，才能消除农村贫困落后的状况。许多报告都证明了教育的巨大收益。据《1991年世界发展报告：发展面临的挑战》，劳动力受教育的平均时间增加1年，GDP就会增加9%。这是指头三年的教育，即受三年教育与不受教育相比，能使GDP提高27%。而后增加的学年收益衰减为每增加一年，GDP增加4%，或者说，其后三年的教育总共可使GDP提高12%。该报告还举例，在秘鲁，如果农民多受一年学校教育，就可以使他们掌握现代农业技术的能力提高45%。在泰国，受过四年学校教育的农民比受过一至三年教育的农民，更有可能采用新的化学制品投入物。[①]可见农村普及教育，尤其是普及初等教育的重要性。

农村地区人口的急剧增长无疑给普及教育计划以沉重的打击。尽管发展中国家政府为改善农村的条件做了许多努力，但是所有措施都被农村人口的增长吞噬。

农村普及教育中的女童教育问题尤为严重。据世界银行的调查，在那些性别间存在巨大鸿沟的国家，女孩入学率仅为男孩的3/4或更少。在亚洲，只有1/2的妇女识字，而在撒哈拉以南的非洲，则只有1/3的妇女识字。有些国家在1965年就几乎实现了男孩的小学教育普及，但女孩

---

① 世界银行：《1991年世界发展报告：发展面临的挑战》，北京，中国财政经济出版社，1991。

的入学率相去甚远。①在伊斯兰社会，这个问题尤为突出。应该说近三十年来那里的进步是很显著的。如沙特阿拉伯，1960年女生只占初等教育全部入学人数的9%，占中等教育的1%，到1980年，小学女生的比例已经上升到39%，中学上升到38%；孟加拉国从1966年到1985年，小学中女生的比例从28%上升到42%，中学从8%上升到28%。但相对来讲，女孩的入学率仍然比男孩低得多。见表11-5。

表11-5　第一级、第二级教育男女生注册人数（1980—1990年）

地区	年份	第一级教育①				第二级教育②			
		男生	%	女生	%	男生	%	女生	%
全球	1980	306 227	55.1	249 820	44.9	142 968	57.1	107 232	42.9
	1990	329 791	54.1	280 176	45.9	167 219	55.3	131 778	44.7
发达国家	1980	56 639	51.0	54 364	49.0	45 804	50.4	45 069	49.6
	1990	57 099	51.1	54 632	48.9	45 326	50.2	45 046	49.8
发展中国家	1980	249 588	56.1	195 456	43.9	97 161	61.0	62 165	39.0
	1990	272 702	54.7	225 534	45.3	121 893	58.4	86 732	41.6

注：①指初等教育；②指中等教育。
资料来源：《联合国教科文组织统计年鉴（1993年）》。

少数民族地区的女孩入学率普遍低于男孩入学率。印度1982—1983年的教育统计表明，少数民族聚居地区女孩（6～11岁）入学率为54.9%，而当年全印度女童入学率为69.4%；孟加拉国少数民族聚居地区的入学率也很低。

已入学的女孩辍学现象也比男孩严重得多。印度政府1976年对13个州的抽样调查表明，有7个州的小学，1～5年级女孩退学人数占女孩在

---

① 世界银行：《1991年世界发展报告：发展面临的挑战》，北京，中国财政经济出版社，1991。

校生总数的39.9%，农村女孩辍学率高达65%，城镇为22.3%。巴基斯坦1983—1984年的调查表明该国信德农村地区女孩辍学率高达89.2%。[①]

妇女教育在农村发展中是至关重要的。受过良好教育的妇女更懂得医疗保健与个人卫生的重要性，从而可以降低婴幼儿的死亡率；而且有利于计划生育的推广，控制人口的盲目增长。因此，大力加强女童教育是农村现代化的重要条件。

农村普及教育中有许多经验教训。

首先，发展中国家在独立以后采用的差不多都是原来宗主国的教育制度。这种制度虽适用于发达国家的城市教育，但不适用于发展中国家的农村。这些学校学术性、城市化和现代化的课程脱离农村的实际，不能适应大多数农村青少年的学习需要和生活需要。而且这种教育模式只能促使有才能的农村青年离开农村，而于农村的发展毫无益处。

其次，大多数国家农村地区的学校校舍简陋，缺乏必要的教学设备、课本和读物，特别是缺乏合格的教师。好的教师都愿意在城里教书，把去农村教书看成是对自己的惩罚，而农村里的教师也认为自己在受罚，得不到晋升、个人发展和进一步学习进修的机会，因而不安心在农村工作。（尽管有许多农村教师勤奋、努力，把一生献给了农村教育事业。）农村学校总体上教学水平不高，教育质量得不到保证。据调查，20世纪80年代中期印度41%的小学校舍为茅屋、帐篷及类似的简陋建筑，而且36%的学校只有1名教师。[②]农村的少年儿童在学校里学不到最基本的知识和与他们的生活生产有关的技能，使他们失去上学的兴趣。农村学生厌学情绪比城市学生要高得多，因而辍学率很高。

---

① "农村女童教育现状问题及对策研究"课题组：《女子教育研究文献资料集》，1992。

② UNICEF, *Basic Education and National Development: Lessons from China and India*, 1991.

再次，家长的偏见。家长有一种急功近利的思想，认为儿童在学校学习对生产没有什么帮助。农村孩子从小就在农村经济中发挥不小的作用。他们可以照料牲畜、拾柴火、挑水，女孩子可以照顾弟妹，让父母腾出手来干农活。家长认为孩子在学校是一种浪费，因此，等到孩子长到能够干点重活的时候，就让他们退学。特别是女孩子，更处于不利的地位。

最后，许多发展中国家由于急功近利的思想作祟，不是把优先发展的重点放在实现普及初等教育上，而是放在中、高等教育，特别是高等教育的扩展上。虽然人所共知，高等教育的社会效益最低，但是政府的决策仍向高层次教育倾斜。在1960年至1980年的二十年中，每年中、高等教育，特别是高等教育的注册增长率大大地、持续地超过了初等教育的注册增长率。20世纪80年代以后，这个势头才逐渐缓和下来。

根据三十多年来许多国家普及教育的经验，要普及农村教育，必须采取下列措施。

第一，增加教育资金的投入。据联合国教科文组织20世纪80年代末的统计，初等教育开支在生产总值中的比重在不发达国家、发展中国家和工业化国家中分别为1.5%、2.4%和3.7%。要使初等教育真正普及，至2000年，用于初等教育的预算经费必须在目前的基础上再增加50%，即每年增加近3%。反映在财政数字上，即每年增加50亿美元。这个数字其实并不大，只相当于工业化国家两天的军费开支。但是对发展中国家，特别是最不发达国家来讲，是一笔沉重的负担，需要做出巨大的努力。特别是需要改变政府的教育政策，把发展教育的重点从高等教育转到初等教育上来。

普及初等教育的资金来源主要依靠政府的财政支出，但也不是只有政府支出一个渠道，而是需要多渠道筹集资金。中国在普及义务教育中采取的征收教育附加费、开展"希望工程"的募捐助学活动已经取得了很大的成效。1981—1991年全国集资708亿元，用于改善办学条件。各个国家应该根据国情和特殊环境开发多种经费来源，包括各级政府、非教育部门、社区和直接受益者。

在增加教育经费的同时，要注意努力提高经费使用的效率。要建立一种监督和评估教育经费使用的制度，使每一分钱都能发挥它的效用。

教育的投入不仅影响到教育的数量，而且影响到教育的质量。印度正在进行的一项研究发现，小学的数学成绩同学校物质设施有关。研究选择五个发展水平不同的地区——从最落后的边远农村到最发达的市区——作为研究对象。每个地区的学校都根据物质设施水平分为四类，结果，在有很好校舍的学校中，五年级学生的数学成绩比无校舍的学校学生高出18%。教育质量问题也是反映教育投入效益的重要指标，这个问题我们在后面还会谈到。

第二，建立适合本国、本地区的教育制度。普及教育不能奏效的一个重要原因是在农村实施的教育不切合农村的实际，常常不受农村的欢迎。人们有一种错误的观念，似乎只有城市的一套教育模式才是正规的初等教育。而这种模式主要是为升学设计的，它远离农村孩子的生活，不能激起他们的学习兴趣。因此，需要重建农村学校，包括课程的设置、学期的安排、教学的组织形式，都要适合当地农村的实际。特别是要编写适合农村生活和生产的教材，使内容贴近农村孩子的生活，而且有助于他们发家致富。这里就遇到教育界津津乐道的一个"理论"问题，即初等教育是基础教育，不负担职业训练的任务；基础教育是素质教育，不能过早地职业化。从理论上讲是这样，特别是在当代科技迅速发展的时代，更要强调基础知识的教育。基础知识不扎实，难以适应今后科技发展的变化。但是有一个现实问题，如果不给农村孩子必要的生活和生产知识，他们就会对学习失去信心，家长也往往不愿意把孩子送进学校，最后连最起码的基础知识也学不到。从三十多年来发展中国家普及农村教育的经验来看，首要任务是千方百计地吸引农村孩子学习。同时，基础知识表现形式也是多种多样的，生活和生产知识中大量的内容也是基础知识。传授与农村生活和生产相联系的知识并非就是职业训练。在已经普及初等教育的地区，在普及初中教育的过程中更需要在加强基础教育的同时引进职业技术教育，使大部分初中教育毕业生能够适应农村的发展。

中国农村实行农科教统筹，为发展农村教育提供了外部条件，是值得推广的经验。所谓农科教统筹，就是把农村经济发展、科学技术推广和教育发展三者有机地结合起来，以农业生产和农村经济发展为中心，依靠教育获得和推广农业生产的科学技术和农村经济的管理知识与技能，同时促进农村普通教育、职业教育和成人教育的发展。20世纪80年代后期中国在农村推广"燎原计划"，即在普及义务教育的基础上，充分发挥农村各级各类学校智力、技术的相对优势，积极开展与当地建设密切结合的实用技术和管理知识的教育，培养大批有文化科学知识和技能的农村建设者；配合农业和科技等部门，开展以推广当地适用技术为主的试验示范、技术培训、信息服务等多种形式的活动，促进农业发展。

要发展非正规教育。普及初等教育以正规小学教育为主，但在一些山区、牧区、林区，以及一些特别贫困的其他地区，要采取多种非正规教育的形式，千方百计让农村孩子受到教育。

第三，建设一支相当数量的稳定的农村教师队伍，是农村普及教育的关键。农村经济落后，条件简陋，教师工资待遇极低，农村教师需要比城市教师多付出几倍的努力才能把农村教育办好。农村小学教师是世界上最可敬的人，社会各界要支持农村教师的工作；国家要提高他们的物质待遇，给他们提供进修提高的机会。对发展中国家来讲，要普遍地提高教师的待遇是困难的，因此，要设法让农村教师与当地农业生产和农村经济发展联系起来，提高农村教师的科技知识和生产技能，使他们能够参与到农村发展中去。整个农村发展了，教师的待遇才能改善。但是教师的主要任务是培养人才，如何把为农村服务与培养人才结合起来是值得研究的课题，而且这种结合应以培养人才为主，不能把关系颠倒过来。建设农村教师队伍的问题是各国农村普及教育必须解决的难题之一。

第五节　农村人口与扫盲

教育人口中有很大部分是成年文盲，而文盲人口又集中在农村，农村文盲已成为发展中国家农村实现现代化的最大障碍。根据联合国教科文组织的统计，现在全世界有文盲9.6亿人。他们绝大部分在发展中国家的农村，有3/4分布在亚洲五个人口最多的国家，即印度、中国、巴基斯坦、孟加拉国和印度尼西亚（见表11-6）。

表11-6　世界文盲的主要分布情况

国别	年份	文盲数/万人	15岁以上人口文盲率/%
埃及	1986	1 533	51.7
	1990	1 649（估计数）	51.6
埃塞俄比亚	1984	1 353	75.7
尼日利亚	1990	2 872（估计数）	49.3
苏丹	1973	522	68.6
	1990	1 006（估计数）	72.9
墨西哥	1990	616	12.4
巴西	1980	1 872	25.5
	1990	1 841（估计数）	18.9
孟加拉国	1981	3 292	70.8
	1990	4 196（估计数）	64.7
中国	1982	28 368	42.4
	1990	20 485（估计数）	25.9

国别	年份	文盲数/万人	15岁以上人口文盲率/%
印度	1981	23 810	59.2
	1990	28 073（估计数）	51.8
印度尼西亚	1990	2 090	18.4
伊朗	1986	1 292	48.0
	1990	1 550（估计数）	46.0
巴基斯坦	1981	3 471	74.3
	1990	4 346（估计数）	65.2
总计	1990	70 277	

资料来源：《联合国教科文组织统计年鉴（1993年）》；中国的资料来源为《中国统计年鉴（1992年）》。

　　众多的文盲阻碍了发展中国家现代化的发展，因此，扫除文盲历来被发展中国家列为社会发展计划的重要内容，几乎历届联合国教科文组织大会都要讨论扫盲问题。1987年联合国大会通过决议，宣布1990年为国际扫盲年，目的在于促进2000年全球扫除文盲的理想的实现。同年秋天，联合国教科文组织第24次会议为其制定了具体目标。会后，联合国教科文组织相继召开了地区或国际范围的多种会议，探讨各国扫除文盲的有效途径和方法。1990年，各国开展了国际扫盲年活动，提高公众对扫除文盲的认识，组织和发动群众积极行动起来，扫除文盲。应该说，战后50年扫盲的成绩是显著的。拿世界人口最多的国家——中国和印度来说，新中国成立前文盲人口占全国总人口的80%，印度在1950年文盲人口占全国总人口的83.4%，而1990年，中国的文盲率已降低到25.88%，1995年下降到12.01%，印度1990年降低到51.8%。但是文盲的绝对数字并未下降，有的国家反而增加。例如，印度在独立初期有3亿人为文盲，到1990年文盲人数仍有2.8亿。根据联合国教科文组织的统计，1970年全世界文盲总人数为5.69亿，但到1991年增长到9.6亿人。显然，扫除文盲的成绩被人口的增长淹没了。一方面在扫除文盲；另一方面新生儿迅速增加，初等教育的普及又跟不上，因此，老的文盲还没有完全扫除，新的文盲又产生了。1980—2000年15岁以上男女文盲的估计数见表11-7。

表11-7　1980—2000年15岁以上男女文盲的估计数

项目	1980年			1990年			2000年		
	合计/百万	女/百万	女/%	合计/百万	女/百万	女/%	合计/百万	女/百万	女/%
世界总计	945.8	586.4	62.0	905.4	586.4	64.8	869.4	553.8	63.7
发展中国家	898.5	557.4	62.0	873.9	567.0	64.9	583.7	543.3	63.6
其中：撒哈拉以南	132.3	77.9	58.9	138.8	86.6	62.4	146.8	93.4	63.6
非洲地区阿拉伯国家	58.1	53.3	60.8	61.1	38.4	62.8	65.8	42.1	64.0
拉丁美洲/加勒比地区	45.1	25.6	56.8	43.3	24.0	55.4	41.7	23.3	55.9
东亚/大洋洲	306.7	205.7	67.1	232.7	162.4	69.8	165.6	111.5	67.2
其中：中国	241.9	166.7	68.9	181.6	127.3	70.1	123.2	83.3	68.0
南亚	350.6	208.6	59.5	398.1	242.2	60.8	437.1	271.3	62.1
其中：印度	253.1	153.5	60.6	280.7	173.6	61.8	298.5	187.9	62.9
最不发达国家	124.6	71.8	57.6	148.2	89.0	60.1	170.1	104.8	61.6
发达国家	47.3	29.0	61.3	31.5	19.4	61.6	15.7	10.5	66.9
其中：北美洲	9.5	5.1	53.7	6.2	3.3	53.2	1.0	0.5	50.0
亚洲/大洋洲	2.9	1.9	65.5	1.0	0.7	70.0	0.3	0.2	66.7
欧洲/苏联	29.4	18.8	63.9	19.7	12.6	64.0	9.7	6.7	69.1

资料来源：
联合国教科文组织：《世界教育报告》，1993。

复盲率也很高，许多国家进行扫除文盲工作时很卖力气，但扫盲以后的工作跟不上，特别是缺乏农村读物，脱盲的群众无书可读，几年以后，认识的字遗忘了，重新又成了文盲。

各国在扫盲工作中有许多经验教训。20世纪60年代初，联合国教科文组织制订了一项世界扫盲实验计划（EWLP），目的是为以后的全面展开扫盲运动打下基础，但是这项计划并未真正实现。从1976年由联合国教科文组织和联合国开发计划署联合发表的一份对世界扫盲实验计划的正式评估报告中，人们可以看出，世界扫盲实验计划没有达到预期目的。报告总结了教训。

教训之一是扫盲的复杂程度远远超过联合国教科文组织秘书处的估计。而且由于制订实验计划的是工业发达国家新一代的专家，他们对扫盲没有亲身体验，他们想的一套计划和措施远离这些文盲充塞国家的实际，使这个问题更加复杂。

教训之二是扫盲的成功进行，不是一个简单的教学方法问题。事实证明，计划实施中的实际问题，远非技巧所能解决。它广泛涉及社会、政治、经济、文化及心理诸多方面。该评估报告总结道："看来的确是这样，只有重视社会、文化与政治改革以及经济增长，扫盲计划才能充分发挥其功能，社会发展也才能完全促进扫盲。"[①]

教训之三是国际机构设计了一个扫盲模式，把它推销到各国，并派专家指导。但是这套模式并不切合各国的实际，而且国际专家与各国自己的工作人员产生众多矛盾，使扫盲工作复杂化。报告中说道："在某种程度上，在这些情况下甚至可以说世界扫盲实验计划拖延了群众扫盲的进程。"这个批评是十分尖锐的。

教训之四是世界扫盲实验计划未能把学习文化与成人学习者用更直接、更现实的利益事物联系起来。扫盲的教学工作是由学校教师和志愿者完成的，他们缺乏有关职业领域的知识，没有能力将两种培训融为一

---

① 转引自［美］菲力浦·孔布斯：《世界教育危机——八十年代的观点》，赵宝恒、李环等译，305页，北京，人民教育出版社，1990。

体，使计划变成了传统的"纯粹扫盲"计划。只有在马里，把二者结合起来的扫盲方法应用得比较成功。

孔布斯教授在论述世界扫盲计划时，又总结出了以下经验教训：其一，在选择扫盲训练的对象时，计划者应该优先考虑这样一种人：他们能使读写技能在他们的日常生活中发挥重要作用，以及他们一旦学会阅读，就能立即不间断地接触有关实用的和有趣的读物（如地方报纸、杂志、关于农业和卫生基本知识的简报及娱乐性故事）。如果没有这样的读物，则应该把编制这些材料列入扫盲计划，保证脱盲者有读物可读。其二，扫盲教材应该适合成人的环境、兴趣、思维方式和学习特点，可是现在大部分农村成人扫盲教材都是远在城市的专家编写的，他们并不懂得农村读者的兴趣和利益所在。其三，把成人扫盲作为一项孤立的任务，脱离了为满足学习者各自当前的兴趣而需要的学习，于是就有可能失败。①

从世界各国扫盲的经验来看，我们认为还有几个战略性问题值得思考。

问题之一：人口增长与扫盲。

前面讲到三十多年来发展中国家在扫盲工作中做了很多事情，而且取得了巨大的成绩，但这些成绩都被人口增长淹没了，因此，要把扫盲与控制人口结合起来。目前世界人口的增长速度虽有所下降，但增长的势头仍然很猛烈。据联合国人口学家估计，从1980年到2000年，不发达地区的农村人口将从22.76亿增加到27.74亿，提高22%。其中，非洲将从3.49亿人增加到4.78亿人，南亚地区将从10.69亿人增加到13.87亿人。生活在非洲和南亚地区农村的人过着最贫穷的生活，也是世界文盲最集中的地方。据有关专家推测，今后二十年全世界将增加1.5亿名文

---

① ［美］菲力浦·孔布斯：《世界教育危机——八十年代的观点》，赵宝恒、李环等译，306～307页，北京，人民教育出版社，1990。

盲，其中，"1亿文盲将是印度人"[①]。因此，推行计划生育的政策是十分必要的。

中国人口1992年年末为11.71亿，专家预测2000年将为12.77亿。中国实行计划生育是有成效的。据国家统计局调查，1987年出生率为23.33‰，到1992年，它已降低到18.24‰，自然增长率也下降到11.6‰。但是由于基数太大，所以人口的绝对数字仍在增长。无论是中国还是其他发展中国家，都需要把扫盲计划和控制人口的增长率联系起来。

问题之二：普及教育与扫盲。

扫盲计划的实施固然与人口增长有关，但是与普及教育尤为密切。世界文盲人数的增长与贫困国家普及教育水平过低有关，因此，要实现农村现代化，就要把普及教育和扫盲两项工作同时抓起来。中国把普通教育、职业教育、成人教育三者统筹起来，应该说是一个好的经验，但具体实施，各地不平衡，有些地区结合得比较好，有些地区仍是普及教育和成人教育两张皮，没有联系在一起。

问题之三：扫盲教师的培训。

无论是联合国教科文组织和联合国开发计划署发表的对世界扫盲实验计划的评估报告，还是孔布斯的总结评论，都提出了扫盲教师的问题。事实证明，光靠专家和学校的教师是不够的。对扫盲教师，需要进行认真的培训，使他们认识到扫除文盲对农村发展、对国家发展的意义，并使他们掌握一些农村职业所需的知识和帮助成人学习的方法。无疑，扫除文盲要依靠广大群众。因为文盲人口众多，光靠经过培训的专业人员是不够的，需要发动群众，能者为师，识字的教不识字的，而且这种群众运动在突击扫盲中作用很大。但是光靠他们，扫盲成果不容易巩固，因此，需要有一支专业扫盲教师队伍，设计和实施扫盲计划，

---

① 赵中建：《战后印度教育研究》，南昌，江西教育出版社，1992。

研究后继工作。

问题之四：制订适合本国国情和地区实际情况的扫盲计划。

文盲所处的环境不同，文化背景不同，其心态也不同，因此，制订世界各国统一的扫盲计划或模式是难以奏效的。只有根据不同的情况，因时、因地制宜，才有实效。例如，印度20世纪80年代在全国农村开展了名为"绿色革命"的社会发展运动，把扫盲列为农村发展计划的重要组成部分，取得了很大成绩。从80年代初到80年代末，印度已在农村扫除文盲7 500万。坦桑尼亚开展了一系列像"识字的人都来教，不识字的人都来学""先富脑袋后富口袋""知识即财富"等具有主题意义的扫盲活动，强化了全民的扫盲意识。又如，厄瓜多尔规定，具有学士学位以上的学生用6个月时间参加扫盲教育实践，巴基斯坦在清真寺为妇女和女童进行扫盲，沙特阿拉伯对游牧民族开设"流动学校"等，都取得了较好的效果。

问题之五：扫除功能性文盲。

近些年来，社会出现了文盲概念问题。什么叫文盲？一般是指不识字或识字极少的人，或者加上缺乏最低限度算术能力的人。但近些年来文盲的概念扩大了。1965年在法里兰举行的各国教育部长会议提出了"功能性扫盲"的概念。扫除功能性文盲"本身并不是目的，应把它视为一种准备手段，使每个人将来在社会、公民及经济生活中发挥作用。它大大超过了只是包括教授读与写的最基本的扫盲训练。学习读写的过程应该作为一种机会，以获得能对提高他们的生活水准起直接作用的知识。通过读写不仅能掌握最基本的普通知识，还能培养工作能力，提高生产率，更好地参与文明生活和理解周围世界，并最终开辟出一条通向基本人类文化之路"①。后来有人批判这种提法带有单纯从发展经济出发的狭隘功利主义，认为扫盲的使命不仅是发展经济，而且包括发展文化。1985年在巴黎召开的第四届国际成人教育大会的最后报告认为，对文盲要采用一种文化概念，它的目的是提高个人的教育和文化水平，使他掌握阅读、书写、计算的基本技能，能参与社会发展和革新社会的结构，从而具有继续学习和提高生活质量的文化动力。扫盲的范围扩大了，而且在现代科技迅猛发展的年代，现代化信息手段深入社会生活的各个领域，扫除功能性文盲的意义更为重大。

从扫除功能性文盲来讲，这个任务就不限于发展中国家了。过去总是认为，西方工业化国家的扫盲率已达极限，但是据20世纪80年代初对美国、英国、法国及斯堪的纳维亚半岛这些教育最发达国家的调查表明，在这些国家的成年人和青年人当中，没有很好掌握日常生活所需要的知识和能力的功能性文盲的比例十分惊人。因此，扫除文盲不再是发展中国家的"专利品"，西方发达国家也应考虑这个问题。当然，其内容和方法应该是不相同的。

---

① UNESCO, *World Conference of Ministers of Education on the Eradication of Illiteracy, Final Report Paris*, 1965, 转引自［美］菲力浦·孔布斯:《世界教育危机——八十年代的观点》, 赵宝恒、李环等译, 311页, 北京, 人民教育出版社, 1990。

第十二章　教育结构与教育发展

本章将分析教育系统的结构要素。教育发展不仅体现在教育规模上，而且体现在教育结构上。教育结构合理才有利于经济发展和社会发展，同时教育自身也才能健康地发展。因此，研究教育系统的结构是至关重要的。

教育结构就是教育系统各个部分的比例关系及组合方式，它具有多层次性和多方面性，可以从多种角度来研究。第一种结构是最主要的，即教育的层次结构。联合国教科文组织把教育分成三个等级：第一级教育即初等教育，第二级教育即中等教育，第三级教育即高等教育。第二种结构是教育的类型结构，由普通教育、专业教育、特殊教育等组成。第三种结构是办学形式的结构，由正规教育、非正规教育，全日制、业余制、部分时间制或函授、广播、电视教育等组成。其他还有教育管理体制结构、地区分布结构，各级教育中又有各自的教育类型结构。

什么是合理的教育结构？没有统一的标准，要视一个国家的经济发展水平、社会发展水平、文化背景和教育人口的结构而定。所谓合理的教育结构，就是适应本国经济、社会发展，能够充分满足学习者需求的教育结构体系。因此，发达国家和发展中国家不应该是同一的教育结构，我们在分析中要特别注意它们的差异。本章不准备一般性地全面分析以上所述的教育结构的各个方面，只分析其中几个与教育发展密切相关的结构性问题，特别是战后教育发展过程中遇到的种种与教育结构有关的矛盾。

第一节　影响教育结构的社会需求

众所周知，第二次世界大战以来，世界教育经历了大发展的时期。到20世纪60年代中期，许多国家在校学生数增加了一倍，教育经费的投入更是惊人。但是教育给人们带来了什么呢？请看来自威廉斯堡的报告。

1967年10月，来自世界各地的著名教育家和经济学家聚集在美国弗吉尼亚州的威廉斯堡，讨论了一份工作报告，对战后教育发展做出了评价。

"自从1945年以来，由于世界范围内同时发生了一系列变革——科学和技术，经济和政治，人口及社会结构方面——使所有国家都经历了异常迅速的环境变化。教育体制的发展和变化也比过去任何时候更快。但是教育体制适应周围环境变化的速度却过于缓慢，由此而产生的教育体制与周围环境之间的各种形式的不平衡正是这场世界性教育危机的实质所在。"[①]

报告第一次提出世界性教育危机，其表现形式是教育体制与社会发展的不平衡。报告提到这种不平衡包括："日益过时的陈旧课程内容与知识增长及学生现实学习需求之间的不平衡；教育与社会发展需要之间的不相适应；教育与就业之间日益严重的不协调和不平衡以及社会各阶层之间严重的教育不平等，教育费用的增加与各国将资金用于教育的能力和愿望之

---

① [美] 菲力浦·孔布斯：《世界教育危机——八十年代的观点》，赵宝恒、李环等译，3页，北京，人民教育出版社，1990。

间日益扩大的差距。"①最严重的后果则是毕业生失业和教育质量下降。

威廉斯堡的报告只提到教育体制不适应社会的发展，其实，世界性教育危机远非来自教育体制内部。20世纪70年代的发展充分说明真正的危机还是来自教育外部。

首先，20世纪70年代西方经济危机给教育带来严重影响。1973年因石油危机引起的西方经济危机持续到80年代，经济增长急剧下降。由于经济萎缩而造成的通货膨胀从两方面影响着教育。一是缩小了毕业生的就业机会，造成受教育者失业。工业化国家对教育的需求由60年代的普遍缺乏受过教育的劳动力突然变成劳动力过剩。二是经济危机严重影响到教育经费的投入。

其次，政治动荡。发达国家之间冷战日益严重；霸权主义国家干涉别国的内政而引起局部战争，如越南战争、阿富汗内战等，不能不对教育产生严重影响。发展中国家虽然在政治上取得独立，但由于经济落后，仍然依赖着宗主国，许多国家政局不稳，人民生活动荡不安。这一切都影响着教育的普及和发展。

再次，科学技术的迅猛发展，正在使产业发生根本的变化。20世纪70年代产业的分化达到了空前的程度，由于高科技在工业上的应用，再加上工业不景气，第二产业在整个产业中的比例急剧下降，而第三产业，特别是饮食业、超级市场、连锁店等服务业迅速发展，使第三产业在发达国家整个产业中占了2/3以上。一方面，科技的快速发展要求培养高科技人才；另一方面，工业的萎缩并没有给高科技人才提供更多的就业机会，高学历者要找一份对口的、满意的工作十分困难。

最后，人口的急剧增长成为20世纪70年代影响教育的重要因素。特

---

① ［美］菲力浦·孔布斯:《世界教育危机——八十年代的观点》，赵宝恒、李环等译，3页，北京，人民教育出版社，1990。

别是第三世界国家，民族独立以后，人口出生率高涨，但经济增长率跟不上人口的增长率，教育投资严重不足，普及教育遇到很大的困难。

可能还有其他外部因素，但以上几点足以说明，外部环境在20世纪70年代已发生且继续发生剧烈的变化，教育的变化却极其缓慢，远远跟不上形势的发展，不平衡的出现是难免的。这种不平衡主要表现在社会各方面对教育的需求与教育能够提供的数量与质量的矛盾。下面我们分别来考察这种供与求之间的矛盾。因为人口增长与教育需求已有专章论述，这里就不再重复了。

1. 科学技术进步与教育需求

第二次世界大战以后的科学技术发展是惊人的，以电子、核子为中心的科学技术革命把人类带入了一个新的时代——信息时代。新的科技革命带来了知识爆炸。20世纪60年代以来，人类创造的知识比人类几千年来积累的知识总量还要多得多，如果说1665年世界上出版了第一本科技杂志，经过200年，到1865年，世界上的科技杂志达到1 000种，而到1965年，就已达到10 000种。现在全世界每年发表的科学论文有500余万篇，登记的发明专利达30余万件。学习已经成为现代社会生存的必要条件，人不仅在年轻的时候要学习，而且要终身学习，才能适应科学技术发展的需要。但是现在的教育体制和课程内容不能适应时代发展的要求，不能适应社会的需要。

科学技术的发展给人类带来的最大的变革就是生产工艺的变化。新的技术在生产上的应用使生产不断变革，造成产业结构的变化、行业的变化和工人的全面流动。这就对教育从制度、目标、内容、方法上提出了不同于传统教育的要求。

从教育制度来讲，旧的教育传统重视小学、中学、大学一套正规教育系统。一个人从正规学校毕业，就算受完了教育，他在学校学习的东西就可以一辈子受用不尽。可是现在不行了，生产工艺在不断地变换，劳动内容在不断地更新，一个人已经不能一辈子只从事一种职业，即使是同一名称的职业，其内容也在不断变化。如果他只依靠在旧有正规学校学习到的知识和技能，肯定要被社会淘汰。人们只有不断学习，才能适应因科技进步而瞬息万变的世界。正如埃德加·富尔在《学会生存——教育世界的今天和明天》一书的序言中所说：教育目的，"就它同就业和经济进展的关系而言，不应培养青年人和成人从事一种特定的、终身不变的职业，而应培养他们有能力在各种专业中尽可能多地流动并永远刺激他们自我学习和培训自己的欲望"[①]。他所领导的国际教育发展委员会提出"终身教育"和"学习化的社会"两个概念，要求"教育体系必须全部重新加以考虑，而且我们对于这种教育体系所抱有的见解本身也必须重新加以评议"[②]。

2. 经济发展与教育需求

战后经济有了高度的增长，由于经济增长而出现了对人才的大量需求。20世纪60年代的人力资本理论就是在经济高速增长的时候提出来的。虽然70年代由于经济危机带来的生产萧条使人力资本理论面临破产，但人才的需求仍然是经济复兴和发展的条件。80年代以来，世界经济竞争日益激烈，特别是进入90年代，世界政治局势发生了根本性的变化。苏联解体、东欧剧变，打破了世界两极对抗的局面。政治局势趋于缓和，但经济对抗越演越烈。美日对抗、美国和欧洲共同体的摩擦，把经济竞争提到对抗的首位。发展经济要靠产品的革新，而产品的革新要依靠高新技术的发明，培养高新技术人才就成为各种教育改革的焦点。

由于科技进步引起了经济结构的变化，众多的工人、工程师、管理人员需要学习新的知识；国际贸易模式的变化，特别是发展中国家为引

---

① 联合国教科文组织国际教育发展委员会：《学会生存——教育世界的今天和明天》，上海师范大学外国教育研究室译，16页，上海，上海译文出版社，1979。

② 联合国教科文组织国际教育发展委员会：《学会生存——教育世界的今天和明天》，上海师范大学外国教育研究室译，18页，上海，上海译文出版社，1979。

进新的技术，加入国际贸易市场，需要学习他们过去还很不熟悉的东西，人们对教育的需求比任何时期都迫切。

3. 社会变革与教育需求

战后社会生活发生了深刻的变化。法西斯主义的战败带来整个世界的民主化。人们不仅要求政治民主化，而且要求教育民主化。教育已经不再是少数有钱人的专利品。正如埃德加·富尔所说："过去人们把一切事物都视为万能的主宰按照事物的自然秩序所作的安排，因而甘愿忍受一切痛苦。现在不然，单就经济、福利与生活水平而言，人们已不再甘心于把人分成不同的阶级而使自己居于不平等的地位；也不再甘心忍受那种整个民族受苦的挫折。他们也不再听任教育居于不发达的状态，特别当他们开始相信普及教育是促进经济'起飞'和收复失地的绝对武器时，尤其如此。"[①]

发达国家因社会变革引起的教育需求也是很明显的。过去，正规学校，特别是高等学校，是一种选拔学校。战后教育民主化，教育机会均等成为主要呼声。教育不仅要培养战后经济发展所需要的人才，而且要满足所有求学者的要求，要给失去学习机会的青年和成人有再学习的机会。

这些社会需求都要求教育做出结构性的变化，但是，教育系统具有很大的惰性。一方面是因为教育的周期过长，结构的变化就相当缓慢，不能适应社会急剧变化的要求；另一方面是人们的教育观念一时很难转变，新的学校的出现总会遭到一部分人的反对而难以推行。尽管如此，战后教育结构的变化还是很明显的。下面我们将分析这些变化，在分析这个问题之前，我们还要分析一个重要问题，即教育与就业的矛盾问题。

---

① 联合国教科文组织国际教育发展委员会：《学会生存——教育世界的今天和明天》，上海师范大学外国教育研究室译，6～7页，上海，上海译文出版社，1979。

第二节　教育与就业的矛盾——教育的结构性失调

20世纪五六十年代世界经济的增长，要求把劳动力的培养作为一个前提条件，由此，人力资本理论应运而生。无论发达国家还是发展中国家，都增加教育投入，以便培养经济高速发展所需要的技术人才和劳动力。学生和家长们认为教育投入是最有效益的投资，毕业以后就能迅速改变个人的社会地位，并能增加收入。因此，在这个时代，人们对教育的要求达到了狂热的程度，都期待教育能给社会和个人带来奇迹。但是70年代世界经济的衰退打破了这个美梦，人才匮乏一变而为人才过剩，学生走出校门不是有丰厚收入的职业在等待着他，而是找不到职业。特别是具有高级学位的毕业生，由于找不到合适的工作，只能去从事只需要简单、熟练程度的工作。这在当时的社会主义国家苏联也不例外，许多有"工程师"称号的大学毕业生在从事普通工人的工作。这是极大的教育浪费。

我们先来看一看不同国家和地区知识青年失业的情况。

1. 经济合作与发展组织国家青年的失业情况

20世纪60年代，由于经济合作与发展组织国家的经济蓬勃发展，就业机会扩大，人均收入提高，通货膨胀率下降，失业率很低，只有2%～3%。但到了70年代，情况发生了急剧的变化，经济增长速度放慢了，通货膨胀率猛增。到80年代，经济合作与发展组织的7个主要国家年平均通货膨胀率超过了12%，失业率也上升到百分之十几或百分之几十。到1982年，经济合作与发展组织国家的失业总数在3 000万人左右，比1970年增加3倍。青年失业尤为严重。在美国、加拿大和日本，青年失业率是成年工人的2倍以上，澳大利亚、法国、西班牙和英国超过3倍。同时，失业率与受教育水平成反比。受打击最严重的是没有完成中等教育的工人，青年女性的失业率又高于男性。1980年，经济合作与发展组织秘书处进行的调查说明：经济合作与发展组织国家（除了土耳其）的青年失业率从1970年的10.4%上升到1979年的11.3%，青年在全部失业人员中的比例从44%上升到47%[①]（见图12-1）。

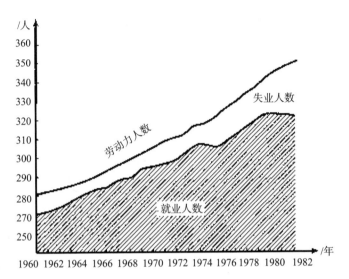

图12-1　1962—1980年经济合作与发展组织国家不断扩大的就业差额

资料来源：[美] 菲力浦·孔布斯：《世界教育危机——八十年代的观点》，赵宝恒、李环等译，北京，人民教育出版社，1990。

2. 发展中国家青年的失业情况

青年失业的现象在发展中国家更为严重。20世纪五六十年代刚刚兴起的国家，在国家独立之初，严重缺少管理干部，急需各种人才，但教育的周期较长，等到人才培养出来以后发现，政府部门的各种岗位已经被人占据，而这些人常常不是经过培训的人才。70年代经济的衰退当然也影响到发展中国家的青年就业。

---

① [美] 菲力浦·孔布斯：《世界教育危机——八十年代的观点》，赵宝恒、李环等译，206页，北京，人民教育出版社，1990。

亚洲青年失业的现象特别严重。如印度，据统计，大学毕业生的失业率在20世纪50年代初占全部受过教育的失业者总数的12%左右。失业者的绝对数字从50年代末的2万人上升到70年代末的120多万人。以上这些数字还不包括功能性失业，即受过高等专业教育的毕业生不能从事与自己专业有关的工作。受过中等教育的人失业率也很高。印度受过教育的人不足总人口的1/3，但失业率达总失业人口的2/3。可见，受过教育的人的失业率要高得多。这其中有一个失业的概念问题。工业发达国家所说的失业人数通常是指劳动力中工人及可能成为工人的人员总数和实际上被全日制雇佣的人员总量之间的差额。在发展中国家，只有很少一部分人受雇于城市中的现代部门，大多数人留在农村，因此，失业人口主要表现为在城市中的劳动力，失业人口中受过教育的人自然会占更大的比例。但上述数字足以说明，印度高等教育的发展规模和速度已远远超过印度国家经济发展和社会对大学生的需求。这种教育供求之间的矛盾造成的严重后果是印度的高级专门人才大量外流。1971年的一项研究说明印度在国外的工程师、科学家和医生的总人数达3万人。人才外流给印度带来严重损失。据联合国贸易与发展会议的研究表明，印度一名医生流往美国，印度要损失33万印度卢比，而美国得到的利益为517.5万印度卢比；印度一名科学家流往美国，印度要损失17.2万印度卢比，而美国得到的利益为187.5万印度卢比。[①]

受教育者失业率增高的原因自然是20世纪70年代经济衰退的直接后果，但是这个问题实际上在60年代后期就已经暴露出来。那么原因何在呢？我们认为，最主要的是教育结构不能适应社会变化的要求。

第一，战后科学技术的发展使得当代经济要求有更广博的文化科学知识和技术技能，生产工艺的不断变革又要求工人和技术人员不断学

---

① 赵中建：《战后印度教育研究》，南昌，江西教育出版社，1992。

习，只为年青一代提供职业前的教育已经不够了，他们需要不断地学习来补充新的知识。特别是教育的周期很长，往往青年进入职业领域以后发现自己学习的东西已经过时，需要重新学习，但是现行的教育结构不能满足所有学习者的要求。

第二，经济的高速增长造成产业结构的变化。一些行业消失了，一些新的行业产生了。据统计，美国从1949年到1965年，约有8 000种职业从劳动力市场消失，同时出现了3 000种以上的新职业；联邦德国劳动就业人口中只有50%从事原来学习的职业。这种劳动的变更使得受教育者不适应社会的要求，常常处于失业或功能性失业的状态。

第三，教育内部的结构与产业结构不相协调，特别是发展中国家，急于培养高级人才，但由于这些国家的经济还处于传统以农业为主的阶段，社会急需初中级技术工人和技术人员，于是大学毕业生就找不到合适的工作。正如孔布斯在《世界教育危机——八十年代的观点》中描述的："到六十年代，一些发展中国家发现大学毕业的工程师比协助他们工作的中级技术人员还多，或者医生比护士还多，以至于高级专家经常需要做中级人员的工作。"[1]如印度，独立以后大力发展高等教育，其发展速度是惊人的。独立前1946—1947年度，大学仅有18所（一说20所），学院636所，入学人数为22.5万人，但到1970—1971年度，大学增加到93所，学院为3 604所，入学人数195.6万人，入学人数增加了8倍。这种发展与印度的经济结构和人才需求的格局极不适应。印度是一个发展中国家，经济构成中第一产业占重要的比例，主要需求的人才是能够从事工农业生产的达到基本教育水平的熟练和半熟练劳动力、一部分中级技术人才和少量高级专业技术人才与管理人才。印度独立后不是着力于

---

① ［美］菲力浦·孔布斯：《世界教育危机——八十年代的观点》，赵宝恒、李环等译，191页，北京，人民教育出版社，1990。

发展基础教育，而是把重点放在发展高等教育上，这就不能不出现人才过剩的严重后果。

第四，一些发展中国家盲目地照搬工业化国家的教育模式，也是使受过教育者失业的原因之一。独立国家最需要的是技术人才、管理人才和熟练劳动力，但沿用的殖民主义国家的教育模式只培养一些文职人员。例如，大多数发展中国家学习人文科学和法律的毕业生占绝对优势，学习自然科学和工程学科的毕业生很少，有的不到10%，而学习农业的毕业生尤其少得可怜，通常达不到3%。显然，这种教育结构与发展中国家的发展水平是不一致的，造成高级人才的失业也就不奇怪了。

第三节　新的教育结构的建立

科学技术时代以前的教育已经不再适应现代的要求，许多批评家认为，工业化国家的教育体系仍然保持着它的双重性质，至少在20世纪60年代还是如此。这种教育体系又传到了发展中国家，而这种教育体系对于发展中国家是特别不利的。"因为它既不适应于那种文化环境，也不适应于那种社会和人类背景。"[1]因此需要建立一个符合科学技术时代的，满足广大人民群众需要的教育体系，以便受教育者不局限于少数人，而且在一定程度上保证毕业生的充分就业。

要改变传统的学院教育模式。传统的学院教育模式过分强调理论和记忆，损害了学生的主动性和创造性。学校教育必须把理论、技能和实践结合起来，把脑力劳动和体力劳动结合起来，把学校和生活联系起

---

[1] 联合国教科文组织国际教育发展委员会：《学会生存——教育世界的今天和明天》，上海师范大学外国教育研究室译，11页，上海，上海译文出版社，1979。

来。教育应该较少地致力于传递和储存知识，而应努力去寻求获得知识的方法。现代教育设置的教育目的，"不应培养青年人和成人从事一种特定的、终身不变的职业，而应培养他们有能力在各种专业中尽可能多地流动并永远刺激他们自我学习和培训自己的欲望"[1]。

要发展职业技术教育。职业技术教育在发展中国家是一个极为薄弱的环节。发展中国家搬用了工业化国家的教育模式，重视普通升学的教育，不重视培养学生就业的职业教育。现代化不仅需要高级科学技术专家，还迫切需要千百万受过良好职业技术训练的中级、初级技术人员、管理人员和城乡劳动者。没有这样一支劳动技术大军，再先进的科学技术和先进的设备也不能成为现实的社会生产力。

许多国家采取在义务教育后分流的制度，在中学第二阶段建立职业中学和技术中学。中国1985年《中共中央关于教育体制改革的决定》提出，一般应从中学阶段开始分流初中毕业生，一部分升入普通高中，一部分接受高中阶段的职业技术教育；高中毕业生一部分升入普通大学，一部分接受职业技术教育。经过十年的努力，中国的职业技术教育有了很大的发展。据原国家教委计划司的资料，全国高中阶段职业技术学校的在校学生达762.3万人，占整个高中阶段学校在校生总数的53%。印度的中等职业技术教育在独立后也有较快的发展。据印度1979年提交联合国教科文组织的亚洲太平洋专题讨论会的报告统计，印度有420多所公立工业训练学校和240所私立工业训练学校，年招生数约16万人。印度还有1 150所中学实行分轨教育，修习职业教育课程的每年约4 000人，到1986年，设置职业教育课程的学校增至1 706所，修习学生数为126 571人。印度已经有了较完整的职业技术教育系统，然而，在

---

[1] 联合国教科文组织国际教育发展委员会：《学会生存——教育世界的今天和明天》，上海师范大学外国教育研究室译，16页，上海，上海译文出版社，1979。

整个中等教育发展中，职业技术教育所占的比例还很小，而且20世纪70年代以后有所下降，主要原因是印度的职业技术教育未能减少失业。这并不取决于职业技术教育本身，而是取决于经济发展的状况和就业机会。①

各国实施中等职业技术教育的学校类型极不相同。例如，日本、法国、德国采取职业高中或职业学校的方式，美国和英国采取综合中学的方式，但有一点是相同的，即职业技术教育得到加强。例如，日本高中分普通高中、职业高中和综合高中三类，职业高中又分工、商、农、水产、家政、护理等科。法国高中分为八个组，其中五个组为普通科，三个组为职业科。德国在小学以后就分为三类学校：完全中学属普通中学，实科中学和主要学校则是为职业教育打基础的学校，学生在这类学校毕业以后只能升入职业学校、职业专科学校。美国综合中学内分设学术性课程和职业性课程。英国的综合中学是20世纪60年代综合中学运动的产物，是由文法中学、技术中学、现代中学合并而成的，虽经合并，但学校内部仍分学术科、技术科和现代科。

"普通教育职业化，职业教育普通化"，是战后教育结构改革的一种新趋势。发展职业技术教育是发展国民经济的必要条件，这一点是毋庸置疑的。但是20世纪70年代出现了经济衰退和科学技术进一步的发展，给职业技术教育的发展带来巨大的影响。一方面，商业界领导人把青年失业率上升完全归结于教育制度，认为它培养的只是"经过书本训练而缺乏就业技能的学生"，似乎教给学生一些实用的东西，他们就能找到工作。可是有些批评家认为职业技术教育是一种浪费。他们认为，对职业技术教育的投资很大，但效益极低。一些从职业学校毕业的学生常常并不是从事他们在学校受过专门训练的工作。再者，科学技术的迅速发

---

① 赵中建：《战后印度教育研究》，南昌，江西教育出版社，1992。

展，使知识和技能的陈旧过程加快。据专家估计，在当今时代，知识陈旧的周期大约是5年。也就是说，职业技术学校学生在学校学到的实用的知识和技能，等到他们进入工作岗位以后不久就可能没有用处了。因此，有些专家不主张教育过早地职业化，更重要的是要学好基础知识和技能。

由于上述两方面的原因，学界出现了"普通教育职业化，职业教育普通化"的概念。尽管这个概念并不完全确切，但它说明了普通教育与职业技术教育融合的发展趋势。单一的以升学为目的的普通教育显然不符合现代化发展的多方面要求，普通教育需要渗透职业技术教育因素。美国在20世纪70年代曾经提出"生计教育"的主张，认为从幼儿园到大学都要让学生了解他们最终要从事一种职业，从小培养职业意识。普通学校应该增设职业课程，让学生根据自己的意愿选学。职业技术学校不能局限于狭窄的职业训练，应该放眼于科学技术发展，重视普通文化科学知识的教育，使他们在就业以后的必要时刻能继续学习。

职业技术教育要建立一个比较完整的体系，即初等职业技术教育、中等职业技术教育和高等职业技术教育的完整体系，使进入职业学校学习的学生将来有继续深造的机会。

战后教育结构出现了表面上看来两种方向相反的运动趋势：一种是结构的多样化，另一种是结构的综合化。

所谓教育结构的多样化，是指出现了不同类型的学校，特别是职业技术教育的兴起，使中等教育和高等教育的结构呈现多样化。

中等教育结构的多样化已如上所述，高等教育也呈现出多样化。在高等教育发展的历史上，大学和学院是高等教育的主要学校类型，一般需要四年以上才能完成学业，但战后出现了短期技术大学或学院。例如，法国在20世纪60年代建立了短期技术大学；德国在60年代建立了高等专科学校；美国的社区学院在五六十年代有了较大的发展；日本在战后初期只有单一的新制大学，但到60年代相继建立了专门学校、短期大学、专修学校等属于职业技术性质的学校。

学校的多样化不仅表现在学校教育性质类别上，还表现在办学形式上，开放性的函授教育、广播电视教育等在战后都有较大的发展。

从教育结构的多样化可以看到，促进教育结构多样化的根本原因是科学技术发展的需要和青年求学的需求。

战后教育结构不仅向多样化，而且向综合化发展。所谓综合化（有的称"一体化"），就是要消除学校类型的差别，把不同类型的学校联合起来。英国的综合中学运动就是这种趋向的代表。这是教育民主化的要求。20世纪60年代英国工党执政以后，出于教育民主的要求，开始推行综合中学运动，后来保守党执政又曾一度停止这个运动。但由于教育民主化是不可阻挡的大趋势，终于综合中学运动在80年代初得以完成。在高等教育方面，联邦德国的综合高等学校运动也是一个突出的例子。1970年2月5日，联邦教育和科学部部长洛伊辛克发布了联邦高校总纲法14点，规定联邦德国的高等教育，包括所有大学和中等教育后机构应重新组织成综合高等学校。到70年代末，联邦德国11个州中有3个州共设立了11所综合高等学校。但是到了80年代以后，实际上只剩下6所。德国综合高等学校发展不起来的原因，除了各个政党意见不一，社会团体不热心支持外，重要的原因是在庞大的综合高等学校中包含着从高等专科学校到研究型大学的各种层次和类型，它难以完成诸多复杂的任务，教育民主化的要求只停留在形式上，不可能真正实现。

战后教育结构多样化和综合化两种趋势表面上看来是相反的，实际上综合化中包含着多样化。例如，英国综合中学中仍然分为学术科、技术科、现代科；美国综合中学中分学术性课程、职业性课程；德国综合高等学校中包含着各种层次、各种类别的教育。可见，战后教育结构的多样化才是真正的发展趋势。

第四节　非正规教育的发展

战后科学技术的发展和教育民主化的要求，促使教育扩大范围。传统的教育模式已经不能满足不同年龄阶段和各种不同需求的学习者的要求，需要建立一个能满足广大人民群众需要的教育体系，打破正规教育和非正规教育的界限，大力发展非正规教育，从而扩大教育民主。

什么叫非正规教育，美国教育家孔布斯给它下了一个定义：任何在正规教育体制以外进行的，为人口的特定类型、成人及儿童有选择地提供学习形式的有组织、有系统的活动。因此，限定的非正规教育就包括，例如，农业教育和农民培训计划，成人识字计划，在正规教育体制以外所进行的职业技术训练，具有教育性质和目的的青年俱乐部，以及有关卫生、营养、计划生育、合作团体等各种社区技术。[①]

正规教育一般有相对稳定的课程计划，全日制的需连续学习几年。非正规教育更多的是部分时间制的、时间较短的学习计划，内容大都是应用性比较强的，学习者能够很快掌握和使用的知识和技能。办学形式和学习内容具有较大的灵活性。

非正规教育在20世纪70年代以后有了很大发展，但是持传统教育观念的人看不惯此类教育，认为它们不能传授系统的科学知识，或者害怕它们侵蚀正规教育的资源，损害正规教育的利益。事实上，非正规教育是正规教育的一个有力的补充，它可以减轻教育需求对正规教育的压力。因为非正规教育所需要的办学条件较低，它们的价格较低，而办学的效益较高。当然，情况总会有例外，也有花了许多钱而效益甚低的，但有一点是肯定的，非正规教育可以多渠道集资，可以调动多方面的积

---

① ［美］菲力浦·孔布斯：《世界教育危机——八十年代的观点》，赵宝恒、李环等译，北京，人民教育出版社，1990。

极性。

非正规教育的对象主要是成年人，因此，它往往成为"成人教育"的同义词。但是有些国家受学历主义教育的影响，又在把成人教育正规化。成人教育要满足就业者和失业者的学习需要，它的教育目标如何确定，课程如何设置，是值得研究的问题。如果成人教育总是跟随着正规教育的影子走，那它就不能满足大部分成年人紧迫的学习需要。许多案例证明，在世界范围内，成人教育办得生气勃勃的国家总是采用非正规教育的形式。发展中国家尤其需要非正规教育。据专家调查，20世纪70年代全哥伦比亚约有10 000多种各种非正规教育计划；泰国开展了为校外青少年举办的相当于学校教育的"第二次机会"计划，为小城镇和农村地区青年服务的"流动手工艺培训学校"、社区计划、生育计划等；孟加拉开展SAVAR人民卫生计划和孟加拉农村发展委员会的计划，目的都是使农村地区开展自助计划；斯里兰卡开展有名的SARVODAYA运动，利用城市中受过教育的志愿者，尤其是地方上受过专门训练的年轻人来满足农村地区贫苦人民中最贫穷的人的需要，[1]这些都取得了较好的效果。

非正规教育的办学形式有函授学校、广播电视大学（开放大学）、职业培训班、补习学校、扫盲班、老年大学等。其中有与全日制学校相同的正规课程，修完课程者可取得学历证书，也有经过短期培训取得职业资格证书的，但大多数是继续教育或补偿教育性质的学校。老年大学则是一种休闲学校，是一些发达地区由于老龄社会出现以后，为满足老年休闲的需要而发展起来的。

开放大学（open university）起源于英国，是20世纪70年代新兴的

---

① ［美］菲力浦·孔布斯：《世界教育危机——八十年代的观点》，赵宝恒、李环等译，95～96页，北京，人民教育出版社，1990。

非正规高等学校。英国的开放大学于1969年6月获皇家特许状，1971年1月正式开学，招生2.5万人，采用广播、电视、函授与暑期学校相结合的方式，进行远距离教育。设置该校的目的是为所有因各种原因未能接受高等教育者提供本科生和研究生课程的机会。此后，许多国家效仿英国开放大学的做法，设立此类学校，但名称有所不同。著名的有泰国的素可泰·探马提叻开放大学（Sukhothai Thamathirat Open University），1984年有注册学生15万人，以及斯里兰卡开放大学、荷兰开放大学等。日本于1981年筹建放送大学，经几年的筹建，1985年4月正式开学。其实，中国的广播电视大学成立得最早，1960年北京电视大学首先成立，随后天津、上海、沈阳、哈尔滨等市的电视大学也相继成立。1979年2月，中央广播电视大学正式成立，各省、自治区、直辖市也纷纷建立广播电视大学。截至1993年，全国有广播电视大学45所，在校学生437 895人。

中国的高等教育自学考试是又一种非正规教育形式，起始于1981年，首先在北京、天津、上海三市试点，以后普及全国各省。自学考试的特点是，学生不需要进学校，只需按照自学考试部门拟定的各种专业课程计划，自己学习，按时考试，及格者取得一定学分，考满课程计划规定的学分就可以获得相应专业的学历资格证书。此种考试不受年龄和时间的限制，因此很受失去高等教育机会的青年人甚至老年人的欢迎。考生中年龄最小的才十六七岁，年龄最大的已逾八旬。自1981年至1991年，全国累计有1 500万人参加自学考试，其中有一种以上合格成绩的在籍考生360万人，累计获得中专毕业文凭的有10万人，获得专科毕业文凭的有63万人，获得本科毕业文凭的有7 400多人，获得学士学位的有1 250人。

非正规教育机构还有各种图书馆、文化馆、科技馆、文化艺术中心、俱乐部等。此类教育机构大多没有固定的课程，没有固定的时间，民众可以随到随学；也有组织起来的，如北欧流行的民众学校。

总之，非正规教育的种类繁多，难以一一描述。非正规教育是初、中等教育，特别是中等教育普及以后必然的产物，它能满足成人的各种不同要求。科学技术进步造成的产业结构的变化和职业变换也是非正规教育发展的动力，预计未来还会有更大的发展。

第五节　产学合作——高等教育的结构性变化

战后高等教育除了结构类型多样化的变化以外，还有一项重要的变化，就是实行产学合作。产学合作当然不限于高等教育，中等教育阶段也有产学合作的形式，但主要是在高等教育阶段。日本1951年6月制定的《产业教育振兴法》提出，中学、大学要向学生传授从事农业、工业、水产业所必需的知识、技能，发展产业经济和提高国民生活水平。其强调产业教育和产业界合作，于是"产学合作"的概念由此而生。

产学合作的形式是多种多样的。在高等教育领域，主要是大学与工业的合作，建立科学园（Industrial Scientific Park）、大学—工业合作中心、工程研究中心等。这些园、中心大致是围绕某所大学，以该大学的技术为依托，集中建立某种工业区。最早出现于美国在1905年建立的芝加哥中央制造区，20世纪40年代以后有了较大的发展。1946年，斯坦福大学将其闲置的一片土地租给一些半导体工业公司，从而得到发展所需要的资金；公司从斯坦福大学获得高质量的毕业生和科学技术咨询服务，从而得到迅速发展，此地成为世界著名的硅谷。这一成就促进了其他园区的建立。70年代在美国国家科学基金会的资助下，全美建立了上百个大学—工业合作中心。比较著名的有：在东海岸，以哈佛大学和麻省理工学院为核心而形成的波士顿科研中心；在西海岸，围绕斯坦福大学、加利福尼亚大学和加州理工大学形成的旧金山—帕洛阿尔托科研中心；还有纽约—新泽西科研中心、华盛顿—巴的摩尔科研中心、洛杉矶—圣地亚哥科研中心等。这些研究中心通常以大学中一个或几个有名望的系为核心，与若干家实力雄厚的工业公司合作而建成，其宗旨是完成基础研究，但着眼于技术应用。开始时，国家科学基金会给予较多的资助，到第五年后停止资助，完全由工业界资助。1986年春，美国白宫科学委员会提交了一份题为《重建伙伴关系》的报告，指出，美国社会的兴旺与大学的兴旺紧密相关。要重新思考重建大学与工业界的相互联系，必须采取广泛的跨学科的方法来解决问题。把重点放在建立以大学为基础的交叉学科研究中心上，并以此促进学校与工业界的合作。[①]在这个报告发表的同时，美国国家科学基金会又在大学建立了一批工程研究中心。中心的研究人员来自大学、工业界、国家实验室和地方科研机构，从事多学科的工程研究，一旦研究成果转化为产品，则费用完全由企业负担。

日本在20世纪70年代初建立了以筑波大学为中心的筑波技术学园城，把科学研究和新兴工业结合起来。80年代中期，临时教育审议会在咨询报告中又提出进一步扩大产业界、政府、学界的共同研究制度，称为"产、官、学"协作体制。协作的方式并不简单划一，最主要是在教育和研究两方面发展三者之间人员、信息和物资的相互交流。

英国于20世纪70年代开始在大学内兴建科学园、区，80年代又建立了有大学参加的七个地区的技术中心，以加速技术成果向工业企业的转移。

联邦德国自20世纪80年代以来兴起大量的"工学交流中心"。它们加速促进了高校与企业在人员、设备、经费、技术等方面的广泛交流，促进知识向工业企业的迁移。德国高等学校与地区的联系非常密切。高

---

① 邓存瑞、俞云平：《美国创建工程研究中心促进校企合作》，载《外国教育动态》，1990（3）。

等学校积极地为地区提供技术力量，扩大服务范围，开设本地区急需的专业，同时利用本地区的资源。工科高等学校教授的聘用条件之一是必须具有在工业企业的多年实际经历。同时，德国还大力鼓励高等学校接受企业界委托的科研任务，放宽对高等学校教师接受企业委托的研究课题的限制。

苏联在1987年高等教育改革的基本方针中，把"实现教育、生产和科学研究的一体化"作为高等教育改革的最基本的动力。所谓一体化，包括下面一些内容。

——高等学校与国民经济各部门之间建立合同责任制。高校保证专门人才的培养，国民经济部门保证支付专业人才学习所需的费用和合理使用毕业生。

——建立教学、科研和生产综合体。把一部分教学移到生产单位进行。高校在企业建立分教研室，让学生在高校接受基础教育、专业理论教育，而在生产部门接受专业训练。

——高校和企业科技人员之间进行广泛交流。企业的设计人员、技术人员参加教学科研工作，直接培养本企业所需要的专业人员；高校教师参加提高工程技术人员的专业水平和充实其理论知识的工作。这样不仅保证教学过程和实践活动之间的紧密联系，而且为教师提供充分实践经验的机会。

——高校和企业建立科研合作，共同进行实验、试制。建立联合实验室、联合设计局和实验性生产组织。

苏联解体后，现在的情况不明，但1992年7月公布的《俄罗斯联邦教育法》，把高等教育归为高等职业教育范围，同时高等学校经费拮据，其出路也只有加强与企业的合作。

发展中国家也在仿效工业化国家建立科学园，但由于经济实力有限，成效还不是十分显著。

产学合作的另一种形式是合作教育。合作教育始于1905年赫尔曼·施奈德在俄亥俄州辛辛那提大学创立的工程合作教育计划。该计划拟由学校和工业企业共同为学生提供职业技术教育。学生在校内学习学术课程和职业基础理论课，在工业企业学习实际的职业技能，通常每周不少于15小时，由雇主付给他们一定的报酬。通过合作教育，企业可以获得合格的工作人员；学校可以更加明确职业教育的目标，改进课程设置和教学方法；学生可以将学习的理论和实际相结合，掌握就业所需的知识和技能，增加就业机会。合作教育很快传到北欧诸国，20世纪70年代以后广为流行，并成为一时的思潮和运动。不难理解，这是科技进步和生产发展对教育提出的要求，是教育与生产劳动相结合的一种形式。此类形式在英国称"工读交替制课程"或"三明治课程"。1965年，英国教育白皮书发表后开始广泛推行此类课程。修学这类课程的学生交替在大学学习和在相应的企业接受训练实习。它有利于理论和实践的结合，为企业培养更好的人才。

产学合作是教育与生产劳动相结合的一种形式，而教育与生产劳动相结合是现代教育的普遍规律。在现代大工业生产之前，学校教育只培养少数官吏、僧侣，生产者只是靠师傅带徒弟的方式获得生产经验和技能，学校教育与生产劳动是分离的。现代化的大工业生产出现后，对劳动者提出了具有一定科学文化知识和技能的要求，逐渐地建立起现代学校教育体系。教育的普及固然与民主政治的建立和对人权理解的扩大有关，但也是现代生产普遍的要求。如果说在小农经济自给自足的状态下，即使不学习也可以靠自己的手艺生活的话，那么在现代化的社会中，不学习就难以生存。正如《学会生存——教育世界的今天和明天》中所说："在一些正在走向工业化的国家里，工业上的进步和教育的普及开始发生极为密切的直接联系。当产业革命扩大到越来越多的国家时，便产生了普及教育和强迫入学这类教育观念。"

科学技术是第一生产力，它主要表现在科学技术可以物化为生产工具，并且被有文化科学知识的劳动者掌握。教育是其中不可缺少的中间环节。教育的最基本的职能之一就是培养掌握科学技术的人才，并且在培养人才的同时创造新的科学技术。

20世纪新的技术革命使劳动者在生产中的地位和作用发生了质的变化，也即劳动性质的变化，第一次工业革命主要是机器代替和加强了人的体力，新的科技革命引起的工业生产的变化则是机器代替了人的部分脑力。在生产中，使用体力劳动的比重在减少，脑力劳动的比重在增加。人把生产中的部分职能交给了电子计算机和机器人，人更多地从事设计和组织整个生产过程的工作。这就给教育提出两方面的要求：一是要求教育给生产者授予现代科学技术知识，使他们通晓现代生产的科学原理；二是要求教育工作者紧密地与生产部门相联系，了解现代生产对科学技术的要求，把教学、科研和生产结合起来，促进生产力的不断发展。

现代科学技术不仅促进了生产过程的不断变革，而且揭示了现代生产过程的奥秘，为教育与生产劳动相结合提供了基础。以往手工工匠靠在生产劳动过程中经验的积累学得专门手艺而终身从事这种专门职业，而且门户之见甚深，行会控制着手艺的传播。到了大工业生产，情况就完全不同了。正如马克思所说：大工业撕碎了这种隐蔽着的社会生产过程的帷幕，"大工业的原则是，首先不管人的手怎样，把每一个生产过程本身分解成各个构成要素，从而创立了工艺学这门完全现代的科学……工艺学也揭示了为数不多的重大的基本运动形式，尽管所使用的工具多种多样……"[①]这种工艺学为生产者掌握整个生产过程的基本原理提供了条件。

---

① ［德］马克思：《资本论》第1卷，559~560页，北京，人民出版社，2004。

有的同志不同意教育与生产劳动相结合是现代教育的普遍规律，把教育与生产劳动相结合看作社会主义教育的专利品。说教育与生产劳动相结合是现代教育的普遍规律，并不抹杀资本主义教育与社会主义教育的本质区别。因为规律是客观存在的，不管认识它还是不认识它，承认它还是不承认它，它都在起作用。但认识规律和运用规律是不同的。只有马克思主义才能科学地认识到教育与生产劳动相结合对现代大工业生产的作用，并提高到改造社会、培养新人的高度，从而成为社会主义教育的基本原理和指导方针。而资本主义教育只是不自觉地在遵循这条规律，是被追求利润的目的驱使的，否则，其教育就不可能适应现代生产的要求。

　　教育与生产劳动相结合不仅是大工业生产的需要，而且是就业者的需要。"大工业的本性决定了劳动的变换、职能的更动和工人的全面流动性。"①青年如果不把自己的学习和就业联系起来，就不能适应这种劳动的变换和职能的更动；劳动者也需要不断地学习，才能适应这种变化。这就是在20世纪60年代产生"终身教育"思潮的根本动因。

---

① ［德］马克思：《资本论》第1卷，560页，北京，人民出版社，2004。

第十三章　课程改革与教育质量

　　教育发展不仅表现在数量上，更重要的是表现在质量上。教育质量的提高是人们最关心的问题。影响教育质量的因素很多，但课程内容的安排和处理是其中至关重要的因素。课程内容属于教育系统的信息要素，它在教学过程中处于核心的地位。所谓教学过程，实际上就是一个信息传输和变换的过程。在教学过程中，教师要善于把人类积累的关于自然和社会的科学知识（信息），由信息的储存状态变换成信息的传输状态而输出，使学生能有效地接受、处理和储存这些信息，并且反馈给教师，使教师实现对信息传输的最优化的控制。在这个过程中，学生要在接受和处理信息的同时，发展智力，提高能力，完成自身的社会化。

　　本章将分析第二次世界大战后科学技术进步对课程改革的影响，探讨课程改革与教育质量的关系。

第一节　科技革命与课程改革

　　第二次世界大战以后，科学技术有了惊人的发展，这就使得学校教育的内容远远落后于现状。许多科学家认为，中小学教育的内容陈旧、落后，至多只反映了19世纪末期的科学成就。美国科学家艾伯特·贝兹在《世界科学教育的革新》一文中说，"教科书不再代表科学界的观点了"，教师仍然"把科学知识作为一成不变的东西灌输给学生"①。这种状况引起了科学家的注意，他们竭力主张改革教育内容。

新的科技革命要求改变陈旧的课程内容和方法，传统的学校教育传授的是死的知识，有些是过时的知识。学校的方法是把这些死的知识记忆下来，正如《学会生存——教育世界的今天和明天》所抨击的那样："那种学院模式至今还受到高度重视……但是今天看来，不仅就工人阶级来说，甚至从实用上考虑对资产阶级青年来说（这种模式本来是为他们设计的），这种模式已经过时和陈旧了。它顽固地维持着前几代人的怪癖。它过分地依赖理论和记忆。它给予传统的、书面的和复述的表达方式以特殊地位，损害了口语的表达、自发精神和创造性的研究。"②它进一步抨击说："最后，这种模式的严重缺点还有：它只为少数有限的专业培养人才，并使这些毕业生，在工作职位缺少时，也不可能（即使是临时性的）转向某些技术性的和实用的工作，因为他们的教师曾教他们藐视这类工作。"③这些话再深刻不过了，用不着再多加解释。怎么办？唯一的出路是改革。

科学技术进步引起的知识爆炸也对教育产生深远的影响。学校教育不可能也没有必要把人类的知识全部教给学生。这就要求一方面，彻底改革教育内容，把最基本、最先进的知识教给学生；另一方面，改革教育方法，要注意培养学生的能力，使他们能够独立思考，举一反三，能够自己去探索和获取新的知识。如果说旧式的教育是教学生学会记忆，把现有的知识接受过来，那么新的教育则要求学生"学会发现"，学会

① ［美］A. V. 贝兹：《世界科学教育的革新》，载《外国教育动态》，1978（17）。
② 联合国教科文组织国际教育发展委员会：《学会生存——教育世界的今天和明天》，上海师范大学外国教育研究室译，14～15页，上海，上海译文出版社，1979。
③ 联合国教科文组织国际教育发展委员会：《学会生存——教育世界的今天和明天》，上海师范大学外国教育研究室译，15页，上海，上海译文出版社，1979。

利用已有的知识，开动脑筋去获得新的知识。

1957年苏联发射第一颗人造地球卫星，更加促进了课程改革的进程。1958年美国国会通过了《国防教育法》，确定了"英才教育"的政策。在教育思想上，随着对实用主义教育思想的批评，结构主义的教育思想在西方流行一时，皮亚杰（J. Piaget）、布鲁纳（J. S. Bruner）是其杰出的代表。1959年，美国科学院在伍兹霍尔召开中小学数理学科教育改革会议。布鲁纳最后综合各专家的意见，写成了结构主义的代表作——《教育过程》。他主张按照学科结构设计课程，使用发现法教学，对儿童进行早期学术和科学训练。在这种思想指导下，美国拉开了长达十多年的课程改革序幕。在美国，由科学家和教师组成了各种教材编写委员会，对中学的课程进行改造，于是相继出现了"新数学""新物理""新化学"等新教材。其中比较有名的有：全美教师协会与美国数学协会共同成立的普通学校数学研究组（SMSG），其从1959年起陆续编出的从幼儿园一直到中学的数学实验课本；美国哥伦比亚大学师范学院成立的中学数学改革研究组（SSMCIS），从1969年至1973年陆续编写的统一的现代数学；由国家科学基金会资助，在麻省理工学院成立的物理科学教学委员会（PSSC）编写的一套中学物理课本《物理学》；由美国化学会成立的化学键研究会（CBAP）和化学教育教材研究会（CHEMS）于1963年分别编写的化学教材；由美国生物科学研究所成立的生物科学课程研究会（BSCS）于1963年编写的三种生物教材。这些教材被译成多种文字，传播到世界各国。

这次改革的一个特点是，许多著名的科学家和大学教授参加了中小学教材的编写工作。过去认为科学家和大学教授只是教授和研究高深的学问，通常不参加中小学的课程改革和教材的编写工作，结果是中小学的教学大纲里经常缺乏或不正确地处理当代科学知识。这次科学家和教授们参与到中小学课程改革和教材编写中来，表明了他们对中小学教育质量的极大关注。

在改革课程内容的同时，关于教学的组织形式和教学方法也有许多实验，包括分组教学制（按学生的能力分组）、灵活的课程安排、程序学习、不分年级的学校、电子计算机辅助教学，以及为生活条件差的学生提供学习计划，等等。[①]

第二节　课程改革运动的反思

美国20世纪60年代的课程改革不能说是成功的，因为改革招来了众多的批评，认为新教材太难、太深，脱离了大多数学生的实际，学生学不了，教师也难以接受。美国物理科学教学委员会的艾伯特·贝兹也承认，中学高年级学生对该委员会编的课程感兴趣的大约只占学生总数的4%。尽管物理科学教学委员会做了很大的努力，注册学习中学物理课的人数却逐年下降。委员会不得不承认："物理科学教学委员会的计划，虽然对科学天才的学生来说是极好的，但是对一般学生以及对科学方法没有什么兴趣或能力的学生来说则太难了，或者可能就不适合。"[②]

课程计划中太强调数学的地位，也是被批评的内容。人们认为新数学不仅太难，而且分量太重，学生负担过重。学生整天埋头于数学习题，埋没了他们的其他兴趣和才能。

新教材片面强调理论知识，脱离实际。批评者认为，新数学只代表数学家、逻辑学家的兴趣，并不符合一般中学生和教师的实际情况，它所注重的是数学的纯理论的抽象的东西，忽略了数学的实际应用和基本训练。

---

① ［美］理查德·D. 范斯科德、理查德·J. 克拉夫特、约翰·D. 哈斯：《美国教育基础——社会展望》，北京师范大学外国教育研究所译，北京，教育科学出版社，1984。
② ［美］A. V. 贝兹：《世界科学教育的革新》，载《外国教育动态》，1978（17）。

保守主义者把美国教育质量的下降归咎于这次教育改革。例如，1978年《读者文摘》1月号上就刊登了一篇文章：《美国教育为什么失败》。作者阿姆伯鲁特把学生成绩的下降归咎于教育改革。他分析了贫困家庭和移民子女的学习成绩没有受影响的原因，得出结论："如果成绩下降根本不能归咎于金钱和家庭环境，那么，又能归咎于什么呢？看来，影响学业成绩的因素就在于学校由于所谓的教学'改革'活动，在很大程度上取消了传统的学科和课程。"恐怕就是在这种思想指导下，20世纪70年代初在美国出现了"恢复基础教育"运动，号召教师们还是采用传统的教育方法，使学生牢固地掌握读、写、算（3R）的基本知识和技能。

分析美国20世纪60年代的教育改革，有几点教训是值得吸取的。

教训之一：课程改革与20世纪60年代科学技术发展的形式是相适应的，但是课程改革不仅要适应科学技术的发展，而且要遵循教育的内部逻辑，要适应受教育者的认识规律和年龄特征。科学体系不能代替学科体系，科学知识必须根据教育学和心理学的理论加以改造和组织，才能成为学生接受的课程。60年代美国的课程改革缺乏对后一个因素的充分考虑，后来各国教育改革吸取了这个教训，课程的现代化得以推进。

教训之二：课程改革仅仅考虑培养英才，没有考虑到社会生活的需要和学生就业的需要。正如布鲁纳在1971年写的《教育过程再探》中所说的：20世纪60年代的开始阶段"过于理想主义了"。他总结十年教育改革的经验，改变了凭借课程的内容去改革学校的想法，而是主张把学校全部改组，以满足社会的需要。

教训之三：缺乏对教师的培训。新教材不仅学生难以接受，许多教师也反映不能适应。恐怕主要是教师不适应，才影响到学生不适应。教师的知识没有更新，难以掌握教材中的新内容，更无法教给学生。后来苏联在课程改革中吸取了这个教训，一边编新教材，一边培训教师，用了整整十年，才把新教材过渡完毕。

总之，不能说20世纪60年代的课程改革降低了教育质量，虽然它不是没有缺点的，不是不可批评的，但60年代的教育改革确实培养了一大批人才。它对教育质量的影响是积极的，而不是像保守主义者们批评的那样是消极的。教育质量下降，更多的还是社会原因。当然，不是说教育内部没有可以改善的地方了，教育必须不断改革，以适应社会不断变化的需要。

第三节　教育质量问题剖析

自从1957苏联人造地球卫星上天，一直到20世纪80年代，教育质量下降的阴影始终笼罩着教育界。但是什么叫教育质量，教育质量的标准是什么，需要有一个清晰的界定。孔布斯在他的著作《世界教育危机——八十年代的观点》中对教育质量问题有一段阐述。他说："比起习惯上定义的教育质量以及根据传统的课程和标准判断学生学习成绩从而判断的教育质量，这里所说的'质量'还包括教和学的'相关性'（relevance）问题，即教育如何适应在特定环境与前景下学习者当前和将来的需要，还涉及教育体系本身及构成教育专业要素（学生、教师、设备、设施、资金）的重要变化，目标、课程和教育技术以及社会经济、文化和政治环境等。"[1]他认为，教育质量不是一个静态的概念，应该是动态的，"质量和水平是相对的，是根据特定的时间、地点以及特定的学习者和他们的环境相对而言的"[2]。

这就是说，教育质量问题不能只看传统意义上的学习成绩，而是要

---

① ［美］菲力浦·孔布斯：《世界教育危机——八十年代的观点》，赵宝恒、李环等译，114页，北京，人民教育出版社，1990。

① ［美］菲力浦·孔布斯：《世界教育危机——八十年代的观点》，赵宝恒、李环等译，114页，北京，人民教育出版社，1990。
② ［美］菲力浦·孔布斯：《世界教育危机——八十年代的观点》，赵宝恒、李环等译，116页，北京，人民教育出版社，1990。

看教与学是否适应不同社会条件下学习者的需要，笼统地讲教育质量问题是没有意义的。衡量发达国家的教育质量和发展中国家的教育质量不能用一把尺子。"适合当今后工业社会中成长的十多岁青少年的教育就不会同样适合阿富汗、上沃尔特或巴拉圭的同龄人。"①同时，在同一个国家里用少数英才的学习成绩去衡量大众的学习成绩也是不恰当的，教育质量是要适应每个学习者的不同需要。

美国高质量教育委员会发布的《国家处在危险之中：教育改革势在必行》的报告对高质量教育下了一个定义：它"意味着"每个学习者无论在学校还是工作岗位，应在个人能力的极限上工作，从而考验本人的极限，并把这种极限推向更高。它说："高质量指的是一个学校或学院为全体学生规定了高标准和目标，然后想方设法协助学生达到这些目标。"②

不管用什么标准来衡量，20世纪六七十年代以来教育质量下降，并非危言耸听，而是确实存在的，其主要表现在以下几个方面。

第一，学业成绩下降。美国高质量教育委员会1983年的报告提出十多条学生学业成绩下降的表现，例如，17岁的美国青年中，约有3%可以说是半文盲，少数民族中，半文盲的青年高达40%；在大多数标准化考试中，中学生的平均成绩低于26年前苏联发射卫星时的水平；大学委员会的学术性向测验表明，实际上，从1963年到1980年的成绩年年下降，语文平均分数下降50分，数学平均分数下降将近40分；17岁的理科学生成绩连续下降等。报告指出，美国中学课程趋向于单一化，难度下降和内容分散，以致不复有一个中心目标。学校开出的课程是"简易食堂式

---

① ［美］菲力浦·孔布斯：《世界教育危机——八十年代的观点》，赵宝恒、李环等译，117页，北京，人民教育出版社，1990。

② 国家教育发展与政策研究中心：《发达国家教育改革的动向和趋势（第一集）——美国、苏联、日本、法国、英国1981—1986年期间教育改革文件和报告选编》，北京人民教育出版社，1986。

的课程，在那里很容易把正餐前的开胃品和餐后的甜点心认为是主菜"。很多学生选修一些要求不高、为个人服务的课程，如怎样过单身生活。13个州规定，中学毕业所需要学习的课程中，选修比重可达50%，甚至50%以上。调查还发现全国只有8个州要求中学开设外语课，但是没有一个州规定外语必修。有35个州只要求学一年数学，36个州只要求学一年科学即可拿到文凭。[①]法国在20世纪80年代初的一项调查表明，1976—1981年初中二年级的留级率由5.8%增加到11.84%，初中毕业班留级率由6.8%增加到8.86%，高中毕业会考中，成功率仅为60%～70%；大学生没有得到文凭就离开学校的达大学生总数的2/3，在得到文凭的学生中，也有2/3的人因为留级而使学习时间超过了规定的期限。[②]其他国家也有类似的现象。

第二，青少年吸毒、酗酒，犯罪率增加，破坏学校纪律的现象日益严重。美国教育部在20世纪80年代初曾就少年学生违纪问题做过多次调查，统计表明，每年有28万中小学生在校内遭到不同程度的攻击，11.2万人被武力抢劫，240万人被偷盗。密歇根州一个调查机构的材料表明，大约有1/5的教师受到过攻击。少年酗酒、吸毒是促成他们犯罪的原因之一。据统计，全年酗酒者有250万人，大约有400万名12～17岁的青少年平均每日至少吸一次毒品。[③]日本青少年犯罪也相当严重，校内暴力已成为日本的社会问题。人们普遍反映，青少年道德水准下降，人际关系淡漠。

第三，毕业生就业困难，失业人口增加。失业问题并非教育质量问题，但用教育是否适应学习者的需要这一点来衡量，失业就与教育质量有某些联系。有些失业是结构性的，即受过一定教育的人找不到相应等

---

① ［美］菲力浦·孔布斯：《世界教育危机——八十年代的观点》，赵宝恒、李环等译，117页，北京，人民教育出版社，1990。
② 邢克超：《法国教育发展与失望的二十年》，载《外国教育动态》，1982（4）。
③ 刘久胜：《美国少年学生犯罪严重》，载《外国教育动态》，1986（3）。

级的工作。尤其在发展中国家，他们接受的教育是发达国家的翻版，并不适合发展中国家的青少年。

教育质量的下降有着众多原因。20世纪五六十年代教育发展的规模是空前的。教育在数量上的发展必然会带来质量上的问题，事实是很明显的。当教育还不能普及大众的时候，上学总带有选拔性，这种教育属英才教育的性质。当时，学生为了升入高一级学校，就要依靠自己的努力去参加激烈的竞争。现在教育普及了，上学已经不成问题，学生就缺乏竞争的激励，同时鱼龙混杂，有些学生并非真正有上学的意愿，而是大家都在学习，他也随大流进了学校，其学习动力是有限的。在这种情况下，即使仍有少数英才保持着一部分高质量的教育，但整体教育质量相对下降是可以预见的。

但是原因并不全在于此。社会动荡不安，东西方的对立和冷战，越南战争，再加上世界经济衰退带来的青年人失业，使许多青年心情不安，为什么20世纪60年代青年学生的动乱是世界性的就不足为怪了。

世界经济衰退对教育的影响是十分严重的。它不仅影响到教育预算和教师的工资，而且冲击着学生的希望——就业前景；影响到对课程的选择；加重了本来已经很严重的教育弊端——追求一纸文凭，即目的不是真正学到知识和技能，而是为了一种学历证明，以便有利于将来在市场上的竞争，获得更好的职业。

社会的剧烈变化影响着教育质量，西方工业化国家离婚率在20世纪七八十年代达到了高峰，不少国家达到40%以上。由于家庭破裂，单亲家庭比例增加，青少年得不到正常的父母之爱，于是去社会寻求同伴之爱，很容易沾染上酗酒、吸毒的恶习。有些家庭虽然没有破裂，但由于参加工作的母亲增加，脖子上挂着钥匙的孩子在街头游荡，父母花在教育子女上的时间越来越少，两代人之间隔阂加深，这一切无不影响到学校的教育质量。

由于科学技术的发展，各种信息媒体进入家庭，电视机、游戏机成为孩子们最宠爱的伙伴。有不少孩子迷恋这些电子媒体，每天把几小时甚至更多的时间花在电子游戏机上，不仅荒废了学业，而且影响了孩子的身体健康。电视机中的暴力、色情内容严重地损害了孩子们的心理品质，青少年犯罪率日益严重，许多家长为孩子的安全担忧。

多数发展中国家照搬了西方发达国家城市学校以升学为目的的教育模式，独立以后只注意在历史、地理等课程中消除殖民主义影响，却没有从根本上对整个学校进行改造。这种教育在独立初期，为了培养高级管理人才或技术人才时尚能适应一时，但随着教育的逐渐普及，它的弱点逐渐暴露出来。只有把它改造为符合本国国情，适应广大青年升学和就业等多种需要的学校，才能真正提高我们在前面所界定的那种教育质量。

科学技术的发展及其在社会中的应用，要求课程内容不断更新。科技教育（STS课程）、人口教育、环境教育、反吸毒教育等，都需要充实到课程中来。联合国教科文组织也极力鼓励在学校课程中引入这些新的科目，但是教育目标越来越扩大，教育内容越来越多，势必加重学生的负担，不利于学生的发展。

传统教育观念的干扰也是教育质量下降的重要原因。虽然社会对学校提出了多种需求，但是许多家长的传统观念还是要求学生不断升学，追求高学历。尤其在东方国家，学历主义倾向更为严重，由此产生了严重的教育弊端。

在日本，学生由于追求考上名牌大学，需要通过重重考试。父母则强调孩子学习，从小学开始就送孩子上私塾补习功课或者聘请家庭教师补课，造成学生学业负担过重，心理压力沉重。学生厌学、学业荒废、校园暴力等违纪现象由此而生。

在中国，片面追求升学率成为教育中的顽症。为了追求升学率，一些地方教育当局和家长不断给学校和教师施加压力。学校只是围着高考的指挥棒转,于是,考试复习资料泛滥成灾。题海战术,模拟考试,使得学生学业负担过重,没有自主学习的权利。由于学校把全部精力放到升学上,忽视学生的德育和体育,学生的智力也得不到全面发展。学生只会应付考试,缺乏解决问题的能力,创造能力被压制。虽然教育界人士都认识到这种弊端的严重性,而且许多地方开展了各种教育改革的实验来克服这种弊端,但要从根本上解决这个问题并非易事。

影响教育质量的因素是多方面的,除了外部因素之外,教育内部诸多因素也在影响着教育质量。孔布斯把这些因素理解为目标、课程、教师、教材和教育技术五种。我们认为,这还不够,最重要的还有支配教育目标、课程和教师的教育思想。教育思想是无形的,难以捉摸的,但确实是存在的。教育思想不仅反映了一个时代的价值观,而且受一个国家、一个民族文化传统的影响。任何一次教育改革,总是在外部环境变化的冲击下引起教育思想的变化,从而影响到教育目标、教育课程和教学方法的改革。然而,任何一次教育改革又必然会与传统教育观念相冲突,经过几番较量才能形成一种新的思想,教育改革也就会深入一步。

第四节　提高教育质量的措施——20世纪80年代以来的教育改革

20世纪80年代以来,世界各国都在进行教育改革,各种方案如雨后春笋般地出现。各国政府都认识到,教育关系到国家的综合国力,关系到国家在21世纪的竞争能力。教育改革的重点集中在提高教育质量,培养21世纪的人才上。各国采取了不同的措施,现举例如下。

一、《美国2000年教育战略》

1991年4月18日,美国总统布什发表了《美国2000年教育战略》,提出到2000年要达到的六项目标。

①所有的美国儿童入学时乐意学习。

②中学毕业率将至少提高到90%。

③美国学生在四年级、八年级、十二年级毕业时，已证明有能力在英语、数学、自然科学、历史和地理学科内容方面应付挑战；美国的每所学校要保证所有的儿童合理用脑，以使他们为做有责任感的公民，为进一步学习，以及为在现代经济中谋取有创建性的职业做好准备。

④美国学生在自然科学和数学方面的成绩居世界首位。

⑤每个成年美国人将能读书、写字，并将掌握在全球经济中进行竞争的能力。

⑥每所美国学校将没有毒品和暴力，并将提供一个秩序井然的有益于学习的环境。

为了达到这些目标，报告分四部分，即为今天的学生，为明天的学生，为昨天的学生（今天的劳动者）及社区，提出了不同的措施。为今日的学生，确定5门核心课程的世界标准，建立学业考试制度；设立"优异成绩总统奖""总统成绩奖学金"；允许家长自行选择学校，实行教师优薪政策等。为明天的学生，创建新型美国学校：到1996年，将在每个众议员选区至少创立和建设1所新型美国学校，首批将有535所。对于昨天的学生，总统要求成年公民"回到学校中去"，使整个国家成为"全民皆学之邦"。对于社区，美国要求彻底更新公民的价值观——诸如家庭凝聚力、家长责任心、邻里互助、教会与全社区的关系、公民组织、商业、劳动和新闻媒介等对教育的责任感，要为社区达到六项教育目标制定策略，做好准备。①

克林顿执政以来，以追求教育质量优异为目标的美国教育改革进一

---

① 国家教育发展研究中心：《发达国家教育改革的动向和趋势（第四集）——〈美国2061计划〉〈美国2000年教育战略〉等》，北京，人民教育出版社，1992。

步深入发展，提出了《2000年目标：美国教育法》，将布什提出的国家教育目标提交国会通过，完成了立法程序。

二、《英国1988年教育改革法》

《英国1988年教育改革法》确定了全国统一的课程——数学、英语（在威尔士使用威尔士语的学校还包括威尔士语）、科学、历史、地理、工艺、音乐、艺术和体育；现代外语全国课程设置委员会对公立学校的课程设置进行全面审查，并向国务大臣提供咨询；设立学校考试和评定委员会，全面审查考试和评定工作。①

三、日本临时教育审议会关于教育改革的咨询报告

日本首相中曾根康弘于1984年成立了首相府教育咨询机构——临时教育审议会，该组织历时三年多，召开了90次全体会议，670多次分组会议、专题会议和14次公众听取会，分别于1985年6月、1986年4月、1987年4月和1987年年底发表咨询报告，提出8项基本思想：①重视个性的原则。②重视基础。③培养创造性思考能力和表达能力。④扩大选择受教育的机会。⑤教育环境中的人与人之间的关系。⑥向终身教育体系过渡。⑦适应国际化的社会。⑧适应信息化的社会。临时教育审议会的报告认为，展望未来，教育发展的主要趋势是三个进展：国际化的进展、信息化的进展和成熟化的进展。面对教育的发展，21世纪教育目标有三个方面：①宽广的胸怀、健康的体魄、丰富的创造力。②自由、自律与公共精神。③世界之中的日本人。报告提出，以21世纪教育目标为基础，调整教育体系的基本方向，建立新型的、灵便的教育网络。这个网络应当成为能够把家庭教育、学校教育、社会教育、职业能力的开发、信息服务等教育活动，与人的年

---

① 国家教育发展与政策研究中心：《发达国家教育改革的动向和趋势（第三集）——苏联、日本、法国、英国、美国1988年期间教育改革文件和报告选编》，北京，人民教育出版社，1990。

龄阶段联系起来的综合的、有成效的、多层次的教育协作网。[①]

各国的教育改革为提高教育质量，呈现出以下共同趋势。

第一，面向21世纪，提出高质量的教育目标。教育是未来的事业，今天在学校学习的学生，主要在21世纪走向社会，即使昨天已毕业的学生，仍然大部分要进入21世纪。因此，教育目标不是简单地适应今天社会的需要，更重要的是适应未来世纪的需要。

第二，要加强基础知识教育和基础技能的训练。前面讲到过，1990年3月世界全民教育大会提出"满足基本学习需求"。所谓基本学习需求，是指人们生存、提高生活质量及继续学习所必需的知识、技能、态度和价值。为了达到这个目标，各国教育改革都提出了中小学生必须学习的基本课程（或称"核心课程"），并加强对这些课程的考核和评定。在中小学阶段强调读、写、算的基础训练，在中等教育阶段则强调教育内容的多样化，处理好必修科目和选修科目、普通教育与职业教育的关系。

第三，培养批判思维能力和创造思维能力。所谓批判思维，是指对事物及其关系有判断的能力。当今社会是开放社会、信息社会，来自多种媒体的信息不断涌向学生，学生必须具备判断是非、评估价值高低的能力。从20世纪80年代起，美国一些重要的教育咨询机构如高质量教育委员会、卡内基基金会、洛克菲勒人文科学委员会等，都呼吁重视批判思维的培养。

创造思维能力的培养尤为各国教育改革所关注。面向21世纪，适应社会变化的需要所必备的素质和能力就是创造思维能力。中国1985年发布的《中共中央关于教育体制改革的决定》就提到，要培养学生"不断追求新知，具有实事求是、独立思考、勇于创造的科学精神"。

为培养学生的创造思维，有些国家还开设了思维科学的课程，但主

---

① 瞿葆奎、钟启泉：《教育学文集·日本教育改革》，北京，人民教育出版社，1991。

要是在各科教学中通过启发式、参与式教学来培养学生的创造思维。

第四，重视道德教育。高度的物质文明带来了人际关系淡漠、道德堕落、青少年犯罪率增加的负面影响，因此，各国教育改革普遍重视道德教育。道德教育的含义也在不断扩大，不仅包括个人对他人、对社会的关心，而且包括个人对自然、对环境的关心。1989年年底在北京召开的面向21世纪教育国际研讨会上，世界各国的代表都谈到要教育学生"学会关心"，关心他人，关心环境，对社会有责任感。澳大利亚代表、未来委员会主席埃利雅德博士引用柯林·博尔的话说：一个人要想在20世纪90年代成功，必须掌握三张教育"通行证"。这三张通行证是：学术性通行证，体现教育的传统作用，强调读写和运算能力，强调取得者要获得能使自己在社会上有意义的、起满足自我作用的知识；职业性通行证，指在一个技术快速变化的世界进行劳动所需要的教育；事业心和开拓技能的通行证。他认为，革新取决于三方面的素质，即创造性、事业心和开拓技能。①

各国在开展道德教育方面主要有三种模式：第一种是以宗教教育方式开展，如英国、德国等国，在学校设立宗教课程；第二种是设立公民课程，如法国、日本等；第三种是不设课程，在各种教学和课外活动中进行。

总之，20世纪80年代以来的教育改革着眼于教育质量的全面提高，不限于学习成绩的提高。

---

① 国家教委国家教育发展研究中心等：《未来教育面临的困惑与挑战：面向21世纪教育国际研讨会论文集》，67页，北京，人民教育出版社，1991。

第十四章　教育资金经费筹措与分配

　　教育资金是教育发展的基础，是教育系统得以运转的基本条件，是教育系统的财物要素，因此，它是比较教育研究中不可缺少的课题。关于教育资金投入的估算，是一个非常复杂的问题，由于计算方法不同，可以得出完全不同的结论。国际通用的教育资金投资的概念，是按照联合国教科文组织的统计年鉴所做的解释，即指一个国家的"公共教育经费"，它包括根据国家宪法构成的各级政府部门的教育经费支出，不包括私人和企业的教育投资，以及国外提供的教育贷款和援助。公共教育经费包括两部分：一是教育经常费，又称"教育事业费"，指用于学校的日常运行所需的教职工薪金、学校图书设备、学生奖学金、福利服务、校舍维修、校园绿化等方面的开支；二是教育基本建设费，指用于购买房地产、校舍建筑、大型教学设备等方面的开支。教育经费的投入与国民经济增长密切相关，经济发展制约着教育经费投入的数量，教育经费投入的多少又反过来可以促进或阻碍经济发展。

第一节　教育资金投入的状况

　　众所周知，20世纪五六十年代是世界教育大发展的年代。这种发展有着广阔的社会背景。世界由战争年代转入了和平时期，儿童出生率大幅度提高，政治的民主化导致教育的民主化，使教育的需求不断增长；刚刚独立的民族民主国家，迫切希望摆脱殖民主义的影响，积极发展教育，培养自己所需要的干部，也促进了教育的发展。但刺激教育需求大幅度增长的最主要原因还在于战后一段时期世界经济进入了一个快速增长的阶段，再加上人力资本理论起了推波助澜的作用，教育资金的投入在这些年代确实是十分可观的（见表14-1）。但好景并不长，20世纪70年代以后，随着资本主义经济危机引起的经济萧条和受教育者的失业，教育资金逐渐陷入了困境。虽然历年教育资金都有所增长，但教育经费的紧缺一直困扰着教育部门的官员和众多的校长。

表14-1　教育资金增长表

项目	类型	1960年	1965年	1970年	1975年	1980年	1985年	1988年	1990年
占GNP之比/%	世界	3.4	4.9	5.3	5.7	5.5	5.6	5.5	5.0
	发达国家	4.0	5.1	5.6	6.0	6.0	6.0	5.8	5.2
	发展中国家	2.3	3.0	3.3	3.9	3.8	4.1	4.1	3.9
人均教育经费/美元	世界	—	38	58	109	133	131	—	202
	发达国家	—	87	140	270	426	450	—	750
	发展中国家	—	5	7	20	30	27	—	38

注："—"表示未获得数据。
资料来源：《联合国教科文组织统计年鉴》1978/1979年，1993年。

从表14-1可以看出世界各国教育投资均呈上升趋势。世界教育总投资占国民生产总投资的比例从1960年的3.4%上升到1988年的5.5%，其中发达国家从4.0%增加到5.8%；发展中国家从2.3%增加到4.1%。人均公共教育资金也从1965年的38美元增加到1990年的202美元。其中，发达国家从87美元增加到750美元；发展中国家从5美元增加到38美元。从表14-1中我们可以看到，发展中国家的教育经费占国民生产总值的比例增长比发达国家要快。这是因为发展中国家教育水平本来就较低，同时在独立发展自己的经济中，要利用外国的先进技术，对劳动力和专门人才的需求比较迫切，因此就尽可能地增加教育投资，大力发展教育事业。而发达国家原来的教育水平就比较高，教育投资也比较高，增长到一定限度后，教育投资的比例基本上稳定在一个水平，不可能无限制地增长。教育投资占国民生产总值比例的增长还说明，教育投资的增长率高于国民经济的增长率，即教育投资超前于国民经济的增长。

既然教育资金呈增长趋势，为什么还说教育资金越来越紧张呢？

首先，教育需求在不断增长。无论是在发达国家还是发展中国家，教育需求都在增长，尽管增长的内容有所不同，发达国家的需求主要表现在高等教育和继续教育方面，发展中国家则远远没有普及初等教育，识字率还很低，教育需求主要表现在普及初等教育和扫除文盲方面，但都需要不断增加教育投入。尤其是发展中国家，普及初等教育还需要投入大量的资金，但事实上又难于做到。

其次，通货膨胀的冲击。教育经费从表面上看虽有所增长，但是由于通货膨胀抵消了这种增长，教育开支实际上没有增长，甚至正在下降。根据世界银行的发展报告，1970—1981年各类国家通货膨胀率都比较高，34个低收入国家平均年膨胀率为11.2%（20世纪60年代仅为3.5%），中上收入的发展中国家为18.6%（20世纪60年代为3%）。①通货膨胀直接影响教师的薪金，教师的薪金跟不上生活费用的上涨，教师的实际收入下降了，他们的积极性严重受挫，教育质量当然也受到影响。

最后，教育成本不断增长。除了通货膨胀影响教育费用外，教育技术的进步也使得学校需要不断添置或者更新仪器设备。新科技的教育设

---

① ［美］菲力浦·孔布斯：《世界教育危机——八十年代的观点》，赵宝恒、李环等译，北京，人民教育出版社，1990。

备，如电视机、录像机、电脑等，都是很昂贵的。对发达国家来讲，这些先进的机器已经进入日常生活，当然也就成为学校必备的教学设备，但添置这些设备需要大量资金。对发展中国家来说，除了大城市中个别学校外，绝大多数学校只能望洋兴叹。

实际教育费用上涨的原因还在于教育是一种劳动密集型行业，它不像其他行业可以通过技术改造降低成本。教育不因使用教育技术而减少教师人数，而教师的工资需要不断增加，这就更加重了教育经费的紧张。

在所有教育类别中，高等教育每个学生的平均实际费用上涨得最快。许多调查表明，发达国家每培养一个大学生所需费用为培养一名小学生所需费用的2～3倍，但大多数发展中国家为10倍，甚至有的高达30～40倍。因此，对发展中国家来说，既要普及初等教育，又要培养高级人才，其负担比发达国家更为沉重。

第二节　教育资金投入的几个指标

联合国教科文组织统计教育和比较教育时常引用三个指标：公共教育经费与国民生产总值的比例（PEE/GNP）；国家的教育预算与国家总预算的比例；教育经费用于每个居民的数额。这三个指标也标志着一个国家的成就，即国家发展的程度。但我们在研究教育资金是否实际增长时还有一个不可忽视的指标，即每个学生所需的教育费用（生均教育经费）。现在我们就分别讨论这些问题。

一、公共教育经费与国民生产总值的比例

据联合国教科文组织的统计，自1960年至1975年世界所有地区公共教育经费占国民生产总值的比例一直是稳步增长的（见本章第一节的表14-1）。也就是说，十多年来，教育经费在国民生产总值中所占的份额越来越大，尤其是亚洲国家，有较明显的增长。但1975年以后，情况发生了变化，教育经费占国民生产总值的比例下降了。从世界范围来讲，从1975年的5.7%下降到1990年的5.0%。其中，发达国家从6.0%下降到5.2%，发展中国家则持平，这与当时发达国家的经济萧条有关。当然，一个国家有多项支出，教育的份额不可能永远增长。但是从教育需求来讲，其增长速度远远超过国民生产总值增长的速度，所以不能不说这是一个难以解决的矛盾。从20世纪90年代的情况来看，发达国家教育经费与国民生产总值的比例稳定在5.2%，发展中国家则平均在4%左右。

同时，应该考虑到，国家在教育上的支出占国民生产总值的比例的增长，不能完全表明教育费用的实际增长。因为教育经费有相对的稳定性，而且增长以后难以降下来。因为教育周期较长，教育发展规模的调整是相当困难的，而国民生产总值的增长与否是不稳定的。多年来，许多国家经济不景气，国民生产总值的增长很缓慢，有的停滞不前，有的甚至负增长，在国民生产总值负增长的情况下，教育经费份额不变，则教育经费所占国民生产总值的比例也会增长，而实际教育经费并未增长。

在研究公共教育经费占国民生产总值的比例的时候，应该考虑到一个国家的发展水平，处于相同发展水平的国家才有可能比较。因此，需要研究适合一个国家经济发展水平的教育经费支出占国民生产总值的比例。美国经济学家罗斯托援引世界银行的资料，分析比较了100个国家在1950—1970年人均国民收入的变化及教育经费占国民生产总值的比例，提出了一个教育经费"世界平均值"，如表14-2所示。

表14-2　教育经费的世界平均值

人均国民收入/美元	<100	100	200	300	400	600	800	1000
教育经费占GNP之比/%	2.6	3.3	3.3	3.4	3.5	3.7	4.1	4.3

资料来源：
罗斯托：《世界经济》，1978年。

二、国家的教育预算与国家总预算的比例

这个指标要比教育经费占国民生产总值的比例可靠得多，因为它不受国民生产总值增长与否的影响，反映了国家总支出中用于教育的份额，同时反映了它与其他公共事业之间的关系，从而使人们了解到教育事业在这个国家被重视的程度。这个指标可以用本国货币来统计，体现了本国的价格动态，因而可以避免由于转换成美元而造成的误差。

1960—1975年，各国教育预算与国家总预算的比例也是增长得很快的。发达国家的平均比例从1960年的11.3%上升到1974年的15.6%，而发展中国家的比例在同一时期从11.7%上升到15.1%，在20世纪90年代大致稳定在15.1%。当然，这些数字只表明一个中等平均水平，实际上各国的差别还是很大的，尤其是发展中国家，差别就更大。

三、教育经费用于每个居民的数额

从表14-1中可以看出全世界的指标是逐步上升的，而且增长得比较快，不论是发达国家还是发展中国家，都增加了6倍多。但如果扣除通货膨胀的指数，再加上学生人数的增加，则每个居民的教育经费是否增长就难以估计了。

四、生均教育经费

生均教育经费即教育经费分配到每个学生身上的份额。本来这个指标是最能说明问题的，因为每个学生教育经费的增长，说明教育条件得到改善（当然还要扣除通货膨胀的指数），教育质量得以保证——当然，生均教育经费的投入还有一个投资效益问题，但是生均教育经费的绝对数额，由于不同国家经济发展水平不同，生活指数、物价指标不同，难以相互比较。联合国教科文组织采用生均教育经费指数的办法来加以比较，是较为科学的办法。所谓生均教育经费指数，是指生均教育经费与人均国民生产总值的比，以Ce来代表：

$$Ce（相对年生均教育经费指数）= \frac{生均教育经费}{人均国民生产总值} \qquad （式14-1）$$

从表14-3可以看出，各国生均教育经费的指数在中小学相差甚微，但高等教育差别较大。特别是中国对高等教育的投入比所有国家都大，说明中国高等教育的费用是相当昂贵的。

表14-3　生均教育经费指数

国别	年度	Ce		
		Ce_1（学前、小学）	Ce_1（中学）	Ce_3（高等学校）
美国	1980	—	—	—
	1990	0.13	0.35	0.21
英国	1980	0.14	0.22	0.80
	1990	0.15	0.27	0.42
法国	1980	0.11	0.20	0.29
	1990	0.12	0.21	0.23
德国[*]	1980	0.11	0.16	0.31
	1990	0.10	0.18	0.29
日本	1980	0.13	0.17	0.21
	1990	0.14	0.16	0.49
韩国	1980	0.11	0.10	0.16
	1990	0.12	0.11	0.06
印度	1980	0.09	0.14	0.72
	1990	0.11	0.15	0.83
中国	1980	0.04	0.13	3.62
	1990	0.05	0.15	1.93

注："—"表示未获得数据；*指联邦德国。
资料来源：
联合国教科文组织：《世界教育报告》，1993。

第三节　教育资金的筹措

教育投资来源是多方面的，概括来讲，大致有以下几种渠道：①国家投资，又分中央政府支出和地方政府支出；②学生交纳的学杂费；③私人和企业社团捐赠；④学校产业的增值。以上几种来源各占的比例因国情不同，各国都不相同，但大体可以分为两种类型。

第一种类型是由国家和地方政府负担全部或主要教育资金。属于这类国家的有中国、朝鲜、俄罗斯、挪威、荷兰、德国、爱尔兰、科威特、马来西亚、埃及、摩洛哥等国。

第二种类型是以国家和地方政府为主，其他来源为辅。属于这类的国家有美国、日本、英国、意大利、印度、巴西等国。

第一种类型的国家，其教育资金来源有以下一些特点。

第一，资金来源比较单一，基本上由国家财政拨款。

第二，几乎不收学费，国家还设立奖学金或助学金制度，如中国，中学不收学费，只收少量杂费和书本费，高等学校则实行奖学金制度。1994年开始在高等学校收取学费，但学费较低，且有些专业，如师范、地矿等专业仍不收学费，国家补给奖学金，学费占教育资金来源的极少部分。又如，法国中等教育、初等教育、职业教育的全部及高等教育的一部分也免费。

第三，高等教育的经费有小部分来源于科技成果的转让和与企业的科研合同。

这类国家近年来也在通过多渠道筹措教育资金。特别是中国，由于开始由计划经济向市场经济转轨，学校利用市场的开放，经营各种企业筹措资金（创收），以弥补教育资金的不足。

第二种类型的国家在经费来源上有以下特点。

第一，经费来源多样化，除政府拨款外，还有学生缴纳的学费、各种团体和私人的捐助等。如日本，高等学校中私立学校占73.5%（1991年），它们除得到政府的少量补助金（约占15%）外，主要经费来自学生缴纳的学费。

第二，在教育经费总额中，来自各级政府的拨款仍占主要部分，美国、日本等国都在3/4以上。

有一点对两种类型的国家都是共同的，即义务教育阶段是免费的，公共教育经费主要由政府拨款。现在我们分别来考察几个主要国家的经费来源。

美国教育经费来源是多渠道的，但在公共教育经费中，政府提供的份额最大，一般在70%以上，用于公立学校的超过80%（见表14-4）。政府拨款中，州政府和地方政府又占了主要份额，约占70%以上。在初、中等教育的经费中，州政府和地方政府拨款占80%以上，在高等教育拨款中则占32%。可见，政府的教育经费是向初、中等教育倾斜的。

表14-4　美国各级各类学校经费来源（1984—1985年）　　　　%

类别	公私立总计				公立总计				私立总计			
	联邦	州	地方	其他	联邦	州	地方	其他	联邦	州	地方	其他
各级学校	8.5	38.7	25.7	27.1	7.8	47.5	31.6	13.2	11.7	1.4	0.5	86.4
初、中等学校	6.0	4~4.5	40.9	8.6	6.5	48.6	44.6	0.3	—	—	—	—
高等学校	12.4	29.9	2.6	55.1	10.6	45.1	3.6	40.7	15.9	1.9	0.6	81.6

注："—"表示未获得数据。
资料来源：*Digest of Education Statistics 1987*。

日本的教育经费大部分由各级政府提供，主要用于义务教育。高等学校大部分是私立的，政府只给予少量补贴（见表14-5）。

表14-5　日本教育经费负担（1984年）　　　　　　　　%

类别	总计	国立	公立	私立
总额	100	9.0	67.0	24.0
国库负担	26.9	100	24.4	6.3
地方负担	52.5	—	75.2	8.9
学杂费	1.1	—	0.4	3.3
其他	19.5	—	—	81.5

注："—"表示未获得数据。
资料来源：《日本教育年鉴（1987年）》，转引自王显明、国家教委教育经费研讨组：《教育经费与教师工资》，北京，教育科学出版社，1988。

英国和德国政府所负担的教育经费中，州和地方政府负担占绝大部分，均在90%左右。在大学的经费中，英国中央政府占75%以上；而德国主要是州政府负担，占90%以上，但高等学校可以从联邦各部门和企业获得科研经费的资助。

在发展中国家，教育经费中有一部分来自世界银行的贷款及其他援助项目。世界银行自1962年开始资助教育投资计划，以后有较大幅度的增加。它的政策也有很大的改变。起初，世界银行规定教育贷款不得用于初等教育，也不得用于文理科大学院校，只能用于与计划项目密切相关的工程、技术、管理或职业教育。而现在，世界银行既投资初等教育和基础教育（包括非正规教育），也投资技术和职业教育及师资培训，同时，还投资课程改革、学校教科书、其他教育软件建设和学校基本建设与设备。[1]世界银行教育投资的策略如下。

第一，只要资源具备和条件许可，便应向所有儿童和成年人提供基础教育，在所有层次上发展正规和非正规教育。

第二，为了提高生产力和促进社会公平，应当不分性别、种族背

---

① George Psacharopoulos and Maureen Woodhall：《教育投资分析》，薛伯英等译，台北，五南图书出版公司，1991。

景、社会与经济地位，向所有人提供教育机会。

第三，教育体系应当最大限度地努力提高管理、分配和资源利用方面的内在效率，以便增加受教育者数量和改善教育品质。

第四，教育应当与工作和环境联系起来，以便从数量和品质两个方面提高受教育者经济地位、社会地位和其他发展所必需的知识和技能。

第五，为了实现这些目标，发展中国家需要扩大和保持它们各自机构的潜力，以便对教育和训练计划进行设计、分析、实施和评估。[1]

世界银行在20世纪80年代，为教育和培训提供的贷款为平均每年7亿美元。在1990财政年度，这一数字增加了一倍多，达到近15亿美元，1991财政年度的数额高达22.5亿美元；而在1992财政年度中，对所有形式的教育项目的贷款额共计18.84亿美元。20个国家的26个项目得到了批准。贷款的策略是支持广泛的教育改革和发展战略，主要用于扩大教育机会，尤其是初等教育和为生活条件差的儿童提供教育；提高各级教育的质量；提高该部门中资源使用的效益。[2]

世界银行贷款从总数来讲数额不小，但对教育经费十分困难的发展中国家来说，也不过是杯水车薪。

目前，不论哪种类型的国家都在采取多渠道集资的办法，开辟多方财源，以克服学校经费的拮据。

第四节　教育资金的分配

教育资金的分配是指教育资金用于初等教育、中等教育、高等教

---

① George Psacharopoulos and Maureen Woodhall：《教育投资分析》，薛伯英等译，台北，五南图书出版公司，1991。
② 世界银行：《世界银行1992年度报告》。

育的比例份额。它反映了一个国家的教育政策，同时也影响到教育的投资效益。由于各国国情不同，采取的教育政策不同，教育分配也不尽相同。

从表14-6可以看出，初等和中等教育所占教育资金的份额总是大于高等教育，但高等教育资金所占的比例，各国极不相同。美国为24.4%（1988年），日本为19.0%（1988年），印度为17.0%（1988年），中国为20.6%（1988年）。

表14-6　部分国家教育资金的分配　　　　　　　　　%

国别	1980年			1985年			1988年		
	初等教育	中等教育	高等教育	初等教育	中等教育	高等教育	初等教育	中等教育	高等教育
日本	33.7	29.2	24.8	33.3	31.0	20.4	32.3	32.1	19.0
美国	36.5	24.9	38.6	44.7	30.3	25.1	38.1	37.5	24.4
印度	36.9	24.2	13.5	37.1	25.2	15.5	41.8[①]	29.1	17.0
中国	27.1	34.3	20.0	28.6	33.2	21.8	30.8	34.1	20.6
巴西	44.8	7.1	189	45.9	7.7	19.6	52.3[②]	7.2	17.6
英国	26.6	40.1	22.4	23.7	45.9	19.8			
法国	22.0	40.3	12.5	19.5	40.8	12.9	17.8[③]	40.5	13.4

资料来源：《联合国统计年鉴（1993）》。①为1987年的数据；②为1986年的数据；③为1989年的数据。

教育资金因教育层次不同而不同。不同教育层次的每个学生的费用差异是巨大的。根据世界银行的计算，不同地区平均用于初等教育与高等教育的每个学生的教育经费之间的差异很大。从表14-7可以看出，工业化国家用于每个接受高等教育的学生的开支平均只是每个接受初等教育学生的开支的2倍，但发展中国家则要高得多，特别是撒哈拉以南的非洲，竟然高达100.5倍。

表14-7　政府用于每个小学生的开支与用于每个大专院校
学生的开支比较（1976年）

地区	高等（中等后）教育/美元	初等教育/美元	高等教育与初等教育之比
撒哈拉以南的非洲	3819	38	100.5
南亚	117	13	9.0
东亚	471	54	8.7
中东与北非	3106	181	17.2
拉美与加勒比地区	733	91	8.1
工业化国家	2278	1157	2.0

注：表中所示数字为每一地区可资利用的费用的平均数（依入学人数加权）。
资料来源：世界银行：《1980年世界发展报告》，转引自［美］菲力浦·孔布斯：《世界教育危机——八十年代的观点》，赵宝恒、李环等译，北京，人民教育出版社，1990。

另一种计算方法只是根据每个国家的人均收入计算生均教育经费指数（见表14-3）。总体上讲，所有地区初等教育是相对便宜的，高等教育要贵得多。这是因为高等教育需要先进的仪器设备，而这些仪器都是十分昂贵的。对发展中国家来讲，这些仪器设备的价格与本地区的生活指数相比，更是贵得多，因此，这些地区的高等教育费用必然会高得多。中国的高等学校还支付学生的奖学金和许多社会设施的费用，因此，更是昂贵。

教育经费的分配涉及教育投资的效益问题。教育研究者及经济学者都公认，初等教育的社会效益最高，而高等教育是个人收益较大。因此，许多学者主张，高等学校要收取高学费。但是收取高学费又与教育平等相矛盾，会把一部分天赋高但经济困难的学生拒之门外。因此，收取学费必须与奖学金制度和贷学金制度相配套，使不同经济条件的学生都能同样受到高等教育。

虽然公认初等教育的投资社会效益高，但许多发展中国家仍然把大部分投资份额分配给高等教育，这是由于这些国家求才心切，需要培养高级人才。但是有时事与愿违。由于基础教育不发达，整个劳动者素质太低，制约着该国新科技的应用和经济的发展，高级技术人才反而无用武之地。有些国家由于高等教育发展过快，造成大量高级人才的外流和失业。这不能让人不引以为戒。正如孔布斯所说："历史清楚地告诫人们，没有任何国家在其全国半数人口未能受完基础教育或浪费一半人力资源的情况下还能期望经济上的繁荣。"①

第五节　教育投入的未来趋势

总的来看，教育经费在未来的岁月中，发展前景并不乐观。

首先，教育的需要不断增长。特别是发展中国家普及教育和扫除文盲的任务还十分艰巨，要完成这两项任务需要大量资金，但各国当前的经济状况很难增加大量的投入。

其次，发达国家近几年来经济不景气，国民经济徘徊不前，即便不久经济复苏，恐也难恢复到20世纪六七十年代的盛况，大量增加教育投入的可能性不大。发达国家人口出生率下降，虽然减少了基础教育的压力，但高等教育因学生人数下降，影响到学校的收入，许多学校删减了必要的课程，有些学校甚至只好关闭。大学教育的费用日益增加，使许多大学难以为继。

再次，教育费用不断上涨。当前正处在教育技术更新的年代，信息社会的到来，多媒体技术在学校的应用，都需要大量资金，但各国财政似难以增加教育经费的投入。

---

① ［美］菲力浦·孔布斯：《世界教育危机——八十年代的观点》，赵宝恒、李环等译，180页，北京，人民教育出版社，1990。

最后，世界许多国家都将进入高龄社会，教育经费遇到老龄保健、社会福利，乃至治理环境污染等一系列社会公共事业的竞争。可是每个国家的财源都是相对固定的，教育经费能否竞争得过其他公共事业？对此，人们难以预料。

如何摆脱教育财政的困难，恐怕一方面要想方设法多种渠道集资；另一方面要精打细算，把现有教育资金管好、用好。在实际工作中，资金的浪费是普遍的。如果能减少浪费，就等于增加了经费，因此，要研究教育的经济成本和投入的社会效益，使教育资金使用得更合理、更节约。总之，等待是没有出路的，只有积极想办法，走改革的道路，教育事业才会蓬勃发展。

第十五章　师资培训和教育发展

在前四章中，我们已经对教育系统的人员要素、结构要素、信息要素和财物要素中的代表性问题进行了分析。本章将讨论教育系统自我再生产过程中的核心问题，即教师问题。教师也是教育系统人员要素的一个重要组成部分，教师的培养方式、专业资格、工作报酬和社会地位与教育发展及国家发展关系密切，有必要专门讨论。

第一节　教师的供求状况

教育的质量除了依靠学生的能力和努力程度外，主要有赖于教师的水平和献身精神，同时还要有一定数量的保证。随着20世纪五六十年代教育的大发展，世界各国的教学人员增长很快，具体见表15-1和表15-2。

表15-1　1965—1990年世界教学人员的增长情况（按1965年基数100计算）

年份/年	全球						发达国家						发展中国家					
	全体教师			女教师			全体教师			女教师			全体教师			女教师		
	初等	中等	高等	初等	中等	高等	初等	中等	高等	初等	中等	高等	初等	中等	高等	初等	中等	高等
1965	100	100	100	100	100		100	100	100	100	100		100	100	100	100	100	
1970	117	149	148	120	137		109	125	154	112	126		128	150	179	137	164	

续表

年份/年	全球						发达国家						发展中国家					
	全体教师			女教师			全体教师			女教师			全体教师			女教师		
	初等	中等	高等	初等	中等	高等	初等	中等	高等	初等	中等	高等	初等	中等	高等	初等	中等	高等
1975	179	221	209	159	234		102	173	177	97	201		285	309	327	292	317	
1980	217	299	287	203	322		104	192	206	110	226		358	500	582	403	575	
1985	217	299	287	203	322		104	192	206	110	226		358	500	582	403	575	
1990	241	341	332	236	391		118	204	245	125	257		397	595	728	470	740	

资料来源：根据《联合国教科文组织统计年鉴》(1978/1979年，1983年，1993年)综合整理。

表15-2　1980年和1990年各级教育中女教师的百分比　　　　　　%

项目	女教师的百分比					
	1980年			1990年		
	学前	小学	中学	学前	小学	中学
世界总计	94.4	52.0	40.0	94.8	55.9	44.0
发展中国家	84.6	44.3	31.3	89.7	49.3	37.8
其中：撒哈拉以南的非洲地区	87.9	31.5	25.5	89.3	36.6	29.5
阿拉伯国家	43.6	42.5	32.3	56.1	50.0	40.0
拉丁美洲/加勒比地区	98.4	76.4	47.2	95.8	77.4	49.1
东亚/大洋洲	85.7	41.0	28.5	96.3	47.4	36.3
其中：中国	81.6	37.1	24.8	96.3	43.2	31.9
南亚	62.0	29.4	27.5	43.9	31.2	33.8
其中：印度	86.5	27.4	27.4	93.3	27.9	34.4
最不发达国家	45.3	27.6	19.1	33.2	36.7	25.6
发达国家	98.4	73.0	50.6	98.1	75.2	55.0
其中：北美洲	94.3	80.7	45.5	94.7	81.0	47.1
亚洲/大洋洲	89.6	60.0	30.3	94.5	62.7	34.1
欧洲/苏联	99.6	73.2	55.1	98.7	75.5	60.0

资料来源：
联合国教科文组织：《世界教育报告》，1993。

1965—1990年全世界教师增长很快，增长率超过了入学人数增长率。1990年约有教师4 670万名。教师人数绝对增长最多的是在初等教育领域，而比例增长最大的则是在高等教育领域。女教师在世界初等教育教师中的比例已超过50%；但在很多发展中国家，中等教育中女教师所占比例不到40%，尤其是非洲和亚洲国家，女教师的比例更低。

说到教师的状况，发达国家和发展中国家有很大的差别，需要分开讨论。

一、发达国家教师的状况

发达国家教师的状况有以下几点。

第一，教师需求由短缺变为过剩。20世纪70年代以来发达国家教师需求逐年减少，促使教育当局削减师资培训计划。例如，在英格兰和威尔士，师范学院的学生数由1971年的11.4万人减少到1984年的4.5万人。

教师需求减少的主要原因有几个。首先，到20世纪70年代，发达国家的各级教育已发展到相当高的水平，入学率已达饱和，因入学人数增加而需要新教师的状况不再出现；其次，由于60年代以后出生率迅速下降，入学人数减少。如在美国，小学注册人数总数从1965年的3 191万人减少到1976年的2 592万人。由于学生人数减少，师生比例降低了，由原来的1∶28下降到1∶20；法国则由552万人减少到456万人，师生比例由1∶25降到1∶18。①个别国家入学人数虽有增加，但数量极微。

尽管教师需求减少，但仍有某些学科领域缺少合格的教师，例如，数学、科学和技术科目的教师就比较缺乏。从20世纪70年代开始，中学生中选学数学和科学课程的学生减少，大学生中主修数学、理科和技术并且将来准备当教师的学生就更少。与此同时，有些学生即使修学数学和理科，毕业后也愿意到工业界就职，因为那里的起点工资比教师要高

---

① 《联合国教科文组织统计年鉴（1977年）》。

得多。

第二，教师的水平有了提高。一方面，在教师数量较为富裕的情况下，许多国家抓紧时机，以合格的教师代替不合格的教师，并对在职教师进行培训，从而更新了教师队伍。法国在教师短缺时聘用的临时助理教师完全由合格的正式教师所取代。与此同时，教师的学历不断提高。法国培养小学教师的师范学校，原来招收初中毕业生，学习四年，用三年时间准备高中毕业会考，用一年时间接受教师的职业培训；1969年改为招收高中毕业生，进行两年的职业培训；1979年再次改革，招收高中毕业生，学制改为三年。在美国，到1981年，99%的中小学教师具有四年制大学的学士学位，大约50%的教师具有硕士或更高的研究生学位。到20世纪80年代初，美国学术界的博士已经过剩，许多新毕业的博士学位获得者希望得到教师职位。

另一方面，由于教师过剩，教师的职位也难以得到，因而影响到师范学校的注册人数，而且报考师范学校的学生的质量也在下降。这种情况势必会削弱教师队伍的后备力量。

第三，由于资本主义经济不景气，通货膨胀和教育资金的紧缩导致教师的实际收入降低，工作条件下降，教师缺乏职业安全感。同时，因教育质量下降，教师受到社会日益尖锐的批评。教师心理不平衡，觉得社会对他们不公平。

有些发达国家教师的地位是比较高的，如日本，教师的起点工资比一般公务员高出10%，而且职业稳定，一旦获得教师资格并被聘用，就可以一直工作到退休。但是由于入学人口减少，教师的需求量也在减少。每年获得教师资格的约11万人，但实际被聘用的只有4万人。另外，即使教师的起点工资较高，但比起企业职工来，仍有很大差距。

第四，教师的进修提高问题。教师总想有进修的机会，获得最新的知识，从而提高自己的教学水平和教育质量，但在许多国家，这种进修的机会很少。虽然不少国家规定了教师在一定年限内需要重新在大学获得学分，但大学开设的教师进修课程往往与教师的教学无关。

总之，在发达国家，二十多年来教师的总需求量在减少，教师的水平有所提高，但教师面临的困难也不少，集中表现在教育资金的短缺上。要改变这种状况，恐怕需要一些时日。

二、发展中国家教师的状况

相对于发达国家来说，发展中国家教师的状况要困难得多。

第一，大多数发展中国家教师人数增长很快，亚洲（不包括中国和朝鲜）1960—1975年小学教师总数增长了81%，中学教师总数增长了145%，高等教育教师总数增长了218%；非洲三个教育阶段的教师总数分别增长了130%、245%、436%。但是到20世纪70年代后期，增长的速度放慢了，原因不在于教师的需求下降，而是由于教育资金的紧张，聘用教师的资金缺乏。

教师人数增长虽然很快，但仍然跟不上学生增长的速度，师生的比例仍然低得惊人。在阿尔及利亚，小学的师生比例在1965年为1∶43，1975年为1∶41；中学的师生比例在1965年和1975年分别为1∶18.6和1∶26。可见小学的师生比例略有上升，而中学的师生比例下降了许多。在印度，小学的师生比例在1965年为1∶41，1975年为1∶42；中学的师生比例在1965为1∶22.8，以后几年没有多大变化。发展中国家中小学的师生比例明显低于发达国家。

由于教师短缺，许多地方班级规模非常大。有些国家小学采用二部制或三部制，以此来增加注册人数。

第二，合格教师的比例还比较低。据联合国儿童基金会调查，1990年，大约有1/3的印度小学教师和1/4的中国小学教师没有得到所要求的正规学历，即中学毕业并参加过一些教学法的培训，非洲国家尤其严重。

许多发展中国家都在努力提高教师的学历水平。在中国，1987年大约有1 100所师范学校招收了65.1万学生，接受三年的高中职前培训，毕业后成为小学教师。另外，还有2 100所再培训中心（教师进修学校）和268所教育学院向110万名中小学教师开设了长短不一的脱产或半脱产培训课程。20世纪80年代还建立了1所电视师范学院，形成了庞大的电视教学点网络，发展函授师范教育计划，以帮助中小学教师达到学历要求。[①]

在印度，1987—1988年度，有1 270所小学教师培训机构，另加上约280所地区教育和培训学院（其中100所到1994年才开始招生），为小学教师开设了职前和在职培训课程。[②]

关于非洲国家，我们掌握的资料极少，但可以想象，那里的情况不见得会比亚洲的中国和印度好。

第三，值得特别指出的是，非洲国家在独立以后，为发展民族教育事业做了不懈的努力，成绩也是可观的。为了清除殖民主义的影响，使教育民族化，许多非洲国家在实现教师本国化方面做出了很大努力。例如，肯尼亚政府在独立后开办了17所师范学院，到1975年就培训了5 500多名中小学教师；莫桑比克在首都和各省举办小学教师训练班；摩洛哥已在1975年实现了全国小学教师摩洛哥化；突尼斯也在20世纪70年代初实现了小学教师本国化，中学教师的80%和大学教师的60%也都是本国人；坦桑尼亚95%的中学教师也由本国人担任。

这是一个巨大的进步。过去教师都聘自宗主国，教育制度和内容都不适应当地的要求。实现师资的本国化，就有利于教育制度和教育内容的改变，使它更适合本地实际的需要。

应当指出的是，发展中国家的发展是不平衡的，即使在一个国家，

---

① UNICEF, *Basic Education and National Development: Lessons from China and India*, 1991.

② UNICEF, *Basic Education and National Development: Lessons from China and India*, 1991.

各地区的教育发展也是不平衡的。这些国家的大城市，教师的合格率都比较高，边远地区和贫困地区合格教师的比例就相当低。拿中国来讲，大城市和沿海地区的学校，不论是教学设备还是师资水平，都可以与发达国家媲美，但在乡村地区，尤其是边远地区，就要差得多。因此，发展中国家的师资问题也主要表现在广大的农村地区。

至于大学教师的情况，则相对要好得多。由于20世纪50年代以来，许多发展中国家强调高级人才的培养，大力发展高等教育，同时选派大批优秀青年到发达国家名牌大学留学，又聘请欧洲和北美国家的教授到大学任教，因此，大学教师的水平得到保证。特别是70年代末期以后，即使最依赖外国教师的非洲国家的大学，也有自己的一流专家任教。

第二节　教师的培养和提高

教师的培养指的是职前的培训，提高指的是在职进修。世界各国在教师的培养和提高上做法多种多样，不一一描述。这里归纳起来做简要的分析。

一、职前培训

职前的培训有两种类型——封闭性的和开放性的，有人称之为定向型的和非定向型的。

所谓封闭性的或定向型的，是指由独立的师范学校系统来培养教师。所谓开放性的或非定向型的，是指没有师范学校系统，一切类型的学校均可以培养教师。

采用第一种类型的国家有中国、苏联等，采用第二种类型的国家有美国、日本等。法国则介于两者之间，小学教师由师范学校培养，中学教师除了少量由5所高等师范学校培养外，大多数由综合性大学培养。应该说，这种划分并不科学。即便采取第一种类型的国家里，教师也不纯粹是由师范学校系统培养的。如苏联，在20世纪80年代，师范院校毕业生占中小学教师的80%以上，综合性大学毕业生占15%左右。如以中学教师来计算，则只有40%是师范学院培养的。中国也是这样，除了师范院校培养教师外，不少地方性的综合性大学也都以培养教师为主。美国和日本虽是采用开放性的教师培养体制，但还有少数独立的师范学院存在，如日本的学艺大学、教育大学等。同时，美国大学里的教育学院和日本大学里的教育学部实际上就是师范学院，不过没有独立设置而已。不同的是，开放性的教师培训体系不要求学生一定要在师范专业中学习，而是可以主修任何专业，只要修完为教师设立的专门课程的学分即可。但设立教育课程的学校必须经过一定的教育行政部门批准，并非所有高等学校都能培养师资。

还有一点不同的是，采用封闭性师范教育体系的国家一般不再设教师的资格考试，师范院校毕业以后即取得教师的资格；而采用开放性师范教育体系的国家都设有教师的资格考试，考试合格后才取得教师资格。

有一点是相同的，即不论采用何种类型的师范教育体系，都要求学生修学过规定的教育理论课程和进行过一定的教育实习训练。　　.

二、教师资格的认定

教师资格的认定也有两种方式：一种是规定一定的学历要求，达到规定学历要求的就可以取得教师资格；另一种是通过教师资格的考试，不论有哪些学历，都必须通过教师资格考试，方可取得教师资格。这两种方式与两种师资培训的类型相对称。采取第一种方式的国家有中国、苏联等；采取第二种方式的是美国、德国、日本等。现举例说明。

《中华人民共和国教师法》（1994年施行）第十一条规定："取得教师资格应当具备的相应学历是：

（一）取得幼儿园教师资格，应当具备幼儿师范学校毕业及其以上学历；

（二）取得小学教师资格，应当具备中等师范学校毕业及其以上学历；

（三）取得初级中学教师、初级职业学校文化、专业课教师资格，应当具备高等师范专科学校或者其他大学专科毕业及其以上学历；

（四）取得高级中学教师资格和中等专业学校、技工学校、职业高中文化课、专业课教师资格，应当具备高等师范院校本科或者其他大学本科毕业及其以上学历；取得中等学校、技工学校和职业高中学生实习指导教师资格应当具备的学历，由国务院教育行政部门规定；

（五）取得高等学校教师资格，应当具备研究生或者大学本科毕业的学历；

（六）取得成人教育教师资格，应当按照成人教育的层次、类别，分别具备高等、中等学校毕业及其以上学历。不具备本法规定的教师资格学历的公民，申请获取教师资格，必须通过国家教师资格考试。国家教师资格考试制度由国务院规定。"

苏联也有类似的规定，不过学历要求有所不同。

采取资格证书制度的国家有德国和日本等。

德国所有普通中小学教师均由大学培养。训练分为两个阶段：第一阶段在综合性大学、高等师范学院、教育科学高等学校、艺术学院、音乐学院等学习理论，第二阶段在学校见习。大学学习结束时，通过第一次国家考试便可毕业，然后到中小学做见习教师，一般需经过18～24个月，再通过第二次国家考试，合格者才能取得正式教师资格。

日本中小学教师的职前培养由文部省认可的高等教育机构负责。其中，小学教师由国立教育大学（即四年制师范大学）、综合性大学的教育学部或短期大学培养；初中教师由四年制大学或短期大学培养；高中教师主要由四年制大学或研究生院培养。毕业时都要通过国家考试，合格后授予"教师资格证书"。教师资格证书又分普通教师资格证书和临时教师资格证书两种。普通教师资格证书授予有一定资格条件的人终身有效。该证书又分为"教谕一级"与"教谕二级"两个级别。小学、初中教谕一级需四年制大学毕业,教谕二级需短期大学或读完大学二年级,都需要修满教育学科18学分;高中教谕一级则需要具有硕士学位或在大学研究生院学习一年以上;高中教谕二级需具有学士学位,均需修学教育学科14学分。临时教师资格证书是由地方教育委员会根据本地区师资需要,对志愿应招者进行考核,经审查合格后授予。[①]

三、教师进修

教师进修提高的方式更是多种多样。从形式上来分,教师进修也可以分为由专门师资培训机构进行的和由普通大学进行的两种类型。第一种类型设有各种教育学院、教师进修学校或教师培训中心。例如,在中国,1993年全国有教育学院(属高等教育)249所,教师进修学院(属中等教育)2 100所。教育学院又分两类:省一级的教育学院培训高中在职教师;地市一级的培训初中在职教师。教师进修学院培训小学在职教师。此外,电视师范学院、中央教育电视台也担负在职教师的培训工作。第二种类型则在大学中设立教师进修的课程,由教师自由选修。例如,美国有些州规定,教师取得证书后,需继续在高等学校正式注册修习专业教育课程或师范教育课程。佛蒙特州一些学区还规定,全体教师每七年必须在高等学校选修2门课程。

教师进修提高的其他形式有暑期研讨班、培训班,每周固定的培训日,本校本学区教同一门科目的教师共同备课等形式。

从进修的时间上来分,教师进修有脱产的和不脱产的两种。脱产学习是指要暂时离开教师岗位,集中时间进修,一般是为了取得更高的学历。不脱产的是在正常工作的情况下进修,但学校对他的工作安排要适当给予照顾。

---

① 刘全波:《现代西方关于教师个性特征的研究》,载《外国教育动态》,1991(6)。

教师在职进修的目的，是帮助教师自我评估在教学中的表现，确定专业发展的需要，并根据这些需要安排在职进修内容，以便提高教师素质，进而达到提高教育质量的目的。

也有人根据教师进修活动的类型，认为在职教师进修可以有五种目的。一是为改进课堂教学而开展的在职培训。它强调教师在课堂教学活动中的现实表现，从中发现问题，通过在职培训活动解决这些问题。二是与教学工作相联系的在职培训，目的是帮助教师解决工作中的沟通、方法等问题。三是为帮助教师获得一般性专业发展而开展的在职培训，有助于教师一般素质的提高。四是以提高专业地位或改变工作为目的的在职培训。五是以发展个人兴趣爱好为目的而开展的在职培训。[①]

四、师范性和学术性争论

师范教育中一个争论不休的问题是强调师范性还是强调学术性，这个问题在中国存在，在世界其他国家也存在。

强调师范性的人主张培养教师需要加强教师职业技能的训练，师范院校要用较多的时间学习教育专业课程，包括教育学、心理学、教学方法等，还要加强学生口头表达能力和书面表达能力的训练、组织能力的培养，要用较多的时间进行教育实习等。强调学术性的人则主张教师最需要的是教师所教的学科的专业知识，学的专业知识越深厚，则教师的底蕴越厚，教学的质量才能保证。至于教育技能，是可以在教育的实际工作中摸索和积累的，用不着花很多时间专门学习和训练。

在中国，这两种思潮形成了两种办学主张：主张师范性的人强调用封闭性的，即定向型的师范院校系统来培养教师；主张学术性的人

---

① 转引自［美］理查德·D.范斯科德、理查德·J.克拉夫特、约翰·D.哈斯：《美国教育基础——社会展望》，北京师范大学外国教育研究所译，北京，教育科学出版社，1984。

则主张用开放性的，即非定向型的普通综合性大学或文理学院来培养。其实，这是两个不同性质的问题，用什么形式办学是次要的，关键在于教师需要什么职业知识和技能。正确的认识是，要把师范性和学术性正确地结合起来。教师既需要学术性的专业知识，又需要教育方面的知识和技能，两者缺一不可。如果把专业知识比作建筑大厦的建筑材料的话，那么教育知识和技能就是建筑大厦的设计思想和方法。没有材料，大厦固然建不起来，但如果没有设计思想和方法，大厦也建造不成。只有把两者和谐地结合起来，才能建造雄伟、壮丽的大厦。问题当然不那么简单。两者的结合需要时间，势必延长培养教师的修业年限，由此又会引发出师范毕业生的工资待遇，以及师范院校的吸引力等一系列问题。

师范教育的发展确实经历了一个曲折的发展过程。师范教育在起始阶段的水平是比较低的，在19世纪，大多数培养小学教师的师范学校只是在高小毕业的基础上加上一些职业训练。培养中学教师的师范学校的水平也比一般综合性大学要低。20世纪四五十年代以来，师范院校的水平才得以提高。特别是从50年代开始，美国师范教育朝主要由综合性大学和其他普通高等学校的教育学院或教育系培养教师的方向发展，师资水平有了较大的提高。

美国师范教育的转向是有其社会原因的。战后高等学校入学人数的剧增是促成师范学院转为综合性大学的直接原因。第二次世界大战后美国的《退伍军人法》，使大战期间应征入伍的大批青年拥向高等学校，学校拥挤不堪。为应付这种情况，首先，各州把师范学院扩充为文理学院或综合性大学，或将师范学院改编为综合性大学中的教育学院或文理学院中的教育系。其次，从提高教师培养的质量出发，促成师范学院转为综合性大学。当时美国公众认为，教师在师范学院接受的教育偏重于中学的教材教法，忽视了普通文化知识的养成，以致中小学生学习成绩不佳。因此，有必要改革师范教育制度，提高教师的学术水平。美国全国师范教育专业标准委员会于1958年、1959年和1960年连续三次召开会议，使师范教育工作者取得了比较一致的看法，即把学术标准与教育专业训练作为培训的两个重点，为师范院校向综合性大学的转变提供了依据。[1]

应该说，师范教育由封闭性的师范院校向开放性的综合性大学的转变是一个历史的进步，但是这种转变需要一定的社会条件。首先，教师已基本上满足社会的需求，而进一步的要求是提高教师的学术水平。如果一个国家的教师还处于严重短缺、合格教师的比率较低的状况，要实现这种转变是不可能的。其次，教师职业在社会上要有一定的吸引力，单独设立师范院校的国家一般对师范院校有优惠政策，以吸引青年报考师范。一旦师范院校转变为综合性大学，优惠政策随之消失，如果教师的职业没有一定的吸引力，教师队伍的补充就会成问题，教师的质量就得不到保证。最后，要视当地社会和经济的发展而定。如果当地经济发展急需各种人才，而高等学校只有师范学院，则师范学院需要扩充其他专业，逐渐地就会转变性质，中国某些省的综合性大学如杭州大学、山西大学、河南大学等，就是这样转变而成的。总之，师范院校不一定是永远不变的，但师范教育是永恒的，师范院校的转变需要一定的条件。

本节没有谈论教育管理人员和教育研究人员的培养问题，因为大多数国家教育管理人员不是从学校中培养出来的，而是从教师中选拔的。虽然许多发达国家都在高等学校中设有教育管理专业，但是如果他们的毕业生没有经过学校教育工作的实践，其管理工作也是做不好的。教育研究人员也有类似的情况，他们还需要接受更高一级的研究工作的训练，才能主持教育研究工作。

---

① 苏真、邢克超、李春生：《比较师范教育》，北京，北京师范大学出版社，1991。

第三节　教师的社会地位与教育发展

讲到教师的问题，总要讲教师的社会地位问题。社会地位是指社会成员在社会系统中所处的位置，是"权利和义务的综合"，由社会规范、法律和习俗来限定。社会地位最突出的表现是政治地位，但对教师来讲，更重要的是威望和声誉。教师的社会地位是由教师这个特定的职业决定的，因此，首先要分析影响教师社会地位的因素。

一、影响教师社会地位的因素

影响教师的社会地位的重要因素无疑是教师的劳动报酬，体现在教师的工资上。工资的高低常常被人们视作社会地位高低的一种标准。也就是从这个意义上讲，世界各国普遍认为教师的社会地位不高，特别是中小学教师。因为他们的工资一般低于企业职工的工资和国家公务员的工资。只有极少数国家如日本，教师工资高于公务员的工资，但仍低于企业职工。请看下列数字。

在美国，1985—1986财政年度，中小学教师年平均工资为25 240美元，最高的州平均为41 647美元，最低的州平均为18 085美元。新任教师的起点年工资为16 571美元，而同年其他专业性职业的起点年工资是：工程师，26 880美元；商业管理人员，18 886美元；计算机技术人员，24 156美元。

在法国，教师虽是国家公务员，除工资外，还享受其他各种津贴，但低职称教师的起点工资较低，比一般学历相近的图书馆员和宪兵下级军官的起点工资还低。大学教授的最高工资只相当于同年龄的工程师的60%，与私营工商企业的雇员和自由职业者相比，所有教师的工资都偏低。[①]

鉴于这种情况，不少专家和政府决策者呼吁"如果不解决教师工

---

① 苏真、邢克超、李春生：《比较师范教育》，北京，北京师范大学出版社，1991。

资和社会地位下降的问题，教育改革就只能是空谈"。1966年联合国教科文组织曾召开过"关于教师地位问题政府间特别会议"，会议通过的建议指出，鉴于"在教育事业发展中教师这种职务对人类和近代社会发展所做出的重大贡献，因此，必须确保教师应有的地位"，并注明这个"地位"是指"社会按教师任务的重要性和对教师能力的评价而给予的社会地位或敬意，以及所给予的工资条件、报酬和其他物质利益"。1986年12月召开的第40届国际教育会议的文件又指出："一些国家教育质量低，是由于教师工资低，为了使教师这一职业具有吸引力，必须大幅度提高教师工资。"

工资表明社会对教师的任务和能力的一种评价和承认，但影响这种评价的根本因素是教师职业的专业性、教师的学历和实际的教育能力。可以认为，任何一项职业，越具有很强的不可替代的职业性，它的社会地位才越高。一项人人都可以干的职业，是不会受到社会的重视和尊重的。因此，要提高教师的社会地位，必须从两个方面着手：一方面，提高教师的工资待遇，使教师职业在社会上有一定的吸引力；另一方面，提高教师的素养，即学术水平和教育专业的能力，使教师成为训练有素的不可替代的专业人员。提高教师素养的途径有两条：一是把教师的职前培训搞好，即加强师范教育；二是使现有不合格的教师通过进修，提高文化素养和业务能力，再通过考试成为合格的教师。

提高教师素质在发展中国家尤为重要。在农村，教师不仅要有教书的本领，而且需要有些生产的本领。如果教师能够教给学生生产的技能，能够在自留地上生产出高品位、高产量的产品，则会受到村民们更多的重视和尊重。

二、教师与教育发展

一个国家要普及教育，除了投资建设必要的校舍和购置必要的仪器设备之外，最重要的是准备一批合格的教师。这是不言而喻的。当然，国家对教师的要求是逐步提高的，开始的时候要在数量上满足，然后逐渐提高对教师学历（和质量）的要求。数量问题在当今发展中国家依然存在，学历（和质量）对发达国家尤为重要。在第一节中我们已经谈到，在发达国家，由于出生率降低，学龄人口减少，教师出现了过剩的现象。教师数量的过剩，影响到青年的求职，从而影响到优秀青年报考师范专业，间接地影响到教师的质量。在发展中国家，主要矛盾仍然是教师的短缺问题，特别是农村地区尤为短缺，直接影响到农村教育的普及。因此，教师的数量和质量问题依然是当前教育发展过程中需要解决的重要课题。

教师是有效地实现教育目标、保证教育质量的一个最重要因素，这已经是众所周知的常识。但是如何才能真正做到这一点，教师在教育过程中应该扮演什么角色，对教师的能力有什么要求，并不是所有人都有同一个认识。历史上一直就有教育过程中以教师为中心还是以学生为中心的争论，问题并非那么简单。教师的角色还要看预定的教育目标是什么。如果教育目标是让学生熟记和背诵现有的知识，是为了考试和升学，则教师往往站在中心地位，教学的形式也往往是以灌输、记忆、练习为主；如果教育目标是满足学生的基本学习需求，也即为了掌握提高人们的社会生存能力和生活质量所必需的知识、技能、态度和价值，即通常我们所说的分析问题和解决问题能力的发展，以及道德观念的形成，那么，教师的角色就应该是让学生积极主动地参与教育过程，教师需要采用与学生互相合作、互相配合、互相影响的教学方法。这里我们否定传统教育中灌输、记忆、练习的方法，并不是说学习不需要记忆和练习，相反，基础知识和基本技能必须通过记忆和练习才能牢固地掌握。问题是教学不能单纯地依靠记忆和练习，首先要让学生理解，能举一反三。参与式教育有利于学生理解知识，也有利于学生牢固地掌握知识，并且能更好地培养他们的智力。

历史上主张的儿童中心主义是从遵循儿童自然、发展儿童本性的思想出发的。今天强调儿童参与学习与儿童中心主义有本质的不同，它是为了满足儿童的基本学习需求，即为了掌握提高社会生存能力和生活质量所必需的知识、技能、态度和价值。这里面包括时代、社会对儿童发展的要求。当代科学技术的迅猛发展，正在改变着人们的社会生存条件和价值观念，儿童一出生就受到现实社会关系的影响，不可能有自然的本性，教育需要教会他们在现代社会中生活和工作。

当代科学技术的进步、知识的爆炸也要求改变传统的教师角色。现在已经不可能也没有必要把人类的所有知识都传授给学生，更重要的是要教会他们学习，以便他们自己有能力去获取新的知识。要学会学习，这就需要学生参与到学习过程中，而不是被动地接受知识，记诵知识。

说到教师角色，必然会涉及怎样才算得上是一名好教师，于是，教师的个性特征就成为研究的对象。西方对教师个性特征的研究经历过三个阶段：20世纪五六十年代人文主义模式占主导地位，关心的是教师人格特征的价值研究；从70年代初开始的行为主义模式成为主要研究方法，对教师行为的实证性研究成为主流；70年代末80年代初以来出现了上述两种模式的整合性研究，综合探讨教师人格特征和行为特征及其在教育过程中的作用。

美国在1976年举行的一次盖洛普民意测验中有用来描述理想教师的素质这样一项，其中提名最多的依次是：交谈和理解的能力；严格而公正地执行纪律的能力；启发和引起动机的能力；高尚的品德；爱护和关心儿童；对专门职业的献身与热忱；友善的个性；端正、洁净的仪表。[①]

---

① ［美］理查德·D.范斯科德、理查德·J.克拉夫特、约翰·D.哈斯：《美国教育基础——社会展望》，北京师范大学外国教育研究所译，332页，北京，教育科学出版社，1984。

类似的民意测验和调查报告有许多，这里就不一一举出了。应该指出的是，民意测验只代表一般民众的意见，不能反映教育学的理论对教师的要求。例如，民意测验几乎没有提到教师对教材的深入理解、对学习认知过程的理解、组织教学的能力、理智的和批判性思考的能力等。同时不应忘记，某一具体教学任务需要的特征可能有很大不同，例如，小学教师和大学教师的要求就大不一样，语文教师和理科教师的要求也不一样。而且随着时代的不同，人们对教师的要求也在发生变化。当代教育技术手段在教学中的广泛应用，也对教师的能力提出了新的要求。

根据教育学理论的要求和当代的特点，教师在教育过程中扮演着下列几种角色。

教师应该是教育过程的设计者。教师需要根据国家制定的教育总目标和教育对象的实际情况设计具体的培养目标，选择符合教育目标的教育内容和教育方法。教师还需要设计除教育内容以外的教育环境，学生在教师设计好的教育环境中能够受到潜移默化的影响。

教师应是教育活动的组织者。教师不仅要能设计教育蓝图，而且要能组织施工，使教育蓝图得以实现。首先，教师要善于启发和引起学生的学习动机；其次，教师要能组织学生有条不紊地参与到教学活动中，使他们通过主动、积极的活动获得知识和发展能力。

教师应是学生行为的观察者和帮助者。教师要细心观察学生的一言一行，了解他的细微变化。观察者不是无动于衷的旁观者。教师要在学生需要时及时帮助他；要把观察到的学生的表现记录下来，与他以前的表现和后来的表现加以比较，从中发现问题，以便有针对性地再设计。

教师应是学生的朋友和父兄。人们常常讲要建立民主、平等的师生关系。民主、平等对师生关系来讲，还不够确切。民主、平等在某种意义上是一种一般的法律上的人与人之间的关系，不能反映师生之间的密切性。师生关系的亲密程度仅次于亲子的血缘关系。中国古话说的"一日为师，终身为父"，就是指的这种亲密程度。师生关系很难用一个确切的词来形容。总之，教师应该像一位朋友、一位父兄那样来对待自己的学生，这里面体现一种爱护、培养的感情，在学业上要互相切磋，在思想上要互相交流。

第 四 编

第十六章　比较教育与教育国际化

　　虽然教育国际化的历史可以追溯到非常久远的过去，但是直到20世纪，尤其是第二次世界大战以后，它才成为教育系统的重要维度。1945年的《联合国宪章》把教育看作促进不同文化和种族之间相互理解的主要工具。第二次世界大战后，一些地区性组织开展了许多教育跨国合作活动。学生和教师的跨国交流发展迅速，发展中国家的许多专业"精英"是在欧洲和北美的大学中接受教育的。国际劳工市场的出现，影响了教育项目和课程的设置。发达国家和国际组织的教育援助，对发展中国家的教育体制、规划、决策和研究等诸多方面都有深远的影响。这种援助的另一结果是在发达国家内部出现了新的专业——发展研究。科学研究的目的是探索具有普遍意义的知识，从本质上说是国际性的，而各种国际会议和期刊书籍则使世界各国的学者连成一个网络。本章将从教育系统的人员要素、财物要素、信息要素和结构要素分别论述教育的国际化，并在此基础上提出国际化时代我国比较教育界应当重视的十大研究课题。

第一节　一体化世界与教育

　　国际化是一个历史过程。在古代社会，中国、巴比伦和罗马帝国都把不同文化、思想的民族置于单一统治之下，使这些民族成为统一帝国的组成部分。统一帝国的形成可以通过武力来完成，也可以通过宗教力量来推行。民族主权国家群体，以及建立在它们并存基础上的欧洲国家体系，大约形成于17—19世纪。一般来说，在民族国家独立初期，为了保证领土完整和抵制外来侵略，国家的民族主义政策占据优势地位。只有当一个国家繁荣、富强的时候，才比较容易接受和采纳国际主义政策。然而，当世界进入20世纪之后，由于两次世界大战的影响，人们认识到，人类的生存依赖于各个国家在一体化世界中协同工作和生活的能力。国际联盟和联合国则是两次世界大战的产物。当今，世界各国之间的相互依赖涉及社会生活的各个领域。

一、一体化世界的表现

通信和交通技术的发展大大降低了时间和空间距离的影响。世界正在变得越来越小，卫星通信网络或者跨洋的光纤通信网络，可使几十亿美元的款项在几秒钟之内从伦敦转到东京或纽约。过去的文化隔离已经逐渐被新的国际媒介消除。流行音乐很快地从发源地冲破国界，向世界各地传播。大批的货物可以在一天之内从一个洲运到另一个洲。当代国际旅游已不是精英阶层的特权，而成为一般民众生活的一个组成部分。

教育与文化领域的国际交流途径很多。各种文化产品或者通过书籍、报纸、期刊，或者借助新型的大众传播媒介、表演艺术家、音乐会和展览会等跨越国界。大量在国外学习的留学生，在异国工作的外国专家和顾问，在世界各地举办的国际专业会议，成群结队的跨国旅行者，民间往来的各种信件，都促进了国际文化交流。

世界各国经济和贸易的相互依赖导致了许多国际机构的出现。尽管国家仍被普遍认为是国际舞台上最重要的角色，但现在已有了许多其他角色，包括政府间组织（如国际货币基金组织）和非政府组织（如跨国公司）。这些组织同国家的行为相互影响，成为国际体系的一个组成部分。一项产品的生产和消费过程中涉及的各项活动——产品的研究和设计，原材料的获得，生产设备、能源和人力资源的投入，市场的开发、产品的销售和消费，以及利润的分配，都可能跨越数个国家。因此，在一些发达国家，许多从事国际贸易的大公司都非常重视培养职员的跨文化敏感性。在这个快速变化的世界，成功属于那些具有战略眼光并能够对世界变化做出快速反应的人。

随着1945年美国在广岛投下第一颗原子弹，世界进入了原子时代。原子能既可以是造福于人类的工具，也可以毁灭全人类。在1957年，苏联发射了第一颗人造卫星，于是人类又进入了空间时代。从20世纪70年代初开始，越来越多的使人感到不安的问题，由于程度不同地触及世界所有国家和所有民族的利益而具有全球性质。在现代文明的条件下，一个全球问题体系业已形成，如防止世界性的核战争，改变发展中国家的落后状态，控制人口的高速增长和保护全球的生态环境等。

环境并不知道人类的政治边界。空气和水的污染、森林资源的破坏、土地的沙漠化和地球气温的上升，对地球上的所有生命都将构成威胁。乌克兰的切尔诺贝利核电站的泄漏引起的灾难性后果已超出苏联的领土，扩展到斯堪的纳维亚国家。

在一些发达国家，人口增长率很低，经济发达，生活标准比较高；而在绝大多数发展中国家，人口增长率很高，人口数量的不断增长降低了生活的质量，结果许多人缺乏营养，无法获得良好的教育。富国与穷国之间不断增大的差距，将使紧张与冲突随时都有爆发的可能。

二、教育国际化与国家发展

一体化的世界给教育提出了许多新的目标和问题。教育适应国际化社会的需要，是关系到国家的生存和发展的重要课题。同样，教育的国际化将对世界各国经济、政治、社会和文化的发展产生影响。

在教育史上，许多学者相信人类生存的国际维度应该成为每一个人教育的组成部分，比如，荷兰的伊拉斯谟、捷克的夸美纽斯、法国的卢梭和印度的泰戈尔等。但这在民族国家相互冲突的年代，很难成为有影响的观点。自从16世纪宗教改革运动以来，学校教育的一大任务是培养年轻人忠于某一宗教教派、王朝或民族国家。这一点在许多现代国家仍然存在。然而，在当今相互依赖的世界体系中，人们更希望通过教育来加深国际理解，从而维持各国间的和平关系。世界各国的共同发展是单个国家发展的前提。实际上，民族主义与国际主义并不是完全不能相容的。哈维赫斯特（Robert J. Havighurst）和纽卡顿（Bernice L. Neugarten）认为：忠于国际主义是忠于民族主义的正常发展。正像孩子首先忠于家庭，继而发展到忠于邻居、城市、州和国家一样，在不减少人们对家庭忠诚的情况下，通过坚持对一体化世界的忠诚，也能使人们忠于自己的国家。[①]

　　教育国际化对世界各国的意义并不相同。日本临时教育审议会的《关于教育改革的第四次咨询报告（终结报告）》指出："我国虽然已成为世界上屈指可数的发达国家，但无论从资源、能源、产业、教育、文化等哪一方面来看，都不可能脱离国际社会而独立生存，我们正在迈入新的国际化时代，在这一时代中，如果不去承担同我国的国际地位相称的国际责任，就无法获得新的发展。"[②]因此，在日本人看来，教育国际化是国家进一步发展的一个前提。但是，教育国际化也可能给发展中国家带来许多问题。许多亚非拉国家的大学是根据欧美模式建立起来的，而这些机构不能有效地反映国家社会经济发展的需要。饥饿、贫困和失业困扰着许多发展中国家，因此对它们来说，国际化有时意味着人才流

① ［美］S.E.佛罗斯特：《西方教育的历史和哲学基础》，吴元训等译，597～598页，北京，华夏出版社，1987。
② 转引自瞿葆奎、钟启泉：《教育学文集·日本教育改革》，619页，北京，人民教育出版社，1991。

失。在刚刚摆脱殖民统治的新独立的国家，更重要的是用本民族的语言讲授本国的历史，以利于国家的独立与统一，而不是采用原宗主国的语言，以促进教育国际化。

我国随着国际地位的提高，国际交往的增多，应当探索与国际化相适应的教育模式，以促进国家发展。

第二节　教育国际化诸要素

与一体化世界联系在一起的教育国际化活动包括很多方面，比如，国际化教育目标的制定，国际教育课程开发，国际学位等值，国际学生、学者和教师的交流，以及国际教育发展援助等。下面我们从教育系统的人员要素、财物要素、信息要素和结构要素出发，对教育国际化的表现进行分析。

一、人员要素

人员要素的国际化指的是各类教育主体在国际范围内的流动。其中，学生、教师和学者的国际交流是其主要组成部分。

自20世纪70年代以来，国际教育合作领域中最活跃的方面是学生的交流。留学生数量不断增长，这主要反映在高等教育领域。联合国的统计资料表明，在高等教育层次上，80年代世界各国的留学生总量增长了29%，从1980年的92万人增加到1990年的120万人，其中大部分留学生来自发展中国家（1990年超过75万人）。[1]然而，这里需要指出的是，在世界范围内，留学生数量的增长速度低于高校在校生的增长速度，因此，在高校学生中，"国际化"的程度反而有所降低。这反映了发展中

---

[1] The Division of Higher Education, UNESCO, *Strategies for Change and Development in Higher Education* (*Draft*), 1993, p. 18.

国家自己培养高级人才的能力得到加强。它将影响留学生学习的层次和专业特点。

高等教育的国际化反映在异国学习、教学和研究的学生、教师和研究人员的数量不断增长上。高等教育的国际化给发展中国家带来了许多问题。许多发展中国家的教育家和官员认为，年龄小的学生，较长时间处在一种不同的文化中，容易脱离本民族文化，他们回国工作的可能性相对来说较小，因此，青年人应该在自己国家完成本科阶段的学习。然而，发展中国家的学生基于外国学位所具有的荣耀和经济价值，对此持不同见解。因此，许多发展中国家都存在高级人才流失的问题。大批最优秀的学生出国学习，不利于发展中国家的大学的学术地位的提高。另外，许多留学生并未选择自己国家最需要的专业，比如，在整个20世纪70年代，选择学习对发展中国家极为重要的，在美国也十分发达的农业学科的人数，仅占所有在美的外国留学生的3%。[①]

发展中国家的人才流失问题是众所周知的。1992年的联合国开发计划署的《人力开发报告》指出：1985—1990年，有6万名非洲中高级管理人员涌向欧洲。人才流失问题既与发展中国家本身的状况有关，又与发达国家的移民政策的有关条款有关。比如，一些发达国家优先接纳那些具有高级专业技能的人才。因此，人才流失问题的解决需要世界各国的合作。解决发展中国家人才流失问题，可供选择的措施不少，但要具体实施，还有很多问题。安排学生在国外的机构完成部分课程的学习，装备先进的实验室和科学数据库网络系统，购买最新的图书资料，以改善研究条件，就是上述措施的具体例子。实际上，任何一所大学要想在所有领域处于领先水平是不可能的，因此，可以通过大学之间的"劳动

---

① ［美］菲力浦·孔布斯：《世界教育危机——八十年代的观点》，赵宝恒、李环等译，357页，北京，人民教育出版社，1990。

分工"，以提高高等教育的质量。在这方面，"南北合作"或"南南合作"都是值得欢迎的。

在20世纪五六十年代，许多发展中国家无力提供足够的训练有素的教师，以满足本国教育事业发展的需要，因此，发达国家派遣了大量的临时教师帮助填补这个空缺。多数教师是受官方援助计划的资助，也有许多教师是由民间组织提供资助的，还有一些则是个人自愿来的。然而，随着发展中国家教育事业的发展，总的来说，由官方发展机构资助到发展中国家任教的外国教师人数在70年代急剧下降。

国际学者交流和科研合作，对创造、分享和传播知识，以及提高各国教育质量起着非常重要的作用。资助这种交流的既有官方的机构，也有非政府组织。近年来，学校、学者之间通过非政府的学术、科研社团进行合作研究的国际网络发展迅速。

二、财物要素

教育系统的财物要素的国际化主要包括教育经费的来源与分配的国际化，以及教学与科研设施的国际化。

第二次世界大战后的头几年，教育方面的国际合作主要体现在北半球发达国家之间。到了20世纪60年代初，人们开始注意北半球发达国家与南部刚获得独立的，以及老的发展中国家之间的合作。在这段时间，发展中国家在教育领域接受的援助的比例大于其他发展部门。教育援助主要集中在正规教育上，尤其是中等和高等教育。外部援助大部分以技术援助的形式出现，主要是提供师资、顾问人员，以及到国外留学的助学金等。还有一些援助资金用于修建校舍、添置实验设备或装备教育技术手段等。

接受高等教育既可增加受教育者的未来收入，又可为社会创造财富，因此，世界各国的绝大多数高等学校都能从各自的中央或地方政府得到一定数量的财政拨款。在发达国家，人们日益关注为外国学生支付的大量隐蔽性教学费用。①鉴于外国留学生人数的不断增长，20世纪70年代，许多西欧国家制定了新的措施，控制外国学生的流入，以减轻财政负担。另外，这些国家还担心，外国学生的不断增加，一方面可能损害教育质量；另一方面使得本国的学生在争取进入那些成本高、申请人数多的专业时处于不利的地位。一些国家根据各自的历史传统，采取不同的限制办法。比如，英国在1979年采用了"市场价格调节法"，要求大部分外国学生交付全部学费。显然，各种限制对发展中国家来说是一个坏消息。它们可能对发展中国家社会精英结构的变化产生影响。然而，有的人认为接受留学生带来的效益大大超过了为此而付出的费用。这些效益包括：国家间的友好和建设性的外交关系；接受国的学生的视野得到开阔，国际理解加深；未来的贸易利益的增长等。在相互依赖的全球世界中，更重要的是一些留学后归国的发展中国家的学生，对他们国家今后的发展和稳定将起到重要作用，这将使接受留学生的发达国家间接受益。

教育经费来源的国际化不仅表现在发达国家对发展中国家的援助上，还表现在发达国家之间的科研合作方面。校友赠款和本国公司的赞助在过去的几十年里一直是美国大学教育经费的一大来源，然而，在最近几年，它们找到了新的财源——日本企业。日本公司向美国大学赠款的运动已初具规模，并有不断扩大之势。美国的批评家认为，日本公司的目的恐怕不仅仅是通过这种捐款来赢得友谊，还要获取由美国联邦政府和公司投资并经过多年研究而获得的科研成果。②

全球通信网的发展将改变21世纪教室的概念。在计算机和通信技术

---

① [美] 菲力浦·孔布斯：《世界教育危机——八十年代的观点》，赵宝恒、李环等译，360~364页，北京，人民教育出版社，1990。

② 赵崇华、张国忠：《国际校企合作的一个新动向——美国大学向日本公司募集赠款》，载《外国教育动态》，1991（5）。

基础上建立起来的全球教室，将跨越国家、年龄的限制，使不同国家的学生、教师和家长互相学习，共同解决问题。一些发达国家正在建设的"信息高速公路"，将促进全球教室的发展。目前，国际上许多教育研究机构、大公司和大财团积极参与全球教室的设计和实验，而且已有不少跨国教育网络问世。例如，苹果全球教育网络（AGE），参与该网络的是美国苹果公司，以及25个国家的150多所学校。①我国的北京师范大学曾经与美国的一些学校进行过跨国的基于计算机的远距离教学实验。全球教室这种新的教育环境和手段将给教育者和教育研究人员带来许多新的问题，这些问题与教育国际化密切相关。

联合国教科文组织已把远距离教育的技术与方法看作增进高等教育国际合作的有效手段。②通过使用各种新的信息与通信技术，远距离教育成为跨国大学间合作的有效工具，它使"反向学术流动"（即从发达国家流向发展中国家）成为可能。位于遥远的发展中国家的学生、教师和研究人员不用流动到发达国家，就可以共享世界著名大学的数据库、先进的研究设施及优秀的教师所带来的好处。

高校图书馆在整个信息产业中占有重要位置，它既是辅助教学和科学研究的服务单位，又是一种学术性机构。在国际化时代，许多发达国家的高校图书馆都面临着使人力资源和物力资源现代化，以便与世界各国共享有关信息的问题。为了确保欧洲各国的教育研究成果能够被共享，欧洲理事会开发了一个数据库系统，即"欧洲教育文献与信息系统（EUDISED）"，它存储了24个成员国最近或者正在进行中的教育研究的信息。该系统全天服务，只要与它联网，世界各国的决策者、研究人员

---

① ［美］巴巴拉·柯珊：《建立21世纪的全球教室》，李琳编译，载《现代远距离教育》，1992（2）。

② The Division of Higher Education, UNESCO, *Strategies for Change and Development in Higher Education (Draft)*, 1993, p. 30。

和教育专家都可以从中获取有关信息。[①]

三、信息要素

信息要素的国际化包括教育观念、教育目标、课程内容及教育知识等的国际化。另外，随着教育国际化程度的提高，教育领域的国际规范条例也将增多。

国际化的教育目标表现在很多方面。许多发达国家都很注意培养面向世界的公民。日本临时教育审议会的终结报告指出："为了造就'面向世界的日本人'，应当做到：第一，培养学生从国际角度出发，既能保持日本文化的个性，又能深刻理解多元文化的优越个性的能力。第二，既培养学生的爱国心，又从整个国际社会和全人类的广阔视野出发，陶冶学生的人格，使其避免仅从本国利益出发来判断事物。学校应该采取有效的办法，使学生理解国旗和国歌的意义，培养敬重国旗和国歌的感情和态度。第三，使学生深刻理解多元文化，培养学生在国际文化交往中充分沟通思想的能力。"[②]教育研究人员通常从更抽象、更理想的角度探讨教育的目标。格雷汉姆·派克和戴维·塞尔比（Graham Pike & David Selby）认为全球教育的目标有五个：第一是系统意识。学生应该获得系统思考问题的能力；应该理解世界的系统性；应当获得关于他们的能力和潜能的整体概念。第二是观点意识。学生应该认识到自己的世界观并非普遍共享的；应当发展善于接受其他观点的能力。第三是星球健康意识。学生应该意识到并理解全球状况，以及全球的发展和趋势；理解正义、人权和责任的含义，并能把这种认识运用到全球的状况，以及全球的发展和趋势上；在反思星球健康时应当面向未来。第四

---

① Maitland Stobart, "The Council of Europe and Education in the New Europe", *International Review of Education*, 1992, 38(6).（由于东欧剧变，欧洲理事会的成员数开始增加，至1992年夏天，总数已达27个。）

② 瞿葆奎、钟启泉：《教育学文集·日本教育改革》，623页，北京，人民教育出版社，1991。

是参与意识。学生应当意识到自己的选择和行动将对全球的今天和未来产生影响；应当发展为有效地参与从地方到全球层次的民主决策所需要的社会和政治行动的技能。第五是过程意识。学生应当知道学习和个人的发展是连续的永无止境的过程；应当了解到观察世界的新方式是双刃剑，既可能是有活力的，也可能是危险的。[①]

为了培养出具有上述知识和能力的学生，学校必须具备适应国际化社会需要的教师，因此，在师范教育目标中，也应当考虑国际化的维度。派克和塞尔比认为，"全球教师"应该具备如下一些特征。

①全球教师是以全球社会为中心的，而不是以民族或国家为中心的。

②全球教师关心多元文化和观点。

③全球教师是面向未来的。

④全球教师是学习的促进者。

⑤全球教师对人类的潜能充满信心。

⑥全球教师关切人的全面发展。

⑦全球教师在课堂中使用多种教学与学习方式。

⑧全球教师把学习看作一个终身的过程。

⑨全球教师努力做到和谐一致。

⑩全球教师尊重法权，探索课堂中决策权力中心的转移途径。

⑪全球教师认识到课程之间的"功能上的相互依赖"。

⑫全球教师是社区教师。[②]

抽象的教育目标对教育立法和教育发展战略的拟定来说是不可缺少的，然而，各级政府的教育决策人员和教育实践工作者更感兴趣的是教

---

① Graham Pike & David Selby, *Global Teacher, Global Learner*, London, Hodder and Stoughton, 1988，pp. 34-35.

② Graham Pike & David Selby, *Global Teacher, Global Learner*, London, Hodder and Stoughton, 1988，pp. 272-274.

育国际化的实用的和专门的目标。比如，各国政府都非常重视外语教育。对学生来说，掌握一些专门的技能和知识，以便将来可以活动于国际社会，才是问题的根本所在。

目前数以千计的欧共体大学生参加了"伊拉斯谟世界计划"，其中相当一部分学生申请到英国学习。这里的一个重要原因也许是英国是欧共体中唯一以英语授课的国家，而英语是世界通用语言。在英国留学，不仅可以学习专业知识，而且可以进一步提高英语水平，这将为学生毕业后就业于其他欧共体国家或某一跨国公司创造有利条件。

综上所述，教育国际化有两方面的主要目标：其一是理想主义的，主要通过在正规教育课程中增加一些内容，培养学生的全球相互依赖意识，增进国际理解；其二是实用主义的，主要培养学生将来在国际社会环境中工作所需要的一些知识和技能，比如，掌握一门外语，了解外国的历史和地理等。后者在政府决策中通常是优先考虑的对象。

以上所述是关于国际化社会教育的目标。一定的教育目标主要是通过课程来实现的。早在第一次世界大战之后，人们就尝试开发能促进对外国文化理解的课程，从教科书中清除沙文主义偏见，修正那些蔑视、歪曲别国文化的内容。许多国家希望通过施行"国际教育"来解决这个问题。多元文化教育是它的主要组成部分。

世界上许多国家都是多民族国家。我国除了占人口绝大多数的汉族之外，还有55个少数民族。美国基本上是一个移民国家，它几乎汇集了各个国家的人。他们从欧洲、非洲和亚洲来到美国，人们甚至认为：作为土著人的印第安人也是从亚洲的西伯利亚通过冰桥到达美洲的阿拉斯加的。美国最早的13个州的人口基本上由英国人组成，他们基本上是新教教徒，操英语。自美国独立战争以来，他们一直是占统治地位的主流文化群体。在19世纪四五十年代，大批移民从德国和爱尔兰来到美国，他们大多信奉天主教和路德教。19世纪美国南北战争结束之后，大批黑人奴隶获得自由。从1870年到1910年，又有大批移民从南欧和东欧涌入美国。20世纪以来，美国移民成分非常复杂，既有亚洲的黄种人，也有大批操西班牙语的拉美人。

一直到20世纪中叶，同化主义始终控制着美国人的生活，也控制着美国教育的主流。绝大部分社会科学家和教育工作者都接受社会学家罗伯特·帕克（Robert Park）的理论，认为民族之间的关系不可避免地要经过四个发展阶段，即接触、冲突、调节和同化。[1]然而，同化主义理论无论如何也不可能消除肤色这一显著的民族差别的标记。许多黑人在文化上已完全接受了美国主流文化，在60年代"Afro-American"这个词取代了"negro"，接着在1990年，又进一步用"African-American"这个词指称非洲裔的美国人，[2]但是，由于肤色，他们成功的机会远少于白人。美国的文化多元论者或多元文化主义者对同化主义的单维的美国文化观提出了挑战，他们力图反映美国人口的多民族特点。然而，在20世纪60年代以前，这种多元文化的教育理念始终没有得到主流社会的接受。因此，许多学者试图找到一种无论是主流文化还是亚文化都能接受的教育理念。在众多的观点中，美国多元文化教育权威詹姆斯·班克斯（James Banks）的观点颇引人注目。他认为美国社会中，由于长期的多文化交往、渗透和融合，已经存在一种各民族都能认同的普遍的美国文化。美国社会各少数民族都为这一普遍文化做出了贡献，同时他们仍然保持着各自的一些独特的民族文化。所以，当今美国社会是一个普遍文化与亚文化并存的社会。班克斯认为，美国民族教育的基本目标在于培养学生跨文化的适应能力，学生既要认同普遍文化，又要继承自己的传统文

---

[1] 转引自万明钢：《美国多文化教育发展历史评述》，载《教育研究》，1993（1）。

[2] Gerald L. Gutek, *American Education in a Global Society*: *Internationalizing Teacher Education*, Harlow, Longman Publishing Group, 1993, p. 224.

化。①这种观点现在已得到广泛接受。

英国的民族问题虽然没有美国那么复杂，但也不是许多人所想象的那么简单。联合王国土生土长的人口由四个民族组成，即英格兰、威尔士、苏格兰和爱尔兰。而大批的印度人、巴基斯坦人、加勒比人、非洲黑人及亚洲的黄种人成为联合王国的公民，则是大英帝国的殖民传统留下的一份遗产。随着欧洲统一步伐的迈进，一个多元文化的欧洲将出现在人们眼前，英格兰人、法兰西人和德意志人都将成为欧共体的少数民族。但是，许多人对此还没有心理准备。②

当今，多元文化观已经反映在美国的各大学和学院的师范教育课程中。世界各国的学校行政人员和教师目前都面临着提高自身的跨文化敏感性并获得相应的教学技能，以便教育来自不同文化背景的学生群体的问题。许多国家都意识到跨文化教育的重要性，出现了班克斯的所谓"国际改革运动"。③

显然，多元文化教育不应限于一个国家内部的多种民族文化，而应当在国际范围内考察多元文化教育，即与国际化联系在一起。正如有的学者所说的："多元文化主义是通向国际主义之桥。"④从这个意义上说，多元文化教育是国际与比较教育的一个组成部分。在我国，研究多元文化教育有多重意义。它在国内的民族教育、海外的华侨教育，以及教师和学生的跨文化敏感性教育方面，都具有很现实的意义。

---

① 转引自万明钢：《美国多文化教育发展历史评述》，载《教育研究》，1993（1）。

② W. H. Taylor, "Educating British Children for European Citizenship", *European Journal of Education*, 1993, 28(4).

③ Gerald L. Gutek, *American Education in a Global Society*：*Internationalizing Teacher Education*, Harlow, Longman Publishing Group, 1993, p. 227.

④ Gerald L. Gutek, *American Education in a Global Society*：*Internationalizing Teacher Education*, Harlow, Longman Publishing Group, 1993, p. 227.

四、结构要素

适当的教育制度与结构是教育国际化的基本保障。课程学习的学分制度、外国问题研究机构和国际合作与交流机构等，就是这种制度与结构的具体例子。

一体化的世界要求国家之间彼此更多地了解对方的背景、文化传统、风俗习惯和当前的发展状况，互相之间能用对方的语言进行交流。因此，伴随着国际化的各项实际活动的是对这种活动进行反思和研究的机构的出现。第二次世界大战后，世界上成立了大量的外国或国际问题研究机构。它们主要分布在发达国家，其中，相当大一部分在大学中得以制度化。国际研究或区域研究成为大学中一个新的专业。社会的国际化水平决定了这种机构在国家事务中的重要程度。显然，比较教育或教育的国际研究机构是上述机构的一个组成部分。有关比较教育的研究机构，我们已经在第二章和第七章中阐述过，这里就不再赘述。对外国语言和文化的研究已经有很悠久的历史，尽管当今的国际研究在"文化"方面的目的仍然很重要，但是"经济"和"政治"方面的目的越来越重要。国际研究是一个跨学科、跨国的活动，需要各国各个领域的专家合作。有关人类生存、发展和福利的全球性急迫问题是任何一个国家或者几个国家的知识界所解决不了的。因此，国际研究本身的国际化将是未来发展的一个趋势。设在东京的联合国大学就是要促进国际跨学科研究联合体的形成，以解决许多国家共同面临的重大发展问题。联合国大学力图通过与发展中国家在研究和培训高级能力方面的合作来提高这些国家解决自己问题的能力。

随着国际事务的增多，人员的流动也就相应增多。国际劳工市场的出现更进一步加剧了人员的流动性。伴随着欧洲统一的也是大量的学生、教师和职员的流动。这些都对学校的课程和结构产生影响。在这一领域，影响较大的是"国际中等教育证书"（International Baccalaureate）

项目。①在20世纪60年代初,"流动"学生数目大量增加,他们是外交官、国际组织的雇员及跨国公司职员的子女。他们大都在"国际学校"学习。在16岁之前,这些孩子可以在一起学习。然而,为了使他们将来能进入各自国家的大学学习,必须根据各国的要求,安排相应的课程。1965年,一些非营利性的国际学校一起创立了"国际学校考试辛迪加",目的是创设一项能被世界上大多数国家承认的大学入学考试。初期设计的国际化课程被用于一些国际学校,如日内瓦国际学校、纽约联合国学校和威尔士大西洋学院等。1970—1983年,位于日内瓦的"国际中等教育证书"办公室给世界上238所国际学校发了许可证。②"国际中等教育证书"项目的目标是:增进国际理解;促进学生在世界各国的流动性;强调课程的国际化。

为了适应学生在世界各国流动的需要,各国还应当建立国家间相互兼容的学期制度。从世界各国的现状来看,大部分国家都以秋季作为学年的开端,并在学年与学年之间安排暑假。因此,日本临时教育审议会的终结报告指出,为了使日本的学年开始时间同世界大多数国家相一致,以利于扩大与世界各国的教师和学生的交流,同时使海外工作人员的子女归国后入学更为便利,应当把学年开始的时间从现在的春季改为秋季,从而促进教育的国际化。③

高等教育学位和证书的相互承认问题是国际教育合作的一个组成部分。在过去的二十多年中,在联合国教科文组织的领导下,已有五个这种地区性公约得到采纳,五个地区包括拉美和加勒比地区(1974年)、

---

① [英]W. D. Halls:《文化与教育:比较研究的文化主义方法》,见赵中建、顾建民:《比较教育的理论与方法——国外比较教育文选》,228~229页,北京,人民教育出版社,1994。
② W. D. Halls, "The International Baccalaureate", in Torston Husen and T. N. Postlethwaite (eds.), *The International Encyclopedia of Education: Research and Studies*, vol. 5, Oxford, Pergamon Press, 1985, p. 2647.
③ 瞿葆奎、钟启泉:《教育学文集·日本教育改革》,660页,北京,人民教育出版社,1991。

阿拉伯国家（1978年）、欧洲地区（1979年）、非洲国家（1981年），以及亚洲与太平洋地区（1983年）。另外，1976年，阿拉伯国家与地中海沿岸的欧洲国家也达成了这种公约。目前，人们正在努力把这种公约的适用范围扩大到全世界。然而，教育领域要达到国际共识，总是困难重重。正如1974年欧共体的《罗马条约》所表明的，欧共体的代议、行政和执行机构在教育方面并没有什么权力。它们无权过问成员国的教育目标、过程、课程、学校组织和考试等问题。只有在实施共同的职业培训政策方面是个例外。[①]在地方分权制国家，高等学校有很大的自治权力，许多问题甚至连本国中央政府也无权干涉。

第三节 教育国际化与比较教育的课题

全球教育的支持者认为全球教育不同于国际教育，因为它的观点是全球的，而不是国家之间的。全球教育学者以全人类生存于同一地球村为出发点，注重寻找不同国家之间的共同点而不是不同点，关心人类未来的共同趋势。他们分析、鉴别并试图解决以下全球问题：人口爆炸、环境污染、资源分配不均、饥荒、吸毒和艾滋病等。他们认为民族国家正在消亡，跨国的全球社会正在兴起。全球观点目前正在变得越来越重要，然而，在可以预见的未来，民族国家将仍然是世界政治、经济结构中的主要角色，全球问题的解决将取决于它们能否互相尊重、和平共处与同心协力。我们认为，用国际主义观点更为现实，因此，上文对国际主义与全球主义的教育观点与问题不加严格区分。

比较教育可以包含有关教育的国际研究的绝大部分领域。在有些国家，比较教育中分化出了两个专门领域，即国际教育与发展教育，形成

---

① John Lowe, "Education and European Integration", *International Review of Education*, 1992, 38(6).

比较教育、国际教育与发展教育并列的局面。当然，这种分化更多的是出于财政和制度上的考虑，而不是它们之间在研究对象上有很大的差别。各种比较教育期刊上所刊登的文章包含了上述三个方面的内容。三者之间在很大程度上是重叠的，很难划分。有一位美国学者认为，各级学校的"国际教育"的内容可以包括以下几个方面：比较教育（主要是各国的教育制度）、外国政策研究、地区或区域研究、发展教育、和平教育、国际交流项目、全球教育和国际商务教育等。[1]实际上，在有关教育的国际研究中，还有一些不为比较教育家所注意的研究领域，比如，对外汉语教学研究和跨文化心理学研究等。至于从事这些研究的学者的看法如何，则是一个社会学问题。

在国外，由于比较教育的跨学科性，还导致了什么是它的母体学科的问题。经验表明，为了保持教育分支学科的学术地位，必须使它与教育以外的母体学科建立起联系，比如，教育哲学与哲学，教育社会学与社会学。贝雷迪认为，比较教育的母体学科可能是政治地理学，它从世界的观点描述各国的政治和社会制度；也可能是研究比较政府和国际关系的政治科学。[2]在国际化时代，贝雷迪的观点具有很大的现实意义。

在我国，比较教育团体内部的分化现象并不存在，而且分化的机制在可以预见的未来也同样不存在。这对我国教育的国际研究这一领域的发展是非常有利的。使用"比较教育"这个名称，对学术界来说并不一定会产生多大问题。如果考虑到避免本领域以外的人员的误解，采用"国际与比较教育"这一名称也未尝不可。

教育的国际化给比较教育带来了新的活力。在历史上，比较教育曾

---

① Gerald L. Gutek, *American Education in a Global Society*: *Internationalizing Teacher Education*, Harlow, Longman Publishing Group, 1993.

② G. Z. F. Bereday, *Comparative Method in Education*, New York, Holt, Rinehart and Winston, 1964, p. 4.

经通过研究外国的教育，为民族国家教育的建立与发展做出过贡献。在国际化时代，比较教育应该注重教育与国家发展之间关系的新特点，探讨教育与全球协调发展之间的关系。根据我国的实际情况，我们认为当前和未来一段时期，比较教育应当着重研究的教育国际化课题有以下十个方面。

一、教育国际化与国家发展研究

在过去的十多年中，我国比较教育界对教育与国家发展之间的关系的研究没有给予足够的重视，因此，在这方面，我们需要"补课"，需要广泛吸收国外已有的研究成果。在此基础上，深入探讨教育国际化与经济发展、政治发展、社会发展、文化发展及可持续发展之间的关系。发展研究自诞生之日起，就是一项国际性的事业。中国是发展中的大国，中国的发展模式将对其他发展中国家的发展产生重大影响。我国的比较教育家应当在国际教育交流的论坛上贡献自己的独特见解。

二、教育国际化战略研究

教育国际化是20世纪80年代以来日本教育改革的主要目标之一。欧共体各国及其他发达国家也很重视这个问题。在这方面，我们应该分析不同国家赋予教育国际化的不同含义，研究教育国际化的目标和战略措施，探讨发展中国家在教育国际化问题上存在的特殊问题，探索国际化时代我国教育发展的模式。

三、国际教育关系研究

国际教育关系是国家外交政策的一个重要方面。它对留学生的流动方向、学者交流、教育援助、外语教育、教科书的编写，以及文凭的等值与相互承认等问题都有直接的影响。随着国际教育交流活动的不断增多，国家的对外教育政策将变得更加复杂。因此，比较教育家不仅要研究外国的教育，还要系统地研究其政府的对外教育政策，分析采纳这种政策的历史原因和现实背景，并从国际关系的角度，探讨这种政策与国际政治、经济秩序之间的关系，以作为本国制定对外教育政策的依据。

四、文化圈或新经济共同体中教育相互作用的研究

最近几年，文化圈或地区经济一体化趋势越来越明显。其中，欧洲统一问题最引人注目。欧洲的一体化使欧共体各成员国的教育面临许多问题，教育家们则希望教育能够在一体化过程中发挥作用。儒家文化圈的经济合作也已受到高度重视。亚太地区经济的快速发展将改变21世纪国际关系格局。这些都将影响各国教育的发展。可以预见，以文化圈或地区经济共同体为背景，考虑其内部各个国家教育的特点和相互作用，探索教育在地区一体化过程中的作用，将成为比较教育研究的热门课题。

五、国际教育的课程与制度研究

为了加强各级学校学生对相互依赖的国际化社会的理解，国家需要对学生进行国际理解教育、和平教育、环境教育和多元文化教育等。工业革命引发了以识字和计算为中心的扫盲运动，信息技术革命导致以计算机知识和操作技能为中心的新的扫盲运动，社会的国际化也给教育提出了一个新的扫盲任务，即"国际知识扫盲"。不管是单独设立课程还是在现有的课程中增加这些教育内容，都有一个"国际教育"课程开发的问题，比如，环境教育的课程开发问题已经反映在《中国21世纪议程》中。比较教育家一方面要了解"国际教育"在国外的发展情况，研究在中国开展这项事业的目标、方法及可能存在的问题；另一方面要协助本国的有关专家开展具体的实践活动。

六、跨国学生流动问题研究

国外比较教育界对留学生教育问题研究得比较多，相对来说，我国的比较教育学者对这方面还没有给予足够的重视。虽然留学生在学生总体中所占的比例很小，可是其影响的大小远不是这个比例所能说明的。留学生的流动方向、学习的专业、留学经费的来源，以及留学生在国家发展中的作用，都是值得研究的问题。随着我国的国力和国际地位的提

高，可以预见，将来会有越来越多的外国学生到我国求学，因此，建立和完善我国的外国留学生接纳和培养体制，对我国的教育国际化进程将会产生积极的影响。教育的国际化涉及各个层次的教育，但是，对高等教育的影响最大。建立一批与国际社会同轨的大学，或在一些重点大学开办有特色的专业，以吸引海外学生，都是值得考虑的措施。这些问题都需要比较教育家深入开展研究。建立我国的国际化比较教育教学与研究基地，则是对比较教育家的一个挑战。

七、海外华侨与留学生子女教育的研究

海外华侨是传播中华民族文化的有效载体，同时他们与中国经济的发展也有密切的关系，因此，我国政府应当协助他们搞好汉语教学和中国传统文化教育等。日本政府就非常重视海外日侨子女的教育。[①]海外华侨既要与当地社会融合在一起，又要保持华人的特色，这使得他们的教育有自己的特色。另外，我国在国外的留学生（将来可能还有国家或企业的工作人员）的随行子女的教育问题一直没有引起注意。对这些问题的研究是面向政策的，而不单是学术上的兴趣。

八、全球课堂教育学研究

远距离教育在过去的几十年里得到蓬勃发展，[②]然而，过去的远距离教育系统主要限定在民族国家范围内发挥作用。新信息技术的发展为全球教室的实现提供了物质手段上的可能。全球教室的影响与日俱增，可把它看作远距离教育国际化的一个表现。根据新信息技术所提供的可能性，教育家可以构造出新的学习环境。全球课堂与传统课堂（面对面的单一文化的课堂）在教育目标、课堂组织结构、学生特点、课程设计、师生互动模式教育方法、评价方法和教师的专业技能等方面都将有很大

---

① Mark Lincicome, "Nationalism, Internationalization, and the Dilemma of Educational Reform in Japan", *Comparative Education Review*, 1993, 37(2).

② Desmond Keegan, *Foundations of Distance Education*, 3rd, London, Routledge, 1994.

不同。当然，随着教育国际化的发展，它们之间在有些方面将互相接近，我们不妨暂且将这个领域称为"全球课堂教育学"。它是一个跨学科的研究领域。对它的研究，需要有教学与学习理论、比较教育、跨文化心理学、远距离教育和教育技术等领域的专家学者的广泛合作。

九、教育知识的国际化与本土化研究

自然科学可以说是没有国界的，然而，社会科学与人文科学的情况就大不相同了。一方面，它们受各国不同文化背景的学术传统和学科的制度模式的影响；另一方面，它们一旦成为一种客观存在，就可以在世界范围内共享。在信息社会，这种共享的规模之大和速度之快是空前的。比如，在过去的几十年中，我国的教育研究曾受凯洛夫、赞科夫、马卡连柯、布卢姆和布鲁纳等人的教育思想的影响，同时在此基础上，我国教育学者也发展出具有自己特色的教育理论体系。对教育知识的国际化和本土化研究，将是我国教育研究走向世界的一个有效途径，对提高我国教育研究水平的意义是不可忽视的。因此，当务之急是分析美国、英国、德国、法国、日本、俄罗斯等国的教育研究的共同特点、共同趋势、相互影响及民族特色，探索教育知识国际化和本土化的途径与模式。

十、比较教育的国际化研究

比较教育的国际化指的是构成它的基本要素的国际化，即主体、客体、方法、媒介、目的和参照系统的国际化。它的集中表现是国际教育交流论坛的国际化。比较教育曾经为教育的国际化做出过贡献。在发展中国家，比较教育是本国教育与世界各国教育发生相互作用的重要媒介。发展中国家的许多学生到发达国家的国际与比较教育中心学习，而不是到教育的其他系、所或中心攻读硕士或博士学位。[①]这里的原因不是

---

① 薛理银：《问题法与比较教育——对布莱恩·霍尔姆斯的一次采访》，载《比较教育研究》，1992（3）。

学术水平高低的问题，而是国际与比较教育部门相对来说在各个方面显得更加国际化。可以预见，在教育国际化过程中，比较教育将继续扮演重要的角色。为了实现这个目标，比较教育需要加强对自身的反思和建设，其中，国际化是它得到进一步发展的重要保障。"比较教育是国际性的事业。只有世界各国、各民族积极参与并贡献自己的见解，才能使国际教育交流论坛繁荣昌盛，百花齐放，百家争鸣。"[1]加强比较教育领域的国际合作与交流将推动比较教育向纵深发展。中国比较教育事业的国际化与民族化是摆在我们面前的一项重要任务。

---

[1] 薛理银：《当代比较教育方法论研究——作为国际教育交流论坛的比较教育》，236页，北京，首都师范大学出版社，1993。

参考资料

［1］安文铸：《教育科学与系统科学》，长春，吉林教育出版社，1990。

［2］［英］卡尔·波普尔：《客观知识——一个进化论的研究》，舒炜光译，上海，上海译文出版社，1987。

［3］［德］T.N.波斯特莱斯维特：《最新世界教育百科全书》，郑军、王金波等译，石家庄，河北教育出版社，1991。

［4］［英］博伊德、金：《西方教育史》，任宝祥、吴元训译，北京，人民教育出版社，1985。

［5］［美］C.E.布莱克：《现代化的动力——一个比较史的研究》，景跃进、张静译，杭州，浙江人民出版社，1989。

［6］［美］C.E.布莱克等：《日本和俄国的现代化——一份进行比较的研究报告》，周师铭等译，北京，商务印书馆，1983。

［7］陈衡：《科学研究的方法论》，北京，科学出版社，1984。

［8］陈鸿瑜：《政治发展理论》，台北，桂冠图书股份有限公司，1985。

［9］［日］冲原丰：《比较教育新论》，吴自强译，南昌，江西教育出版社，1986。

［10］董奇：《心理与教育研究方法》，广州，广东教育出版社，1992。

［11］杜祖贻等：《美国比较教育的新特征》，载《比较教育研究》，1994（1）。

［12］［德］恩格斯：《自然辩证法》，人民出版社，1984。

［13］［美］S. E. 佛罗斯特：《西方教育的历史和哲学基础》，吴元训等译，北京，华夏出版社，1987。

［14］高毅：《法兰西风格：大革命的政治文化》，杭州，浙江人民出版社，1991。

［15］顾明远：《比较教育的回顾与展望》，载《外国教育动态》，1991（1）。

［16］顾明远：《世界教育发展的启示》，成都，四川教育出版社，1989。

［17］国家计划委员会、国家科学技术委员会：《中国21世纪议程（送审稿）》，1993。

［18］国家教育发展研究中心：《发达国家教育改革的动向和趋势》（第一集～第五集），北京，人民教育出版社。

［19］国家教委教育经费研讨组：《教育经费与教师工资》，北京，教育科学出版社，1988。

［20］姜璐、王德胜：《系统科学新论》，北京，华夏出版社，1990。

［21］［美］埃德蒙·金：《别国的学校和我们的学校——今日比较教育》，王承绪等译，北京，人民教育出版社，1989。

［22］［美］卡扎米亚斯、马西亚拉斯：《教育的传统与变革》，福建师范大学教育系等译，北京，文化教育出版社，1981。

［23］［美］盖尔·P.凯利：《比较教育的论争与趋势》，郑桂泉译，载《比较教育研究》，1992（5）。

［24］［美］巴巴拉·柯珊：《建立21世纪的全球教室》，李琳编译，载《现代远距离教育》，1992（2）。

［25］［英］亚当·库珀、杰西卡·库珀：《社会科学百科全书》，上海，上海译文出版社，1989。

［26］［美］托马斯·库恩：《科学革命的结构》，李宝恒、纪树立译，上海，上海科学技术出版社，1980。

［27］［美］菲力浦·孔布斯：《世界教育危机——八十年代的观点》，赵

宝恒、李环等译，北京，人民教育出版社，1990。

［28］［英］伊姆雷·拉卡托斯、艾兰·马斯格雷夫：《批判与知识的增长》，周寄中译，北京，华夏出版社，1987。

［29］［英］伊·拉卡托斯：《科学研究纲领方法论》，兰征译，上海，上海译文出版社，1986。

［30］李秉德：《教育科学研究方法》，北京，人民教育出版社，1986。

［31］李克东：《教育传播科学研究方法》，北京，高等教育出版社，1990。

［32］李守信：《中国教育发展问题研究》，北京，中国计划出版社，1988。

［33］李薇薇、薛理银：《远距离教育的社会经济功能》，载《中国电大教育》，1994（1）。

［34］厉以宁：《教育经济学》，北京，北京出版社，1984。

［35］［日］绫部恒雄：《文化人类学的十五种理论》，中国社会科学院日本研究所社会文化室译，北京，国际文化出版公司，1988。

［36］刘佐、章俗：《发展社会学教程》，哈尔滨，黑龙江教育出版社，1992。

［37］［英］伯特兰·罗素：《我的哲学的发展》，温锡增译，北京，商务印书馆，1982。

［38］［英］伯特兰·罗素：《西方哲学史》，上下卷，何兆武等译，北京，商务印书馆，1988。

［39］［英］丹尼斯·麦奎尔、［瑞典］斯文·温德尔：《大众传播模式论》，祝建华、武伟译，上海，上海译文出版社，1987。

［40］［美］吉拉德·米耶等：《经济发展理论的十位大师》，刘鹤等译，北京，中国工人出版社，1990。

［41］［美］约·奈斯比特、帕·阿博顿妮：《2000年大趋势——九十年代的十个新趋向》，周学恩等译，北京，东方出版社，1990。

［42］［比利时］尼科里斯、普利高津：《探索复杂性》，罗久里、陈奎宁译，成都，四川教育出版社，1986。

[43] 瞿葆奎:《社会科学争鸣大系——教育学卷》,上海,上海人民出版社,1992。

[44] 瞿葆奎、钟启泉:《教育学文集·日本教育改革》,北京,人民教育出版社,1991。

[45] 秦宝庭:《教育与经济增长》,南昌,江西教育出版社,1992。

[46] [美] George Psacharopoulos and Maureen Woodhall:《教育投资分析》,薛伯英等译,台北,五南图书出版公司,1991。

[47] [美] 沃纳丁·赛弗林、小詹姆斯·坦卡德:《传播学的起源、研究与应用》,陈韵昭译,福州,福建人民出版社,1985。

[48] [日] 石附实:《教育比较的三个视点》,钟启泉译,载《外国教育资料》,1993(6)。

[49] 孙立平:《全球性现代化进程的阶段性及其特征》,载《社会学研究》,1991(1)。

[50] 孙立平:《迟发展效果与迟发展国家现代化的制约条件》,载《社会学研究》,1988(2)。

[51] [苏] 索科洛娃等:《比较教育学》,顾明远译,北京,文化教育出版社,1981。

[52] [美] 乔纳森·特纳:《社会学理论的结构》,吴曲辉等译,杭州,浙江人民出版社,1987。

[53] 滕大春:《外国近代教育史》,北京,人民教育出版社,1989。

[54] [美] 阿尔温·托夫勒:《第三次浪潮》,朱志焱等译,北京,生活·读书·新知三联书店,1984。

[55] 万明钢:《美国多文化教育发展历史评述》,载《教育研究》,1993(1)。

[56] 王承绪、朱勃、顾明远:《比较教育》,北京,人民教育出版社,1982。

[57] 肖枫:《西方发展学和拉美的发展经济学》,北京,世界知识出版社,1990。

［58］薛理银：《当代比较教育方法论研究——作为国际教育交流论坛的比较教育》，北京，首都师范大学出版社，1993。

［59］薛理银：《问题法与比较教育——对布莱恩·霍尔姆斯的一次采访》，载《比较教育研究》，1992（3）。

［60］薛理银：《英国比较与国际教育学者论比较教育》，载《比较教育研究》，1992（5）。

［61］严立贤：《"现代化理论"述评》，载《社会学研究》，1988（2）。

［62］曾满超、薛伯英、曲恒昌等：《西方教育经济学流派》，北京，北京师范大学出版社，1990。

［63］张再林：《弘道——中国古典哲学与现象学》，西安，陕西人民教育出版社，1991。

［64］赵崇华、张国忠：《国际校企合作的一个新动向——美国大学向日本公司募集赠款》，载《外国教育动态》，1991（5）。

［65］赵中建、顾建民：《比较教育的理论与方法——国外比较教育文选》，北京，人民教育出版社，1994。

［66］郑涌：《哲学也许并不像我们所说》，载《读书》，1992（3）。

［67］［日］中村元：《比较思想论》，吴震译，杭州，浙江人民出版社，1987。

［68］朱勃：《比较教育史略》，广州，广东高等教育出版社，1988。

［69］朱勃：《比较教育的研究方法》，北京，教育科学出版社，1984。

［70］朱勃：《比较教育学科建设的探讨》，载《外国教育》，1984（4）。

［71］朱勃、王孟宪：《比较教育——名著与评论》，长春，吉林教育出版社，1988。

［72］邹进：《现代德国文化教育学》，太原，山西教育出版社，1992。

［73］联合国教科文组织国际教育发展委员会：《学会生存——教育世界的今天和明天》，华东师范大学比较教育研究所译，上海，上海译文出版社，1979。

后　记

　　自王承绪、朱勃、顾明远三位教授主编的新中国成立以后第一部比较教育教科书《比较教育》出版以来，又经过了十多个年头。十多年来世界比较教育的研究有了很大的发展，我国比较教育研究也有长足的进步，因此，有必要重新编写一部比较教育的教科书。本书作为"比较教育丛书"中的一册，可作为整个比较教育学科中的一个问题的研究专著，也可作为教学用书。除了传统的比较教育内容外，本书还涉及发展教育、国际教育及教育国际化（或全球化）问题研究等。它们是当今比较教育的重要组成部分。国际教育是用全球的视角，对国际共同关心的教育问题进行讨论和研究，达到国际交流和了解；发展教育则是主要研究教育在发展中国家所起的作用，讨论和研究教育与国家发展的关系。这就跳出了简单地介绍各国教育制度和静态地比较各类教育的框框。本书力图反映世界比较教育研究的新动向，从教育与国家发展的角度来阐明比较教育的研究对象、任务和方法，从动态上研究教育系统的各个要素，但限于作者的水平和资料的局限，结果并未如人意愿。因此，还望同行批评指正。

　　本书得到北京师范大学外国教育研究所的博士研究生高益民、洪成文的大力协助，他们在酷热的夏天为本书收集资料，特此鸣谢。

作　者

1996年12月于北京

图书在版编目(CIP)数据

顾明远文集/顾明远著. —北京：北京师范大学出版社，
2018.10
ISBN 978-7-303-23976-4

Ⅰ．①顾… Ⅱ．①顾… Ⅲ．①教育理论－理论研究－中国－现
代－文集 Ⅳ．①G52-53

中国版本图书馆CIP数据核字（2018）第176353号

营　销　中　心　电　话　　010-58805072 58807651
北师大出版社高等教育与学术著作分社　　http://xueda.bnup.com

GUMINGYUAN WENJI

出版发行：北京师范大学出版社 www.bnup.com
　　　　　北京市海淀区新街口外大街 19 号
　　　　　邮政编码：100875
印　　刷：北京盛通印刷股份有限公司
经　　销：全国新华书店
开　　本：710mm×1000mm　1/16
印　　张：40.5
字　　数：520 千字
版　　次：2018 年 10 月第 1 版
印　　次：2018 年 10 月第 1 次印刷
定　　价：1980.00 元（全 12 册）

策划编辑：陈红艳　　　　　　责任编辑：周　鹏
美术编辑：李向昕　　　　　　装帧设计：王齐云　李向昕
责任校对：段立超　陈　民　　责任印制：马　洁